Schöningh

Sozialwissenschaften in der gymnasialen Oberstufe

Franz Josef Floren

Politik Gesellschaft Wirtschaft

Band 1 (Einführungsphase)

www.schoeningh-schulbuch.de
Schöningh Verlag, Jühenplatz 1–3, 33098 Paderborn

Druck 5 4 3 2 1 / Jahr 2014 13 12 11 10
Die letzte Zahl bezeichnet das Jahr dieses Druckes.

Umschlaggestaltung: Franz-Josef Domke, Hannover
Druck und Bindung: westermann druck GmbH, Braunschweig

ISBN 978-3-14-023899-1

Inhaltsverzeichnis

C Soziale Marktwirtschaft – Grundlagen, Modell und Realität 126

Zur Einführung

Der vorliegende Band stellt die vollständige Neubearbeitung des 2007 erschienenen Bandes „Sozialwissenschaften: Wirtschaft – Gesellschaft – Politik“ (Bd. 1 für die Jgst. 11) dar.
Sie beruht auf der Überlegung, dass die Verkürzung der gymnasialen Schulzeit auf 8 Jahre und ihre Auswirkungen auf die gymnasiale Oberstufe diese Neubearbeitung (und die des bisherigen Bandes 2) erforderlich machen.

Der neue Band für die *Einführungsphase* (Politik – Gesellschaft – Wirtschaft, Bd. 1) orientiert sich in seinen drei Teilen weiterhin *im Wesentlichen am inhaltlichen Zuschnitt des bisherigen Bandes.* Im Hinblick auf die neue Situation, die *nicht zuletzt* durch die im Gymnasium um ein Jahr jüngere Schülerschaft in der Einführungsphase bestimmt wird, wurden im Wesentlichen **folgende Änderungen gegenüber dem bisherigen Band** vorgenommen:

- Die Vielfalt der *thematischen Aspekte* wurde z. T. eingeschränkt und damit der *Umfang* des Bandes insgesamt verringert; das *Anspruchsniveau* einzelner Themen und Aufgabenstellungen wurde leicht reduziert; Art und Umfang der einzelnen Materialien wurden im Hinblick auf leichtere Verständlichkeit überprüft.
- Auf der Ebene der Inhaltsfelder wurde der Teil **B** (Gesellschaft) stärker reduziert. Er konzentriert sich nunmehr hauptsächlich auf die Darstellung zentraler Aspekte der Themen *„Sozialisation“*, *„Rollenhandeln“* und *„Gruppenstrukturen“* und schließt einen neuen Abschnitt über „Organisationen als soziale Systeme“ (am Beispiel des *Betriebes*) ein.
- Teil **A** (Politische Strukturen) legt – neben der Darstellung der Konstruktionsprinzipien des politischen Systems – einen deutlichen Akzent auf die kritische Analyse der *Institutionen des parlamentarischen Systems in politischen Entscheidungsprozessen* und enthält zum anderen – im Hinblick auf die immer stärkere „Europäisierung“ deutscher Politik – einen neuen Abschnitt zu den politischen Institutionen und Entscheidungsstrukturen der *Europäischen Union*, der je nach Bedarf und Interessenlage genutzt werden kann.
- Teil **C** (Wirtschaft) enthält neben der eingehenden Darstellung wichtiger *Grundlagen des Wirtschaftens*, der Funktionen des *Marktes* und des *Leitbildes der sozialen Marktwirtschaft* auch einen Abschnitt zum Stellenwert des *Sozialstaats* und der *Sozialpolitik* in der sozialen Marktwirtschaft.
- Zahlreiche Materialien – insbesondere in den Teilen A und C – wurden durch aktuellere ersetzt oder ergänzt (Datenstand: Frühjahr 2010).

Im Übrigen liegen der *konzeptionellen Gestaltung* des Bandes die bisherigen bewährten Prinzipien zugrunde:
- *klar strukturierter Aufbau* der einzelnen Kapitel und Abschnitte,
- umfassendes und aktuelles *Materialangebot*,
- durchgehende *Wissenschafts- und Problemorientierung*,
- sozialwissenschaftliche *Theorie- und Methodenreflexion*,
- zentraler Stellenwert der ausdifferenzierten **Arbeitshinweise**, die als wichtiges Steuerungselement für die Arbeit mit den Materialien und im Hinblick auf die durchgehende Kompetenzorientierung genutzt werden können:
  - differenzierte, auf das jeweilige Material bezogene *Erschließungshilfen (Sach- und Methodenkompetenz);*
  - Hinweise zur *Erfassung gedanklicher Zusammenhänge*, zur Anregung von *Argumentation und Diskussion (Urteilskompetenz);*
  - Vorschläge für eine möglichst selbstständige, *auf ein bestimmtes Ergebnis bezogene Untersuchung* bestimmter Fragestellungen *(Methodenkompetenz, Handlungskompetenz).*

Der *Methodische Anhang* enthält Hinweise zur Anwendung einiger für die Unterrichtsarbeit generell relevanter *Methoden (Statistikanalyse, Textanalyse, Expertenbefragung, Kurzreferat, Schülerbefragung)*. Weitere Hilfen stellen das umfangreiche *Glossar* und das ausdifferenzierte *Register* dar.

Verweise auf *Internet-Informationsmöglichkeiten* zur Ergänzung und Vertiefung werden durchgehend zu den Abschnitten und Materialien der Kapitel gegeben.

Auf folgende, für Schülerinnen und Schüler geeignete und leicht zu beschaffende (bzw. im Internet zur Verfügung stehende) *Veröffentlichungen der Bundeszentrale für politische Bildung* sei hingewiesen:

Zu Teil **A** (Politik):
- *pocket politik – Demokratie in Deutschland* (2006), eine Art „Minilexikon" für die unterrichtsbegleitende Verwendung (im Klassensatz erhältlich; im Internet: http://www.bpb.de/files/QTBEX0)
- *Informationen zur politischen Bildung Nr. 295* (2007): „Parlamentarische Demokratie" (im Internet: http://www.bpb.de/publikationen/AYVZC4,0,Parlamentarische_Demokratie.html)

Zu Teil **C** (Wirtschaft):
- *pocket Wirtschaft – Ökonomische Grundbegriffe* (2006), erhältlich und verwendbar wie „pocket politik" (im Internet: http://www.bpb.de/files/QTBEX0.pdf)
- *Das Lexikon der Wirtschaft – Grundlegendes Wissen von A bis Z* (Neuauflage 2009)
- *Informationen zur politischen Bildung Nr. 293* (2007): „Unternehmen und Produktion" (im Internet: http://www.bpb.de/publikationen/5OAIS6,0,Unternehmen_und_Produktion.html)
- *Informationen zur politischen Bildung Nr. 294* (2007): „Staat und Wirtschaft"(im Internet: http://www.bpb.de/publikationen/IXJNWG,0,Staat_und_Wirtschaft.html)

Aus der Fülle der wissenschaftlichen Einführungsliteratur sei auf folgende (ggf. auch für Schülerreferate nutzbare) Titel hingewiesen:
- für den Bereich „*Politik*" (Teil A) das Standardwerk von *Wolfgang Rudzio, Das politische System der Bundesrepublik Deutschland* (VS Verlag für Sozialwissenschaften, Wiesbaden, 7. Aufl. 2006)
- für den Bereich „*Gesellschaft*" (Teil B) die Bände von *Hans Peter Henecka, Grundkurs Soziologie* (UTB Universitätsverlag, Konstanz, 9. Aufl. 2009) und von *Heinz Abels, Einführung in die Soziologie* (Bände 1 und 2, VS Verlag für Sozialwissenschaften, Wiesbaden, 2. Aufl. 2004)
- für den Bereich „*Wirtschaft*" (Teil C): *Jörn Altmann, Volkswirtschaftslehre* (Lucius & Lucius Verlag, Stuttgart, 8. Aufl. 2007)

Herausgeber und Verlag sind für kritische Hinweise (gerichtet an den Schöningh Verlag, Jühenplatz 1– 3, 33098 Paderborn, Fax: 0 52 51/127 – 860, E-Mail: info@schoeningh-schulbuch.de) jederzeit dankbar.

A Politische Strukturen und Prozesse in Deutschland

I Jugendliche und Politik

In diesem ersten Kapitel möchten wir Sie zum Nachdenken über Ihre eigene Einstellung zur „Politik" anregen und zur Auseinandersetzung mit der Frage, ob die in den Medien immer wieder verbreitete Klage berechtigt ist, dass Jugendliche politisch nicht interessiert und engagiert seien.
Was genauer ist damit gemeint? Worauf, auf welchen Untersuchungen und Beobachtungen beruhen solche Klagen? Wie hat sich das politische Interesse Jugendlicher in den letzten Jahrzehnten entwickelt? Haben Jugendliche den Zugang zu den poltischen Parteien weitgehend verloren? Ist das Wort von der „Parteienfremdheit" der Jugend berechtigt?
Und wie steht es mit der sinkenden Wahlbeteiligung? Gehen „Erstwähler" weniger zur Wahl als die Bundesbürger im Durchschnitt?
Hauptsächlich um diese Fragen geht es in den folgenden Materialien.

M 1 Einstellungen zur Politik

Wir schlagen Ihnen vor, zu Beginn mehr oder weniger spontan Ihre eigene Einstellung zur Politik und zu den Politikern zum Ausdruck zu bringen und dies anhand der beiden folgenden Fragebögen (oder eines von beiden) zu tun. Sie enthalten jeweils eine Reihe von Aussagen (Items), zu denen Sie (nach dem Anfertigen von Kopien) Ihre Zustimmung oder Ablehnung markieren sollen, und zwar ohne vorherige Diskussion in Ihrer Lerngruppe. Beachten Sie zum Verfahren die Arbeitshinweise.*

a)

Item	1	2	3	4	5	6
1. Ich glaube nicht, dass sich die Politiker darum kümmern, was Leute wie ich denken.						
2. Ich verstehe eine Menge von Politik.						
3. Die Politiker sind nur daran interessiert, gewählt zu werden, und nicht daran, was die Wähler wirklich wollen.						
4. Politik finde ich zu kompliziert.						
5. Bei uns gibt es nur wenige Mächtige, alle anderen haben keinen Einfluss darauf, was die Regierung tut.						
6. Parteipolitik ödet mich an.						
7. In der Politik sollten mehr junge Leute was zu sagen haben.						

1 = trifft überhaupt nicht zu ... 6 = trifft voll und ganz zu

(Shell Deutschland Holding [Hg.], Jugend 2006 – Eine pragmatische Generation unter Druck; Konzeption und Koordination: Klaus Hurrelmann, Mathias Albrecht und TNS Infratest Sozialforschung, Fischer Taschenbuch Verlag, Frankfurt a. M. 2006, S. 470)

b)

Item	1	2	3	4
1. Politik ist ein schmutziges Geschäft!				
2. Die da oben machen doch nur, was sie wollen!				
3. Politik geht jeden an!				
4. Politik ist wichtig, damit man seine Rechte und Interessen durchsetzen kann!				
5. Die Bürgerinnen und Bürger haben viel zu hohe Ansprüche an die Politik und Politiker!				
6. Nachteil unserer Demokratie ist, dass jeder glaubt, mitreden zu können!				
7. In der Politik wird viel zu viel gestritten!				
8. Die Politiker sind doch nur auf Stimmenfang aus!				
9. Die Demokratie ist das kleinere Übel!				

10. Die Unzufriedenen sollten sich selbst stärker in der Politik engagieren!				
11. Die Regierung sollte viel mehr Macht haben, damit die ewige Streiterei aufhört!				
12. Wenn ich will, kann ich mich einmischen – und das ist mir wichtig!				
13. In einer Demokratie müssen nun mal unterschiedliche Standpunkte offen ausgetragen werden!				

1 = trifft überhaupt nicht zu, 2 = trifft weniger zu, 3 = trifft zu, 4 = trifft sehr zu

(BpB [Hrsg.], Grundgesetz für Einsteiger, Bonn 1996, Arbeitsblatt 12a; Verf.: Lothar Scholz)

1 Wenn Sie die betr. Stellen angekreuzt und die Fragebögen eingesammelt haben, sollten Sie, um im Unterricht selbst nicht zu viel Zeit zu verlieren, die Auswertung einer kleinen Gruppe (zur häuslichen Arbeit, ggf. mit dem Computer) übertragen. Dabei kommt es darauf an, zu jedem Item den Mittelwert für Ihren Kurs zu errechnen (die Häufigkeiten mit den Werten zu multiplizieren und die Summe durch die Zahl der Antworten zu dividieren. Beispiel: Zu Item 1 des Fragebogens 1 b haben drei von Ihnen die Kategorie 4 angekreuzt, sieben ihr Kreuz bei 3 gemacht, neun bei 2 und fünf bei 1. Dann beträgt der Mittelwert 12 + 21 + 18 + 5 = 56: 24 = **2,3**).

2 Überlegen Sie sich bei der Besprechung der Ergebnisse, was der Mittelwert für Ihren Kurs anzeigt (in M 1 a liegt die Mitte bei 3,5, in M 1 b bei 2,5). 3,2 in M 1 a oder 2,2 in M 1 b würden z. B. bedeuten, dass Sie der Aussage eher skeptisch gegenüberstehen. Der Mittelwert kann sich im Übrigen auch daraus ergeben, dass sich deutliche Zustimmungen und Ablehnungen gegenseitig „die Waage halten". Es wäre daher interessant, wenn die Auswertungsgruppe, zumindest zu einigen Items*, auch die (große oder geringe) Streuungsbreite der Antworten angeben könnte. – Zum Vergleich: Bei der Shell-Jugendstudie 2006 (s. M 1 a) wurden die 15- bis 25-Jährigen befragt. Dabei ergaben sich die folgenden Mittelwerte zu den sieben Items: **1:** 4,4; **2:** 2,7; **3:** 4,5; **4:** 3,7; **5:** 4,1; **6:** 3,8; **7:** 4,8.

3 Versuchen Sie die Ergebnisse der Befragung in einigen Sätzen zusammenfassend zu formulieren. Zeigt sich insgesamt eine eher positive oder eher negative Einstellung zu Politik und Demokratie?

M 2 Das politische Interesse Jugendlicher 1984 – 2006

Die Selbsteinschätzung der Jugendlichen zu ihrem eigenen Interesse an Politik stellt inzwischen schon so etwas wie eine „Fieberkurve" zur Bedeutung und zum Stellenwert von Politik bei jungen Menschen dar (Abb. 1). Während es in den 1980ern bis hinein in die 90er-Jahre noch zum guten Ton gehörte, als junger Mensch politisch interessiert zu sein, bröckelte diese Haltung spätestens seit Mitte der 90er-Jahre kontinuierlich bis auf einen bei der Shell Jugendstudie 2002 gemessenen Tiefpunkt von nur noch 34 % aller Jugendlichen, die sich selber als politisch interessiert bezeichnen, ab (Altersgruppe von 15 bis 24 Jahren). Mit 39 % fällt das Ergebnis in der Shell Jugendstudie für das Jahr 2006 wieder etwas höher aus. Es wäre jedoch verfrüht, dies bereits als echte Trendwende zu interpretieren. Vielmehr steht zu vermuten, dass die Talsohle von 2002 kaum noch unterboten werden konnte und sich stattdessen inzwischen ein Normalisierungsprozess vollzogen hat, dessen weiterer Verlauf jedoch noch nicht abzusehen ist.

Abb. 1: Zeitreihe: Politisches Interesse
Jugendliche im Alter von **15 bis 24 Jahren** (in %)
Frage: Sind Sie politisch interessiert?
– ja
– nein

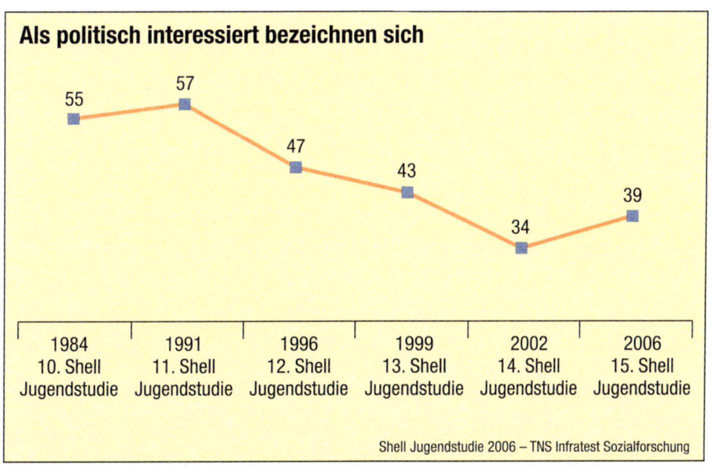

Abb. 2: Interesse an Politik nach signifikanten persönlichen und sozialen Merkmalen
Jugendliche im Alter von **12 bis 25 Jahren**

Frage: Wie sehr sind Sie an Politik interessiert?
Antwortvorgaben:
– sehr interessiert
– interessiert
– weniger interessiert
– gar nicht interessiert

%-Angaben (pro Zeile)	**stark interessiert/ interessiert**	**weniger/gar nicht interessiert**
gesamt	**35**	**65**
Politisches Interesse der Eltern		
stark interessiert	66	34
weniger interessiert	21	79
Sozialer Status		
Hauptschüler	14	86
Realschüler	14	86
Gymnasiasten	39	61
Studierende	68	32
Alter		
12 bis 14 Jahre	16	84
15 bis 17 Jahre	26	74
18 bis 21 Jahre	41	59
22 bis 25 Jahre	48	52
Geschlecht		
männlich	40	60
weiblich	30	70

(Shell Deutschland Holding [Hrsg.], Jugend 2006 – Eine pragmatische Generation unter Druck; Konzeption und Koordination: Klaus Hurrelmann, Mathias Albrecht & TNS Infratest Sozialforschung, Fischer Taschenbuch Verlag, Frankfurt am Main 2006, S. 105, 107)

1 Beschreiben Sie die in M 2 (Text und Abb. 1) dargestellte Entwicklung des politischen Interesses von Jugendlichen und jungen Erwachsenen von 1984 bis 2006. Stellen Sie ggf. fest, wie sich das Interesse im Jahre 2010 darstellt (die aktuelle Shell Jugendstudie erscheint im August/September 2010; Informationen dazu finden Sie unter der Internetadresse www.shell.de).

2 Führen Sie ggf. eine kurze Befragung zum politischen Interesse in Ihrem Kurs durch und diskutieren Sie anschließend darüber,
- welches Problem mit der einfachen Fragestellung nach dem „politischen Interesse" verbunden ist und
- was sie selbst sich bei dieser Fragestellung unter dem „politischen Interesse" konkreter vorgestellt haben.

3 Untersuchen Sie anhand von Abb. 2 in M 2, wie sich die angegebenen unterschiedlichen Merkmale (Elternhaus, Schulbildung, Alter, Geschlecht) auf die Ausprägung des politischen Interesses auswirken. Versuchen Sie Erklärungen für auffällige Zusammenhänge zu finden.

4 Falls Sie in Ihrer Schule eine etwas größere, repräsentative* Schüler-Befragung zum politischen Interesse durchführen wollen/können, finden Sie dazu im Anhang (S. 222) methodische Hilfen zur Planung und Durchführung eines solchen Projektes.

M 3 Die „chronische Jungmitgliederkrise" der Volksparteien

„Eine Partei ohne Jugend ist eine Partei ohne Zukunft." So ist der jugendpolitische Beschluss des SPD-Parteitags in Münster aus dem Jahre 1988 betitelt. Wenn diese Aussage zutrifft, und davon ist wohl auszugehen, dann ist es um die Zukunft der Parteien nicht gut bestellt. [...]
Die Jungmitgliederentwicklung über die letzten 25 Jahre liest sich wie die Geschichte eines Exodus' [Auszugs] von mehreren Jugendgenerationen, die mit den Parteien nichts mehr zu tun haben wollen. Dabei fing alles zunächst sehr vielversprechend an, als in den Siebzigerjahren die

damaligen Parteien überraschend von einer überschäumenden Eintrittswelle überschwemmt wurden. Zu jenen Zeiten des Überflusses wurde vor allem die Eintrittswelle in die SPD von Jugendlichen unter 30 getragen.

(Elmar Wiesendahl, Keine Lust mehr auf Parteien – Zur Abwendung Jugendlicher von den Parteien, in: Aus Politik and Zeitgeschichte B 10/2001, S. 8, 15–17)

Es ist davon auszugehen, dass der Anteil der in den im Bundestag vertretenen Parteien organisierten Jugendlichen in der Kerngruppe der 16- bis 24-Jährigen Anfang der 1990er-Jahre unter 0,75 Prozent lag und heutzutage weniger als 0,5 Prozent der Jugendlichen parteipolitisch organisiert sind.

Bei der Interpretation dieser Ergebnisse darf nicht vergessen werden, dass Parteiarbeit wie jede organisationsgebundene politische Beteiligung seit eh und je nur eine kleine, überschaubare Zahl höher gebildeter Mittelschichtangehöriger anzieht. Allerdings waren 1991 noch 3,8 % der wahlberechtigten Bevölkerung Mitglied in einer der Parteien und 2007 waren es noch 2,3 % = rd. 1,6 Mio. Personen.

Es kann daher nicht nur aufgrund des äußerst geringen Prozentsatzes der parteipolitisch organisierten Jugendlichen, sondern auch aufgrund des wesentlich höheren Rekrutierungsgrades der *Gesamtbevölkerung* (s. M 5, Anm. 1, S. 13) durchaus von einer deutlichen **Parteienabstinenz der Jugendlichen** gesprochen werden, die sich parallel zur Entwicklung in der Gesamtbevölkerung während des Beobachtungszeitraums noch verschärft hat. Zu betonen ist jedoch, dass von einer allgemeinen, alle Parteien gleichermaßen betreffenden Zunahme der Parteienabstinenz der Jugendlichen im Beobachtungszeitraum nicht die Rede sein kann (vgl. Abb. 2).

(Oskar Niedermayer, Jugend und Parteien, in: Edeltraud Roller/Frank Brettschneider/Jan W. van Deth [Hrsg.], Jugend und Politik: „Voll normal!". Der Beitrag der politischen Soziologie zur Jugendforschung, VS Verlag für Sozialwissenschaften, Wiesbaden 2006, S. 276)

Abb. 1: Mitgliedszahlen der Bundestagsparteien (in Tausend, gerundet), 1946 bis 2008

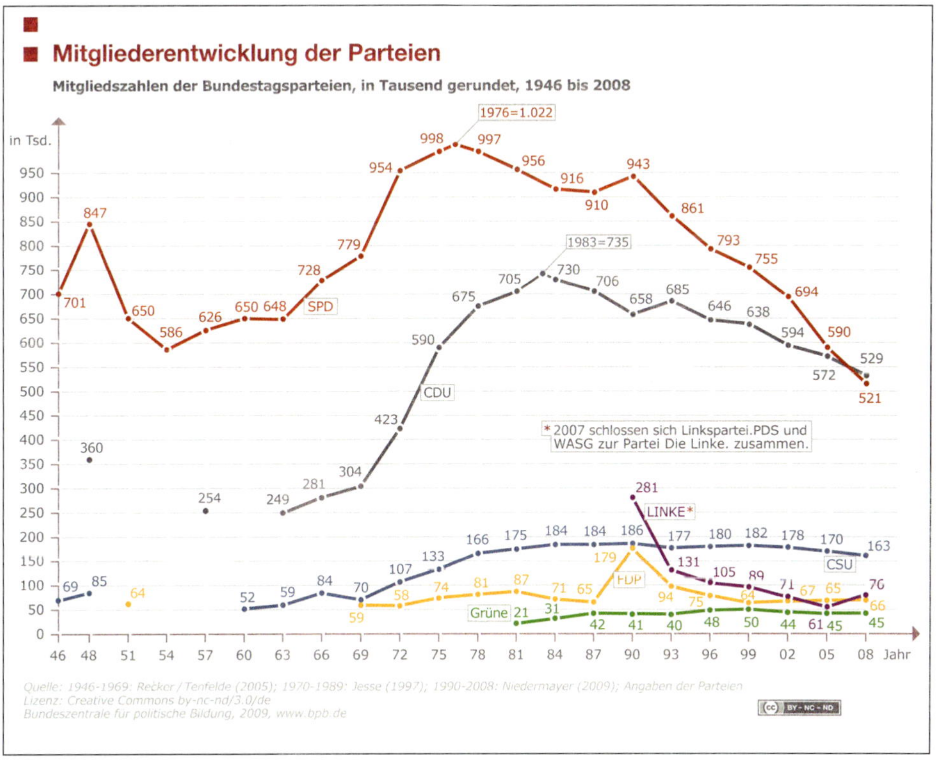

(http://www.bpb.de/files/IMO9KZ.pdf)

Stand 2009:
CDU:
523 488 (November)
CSU:
162 533 (Juli)
SPD:
513 764 (September)
FDP:
70 622 (September)
Grüne:
46 500 (Juli)
Linke:
77 645 (September)
Gesamtzahl der Mitglieder:
1990: 2,29 Mio.,
2008: 1,4 Mio.

Abb. 2: Anteil jüngerer Parteimitglieder (bis 29/30 J.) seit 1970 (in % aller Mitglieder)

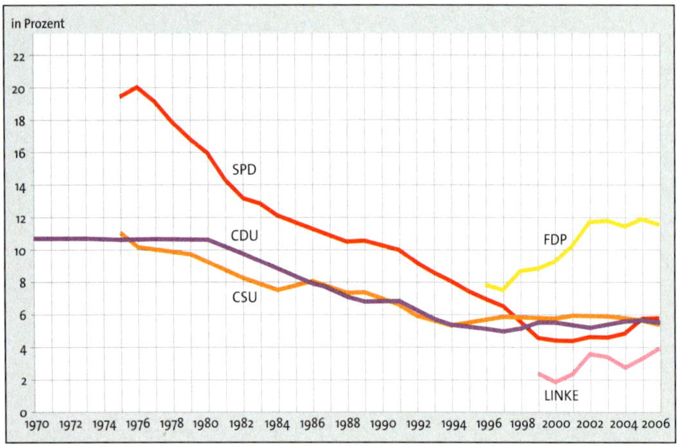

(Oskar Niedermayer: Parteimitglieder in Deutschland: Version 2007. Arbeitshefte aus dem OSZ, Nr. 11, FU Berlin 2007; http://www.polwiss.fu-berlin.de/osz/dokumente/PDF/AHOSZ11.pdf)

Abb. 3: Parteimitglieder nach Alter 1991 – 2007
(Prozentsatz der bis 29-Jährigen/Prozentsatz der über 60-Jährigen)

	1991	1996	2001	2007
CDU	6,8/29,6	5,1/36,0	5,3/44,0	5,1/48,0
SPD	9,9/25,2	6,9/28,3	4,4/39,2	5,8/46,7
CSU	6,5/26,8	5,8/46,7	5,9/38,8	5,5/42,7
FDP		7,8/25,3[1]	10,1/32,5	10,7/34,9
Grüne				12,6/11,5[2]
Linke			2,3/68,3	3,9/68,1

[1] Daten erst ab 1996 verfügbar;
[2] Daten 2007 erstmals verfügbar

(www.polwiss.fu-berlin.de/osz/dokumente/PDF/ahosz13.pdf, S. 4)

Für **2008** wurden die Anteile der bis zu 30-Jährigen/über 60-Jährigen wie folgt angegeben: CDU: 6,1/46,5; SPD: 6,7/45,5; CSU: 5,2/43,7; FDP: 12,1/32,8 (keine Angaben für GRÜNE und LINKE)

M 4 Gründe und Konsequenzen der „Jungmitgliederkrise" der Parteien

- Die Daten belegen: Das Durchschnittsalter der Christdemokraten liegt bei 56 Jahren, die Sozialdemokraten sind durchschnittlich 58 Jahre alt. Diese Zahlen beziehen sich auf das vergangene Jahr [2008], Stichtag war der 31. Dezember. Die Anzahl der Senioren unter den Parteimitgliedern, also der über 60-Jährigen, hat sich seit den 1990er-Jahren ständig gesteigert. Diese – neudeutsch auch „Generation Silber" genannten – Parteimitglieder gehören in der CDU und der Partei Die Linke mittlerweile zur größten Altersgruppe. Auffallend ist, dass der Anteil der unter 30-Jährigen in den großen Volksparteien CDU, CSU und SPD nur bei rund sechs Prozent liegt, dagegen bei der FDP doppelt so hoch, bei mehr als zwölf Prozent (vgl. Abb. 3).
- Dabei seien Jugendliche gar nicht so parteiverdrossen, wie gerne behauptet wird, sagt Professor Niedermayer: „Junge Leute haben heutzutage mehr Möglichkeiten, sich politisch zu organisieren, als früher, müssen dabei allerdings nicht mehr einer Partei beitreten, sondern wählen öfter andere Organisationen aus." Und sie haben immer weniger Freizeit, die sie immer häufiger anders nutzen möchten als mit Parteiarbeit. „Viele Jugendliche wollen sich nicht längerfristig an eine Parteiorganisation binden, sie sind organisationsabstinent." Das sei ein weiterer Grund für diese Zahlen.

Sich politisch in einer Partei zu engagieren, bedeutet Zeit und langfristige Verbundenheit aufzubringen. Es hat den Anschein, als würden Jugendliche davon abgeschreckt. Für die Parteien bedeutet das viel Mobilisierungsarbeit. Alle Parteien versuchten derzeit händeringend, neue und vor allem junge Mitglieder zu werben, sagt Oskar Niedermayer. Denn im schlimmsten Fall würden die Parteien ohne Nachwuchs und mit weiterem Mitgliederschwund ihre gesellschaftliche Verankerung verlieren und damit das Gespür für die Nöte und Sorgen der Bürger.

Seit acht Jahren untersucht Niedermayer [...] jährlich die Daten über Parteimitglieder. Die Informationen erhält er von den Parteizentralen. Ein Problem für die großen Parteien ist neben dem zunehmenden Alter – wie auch dem Mangel an Frauen – der Verlust an Mitgliedern allgemein, erläutert Niedermayer: „Die großen Parteien werden kleiner, während die anderen Parteien, wie FDP und Grüne, Mitglieder gewinnen."

[...] Mit durchschnittlich 40 Jahren, so belegen die Zahlen der Untersuchung an der Freien Universi-

Zu wenig Zeit?

Mangelnde Partizipation ist eher darauf zurückzuführen, dass den Jugendlichen angesichts der vielfältigen Notwendigkeiten und Möglichkeiten, sich für und damit auch gegen etwas zu entscheiden, oft keine Zeit mehr für „zusätzliches" Engagement bleibt. Privates Lebensumfeld, Freunde, Partner und Familie auf der einen, Bildung, Beruf und Arbeit auf der anderen Seite liegen bei steigender Tendenz ganz oben in der Wichtigkeitsskala. Organisation, Ausgestaltung und Sicherung der sozialen und wirtschaftlichen Teilhabe prägen somit zunehmend das Leben der jungen Menschen.

(Wolfgang Gaiser/Johann de Rijke, Gesellschaftliche Beteiligung der Jugend, in: Aus Politik und Zeitgeschichte B 44/2001, S. 15) tät, treten derzeit in Deutschland die meisten Menschen einer Partei bei. Die Zeiten, als Parteien ständig wuchsen und junge Menschen aufgrund der Familientradition schon mit 16 oder 18 Jahren beitraten, sind laut Niedermayer lange vorüber.

- Die Parteien haben das Problem längst erkannt. Mit Schnuppermitgliedschaften, geringeren Beiträgen und „jugendbezogenen Themen" möchten sie ihre Attraktivität steigern. „Sie versuchen ihr Möglichstes, um neue Mitglieder zu gewinnen", sagt Niedermayer. Gegen die Verlagerung der Freizeitaktivitäten beispielsweise auf die neuen Medien sowie alternative politische Organisationen, denen Jugendliche immer häufiger beitreten, gebe es kein Patentrezept. „Es gibt Anzeichen dafür, dass die Talsohle erreicht ist und sich der Mitgliederschwund nicht weiter beschleunige", meint Niedermayer. Genaueres wird sich im nächsten Jahr zeigen, wenn an der Freien Universität wieder die neuesten Zahlen ausgewertet werden.

(http://www.fu-berlin.de/presse/publikationen/tsp/2009/ts_20090905/ts_20090905_61/index.html)

1. Beschreiben Sie, welche Entwicklung sich im Hinblick auf die Zahl der „Jungmitglieder" in den Parteien seit den 1960er-Jahren vollzogen hat (M 3, Abb. 2), und vergleichen Sie dazu auch die gesamte Mitgliederentwicklung (Abb. 1). Klären Sie im Gespräch mit Ihrer Lehrerin/Ihrem Lehrer, worauf die „überschäumende Eintrittswelle" (Z. 7) in den 1970er-Jahren zurückzuführen war.
2. Vergleichen Sie den Anteil der Parteimitglieder unter den 16- bis 24-Jährigen mit dem unter der wahlberechtigten Bevölkerung (M 3, Z. 10 ff.).
3. Im Text (Z. 23 f.) heißt es, dass von einem allgemeinen starken Rückgang der Parteimitgliedschaft Jugendlicher nicht die Rede sein kann. Beschreiben Sie dazu die Entwicklung bei den einzelnen Parteien (Abb. 2). Auf welche Teilentwicklung (welche Partei) ist die „Jungmitgliederkrise" insgesamt in starkem Maße zurückzuführen?
4. Erläutern Sie die in M 4 (Z. 9 – 16 und Kasten) angesprochenen Gründe für die „Parteienabstinenz" Jugendlicher und nehmen Sie aus Ihrer Sicht dazu Stellung.
5. Die „Parteienabstinenz" der Jugend hat Konsequenzen für die Altersstruktur der Parteien. Beschreiben Sie, wie sich die Anteile der Jugendlichen in den einzelnen Parteien entwickelt haben (M 3, Abb. 3), und vergleichen Sie dazu die Anteile der über 60-Jährigen. Werden die Parteien „immer älter"?
6. Überlegen Sie: Welche Konsequenzen ergeben sich aus der Parteienabstinenz der Jugend, zum einen im Hinblick auf die Berücksichtigung der Interessen Jugendlicher (wenn z. B. in einer Partei rd. die Hälfte aller Mitglieder über 60 Jahre alt sind) und zum anderen für die Entwicklung und politische Bedeutung der Parteien selbst (vgl. M 4, Z. 18 ff. und M 5, Z. 20 ff.)?
7. Wie schätzen Sie die in M 4 (Z. 35 ff.) angesprochenen Maßnahmen der Parteien ein? Was müsste sich aus Ihrer Sicht ändern (ggf. auch bei den Jugendlichen selbst)?
8. Verfassen Sie eine eigene kurze schriftliche Stellungnahme zum Thema „Warum ich mir eine Mitgliedschaft in einer Partei bzw. der Jugendorganisation einer Partei (nicht) vorstellen kann".

M 5 „Parteienabstinenz" bedeutet nicht „Parteienverdrossenheit"

Im Gegensatz zu vielen vorschnellen Pauschalurteilen über das Verhältnis der Jugend zu den Parteien ergab unsere Analyse ein sehr differenziertes Bild. Die wesentliche Unterscheidung, die getroffen werden muss, ist die zwischen Verhalten und Orientierungen. Im Verhaltensbereich kann aufgrund des äußerst geringen Prozentsatzes der parteipolitisch organisierten Jugendlichen und des wesentlich höheren Rekrutierungsgrades der Gesamtbevölkerung[1] durchaus von einer deutlichen Parteienabstinenz der Jugend gesprochen werden, die sich im Zeitverlauf noch verschärft hat. Allerdings betrifft dies die einzelnen Parteien in recht unterschiedlichem Maße. [...] Dass die Abstinenz der Jugend gegenüber den Parteiorganisationen nicht mit Parteienverdrossenheit gleichgesetzt werden darf, hat die Analyse der Parteienorientierungen eindrucksvoll gezeigt. Von einer weitverbreiteten und zunehmenden Parteienverdrossenheit der Jugend kann keine Rede sein. Parteienverdrossen ist nur ein verschwindend geringer und sich im Zeitverlauf nicht verändernder Anteil der Jugendlichen. Zudem fallen die generellen Orientierungen der

[1] Für 2005 wurde der Anteil der *Jugendlichen* (16- bis 24-Jährigen), die parteipolitisch organisiert waren, auf weniger als 0,5 % geschätzt (1990: 0,75 %). Bezogen auf die *gesamte wahlberechtigte Bevölkerung* waren 2007 2,3 % in Parteien organisiert (1990: 3,8 %). Näheres zum „Mitgliederschwund" der Parteien s. M 3.

Jugend gegenüber den politischen Parteien im Vergleich zu den Erwachsenen insgesamt deutlich positiver aus (vgl. Grafik).
Für die viel beschworene Krise der deutschen Parteiendemokratie durch die Parteienverdrossenheit weiter Kreise der Bevölkerung und insbesondere der Jugend konnte unsere Analyse keine empirischen Belege finden. Vielmehr zeichnet sich die deutsche Bevölkerung durch eine in Teilen durchaus kritische, aber nicht pauschalisierend-negative Einstellung gegenüber den Parteien aus. Allerdings sind nur wenige Erwachsene und noch viel weniger Jugendliche dazu bereit, sich durch eine Mitgliedschaft dauerhaft an eine der Parteien zu binden (s. M 4). Die deutliche Unterrepräsentation der Jugend in den Parteien birgt die Gefahr einer inadäquaten [zu geringen] Berücksichtigung ihrer Interessen im Rahmen der innerparteilichen Willensbildung. Da die Parteien immer noch im Zentrum des politischen Prozesses stehen, wäre die Jugend gut beraten, ihre durchaus vorhandene Partizipationsbereitschaft wieder stärker an den Parteien auszurichten, und die Parteien selbst sollten, um ihre gesellschaftliche Anbindung nicht zu verlieren, alles tun, um die Jugend wieder verstärkt an sich zu binden.

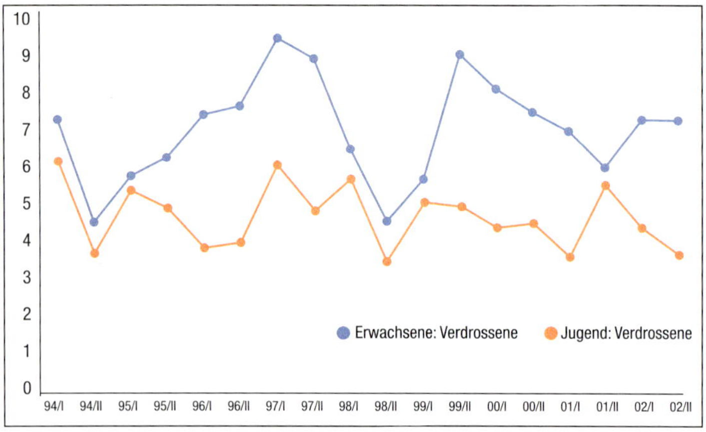

Abbildung: Parteienverdrossenheit bei Jugendlichen und Erwachsenen (in %)

Der dargestellten Entwicklung liegt eine Unterscheidung nach vier „Orientierungstypen" zugrunde: „Begeisterte" (positive Beurteilung aller Bundestagsparteien), „Wohlwollende" (durchschnittlich positive Beurteilung), „Skeptiker" (durchschnittlich neutrale oder negative Beurteilung), „Verdrossene" (keine Partei wird positiv bewertet). Bei den Jugendlichen lag der Anteil der „Wohlwollenden" zwischen 1994 und 2002 mit leichten Schwankungen bei ca. 45 % (Erwachsene ca. 36 %), der der „Skeptiker" bei 35 % (Erwachsene ca. 42 %).

Quelle: Eigene Berechnungen mit Daten der Forschungsgruppe Wahlen.

(Oskar Niedermayer, Jugend und Parteien, in: Edeltraud Roller/Frank Brettschneider/Jan W. van Deth [Hg.], Jugend und Politik: „Voll normal!". Der Beitrag der politischen Soziologie zur Jugendforschung, VS Verlag für Sozialwissenschaften, Wiesbaden 2006, S. 286–288)

1 M 5 setzt sich mit der Kritik an der „Parteienverdrossenheit" Jugendlicher auseinander. Erläutern Sie, welche Unterscheidung zwischen „Parteienverdrossenheit" und „Parteienabstinenz" gesehen wird und wie der „Indikator*" für das Ausmaß von „Parteienverdrossenheit" konstruiert ist (Anmerkung zur Grafik).

2 Fassen Sie das differenzierte Bild zusammen, das sich im Hinblick auf „Parteienverdrossenheit" insgesamt und auf „Pauschalurteile über das Verhältnis der Jugend zu den Parteien" ergibt. Analysieren Sie dazu auch die Darstellung der Grafik.

M 6 Sinkende Wahlbeteiligung – Systemkrise oder Normalisierung?

Die Beteiligung der Bürgerinnen und Bürger der Bundesrepublik Deutschland an den Wahlen hat seit 1949 auf allen Ebenen des politischen Systems tendenziell abgenommen: In den letzten 14 Jahren hat sich die Nichtwählerzahl mehr als verdoppelt. Im internationalen Vergleich ist die Wahlbeteiligung in Deutschland immer noch relativ hoch, für die deutschen Verhältnisse bewegt sie sich jedoch auf einem ungewohnt niedrigen Niveau. [Der Nichtwähleranteil betrug bei den jeweils letzten Parlamentswahlen in Italien 57,3 %, in Frankreich 40,01 %, in Großbritannien 38,7 %, in Österreich 21,2 %.] Bei der Bundestagswahl 2009 lag der Nichtwähleranteil bei 29,2 Prozent.
Die Diskussion um die Wahlbeteiligung ist keineswegs entschieden. Die einen sehen in der sinkenden Quote eine zunehmende Delegitimierung [Verlust von Anerkennung und Unterstützung] der Parteien bzw. des gesamten politischen Systems. Sie interpretieren die sinkende Wahlbeteiligung als Ausdruck von Protest. Als Ursachen werden genannt:

- Parteien- und Politikverdrossenheit,

Abb. 1

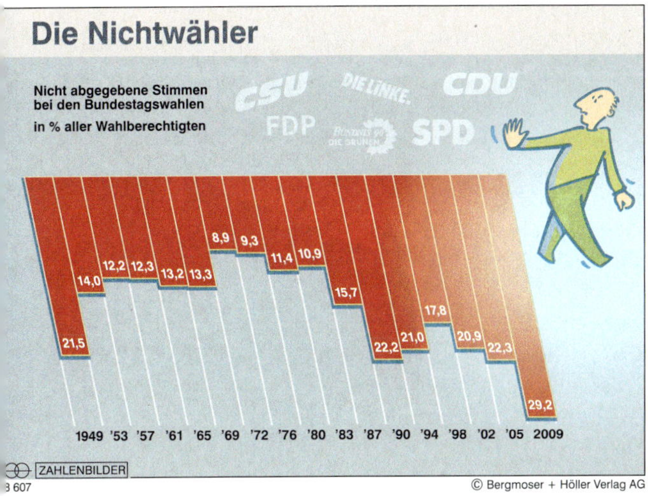

- Unzufriedenheit mit dem politischen System,
- soziale und wirtschaftliche Unzufriedenheit.

Wählen gilt nicht mehr als „Bürgerpflicht", Parteibindungen nehmen ab. Die Zahl derer, die sich unabhängig und kurzfristig entscheiden, steigt indes von Wahl zu Wahl.

Für andere wiederum ist eine niedrigere Wahlbeteiligung ein Zeichen für Zufriedenheit. So spiegelt die sinkende Wahlbeteiligung – folgt man dieser Argumentation – einen Normalisierungstrend wider.

Die empirischen* Befunde bewegen sich dabei auf zwei Ebenen. Zunächst zeigt der Vergleich mit der momentanen Situation in anderen Demokratien, dass die deutschen Beteiligungsquoten keineswegs in bedrohlicher Weise abgenommen haben. Im Allgemeinen wird vielmehr hervorgehoben, dass inzwischen auch die Deutschen ihre „Untertanenmentalität" der Fünfzigerjahre abgebaut und alte Werte hierbei an Bedeutung verloren haben. Dies gilt natürlich auch für die sogenannte Wahlpflicht. Die Modernisierungs- und die Individualisierungsprozesse* schlagen auf das Wahlverhalten durch. Nichtwahl, Protestwahl und Parteienwechsel werden durchaus zu akzeptierten Alternativen.

Abb. 2

Abb. 3: Wahlbeteiligung bei der Bundestagswahl 2009 nach Geschlecht und Altersgruppen

Altersgruppen	Wahlbeteiligung		
	Insgesamt	Männer in %	Frauen
unter 21	63,0	63,2	62,7
21–25	59,1	59,4	58,9
25–30	61,2	60,3	62,0
30–35	65,1	64,2	65,9
35–40	68,9	68,0	69,9
40–45	72,4	71,6	73,2
45–50	73,2	72,6	73,8
50–60	74,8	74,3	75,2
60–70	80,0	80,4	79,7
70 und mehr	72,8	78,4	69,1

(www.bundeswahlleiter.de)

Weiterhin gelang es inzwischen, Nichtwählertypen zu identifizieren und vorsichtig zu quantifizieren. Neben den Verdrossenen, mit der Politik Unzufriedenen, existieren Gruppen, in deren Leben Politik kaum oder lediglich eine geringe Rolle spielt, etwa saturierte Mittelschichten, junge Individualisten oder auch gesellschaftliche Randgruppen.

Der Anstieg der Nichtwahl hat seine Gründe: 52 Prozent der Bevölkerung sagten 2008, dass sie unzufrieden mit der Demokratie seien. Auch sinkt das Vertrauen in die etablierten politischen Institutionen. So haben 66 Prozent der Bevölkerung wenig bzw. gar kein Vertrauen mehr in die Bundesregierung. Und die Parteien rangieren mit einem Misstrauensvorschuss von 82 Prozent gar am unteren Ende der politischen Institutionen.

(Karl Rudolf Korte, Wahlen in Deutschland, Bundeszentrale für politische Bildung, Bonn 2009, S. 114 f.)

Abb. 4

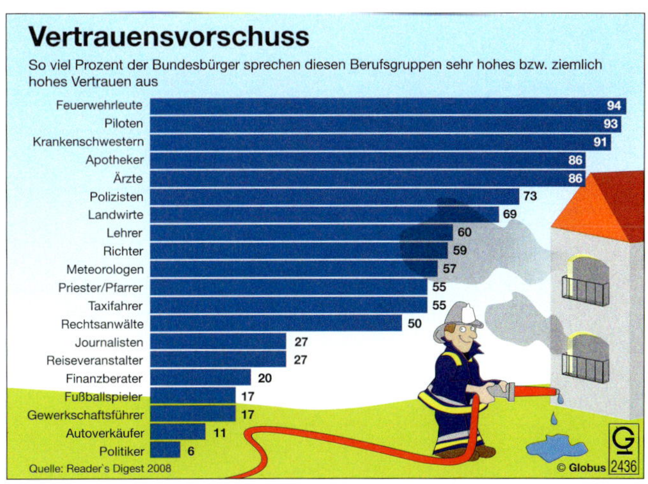

Abb. 5

Abb. 6

1. Beschreiben Sie die Entwicklung der Wahlbeteiligung bei Bundestagswahlen (M 6, Abb. 1) und erklären Sie, warum nach der Bundestagswahl 2009 allenthalben heftig darüber diskutiert wurde, dass das politische System massiv an Zustimmung und Anerkennung verliere.

2. Erläutern Sie mit eigenen Worten die beiden unterschiedlichen Beurteilungen der sinkenden Wahlbeteiligung in der Politikwissenschaft. Welcher Beurteilung neigen Sie aus Ihrer Sicht zu?

3. Erläutern Sie etwas näher die angegebenen Ursachen für die Zunahme des „Nichtwähler"-Anteils bei Bundestagswahlen.
   - Was bedeutet der Hinweis auf den gesellschaftlichen Prozess der „Individualisierung*" (s. Glossar) und inwiefern wirkt er sich darauf aus, dass von vielen offenbar die Beteiligung an Wahlen nicht mehr als „Bürgerpflicht" angesehen wird?
   - Erörtern Sie diese Frage aus Ihrer Sicht: Würden Sie, wenn Sie schon wahlberechtigt wären und morgen Bundestagswahl wäre, sich (nicht) an der Wahl beteiligen? Welche Gründe wären für Ihre Entscheidung maßgeblich?

4. Überprüfen Sie anhand von Abb. 3 die Berechtigung der Aussage, dass jüngere Wahlberechtigte sich weniger an der Wahl beteiligen als ältere.

5. Im letzten Abschnitt wird auf die Unzufriedenheit mit der Politik und das fehlende Vertrauen der Bevölkerung in Parteien und Politiker als Ursache der sinkenden Wahlbeteiligung hingewiesen. Vergleichen Sie dazu Abb. 4 und versuchen Sie eine Erklärung für das Befragungsergebnis zu finden.

6. Interpretieren Sie die Darstellung der Karikaturen (Abb. 3, 5, 6). Was wollen Sie jeweils zum Ausdruck bringen? Wie beurteilen Sie die jeweilige Aussageabsicht?

II Die demokratische Ordnung des Grundgesetzes der Bundesrepublik Deutschland

1. Grundlagen und Gestaltungsprinzipien der politischen Ordnung

M 7 **Das weiß doch jeder, oder?**

Quiz
für Einsteiger: 5-mal A plus 5-mal B plus 5-mal C

Vielleicht haben Sie im Politikunterricht schon eine ganze Reihe von Merkmalen der Demokratie in Deutschland kennengelernt. Vielleicht wissen Sie auch einiges, das Sie außerhalb von Schule und Unterricht erfahren haben. Mithilfe dieses Quizes können Sie testen, was Sie noch wissen oder was Sie schon wissen. Hilfreich kann es auch sein, wenn Sie das Grundgesetz (Abkürzung: GG) zur Hand nehmen (im Internet: http://www.bundestag.de/dokumente/rechtsgrundlagen/grundgesetz/gg.html).
Tipp: Einzelarbeit mit anschließender Besprechung im Kurs.

1. *Staatsoberhaupt* der Bundesrepublik Deutschland ist
(A) der Bundeskanzler,
(B) der Bundespräsident,
(C) der Bundestagspräsident.

2. Die gewählte *Volksvertretung* der Bürgerinnen und Bürger in Deutschland ist
(A) der Bundestag,
(B) der Bundesrat,
(C) der Landtag.

3. Nach Artikel 63 GG wird der deutsche *Bundeskanzler*
(A) vom Volk direkt gewählt,
(B) vom Bundestag gewählt,
(C) vom Bundespräsidenten bestimmt.

4. Nach dem Artikel 38 GG gehört folgendes Merkmal nicht unbedingt zu einer *demokratischen Wahl*:
(A) Wahlen sind frei,
(B) Wahlen sind geheim,
(C) es besteht Wahlpflicht.

5. Bei welcher Wahl ist die Zahl der wahlberechtigten Bürgerinnen und Bürger am kleinsten?
(A) bei der Kommunalwahl,
(B) bei der Landtagswahl,
(C) bei der Bundestagswahl.

6. Nach Artikel 38 GG sind die *Abgeordneten* des Deutschen Bundestages
(A) verpflichtet, sich strikt an die Beschlüsse ihrer Partei zu halten;
(B) an die Aufträge und Weisungen ihrer Wähler gebunden;
(C) nur ihrem Gewissen unterworfen.

7. *Wahlen* zum Deutschen Bundestag finden
(A) alle vier Jahre,
(B) alle fünf Jahre,
(C) alle sechs Jahre statt.

8. Die Partei oder die Parteien, die in einem *Parlament* in der Minderheit sind, bilden
(A) die Fraktion,
(B) die Opposition,
(C) die Exekutive.

9. Im Artikel 21 GG ist als wichtigste *Aufgabe der politischen Parteien* festgelegt:
(A) Die Parteien arbeiten daran, die Zahl ihrer Wählerinnen und Wähler zu vergrößern.
(B) Die Parteien legen in Parteiprogrammen fest, welche politischen Ziele sie verwirklichen wollen.
(C) Die Parteien wirken an der politischen Willensbildung des Volkes mit.

10. Eine vom Bundestag verabschiedete Regelung, an die alle Staatsbürger sich halten müssen, nennt man
(A) ein Gesetz,
(B) einen Regierungsbeschluss,
(C) eine Verordnung.

11. Die *Bundesregierung* besteht aus
(A) dem Bundeskanzler und den Ministerpräsidenten der Länder;
(B) dem Bundespräsidenten, dem Bundeskanzler und den Ministern;
(C) dem Bundeskanzler und den Ministern.

12. Nach Artikel 50 GG wirken die 16 *Bundesländer* an der Gesetzgebung des Bundes mit
(A) durch den Bundespräsidenten,
(B) durch den Bundesrat,
(C) durch die Landesregierungen.

13. Nach Artikel 54 GG wird alle fünf Jahre der Bundespräsident gewählt
(A) vom Volk,
(B) vom Bundestag,
(C) von der Bundesversammlung.

14. Einen Zusammenschluss von zwei oder mehreren Parteien in einem Parlament mit dem Ziel, eine regierungsfähige Mehrheit zu bilden, nennt man
(A) eine Fraktion,
(B) eine Koalition,
(C) eine Opposition.

15. Zur Staatsform der demokratischen Republik gehört auf keinen Fall, dass
(A) das Staatsoberhaupt ein König oder eine Königin ist;
(B) das Volk in regelmäßigen Abständen das Parlament wählt;
(C) alle Staatsgewalt vom Volk ausgeht.

Das Quiz ist richtig gelöst, wenn die Antworten A, B und C jeweils fünfmal vorkommen.

(Wolfgang Mattes [Hg.], Team, Band 3, Schöningh Verlag, Paderborn 1999, S. 158)

M 8 Das Grundgesetz

Abstimmung über das Grundgesetz im Parlamentarischen Rat am 8.5.1949

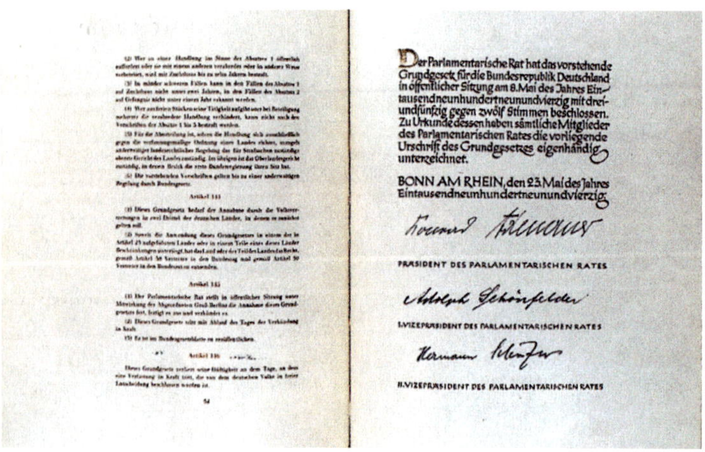

Der Parlamentarische Rat hat das vorstehende Grundgesetz für die Bundesrepublik Deutschland in öffentlicher Sitzung am 8. Mai des Jahres Eintausendneunhundertneunundvierzig mit dreiundfünfzig gegen zwölf Stimmen beschlossen. Zu Urkunde dessen haben sämtliche Mitglieder des Parlamentarischen Rates die vorliegende Urschrift des Grundgesetzes eigenhändig unterzeichnet.

BONN AM RHEIN, den 23. Mai des Jahres Eintausendneunhundertneunundvierzig.

PRÄSIDENT DES PARLAMENTARISCHEN RATES

I. VIZEPRÄSIDENT DES PARLAMENTARISCHEN RATES

II. VIZEPRÄSIDENT DES PARLAMENTARISCHEN RATES

Die Grundlage für unser Gemeinwesen, für die politische Arbeit und politische Entscheidungen in Deutschland bildet seit Gründung der Bundesrepublik 1949 das „Grundgesetz“, das vom „Parlamentarischen Rat“* erarbeitet und am 23. Mai 1949 von seinem Präsidenten, dem späteren Bundeskanzler Konrad Adenauer, unterschrieben wurde (s. Abb.). Mit der Auflösung der (ebenfalls 1949 gegründeten) DDR* gilt es seit dem 3.10.1990 auch in den fünf ostdeutschen Ländern. Auch in anderen Demokratien gibt es vergleichbare fundamentale Gesetze, man bezeichnet sie oft als „Verfassung“. Gemeinsam ist allen Verfassungen, dass sie die Grundzüge der politischen Ordnung eines Landes dauerhaft festlegen. Sie begrenzen die Machtfülle staatlicher Entscheidungen gegenüber den Bürgern und ihr Kern darf auch durch Mehrheitsabstimmung nicht verändert werden. Unsere Verfassung umfasst 146 „Artikel“. Doch ein wesentlicher Teil ist bereits in zwei Artikeln enthalten, den Artikeln 1 und 20. Neben der Gliederung des Staates in Länder und deren Recht bei der Mitwirkung an Gesetzen sind diese beiden Artikel der *Kern unserer Verfassung, der nicht geändert werden darf* (vgl. M 9 b).

(Autorentext)

M 9 a Am Anfang stehen die Menschenrechte

Als *Grundrechte* bezeichnet man die in unserer Verfassung, dem Grundgesetz, niedergelegten und durch die Verfassung garantierten Rechte jedes Einzelnen insbesondere in seinem Verhältnis zum Staat. Die Grundrechte sollen vor allem den Freiheitsspielraum des Einzelnen sichern und ihn vor staatlichen Übergriffen schützen („Freiheitsrechte“ und „Abwehrrechte“). Die Staatsgewalt ist in allen Handlungen und Entscheidungen an die Grundrechte gebunden. Wie die geschichtliche Erfahrung, z. B. in der Zeit des Nationalsozialismus*, zeigt, sind die Grundrechte nichts Selbstverständliches. Sie beeinflussen den Alltag jedes Einzelnen und das Zusammenleben aller in Staat und Gesellschaft.
Bei den Grundrechten kann man unterscheiden zwischen allgemeinen *Menschenrechten* und Bürgerrechten. Menschenrechte gelten für alle Menschen, unabhängig von ihrer Rasse, ihrer

Artikel 1
(1) Die Würde des Menschen ist unantastbar. Sie zu achten und zu schützen ist Verpflichtung aller staatlichen Gewalt.
(2) Das Deutsche Volk bekennt sich darum zu unverletzlichen und unveräußerlichen Menschenrechten als Grundlage jeder menschlichen Gemeinschaft, des Friedens und der Gerechtigkeit in der Welt.
(3) Die nachfolgenden Grundrechte binden Gesetzgebung, vollziehende Gewalt und Rechtsprechung als unmittelbar geltendes Recht.

Staatsangehörigkeit usw.; sie sind „überstaatliche", zur Natur des Menschen gehörende, dem Menschen sozusagen angeborene Rechte. Das Grundgesetz weist auf dieses Verständnis hin, indem es zu Beginn (Art. 1, Abs. 1, Satz 1) die *Menschenwürde* als „unantastbar" bezeichnet und sich zu den „unverletzlichen und unveräußerlichen Menschenrechten als Grundlage jeder menschlichen Gemeinschaft" bekennt. Wichtige Menschenrechte sind z. B. das Recht auf Leben und körperliche Unversehrtheit, das Recht auf die freie Entfaltung der Persönlichkeit, die Glaubensfreiheit und die Meinungsfreiheit.

Neben den Menschenrechten enthält das Grundgesetz auch Grundrechte, die nur deutschen Staatsbürgern zustehen und die daher auch als *Bürgerrechte* bezeichnet werden; während die Formulierung der Menschenrechte mit den Worten beginnt: „Jeder hat das Recht ...", beginnt die Nennung der Bürgerrechte mit den Worten „Alle Deutschen haben das Recht ...".
Die Bürgerrechte werden in Artikel 8 (Versammlungsfreiheit), 9 (Vereinigungsfreiheit), 11 (Freizügigkeit) und 12 (Berufsfreiheit) aufgeführt.
Über den „Grundrechtskatalog" (Art. 1–19 GG) hinaus enthält das Grundgesetz als weitere Grundrechte noch das Widerstandsrecht (Art. 20, Abs. 4), das Wahlrecht (Art. 38) und bestimmte Rechte im Rahmen der Rechtsprechung und des Gerichtswesens (Art. 101, 103, 104).

(Politik 2, Schöningh Verlag, Paderborn 2007, S. 239)

Auszüge aus dem Grundgesetz: wichtige Grundrechte

Artikel 2 (Allgemeines Freiheitsrecht)
(2) Jeder hat das Recht auf Leben und körperliche Unversehrtheit. Die Freiheit der Person ist unverletzlich. In diese Rechte darf nur aufgrund eines Gesetzes eingegriffen werden.

Artikel 3 (Gleichheit vor dem Gesetz)
(1) Alle Menschen sind vor dem Gesetz gleich.
(2) Männer und Frauen sind gleichberechtigt. Der Staat fördert die tatsächliche Durchsetzung der Gleichberechtigung von Frauen und Männern und wirkt auf die Beseitigung bestehender Nachteile hin.
(3) Niemand darf wegen seines Geschlechtes, seiner Abstammung, seiner Rasse, seiner Sprache, seiner Heimat und Herkunft, seines Glaubens, seiner religiösen oder politischen Anschauungen benachteiligt oder bevorzugt werden. Niemand darf wegen seiner Behinderung benachteiligt werden.

Artikel 4 (Glaubens- und Gewissensfreiheit)
(1) Die Freiheit des Glaubens, des Gewissens und die Freiheit des religiösen und weltanschaulichen Bekenntnisses sind unverletzlich.
(2) Die ungestörte Religionsausübung wird gewährleistet.

Artikel 5 (Meinungsfreiheit)
(1) Jeder hat das Recht, seine Meinung in Wort, Schrift und Bild frei zu äußern und zu verbreiten und sich aus allgemein zugänglichen Quellen zu unterrichten. Die Pressefreiheit und die Freiheit der Berichterstattung durch Rundfunk und Film werden gewährleistet. Eine Zensur findet nicht statt.
(2) Diese Rechte finden ihre Schranken in den Vorschriften der allgemeinen Gesetze, den gesetzlichen Bestimmungen zum Schutze der Jugend und in dem Recht der persönlichen Ehre.

Artikel 8 (Versammlungsfreiheit)
(1) Alle Deutschen haben das Recht, sich ohne Anmeldung oder Erlaubnis friedlich und ohne Waffen zu versammeln.
(2) Für Versammlungen unter freiem Himmel kann dieses Recht durch Gesetz oder aufgrund eines Gesetzes beschränkt werden.

Artikel 9 (Vereinigungs- und Koalitionsfreiheit)
(1) Alle Deutschen haben das Recht, Vereine und Gesellschaften zu bilden.
(2) Vereinigungen, deren Zwecke oder deren Tätigkeit den Strafgesetzen zuwiderlaufen oder die sich gegen die verfassungsmäßige Ordnung oder gegen den Gedanken der Völkerverständigung richten, sind verboten.

Artikel 11 (Freizügigkeit)
(1) Alle Deutschen genießen Freizügigkeit im gesamten Bundesgebiet.

Artikel 12 (Berufsfreiheit)
(1) Alle Deutschen haben das Recht, Beruf, Arbeitsplatz und Ausbildungsstätte frei zu wählen.

1 Erläutern Sie mit eigenen Worten, was man unter einer Verfassung versteht und welche Bedeutung das Grundgesetz für die politische Ordnung der Bundesrepublik Deutschland hat (M 8).

2 Erklären Sie den Bedeutungsunterschied zwischen Grundrechten, Menschenrechten und Bürgerrechten (M 9 a).

3 Untersuchen Sie die Liste der im Kasten (S. 19) aufgeführten Grundrechte. Welche davon haben den Charakter von Menschenrechten, welche sind Bürgerrechte?

4 Dass es bei jedem der aufgeführten Rechte um etwas geht, was für uns alle und für unser alltägliches Leben von ganz konkreter Bedeutung sein kann, können Sie verdeutlichen, indem Sie konkrete Beispiele zu nennen versuchen, in denen jemand das betr. Recht in Anspruch nimmt oder in denen dieses Recht verletzt wird.

M 9 b Der „Kern der Verfassung" – Gestaltungsprinzipien der politischen Ordnung

Die im Folgenden aufgeführten drei Artikel des Grundgesetzes enthalten die grundlegenden Prinzipien, nach denen unser politisches System gestaltet ist. Wir wollen sie – es sind im Wesentlichen vier: Demokratie, Bundesstaat, Sozialstaat, Rechtsstaat – in den Materialien M 10 bis M 13 jeweils etwas näher erläutern.

Artikel 20:
(1) Die Bundesrepublik Deutschland ist ein demokratischer und sozialer Bundesstaat.
(2) Alle Staatsgewalt geht vom Volke aus. Sie wird vom Volke in Wahlen und Abstimmungen und durch besondere Organe der Gesetzgebung, der vollziehenden Gewalt und der Rechtsprechung ausgeübt.
(3) Die Gesetzgebung ist an die verfassungsmäßige Ordnung, die vollziehende Gewalt und die Rechtsprechung sind an Gesetz und Recht gebunden.
(4) Gegen jeden, der es unternimmt, diese Ordnung zu beseitigen, haben alle Deutschen das Recht zum Widerstand, wenn andere Abhilfe nicht möglich ist.

Artikel 28:
(1) Die verfassungsmäßige Ordnung in den Ländern muss den Grundsätzen des republikanischen, demokratischen und sozialen Rechtsstaates im Sinne dieses Grundgesetzes entsprechen. In den Ländern, Kreisen und Gemeinden muss das Volk eine Vertretung haben, die aus allgemeinen, unmittelbaren, freien, gleichen und geheimen Wahlen hervorgegangen ist. In Gemeinden kann an die Stelle einer gewählten Körperschaft die Gemeindeversammlung treten.

Artikel 79:
(1) Das Grundgesetz kann nur durch ein Gesetz geändert werden, das den Wortlaut des Grundgesetzes ausdrücklich ändert oder ergänzt. [...]
(2) Ein solches Gesetz bedarf der Zustimmung von zwei Dritteln der Mitglieder des Bundestages und zwei Dritteln der Stimmen des Bundesrates.
(3) Eine Änderung dieses Grundgesetzes, durch welche die Gliederung des Bundes in Länder, die grundsätzliche Mitwirkung der Länder bei der Gesetzgebung oder die in den Artikeln 1 und 20 niedergelegten Grundsätze berührt werden, ist unzulässig.

M 10 Wir sind eine Demokratie

M 10 a „Repräsentative" Demokratie

Der Verfassungsgrundsatz, dass alle Staatsgewalt vom Volke ausgeht (Art. 20 Abs. 2 Satz 1), konstituiert keine Selbstregierung des Volkes im Sinne einer unvermittelten Identität von Regierenden und Regierten („direkte Demokratie"). [...] Ausgehend vom Prinzip der Volkssouveränität* hat das GG eine bestimmte Form *repräsentativer Demokratie* verfasst, deren Grundstruktur gemäß Artikel 79 Absatz 3 unabänderlich ist (s. M 9 b). Hiernach wird die im Volke wurzelnde Staatsgewalt vom Volke (nur) in Wahlen und Abstimmungen sowie durch besondere Organe der Gesetzgebung, der vollziehenden Gewalt und der Rechtsprechung ausgeübt (Art. 20 Abs. 2). [...]
Im demokratischen Verfassungsstaat des GG ist also zu unterscheiden zwischen Trägerschaft und Ausübung der Staatsgewalt. Das Volk ist Subjekt der verfassungsgebenden Gewalt, und von ihm geht die ganze Fülle der verfassten Staatsgewalt aus (Art. 20 Abs. 2 Satz 1). Indessen wird die Staatsgewalt, abgesehen von Wahlen und Abstimmungen, nicht vom Volk unmittelbar ausgeübt.
Sie wird vielmehr „durch besondere Organe der Gesetzgebung, der vollziehenden Gewalt und der Rechtsprechung" *repräsentativ* für das Volk* ausgeübt. Das GG hat sich bewusst zugunsten einer repräsentativen (parlamentarischen) Ausformung des demokratischen Prinzips entschieden (vgl. Abb. S. 21).

(Rudolf Weber-Fas, Wörterbuch zum Grundgesetz, Klett-Cotta, Stuttgart 1993, S. 88 ff.)

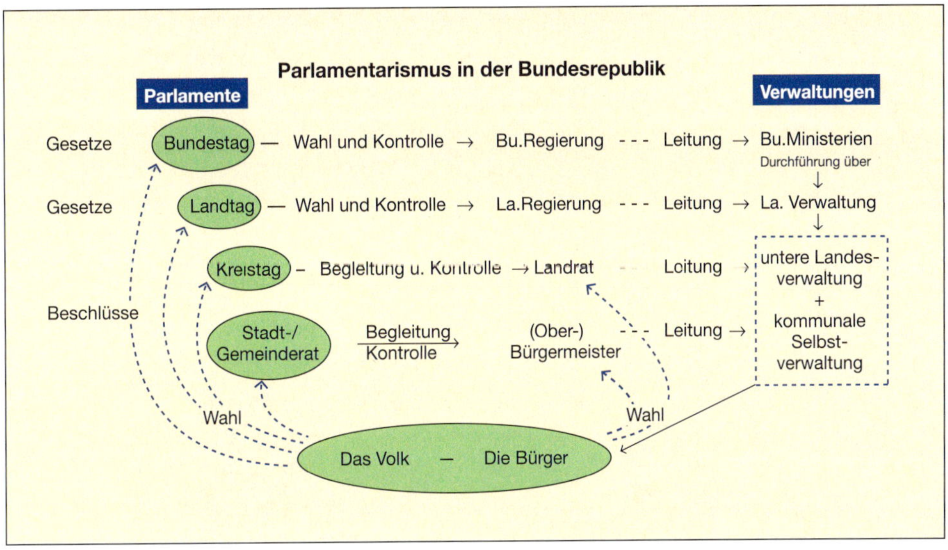

(Politik verstehen – Demokratie bejahen, Klaus Rothe, ISBN 3-7892-8034-8, Olzog Verlag GmbH, München)

M 10 b Die Bedeutung von Wahlen für die repräsentative Demokratie

Wahlen sind die *einfachste* Form politischer Beteiligung. Für die Mehrheit der Bürger sind sie die einzige Form der direkten Teilnahme am politischen Prozess. Alle anderen Arten von Partizipation sind mit einem deutlich höheren Aufwand verbunden.

Wahlen sind die *wichtigste* Form politischer Beteiligung in der Demokratie. Ohne Wahlen ist Demokratie nicht denkbar. Durch Wahlen wird die politische Führung bestimmt und der politische Kurs der nächsten Legislaturperiode festgelegt.

Wahlen sind das *wirksamste* Instrument demokratischer Kontrolle: Wenn die Wähler mit der Politik der Regierenden unzufrieden sind, können sie diese abwählen und einen Machtwechsel herbeiführen.

(Horst Pötzsch, Die deutsche Demokratie, hg. von der Bundeszentrale für politische Bildung, Bonn, 4. Aufl. 2005, S. 32)

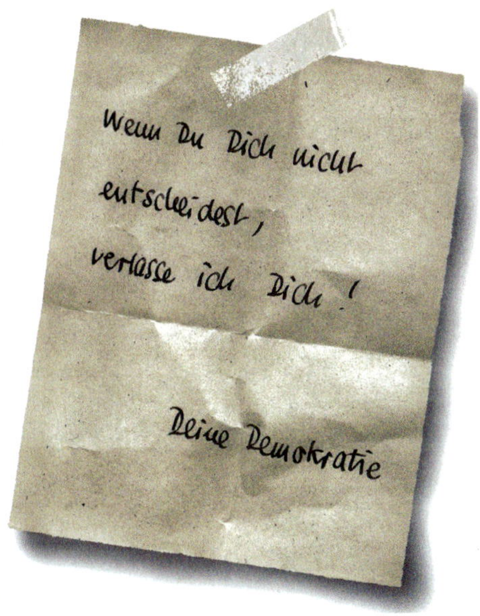

(Aktion der Zeitungen 1994. © Chris Kohl/Dirk Siebenhaar, Twice Advertising GmbH, Wiesbaden. Vorlage: Regionalpresse, Frankfurt/M., Veranstalter des jährlichen TZ Kreativ-Wettbewerbs)

M 10 c Bestehende Möglichkeiten der politischen Beteiligung

Die Bundesrepublik Deutschland ist nach der Verfassungsordnung und der politischen Praxis grundsätzlich eine repräsentative* Demokratie. Die Möglichkeiten der politischen Beteiligung sind folgendermaßen geregelt:

- auf *Bundesebene* im Wahlrecht (Art. 20 u. 38 GG) und im Parteienparagraphen (Art. 21 GG);
- auf *Landesebene* in den Landesverfassungen: Alle Bundesländer haben neben dem Wahlrecht zum Landesparlament auch die Möglichkeit zum Volksentscheid (s. M 10 d);
- auf *Gemeindeebene* in den Gemeindeordnungen: Neben dem Wahlrecht zum Stadt- oder Gemeinderat gibt es sehr unterschiedlich geregelte Möglichkeiten von Bürgerversammlung, Bürgerbegehren und Bürgerentscheid (vgl. M 10 d); in manchen Bundesländern werden die Bürger- bzw. Oberbürgermeister direkt vom Volk gewählt (M 10 a, Abb. S. 21);

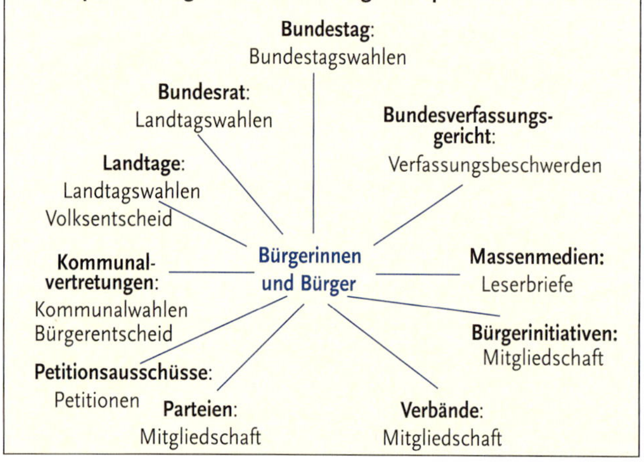

Partizipationsmöglichkeiten der Bürger am politischen Prozess

- dazu kommen auf allen Ebenen die Mitwirkungsmöglichkeiten in Parteien und Verbänden, die im Parteiengesetz und in Partei- und Verbandssatzungen formal festgelegt sind, und Beteiligungsmöglichkeiten über Meinungs- und Pressefreiheit, Versammlungsfreiheit etc.

(Karin Herzig/Ute Kessner-Amman [Hg.], Politik im Wandel, Kursstufe I, Schöningh Verlag, Paderborn 2006, S. 27)

1. Erläutern Sie die Bedeutung des Prinzips der Volkssouveränität als des zentralen Merkmals jeder Demokratie (M 10 a).
2. Inwiefern hat das Grundgesetz dies Prinzip mit dem der „repräsentativen" Herrschaft verbunden? Was bedeutet die Unterscheidung zwischen „Trägerschaft und Ausübung der Staatsgewalt" (Z. 8 f.)?
3. Inwiefern sind freie Wahlen für eine repräsentative Demokratie von entscheidender Bedeutung? Interpretieren Sie dazu auch die Darstellung der Abbildung. (M 10 b)
4. Beschreiben Sie, inwiefern das Demokratiemodell des Grundgesetzes nicht nur auf der Ebene des Bundes, sondern auf allen staatlichen Ebenen zum Tragen kommt (M 10 a, Grafik). Machen Sie sich mit den Bezeichnungen für die Volksvertretungen (Parlamente) auf den verschiedenen Ebenen vertraut, und stellen Sie fest, welche Unterschiede es bei den Wahlen auf den beiden unteren Ebenen gibt.
5. Im Grundgesetz heißt es, dass das Volk die Staatgewalt in Wahlen „und Abstimmungen" ausübt. Was unterscheidet beide Instrumente unter dem Aspekt direkte – indirekte Demokratie? Stellen Sie fest, worauf das Grundgesetz (Art. 29) „Abstimmungen" beschränkt hat (http://www.bundestag.de/dokumente/rechtsgrundlagen/grundgesetz/gg.html).
6. Verschaffen Sie sich einen Überblick über die in Deutschland bestehenden Möglichkeiten der politischen Beteiligung (Partizipation) (M 10 c). Auf die auf der Ebene der Länder bestehenden Möglichkeiten „direkter Demokratie" (Volksbegehren, Volksentscheid) gehen wir in M 10 d etwas näher ein.

M 10 d Direkte Demokratie in den Bundesländern – Beispiel Nordrhein-Westfalen

Artikel 68 (Fn 14 a)

(1) Volksbegehren können darauf gerichtet werden, Gesetze zu erlassen, zu ändern oder aufzuheben. Dem Volksbegehren muss ein ausgearbeiteter und mit Gründen versehener Gesetzentwurf zugrunde liegen. Ein Volksbegehren ist nur auf Gebieten zulässig, die der Gesetzgebungsgewalt des Landes unterliegen, über Finanzfragen, Abgabengesetze und Besoldungsordnungen ist ein Volksbegehren nicht zulässig. Über die Zulässigkeit entscheidet die Landesregierung. Gegen die Entscheidung ist die Anrufung des Verfassungsgerichtshofes zulässig. Das Volksbegehren ist nur rechtswirksam, wenn es von mindestens 8 vom Hundert der Stimmberechtigten gestellt ist.

(2) Das Volksbegehren ist von der Landesregierung unter Darlegung ihres Standpunktes unverzüglich dem Landtag zu unterbreiten. Entspricht der Landtag dem Volksbegehren nicht, so ist binnen zehn Wochen ein Volksentscheid herbeizuführen. Entspricht der Landtag dem Volksbegehren, so unterbleibt der Volksentscheid. [...]

(4) Die Abstimmung kann nur bejahend oder verneinend sein. Es entscheidet die Mehrheit der abgegebenen Stimmen, sofern diese Mehrheit mindestens 15 vom Hundert der Stimmberechtigten beträgt.

(5) Die Vorschriften des Artikels 31 Abs. 1 bis 3 über das Wahlrecht und Wahlverfahren finden auf das Stimmrecht und das Abstimmungsverfahren entsprechende Anwendung. Das Nähere wird durch Gesetz geregelt.

(Verfassung des Landes Nordrhein-Westfalen; http://www.landtag.nrw.de/portal/WWW/GB_II/II.2/Gesetze/Verfassung_NRW.jsp)

	Landesebene				Kommunale Ebene	
	Volksbegehren		Volksentscheid			
Bundesland	Unterschriften-quorum	Eintragungsfrist Amt (A) oder frei (F)	Zustimmungs-quorum einfaches Gesetz	Zustimmungs-quorum verfassungs-änderndes Gesetz	Bürgerbegehren (% der Stimm-bürger); „Unter-schriftenhürde“	Bürgerentscheid (Zustimmungs-quorum = % der Stimmbürger)
Nordrhein-Westfalen	8 %	8 Wochen (A)	15 %	50 % Beteili-gungsquorum und 2/3-Mehr-heit	zwischen 3 und 10 % je nach Gemeindegröße	20 %

(http://www.mehr-demokratie.de/409.html und http://www.mehr-demokratie.de/287.html)

Demonstration für die Einführung von Volksabstimmungen am 13.3.2003 (eine Aktion von Mehr Demokratie e.V.)

Die Initiative „Mehr Demokratie“ setzt sich für Volksabstimmungen auch auf Bundesebene ein. Sie wirbt dafür – u. a. auch mit einem konkreten Verfahrensvorschlag – auf ihrer Internetseite www.mehr-demokratie.de, auf der man auch Informationen über die unterschiedlichen Positionen der Parteien zu dieser Forderung findet (www.mehr-demokratie.de/debatte.html).

Auf der Seite http://mehr-demokratie.de/fileadmin/md/pdf/positionen/pos04.pdf finden sich eine Zusammenstellung der wesentlichen Argumente, die gegen die Einführung von Volksabstimmungen auf Bundesebene vorgetragen werden, und eine eingehende Auseinandersetzung damit.

1 Informieren Sie sich über die in Nordrhein-Westfalen vorgesehenen Möglichkeiten „direktdemokratischer“ Mitbestimmungsmöglichkeiten auf Landesebene (Volksbegehren/Volksentscheid) und auf der Ebene der Kommunen (Bürgerbegehren/Bürgerentscheid). Machen Sie sich den Verfahrensablauf und die rechtlichen Bedingungen (v. a. im Hinblick auf die notwendigen „Quoren“ = Beteiligungszahlen für Antragstellung, Durchführung und Zustimmung) klar.

2 In allen übrigen Bundesländern gibt es ähnliche (im Einzelnen leicht unterschiedliche) Regelungen zur „Volksgesetzgebung“ wie in NRW. Eine entsprechende Übersicht bietet der Verein „Mehr Demokratie“ auf seiner Internetseite www.mehr-demokratie.de.

3 Auf die Diskussion über die Aufnahme „direktdemokratischer“ („plebiszitärer“) Elemente auf Bundesebene in das Grundgesetz können wir hier nicht näher eingehen. Nutzen Sie ggf. das Informationsangebot der Initiative „Mehr Demokratie“ (s. Text zum Foto).

M 11 Wir sind ein Bundesstaat

M 11 a „Föderalismus"

Die Bundesrepublik Deutschland wird von Ländern gebildet (s. Abb.), die eigene Regierungen und Kompetenzen haben. Sie ist ein **Bundesstaat** und verkörpert damit das Prinzip des **Föderalismus** (von lat. foedus – Bund, Bündnis). Der Bund ist allein zuständig u. a. für die Außenpolitik, die Verteidigungspolitik und die Währungspolitik. Gemeinsam mit den Ländern ist er zuständig u. a. für die Wirtschafts-, Sozial-, Verkehrs-, Umwelt- und Wohnungspolitik. Die Mitwirkung der Länder an der Gesetzgebung des Bundes erfolgt im **Bundesrat**, der sich aus den Vertretern der Länderregierungen zusammensetzt. Die Befugnisse der Länder berühren das tägliche Leben der Bürger unmittelbar. Die Länder haben ihre eigenen Verfassungen und Parlamente (Landtage), sie bestimmen nach eigenen Gesetzen über das Schulwesen oder über das Polizeirecht und haben eine eigene Verwaltung. Dazu verfügen die Länder über beträchtliche Einnahmen. In die Länderkassen fließen u. a. Kraftfahrzeugsteuer und Grunderwerbssteuer*. Von der Lohn- und Einkommensteuer* und der Mehrwertsteuer* erhalten sie Anteile.

(Autorentext)

M 11 b Vor- und Nachteile der föderalistischen Ordnung

Die Verfechter eines Zentralstaates führen *gegen die föderalistische Ordnung* ins Feld:

- Der Bundesstaat ist zu kompliziert. Der Entscheidungsprozess ist schwerfällig. Bund und Länder müssen langwierige Verhandlungen führen, bis es endlich zu Entscheidungen kommt, die oft nur mühsame Kompromisse darstellen.
- Der Bundesstaat ist unübersichtlich. Das Zusammenwirken im Föderalismus mit den vielen formellen und informellen Gremien verwischt die klare Abgrenzung der Kompetenzen und lässt Entscheidungsprozesse undurchschaubar werden. Damit werden die demokratischen Prinzipien der Öffentlichkeit und Transparenz [Durchschaubarkeit] unterlaufen.
- Der Bundesstaat hat unterschiedliche Lebensverhältnisse zur Folge. Diese Situation kann für die betroffenen Bürger lästig sein, zum Beispiel verschiedene Schulsysteme, die bei Wohnortwechsel für die Kinder nachteilig sein können.

Folgende Gesichtspunkte sprechen *für die föderalistische Ordnung:*

- Der Bundesstaat beschränkt die Machtkonzentration im Zentralstaat. [...] Im föderalistischen System sind die staatlichen Aufgaben zwischen Bund und Ländern aufgeteilt. Sie müssen zusammenwirken und kontrollieren sich damit gegenseitig. [...]
- Der Bundesstaat ermöglicht mehr politische Beteiligung. Die Wähler können von ihrem Stimmrecht doppelt Gebrauch machen, nicht nur alle vier Jahre bei der Wahl zum Bundesparlament, sondern auch bei der Wahl zum Landesparlament.
- Der Bundesstaat mit seiner Gliederung in kleinere überschaubarere Einheiten sichert mehr Bürgernähe. Das politische Engagement der Bürgerinnen und Bürger wird erleichtert, und ihre Interessen werden wirksamer wahrgenommen, wenn nicht alles von einer fernen Zentrale bestimmt wird, sondern wenn Entscheidungen von Politikern und Verwaltung getroffen werden, die mit den regionalen Verhältnissen vertraut und für die Menschen leichter erreichbar sind. [...]
- Der Bundesstaat verbessert die Chancen der Opposition. Sie kann in den Ländern, in denen sie die Regierung stellt, politische Alternativen zur Bundesregierung anbieten und ihre Regierungsfähigkeit unter Beweis stellen.

- Der Bundesstaat ist eine gerade Deutschland angemessene Staatsform. Im Laufe seiner Geschichte haben sich vielfältige landsmannschaftliche und kulturelle Unterschiede und Traditionen herausgebildet. [...] Diese Vielfalt würde in einem Einheitsstaat mit der Anziehungskraft seiner Metropole [Hauptstadt] verkümmern.

(Horst Pötzsch, Die deutsche Demokratie, Bundeszentrale für politische Bildung, Bonn 2009, S. 22 f.)

1. Machen Sie deutlich, was man unter dem Prinzip des „Föderalismus" versteht und in welchen konkreten Aspekten es in der Bundesrepublik sichtbar und greifbar wird. Erläutern Sie dazu etwas näher die Bereiche *Schulwesen* und *Polizei*. – Auf den Bundesrat und seine Mitwirkung an der Gesetzgebung des Bundes gehen wir in M 20 näher ein.

2. Nicht selten werden die Auswirkungen, die mit dem „Föderalismus" in verschiedenen Bereichen verbunden sind, kritisiert und beklagt. Erläutern Sie die dazu aufgeführten Kritikpunkte und die Gesichtspunkte, die für die föderalistische Ordnung sprechen (M 11 b). Nehmen Sie aus Ihrer Sicht zu dieser Diskussion Stellung.

M 12 Wir sind ein Sozialstaat

M 12 a Was das „Sozialstaatsprinzip" besagt

Im Grundgesetz wird ausdrücklich betont: „Die Bundesrepublik Deutschland ist ein demokratischer und sozialer Bundesstaat" (Art. 20 Abs. 1). Und nach Art. 28 Abs. 1 muss die verfassungsmäßige Ordnung in den Ländern „den Grundsätzen des republikanischen demokratischen und sozialen Rechtsstaates im Sinne des Grundgesetzes entsprechen." Ähnliche Regelungen finden sich in den meisten Landesverfassungen. Das hier formulierte **Sozialstaatsgebot** ist zwar inhaltlich unbestimmt – legt also nicht fest, welche sozialpolitischen Leistungen in welcher Höhe und Reichweite erforderlich sind –, aber in seiner Rechtsprechung hat das Bundesverfassungsgericht das Sozialstaatsprinzip mehrfach als Verpflichtung des Staates interpretiert, für einen Ausgleich der sozialen Gegensätze und für eine gerechte Sozialordnung zu sorgen und die Existenzgrundlagen der Bürger zu sichern und zu fördern.
Neben diesem ausdrücklichen, wenngleich allgemeinem Gebot zum sozialen Handeln enthält das Grundgesetz weitere Artikel, die den Staat auf bestimmte soziale Grundwerte verpflichten. Von sozialpolitischer Bedeutung sind vor allem:
- Art. 1 Abs. 1, der die Unantastbarkeit der Würde des Menschen betont. Hieraus leitet sich die Verpflichtung des Staates ab, jedem Bürger das Existenzminimum zu sichern.
- Art. 3, der mit seinen Gleichheitssätzen den Staat verpflichtet, Ungleichbehandlungen abzubauen oder zu vermeiden. Dieser Passus hat in den zurückliegenden Jahren vor allem dazu beigetragen, dass Frauen im Sozial-, Arbeits- und Tarifrecht Männern gleichgestellt worden sind. Zugleich hat er Anlass zur Ausweitung der Behindertenpolitik gegeben.
- Art. 6, der in Abs. 1 Ehe und Familie unter den besonderen Schutz der staatlichen Ordnung stellt und in Abs. 5 nichteheliche Kinder den ehelichen gleichstellt. Die wegweisenden familienorientierten Steuer- und Rentenrechtsurteile des Bundesverfassungsgerichtes der letzten Jahre basieren auf diesem Artikel.

(Gerhard Bäcker/Gerhard Naegele/Reinhard Bispinck/Klaus Hofemann/Jennifer Neubauer, Sozialpolitik und soziale Lage in Deutschland, Bd. 1: Grundlagen, Arbeit, Einkommen und Finanzierung, VS Verlag für Sozialwissenschaften, Wiesbaden, 4. Aufl. 2008, S. 72 f.)

M 12 b Sozialleistungen – „soziale Sicherung" und „sozialer Ausgleich"

Die **soziale Sicherung** besteht aus den verschiedenen Zweigen der gesetzlichen Pflichtversicherung (Sozialversicherung*) für alle abhängig Beschäftigten zur Sicherung gegen die Risiken von Arbeitslosigkeit, Krankheit, Arbeitsunfähigkeit, Pflegebedürftigkeit und Alter (s. M 58, S. 205 f.). Hinzu kommen die Sozialhilfe*, eine staatliche Hilfe zur Sicherung des Existenzminimums für sozial Schwache, und die *Grundsicherung für Arbeitssuchende* (Arbeitslosengeld II*/Hartz IV). Der

soziale Ausgleich soll u. a. dadurch erreicht werden, dass Bezieher höherer Einkommen einen höheren Prozentsatz an Steuern an den Staat abführen müssen als geringer Verdienende, und durch verschiedene Unterstützungsleistungen, auf die vor allem Familien unter bestimmten Voraussetzungen Anspruch haben (z. B. Kindergeld*, Erziehungsgeld*, Wohngeld*). **Soziale Gerechtigkeit** ist Ziel und Maßstab der gesamten Sozialpolitik, kann aber im Einzelfall nicht genau bestimmt werden und ist daher nicht immer konkrete Wirklichkeit. (Autorentext)

1 Erläutern Sie, aus welchen Aussagen des Grundgesetzes (vgl. M 10) das „Sozialstaatsprinzip" abgeleitet wird und welche allgemeine Zielsetzung politischer Maßnahmen („Sozialpolitik") sich nach der Rechtsprechung des Bundesverfassungsgerichts daraus ergibt. (M 12 a, Z. 1 ff.)

2 Welche im Grundgesetz enthaltenen „sozialen Grundwerte" sind darüber hinaus von „sozialpolitischer Bedeutung"? (Z. 11 ff.)?

3 Beschreiben Sie, was mit den beiden Bereichen der „sozialen Sicherung" und des „sozialen Ausgleichs" gemeint ist, die sich in der Bundesrepublik als Ausgestaltung des Sozialstaatsprinzips und der Sozialpolitik herausgebildet haben. Eine ausführliche Darstellung der in M 12 b angesprochenen Bereiche des Sozialleistungssystems, seiner Bedeutung für die soziale Marktwirtschaft, seiner Finanzierung und Entwicklung erfolgt in Teil C dieses Arbeitsbuches (M 57 ff., S. 203 ff.).

M 13 Wir sind ein Rechtsstaat

M 13 a Die Hauptzielrichtungen des Rechtsstaates

Der Begriff Rechtsstaat will die *Rechtsbindung des Staates* an verfassungsmäßig erlassene Gesetze und die *Machtbegrenzung des Staates* durch Verfassung, anderes Gesetzesrecht und die sittliche Idee der Gerechtigkeit zum Ausdruck bringen. Unter Staat ist dabei all das zu verstehen, was sich inhaltlich als Ausübung staatlicher Gewalt darstellt. [...] Damit ist deutlich gemacht, dass „Rechtsstaat" ein „außergewöhnlich vielseitiges" (Herzog) Postulat [Erfordernis] ist, welches mehrere Hauptzielsetzungen verfolgt:

Die eine Hauptzielsetzung ist die der **Freiheitssicherung** des Einzelmenschen und der Vereinigungen von Menschen *gegenüber dem Staat*. Diese Zielsetzung findet ihre Fortsetzung und Konkretisierung in den *Grund- und Menschenrechten* (s. M 9 a und M 13 c).

Die zweite Zielsetzung ist die der **Rechtsgleichheit**, konkretisiert in dem Gedanken, dass *Gesetze für alle gleich* gelten sollen und dass *alle Bürger vor dem Gesetz gleich* sein sollen, wobei zur Vermeidung von Missverständnissen hinzuzufügen ist: Nur tatsächlich Gleiches ist gleich zu behandeln, Ungleiches darf seiner tatsächlichen Ungleichheit entsprechend auch rechtlich ungleich behandelt werden.

Die dritte Hauptzielsetzung ist das Gebot der **Rechtssicherheit**, der Messbarkeit des staatlichen Handelns. Zu dieser Zielsetzung gehören das Prinzip des *Vertrauensschutzes* (d. h., der Staat muss von ihm geschaffene Vertrauenstatbestände anerkennen), das *Verbot rückwirkender Gesetze*, die Forderung der *Klarheit der Gesetze* und das *Übermaßverbot* (d. h., der Staat darf nur dort in die Freiheit der Bürger eingreifen, wo dies erforderlich ist, und nur in dem Umfang, in welchem der Eingriff nicht außer Verhältnis zu dem verfolgten Zweck steht: Gebot der *Verhältnismäßigkeit*).

Die vierte Hauptzielsetzung der Rechtsstaatlichkeit ist die der **Gewaltenteilung** im funktionellen und institutionellen Sinne: Die verschiedenen Staatsfunktionen (Gesetzgebung, Regierung und Verwaltung, Rechtsprechung) sollen durch institutionell getrennte Staatseinrichtungen ausgeübt werden (s. M 14 ff.).

(Gerhard W. Wittkämper, Rechtsstaat. In: W. Mickel [Hg.], Handlexikon zur Politikwissenschaft, Ehrenwirth, München 1986, S. 431)

M 13 b „Formale" und „materielle" Rechtsstaatlichkeit

Erfahrungen zeigten, dass die bloße Bindung der Staatsgewalt an das Gesetz, der nur formale Gesetzesstaat, keinen Schutz vor staatlicher Willkür bietet. Das nationalsozialistische* Herrschaftssystem kleidete seine Unrechtsmaßnahmen formal in Gesetze, vom Ermächtigungsgesetz* bis zu den Rassengesetzen*, und zerstörte damit den Rechtsstaat. In der DDR* herrschte die „sozialistische Gesetzlichkeit“, in der das Recht dazu diente, den Willen der Partei zu vollstrecken. Die bloß formale Bindung der Staatsgewalt an das Gesetz reicht offensichtlich nicht aus, um den Rechtsstaat zu bewahren. Hinzutreten muss die inhaltliche Bindung an eine höherrangige Wertordnung [...]. Das formale Prinzip des Gesetzesstaates muss ergänzt werden durch das inhaltliche, materielle Rechtsstaatsprinzip. Nach dem Grundgesetz ist die Würde des Menschen der oberste Grundwert, dem alle staatliche Gewalt verpflichtet ist (s. M 13 c).

(Horst Pötzsch [= M 10 b], S. 26)

Wenn beispielsweise ein Parlament, das durch positives [von Menschen „gesetztes“] Recht zur Gesetzgebung befugt ist, mittels Gesetz einer ethnischen* Minderheit im Lande das Bleibe-, Eigentums- oder gar Lebensrecht entzieht, so wird derlei innerhalb eines rein formalen Rechtsstaatsdenkens als rechtens gelten, von der Exekutive als geltendes Recht vollzogen und von den Gerichten ihren Urteilen zugrunde gelegt werden. Völlig legal werden Menschen dann vertrieben, enteignet oder umgebracht. Da innerhalb eines formalen Rechtsstaats die Inhalte des Rechts völlig frei wählbar sind, solange nur die Formen des Rechts und der Rechtsetzung eingehalten werden, kann nach einem politischen Umbruch somit unverfroren oder besten (Untertanen-) Gewissens geglaubt werden: ‚Was gestern (formales) Recht war, kann doch heute nicht Unrecht sein: und was heute als Unrecht *gilt*, war das gestern *wirklich* noch nicht!‘
Wie weit diese Sackgasse bis in den Bereich bösartigen und verbrecherischen Handelns reichen kann, ist unschwer der deutschen Geschichte zu entnehmen. Mitglieder des nationalsozialistischen* Volksgerichtshofs oder der Geheimen Staatspolizei rechtfertigten sich später, nur im Rahmen der Gesetzeslage geurteilt und gehandelt zu haben und also schuldlos zu sein. Natürlich beriefen sich Jahrzehnte später auch die DDR-Richter und die Mitarbeiter des Ministeriums für Staatssicherheit [„Stasi“] darauf, nur die geltende sozialistische* Gesetzlichkeit angewandt zu haben – um vom guten Gewissen des beiden Diktaturen zuarbeitenden Gefängnispersonals und aller sonstigen willigen Helfer ganz zu schweigen.

(Werner J. Patzelt, Einführung in die Politikwissenschaft, Wissenschaftsverlag Richard Rothe, Passau, 6. Aufl. 2007, S. 266)

M 13 c Die Achtung der Menschenwürde und die Grund- und Menschenrechte sichern die materielle Rechtsstaatlichkeit

Die Würde der menschlichen Persönlichkeit, die **Menschenwürde**, ist eine aus der biblisch-christlichen Tradition und der Rechts- und Sozialphilosophie der demokratischen Verfassungsstaaten stammende Bezeichnung für den jedem Menschen zukommenden inneren und gesellschaftlichen Wert- und Achtungsanspruch. Die Idee der Menschenwürde hat ihre Wurzeln in der antiken Philosophie, die die Würde des (freien) Menschen in seiner Vernunft und in der Freiheit des Willens sieht, und im jüdisch-christlichen Menschenbild, dem zufolge dem Menschen ein besonderer Eigenwert daraus erwächst, dass er als Ebenbild Gottes geschaffen wurde. In den demokratischen Verfassungsstaaten gilt die Menschenwürde als oberste Norm. So wird im Grundgesetz die Würde des Menschen für „unantastbar“ erklärt (Art. 1 I) und ihre Achtung und ihr Schutz sind unbedingte „Verpflichtung aller staatlichen Gewalt“ (Art. 1 I GG).

(Manfred G. Schmidt, Wörterbuch zur Politik, Alfred Kröner Verlag, Stuttgart 2004, S. 443)

„Die Würde des Menschen ist unantastbar“. Mit diesem seinem ersten Satz (Art. 1 [1]) beruft sich das Grundgesetz auf einen „vorstaatlichen“, jeder staatlichen Ordnung vorausliegenden Wert, aus dem die dann folgenden Grund- und Menschenrechte (s. M 10) hergeleitet werden.
Die wichtigsten, im Folgenden aufgeführten Grundrechte verkörpern die Freiheitssicherung als die erste Zielrichtung der rechtsstaatlichen Ordnung (s. M 13 a). Sie lassen sich unterscheiden nach sog. „Abwehrrechten“ gegenüber dem Staat, die den Einzelnen vor staatlichen Übergriffen schützen (Beispiel: Unverletzlichkeit der Wohnung), und nach demokratischen „Mitwirkungsrechten“ (Beispiel: Meinungsfreiheit).

1. freie Entfaltung der *Persönlichkeit*, körperliche *Unversehrtheit* (Art. 2 Abs. 1, 2).
2. *Freiheit* der Person (Art. 2 Abs. 2 Satz 2 und Art. 104).
3. *Gleichheit* aller Menschen vor dem Gesetz (Art. 3 Abs. 1).
4. *Gleichberechtigung* von Mann und Frau (Art. 3 Abs. 2).
5. keine Benachteiligung wegen *Geschlecht*, *Rasse*, Sprache, Heimat, Herkunft, *Glauben*, religiöser und politischer Anschauung (Art. 3 Abs. 3).
6. *Glaubens-, Bekenntnis- und Gewissensfreiheit* (Art. 4 Abs. 1, 2).
7. Freiheit der *Meinungsäußerung* (Art. 5).

8. *Versammlungsfreiheit* (Art. 8).
9. *Vereinigungsfreiheit* (Art. 9).
10. Unverletzlichkeit des *Brief- und Postgeheimnisses* (Art. 10).
11. *Freizügigkeit* (Art. 11).
12. Freie Arbeitsplatz- und *Berufswahl* (Art. 12).
13. *Unverletzlichkeit der Wohnung* (Art. 13).
14. Gewährleistung von *Eigentum* und *Erbrecht* (Art. 14).
15. *Auslieferungsverbot*, Asylrecht (Art. 16 Abs. 2).

(Autorentext)

1 Das Prinzip des Rechtsstaates entfaltet sich in vier Zielrichtungen. Erläutern Sie diese anhand von M 13 a und halten Sie die jeweils wichtigsten Aspekte stichwortartig in einer Übersicht fest. In den folgenden Materialien werden die beiden Zielrichtungen „Freiheitssicherung durch Grundrechte" (M 13 c) und „Gewaltenteilung" (M 14) näher erläutert.

2 Machen Sie den Unterschied zwischen einer bloß „formalen" und einer „materiellen" (inhaltlich gesicherten) Rechtsstaatlichkeit deutlich. Zu welchen Konsequenzen kann es führen, wenn Rechtsstaatlichkeit allein durch die Existenz beschlossener („positiver" = gesetzter) Gesetze gegeben wäre?

3 Erläutern Sie im Unterrichtsgespräch und ggf. mithilfe Ihres Lehrers/Ihrer Lehrerin, inwiefern das System des Nationalsozialismus* und die frühere DDR* trotz vorhandener gesetzlicher Ordnung nach allgemeiner Auffassung keine Rechtsstaaten waren.

4 Inwiefern handelt es sich bei der in Art. 1 des Grundgesetzes verankerten „Würde des Menschen" um den Kernbegriff einer höherrangigen (überstaatlichen) Wertordnung? (M 13 c, Kasten)

5 Ordnen Sie die in M 13 c aufgeführten Grundrechte den beiden Bereichen „Abwehrrechte" und „Mitwirkungsrechte" zu.

M 13 d Rechtsstaatlichkeit konkret

Alles, was staatliche Behörden in Deutschland tun, ist an Recht und Gesetz gebunden. Staatliche Willkür ist ausgeschlossen [Art. 20 (3) GG].
Für die staatliche Verwaltung, also z. B. für eine staatliche Schule oder das Finanzamt, gilt: Sie muss gesetzmäßig sein, darf also nicht ohne gesetzliche Grundlage handeln oder gar mit ihrem Handeln gegen Verfassung und Gesetze verstoßen (*Grundsatz der Gesetzmäßigkeit*). Insbesondere muss sie auch die Grundrechte achten, die dem Bürger in der Verfassung garantiert sind. Alles staatliche Handeln muss ferner der Situation angemessen sein. Wenn der Staat eingreift, darf er nicht überreagieren. Ein Falschparker darf von der Polizei nicht gleich eingesperrt werden (*Grundsatz der Verhältnismäßigkeit*). Der Bürger, der sich von staatlichem Handeln verletzt fühlt, kann in unserem Rechtsstaat unabhängige Gerichte zu seinem Schutz anrufen [Art. 19(4), Art. 93(4a) GG].

Zum Rechtsstaat gehört ferner die *Rechtssicherheit*. Der Einzelne muss sich auf die bestehenden Gesetze verlassen können, er muss vorhersehen können, welche rechtlichen Folgen sein Handeln hat. Im Rechtsstaat gibt es ferner umfangreiche *Garantien bei einem Freiheitsentzug*: Wer von der Polizei vorläufig festgenommen wird, muss unverzüglich, spätestens am folgenden Tage, einem Richter vorgeführt werden, und nur der darf eine weitere Freiheitsentziehung (= Haft) anordnen. Wer im Gefängnis sitzt, darf weder körperlich noch seelisch misshandelt werden [Art. 104 GG]. Kommt es zur Gerichtsverhandlung, so hat der Angeklagte Anspruch auf ein faires Verfahren und muss sich angemessen verteidigen können. Sondergerichte sind unzulässig [Art. 101, 103 GG].

(Bundeszentrale für politische Bildung, pocket politik – Demokratie in Deutschland, Bonn, Ausgabe 2006, S. 98 f.; Verf: Eckart Thurich)

M 13 e Die Bedeutung der Verwaltungsgerichte und des Bundesverfassungsgerichts

Damit Rechtsstaatlichkeit nicht allein ein Programm oder ein wenig verbindliches Ziel bleibt, braucht ein Staat ein System von *unabhängigen Gerichten*, deren Urteile allein auf Recht und Gesetz beruhen, keineswegs aber von den jeweiligen Inhabern der Staatsmacht oder sonstiger politischer Macht beeinflusst werden können. Besonders wichtig sind dabei die Verwaltungsgerichtsbarkeit und die Verfassungsgerichtsbarkeit. Vor *Verwaltungsgerichten* kann auch der einfache Bürger seine Regierung und deren Behörden wegen vermuteten Rechtsbruchs verklagen,

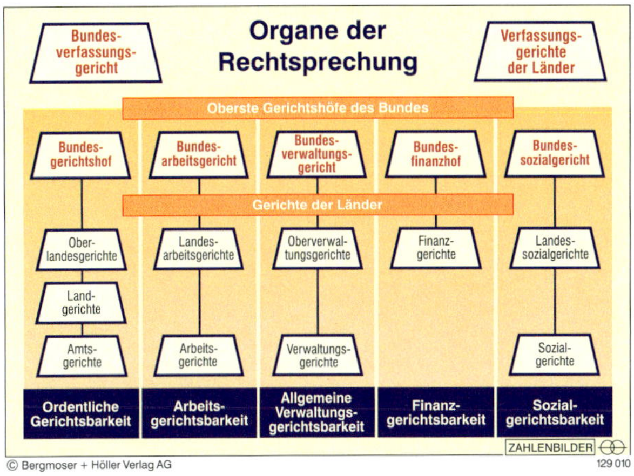

die Exekutivgewalt auf Übereinstimmung ihrer Handlungen mit dem Recht kontrollieren lassen sowie gegen den Staat Prozesse führen und gewinnen. Das befreit den Untertanen zum Bürger. *Verfassungsgerichte* vollenden solche Emanzipation aus Unfreiheit. Sie dienen nämlich nicht nur dazu, dass Verfassungsorgane ihre Rechtsstreitigkeiten vor einem Gericht austragen können oder sich Gesetze auf ihre Übereinstimmung mit der Verfassung überprüfen lassen. [...] Vielmehr kann vor Verfassungsgerichten auch der einfache Bürger im Wege der ‚Verfassungsbeschwerde' die öffentliche Gewalt, also den Staat verklagen, wenn er sich von ihm in einem seiner Grundrechte verletzt fühlt. Zwar kann selbst ein so ausgestalteter Rechtsstaat nicht Gerechtigkeit garantieren, doch er verheißt sie ja auch nicht. Nur zweierlei stellt er in Aussicht: ein Urteil – und einen von vorstaatlichem Recht und staatlichem Gesetz gewiesenen Weg zu diesem Urteil, der in einem fairen Verfahren beschritten wird. Mehr lässt sich vom Rechtssystem aber auch wirklich nicht leisten. Gerechtigkeit braucht nämlich *gute* Gesetze, und diese zu schaffen liegt nicht in der Kompetenz der Institutionen des Rechtssystems, sondern ist Aufgabe der Akteure *praktischer* Politik.

Verwaltungs- sowie Verfassungsgerichtsbarkeit, und überhaupt alle Gerichte eines Rechtsstaates, erfüllen ihre freiheitssichernden Aufgaben allerdings nur dann, wenn die Richter wirklich *unabhängig* sind. Das heißt: Ihre Entscheidungen dürfen nur auf der kompetenten Benutzung der juristischen Methode sowie auf einer freien Würdigung der von den Streitparteien beigebrachten Beweise und vorgetragenen Argumente beruhen; und ausschließlich die Beschlussfassung höherer, wiederum aus unabhängigen Richtern bestehender Gerichte darf geeignet sein, urteilsprägende Vorauswirkungen zu entfalten bzw. die Entscheidung eines niedrigeren Gerichts aufzuheben oder zu korrigieren. Solche Unabhängigkeit der Richter zu sichern, ist eine wichtige Aufgabe einesteils des Staates, andernteils öffentlicher Kontrolle und Kritik richterlicher Entscheidungen.

(Werner J. Patzelt, Einführung in die Politikwissenschaft, Wissenschaftsverlag Richard Rothe, Passau, 6. Aufl. 2007, S. 267 f.)

1 Machen Sie sich anhand der in M 13 d dargestellten Beispiele klar, welche unmittelbaren Auswirkungen rechtsstaatliche Grundsätze in der Praxis haben können. Vielleicht können Sie einige weitere Beispiel anführen.

2 Eine in Deutschland besonders ausgeprägte Dimension rechtsstaatlicher Freiheitssicherung sind die Institutionen der Verwaltungs- und der Verfassungsgerichtsbarkeit. Beschreiben Sie möglichst mit eigenen Worten die Bedeutung der Verwaltungsgerichtsbarkeit und der richterlichen Unabhängigkeit (M 13 e). Zum Bundesverfassungsgericht siehe später ausführlich M 20.

2. Gewaltenteilung im parlamentarischen System

M 14 Gewaltenteilung als zentrales Strukturprinzip des demokratischen Rechtsstaats

M 14 a „Schutz vor Willkürherrschaft"

Man unterscheidet drei Formen der Staatsgewalt:

- die gesetzgebende Gewalt (*Legislative*),
- die vollziehende Gewalt (*Exekutive*) und
- die Recht sprechende Gewalt (*Judikative*).

Für die Ausübung dieser drei Gewalten gilt der Grundsatz der Gewaltenteilung, d. h., die drei Gewalten dürfen nicht in einer Hand liegen. Die heute noch maßgebliche Begründung dafür ist bereits im Jahre 1748 von dem französischen Philosophen Charles de Montesquieu* entwickelt worden:

„Wenn die Ausübung der legislativen und der exekutiven Gewalt einer einzigen Person oder einer einzigen Behörde zusteht, so gibt es keine Freiheit, weil zu befürchten ist, dass alsdann der betreffende Alleinherrscher oder die betreffende Behörde nach Willkür Gesetze geben, die sie auch willkürlich vollziehen können. Es gibt auch keine Freiheit, wo die richterliche Gewalt nicht von der legislativen und von der exekutiven Gewalt getrennt ist. Wäre sie mit der legislativen vereinigt, so käme dies der Aufrichtung einer schrankenlosen Macht über Leben und Freiheit der Bürger gleich; denn der Richter könnte selbst die Gesetze aufstellen. Wäre sie mit der exekutiven Gewalt vereinigt, so könnte der Richter seine Entscheidungen mit der Zwangsgewalt eines Unterdrückers durchsetzen. [...] Es wäre das allgemeine Verderben, wenn ein einzelner Mensch ... alle drei Gewalten ausüben würde und dadurch Macht bekäme, sowohl Gesetze zu schaffen als auch die Beschlüsse auszuführen und über Verbrechen und Zwistigkeiten richterliche Entscheidungen zu treffen.“ (Montesquieu, Vom Geist der Gesetze. 11. Buch, 6. Kapitel, Philipp Reclam jun., Stuttgart 1986)

(Autorentext)

Durch die Gewaltenteilung soll nicht nur eine rein organisatorische „Aufteilung“ der Gewalten auf verschiedene Staatsorgane erreicht werden; ihr eigentlicher Sinn liegt in der Verhinderung oder doch der Erschwerung einer *Willkürherrschaft*. Übt nicht nur ein Einzelner oder ein einzelnes Staatsorgan die Staatsgewalt aus, sondern sind die staatlichen Aufgaben zwischen mehreren Staatsorganen so verteilt, dass keines legal über die gesamte Staatsgewalt verfügen kann, so verringert sich die Gefahr einer widerrechtlichen Okkupation [Übernahme] oder Ausübung der Staatsgewalt entscheidend. Die Gewaltenteilung bezweckt, die Ausübung staatlicher Gewalt in ihren Grundfunktionen organisatorisch und personell zu trennen, auf verschiedene Mächte zu verteilen und in ein System gegenseitiger Hemmung zu bringen.

(Dieter Hesselberger, Das Grundgesetz. Kommentar für die politische Bildung, Wolters Kluwer Deutschland, 13. Aufl. 2003, S. 174)

M 14 b Organisation und Organe der Gewaltenteilung in Deutschland

(Horst Becker/Jürgen Feick/Herbert Uhl, Leitfragen Politik, Ernst Klett Schulbuchverlag, Stuttgart 1998, S. 289; nach: Schmidt-Zahlenbilder 61 110)

- Die *gesetzgebende Gewalt* (Legislative) schafft die für das Zusammenleben im Staat erforderlichen Rechtsnormen (Gesetze, Verordnungen, Vorschriften), an die Verwaltung* und Rechtsprechung gebunden sind. Auf Bundesebene wird sie schwerpunktmäßig vom *Bundestag* als der Vertretung des Volkes und vom *Bundesrat* ausgeübt. An ihr beteiligt sind aber auch die *Bundesregierung*, von der die meisten Gesetzesinitiativen ausgehen, und das *Bundesverfassungsgericht*, das über die Verfassungsmäßigkeit von Gesetzen befindet.
- Die *vollziehende Gewalt* (Exekutive) führt die Gesetze aus. Neben dem Bundespräsidenten sind dafür in erster Linie die *Bundesregierung* und die *Länderregierungen* mit den ihnen nachgeordneten Verwaltungen* zuständig. Die Bundesregierung nimmt politische Führungsaufgaben wahr, sie kann allgemeine Verwaltungsvorschriften erlassen und übt die Aufsicht über die Durchführung der Bundesgesetze aus. In Art. 87 GG sind die Sachgebiete aufgeführt, die unter bundeseigener Verwaltung stehen. Andere Verwaltungsaufgaben werden von den Behörden der Länder im Auftrag des Bundes oder, wenn es sich um Länderangelegenheiten handelt, in eigener Zuständigkeit ausgeführt.
- Die *Recht sprechende Gewalt* (Judikative) sorgt für die verbindliche Rechtsauslegung und für die Anwendung der Rechtssätze auf den einzelnen Fall. Sie liegt in den Händen unabhängiger *Gerichte*, an der Spitze das *Bundesverfassungsgericht* und die fünf obersten Gerichtshöfe des Bundes.

(Schmidt-Zahlenbilder)

M 14 c „Horizontale" und „vertikale" Gewaltenteilung im parlamentarischen System

Horizontale Gewaltenteilung: Damit ist die Zuweisung der Staatsgewalt an jeweils besondere, einander wechselseitig kontrollierende und in Schach haltende Institutionen der Legislative, Exekutive und Judikative gemeint. Derlei scheint den meisten mit Gewaltenteilung schlechthin identisch zu sein. Doch keineswegs darf man sich *diese* Dreiteilung der Staatsgewalt, zumal eine in ‚Regierung', ‚Parlament' und ‚Gerichtswesen', wie eine ‚naturgesetzliche' Notwendigkeit vorstellen. Vielmehr geht es darum, die Staatsfunktionen *überhaupt* auf unterschiedliche Institutionen so aufzuteilen, dass ein machtpolitisch – nicht nur in der staatsrechtlichen Theorie – wirkungsvolles System von *wechselseitigen Kontrollen und Gegengewichten* (checks and balances*) entsteht. [...]

Die populäre Rede von der Dreiteilung der Staatsgewalt in Exekutive, Legislative und Judikative verdeckt jedoch, dass sich die Grenzen zwischen den mit dem jeweiligen ‚Teil' der Staatsgewalt betrauten Institutionen sehr unterschiedlich ziehen lassen. [...] Fast in allen freiheitlichen Verfassungsstaaten [...] wird zwar die Judikative, einmal personell konstituiert, dem Zugriff der anderen Staatsgewalten entzogen. Sehr verschiedene Abgrenzungsmöglichkeiten gibt es hingegen zwischen Exekutiv- und Legislativgewalt. Einesteils lässt sie sich so ausgestalten wie im **präsidentiellen Regierungssystem** (s. Kasten). [...]

Abb. 1

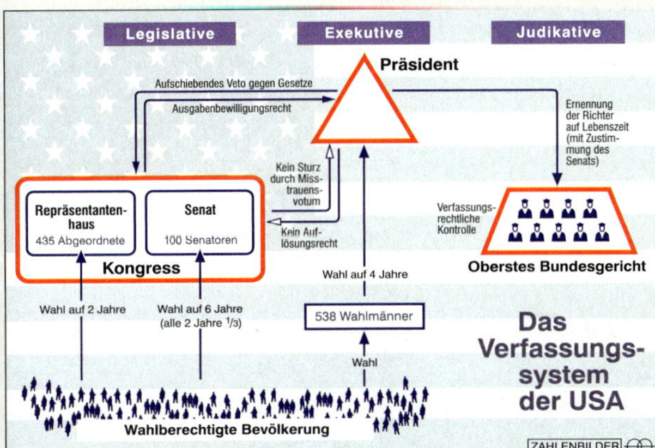

Die **präsidentielle Demokratie** zeichnet sich durch eine strikte Trennung von Parlament und Regierung aus. Der Präsident, der die Funktionen des Regierungschefs und des Staatsoberhaupts in sich vereint, wird vom Volk gewählt.

Im präsidentiellen Regierungssystem der **USA** ist der Präsident Regierungschef und wird indirekt (durch „Wahlmänner") vom Volk gewählt. Volksvertretung ist der aus Senat und Repräsentantenhaus bestehende Kongress. Der Präsident hängt nicht vom Vertrauen des Kongresses ab und kann vom Kongress auch nicht abgewählt werden; lediglich wenn dem Präsidenten Rechtsverletzung vorgeworfen wird, ist Anklage („impeachment") möglich. Regierungschef und Volksvertretung sind somit voneinander relativ unabhängig. Die Gewaltenteilungslinie verläuft zwischen Regierung und Volksvertretung; dem entspricht es, dass Regierungsmitglieder nicht Mitglieder des Kongresses sein dürfen („Inkompatibilität"). (Autorentext)

Abb. 2

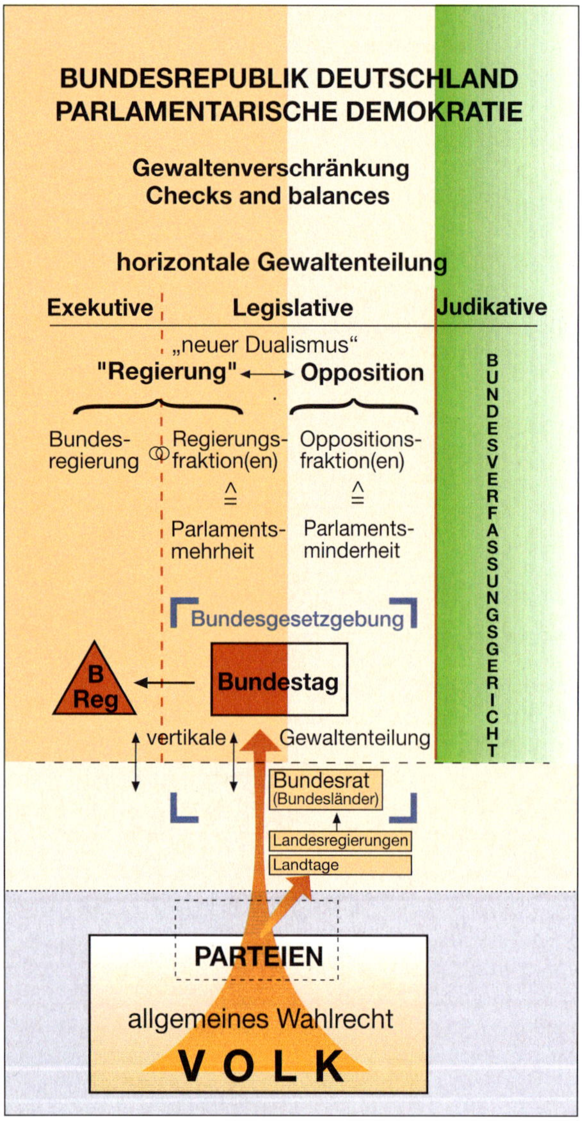

(Stephan Kurz-Gieseler [Hrsg.], Sozialkunde, Schöningh Verlag, Paderborn 2007, S. 297; Verf.: Wolfgang Schwehm; Verlagsarchiv Schöningh: leicht verändert)

Andernteils lässt sich Gewaltenteilung zwischen Parlament und Regierung auch wie im **parlamentarischen Regierungssystem** verwirklichen.

[Aus dem System der parlamentarischen Demokratie ergibt sich, dass] die Führer der parlamentarischen Mehrheitsparteien in die Regierungsämter einrücken und die Exekutive somit *vom Parlament* aus geführt wird. Die Folge dessen ist, dass die *gewaltenteilende Scheidelinie natürlich nicht mehr zwischen der Regierung und dem Parlament als Ganzem* verläuft (‚alter Dualismus‘), sondern *innerhalb* des Parlaments: zwischen seiner regierenden bzw. regierungstragenden Mehrheit und der parlamentarischen Opposition (‚neuer Dualismus‘). [...]

[Die Regierung geht aus der Mehrheit des Parlaments hervor. Der Regierungschef ist häufig Vorsitzender seiner Partei und zugleich Abgeordneter im Parlament. Auch die anderen Mitglieder der Regierung sind in der Regel zugleich Abgeordnete. Sie sind also Mitglied zweier Gewalten, der gesetzgebenden Gewalt und der ausführenden Gewalt. Sie sitzen im Bundestag auf der Regierungbank und stimmen gleichzeitig als Abgeordnete mit ab; die Trennung der politischen Gewalten ist verwischt, vgl. Foto in M 14d.]

Horizontale Gewaltenteilung missversteht also [...], wer sie sich nur in der Gestalt des präsidentiellen Regierungssystems und seines ‚alten Dualismus‘ vorzustellen vermag. Im Übrigen verkennt man horizontale Gewaltenteilung ebenfalls, wenn man glaubt, dass die ‚geteilten‘ Gewalten nun nichts mehr miteinander zu tun hätten oder zu tun haben dürften.
Ganz im Gegenteil *verlangt* wechselseitige Kontrolle und Balance danach, dass die *getrennten* Gewalten eng miteinander *zusammenwirken*. Das dialektisch der Gewaltenteilung zugehörende Gegenprinzip ist somit das der *Gewaltenverschränkung* (s. M 14d). [...]

Vertikale Gewaltenteilung: Diesem Strukturprinzip entspricht es, wenn in einem politischen System Zuständigkeiten und Regelungsbefugnisse auf *verschiedene Ebenen des Staatsaufbaus* verteilt sind. Im deutschen Fall nimmt das die Form an, dass die Städte und Gemeinden das Recht auf *kommunale Selbstverwaltung* besitzen, die *Länder* Staaten eigenen Rechts mit eigenen Kompetenzen sind und über der Ebene des *Nationalstaats* mit seinen Befugnissen sich noch das politische System der *Europäischen Union* mit ausschließlich dort angesiedelten Zuständigkeiten und Entscheidungsrechten erhebt. Solche Systeme vertikaler Gewaltenteilung arbeiten nicht selten recht schwerfällig. Im Einzelfall können die Kompetenzen auch so verwickelt und sachwidrig auf die einzelnen Ebenen verteilt sein, dass die Fähigkeit des Gesamtsystems leidet, in angemessener Frist halbwegs rationale Regelungen und Entscheidungen hervorzubringen.

(Werner J. Patzelt, Einführung in die Politikwissenschaft, Wissenschaftsverlag Richard Rothe, Passau, 6. Aufl. 2007, S. 271 f.)

M 14 d Gewaltenverschränkung im parlamentarischen System der Bundesrepublik Deutschland

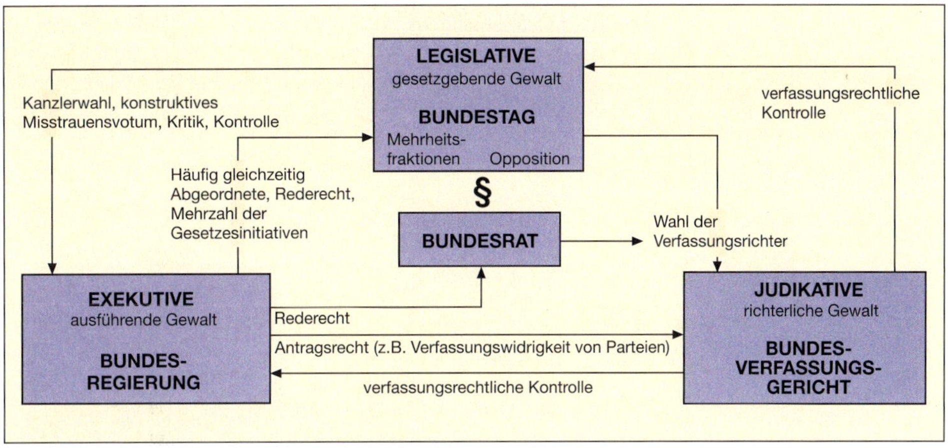

(Fritz Blumöhr u. a., Staatsformen der Gegenwart, Buchners Kolleg Politik, Buchners Verlag, Bamberg 1997, S. 157)

Angela Merkel als Bundeskanzlerin und zugleich Mitglied des Parlaments bei einer Abstimmung im Bundestag. Mit Ausnahme der Minister Rösler (Gesundheitswesen) und Pofalla (Kanzleramt) sind auch alle Minister und Ministerinnen der derzeitigen Bundesregierung (s. Abb. 4, S. 44) zugleich Mitglieder des Bundestages.

1 Die Lehre von der Gewaltenteilung geht auf den englischen Philosophen John Locke (1632 – 1704) zurück; sie wurde später von dem französischen Staatstheoretiker Montesquieu (1689 – 1755) weiterentwickelt und erstmals in der Verfassung der USA von 1787/88 umgesetzt. Verdeutlichen Sie die Begründung, die Montesquieu für seine Forderung nach einer Trennung der gesetzgebundenen (legislativen) von der ausführenden (exekutiven) Gewalt anführt (M 14 a). Interpretieren Sie dazu auch die beiden Zeichnungen.

2 Inwiefern soll die Gewaltenteilung der Vermeidung einer „Willkürherrschaft" dienen (M 14 a)?

3 Beschreiben Sie, welche Institutionen in Deutschland den drei Gewalten auf den Ebenen des Bundes und der Länder zuzuordnen sind und welche Aufgaben sie jeweils wahrnehmen (M 14 b).

4 Analysieren Sie die Darstellung der sog. „horizontalen" Gewaltenteilung in einem parlamentarischen System wie dem der Bundesrepublik, in dem die Regierung aus dem Parlament hervorgeht, im Unterschied zu einem „präsidentiellen" System wie dem der USA, in dem die Regierung (der Präsident) vom Volk selbst gewählt wird (M 14 c). Ziehen Sie dazu auch Abb. 1 und 2 hinzu und stellen Sie den Unterschied zwischen dem „alten" und dem „neuen Dualismus" (Zweiteilung) deutlich heraus.

5 Erläutern Sie den Begriff und die Bedeutung der sog. „vertikalen" Gewaltenteilung (vgl. Abb. 2). Auf die angesprochene Ebene der Europäischen Union werden wir in Kap. V (S. 64) ausführlicher eingehen. Der Hinweis auf die sich aus der vertikalen Gewaltenteilung ergebenden „nicht selten recht schwerfälligen" Entscheidungsprozesse wird in Kap. III (M 21 b) am Beispiel des Gesetzgebungsverfahrens näher erläutert.

6 Die sich aus dem Funktionieren des parlamentarischen Systems ergebende „Gewaltenverschränkung" können Sie anhand von M 14 d in einigen Aspekten noch einmal verdeutlichen (einige Pfeilbeziehungen setzen die Erarbeitung der Materialien des folgenden Kapitels III voraus). Welchen Aspekt verdeutlicht das Foto?

M 15 Elfmal richtig und elfmal falsch

Das folgende Quiz kann Ihnen dazu dienen, einige der Kenntnisse zu überprüfen und zu sichern, die Sie aus der Arbeit an den vorangehenden Materialien erwerben konnten (einige Aussagen werden erst im folgenden Abschnitt näher erläutert). Sie können das Quiz entweder mündlich im Unterrichtsgespräch gespräch oder – jeder für sich – zunächst schriftlich durchführen (die Nr. der jeweiligen Aussage und daneben die Entscheidung mit + [richtig] oder – [falsch] in Ihrem Heft notieren) und dann im Kurs besprechen.

	richtig	falsch
1. Wir leben in einer indirekten Demokratie.		
2. Der Begriff „Demokratie" bedeutet „Macht der Regierung".		
3. Im Parlament werden die Beschlüsse der Regierung ausgeführt.		
4. Unter „direkter Demokratie" versteht man, dass der Wille des Volkes durch ein gewähltes Parlament ausgedrückt wird.		
5. Im Artikel 38 des Grundgesetzes steht, dass die Abgeordneten ein freies Mandat haben, also an Aufträge und Weisungen nicht gebunden sind.		
6. Das Parlament kontrolliert die Regierung.		
7. Die Wählerinnen und Wähler nennt man auch Repräsentanten.		
8. In den meisten Bundesländern werden die Bürgermeisterinnen bzw. Bürgermeister direkt von der wahlberechtigten Bevölkerung gewählt, in einigen vom Parlament.		
9. Jeder Bürger ist verpflichtet zu wählen.		
10. Die Rechtsprechung richtet sich nach der jeweiligen politischen Mehrheit im Bundestag bzw. nach der Regierung.		
11. Die Justiz ist unabhängig von der Verwaltung und von der Gesetzgebung.		
12. Die Regierungen der einzelnen Bundesländer sind der Bundesregierung unterstellt.		
13. Die Staatsgewalt liegt allein bei der Regierung.		
14. Menschen- und Freiheitsrechte sind die Grundlage des Rechtsstaates.		
15. Der Regierungschef ist im Rechtsstaat auch zugleich der höchste Richter.		
16. Der Bundeskanzler wird von der Mehrheit der Abgeordneten gewählt.		
17. Die Regierung entscheidet, welche Parteien an Landtags- und Bundestagswahlen teilnehmen dürfen.		
18. Die Länder wirken bei der Gesetzgebung des Bundes mit.		
19. Der Staat ist gegenüber den Bürgern zu sozialen Leistungen (Sozialhilfe/Kindergeld usw.) verpflichtet.		
20. Auch Minderheiten dürfen nicht von der politischen Mitwirkung ausgeschlossen werden.		
21. Polizei und Verwaltung müssen sich an die bestehenden Gesetze halten.		
22. Die Anzahl der Parteien kann begrenzt werden.		

(Autorentext)

III Die Institutionen des parlamentarischen Systems im politischen Prozess

In diesem Kapitel wollen wir einen gerafften Überblick über die Stellung und die Funktionen der ***zentralen Institutionen (Staatsorgane) der politischen Ordnung der Bundesrepublik*** *geben. Die Materialien beschränken sich nicht darauf, lediglich den Zuschnitt und die Kompetenzen der einzelnen Verfassungsorgane zu beschreiben („Institutionenkunde"); sie nehmen auch ihr Zusammenspiel untereinander und damit das* ***Funktionieren der politischen Entscheidungsprozesse*** *in den Blick und unterziehen es einer kritischen Beurteilung unter dem Gesichtspunkt, inwieweit die von der Verfassung vorgegebenen Aufgaben („Verfassungsnorm") in der Realität des alltäglichen Regierungshandelns erfüllt werden („Verfassungswirklichkeit"). Die Einbindung unseres politischen Entscheidungssystems in das „Mehrebenensystem" der Europäischen Union wird in einem eigenen Kapitel (V) dargestellt. Insgesamt dient dieses Kapitel der Ergänzung und Vertiefung Ihres (aus dem vorangehenden Unterricht ggf. vorhandenen) Vorwissens. Auf besondere Arbeitshinweise zu den einzelnen, klar strukturierten Materialien haben wir dabei verzichtet. Die Erarbeitung kann ggf. in arbeitsteiliger* ***Gruppenarbeit*** *erfolgen, wobei aber darauf zu achten ist, dass die Darstellung der Stellung und der Aufgaben des Bundestags (M 17) einen im Vergleich zu den übrigen Institutionen deutlich breiteren Raum einnimmt.*
Der Abschnitt beginnt mit einem Schaubild (M 16), das einen ersten Überblick über die Staatsorgane und ihren Zusammenhang untereinander gibt und auf das Sie im Verlauf der Erarbeitung der folgenden Materialien nach Bedarf zurückgreifen können.
Ordnen Sie an dieser Stelle die folgenden Abbildungen (S. 36) den einzelnen, in M 16 grün markierten Organen zu und stellen Sie fest, in welchen dieser Organe und ihrer Beziehungen untereinander sich die Gestaltungsprinzipien Demokratie, Rechtsstaat und Bundesstaat widerspiegeln, über die Sie im vorangehenden Kapitel (M 10 – M 12) etwas erfahren haben.

M 16 Regierungssystem und Staatsorgane der Bundesrepublik Deutschland

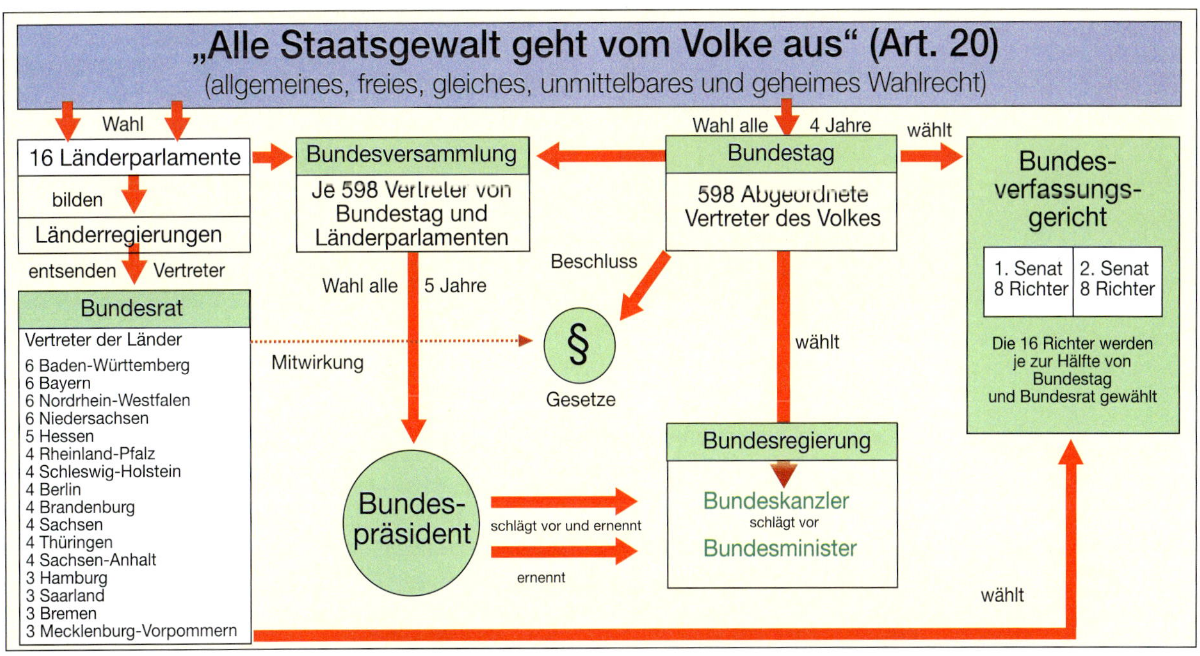

M 17 Stellung und Aufgaben des Bundestags

Die politischen Institutionen eines Landes bilden ein System, in dessen Rahmen und nach dessen Regeln die politische Auseinandersetzung zu verbindlichen Entscheidungen führt. Im Zentrum dieser Institutionen steht im heutigen Deutschland das Parlament, der Bundestag (in den Bundesländern die Landtage). Er wird als einziges Bundesorgan direkt vom Volke gewählt, verfügt damit über die herausragende demokratische Legitimation* und hat **zentrale Funktionen** zu erfüllen:

Abb. 1: Das 1884–1890 erbaute und 1995–1999 innen umgestaltete und außen mit einer Glaskuppel versehene Reichstagsgebäude (vgl. Foto S. 7) in Berlin ist seit 1999 Sitz des Bundestages (auch die Bundesversammlung kommt hier zur Wahl des Bundespräsidenten zusammen). Das Gebäude zieht fast täglich zahlreiche Besucher an.

- In ihm sollen die im Volke vorhandenen Meinungen ihren Ausdruck finden (*Artikulationsfunktion*).
- Er ist es, der die personelle Besetzung aller anderen zentralstaatlichen Organe direkt oder indirekt vornimmt, teilweise allerdings gemeinsam mit dem Bundesrat (*Wahlfunktion*).
- Seiner Kontrolle unterliegt das Regierungshandeln (*Kontrollfunktion*).
- Ihm obliegt, bei Mitwirkung des Bundesrats, die Gesetzgebung (*legislative Funktion*).

Entscheidend dafür, in welcher Weise diese Aufgaben tatsächlich erfüllt werden, ist jedoch die veränderte *Rolle des Parlaments im parlamentarischen Regierungssystem.* Einst – in der konstitutionellen Monarchie* – primär Volksrepräsentation gegenüber einer obrigkeitlichen Regierung, stellt nun das Parlament selbst, genauer: die Parlamentsmehrheit, durch Personen ihres Vertrauens die Regierung. Dies hat zur Folge, dass für die Parlamentsmehrheit nun die Wahl- und Gesetzgebungsfunktion im Vordergrund stehen, für die Opposition hingegen Kontrolle und Artikulation. *An die Stelle eines Dualismus von Gesamtparlament und Regierung ist damit ein Dualismus von Parlamentsmehrheit (einschließlich Regierung) und parlamentarischer Opposition getreten* (vgl. M 14c). Bereits die Rede von „dem Parlament", das dieses oder jenes tue, kann diesen Tatbestand leicht verhüllen und in die Irre führen.

(Wolfgang Rudzio, Das politische System der Bundesrepublik Deutschland, Leske + Budrich, UTB, Opladen, 7. Aufl. 2006, S. 197)

a) Wahl des Bundeskanzlers und Rekrutierung der Minister

Die Wahlfunktion des Deutschen Bundestags wird weithin positiv gewertet. Manche preisen sie sogar in hohen Tönen.

Das ist nachvollziehbar, weil der Bundestag seine Hausaufgaben, unter ihnen die Wahl einer handlungsfähigen Regierung, bislang zuverlässig und meistens zügig erledigt hat. Zudem brachte der Bundestag bislang stabile, auf die parlamentarische Mehrheit gestützte Regierungen zustande. Dafür benötigte er meist eine überschaubare Zeit: In der 14. und 15. Wahlperiode betrug die Dauer der Regierungsbildung (gerechnet vom Tag der Bundestagswahl bis zur Vereidigung des Bundeskabinetts) jeweils 30 Tage, während die Bildung der Koalition aus CDU, CSU und SPD nach der Bundestagswahl 2005 mit 65 Tagen ungewöhnlich langwierig war. Aber auch das sind Zeiträume, mit denen man sich international nicht blamiert. Für den Bundestag spricht ferner, dass er in der Regel aus instabilen Lagen Auswege fand, so **1982**, als die SPD-Minderheitsregierung unter Helmut Schmidt von einer CDU/CSU-FDP-Koalition unter Helmut Kohl abgelöst wurde (s. Foto). [...]

Die meisten Wahlfunktionen bewältigte der Bundestag in der Regel effektiv und einigermaßen effizient. Dazu zählt auch die Mitwirkung bei der *Wahl des Bundespräsidenten* in der Bundesversammlung. Auch die Kooperation bei der *Wahl der Richter des Bundesverfassungsgerichts* (vgl. M 14d) gehört zu den mit Ausnahmen erfolgreich wahrgenommenen Wahlfunktionen des Parlaments. Gleiches gilt für die Wahl der Repräsentanten im *Vermittlungsausschuss** und die Wahl der Vertreter des Bundestags im *Gemeinsamen Ausschuss** gemäß Artikel 53 a GG, dem Reserveparlament im Notstandsfall.

Dass der Bundestag seinen Wahlfunktionen nachkam, ist allerdings nicht nur sein Verdienst, sondern auch dem Parteiensystem zuzuschreiben, in dem bislang überwiegend Parteien mit beachtlichem Kooperationspotenzial wirkten.

(Manfred G. Schmidt, Das politische System Deutschlands, Bundeszentrale für politische Bildung, Bonn 2007, S. 148 f.)

Abb. 2: Erster Machtwechsel während einer Legislaturperiode: Nach der Abstimmung zum „Konstruktiven Misstrauensvotum" (s. Abb. 3, S. 44) 1982 gratuliert der bisherige Bundeskanzler Helmut Schmidt (r.) dem neuen Bundeskanzler Helmut Kohl.

Ähnlich erfolgreich ist die Bilanz bei der *Rekrutierung der Minister*. Eindeutig sind es die **Fraktionen***, in denen die Abgeordneten gleichsam ihre Lehrzeit für Kabinettspositionen absolvieren und sich profilieren müssen. Bei Regierungsbildungen stellen sie das natürliche Personalreservoir. Der Kanzlerkandidat und die Verhandlungsführer der Koalitionspartner (die selbst fast alle Führungspositionen in ihren Fraktionen bekleiden) müssen sorgsam darauf achten, dass sie die fachlich und politisch qualifizierten Frauen und Männer ihrer jeweiligen Fraktion in das Kabinett einbinden. So ist die enge Beziehung zwischen Regierung und Mehrheitsfraktionen am besten gesichert und gewährleistet, dass alle bei den Entscheidungen während der Wahlperiode eng zusammenarbeiten und an einem Strang ziehen. [...]
Hier zeigt sich noch einmal deutlich die Logik des parlamentarischen Regierungssystems: Die enge, eben auch personelle *Verknüpfung von Parlamentsmehrheit und Regierung* sichert die Funktionsfähigkeit. Stammen die Minister aus dem Parlament (s. M 14d), verfügen sie dort über ihre „Hausmacht“, so verlaufen Kommunikation und Kooperation reibungsloser, und die Mehrheit kann „ihre“ Regierung viel besser kontrollieren.

(Informationen zur politischen Bildung Nr. 295, 2. Quartal 2007: Parlamentarische Demokratie, Bundeszentrale für politische Bildung, Bonn, S. 41 f., 43; Verf.: Suzanne S. Schüttemeyer)

b) Gesetzgebung

Ohne die Beschlussfassung des Bundestages kommt kein Gesetz zustande, er übt damit die **Gesetzgebungsfunktion** aus. Die *Gesetzesinitiative* hat dabei weitgehend die *Regierung* übernommen. Durchschnittlich 75 Prozent der verabschiedeten Gesetze entstammen der Feder der Regierung (s. Abb. 3). Kritik taucht immer wieder auf, weil der Bundestag angeblich selbst zu wenig aktiv wird. Gesetze können nämlich Bundesregierung, Bundestagsabgeordnete (eine Fraktion oder fünf Prozent der Abgeordneten) und Bundesrat gleichermaßen einbringen. Die Gesetzesinitiativen, die unmittelbar aus dem Bundestag kommen, stammen meistens von der Opposition.
Aber weder die Abgeordneten der Mehrheitsfraktionen noch die der Opposition sind bei den Gesetzesvorlagen nur Vollstreckungsgehilfen der Regierung. Sie sind in die Vorbereitung von Gesetzesprojekten integriert und verändern in den Bundestagsausschüssen die Gesetzesentwürfe meist sehr stark.

(Karl Rudolf Korte/Manuel Fröhlich, Politik und Regieren in Deutschland, Verlag Ferdinand Schöningh, Paderborn, 3. Aufl. 2009, S. 47)

- Zuallererst muss sichergestellt werden, dass die *Fraktionen* die Regierungsvorlage mittragen. Dabei ist nicht die grundsätzliche Richtungsgebung und Koordination von Politiken das Problem; diese liegen in den Händen der Führer der Koalitionsfraktionen, die entweder mit am Kabinettstisch sitzen oder mit der Regierung in ständigem Austausch über den sachpolitischen Willen ihrer Fraktionen stehen. Die inhaltliche Detailarbeit bzw. -überprüfung und nicht zuletzt die Abgleichung der parlamentarischen Entscheidung mit Positionen von Partei und Wählerschaft im Einzelnen bedarf einer Vielzahl von *Fraktionsexperten*. So wird die inhaltliche Feinabstimmung auf der **Arbeitsebene der Frak-**

Abb. 3

Das Gesetzgebungswerk des Deutschen Bundestags

Gesetzesbeschlüsse auf Initiative von:

Wahlperiode	Bundesregierung	Bundestag	Bundesrat	sonstige Initiativen	zusammen
1949/53	392	141	12	0	545
1953/57	368	132	7	0	507
1957/61	348	74	2	0	424
1961/65	326	97	3	0	426
1965/69	372	80	9	0	461
1969/72	259	58	13	5	335
1972/76	427	62	17	10	516
1976/80	288	39	15	12	354
1980/83	104	16	8	11	139
1983/87	237	42	32	9	320
1987/90	267	68	15	19	369
1990/94	346	92	28	41	507
1994/98	403	102	36	25	566
1998/02	394	108	22	35	559
2002/05	281	85	17	17	400

© Erich Schmidt Verlag ZAHLENBILDER 66 205

Abb. 4

© Erich Schmidt Verlag

Abb. 5: die Fraktion Bündnis 90/Die Grünen bei einer Fraktionssitzung am 10.9.2007 (Übersicht aus dem Fraktionssaal); Näheres zur Bedeutung und zur Arbeit der Fraktionen:
http://www.btg-bestellservice.de/pdf/40137500.pdf
und
http://www.bundestag.de/bundestag/fraktionen/index.html

tionen geleistet. Die *Arbeitsgruppen* sind das Sieb für das konkret Machbare und politisch Annehmbare – und zwar in erster Linie unterhalb von Grundsatz- und Richtungsentscheidungen – und damit, angesichts der Technizität der meisten zu regelnden Materien, für die große Masse der Gesetzentwürfe. Hier findet bei der Mehrheit die sachpolitische Kommunikation der Fraktionsexperten mit Regierung und Ministerialbürokratie und zuweilen auch der Koalitionspartner untereinander statt; hier wird die gegenseitige Bereitschaft zu Widerstand oder Unterstützung der Gesetzesvorhaben sondiert; hier werden Ausschusssitzungen (vgl. Abb. 6), Fragestunden und Plenardebatten konkret inhaltlich vorbereitet. Prinzipiell dasselbe gilt für die Fraktionen der Opposition, nur dass hier die Verzahnung mit der Regierung entfällt; stattdessen bedient sich die Opposition des Öfteren der Ministerialbeamten aus jenen Bundesländern, in denen sich die eigene Partei in der Regierungsverantwortung befindet.

• Es kann also keine Rede davon sein, dass Kanzler und Kabinett mithilfe ihres Beamtenapparats dem Parlament, und das heißt in diesem Zusammenhang: ihrer eigenen Mehrheit, Gesetze präsentieren, die dieses dann nur noch „abnickt". Ohne Zweifel entstammt der erste Entwurf und damit gewiss auch schon viel Richtungsweisung meistens der Regierung; aber schon dabei muss im Vorwege ausgelotet werden, was die Koalitionsfraktionen mitzutragen bereit sind; und für die Einzelheiten sehen sich die jeweils spezialisierten Abgeordneten sehr wohl zuständig. So haben Minister immer wieder bekundet, dass die Fraktionsexperten ihre „wichtigsten Verbündeten" seien und sie deren Sachverstand wie ihre politische Vermittlerrolle produktiv nutzen. Außerdem müssten sie durch enge Kontakte zur Fraktion verhindern, dass dort Gegenpositionen aufgebaut werden oder die Öffentlichkeit mobilisiert wird, weil sich die Fraktionskollegen in den Entwürfen der Regierung nicht hinreichend repräsentiert sehen, oder gar Abstimmungsniederlagen drohen, wenn solche Unzufriedenheiten nicht aufgegriffen und bearbeitet werden. Der erste Kanzler der Bundesrepublik, Konrad Adenauer, wahrlich eine souveräne Persönlichkeit, beschrieb Zusammenkünfte mit „seiner" Fraktion bei einer Gelegenheit als „Fegefeuer".

Erst wenn gesichert ist, dass Regierung und Mehrheit, zumindest im Großen und Ganzen, an einem Strang ziehen, wird ein Entwurf in den förmlichen Gang der Gesetzgebung eingespeist. [...]

Abb. 6: Der Bundestag hat zurzeit 22 ständige Ausschüsse, in denen ein wesentlicher Teil der vorbereitenden Gesetzgebungsarbeit stattfindet (Näheres: http://www.bundestag.de/bundestag/ausschuesse/index.html).

c) Wahrnehmung der Öffentlichkeitsfunktion

Wird dem Bundestag in wissenschaftlichen Untersuchungen bescheinigt, seine Gesetzgebungsfunktion weit überwiegend gut wahrgenommen zu haben, so fällt das Urteil hinsichtlich der Erfüllung seiner Öffentlichkeitsfunktion weniger günstig aus. Der Bundestag hat sich nicht, wie anfänglich erwartet, zu einer Mischform von Arbeits- und Redeparlament entwickelt. Schon bald lautete die Kritik, es werde im Bonner Parlament zu viel hinter verschlossenen Türen verhandelt. [...]

• Erst seit Mitte der 1990er-Jahre werden in der Praxis häufiger die Türen von Ausschüssen und Enquete-Kommissionen* geöffnet. Die Grünen sorgten kurzzeitig für einen Anstieg der öffentlichen Sitzungen, indem sie die Versammlung ihrer Fraktion für das allgemeine Publikum zugänglich machten. Die Erfahrung, wie gnadenlos negativ anschließend mit den dort ausgetragenen Kontroversen in den Medien umgegangen wurde, veranlasste die Fraktion jedoch rasch, diesen Versuch zu beenden. Denn: Nicht das erhoffte bessere Verständnis für die politischen Willensbildungsprozesse hatte sie erreicht, sondern die bekannte Kritik, teilweise auch Abstrafung für „mangelnde Geschlossenheit" hatte sie ereilt. Seit 1990 tagen die Bündnisgrünen wieder in nicht öffentlichen Sitzungen und präsentieren nach Möglichkeit, wie die anderen Fraktionen auch, erst dann ihre Positionen der Öffentlichkeit, wenn nicht mehr der Vorwurf der Zerstrittenheit, der Führungs- und Handlungsunfähigkeit erhoben werden kann.

• Offenbar erweist sich also immer noch als zutreffend, was Otto von Bismarck, deutscher Reichskanzler von 1871 bis 1890, behauptet hatte: Die Herstellung von Würsten und das Gesetzemachen hätten gemeinsam, dass man schlecht schlafe, wenn man sähe, wie es geschieht. Dennoch werden immer wieder Forderungen nach *mehr Transparenz* an die politischen Institutionen herangetragen und dies aus guten Gründen: Nur wenn sich die Bürgerinnen und Bürger ein realistisches Bild von den Willensbildungs- und Entscheidungsprozessen machen können, sind sie auch zu einem angemessenen Urteil fähig. Nur wenn ihnen verschiedene Problemsichten und Lösungsalternativen von den Politikern präsentiert werden, können sie eine Wahl treffen, wird Wahl im pluralistisch-demokratischen Sinne sogar erst möglich.

• Genau diesem Zweck dient die **parlamentarische Debatte**. Im Bundestag finden pro Jahr etwa sechzig Plenarsitzungen statt. Die dort gehaltenen Reden sollen den Bürgern die unterschiedlichen Standpunkte der Fraktionen von Regierungsmehrheit und Opposition darstellen und begründen. Das Ringen um die beste Lösung bei komplexen Sachfragen, die gegenseitige Überzeugung und das Aushandeln von Kompromissen für die „gerechte", die gemeinverträgliche Entscheidung kann naturgemäß nicht in einer Versammlung von 600 spontan diskutierenden Personen geschehen. Wichtiger noch: Die oben beschriebene Logik des parlamentarischen Regierungssystems verlangt die – vom Wähler so gewollte und legitimierte – Führung durch die Mehrheit einerseits und offene Kritik durch die Opposition andererseits. Entsprechend sind die geschilderten Arbeitsstrukturen des Bundestages angelegt. In ihnen werden die Positionen geklärt und die Entscheidungen vorbereitet. In der Plenardebatte wird dafür dann öffentlich die Verantwortung übernommen – von der Mehrheit für die von ihr durchgesetzte Politik, von der Opposition für deren Kritik und Ablehnung.

Abb. 7

• Deshalb ist es sachlich auch nicht nötig, dass alle Abgeordneten an der Plenardebatte teilnehmen, wie es die immerwährende Schelte für die „leeren Bänke" im Bundestag (s. Abb. 7) nahelegt. Das oft wie eine Entschuldigung angeführte Argument, dass die Parlamentarier gleichzeitig etwa in Ausschüssen arbeiten müssten, trifft ohnehin nicht zu, denn solche Überschneidungen sieht der Terminplan des Bundestages nur in seltenen Ausnahmefällen vor. Betrachtet man diese Frage allerdings unter der Perspektive effektiver Zeitnutzung der Abgeordneten, müssen sich im Plenum tatsächlich nur jene einfinden, die das jeweils anstehende Thema auch behandelt haben und folglich zu seiner öffentlichen Darstellung inhaltlich etwas beitragen können. So verhalten sich in der Regel auch die Bundestagsabgeordneten und gehen, wenn sie nicht mit ihrem Sachverstand für ihre Fraktion gefordert sind, vernünftigerweise anderen Aufgaben nach.

• Der Bundestag hat auf die anhaltende Kritik an der nicht befriedigenden Erfüllung seiner Öffentlichkeitsfunktion reagiert. Inzwischen werden häufiger Sitzungen von Ausschüssen und Enquete-Kommissionen* geöffnet und auch vom Parlamentsfernsehen übertragen. Seit drei Wahlperioden stehen einer öffentlichen Sitzung nur noch weniger als sechs nicht öffentliche gegenüber. Weitere Bemühungen, zum Beispiel durch Öffentlichkeitsarbeit, Besucherprogramme, durch Ausstellungen und Publikationen realitätsgerecht über die Arbeit des Parlaments zu informieren, treten hinzu. Auch das Internet als Medium der Information und des direkten, wenngleich nicht persönlichen Kontaktes zwischen Bürgern und Politik gewinnt ständig an Bedeutung (s. die Service-Seite des Bundestags: www.bundestag.de/service/index.jsp).

• Diese Entwicklungen sind erfreulich; die grundsätzliche Problematik aber bleibt, dass sich die Bedingungen für die Vermittlung von Politik über die letzten Jahrzehnte drastisch verändert haben. Nicht mehr der persönliche Kontakt zwischen Abgeordneten und Wählern, etwa bei Veranstaltungen oder Bürgersprechstunden im Wahlkreis, oder aber das geschriebene Wort, etwa in der Presse sowie in Veröffentlichungen der Parteien, sind die Formen, in denen über politische Inhalte informiert und diskutiert wird. Heute ist das *Fernsehen* das bevorzugte Medium, das die meisten Menschen über Politik ins Bild setzt, und das im wahrsten Sinne des Wortes: Fernsehen braucht Bilder, was die Art der Informationsvermittlung und den Stil der Kommunikation zwischen Politik und Bürgern verändert (vgl. dazu ausführlich Kap. IV).

(Informationen zur politischen Bildung Nr. 295, 2. Quartal 2007: Parlamentarische Demokratie, Bundeszentrale für politische Bildung, Bonn, S. 47–53; Verf.: Suzanne S. Schüttemeyer)

d) Repräsentation und Artikulation

Die Vermittlung und Begründung von Politik, sei es direkt im Plenum oder sei es über Medien, ist nur die eine Richtung der Kommunikation zwischen Abgeordneten und Bürgern. Parlamentarier müssen darüber hinaus im Gegenzug gesellschaftliche Interessen wie Wählermeinungen in die politischen Institutionen transportieren und für deren angemessene Berücksichtigung im Entscheidungsprozess sorgen. Es widerspräche der Vielschichtigkeit menschlicher Interessen und hätte fatale Konsequenzen für die Kompromiss- und Handlungsfähigkeit von Politik, wollte man diese Funktion über „soziale Repräsentativität", also die spiegelbildliche Zusammensetzung des Parlaments erreichen. Der Bundestag ist kein „Abbild" der Bevölkerung (s. Abb. 8) und muss es auch nicht sein, solange gewährleistet ist, dass zwischen Repräsentierten und Repräsentanten eine ständige lebendige Verbindung besteht.

Abb. 8

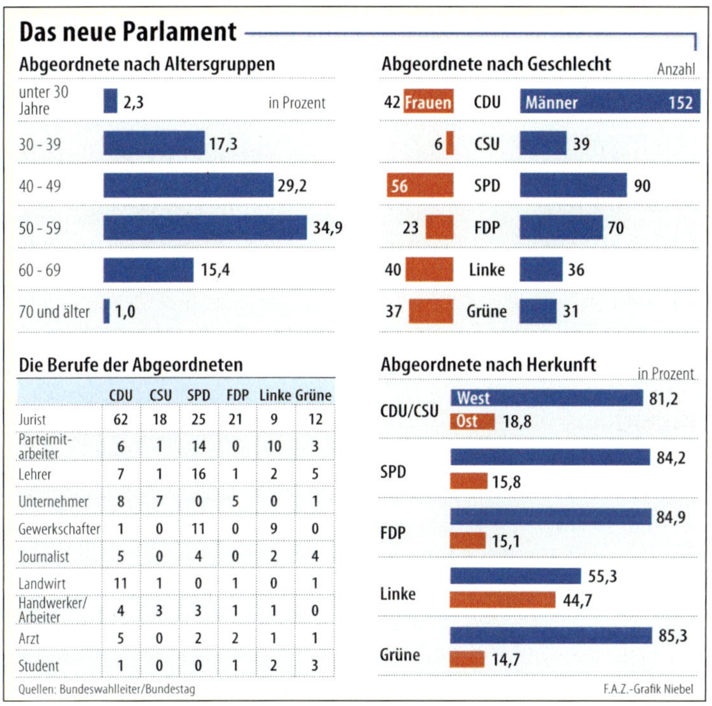

	CDU	CSU	SPD	FDP	Linke	Grüne
Jurist	62	18	25	21	9	12
Parteimitarbeiter	6	1	14	0	10	3
Lehrer	7	1	16	1	2	5
Unternehmer	8	7	0	5	0	1
Gewerkschafter	1	0	11	0	9	0
Journalist	5	0	4	0	2	4
Landwirt	11	1	0	1	0	1
Handwerker/Arbeiter	4	3	3	1	1	0
Arzt	5	0	2	2	1	1
Student	1	0	0	1	2	3

- Ihrer Aufgabe, das *Bindeglied* zu sein, kommen die Abgeordneten auf vielfältige Weise nach. Die Vernetzung, die alle Mitglieder des Bundestages mit ihren *Parteiorganisationen* pflegen – die meisten von ihnen sogar, indem sie Vorstandspositionen vor allem in Ort und Kreis beibehalten –, dient nicht nur der Sicherung der eigenen Hausmacht, sondern schafft auch Kontakte zur Parteibasis, zur Wählerschaft, den Vereinen und den Verbänden. Viele Abgeordnete nehmen zudem *kommunalpolitische Aufgaben* als Gemeinde- und Kreisräte, teils sogar als Bürgermeister wahr und sind im vorpolitischen Raum, also in Vereinen, Verbänden und Interessengruppen aktiv. Hier werden Informationen aufgenommen, Interessen ermittelt, Meinungen abgefragt, Stimmungen gefühlt – alles wichtige Bausteine für die Willensbildung im Parlament. In welchem Ausmaß die Abgeordneten sich diesen Kontakten widmen, zeigen Studien zu ihrem Zeitbudget: 33 der durchschnittlich 78 Arbeitsstunden einer sitzungsfreien Woche und knapp 20 einer ebenso langen Sitzungswoche verbringen MdBs mit solchen Tätigkeiten.
- Fragt man die Parlamentarier nach der Bedeutung ihrer verschiedenen Aufgaben, so halten 84 Prozent es für wichtig, stets für die Bürgerinnen und Bürger zugänglich zu sein: in einer Umfrage unter 2800 deutschen Landes-, Bundes- und Europaparlamentariern verstanden sich 86 Prozent der Befragten vor allem als „Sachwalter des Gemeinwohls", und 89 Prozent stimmten der Aufgabenbeschreibung zu, sie sollten die Anliegen und Interessen der Bürgerinnen und Bürger im Parlament vertreten. Des Weiteren haben Detailstudien zur Wahlkreisarbeit ergeben, dass den Abgeordneten *Bürgernähe* ein

Responsivität

Dieser Begriff kommt vom lateinischen Wort *respondere* für antworten und bedeutet, dass die handelnden Politiker hinhören auf das, was die Bürger und Wähler wünschen, dass sie gesellschaftliche Konflikte und Probleme sowie die darin zum Ausdruck gelangenden Anliegen der Bürger aufmerksam verfolgen und dass sie sich bemühen, darauf durch erfolgreiches Konfliktmanagement zu antworten. [...] Ob sie dies nun machen, um Stimmen zu gewinnen oder um Probleme zu lösen, ist zweitrangig. In der Sache läuft es auf das Gleiche hinaus, nämlich auf den Versuch, eine bessere Antwort zu geben auf die Anliegen der Bürger.

(Klaus Rothe, Politik verstehen, Demokratie bejahen. Politik und politisches System in der Bundesrepublik Deutschland, Olzog Verlag, München 2000, S. 288–290)

wichtiges Anliegen ist und die meisten sich erfolgreich darum bemühen. Wo dies nicht der Fall ist, stehen praktische Gegebenheiten im Wege: Abgeordnete aus kleinen Parteien beispielsweise müssen sehr viele Menschen betreuen, oder Spitzenpolitikern fehlt meistens die Zeit für den intensiven persönlichen Kontakt zu Bürgern.
Studien zur **Responsivität** (s. Kasten S. 41 u.), also, verkürzt gesagt, zur Frage, ob Politiker entsprechend den Interessen und Einstellungen der Wähler handeln, weisen in dieselbe Richtung: Danach besteht zwischen Öffentlichkeit und Parlament ein Verhältnis wechselseitiger Beeinflussung. [...] Auch wenn ausweislich dieser Untersuchungen der Bundestag also eine kommunikative Führungsfunktion wahrnimmt, so wird ebenso deutlich, dass dies im Wechselspiel von Bürgern und Politik stattfindet. Von „Abgehobenheit“ und „Bürgerferne“ zeugen all diese Fakten und Daten jedenfalls nicht.

(Informationen zur politischen Bildung Nr. 295, 2. Quartal 2007: Parlamentarische Demokratie, Bundeszentrale für politische Bildung, Bonn, S. 54; Verf.: Suzanne S. Schüttemeyer)

e) Kontrolle der Regierung und Rolle der Opposition
Seine *Kontrollfunktion* nimmt der Bundestag heute weniger im Nachhinein als vielmehr im Prozess der laufenden Regierungsarbeit wahr. Kontrollieren im weiteren Sinne bezeichnet dabei alle Prozesse der Informationsgewinnung, -verarbeitung, -bewertung und Stellungnahme. Die institutionellen Kontrollmittel werden vornehmlich von der *Opposition* angewandt. Dazu zählen: Große Anfrage, Kleine Anfrage, Fragestunde, Aktuelle Stunde (s. Abb. 9) und in zunehmendem Maße auch die Arbeit in *Untersuchungsausschüssen*.* Meist abseits der Öffentlichkeit finden allerdings auch innerhalb der Regierungsmehrheit Kontrollprozesse statt, denn die Parlamentarier der Regierungsparteien haben einen unmittelbareren Zugriff auf Verwaltung und Kabinett, als dies der Opposition möglich ist.
Dass sich die Mehrheitsfraktion offen gegen Regierungsinitiativen ausspricht, gehört in diesem Kontext zu den Ausnahmen. In der Regel werden der Regierungschef oder die Minister aus Gründen des eigenen Machterhalts zunächst versuchen, die eigene Fraktion in ihre beabsichtigten Initiativen einzubinden. Kontroll- und Gesetzgebungsfunktion lassen sich oft nur noch theoretisch voneinander trennen. Denn die Veränderung von Regierungsvorlagen im Rahmen des Entstehungsprozesses kann als Regierungskontrolle, aber auch als Mitwirkung bei der Gesetzgebung interpretiert werden.
Die **Opposition** zielt vor diesem Hintergrund weniger auf die konkrete Änderung der Regierungspolitik als vielmehr auf das *Herstellen von Öffentlichkeit*. Opposition heißt deshalb: Gegenpositionen aufzeigen (vgl. Abb. 10). Von ihr muss in einem gewaltenteilig angelegten System wie der Bundesrepublik öffentlich wahrnehmbarer Druck ausgehen, damit die Regierungsmehrheit ihre Politik öffentlich rechtfertigt. Dies geht mittlerweile nicht mehr ohne die **Medien**. Der Druck durch die Medien ist meist sogar stärker als der Druck durch die Opposition. Oftmals scheint es, als bliebe außer der Suche nach einem möglichen Koalitionspartner und dem geduldigen Warten auf den inneren Machtverfall der Regierung für die parlamentarische Opposition wenig zu tun. Die Regel bestä-

Abb. 9

© Erich Schmidt Verlag

Abb. 10

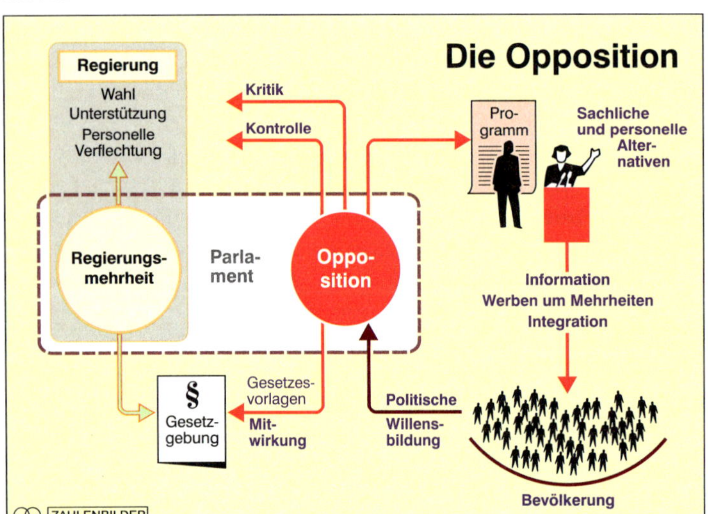

© Erich Schmidt Verlag

tigt, dass Wahlen nicht von der Opposition gewonnen, sondern von der Regierung verloren werden. Gleichwohl kann die Opposition über die Wahl verschiedener Strategien nicht unwesentlich die politische Dynamik des Regierens beeinflussen.

(Karl Rudolf Korte/Manuel Fröhlich, Politik und Regieren in Deutschland, Verlag Ferdinand Schöningh, Paderborn 2009, S. 48 f.)

M 18 Die Bundesregierung

Abb. 1

Die Bundesregierung besteht laut Art. 62 GG aus dem **Bundeskanzler** und den Bundesministern. Zu den besonderen Spezifika des deutschen Regierungssystems gehört die *herausgehobene Stellung des Bundeskanzlers*. Als einziges Regierungsmitglied wird er vom Bundestag gewählt. Die Wahl erfolgt dabei auf Vorschlag des Bundespräsidenten und erfordert die Mehrheit der Mitglieder des Bundestages (die sogenannte *„Kanzlermehrheit“*).

Um die Regierungsbildung nach der Bundestagswahl auch im Falle unklarer Mehrheitsverhältnisse zu gewährleisten, sieht das Grundgesetz ausdrücklich auch Verfahrensweisen für den Fall vor, dass der vorgeschlagene Kandidat im ersten Anlauf nicht die Mehrheit der Stimmen der Mitglieder des Bundestages erlangt. Demnach kann der Wahlgang innerhalb von 14 Tagen nach erfolgloser Wahl beliebig oft wiederholt werden. Kriterium der Wahl ist jedoch auch hier die „Kanzlermehrheit“. Kommt es auch nach 14 Tagen nicht zur Wahl eines Kanzlers, so gilt für den folgenden Wahlgang, dass auch die relative Mehrheit der Stimmen zur Wahl genügt. Allerdings kommt nun dem Bundespräsidenten ein Ermessensspielraum zu: Nur mit relativer Mehrheit gewählte Kandidaten kann er ernennen, er muss es jedoch nicht. Seine Entscheidung kann er eine Woche lang abwägen. Entscheidet er sich gegen eine Ernennung, muss er den Bundestag auflösen.

- Wahl und Auswahl der **Bundesminister**, also der personelle Zuschnitt der Regierung, obliegt formell dagegen allein dem Kanzler. Bundesminister werden auf seinen Vorschlag hin vom Bundespräsidenten ernannt (und entlassen). Die Arbeit der Bundesregierung wird in Art. 65 GG strukturiert. Hier findet sich zum einen die *Richtlinienkompetenz des Bundeskanzlers*: „Der Bundeskanzler bestimmt die Richtlinien der Politik und trägt dafür die Verantwortung“. Daneben wird die Eigenverantwortlichkeit der Bundesminister etabliert: „Innerhalb dieser Richtlinien leitet jeder Bundesminister seinen Geschäftsbereich selbstständig und unter eigener Verantwortung.“ Schließlich beinhaltet Art. 65 GG die Regelung, dass die Bundesregierung als Ganzes Meinungsverschiedenheiten zwischen den Ministerien entscheidet. Damit charakterisieren drei nicht notwendigerweise gegenseitig exklusive Organisationsprinzipien Arbeitsweise und Stellung der Bundesregierung: das *Kanzlerprinzip*, das *Ressortprinzip* und das *Kollegialprinzip* (s. Abb. 2).

Abb. 2

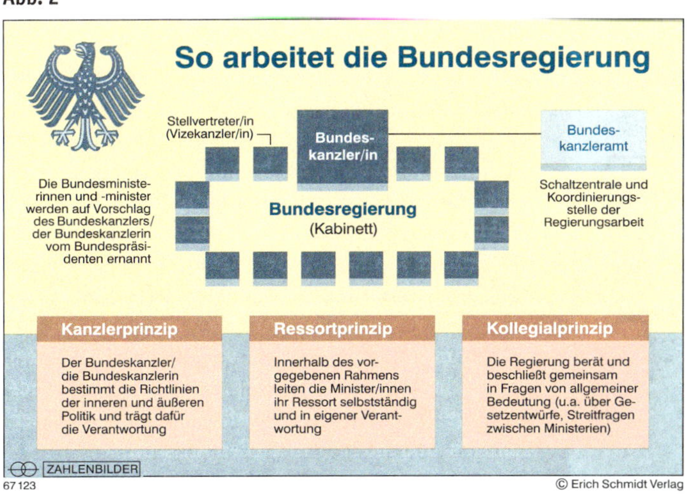

- Die **Richtlinienkompetenz** des Bundeskanzlers, die durch die Geschäftsordnung der Bundesregierung noch einmal festgeschrieben wird, ist eine Führungsbefugnis, nach der ein Bundeskanzler vorrangig in strittigen Fällen seine Vorstellungen durchsetzen kann. Sie ist vage und reicht von bloßer Koordinierung bis hin zur gesamten politischen Leitung. Dies erscheint zunächst als Widerspruch zu den anderen Prinzipien. Trotz der Richtlinienkompetenz soll die Bundesregierung schließlich als Ganzes über Meinungsverschiedenheiten zwischen den Ministern entscheiden. [...] Politische Führung durch den Bundeskanzler ist immer auch „Zusammenführung“ existierender Interessen und Machtressourcen, ohne die er seinen Erfolg

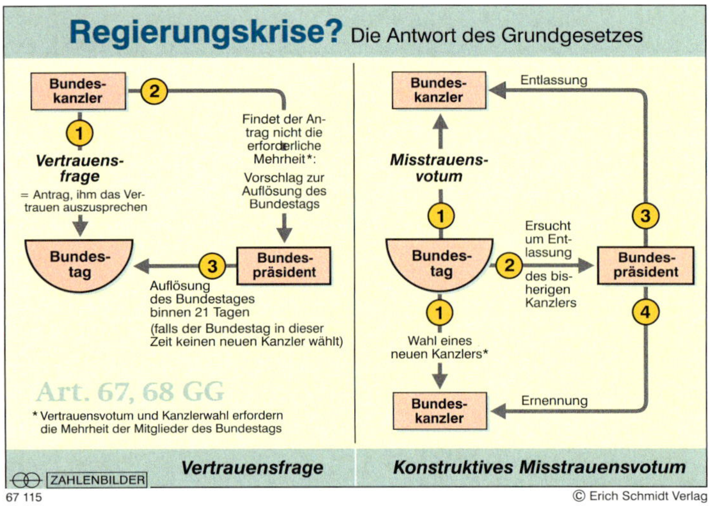

Abb. 3

schon mittelfristig nicht absichern kann. [...] Kombiniert sind hier offenbar Kollegialsystem und Einzelführung. Die starke Stellung des Bundeskanzlers rührt jedoch auch aus dem Umstand, dass die Möglichkeiten zu seiner Abberufung im Grundgesetz mit hohen Anforderungen versehen wurden. Neben der mit einer regelmäßigen Bundestagswahl verbundenen „Abwahl" des Kanzlers und damit der gesamten Regierung eröffnen Art. 67 GG und Art. 68 GG Möglichkeiten der Absetzung durch das Parlament und der Herbeiführung vorzeitiger Neuwahlen.

- Art. 67 GG etabliert das **„konstruktive" Misstrauensvotum** (s. Abb. 3): Der Bundestag kann einem Bundeskanzler nur dann das Misstrauen aussprechen, wenn er mit der Mehrheit seiner Mitglieder einen Nachfolger wählt – eine Wahl, für welche die gleichen Erfordernisse gelten wie bei der „normalen" Kanzlerwahl. Es muss also nicht nur die eigene Kanzlermehrheit aufgelöst, sondern zugleich eine fremde Kanzlermehrheit gebildet sein, um das Verfahren nach Art. 67 GG durchzuführen. Diese endet mit der Ernennung des neuen Kanzlers durch den Bundespräsidenten, der (ebenso wie bei der „normalen" Kanzlerwahl mit absoluter Mehrheit) bei erfolgreichem Misstrauensvotum keinen Ermessensspielraum hat.

Während das konstruktive Misstrauensvotum also gegen die Regierung initiiert wird, stellt die *Vertrauensfrage* nach Art. 68 GG die Möglichkeit der Bundesregierung dar, sich der politischen Zustimmung der Bundestagsmehrheit zu versichern und bei Mangel an politischer Unterstützung entweder dem Bundespräsidenten vorzuschlagen, den Bundestag vorzeitig aufzulösen, oder aber als Minderheitskabinett weiterzuregieren. [...]

- Bislang ist es in der Geschichte der Bundesrepublik nicht vorgekommen, dass eine Partei allein die Regierungsgewalt auf Bundesebene ausgeübt hat. Vielmehr setzten sich die Bundesregierungen bislang immer aus **Koalitionen** zusammen. Unter Koalitionen versteht man Zusammenschlüsse von zwei oder mehreren Parteien, die unter der Führung derjenigen Partei, die als Wahlsieger aus den Bundestagswahlen hervorging, die Regierungsaufgaben wahrnehmen.

Der Zusammenschluss wird von den Koalitionspartnern meist als Zweckbündnis auf Zeit wahrgenommen, das aber nichtsdestotrotz als Garant für Regierungsstabilität dient.

Das *personalisierte Verhältniswahlsystem** verhinderte in Deutschland absolute Mehrheiten mit der Ausnahme von 1957, als die CDU/CSU die absolute Mehrheit an Sitzen und Stimmen errang (s. Abb. 6). Doch auch in dieser Situation setzte Konrad Adenauer das Bündnis mit der DP (Deutschen Partei) fort. Es hatte sich nicht nur bewährt, sondern diente auch unter dem Gesichtspunkt der Stabilitätserhaltung dazu, die Kritik an der Alleinherrschaft einer Partei abzuschwächen. Regierungsstabilität und Integrationseffekte sollten durch diese Vorgehensweise idealtypisch zusammentreffen. [...]

Abb. 4

Die *Koalitionsdemokratie* hat jedoch nicht nur die Regierungspraxis stabilisiert. Sie hat auch die Wege der politischen Entscheidungsfindung geprägt. Informelle Entscheidungsmuster sind zum Kennzeichen der Bonner und Berliner Koalitionsregierungen geworden. Die Gesetze, Geschäftsordnungen und Spielregeln, nach denen im Bund regiert wird, haben sich über die Jahrzehnte nicht grundlegend verändert. Was sich änderte, liegt eher im informellen Bereich. [...] Die Koalitionsrunde verdrängte weitestgehend die anfänglich einflussreichen Kabinetts- und interministeriellen Ausschüsse.

(Karl Rudolf Korte/Manuel Fröhlich [= M 17], S. 52 ff., 96 f.)

Abb. 5

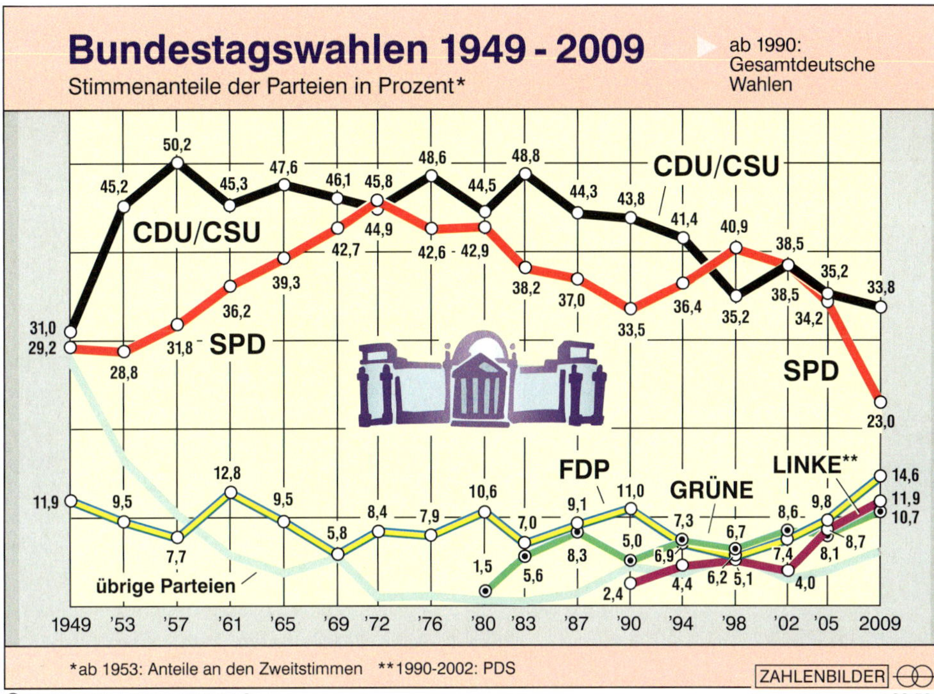

 88 500

Abb. 6: Regierung und Opposition seit 1949

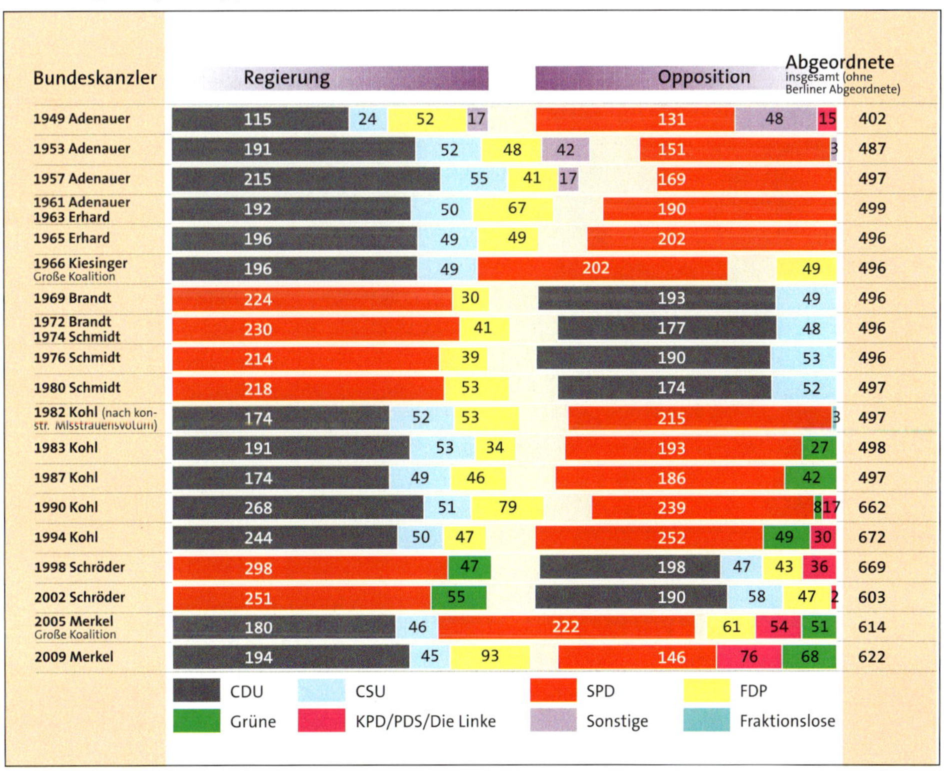

Seit der deutschen Einigung (1990) betrug die vorgeschriebene Zahl der Wahlkreise und damit der Parlamentssitze 656. Mit der Bundestagswahl 2002 wurde sie auf 598 verringert. In der tatsächlichen Zahl der Sitze sind Überhangmandate* enthalten (**1990:** 6 CDU; **1994:** 12 CDU, 4 SPD; **1998:** 13 SPD; **2002:** 4 SPD, 1 CDU; **2005:** 9 SPD, 7 CDU; **2009:** 23 CDU, 1 CSU).

M 19 Der Bundespräsident

Der Bundespräsident wird nach Art. 54 GG von der *Bundesversammlung* auf fünf Jahre gewählt, die einmalige Wiederwahl ist zulässig. Die Bundesversammlung (s. M 16 und Foto 3, S. 36) ist zur Hälfte vom Bundestag und zur Hälfte von den Landesparlamenten beschickt. Im ersten und zweiten Wahlgang benötigt ein Kandidat zur Wahl die absolute Mehrheit, im dritten Wahlgang nur noch die relative Mehrheit der Stimmen.
Dem Bundespräsidenten obliegen laut Grundgesetz vornehmlich *repräsentative Funktionen*: die völkerrechtliche Vertretung des Bundes, die Ernennung und Entlassung der Bundesrichter und Bundesbeamten sowie das Begnadigungsrecht (s. Abb. 2). Die Ernennung und Entlassung des Bundeskanzlers und der Bundesminister fällt ebenso in seinen Zuständigkeitsbereich wie die Mitwirkung bei der Auflösung des Bundestages, wo ihm nach dem oben genannten Verfahren (s. Abb. 3 in M 18) „eine gewisse Nothelferfunktion“ (Jesse) zukommt.
Hauptsächlich jedoch handelt der Bundespräsident im Gesetzgebungsverfahren zusammen mit der Regierung. Anordnungen und Verfügungen des Bundespräsidenten bedürfen grundsätzlich der Gegenzeichnung durch die Regierung. Wo also lässt sich die eigenständige politische Rolle des Bundespräsidenten – immerhin das Staatsoberhaupt der Bundesrepublik Deutschland – verorten? Seine politische Bedeutung liegt größtenteils in der Kraft seines Wortes. Es sind die *öffentlichen Reden* des Bundespräsidenten, die dieser als Impuls in den politischen Prozess einspeisen kann und mittels derer er seinem Amt Relevanz verschaffen kann. Wie Dolf Sternberger zu Recht feststellt, wird dieses zentrale Instrument des Bundespräsidenten im Grundgesetz mit keinem Wort erwähnt und doch gilt gerade

Abb. 1

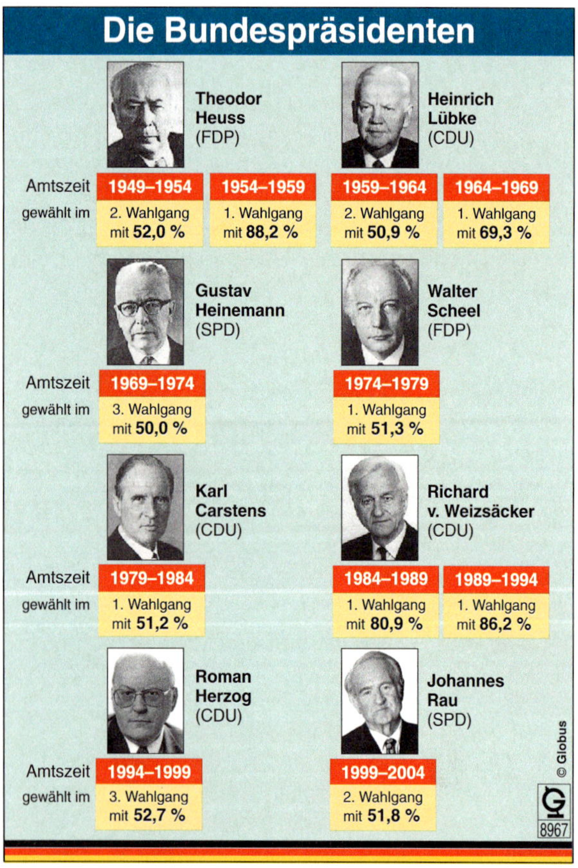

Abb. 2

© Erich Schmidt Verlag

Der Bundespräsident ist das einzige Verfassungsorgan, das nur aus einer Person besteht. Er hat zwar eine eigene Behörde, das **Bundespräsidialamt** mit Sitz im Schloss Bellevue in Berlin (s. Foto 1, S. 36). Aber anders als bei den übrigen Verfassungsorganen übt er das Amt allein aus.
Bei seinen Äußerungen soll der Bundespräsident **unparteiisch** sein, d. h. über den Parteien und gesellschaftlichen Gruppen stehen. Dies gilt auch, wenn er sich zu politischen Fragen äußert. Vor allem kann er nicht zu politischen Tagesfragen Stellung beziehen; er könnte sonst in Konflikt mit den anderen Verfassungsorganen, der Bundesregierung oder dem Bundestag, geraten. Gehört er einer Partei an, so lässt er diese Mitgliedschaft während seiner Amtszeit ruhen. Dennoch muss der Präsident **nicht unpolitisch** sein. Vor allem in den öffentlichen Reden kann er die Grundfragen unseres Zusammenlebens, die politischen Konflikte, mit denen sich die Politik bei der Gestaltung der Zukunft befassen muss, sichtbar machen – notfalls auch mit deutlichen Worten.

(Herbert Uhl [Hg.], Grundwissen Politik, Ernst Klett Verlag, Stuttgart 2007, S. 159)

Abb. 3: Horst Köhler, Bundespräsident seit Mai 2004

angesichts der Amtspraxis der bisherigen Bundespräsidenten (s. Abb. 1 und 3): „Auch Reden sind Taten“ (Sternberger). [...]
Noch stärker als im Amt des Bundeskanzlers schlägt das persönliche Temperament des Amtsinhabers im Amt des Bundespräsidenten durch. Literarische, intellektuelle, landsmannschaftlich und nicht zuletzt religiöse Prägungen haben die bisherigen Bundespräsidenten allesamt in ihre Amtspraxis mit eingebracht und dadurch den verfassungsrechtlich gesehen relativ interpretationsoffenen Bestimmungen ihren Stempel aufgedrückt. Einen dezidierten Einfluss auf die Regierungspolitik wollen die Deutschen dem Bundespräsidenten indes nicht zugestehen, wenngleich die Zustimmung zu einer aktiveren Rolle etwas gestiegen ist.

(Karl Rudolf Korte/Manuel Fröhlich, Politik und Regieren in Deutschland, Verlag Ferdinand Schöningh, 3. Aufl., Paderborn 2009, S. 58–61)

M 20 Das Bundesverfassungsgericht

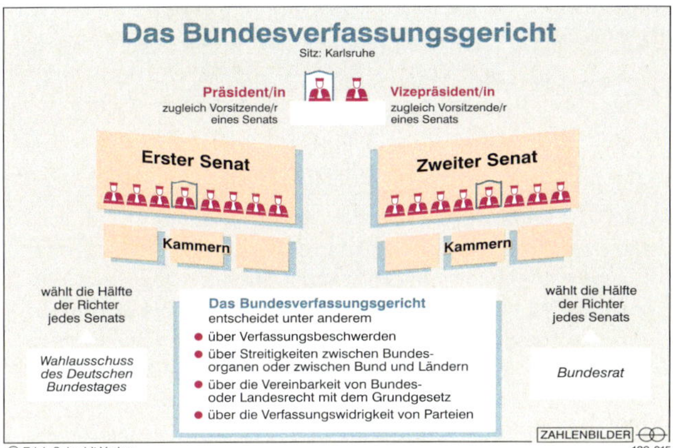

© Erich Schmidt Verlag

Die Homepage http://www.bundesverfassungsgericht.de/ bietet umfassende Informationen.

Das Bundesverfassungsgericht spielt eine besondere Rolle in der Politik: Es kann überprüfen, ob eine Entscheidung eines anderen politischen Organs, z. B. des Bundestags als Gesetzgeber, rechtmäßig ist, d. h. mit den Vorschriften der Verfassung übereinstimmt:

1) Normenkontrolle – rechtmäßige Gesetze?
Das Bundesverfassungsgericht entscheidet, ob Gesetze nach den Vorschriften der Verfassung – den obersten rechtlichen Normen* – zustande gekommen sind und ob ihr Inhalt mit der Verfassung übereinstimmt. Solche Verfahren können z. B. von einem Gericht beantragt werden.

2) Verfassungsbeschwerde der Bürgerinnen und Bürger
Fühlt sich eine Person durch eine Handlung des Staates bzw. einer Behörde in ihren Grundrechten verletzt oder eingeschränkt, kann sie das Bundesverfassungsgericht anrufen. Allerdings muss eine solche Klage zuvor den „ordentlichen Rechtsweg durchlaufen“ haben, d. h., die für einen Rechtsstreit zuständigen Gerichte müssen sich mit dem Fall zuvor beschäftigt haben.

3) Organklagen – Streitigkeiten zwischen politischen Organen
Die Verfassungsrichter entscheiden ferner, wenn es Streitigkeiten zwischen den politischen Organen, z. B. dem Bundestag (oder einer Fraktion) und der Bundesregierung gibt. In gleicher Weise werden auch Streitfälle zwischen der Bundesregierung und den Bundesländern vor diesem Gericht verhandelt. Dies gilt auch für den Fall, dass sich zwei Länder in einer Sache streiten.

4) Parteienverbot und die Aberkennung der Grundrechte
Eine Hauptaufgabe des Gerichts ist es, die demokratische Grundordnung und den Rechtsstaat vor Angriffen zu schützen. So entscheidet es, ob eine Partei verfassungswidrig ist (Art. 21, Abs. 1 GG) oder ob einer Person, die durch ihr Handeln dauerhaft die demokratische Ordnung gefährdet, die Grundrechte aberkannt werden (Art. 18 GG).

5) Anklagen gegen Bundespräsident und Bundesrichter
Hat der Bundespräsident oder ein Bundesrichter vorsätzlich gegen die Verfassung oder ein Bundesgesetz verstoßen, so können diese Amtsträger vor dem Bundesverfassungsgericht angeklagt werden (Art. 61 und Art. 98 GG).
Die Urteile des Bundesverfassungsgerichts als letzte Rechtsinstanz unterscheiden sich von denen der ande-

Der Zweite Senat des Bundesverfassungsgerichts mit dem Präsidenten des Gerichts, Andreas Voßkuhle (4. v. r.)

ren Gerichte in einem wesentlichen Punkt: Sie verpflichten alle anderen Verfassungsorgane (z.B. den Bundestag und die Bundesregierung), die gesamte Rechtsprechung und alle staatlichen Behörden, sich danach zu richten. Mit anderen Worten: *Urteile des Bundesverfassungsgerichts binden die Legislative* (Gesetzgebung), *die Exekutive* (Regierung und Verwaltung) und *die Judikative* (Rechtsprechung).

Das Gericht kann nicht von sich aus tätig werden, sondern nur dann, wenn es von außen angerufen wird. Je nach Streitfall können sich die Bundesregierung, der Bundesrat oder einzelne Bundesländer, der Bundestag oder einzelne Fraktionen – mit mindestens einem Drittel der Mitglieder des Bundestags – an das Gericht wenden. [...]

Wenngleich das Bundesverfassungsgericht sich weitestgehend parteipolitischer Auseinandersetzung entziehen will und soll, muss jedoch festgestellt werden, dass es in zunehmendem Maße mit genug politischen Fragen beschäftigt wird und die Einschaltung des Gerichts von verschiedenen Seiten durchaus einen parteipolitischen Effekt haben soll. In der Regel ist es die Opposition, die das Gericht gegen Beschlüsse der Regierungsmehrheit anruft, um sie auf diesem Wege zu korrigieren, und es ist die Regierungsmehrheit, die sich darüber beklagt. Tatsächlich sind in der Geschichte der Bundsrepublik große politische Kontroversen und viele weniger wichtige Streitfragen mit verfassungsrechtlichen Argumenten vor dem Bundesverfassungsgericht ausgetragen worden. In einer Reihe von Entscheidungen hat es seine Ausführungen mit einem deutlichen Appell zur konkreten Ausgestaltung seitens des Gesetzgebers versehen. In der Regel liegt es jedoch nicht im Ermessen des Gerichts, die Behandlung einer politischen Streitfrage abzulehnen, wenn es angerufen wird. (Autorentext)

Wie kommen die Bundesverfassungsrichter ins Amt?

Die beiden Abteilungen des Gerichts, *Senate* genannt, werden mit je acht Richtern besetzt. Beide Senate teilen sich die Arbeit untereinander auf; je nach Sachgebiet wird ein Streitfall vor dem Ersten oder dem Zweiten Senat behandelt. An der Spitze des gesamten Gerichts steht ein *Präsident* oder eine *Präsidentin*. [...]

Drei Grundsätze gelten für die **Wahl**:

– Die Verfassungsrichter werden nicht einfach ernannt, sondern gewählt.

– Die Wahl muss so angelegt sein, dass die Regierungsmehrheit nicht einfach „ihren" Kandidaten durchsetzen kann. Sie ist auf die Zustimmung der Minderheit, der Opposition angewiesen.

– Und schließlich: Bei der Wahl müssen beide Ebenen des Bundesstaates, der Bund und die Länder, zusammenwirken; keine Seite darf allein das Sagen haben.

Damit diese drei Punkte berücksichtigt werden, gilt folgende Regelung, die im „Gesetz über das Bundesverfassungsgericht" genau beschrieben ist:

Die Richter eines jeden Senats werden jeweils zur Hälfte vom Bundestag und vom Bundesrat gewählt. Der Bundestag entscheidet über die Richter in indirekter Wahl im *Richterwahlausschuss*: Zwölf Abgeordnete werden vom Plenum zu Wahlfrauen bzw. Wahlmännern gewählt, und zwar entsprechend der Stärke der Fraktionen. Der Bundesrat entscheidet mit seinem Plenum, also mit allen Ländervertretern.

Gewählt ist, wer mindestens zwei Drittel der Stimmen im Bundesrat bzw. im Richterwahlausschuss des Bundestages erhalten hat. Die Amtszeit eines Richters beträgt 12 Jahre. Eine Wiederwahl ist nicht möglich.

Damit die notwendige Zweidrittelmehrheit in den Gremien überhaupt erreicht wird, ist es erforderlich, dass sich die Fraktionen des Bundestages und die Länder schon vor der Wahl verständigen. Keine Seite kann eine Kandidatin oder einen Kandidaten gegen den Willen der anderen Seite durchsetzen. Deshalb ist Zusammenarbeit und gegenseitige Verständigung notwendig.

(Herbert Uhl [Hg.], Grundwissen Politik, Ernst Klett Schulbuchverlag, Stuttgart 2007, S. 161 ff.)

M 21 Der Bundesrat

M 21 a Der Bundesrat – die Vertretung der Länder

Abb. 1

Sitzung des Bundesrates in Berlin

Abb. 2

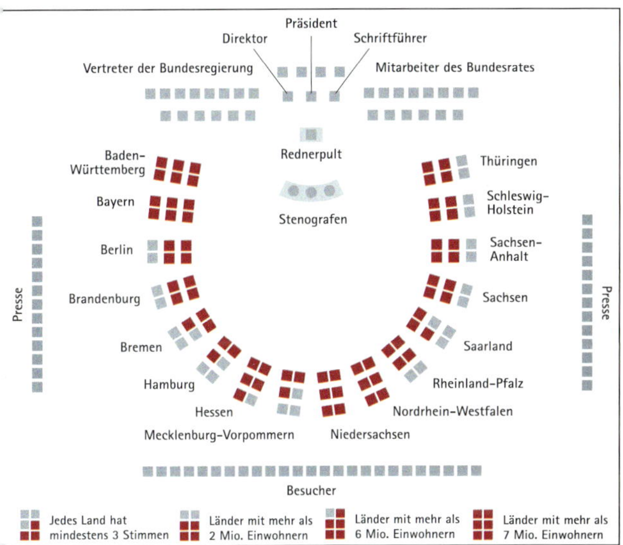

(Bundesrat [Hrsg.], Gesetzgebung des Bundes ... Natürlich nur mit den Ländern, Faltblatt, Berlin 2004 – www.bundesrat.de)

Ein Überblick zu den wichtigen Merkmalen und Besonderheiten des parlamentarischen Regierungssystems in Deutschland wäre ohne die Erwähnung des **Bundesrates** unvollständig. Laut Art. 50 GG wirken die Länder durch den Bundesrat „bei der Gesetzgebung und Verwaltung des Bundes und in Angelegenheiten der Europäischen Union“ mit. Damit nimmt er zwar bei der Gesetzgebung parlamentarische Funktionen wahr, ist allerdings von seiner Struktur her kein Parlament. Zwar hat er in funktionaler Hinsicht durchaus die Befugnisse einer zweiten Parlamentskammer, doch die Mitglieder des Bundesrates – alles Mitglieder der sechzehn Landesregierungen – haben kein von ihnen persönlich zu verantwortendes, sondern ein *imperatives Mandat**: Art. 51 GG regelt, dass der Bundesrat „aus Mitgliedern der Regierungen der Länder“ besteht, „die sie bestellen und abberufen“. Der Bundesrat ist somit eine Versammlung von Mitgliedern der Landesregierungen, die als Exekutivorgan auf Bundesebene die Kompetenzen eines gesetzgebenden Organs ausübt. Das Stimmenverhältnis innerhalb des Bundesrates wird nach einem an der Einwohnerzahl orientierten Schlüssel geregelt. Danach bekommt jedes Bundesland mindestens drei Stimmen. Länder, deren Einwohnerzahl größer als zwei, sechs oder sieben Millionen Einwohner ist, bekommen gestaffelt vier, fünf oder sechs Stimmen (s. Abb. 2). Die Stimmen eines Landes dürfen jedoch nur einheitlich im Block abgegeben werden. Danach ergibt sich die Stimmverteilung.
Das Zusammenspiel von Bundesrat und -regierung wird in Art. 53 geregelt. Danach haben Mitglieder der Regierung das Recht bzw. auf Verlangen die Pflicht, an Sitzungen des Bundesrates und seiner Ausschüsse teilzunehmen bzw. gehört zu werden. Zudem gilt „Der Bundesrat ist von der Bundesregierung über die Führung der Geschäfte auf dem Laufenden zu halten.“ Im *Dreiecksverhältnis von Bundesregierung, Bundestag und Bundesrat* ist mit zwei möglicherweise unterschiedlichen Mehrheiten, verschiedenen Wahlverfahren, Abhängigkeiten und Interessenkonstellationen zu rechnen. Je nach parteipolitischer Ausrichtung ist die Regierung zu einer Art informeller großer Koalition mit einem oppositionell dominierten Bundesrat gezwungen. Die Struktur des Bundesrates lässt keine ausschließlich parteipolitische oder ausschließlich am einzelnen Landesinteresse orientierte Politik zu. Zu einer lang andauernden *Blockadesituation* zwischen Bundestag und Bundesrat ist es nur in Ausnahmefällen gekommen. Meist siegte eine pragmatische Orientierung im *Vermittlungsausschuss* (s. Schema S. 51 und Abb. S. 53), dessen Ergebnis Bundestag und Bundesrat dann nur noch unverändert annehmen oder verwerfen können.

(Karl Rudolf Korte/Manuel Fröhlich [= M 19], S. 65–67)

M 21 b Die Rolle des Bundesrats bei der Gesetzgebung des Bundes

In einem Bundesstaat sind die staatlichen Aufgaben zwischen Bund und Ländern aufgeteilt. Der Bund hat andere Befugnisse als die Länder, das heißt auch, er darf in anderen Bereichen Gesetze erlassen als die Länder.
Grundlegend für die Gesetzgebung ist zunächst, dass sich nach dem Grundgesetz die Gesetzgebungsmaterien in fünf Kategorien gliedern:

– einen Bereich der *ausschließlichen Bundesgesetzgebung*: Auswärtige Angelegenheiten, Verteidigung, Geld und Währung, Bahnen, Post und Luftverkehr, Regelungen zur Zusammenarbeit von Bund und Ländern beim Verfassungsschutz und der Verbrechensverfolgung u. a. (Art. 71 und 73 GG);

– den Bereich der *„konkurrierenden Gesetzgebung“*, in dem die Länder Gesetzgebungsbefugnisse besitzen, „solange und soweit der Bund von seiner Gesetzgebungszuständigkeit nicht durch Gesetz Gebrauch gemacht hat“: Bürgerliches und Strafrecht, Justizwesen, Besoldungsrecht, Wirtschaft, Arbeitsrecht, Soziales, Verkehr, Umwelt, Gesundheit u. a. (Art. 72, 74 und Art. 74 a GG),

– den Bereich der *Rahmengesetzgebung des Bundes*, wo sich der Bund auf allgemeine Regelungen zu beschränken hat: Recht des öffentlichen Dienstes, Hochschulwesen, Presse, Raumordnung, Melde- und Ausweiswesen u. a. (Art. 75 GG);

– die *„Gemeinschaftsaufgaben“*, bei denen der Bund bei der Erfüllung von Aufgaben der Länder mitwirkt: Hochschulausbau, Verbesserung der regionalen Wirtschaftsstruktur, der Agrarstruktur und des Küstenschutzes (Art. 91 a GG);

– den Bereich der *ausschließlichen Landesgesetzgebung:* Kultur, Schulwesen, Polizei, Kommunalverfassung sowie alle übrigen, nicht ausdrücklich den anderen Kategorien zugeordneten Gegenstände (Art. 70 GG).

(Wolfgang Rudzio, Das politische System der Bundesrepublik Deutschland, VS Verlag für Sozialwissenschaften, Wiesbaden 2006, S. 315 f.)

Abb. 3

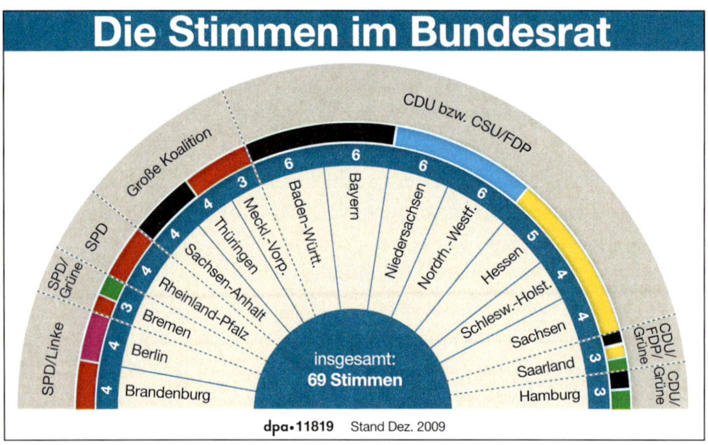

Für die praktische Politik ist vor allem die Mitwirkung des Bundesrats an der Bundesgesetzgebung von Bedeutung; sie erzeugt immer wieder schwierige Problemlagen, die sich aus den z. T. unterschiedlichen Interessenlagen des Bundes und der Länder und vor allem dann ergeben, wenn in den Bundesländern mehrheitlich Parteien die Landesregierungen bilden, die im Bund nicht an der Regierung beteiligt sind (s. dazu Abb. 3).

Die größte Bedeutung kommt dem Bundesrat bei den verfassungsändernden Gesetzen und den **Zustimmungsgesetzen** zu. Jede Verfassungsänderung hängt vom Verhalten des Bundesrates ab, denn die verfassungsändernden Gesetzbeschlüsse des Bundestages können nur wirksam werden, wenn ihnen auch der Bundesrat mit einer Zweidrittelmehrheit zustimmt. Bei allen anderen Gesetzbeschlüssen muss entschieden werden zwischen denen, die *zustimmungsbedürftig* sind, und solchen, die *nicht zustimmungsbedürftig* sind, gegen die der Bundesrat also lediglich Einspruch einlegen kann. Bei zustimmungsbedürftigen Gesetzen verfügt der Bundesrat über ein *absolutes Veto*. Bei nicht zustimmungsbedürftigen Gesetzbeschlüssen steht dem Bundesrat durch seinen Einspruch nur ein *aufschiebendes Veto* zu. Dieses aufschiebende oder suspensive Vetorecht bei Einspruchsgesetzen kann vom Bundestag zurückgewiesen werden. Welche Gesetze zustimmungspflichtig sind, ist im Grundgesetz im Einzelnen festgelegt (s. Kasten). (Autorentext)

Zustimmungsgesetze sind Gesetze, die der Zustimmung des Bundesrates bedürfen. Das sind:

- **Gesetze, die die Verfassung ändern:** Sie erfordern die Zustimmung nicht nur von zwei Dritteln der Mitglieder des Bundestages, sondern auch von zwei Dritteln der Stimmen des Bundesrates.
- **Gesetze, die Auswirkungen auf die Finanzen der Länder haben:** Das sind vor allem Gesetze über Steuern, an deren Aufkommen die Länder oder Gemeinden beteiligt sind, etwa die Lohn- und Einkommensteuer, die Körperschaftsteuer, die Mehrwert- und Kraftfahrzeugsteuer.
- **Gesetze, die von den Ländern auszuführen sind:** Enthält ein Bundesgesetz irgendwelche Verwaltungsvorschriften, zum Beispiel über Gebührenregelungen, ist es insgesamt zustimmungsbedürftig. Da die meisten wichtigen Bundesgesetze von den Ländern ausgeführt werden, konnte sich der Bundesrat weitgehende Mitwirkungsrechte sichern. Unter diese Bestimmung fallen drei Viertel aller Zustimmungsgesetze.

(Horst Pötzsch [= M 10 b], S. 75)

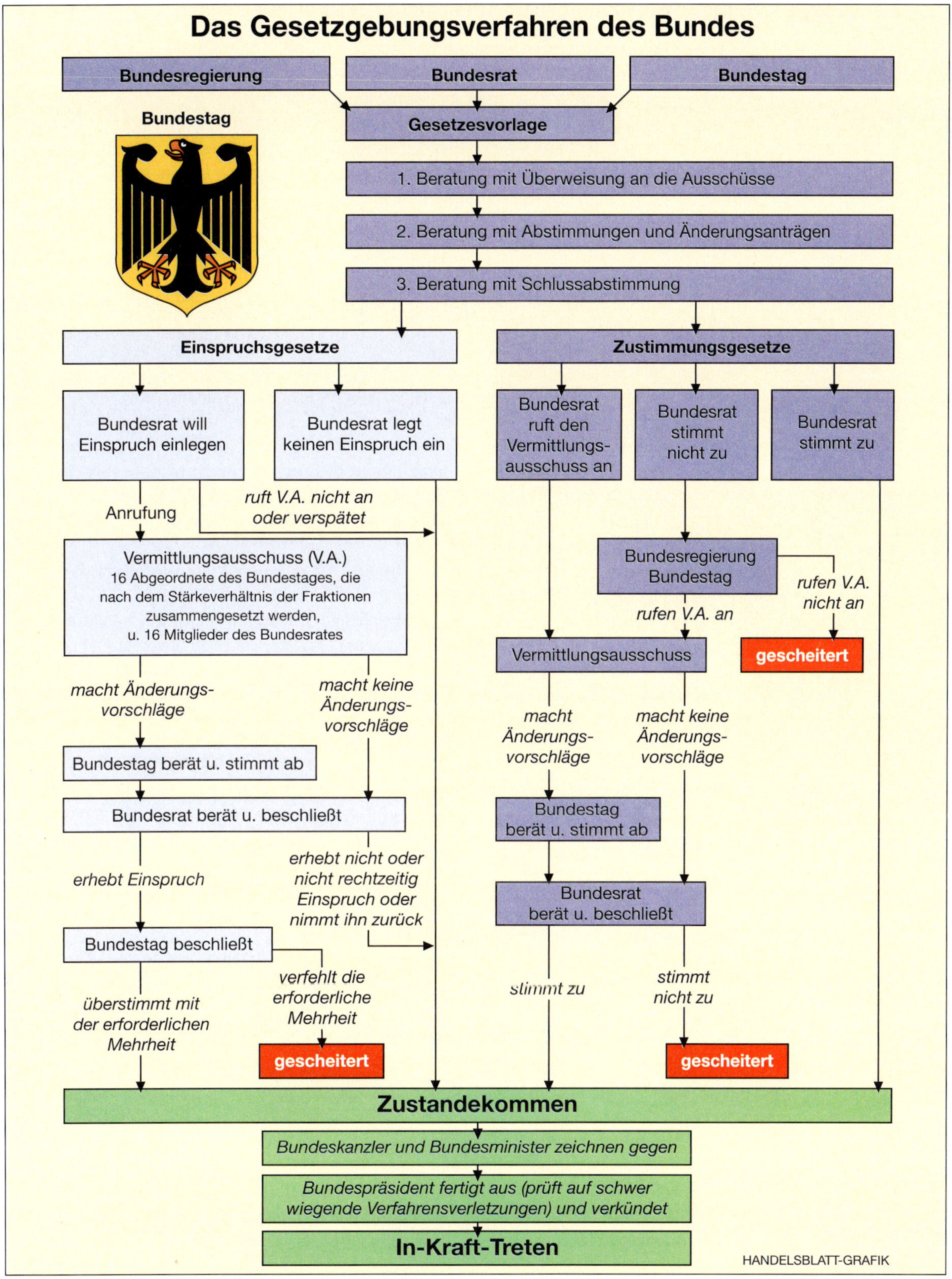

(Handelsblatt Nr. 208 v. 29.10.2003, S. 5)

Eine nähere Beschreibung des hier dargestellten Gesetzgebungsverfahrens findet sich unter http://www.bundestag.de/bundestag/aufgaben/gesetzgebung/weg.html. Ein konkretes Beispiel bietet M 21 c.

M 21 c Beispiel: Wie es zum „Führerschein mit 17" kam

Am besten lässt sich an einem Beispiel erklären, wie ein Gesetz entsteht: Im Jahr 2005 gab es die gesetzliche Regelung zum Führerschein mit 17. Als diese Änderung des Straßenverkehrsgesetzes im August 2005 in Kraft trat, hatte sie eine lange Reise hinter sich.

Die damaligen **Regierungsfraktionen** von SPD und Bündnis 90/Die Grünen fassen Anfang 2005 den **Beschluss** zu einer bundesweit einheitlichen Regelung eines Modellversuchs, der in einigen Bundesländern bereits praktiziert wird. Danach dürfen Jugendliche bereits mit 17 Jahren den Führerschein machen. Voraussetzung: Wenn sie sich ans Steuer setzen, muss ein erfahrener Autofahrer dabei sein. Durch eine solche Regelung sollten junge Autofahrer unter Aufsicht Fahrpraxis sammeln.

Die beiden Fraktionen schreiben einen entsprechenden **Gesetzentwurf** und bringen ihn im April 2005 in den Bundestag ein. Mitglieder des Bundestages können jederzeit eine solche *Gesetzesinitiative* starten, wenn mindestens fünf Prozent aller Abgeordneten das Vorhaben unterstützen – also in der Anzahl, die auch für die Bildung einer Fraktion nötig ist. Aber auch die Bundesregierung und der Bundesrat, in dem die Vertreter der Bundesländer sitzen, dürfen Gesetze in den Bundestag einbringen. Auf Parlamentsdeutsch heißt dieses Recht „Initiativrecht".

Die Fraktionen vereinbaren im *Ältestenrat**, an welchem Tag der Gesetzentwurf auf die **Tagesordnung** des Bundestages gesetzt wird. In unserem Fall war es der 21. April 2005. Manchmal findet in dieser sogenannten **ersten Lesung** [Beratung] im Plenum des Bundestages bereits eine Aussprache zu dem Entwurf statt. Oft wird er aber ohne Aussprache direkt an den zuständigen Ausschuss – in unserem Beispiel an den Ausschuss für Verkehr, Bau- und Wohnungswesen – zur Beratung überwiesen.

Die Fachpolitiker im **Ausschuss** setzen sich intensiv mit dem Gesetzentwurf auseinander, tauschen Argumente aus und diskutieren Änderungsvorschläge. Sie laden Experten zu Anhörungen ein, um die Wirkung des Gesetzes besser einschätzen zu können. Anschließend stimmen sie über den Entwurf ab. Ein Ausschuss kann aber kein Gesetz beschließen! Er empfiehlt dem Plenum lediglich, den Entwurf anzunehmen oder abzulehnen. Am Ende seiner Beratungen spricht er in seinem Bericht an das Plenum eine Beschlussempfehlung aus. In unserem Fall *empfiehlt* der Ausschuss für Verkehr, Bau- und Wohnungswesen, den Gesetzentwurf zum Führerschein mit 17 anzunehmen. Allerdings schlägt er dem Plenum vor, den Entwurf in einer Reihe von Punkten zu ändern.

Der Bericht des Ausschusses wird an alle Abgeordneten verteilt, bevor es am 17. Juni 2005 in die **zweite Lesung** im Plenum geht. Befürworter und Gegner können jetzt noch einmal ihre Argumente ins Feld führen, am Ende wird per Handzeichen über den Entwurf abgestimmt. Unmittelbar an die zweite Lesung schließt sich meistens die **dritte Lesung und Schlussabstimmung** an. Unser Gesetzentwurf schafft es spielend: Er wird mit den Stimmen von CDU/CSU, SPD und Bündnis 90/Die Grünen angenommen, die FDP-Fraktion enthält sich.

Wer aber glaubt, jetzt könne das Gesetz endlich in Kraft treten, der hat die Rechnung ohne den **Bundesrat** gemacht. In Deutschland sind die 16 Bundesländer durch den Bundesrat an der Gesetzgebung des Bundes beteiligt. Jeder Entwurf wandert nach der Annahme im Bundestag zur Beratung dorthin. Was den Gesetzentwurf zum Führerschein mit 17 angeht, könnte der Bundesrat ihn sogar per Veto verhindern. **Zustimmungsgesetze** heißen die Gesetzesvorlagen, die nicht zum Gesetz werden können, wenn der Bundesrat seine Zustimmung verweigert. In den Fällen, in denen keine Zustimmung des Bundesrates erforderlich ist, kann er immerhin Einspruch gegen eine Gesetzesvorlage erheben. Solche Gesetze werden daher **Einspruchsgesetze** genannt. Unser Gesetzentwurf stößt nicht auf Ablehnung: Der Bundesrat lässt ihn am 8. Juli 2005 anstandslos passieren.

Der Gesetzentwurf zum „Begleiteten Fahren mit 17" wird vom zuständigen Bundesminister und vom Bundeskanzler gegengezeichnet, vom **Bundespräsidenten** unterzeichnet und am 17. August 2005 im **Bundesgesetzblatt** verkündet. Es ist geschafft: Der Führerschein mit 17 ist amtlich, aus dem Entwurf ist geltendes Recht geworden.

Für manche Gesetzentwürfe verläuft die Reise nicht so glatt und ohne Umwege. Denn der Bundesrat kann seine Zustimmung zu einem Gesetz verweigern oder Einspruch erheben. Bevor ein Gesetzentwurf am Votum des Bundesrates scheitert, wird allerdings in der Regel der Vermitt-

Sitzung des Vermittlungsausschusses

lungsausschuss angerufen. Hat der Bundesrat bei einem Einspruchsgesetz Einwände, so muss er sogar den **Vermittlungsausschuss** anrufen. Bei einem Zustimmungsgesetz haben Bundesrat, Bundesregierung und Bundestag je einmal die Möglichkeit, den Vermittlungsausschuss anzurufen. Der Vermittlungsausschuss besteht aus 16 Mitgliedern des Bundestages, gemäß dem Kräfteverhältnis der Fraktionen, und 16 Mitgliedern des Bundesrates (für jedes Bundesland ein Vertreter). Gemeinsam versuchen sie, den betreffenden Gesetzentwurf so umzuarbeiten, dass sowohl Bundestag als auch Bundesrat der geänderten Fassung zustimmen können.

Der **Einigungsvorschlag** des **Vermittlungsausschusses** wird wieder in den Bundestag eingebracht, der über die geänderte Fassung abstimmt. Wenn der Bundestag den Vorschlag annimmt, ist wieder der Bundesrat am Zug. Er kann dem Vorschlag entweder ebenfalls zustimmen. Dann wird das Gesetz erlassen. Er kann ihn aber auch ablehnen.

Im Falle eines Zustimmungsgesetzes ist das Gesetzesvorhaben damit endgültig gescheitert, sofern alle Möglichkeiten der beteiligten Organe, den Vermittlungsausschuss anzurufen, ausgeschöpft wurden.

Handelt es sich dagegen um ein **Einspruchsgesetz**, kann der Bundestag in einer weiteren Abstimmung das Votum des Bundesrates überstimmen. Wenn die Länderkammer mit einfacher Mehrheit Einspruch erhoben hat, kann die Mehrheit der Abgeordneten des Bundestages diesen Einspruch abweisen. Hat der Bundesrat mit zwei Drittel Mehrheit Einspruch erhoben, ist ein ebenso großer Stimmanteil im Bundestag nötig, um das Gesetz durchzusetzen. Überstimmt der Bundestag den Bundesrat, tritt das Gesetz trotz des Einspruchs in Kraft.

(GLASKLAR, Das Jugendmagazin des Deutschen Bundestags, Nr. 03/2006, S. 14f.; Verf.: Nicole Alexander; www. bundestag.de/blickpunkt/pdf/Glasklar03.pdf)

IV Die politische Bedeutung der Massenmedien in der Demokratie

1. Die Massenmedien als „vierte Gewalt“

M 22 Die Aufgaben der Medien in der Demokratie

- Art. 5 des Grundgesetzes sichert die *„Pressefreiheit“* als eines der Grundrechte. Zur Presse werden hier alle Druckerzeugnisse gerechnet, die in regelmäßigen Abständen, sei es täglich, wöchentlich, monatlich oder in anderen zeitlichen Folgen, erscheinen. Diese *Pressefreiheit* sichert jedem Einzelnen das Recht zu, seine Meinung in den gedruckten Massenmedien zu verbreiten.
- Zur Pressefreiheit gehört auch die ungehinderte Berichterstattung durch den Rundfunk einschließlich des Fernsehens und im Film, also in allen *elektronischen Massenmedien*. Wie in den gedruckten Medien darf hier die Arbeit nicht durch den Staat, darüber hinaus auch nicht durch einzelne einflussreiche Gruppen in der Gesellschaft, beeinträchtigt werden.
- Das *Verbot der Zensur*. Damit ist es dem Staat und seinen Behörden verboten, die Berichterstattung in den Massenmedien vorab zu kontrollieren, also eine Vorzensur auszuüben.
- Das Bundesverfassungsgericht hat in seinen Urteilen die Informations- und Meinungsfreiheit, also eine freie Berichterstattung durch Presse, Rundfunk und Fernsehen, als eine *Grundlage der demokratischen Ordnung in der Bundesrepublik Deutschland* bezeichnet. Dieses Grundrecht wird als *Voraussetzung für die Beteiligung der Bürger am politischen Leben* bezeichnet. Art. 5 und Art. 20 GG bilden somit eine Einheit.

Massenmedien in der Demokratie – Aufgaben		
Informationen verbreiten	**Meinungen vorstellen**	**Kontrolle ausüben**
• Informationen sammeln und verbreiten • Politik öffentlich machen: „Öffentlichkeit herstellen“	• Meinungen formulieren und verbreiten • zur Meinungsbildung in der Öffentlichkeit beitragen	• Missstände in der Gesellschaft aufdecken • Machtausübung in Politik und Gesellschaft kontrollieren

Aus einem Urteil des Bundesverfassungsgerichts

„Eine freie, nicht von der öffentlichen Gewalt gelenkte, keiner Zensur unterworfene Presse ist ein Wesenselement des freiheitlichen Staates ... Soll der Bürger politische Entscheidungen treffen, muss er umfassend informiert sein, aber auch die Meinungen kennen und gegeneinander abwägen können, die andere sich gebildet haben.“

(Horst Becker/Jürgen Feick/Herbert Uhl, Leitfragen Politik, Klett, Stuttgart 1998, S. 85 f., 88 f.)

1. Im Grundgesetz wird die Pressefreiheit als Teil des Grundrechtes der „freien Meinungsäußerung“ (der „Meinungsfreiheit“) gesehen. Versuchen Sie anhand von M 22 zunächst zu beschreiben (und möglichst an konkreten Beispielen zu erläutern), was im Einzelnen mit den Begriffen und Bestimmungen des Grundgesetzartikels (Art. 5 Abs. 1) gemeint ist. Welche Aufgaben hat die freie Presse in einem demokratischen Staat? Welche Gefahren gäbe es, wenn in einem Staat die Presse einer staatlichen Zensur unterworfen wäre, wie das z. B. in der früheren DDR* der Fall war?

2. Nennen Sie zu den in der folgenden Übersicht „Medien in Deutschland“ aufgeführten Gruppen von Massenmedien jeweils einige Ihnen bekannte konkrete Beispiele.

Zurzeit arbeiten in Deutschland rund 48000 hauptberufliche Journalisten. Der größte Teil von ihnen (35,4%) ist nach wie vor bei **Zeitungen** beschäftigt – mit rund 17000 festen und freien Mitarbeitern. Im Pressesektor arbeiten außerdem gut 9 000 Zeitschriftenjournalisten (19,5%) und knapp 3 000 Redakteure von Anzeigenblättern (5,9%). Das größte Segment der elektronischen Medien bildet mit 8000 Journalisten der **Hörfunk** (16,5%), gefolgt vom **Fernsehen** mit gut 7000 Mitarbeitern (14,9%). Dabei arbeitet ein knappes Drittel der Rundfunkjournalisten (31,4%) für Privatsender, während der überwiegende Teil von ihnen (68,6%) trotz der Ausweitung des privat-kommerziellen Rundfunkmarktes immer noch bei öffentlich-rechtlichen Sendern tätig ist. Und schließlich bieten **Onlinemedien** immerhin mehr als 2000 hauptberuflichen journalistischen Mitarbeitern (4,8%) Platz, während Agenturen und Mediendienste als Zulieferbetriebe mit knapp 1500 Mitarbeitern verhältnismäßig wenige Journalisten (3,0%) beschäftigen.

(Media Perspektiven Nr. 7/2006, S. 341)

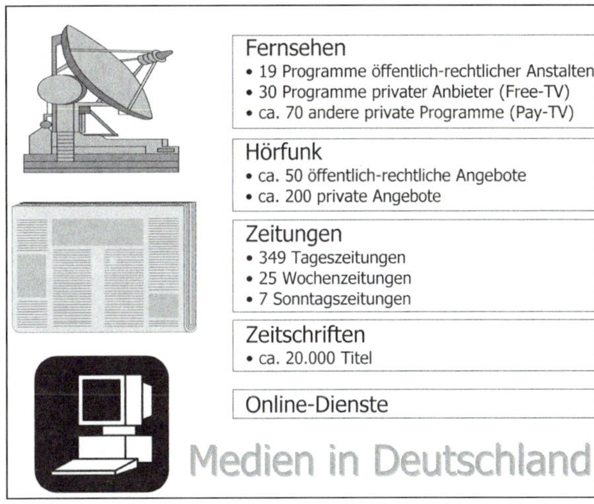

(Grafik: Hans-Joachim Reeb, in: Wochenschau Sek. II, Nr. 1/2007 [Massenmedien], S. 3)

M 23 Die Massenmedien als „vierte Gewalt"

Massenmedien haben in einem demokratischen System die Aufgabe, die Politik und ihre Institutionen, gesellschaftliche Gruppen und deren Repräsentantinnen und Repräsentanten zu kritisieren und zu kontrollieren.

Ohne Presse, Funk und Fernsehen, die Missstände aufspüren und öffentlich machen, liefe die Demokratie Gefahr, der Korruption oder der bürokratischen Willkür zu erliegen. Durch eine kritische Berichterstattung über Politik und Wirtschaft sollen Missbrauch und Fehlverhalten nicht erst im Nachhinein aufgedeckt, sondern von vornherein verhindert werden. Mit Blick auf diese Aufgabe, die Kritik- und Kontrollfunktion, werden die Medien auch oft als **vierte Gewalt** bezeichnet – in Anlehnung an die Gewaltenteilung, wie sie in einer demokratischen Ordnung zwischen Parlament (Gesetzgebung: Legislative), Regierung und Verwaltung (ausführende Gewalt: Exekutive) und Justiz (Rechtsprechung: Judikative) besteht.

- So müssen Politikerinnen und Politiker hinnehmen, dass die Medien ihr Verhalten und ihre Politik in der Öffentlichkeit diskutieren und kritisch beleuchten. Bislang verborgen gebliebene Verbindungen können und sollen auf diese Weise aufgedeckt werden: z. B. dass die amtlich als Routinebesuch angegebene Auslandsreise eines Politikers in Wirklichkeit von einem oder mehreren Industrieunternehmen bezahlt wird und diesen den Zugang zu neuen Absatzmärkten öffnen soll.
- [...] Allerdings: Die Medien können nicht tun und lassen, was sie gerade wollen; sie können nicht nach eigenem Gutdünken schalten und walten. Rechtliche Vorschriften, politischer Einfluss und wirtschaftliche Konkurrenz schränken den Aktionsradius einzelner Medien ein. Ein paar Beispiele:

– Journalistinnen und Journalisten müssen zwischen ihrer Informationspflicht und den Grundrechten der Menschen abwägen – etwa der Würde des Menschen (Art. 1 GG) und dem Schutz der Rechte jeder einzelnen Person (Art. 2 GG).

– In ihrer politischen Berichterstattung sind die Medien von den Presseämtern der Regierungen und Parteien und der großen Interessenverbände abhängig. Diese neigen dazu, die Presse einseitig in ihrem Sinne zu informieren.

– Wirtschaftlich sind die Medien von Anzeigenaufträgen und den Werbespots, von der Zahl der Käuferinnen und Käufer und den Einschaltquoten abhängig. So manch eine Zeitung gerät wirtschaftlich in Gefahr, wenn sie große Anzeigenkunden auf Dauer verliert.

(Herbert Uhl [Hrsg.], Grundwissen Politik, Ernst Klett Verlag, Stuttgart 2007, S. 181)

1. Inwiefern sind die Massenmedien gerade für das Funktionieren einer Demokratie unersetzlich (M 23)? Welche ihrer Funktionen (s. M 22) steht unter diesem Gesichtspunkt im Vordergrund?
2. Was bedeutet es, wenn man die Massenmedien als „vierte Gewalt“ bezeichnet?
3. Erläutern Sie etwas näher die drei genannten Bedingungen, die den „Aktionsradius“ der Medien einschränken (Z. 17 ff.).
4. Inwiefern kann das Ziel, die Auflage oder die Einschaltquote zu steigern, in Konflikt geraten mit der Bedingung, den Persönlichkeitsschutz (erste Bedingung; vgl. Karikatur) zu gewährleisten? Vielleicht können Sie dazu ein konkretes Beispiel anführen?

M 24 Konstruktionsmerkmale von Medienwirklichkeit – Warum Massenmedien zwangsläufig eine große politische Rolle spielen

Medienwirklichkeit kennzeichnet sich, politisch folgenreich, durch einige besondere Konstruktionsmerkmale und medienspezifische Darstellungszwänge. Vier überaus wichtige, politisch höchst problematische Folgen einiger **Konstruktionsmerkmale von Medienwirklichkeit** [...] sind wie folgt in Rechnung zu stellen:

- Nicht alles, was geschieht und im Prinzip berichtenswert wäre, hat die gleiche Chance, in den Massenmedien tatsächlich mitgeteilt zu werden. Zunächst einmal unterhalten viele Medien kein oder kein allzu ausgedehntes politisches Korrespondentennetz, weswegen sie für ihre politische Berichterstattung von einer vergleichsweise kleinen Gruppe von *Nachrichtenagenturen* und Film- bzw. Bilderdiensten abhängen (vgl. Abb.). Was nicht von einer Nachrichtenagentur verbreitet, also zuvor von deren Journalisten aufgegriffen wurde, hat darum im Grunde schon keine sonderliche Chance mehr, ein Publikum zu erreichen. Innerhalb des im Prinzip Berichtbaren orientieren sich sodann viele Massenmedien an besonders prestigeträchtigen oder wirkungsvollen ‚*Leitmedien*‘, sodass deren Journalisten übergroßer Einfluss zukommt. [...]
‚Läuft‘ dann erst einmal ein Thema, so kommt es leicht zum Phänomen des ‚Rudeljournalismus‘, insofern nämlich im Grunde alle Journalisten sich den gleichen Inhalten widmen und zur selben Zeit vieles andere Wichtige weitgehend unbeachtet bleibt. [...]

Blick in die Zentralredaktion der Deutschen Presseagentur (dpa) in Hamburg, in der täglich von ca. 500 000 in Berichten eingehenden Wörtern ca. 100 000 an die Kunden (Zeitungen, Fernsehen usw.) weitergegeben werden. Weitere große Agenturen sind AP (Associated Press), AFP (Agence France Press) und ddp (Deutscher Depeschendienst).

(Horst Becker, Jürgen Feick, Herbert Uhl: Leitfragen Politik, Klett, Stuttgart/Dresden 1999, S. 91)

Allgemein gilt: Das Atypische (= Mann beißt Hund) hat Vorrang vor der Normalität (= Hund beißt Mann), die Sensation vor dem Alltäglichen, das Schlechte vor dem Guten. Auf eine Kurzformel gebracht lautet die journalistische Grundregel:

Only bad news are good news.
(deutsch: Nur schlechte Nachrichten sind gute Nachrichten, d. h. sie haben Nachrichtenwert.)

Dadurch wird den „Konsumenten" der Medien jedoch ein *Zerrbild der Wirklichkeit* vermittelt: Die übermittelten Nachrichten sind eine einzige Aneinanderreihung von Krisen- und Katastrophenberichten. Und sollten sich tatsächlich mal einige Tage lang auf der ganzen Welt keine Katastrophen ereignen, werden an und für sich harmlose Vorkommnisse, die mehr in der Privatsphäre als im eigentlichen Tätigkeitsbereich eines Akteurs liegen (z. B. die Ehekrise eines Politikers, Showstars oder Spitzensportlers) so hochgespielt, dass sie die Aufmerksamkeit eines breiteren Publikums erregen.
Der Zwang privater Medien, Aufmerksamkeit zu erregen, um über eine ausreichende Leser- oder Zuschauerzahl ihre wirtschaftliche Existenz zu sichern, fördert diese Tendenz zur Sensationshascherei noch zusätzlich. Sie setzt auch die öffentlich-rechtlichen Medien unter Druck, sich mit ihrem Nachrichten- und Programmangebot nicht zu weit vom Publikumsgeschmack zu entfernen.

(Hermann Adam, Bausteine der Politik, VS Verlag für Sozialwissenschaften, Wiesbaden 2007, S. 16 f.)

- *Besonderen Informations- und Nachrichtenwert* hat – neben dem offensichtlich Wichtigen und vermutlich Folgenreichen – stets das *Unübliche*, das *aus dem Rahmen Fallende*, und somit auch das *Neue* und das *Schlechte* (vgl. Kasten). *Vernünftigerweise* von solchen Auswahlgrundsätzen geprägt, kann Medienwirklichkeit gar nicht anders, als ein entsprechend *verschobenes* Bild der Operationswirklichkeit [Lebenswirklichkeit] zu zeichnen. Dieses wird dann allerdings, und zwar meist ohne dass jene ‚Verschiebung' bedacht wird, zur Grundlage persönlicher und gesellschaftlicher Wahrnehmungs- bzw. Redewirklichkeit. [...]
- Ein Sonderproblem dieser durchaus rationalen Auswahlpraxis massenmedialer Berichterstattung ist ihr *‚Negativismus'*. Systematische Medieninhaltsanalysen zeigen seit Jahren, dass bei der Berichterstattung über Politiker, über politische Parteien, über politische Institutionen und über konkrete Politikprozesse die meisten Meldungen und Kommentare in den Massenmedien zwar neutral sind, dass die Anzahl der Meldungen über Schlechtes und negativer Kommentare bei der Politikberichterstattung aber die Anzahl der Meldungen über Gelingendes und positiver Kommentare fast immer deutlich übersteigt. Die Folge dessen ist aus demoskopischen* Untersuchungen seit Langem bekannt: Die Lage in der eigenen Lebenswelt, die man aus persönlicher Erfahrung kennt, wird beispielsweise stets als wesentlich besser eingeschätzt als die allgemeine Lage, über die man aus der Medienwirklichkeit und der von dieser geprägten Redewirklichkeit erfährt. [...]
- Wenn nun also Menschen die *allgemeine Lage als schlechter einschätzen als ihre persönliche Lage*, dann führen sie das in der Regel nicht auf jene Medienwirklichkeit zurück, anhand welcher sie zu ihrem Urteil kommen; vielmehr glauben sie meist wirklich daran, die allgemeine Lage sei schlechter als ihre persönliche. Für die vermutete Überdurchschnittlichkeit ihrer eigenen Lage sind sie oft dankbar; nicht selten führen sie derlei auf Glück oder die eigene Tüchtigkeit zurück. Ebenso gibt es dafür, dass die Lage außerhalb der eigenen Lebenswelt klar schlechter ‚ist' als die eigene Lage, einen Verantwortlichen: nämlich die Politik. Ihr wird die Schuld an den verbreiteten Missständen natürlich umso eher zugeschrieben, je mehr Politiker ... die Lösung im Grunde aller wirtschaftlichen und gesellschaftlichen Probleme durch die Mittel der Politik versprechen. Wenn nun aber die allgemeinen Zustände gemeinhin überhaupt nicht so schlecht sind, wie das die Bürger auf der Grundlage der von ihnen genutzten Medienwirklichkeit vermuten, [...] dann wird offenbar ‚der Politik' oft ganz zu Unrecht ‚Versagen' vorgeworfen. [...]
- Massenmedien können zwar nur sehr eingeschränkt beeinflussen, wie über etwas gesprochen und geurteilt wird, sehr wohl aber, worüber gesprochen und geurteilt wird (‚agenda setting'; s. Kasten). Solche Themen stehen dann auf der Agenda* [...]. Sobald [aber] kaum mehr Neues zu melden ist, wenn alles mehrfach berichtet und kommentiert wurde, dann ist ein Thema gewissermaßen ‚abgegrast'. Auch verliert sich öffentliches Interesse, falls nur noch wenig Personalisierbares, Dramatisierbares, Skandalisierbares zu erfahren ist. Themen beenden dann sozusagen eine Karriere, die kometengleich begonnen haben mag. Über ein solches Thema als Journalist oder gar als Politiker dann weitere Meldungen durchzubekommen, kann nachgerade unmöglich werden – einesteils, weil das Thema wirklich niemanden mehr interessiert, anderenteils, weil inzwischen neue Themen die journalistische Aufmerksamkeit und den Platz in Zeitungen, die Zeit in Hörfunk- und Fernsehsendungen beanspruchen.

(Werner J. Patzelt, Einführung in die Politikwissenschaft, Wissenschaftsverlag Richard Rothe, Passau, 6. Aufl. 2007, S. 395–398)

agenda setting (engl.: Festlegung der Tagesordnung): Für den Bereich der Massenmedien geht die „agenda-setting-Theorie" davon aus, dass die Medien durch die Auswahl der Themen und Nachrichten (Berücksichtigung bzw. Nichtberücksichtigung bestimmter Themen) die politische Meinungsbildung und Entscheidungsfindung stark mitbestimmen.

(Autorentext)

Beachten Sie bei der Erarbeitung und Analyse von M 24 auch die folgenden Fragen:
- Welche Faktoren führen zwangsläufig dazu, dass nur bestimmte Themen in den Massenmedien Berücksichtigung finden, andere nicht? Was versteht der Autor unter „Rudeljournalismus"?
- Inwiefern liefert die Medienwirklichkeit immer ein „verschobenes Bild" von der Lebenswirklichkeit? Wonach richtet sich die „Auswahlpraxis" der Medien?
- Worin liegt das besondere Problem des „Negativismus" der Nachrichtenauswahl? Was bedeutet dieses Prinzip für die Beurteilung von Politik durch die Bevölkerung?
- Was besagt die „agenda setting"-Funktion der Medien? Wovon hängt es ab, ob ein bestimmtes Thema Karriere macht oder nicht?

2. Von der Parteiendemokratie zur „Mediendemokratie"?

M 25 Was sich im Verhältnis von Politik und Medien verändert hat

Das Verhältnis von Politik und Medien hat sich – darin stimmen alle Beobachter überein – in den letzten 10 bis 15 Jahren verändert. Die Massenmedien haben sich zu einer Instanz entwickelt, die nicht nur auf politische Entscheidungen und Entwicklungen reagiert, über sie berichtet und sie kritisch kommentiert, wie das das Grundgesetz vorsieht (vgl. M 22); die Massenmedien versuchen zunehmend auch, von sich aus solche Entscheidungen und Entwicklungen zu beeinflussen, und sie richten ihr Handeln zudem in immer stärkerem Maße auch am Maßstab des wirtschaftlichen Erfolgs (Auflagenhöhe, Einschaltquote) aus. In manchen Massenmedien sind zu diesem Zweck Sensationshascherei und Skandalberichterstattung an der Tagesordnung.
Auf der anderen Seite versuchen die Politiker ihrerseits die Medien für ihre parteipolitischen Ziele in Dienst zu nehmen (zu „instrumentalisieren"), durch Medienauftritte und „Medieninszenierungen" ihr politisches Handeln zu rechtfertigen („legitimieren") und dafür zu werben. Die politische Arbeit hat sich ein Stück weit von den Gremien der Parteien hin zu den Massenmedien verlagert. Diese Entwicklung wird mit dem Begriff „Mediendemokratie" bezeichnet (vgl. Buchtitel).
Der folgende Text verschafft einen Überblick über maßgebliche Gesichtspunkte dieser Entwicklung. Sie werden in den anschließenden Materialien im Einzelnen etwas näher dargestellt und erörtert.

Der Begriff Mediendemokratie bezeichnet eine Form von Demokratie, in der sich die politische Meinungs- und Willensbildung im Wesentlichen über Massenmedien (auch Internet) vollzieht. Deutlich wird dies v. a. in Wahlkampfzeiten: So nennen Wähler in Deutschland und anderen europäischen Staaten nach mehreren Wahlen in den letzten Jahren das Fernsehen als die wichtigste Informationsquelle für ihre Wahlentscheidung.

Politik und Massenkommunikation

Die Akzentverschiebung bei den meinungsbildenden Instanzen ist durch zwei Entwicklungen gekennzeichnet. Zum einen erhalten heute die meisten Menschen in den westlichen Industriestaaten ihre Informationen primär über die Massenmedien, während klassische Vermittler wie Kirchen, Parteien und Gewerkschaften an Einfluss verloren haben. [...] Zum anderen haben immer weniger Menschen persönliche Erfahrungen mit Politik. Denn seit den 1970er-Jahren hat in Deutschland nicht nur das Interesse an Politik, sondern auch die politische Beteiligung abgenommen, was u. a. am Mitgliederschwund der politischen Parteien und der abnehmenden Wahlbeteiligung messbar ist (Nichtwähler, Politikverdrossenheit; vgl. M 5 und M 6).

Die Medien sind die Haupterkenntnisquelle der Menschen über politische und gesellschaftliche Vorgänge und Zusammenhänge geworden, eine Quelle, über die auch infolge der Programmvielfalt im Fernsehen und der somit geringeren Wahrscheinlichkeit, dass im Kollegen- oder Bekanntenkreis jemand dieselbe Sendung gesehen hat, immer weniger diskutiert wird. Politische Wirklichkeit vermittelt sich den meisten also nur über die Medien; Politik ist für sie dargestellte Politik.

Themensetzung durch Medien

Meinungsbildung über Medien beinhaltet, dass die Medien durch die *Auswahl und Ausgestaltung* von Inhalten darüber bestimmen, was auf welche Weise zum öffentlichen Thema wird. Indem z. B. Zeitschriften oder Fernsehsendungen bestimmte Themen in der Berichterstattung durch häufige Erwähnung und gute Platzierung betonen, haben sie Einfluss darauf, welche Probleme von der Bevölkerung als besonders relevant [wichtig] angesehen werden (vgl. M 24). Schon mit der Auswahl der Themen wie auch mit ihrer Darstellung und Bewertung kann Berichterstattung zur Manipulation* werden. Politikvermittlung durch Medien bedeutet darüber hinaus, dass sich die Politik bzw. die Politiker mediengerecht präsentieren, um Erfolg zu haben. [...] Die Medien sind demnach nicht nur Beobachter, Kritiker und Kontrolleure politischer Ereignisse und staatlicher Macht (vierte Gewalt). Sie stellen vielmehr einen Faktor dar, der politische Einstellungen und Stimmungen beeinflusst und ein bestimmtes *Meinungsklima* zugunsten oder zuungunsten einer Partei, einer Person oder einer politischen Forderung vermittelt. Medien bestimmen dadurch die Politik mit.

Wandel der Parteiendemokratie

Die in Deutschland vorherrschende Parteiendemokratie, in der den Parteien eine entscheidende Funktion bei der allgemeinen politischen Meinungs- und Willensbildung der Bevölkerung zukommt, ist in den letzten Jahrzehnten des 20. Jh. durch Züge einer *Mediendemokratie* erweitert worden.

Diesem Wandel unterliegen auch die Parteien selbst. Die Meinungsbildung in den Parteien orientiert sich einerseits in Sach- und Personalfragen immer mehr an dem, was in den Medien thematisiert wird; andererseits werden ihre politischen Schwerpunkte ebenso wie die Statements ihrer politischen Vertreter von der Frage geprägt, was sich in den Medien, besonders im Fernsehen, vermitteln lässt.

Mediendemokratie bedeutet jedoch nicht, dass nur die Medien selbst meinungsbestimmend sind, vielmehr liegt oft ein *Zusammenspiel von Medien und Parteispitzen* oder anderen Interessengruppen (z. B. der Wirtschaft) vor. Die Medien stoßen also nicht nur etwas an, sondern werden auch von anderen benutzt, um bestimmte Sichtweisen und Sprachregelungen zu verbreiten oder durchzusetzen.

(Schülerduden Politik und Gesellschaft, hg. von der Redaktion Schule und Lernen, Dudenverlag Mannheim, 5. Aufl. 2005, S. 270 f.)

Gerade die Politik hat sehr schnell gelernt, die Medien für ihre Zwecke zu nutzen. **Politmarketing** heißt das Schlagwort, das die Arbeit der Parteizentralen beherrscht. Politikerinnen und Politikern wird ein positives Bild oder Image verpasst; sie sollen bei den Bürgerinnen und Bürgern ankommen. Zunehmend geht es darum, durch geschickte Öffentlichkeitsarbeit den Eindruck zu erzeugen, sie seien die Richtigen, um die anstehenden Probleme zu lösen. Auf diesem Weg wollen sie die Zustimmung der Wählerschaft erhalten. So soll etwa ein medienwirksam inszenierter Besuch in Kindergärten oder Berufsbildungszentren die Bevölkerung überzeugen, dass sich die politisch Verantwortlichen um die Alltagsprobleme der Menschen kümmern.

(Grundwissen Politik [= M 23], S. 199)

1 Erläutern Sie, inwiefern sich in den letzten beiden Jahrzehnten das Verhältnis zwischen Politik und Medien verändert hat und was mit dem Begriff der „Mediendemokratie" zum Ausdruck gebracht werden soll (Einleitungstext zu M 25 und Z. 1 – 5).

2 Geben Sie die Aussagen der drei Abschnitte von M 25 jeweils möglichst mit eigenen Worten wieder.
- Durch welche Entwicklungen haben die Medien ein stärkeres Gewicht gegenüber Parteien und anderen gesellschaftlichen Gruppen erhalten (Z. 6 ff.)?
- Wie kommt es dazu, dass die Medien die Politik nicht nur kritisch begleiten, sondern sie auch in erheblichem Maße beeinflussen und mitbestimmen (Z. 27 ff.)?
- In welcher Weise reagieren die Parteien ihrerseits auf die wachsende Bedeutung der Medien? Was wird mit dem Begriff „Politmarketing" (s. Kasten) zusammengefasst (Z. 41 ff.)?

3 Versuchen Sie, jeden der in den drei Abschnitten beschriebenen Gesichtspunkte durch konkrete Beispiele zu verdeutlichen.

M 26 Fernsehtauglichkeit als Wettbewerbs- und Karrierevorteil

Abb. 1

Wenn bei Politikern ein Mikrofon, besser noch eine Kamera den Adrenalinausstoß in die Höhe treibt, wenn zudem die Fähigkeit ausgereift ist, mit den üblichen Versatzstücken der Formulierungskunst und mit den aktuellen Anglizismen frei in die Kamera zu sprechen, wenn die frohe Botschaft schließlich noch ohne Stammeln, am besten mit einer Prise von Humor überbracht wird, dann winkt eine vielversprechende Laufbahn. [...]

Politiker müssen bereit sein, vor der Kamera bei den impertinentesten und einfältigsten Fragen die Fassung zu bewahren, sich schnöde unterbrechen zu lassen – kurz: alles das, was im Alltagsleben als ungebührlich gilt, kommentarlos und mit guter Miene über sich ergehen zu lassen. Die Rache, nicht nur des TV-Mediums, wäre gewiss, würde ungnädig darauf reagiert.

Wer diese Ressource* erobert hat, kann sich dann auch im innerparteilichen Machtkampf leichter durchsetzen. [...] Wer bei einem laberhaften oder schlicht unverschämten Moderator oder Interviewer Nerven zeigt, versagt im Elektorat [hat keinen Erfolg beim Wahlvolk]. Im Fernsehmedium sind die schlichtesten Statements Trumpf. Sie haben die größte Breitenwirkung. Das Verhältnis der Politik zu den Medien ist symbiotisch [beide Seiten leben voneinander]. Das politische Ereignis als Nachrichtenstoff ist das tägliche Brot des Journalisten, in welchem Medium auch immer. Ohne die Medien hätten ambitionierte [ehrgeizige] Politiker keine Stimme. Sie lassen sich inzwischen hier und dort bereits auf das Auftreten in **Talkshows** (s. Abb. 2 und 3) und anderen Unterhaltungssendungen ein, bei denen die Einschaltquote mit Sicherheit größer ist als bei Politmagazinsendungen und Programmen für einschlägig Interessierte. [...] Nicht nur Showgrößen [werden] zu politischen Meinungsführern, sondern Politiker auch zu Showgrößen. Sie sind im Angesicht des allgegenwärtigen Medienpublikums dringend darauf angewiesen, Bildschirmpräsenz zu zeigen. [...]

Abb. 2

Abb. 3

Abb. 4

Die *Visualisierung der Politik durch das Fernsehen* vermittelt kein realistisches Bild von den in der Regel mühsamen und langwierigen politischen Prozessen und von der Relevanz [Bedeutung, Wichtigkeit] politischer Regelungsdetails. Was sich nicht in interessante, sprich unterhaltsame Bilder und kurze Statements fassen lässt, existiert für das Fernsehmedium nicht. [...]
Die publizitätsdurstigen Spitzenpolitiker jedoch instrumentalisieren das Medium, um in aller Öffentlichkeit Fakten zu schaffen, die von Problemen ablenken, denen sich keine günstigen Meldungen abgewinnen lassen (vgl. Abb. 4).

(Jürgen Hartmann, Das politische System der Bundesrepublik im Kontext, VS Verlag für Sozialwissenschaften, Wiesbaden 2004, S. 104–107)

1. Inwiefern müssen sich Politiker in Fernsehinterviews bestimmten Zwängen unterwerfen? Welche Fähigkeiten müssen sie beweisen? Zu welchen Zugeständnissen müssen sie bereit sein, um beim Publikum ihr eigenes Image nicht zu gefährden? (M 26, Z. 1 ff.)
2. Welche Bedeutung haben seit vielen Jahren die Talkshows, zum einen für das Fernsehen, zum anderen für die Politiker? (Z. 16 ff.)
3. Warum kann die „Visualisierung" von Politik kein realistisches Bild von politischer Arbeit und politischen Entscheidungsprozessen vermitteln? Welche Folgen hat das für das Politikverständnis des Publikums und seine Beurteilung der Politik? (Z. 23 ff.)
4. Inwiefern könnte man andererseits auch sagen, dass Talkshows zu politischen Themen auch einen Beitrag zur Vermittlung von Politik an ein breites Publikum leisten?
5. Interpretieren Sie die Karikatur (Abb. 4): Auf welches Verhältnis zwischen Politik und Medien will sie hinweisen? Welche Textstellen beziehen sich darauf?

M 27 Politik- und Medienalltag in Berlin – „Die ‚Meute' ist immer auf der Jagd"

Abb. 1

Journalisten und Journalistinnen von TV-Anstalten, Hörfunksendern und Printmedien wetteifern gemeinsam mit ihren technischen Teams, ausgerüstet mit Mikrofonen und TV-Kameras, sowie Fotojournalisten um sendefähige Originaltöne und um die besten Bilder. Wie Jäger und Sammler warten sie vor den Fahrstühlen, um die Regierenden und die Parlamentarier und Parlamentarierinnen abzufangen, oder verharren stundenlang vor Sitzungssälen, bis sich die Türen öffnen und die ersten Statements präsentiert werden (s. Abb. 2).
[...] Es wird drauflos gedreht, aufgezeichnet, gedrängelt und gehetzt, was das Zeug hält. „Ich muss erst einmal Schrott produzieren, bevor ich etwas wegwerfen kann", kehrt recht zynisch und irgendwie resigniert ein Fotograf einem Kollegen gegenüber seine Seelenlage von innen nach außen. Szenen vom politischen Schauplatz Berlin, wo der Medienmarkt der umkämpfteste in Deutschland ist.

Abb. 2

Die Zahl der akkreditierten [„beglaubigten", offiziell anerkannten] Journalisten und technischen Teams bei der Pressestelle des Deutschen Bundestages hat sich im Vergleich zu Bonner Zeiten circa vervierfacht. Es werden rund 3500 Jahresakkreditierungen vergeben, davon sind knapp 2000 schreibende sowie TV- und Hörfunk-Journalisten. Über 1000 sind technisches Personal und etwa 150 verfolgen das politische Geschehen als Fotografen. In den Sitzungswochen des Parlamentes kommen etwa 150 Tagesakkreditierungen hinzu. Es ist also allein schon die Masse, die eine wertende und wenig schmeichelhafte Bezeichnung wie „Meute" prägt. „Die Meute – Macht und Ohnmacht der Medien" lauteten entsprechend auch der Buchtitel (s. Abb. 1) und der viel beachtete Dokumentarfilm von Herlinde Koelbl, den sie 2001 beim WDR in Zusammenarbeit mit Enno Hungerland über den Arbeitsalltag der Parlamentsjournalisten realisiert hat. [...]

Eines ist unumstritten: Scheinwerfer, Mikrofone und Rotlicht sind in der Mediendemokratie politische Instrumente. Ich bin auf Sendung, also bin ich. Politiker brauchen und gebrauchen die Massenmedien, um sich selbst, ihre Themen und Ziele der eigenen Partei, dem politischen Gegner, vor allem den Wählern und Wählerinnen bekannt zu machen.

(Ines Gollnick, Gut, dass Kameras keine Gedanken lesen können, in: Das Parlament Nr. 10–11 v. 3./10.3.2003, S. 49)

1 Beschreiben Sie anhand von M 27 den Politik- und Medienalltag in Berlin. Inwiefern handelt es sich um den „umkämpftesten Medienmarkt"?

2 Was meint die Autorin des genannten Buches mit dem Begriff „Meute"? Warum ist von der „Macht und Ohnmacht" der Medien die Rede? Welches Verhältnis zwischen Medien und Politik wird deutlich?

In einer neueren wissenschaftlichen Buchveröffentlichung heißt es: „Auch wenn es in Bezug auf die Qualität enorme Unterschiede gibt, zeichnen sich die Massenmedien im Durchschnitt durch einen Hang zur Personalisierung, Skandalisierung und Überzeichnung von Ereignissen sowie durch eine zunehmende Vermischung von Information und Unterhaltung („Infotainment") aus." (Thomas Bergmann/Detlef Jahn/Patrick Kühn/Stefanie Walter, Einführung in die Politikwissenschaft, Baden-Baden 2009, S. 35). Eine besondere Rolle spielt in dieser Hinsicht der sog. „Boulevardjournalismus", dessen politische Bedeutung viel diskutiert wird. Darauf wollen wir zum Schluss dieses Kapitels am Beispiel der BILD-Zeitung eingehen.

M 28 Die Rolle des „Boulevardjournalismus"

M 28 a Was „Boulevard" bedeutet

Die frühen Boulevardmedien entstanden in den großen Metropolen [Hauptstädten, Weltstädten]. Die ersten Boulevardblätter waren Kaufzeitungen, die von Handverkäufern auf den großen Einkaufsstraßen, den Boulevards, vertrieben wurden. Die Zeitungen waren mit spektakulären Schlagzeilen aufgemacht, um das flanierende Publikum zum spontanen Kauf zu animieren. BILD, BILD am SONNTAG, EXPRESS, AZ und BZ sind heute die bekanntesten Boulevardzeitungen in Deutschland. Sie werden von Millionen Menschen gelesen. [...] Schließlich hat der Boulevard auch Fernsehen und Internet erobert. Dabei wird der Begriff selbst oft kritisch verwendet. So wird z. B. von „Boulevardisierung" gesprochen, wenn beklagt wird, dass sich die Qualität des Fernsehangebots verschlechtert.

Der typische Boulevardjournalismus zeichnet sich vereinfacht durch die folgenden Punkte aus:

1. **Personalisierung**, d. h. das Geschilderte wird an einer Person festgemacht und als persönliche Geschichte erzählt;
2. **Emotionalisierung**, d. h. die Berichterstattung ist sehr gefühlsbetont und zielt darauf ab, den Leser/Zuschauer zu berühren;
3. **inhaltliche und sprachliche Simplifizierung**, also die starke Vereinfachung des Geschilderten, und schließlich
4. **die (scheinbare) Positionierung aufseiten des Lesers**, d. h. der Boulevardreporter spricht oft für seinen Leser und tritt damit deutlich aus seiner Rolle als Beobachter heraus („BILD klagt an!", „Wollen wir das wirklich?" oder auch „Da packt uns das Grauen").

(Schlagzeilen – Materialien zur Boulevardberichterstattung. Hrsg. vom Adolf Grimme Institut im Auftrag der Landesanstalt für Medien NRW in Kooperation mit der Bundeszentrale für politische Bildung, 2005, S. 2 f.)

M 28 b Die „unheimliche Macht" der „Bild"-Zeitung

Was ist das für eine Macht, die von den Mächtigen, den Schönen und den Berühmten so beäugt wird? Wie ein Schwamm saugen die „Bild"-Chefs jeden Morgen die Geschichten auf, die 33 Regionalredaktionen anbieten. 800 fest angestellte und Hunderte freie Journalisten der „Bild"-Zeitung halten die Maschine unter Dampf. [..] Kein Ort der Republik, so heißt es, liegt weiter als 30 Minuten vom nächsten „Bild"-Reporter entfernt. Wer es mit seiner Story bis in

Typische BILD-Titelseite: Das Privatleben der hessischen Kultusministerin (1999–2008) Karin Wolff wird herausgestellt (4.7.2007). Da es die erklärte Absicht der BILD-Zeitung ist, mit dem „Blickfang" auf der Titelseite vor allem Emotionen (Empörung, Entrüstung, Entsetzen oder auch Bewunderung, Selbstbestätigung) zu erzeugen, beziehen sich die (zumeist mit einem Foto verbundenen) Riesen-Schlagzeilen sehr häufig auf private Verhaltensweisen und Probleme prominenter Persönlichkeiten.

die Bundesausgabe schafft, hat schon am Morgen danach mehr als sechs Millionen Menschen erreicht. Insgesamt hat „Bild" fast so viele Leser wie „Wetten, dass ... ?" Zuschauer. Auch wenn unter ihnen solche mit Abitur klar in der Minderheit sind, spricht „Bild" alle Bevölkerungsschichten an, ist in Ministerien und Redaktionen ebenso Pflichtlektüre wie in Chefetagen. [...]

Eine unheimliche Macht. Die Hamburger Boulevardstrategen erreichen noch weit mehr Menschen, als ihr Blatt lesen. Weil es zwar immer mehr Medien gibt, diese aber immer weniger recherchieren. Die Redaktionen recyclen tagtäglich das „Bild"-Material, private Radio- und Fernsehstationen plappern es nach. Eine gute Zeile, ein gutes Thema kann so bis zu 80 Prozent der erwachsenen Deutschen erreichen. Irgendwann kommen auch die ernst zu nehmenden Zeitungen und Sendungen nicht mehr daran vorbei. „Bild" legt nach, am Wochenende verdickt die „Bild am Sonntag" (BamS) die Geschichte, „Bild, BamS, Glotze", sagte [der frühere] Kanzler Gerhard Schröder, wenn er von der Macht der Medien sprach – oft genügt das Erste: Der Rest kommt von ganz allein.

„Bild", „Bild am Sonntag" und die ebenfalls zur „roten Gruppe" zählende Berliner „B.Z." regieren nicht das Land. Aber die Regierenden haben mehr als nur Respekt vor ihrem Einfluss. Der frühere Außenminister Joschka Fischer sagte gelegentlich im kleinen Kreis: Gegen die rote Gruppe bei Springer könne man „in Deutschland nur schwer Wahlen gewinnen. Und dauerhaft kannst du gegen die auch kaum regieren".

„Bild", beobachtet ein Berliner Insider, sei ein Blizzard, also ein Naturphänomen von großer Zerstörungskraft: „Einen kann man überstehen. Aber nicht jeden Tag einen." Der „Bild"-Blizzard kann jeden Winkel der Republik erreichen. [...]

Niemand ist vor „Bild" sicher. Egal, ob er Politik macht oder Schlager, Bankgeschäfte oder Sport.

(stern Nr. 50/2000, S. 33)

1. Erläutern Sie, was man unter einer „Boulevardzeitung" und unter der „Boulevardisierung" der Medien versteht (M 28 a). Ziehen Sie ggf. ein aktuelles Exemplar einer Boulevardzeitung hinzu.

2. Beschreiben Sie die besondere Stellung der „Bild"-Zeitung in der deutschen „Presselandschaft" (M 28 b; „Bild" erscheint täglich in rd. 4,3 Mio. Exemplaren; die größte überregionale Tageszeitung, die Süddeutsche Zeitung, erreicht eine tägliche Auflage von rd. 440 Tsd., die größte Regionalzeitung in Nordrhein-Westfalen, die Westdeutsche Allgemeine Zeitung [WAZ], eine Auflage von rd. 397 Tsd.). Wie ist es zu erklären, dass eine „Bild"-Nachricht bis zu 80 % der erwachsenen Deutschen erreichen kann?

3. Untersuchen Sie ggf. ein aktuelles Exemplar der BILD-Zeitung auf die in M 28 a und in der Abb. in M 28 b genannten Gesichtspunkte hin.

4. „Bild" gilt wegen der Kürze und Oberflächlichkeit der Nachrichten, wegen der am ‚Sensationsgehalt' ausgerichteten Nachrichtenauswahl und seines zu Übertreibungen und Einseitigkeiten neigenden Darstellungsstils nicht gerade als seriöse oder anspruchsvolle Zeitung. Warum ist sie trotzdem „in Ministerien, Redaktionen und Chefetagen Pflichtlektüre"? Worin besteht ihre „unheimliche Macht" (Z. 11)? Wie beurteilen Sie selbst die *politische* Bedeutung der „Bild"-Zeitung?

V Die Bedeutung der „europäischen Ebene" für die Politik in Deutschland

1. Deutschland in der Europäischen Union

M 29 Die „Einbettung" der Bundesrepublik in die Europäische Union

Eine Besonderheit des deutschen politischen Systems liegt in der engen Verzahnung von Verwaltungs- und Regierungsprozessen mit der europäischen Ebene. Die **Einbettung der Bundesrepublik in die Europäische Union** ist entscheidend – auch und gerade für den Alltag des Regierens. [Die Politikwissenschaftler] Sturm und Pehle gehen sogar davon aus, „dass es das ‚alte' deutsche Regierungssystem mit festen durch Staatsgrenzen markierten Grenzlinien politischer Gestaltung nicht mehr gibt". Während die Verfassungsorgane (vielleicht mit der Ausnahme des Bundesverfassungsgerichts) noch nicht durchdringend von einer europäischen Perspektive bestimmt werden, lässt sich das für einige Politikbereiche umso deutlicher feststellen; Währungs-, Agrar-, Regional- oder Umweltpolitik werden in bestimmendem Maße auf der europäischen Ebene festgelegt (s. Kasten). Abstimmungen und Treffen auf ministerieller und Beamten-Ebene gehören deshalb zum Alltag des Regierens. Die meisten Ministerien weisen eigene europapolitische Abteilungen bzw. Referate auf. Der Bundestag wiederum hat sich in erheblichem Maße mit **Vorgaben aus Brüssel** zu beschäftigen, sei es, indem er ihren Inhalt ratifiziert*, diesen in nationales Recht umsetzt oder ihn bei der nationalen Gesetzgebung beachtet. Durch die Ergänzung der europäischen Ebene erhält das politische System der Bundesrepublik sozusagen einen zusätzlichen Rahmen, innerhalb dessen die deutschen Verfassungsorgane einerseits europäisch agieren und mitwirken, andererseits aber stets um die Wahrung ihrer institutionellen und politischen Substanz bangen bzw. diese akzentuieren – einen Aspekt, den auch das Bundesverfassungsgericht in seinem einschlägigen Urteil zum Vertrag von Maastricht* unterstrichen hat. In jedem Fall verlängert bzw. verkürzt sich der politische Entscheidungsweg zwischen den Verfassungsorganen der Bundesrepublik in wesentlichen Feldern um die jeweils eigenen Entscheidungsverfahren der europäischen Ebene.

(Karl Rudolf Korte/Manuel Fröhlich [= M 19], S. 68)

Schon Ende der 1970er-Jahre war festzustellen, dass der Deutsche Bundestag mehr oder minder schleichend und von der Öffentlichkeit unbeachtet eine ganze Reihe von Gesetzgebungszuständigkeiten an die Organe der EWG bzw. EU verloren hatte. [...]

Heute werden so gut wie alle Bereiche der Landwirtschaft auf EU-Ebene reguliert. In der Währungs- und Geldpolitik, breiter noch: in der Wirtschaftspolitik entstammen mehr als drei Viertel der Rechtsetzung europäischen Verfahren. Eine Reihe weiterer Politikfelder ist partiell vergemeinschaftet. In jeder Wahlperiode erreichen den Bundestag circa 2 500 bis 3 000 EU-Vorlagen und 10 000 bis 15 000 Begleitdokumente. Nur in einem Teil davon, nämlich den Richtlinien, kann das Parlament noch eigenständig legislativ tätig werden. Aber auch hierbei ist der Rahmen durch Absprachen zwischen den nationalen Regierungen oft so eng gezogen, dass kaum noch Gestaltungsspielraum bleibt.

(Informationen zur politischen Bildung Nr. 295, 2. Quartal 2007: Parlamentarische Demokratie, Bundeszentrale für politische Bildung, Bonn, S. 58; Verf.: Suzanne S. Schüttemeyer)

M 30 „Wachsende tagtägliche Bedeutung" und „zunehmende Komplexität"

EU blockiert weiter Import von Gen-Mais
Antrag der Kommission gescheitert/Agrarminister müssen entscheiden/ Grüne jubeln über „Etappensieg für Verbraucherschutz"
(Süddeutsche Zeitung v. 9.12.2003, S. 21)

Mehr Rechte für Passagiere im Luftverkehr
Neue EU-Verordnung regelt Schadenersatz/Bis zu 600 Euro bei Überbuchung
(Frankfurter Allgemeine Zeitung v. 16.10.2003, S. 15)

EU-Kommission setzt sich für Verbraucher ein
Wieder eine Millionenbuße für VW
Verbotene Preisvorgaben beim Passat/Wolfsburger Konzern zieht vor den EuGH
(Süddeutsche Zeitung v. 31.5.2001, S. 25)

Europäischer Gerichtshof: Bereitschaftsdienst ist Arbeit:
Kliniken müssen bis zu 27 000 Ärzte einstellen
Auf Krankenhäuser kommen hohe Kosten zu/Bundesregierung will Urteil rasch in nationales Recht umsetzen
(Süddeutsche Zeitung v. 10.9.2003, S. 1)

Brüssel verbietet europaweit die Tabakwerbung
Deutschland im Ministerrat überstimmt/Neue EU-Richtlinie gilt für alle Print-Medien/Bundesregierung prüft Klage in Luxemburg
(Süddeutsche Zeitung v. 3.12.2003, S. 19)

EU stoppt Geflügel-Einfuhr aus Amerika
Hochansteckende Version des Vogelgrippevirus/Keine Versorgungsengpässe zu befürchten
(Frankfurter Allgemeine Zeitung v. 25.2.2003, S. 13)

Trotz langjähriger und intensiver Kontroversen um die Europäische Union ist eine Erkenntnis Allgemeingut: Diese seltsam anmutende Konstruktion ist für die Staaten wie auch für jeden Bürger Europas von *wachsender tagtäglicher Bedeutung*. Die Organe der EU treffen verbindliche Entscheidungen, die in zunehmendem Maße wesentliche Bereiche des politischen, wirtschaftlichen und sozialen Zusammenlebens regeln: Qualitätsnormen für Nahrungsmittel und Einfuhrregeln für Bananen sind ebenso wie die Freizügigkeit bei der Wahl des Studienortes für Studenten und die Förderung des landwirtschaftlichen Sektors Gegenstand gemeinschaftlicher Rechtsakte. Seit dem 1. Januar 2002 ist der Euro das einzig gültige Zahlungsmittel – zumindest in der Eurozone der beteiligten Staaten. In internationalen Organisationen wie bei Krisen im regionalen Umfeld Europas sprechen Vertreter der Union – wenn auch nicht immer erfolgreich – im Namen aller Mitgliedstaaten. Außerdem werden gemeinsame militärische und zivile Krisenreaktionskräfte aufgebaut. Auch die Bekämpfung der internationalen Kriminalität und eine gemeinsame Einwanderungspolitik stehen hoch auf der Tagesordnung der Unionspolitik. „Brüssel" wird so zu einem wesentlichen Teil unseres politischen Lebens, der zunehmend Aufmerksamkeit verlangt und auch erhält. [...] Die Beschreibung, Analyse und Bewertung der Europäischen Union wird nicht nur wichtiger, sie wird auch immer schwieriger. Der wachsenden Bedeutung des EU-Systems steht gleichzeitig eine *Zunahme an Komplexität* gegenüber, die diese Aufgabe zu einer beträchtlichen Herausforderung für alle Betroffenen und Beteiligten werden lässt. [...] Hilfreich und notwendig sind deshalb sowohl ein grundlegendes Verständnis der Aufgaben und Funktionen sowie des Innenlebens der jeweiligen Organe als auch die Kenntnis wesentlicher Verfahren zwischen den EU-Institutionen.

(Werner Weidenfeld [Hrsg.], Die Europäische Union. Politisches System und Politikbereiche, Bundeszentrale für politische Bildung, Bonn 2008, S. 83 f.)

1. Machen Sie deutlich, inwiefern politische Entscheidungen in Deutschland mehr und mehr durch die Einbindung in die Ebene der Europäischen Union beeinflusst werden. Welche doppelte Aufgabe kommt damit immer stärker auf die deutschen Verfassungsorgane zu? (M 29)

2. Die „Europäisierung" der deutschen politischen Entscheidungsprozesse ist je nach einzelnen Politikfeldern unterschiedlich ausgeprägt. Was bedeutet es, wenn man z. B. die Währungspolitik als „voll vergemeinschaftet" bezeichnet?

3 Überprüfen Sie einige Tage lang die Ihnen zugänglichen Tageszeitungen und ergänzen Sie ggf. die in M 30 aufgeführten Schlagzeilen.

4 Von welchen der im Text (M 30) genannten, durch die EU bestimmten Politikbereiche fühlen Sie selbst sich mehr oder weniger betroffen? Nennen Sie ggf. weitere Beispiele.

5 Machen Sie sich anhand von M 30 klar, warum es so wichtig ist, etwas über das politische System der Europäischen Union zu wissen und warum es zugleich so schwierig ist (und daher von Ihnen eine gewisse Anstrengung verlangt), sich diesen Überblick zu verschaffen.

Im Rahmen unseres Themas (politische Entscheidungsprozesse in Deutschland) wollen wir uns – nach einem kurzen Überblick über den Charakter der EU – auf eine kompakte Darstellung der einzelnen EU-Organe (M 34 – M 38) und ihres Zusammenwirkens im Prozess der EU-Gesetzgebung (M 39 – M 40) beschränken.

M 31

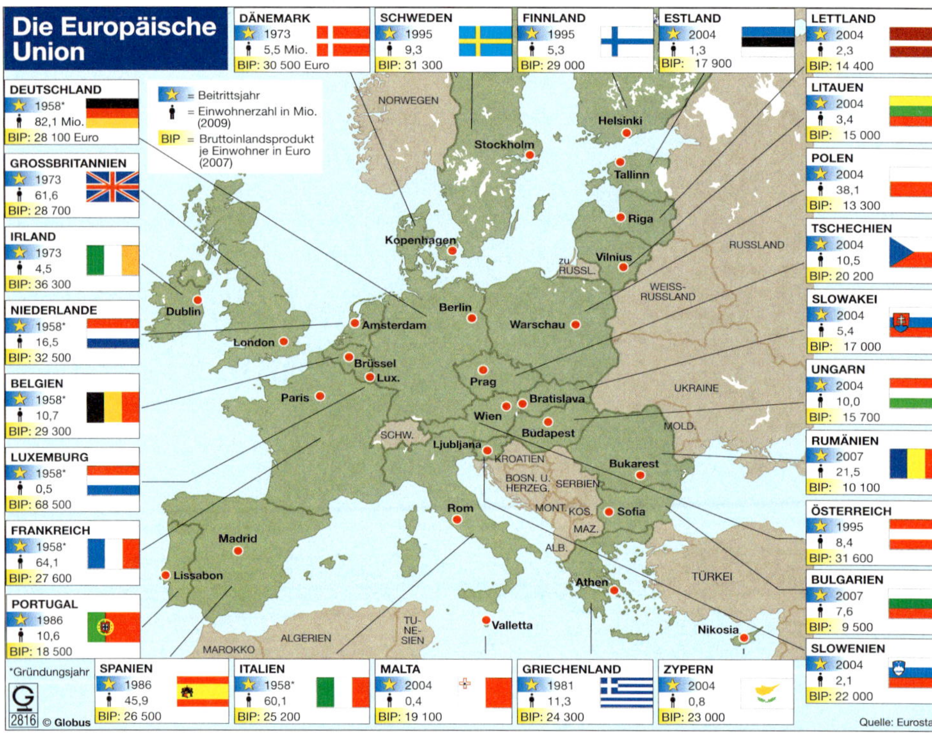

M 32

Gründe für die Europäische Union

Unser Alltag
Sozialer Ausgleich
Sicherung des Friedens
Hilfe für die Welt
Schonung der Umwelt
Entwicklung der Wirtschaft

1. Die Staaten der heutigen EU haben früher viele Kriege gegeneinander geführt, nahezu jeder gegen jeden. [...] Ein Krieg Deutschland gegen Frankreich oder England ist seit Gründung der Europäischen Gemeinschaft undenkbar geworden. Einigung schafft Frieden. [...] Die Einbringung Deutschlands in die EU hat es unseren Nachbarstaaten erleichtert, der Vereinigung beider deutscher Staaten (1990) zuzustimmen.

2. In Europa gibt es arme Regionen neben reichen. Den armen Regionen muss geholfen werden, aber das ist nur mithilfe der reichen Regionen, also mit gemeinsamer Politik aller EU-Staaten möglich. Die EU stellt z. B. seit 1991 Milliarden für den Aufbau in den neuen deutschen Bundesländern zur Verfügung. [...]

3. Schadstoffe in Luft und Wasser machen an den Grenzen nicht Halt. Unsere Zukunft hängt davon ab, ob die Umweltschäden zunehmen oder allmählich abgebaut werden. Wirksame Umweltpolitik in Europa ist national nicht mehr möglich.

4. Deutschland ist ein Industrieland, das auf Export angewiesen ist. Seit deutsche Waren zollfrei in europäische Länder gelangen, hat unser Export stark zugenommen. Das hat Millionen von Arbeitsplätzen gesichert und viele neue geschaffen.

5. Alle EU-Bürger können in der Regel ohne Grenzkontrolle frei innerhalb der EU reisen, vom Polarkreis bis Teneriffa, können sich an beliebigen Orten niederlassen, überall eine Arbeit annehmen oder ein Geschäft eröffnen, können sich fern der Heimat [...] zur Ruhe setzen.
6. Nur bei wachsender Gemeinsamkeit können die EU-Staaten mehr als bisher zur Lösung von Konflikten und Kriegen anderswo in Europa oder in der Welt beitragen. Gemeinsam können sie den Entwicklungsländern wirksamer helfen, Probleme zu lösen.

(Hans Jürgen Lendzian/Christoph Andreas Marx [Hg.], Geschichte und Gegenwart, Band 3, Schöningh Verlag, Paderborn 2001, S. 354)

1 Verschaffen Sie sich einen Überblick über die Mitgliedstaaten der EU (M 31). Legen Sie zwei einfache Listen an, in denen Sie zum einen die Mitgliedsländer nach Größe (Einwohnerzahl) und zum anderen nach ihrem wirtschaftlichen Wohlstand (Bruttoinlandsprodukt* je Einwohner) ordnen. Wie schätzen Sie das Ausmaß der Unterschiede ein?

2 Nicht selten kann man auch heute noch die Frage hören: „Wozu brauchen wir überhaupt die Europäische Union? Wäre nicht alles viel einfacher, wenn jeder Staat selbstständig über seine eigene Politik entscheiden könnte?" Erläutern Sie zur Beantwortung dieser Frage etwas ausführlicher die einzelnen Punkte in M 32. Ordnen Sie die Stichwörter (Rand) den Textabschnitten als Überschriften zu.

3 Welche Gründe halten Sie aus Ihrer Sicht für die wichtigsten?

2. Entscheidungsträger und Entscheidungsstrukturen in der EU

M 33 a Was ist das eigentlich: die Europäische Union?

Die Europäische Union ist ein Gebilde besonderer Art.
Zunächst: Sie ist **kein Staat** und deshalb ist in der Union manches anders als in ihren Mitgliedstaaten. Die Union hat keine Hauptstadt, auch wenn ihre wichtigsten Institutionen in der belgischen Hauptstadt Brüssel ihren Sitz haben. Sie erhebt keine Steuern, ihre Einnahmen bestehen im Wesentlichen aus den Beiträgen, die die Mitgliedstaaten aus ihren eigenen Steuermitteln leisten. Sie hat auch keine „Regierung" in dem Sinne, dass ein vom Volk gewähltes Parlament die Gesetze (Legislative) beschließt und eine von ihm kontrollierte Regierung als oberstes Exekutivorgan wählt (so sieht es das Prinzip der Gewaltenteilung [vgl. M 14] in den einzelnen Mitgliedstaaten vor).
Was ist die EU dann? Sie ist ein Gebilde aus (seit 2007: 27) zunächst einmal völlig souveränen (d. h. unabhängigen und selbstständigen) Staaten, die untereinander durch völkerrechtliche *Verträge* vereinbart haben, auf einen (im Laufe der Zeit immer größer gewordenen) *Teil ihrer nationalen Souveränitätsrechte** zu verzichten und über bestimmte Bereiche der Politik nur *gemeinsam zu entscheiden* bzw. gemeinsame „europäische" Organe (Institutionen) entscheiden zu lassen. Diese grundlegenden Verträge sind der inzwischen ausgelaufene Vertrag über die Europäische Gemeinschaft für Kohle und Stahl (EGKS, 1951), der *Euratomvertrag* (1958), der EWG-Vertrag (1957; seit 1993: *EG-Vertrag*) und der *EU-Vertrag*, der 1993 in Maastricht unterzeichnet (und durch die Verträge von Amsterdam 1997, von Nizza 2001 und von Lissabon 2009 ergänzt) wurde.
Entsprechend dem besonderen Charakter der EU als eines **Verbunds von selbstständigen Staaten** (s. Kasten), die aber einen Teil ihrer Zuständigkeiten „vergemeinschaftet" haben, muss man im Hinblick auf den Gesamtbereich der Politik unterscheiden zwischen Politikbereichen, über die allein auf europäischer Ebene (*„supranational"*) *entschieden* wird (**Ge-**

Staat, Superstaat, Bundesstaat, Staatenbund, Staatenverbund – die Liste der Etiketten, mit denen man die EU versehen hat, ist lang. Kurz ist hingegen die Auswahl an Bezeichnungen, die ihr halbwegs gerecht werden. [...] Sie ist kein Staat und somit auch kein Superstaat oder Bundesstaat. Das letztlich undefinierbare sowie unvergleichbare Gebilde supra- und internationaler Kooperation bewegt sich im Endeffekt in einem Graubereich zwischen zwei Polen: einem Staatenbund* und einem Staatenverbund* (*eine Bezeichnung, die das Bundesverfassungsgericht verwendet*). Schließlich ist die EU einerseits ein freiwilliger Zusammenschluss souveräner Staaten, die aber andererseits ihre Souveränität* bzw. ihre Hoheitsrechte zum Teil auf die EU übertragen haben.

(Gerd Strohmeier, Die EU zwischen Legitimität und Effektivität; in: Aus Politik und Zeitgeschichte Nr. 10/2007 vom 5.3.2007, S. 24)

meinschaftspolitik), und solchen, in denen die *Regierungen zwar eng zusammenarbeiten* und über Wichtiges auch gemeinsam beschließen, ansonsten aber „souverän“ bleiben (für diese Bereiche wird der Begriff *„intergouvernementale* Zusammenarbeit“* oder **Regierungszusammenarbeit** verwendet). Daneben gibt es natürlich immer noch viele Bereiche der Politik, in denen die einzelnen Staaten weiterhin für sich allein entscheiden (dabei allerdings auf die Interessen der anderen Länder Rücksicht nehmen sollen).
Wesentliche Elemente dieser seltsam anmutenden Konstruktion lassen sich anhand des bis zum Inkrafttreten des Vertrags von Lissabon (1.12.2009) gültigen „Drei-Säulen-Modells“ verdeutlichen, das in M 33 b dargestellt wird (s. dazu Arbeitshinweis 3, S. 69). (Autorentext)

M 33 b Worüber (nicht) gemeinsam entschieden wird

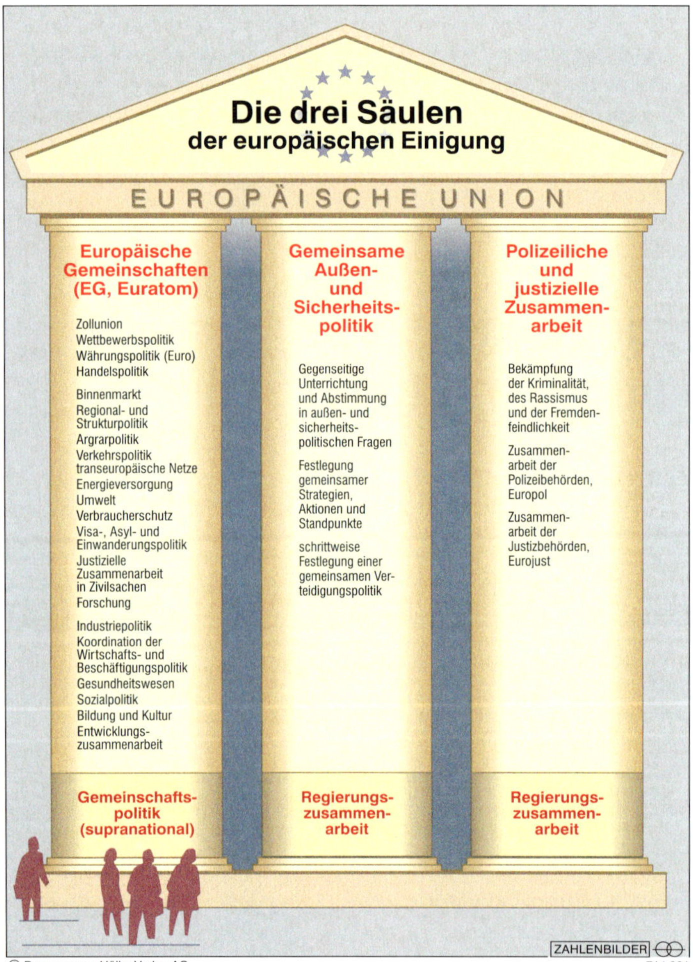

Für welche Bereiche der Politik die EU mit ihren unterschiedlichen Organen zuständig ist und wie eng die politische Zusammenarbeit jeweils sein soll, zeigt das „Drei-Säulen-Modell“ auf. Das gemeinsame Dach des Gebäudes wird von drei Säulen oder Pfeilern getragen, die die Arbeitsfelder der EU darstellen.

Erste Säule: Sie wird auch als „Gemeinschaftspfeiler“ bezeichnet, weil zu ihr die Politikbereiche gehören, für die die EU-Organe direkt (allein oder gemeinsam mit den Mitgliedstaaten) zuständig sind. Dazu gehört praktisch die gesamte Wirtschaftspolitik der EU. Hinzu kommen z. B. noch Aufgaben in der Sozialpolitik, beim Verbraucherschutz und beim Umweltschutz, in der Strukturpolitik, also bei der besonderen Unterstützung solcher Regionen in Europa, die wirtschaftlich schwächer sind als andere, und in der Asyl- und Visapolitik, die etwa die Anerkennung politisch Verfolgter oder die Zuwanderung in EU-Länder regelt.

Zweite Säule: Die zweite Säule sorgt mit der Gemeinsamen Außen- und Sicherheitspolitik (GASP) für die Vertretung der EU nach außen. So soll die Gemeinschaft bei wichtigen außenpolitischen Themen wie der Abrüstung, der Friedenssicherung, dem globalen Umweltschutz, der weltweiten Flüchtlingsprobleme nur noch „mit einer europäischen Stimme“ sprechen. Darüber hinaus wurde im Vertrag von Amsterdam (1999) eine weitere Aufgabe beschlossen: Die EU soll unabhängig von der NATO eine eigene europäische Verteidigung aufbauen.

Dritte Säule: Beseitigt man im Inneren die Grenzkontrollen, so können sich nicht nur die ehrlichen Bürgerinnen und Bürger frei bewegen. Deshalb ist auch eine Zusammenarbeit in der Innen- und der Justizpolitik notwendig: etwa bei der grenzüberschreitenden Verbrechensbekämpfung, der Drogenkriminalität oder der Terrorismusabwehr. Die nationalen Polizeibehörden können bei der Verfolgung von Straftaten, der Fahndung nach und der Auslieferung von Straftätern gemeinsam vorgehen. Mit der europäischen Polizeibehörde „Europol“ werden wichtige Informationen ausgetauscht und Fahndungsaktionen grenzüberschreitend organisiert. Langfristig ist daran gedacht, die nationalen Strafvorschriften anzugleichen.

(Herbert Uhl [Hg.], Grundwissen Politik, Ernst Klett Schulbuchverlag, Stuttgart 2007, S. 238 f.)

1 Die Europäische Union ist ein „Gebilde besonderer Art“. Erklären Sie, warum es sich nicht um einen Staat (auch nicht um einen „Bundesstaat“), aber auch nicht um einen bloßen „Staatenbund“ handelt. Was will der Begriff „Verbund“ zum Ausdruck bringen? (M 33 a)

2 Klären Sie den Begriff der „Souveränität*“ und machen Sie unter diesem Gesichtspunkt den Unterschied zwischen „Gemeinschaftspolitik“ und „Regierungszusammenarbeit“ klar.

3 Stellen Sie anhand des „Drei-Säulen-Modells“ („Tempelkonstruktion“) an einigen Beispielen fest, in welchen Politikbereichen bis Ende 2009 „gemeinschaftlich“ entschieden wurde und in welchen es eine „Regierungszusammenarbeit“ gab (M 33 b).

Mit dem Inkrafttreten und der schrittweisen Verwirklichung des Vertrags von Lissabon (1.12.2009) hat das „Drei-Säulen-Modell“ seine Grundlage verloren: Die EU ist keine „Dachorganisation“ mehr. Sie umfasst nunmehr als einheitliche Rechtspersönlichkeit alle Zuständigkeiten der bisherigen EG (1. Säule; die EG als besonderer Rechtsbereich wurde aufgelöst) und der „Polizeilichen und justiziellen Zusammenarbeit“ (3. Säule) in der Form der „Gemeinschaftspolitik“. Nur die „Gemeinsame Außen- und Sicherheitspolitik“ bildet noch einen besonderen Rechtsbereich mit besonderen Entscheidungsverfahren.

M 34 Wer entscheidet in der Europäischen Union?

In demokratischen Staaten schreibt die Verfassung vor, wer das Recht zur Gesetzgebung (das *legislative* Recht) hat und wer durchsetzen darf, was Gesetze vorschreiben (*exekutives* Recht). Die Europäische Union ist entstanden durch **Verträge der Mitgliedstaaten** untereinander. In diesen Verträgen haben sie geregelt, wie und in welchen Politikbereichen die Union Gesetze erlassen und sie durchführen kann (s. M 33 b). [...] An der europäischen Gesetzgebung sind drei Organe (Institutionen) der EU beteiligt, die man als *„institutionelles Dreieck“* (s. Grafik) bezeichnet:

- die **Europäische Kommission**, die Vorschläge für alle Beschlüsse macht und dann für die *Durchführung* dieser Beschlüsse zuständig ist (insofern ist sie eine Art europäische „Regierung“); [...]
- das **Europäische Parlament** (EP), das von den Bürgern aller Mitgliedsländer gewählt wird und das an der *Beschlussfassung* wesentlich beteiligt ist, aber keineswegs allein Beschlüsse fassen („Gesetze erlassen“) kann;
- der **Ministerrat** („Rat der Europäischen Union“, manchmal auch einfach der „Rat“ genannt), der sich aus den Außenministern und – je nach zu verhandelndem Politikbereich – aus den Fachministern der Mitgliedstaaten zusammensetzt (sehr wichtig: der Rat der Wirtschafts- und Finanzminister); er gilt als das zentrale Entscheidungsorgan der EU, teilt seine Macht aber weitgehend mit dem Europäischen Parlament.

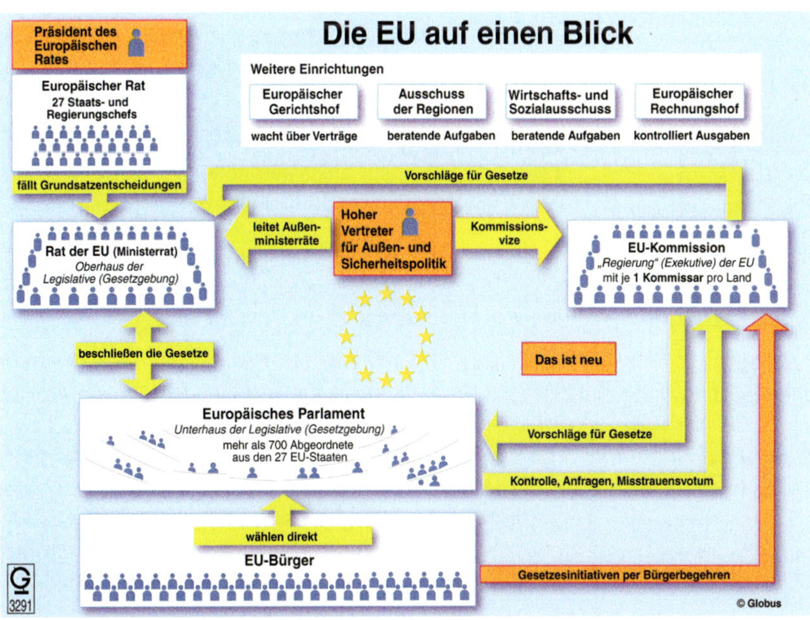

Der Europäische Rat

Hier kommen die Staats- und Regierungschefs gemeinsam mit dem Präsidenten der Europäischen Kommission zusammen. Es ist das wichtigste Gremium der EU, gehört aber nicht zu seinen Entscheidungsorganen. Zusammen mit dem EU-Präsidenten (s. M 38) legen die Staatschefs die Leitlinien der EU-Politik für den Ministerrat fest, beschäftigen sich mit den Problemen, über die sich die Minister nicht einigen konnten, und stimmen darüber ab.

Der Europäische Gerichtshof
Die 27 Richterinnen und Richter und die acht Generalanwälte werden von den Regierungen der Mitgliedstaaten „im gegenseitigen Einvernehmen“ auf sechs Jahre ernannt. Der Gerichtshof nimmt in der EU eine Stellung ein, die in Deutschland den obersten Bundesgerichten (Bundesverfassungsgericht, Bundesgerichtshof, Bundesverwaltungsgericht) vergleichbar ist. Er entscheidet nach europäischem Recht auf der Grundlage des EU-Vertrages. Bei Rechtsstreitigkeiten kann der Gerichtshof direkt von den Bürgerinnen und Bürgern angerufen werden.

(Herbert Uhl [Hg.], Grundwissen Politik, Ernst Klett Schulbuchverlag, Stuttgart 2007, S. 241, 243)

Hinzu kommen der **Europäische Rechnungshof**, *der die Ausgaben der EU kontrolliert, und zwei beratende Ausschüsse: der* **Ausschuss der Regionen** *und der* **Wirtschafts- und Sozialausschuss**.
Im Folgenden wollen wir die drei Organe des „institutionellen Dreiecks“ und den „Europäischen Rat“ etwas näher beschreiben. Wir beginnen mit der „Europäischen Kommission“, weil sie mit der Durchführung der praktischen EU-Politik befasst und deshalb von ihr in den Medien am meisten die Rede ist.

M 35 Die Europäische Kommission

Die einzigartige Entwicklung der Europäischen Gemeinschaft hat Institutionen hervorgebracht, wie sie in dieser Art nirgendwo sonst zu finden sind. Dies gilt besonders für die **Europäische Kommission**, die nach dem EU-Vertragswerk eine dreifache Aufgabe erfüllt:

- Als **Hüterin der Verträge** hat sie dafür zu sorgen, dass die in der Europäischen Union geltenden Rechtsvorschriften eingehalten werden. Sie überwacht die *Anwendung* der Vertragsbestimmungen und der von den EU-Organen getroffenen Entscheidungen. Ist sie der Auffassung, dass ein Mitgliedstaat oder ein Unternehmen seine Verpflichtungen verletzt, kann sie den Fall vor den Europäischen Gerichtshof bringen.
- Als **Motor der Integration** nutzt sie das ihr zustehende **Initiativrecht** [das Recht, Gesetzesvorlagen einzubringen], um Vorschläge zur Weiterentwicklung der Gemeinschaftspolitik zu erarbeiten und dadurch Entscheidungsprozesse anzuregen und voranzutreiben. Wird sie nicht von sich aus aktiv, kann sie durch den Rat oder das Europäische Parlament dazu aufgefordert werden. Die verbindliche Beschlussfassung fällt aber in die Zuständigkeit des Rates und des Parlaments [...]. Aufgabe der Kommission ist es weiterhin, gegenüber den Mitgliedstaaten und den übrigen EU-Organen für das gemeinsame europäische Interesse einzutreten und zwischen deren oft sehr unterschiedlichen Auffassungen zu vermitteln.

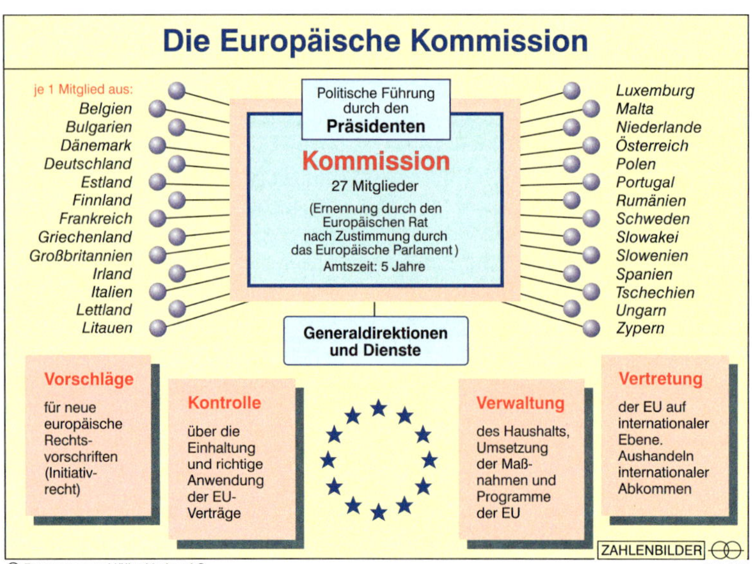

 714 040

- Schließlich ist sie als **Exekutivorgan** zuständig für die Umsetzung der Gemeinschaftspolitik. Auf einigen Gebieten (so z. B. in der Wettbewerbspolitik) verfügt sie über ausgedehnte eigene Befugnisse zur Anwendung der Verträge. In anderen Bereichen ist sie im Auftrag des Rates tätig. Sie verwaltet die Fonds und Programme, die den Großteil des EU-Haushalts ausmachen, handelt im Namen der EU internationale Handels- und Assoziationsabkommen aus und vertritt die EU bei den internationalen Organisationen.

Die Kommission ist ein **supranationales Organ**. Ihre Mitglieder [...] (ein Mitglied aus jedem Land) üben ihre Tätigkeit nicht als Vertreter ihres Landes, sondern laut EG-Vertrag „in voller Unabhängigkeit zum allgemeinen Wohl der Gemeinschaft“

Die Verwaltung ist in 23 Generaldirektionen und 13 hochrangige Dienste gegliedert. Der Kommission unterstehen ferner Außenstellen und Forschungseinrichtungen in den Mitgliedstaaten – alles in allem etwa 21 800 Beamte (nicht mehr, als eine deutsche Großstadt hat), darunter etwa 2000 im Sprachendienst. Die Kommission hat den größten Übersetzungs- und Dolmetscherdienst der Welt; er ist für fast alle EU-Institutionen zuständig (außer für das Europäische Parlament und den Europäischen Gerichtshof). Unterstützt wird die Arbeit der Kommission von rd. 400 Ausschüssen („Komitologie" – „Ausschusswesen") und ca. 1200 von Fall zu Fall einberufenen Expertengruppen.

(Autorentext)

aus. Unter der politischen Führung des Kommissionspräsidenten ist jedes Kommissionsmitglied in einem bestimmten Sachbereich federführend tätig. Beschlüsse fasst die Kommission mit der Mehrheit ihrer Mitglieder. Sitz der Kommission ist Brüssel. Ihre Dienststellen – mit rund 19 400 Bediensteten in Verwaltungsaufgaben (2007) – sind hauptsächlich in Brüssel, zu einem Teil auch in Luxemburg untergebracht.

(Schmidt-Zahlenbilder)

Die Kommission wird oft als regulierungswütige Bürokratie dargestellt. Tatsächlich aber ist [...] sie bei der Vorbereitung, Formulierung sowie auch Koordination und Durchführung europäischer Gesetzesvorhaben eng mit den nationalstaatlichen Verwaltungen und Interessengruppen aus allen Bereichen von Wirtschaft und Gesellschaft vernetzt und greift i. d. R. nur solche Vorschläge auf, die auch die Unterstützung einer Mehrzahl der EU-Staaten finden.

(Michael W. Bauer/Barbara Heisserer, Europäische Kommission; in: Martin Große Hüttmann/Hans-Georg Wehling [Hrsg.]: Das Europalexikon, Bonn 2009, S. 113)

José Manuel Durão Barroso, portugiesischer Ministerpräsident, wurde 2004 Präsident der EU-Kommission als Nachfolger des Italieners Romano Prodi, der das Amt seit Mai 1999 innegehabt hatte.

Die EU-Zentrale in Brüssel

1 Vielleicht werden Sie das in Ihrer Zeitungsrecherche (Arbeitshinweis 3. zu M 30) selbst feststellen: In Medienberichten ist von der Arbeit der Europäischen Kommission weit häufiger die Rede als vom Parlament und dem Ministerrat. Beschreiben Sie die überragende Stellung der Kommission im Hinblick auf die praktische EU-Politik und erläutern Sie dazu die Stichworte: „Motor der Integration", „Hüterin der Verträge", Exekutivorgan, unabhängige Stellung.

2 Kritik an der Stellung der Kommission bezieht sich zum einen auf ihren bürokratischen Apparat („Eurokratie"), der eine Eigendynamik zu immer mehr gesamteuropäischen Regelungen entwickelt habe („Normenflut", „Regelungswut"), zum anderen auf ihre durch das alleinige Initiativrecht gegebene Machtstellung, die von vielen als „undemokratisch", als „ Demokratiedefizit" der EU gekennzeichnet wird, um dessen Beseitigung sich das neue EU-Parlament (seit 2009) mit Nachdruck bemüht. Wie sieht es in Deutschland mit dem Initiativrecht aus (s. M 16 b)? Was sagt der Text (letzter Abschnitt) zur Kritik an der „regelungswütigen Bürokratie"?

M 36 Das Europäische Parlament

Abb. 1

Abb. 2 zeigt die Zusammensetzung des Parlaments nach der Europawahl 2009: insgesamt 736 Sitze nach der Regelung des Vertrags von Nizza (zuvor galt eine Übergangsregelung mit insgesamt 785 Sitzen; vgl. Abb. 2 in M 37). Ab 2014 wird (nach dem Vertrag von Lissabon) die Gesamtzahl 751 betragen.

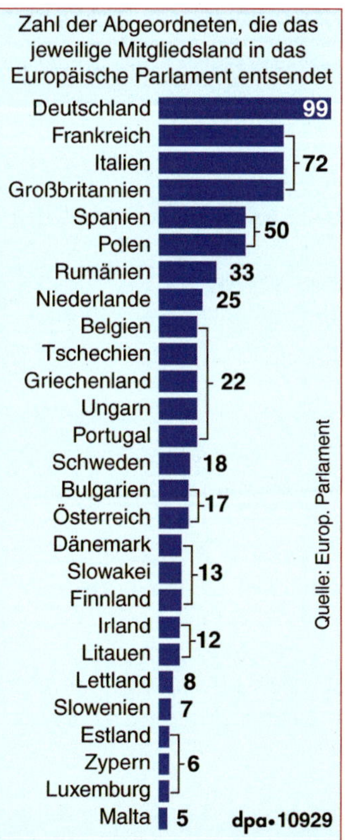

Das Europäische Parlament ist das einzige direkt gewählte, unmittelbar legitimierte* Organ der EU. Es repräsentiert die Völker der EU-Mitgliedstaaten. Es ist mittlerweile im Gesetzgebungsprozess der EU in fast allen Gebieten gegenüber dem Ministerrat gleichberechtigt. Es ist darüber hinaus an der Ernennung der Europäischen Kommission und des Europäischen Rechnungshofes beteiligt und wählt den Europäischen Bürgerbeauftragten.*
Laut Vertrag besteht es aus „Vertretern der Völker der in der Gemeinschaft zusammengeschlossenen Staaten" (Art. 189 EG-V). Folglich gilt nicht der Gleichheitsgrundsatz „ein Bürger, eine Stimme", sondern es wird auch im EP den kleinen Staaten eine Überrepräsentation zugestanden, um „eine angemessene Vertretung" (Art. 190, Abs. 2 EG-V) zu gewährleisten (s. Abb. 2 und 3). Jedes Land sollte eine Mindestzahl an Abgeordneten ins EP entsenden können, damit die politischen Grundströmungen repräsentiert sind.

- Ausschlaggebend für die Arbeit der Mitglieder des Europäischen Parlaments (MdEP) sind die *politischen Fraktionen* (s. Abb. 4). Sie sind national gemischt und nehmen wichtige parlamentarische Rechte wahr (Verteilung von Redezeiten, Berichterstattern, Ausschussvorständen etc.). In der Regel fasst das EP seine Beschlüsse mit einfacher Mehrheit der abgegebenen Stimmen. Die absolute Mehrheit der Stimmen ist nur in wenigen Fällen erforderlich.

Die *parteipolitische Konkurrenz* hält sich im EP in recht engen Grenzen. Zum einen ist die EU kein parlamentarisches System, in dem die Parlamentsmehrheit die Regierung stützen muss und die Opposition sich über ihre Kritik an der Regierung profiliert. Zum anderen sind die Fraktionen in ihrer ideologischen Ausrichtung wenig homogen und von nationalen bzw. regionalen Interessen geprägt. Nicht zuletzt kann sich das EP gegenüber dem Rat nur durchsetzen, wenn Konservative und Sozialdemokraten sich zu einer großen Koalition zusammenfinden.
Besonders wichtig für die Arbeit des Europäischen Parlaments sind die Ausschüsse. Die ständigen Ausschüsse beraten bei Gesetzgebungsvorhaben über die Positionen gegenüber Rat und Kommission. Sie entwickeln aber auch eigene Initiativen und Ideen, mit denen sie auf die europäische Politik einwirken können.

Abb. 3

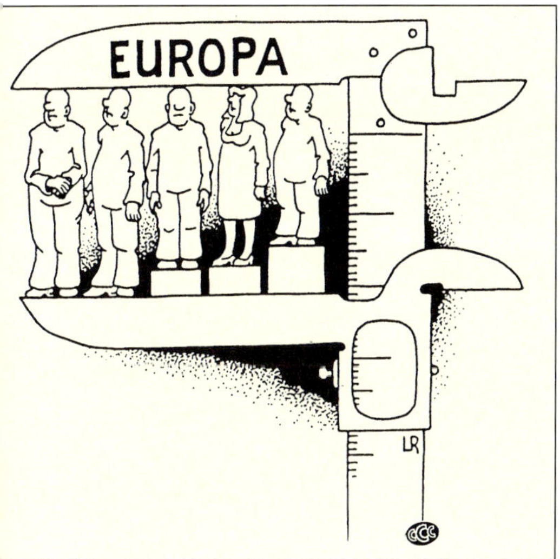

Abb. 4

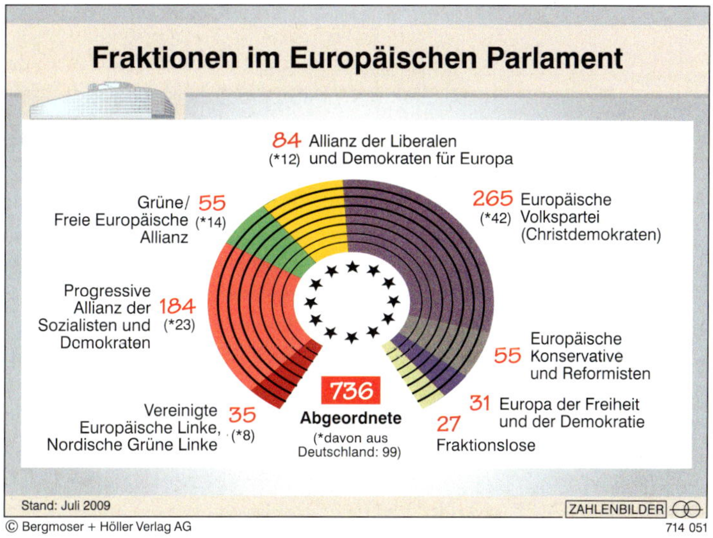

Die Europa-Wahlen im Mai 2009 führten in Deutschland bei einer Wahlbeteiligung von 43,3 % (Durchschnitt der EU-Länder: 43,1 %) zu folgenden Ergebnissen: CDU/CSU: 37,9 %/42 Sitze, SPD: 20,8 %/23 Sitze, Grüne: 12,1 %/14 Sitze, FDP: 11,0 %/12 Sitze, Die Linke: 7,5 %/8 Sitze.

Abb. 5:
Das Europäische Parlament – Institutioneller Steckbrief

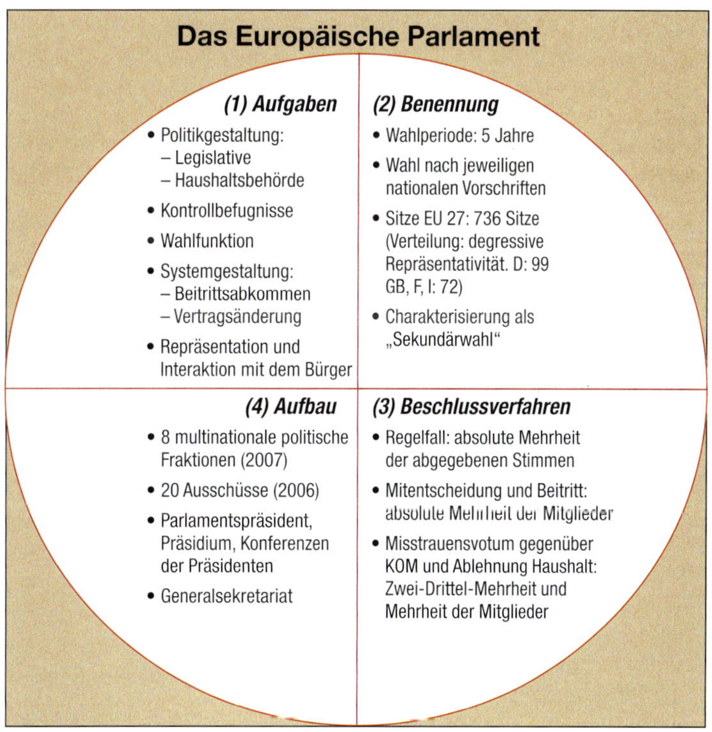

(Wolfgang Wessels, Das politische System der Europäischen Union, VS Verlag für Sozialwissenschaften, Wiesbaden 2008, S. 120)

• Das Parlament ist grundsätzlich befugt, über jede Frage der EG/EU zu beraten, Entschließungen anzunehmen und diese den anderen Gemeinschaftsorganen vorzulegen.
Neben *umfassenden Frage- und Informationsrechten* verfügt das Europäische Parlament über das Instrument der Haushaltskontrolle sowie das Recht, Untersuchungsausschüsse einzusetzen. Mit Inkrafttreten des Vertrags von Lissabon erhält das Parlament neue Kontroll-, Mitentscheidungs- und Zustimmungsrechte, so in der „polizeilichen und justiziellen Zusammenarbeit in Strafsachen“, in der Agrar-, Fischerei- und Handelspolitik sowie beim Abschluss internationaler

Nach einer sich über Wochen hinziehenden, eingehenden kritischen Einzelbefragung aller Kandidaten stimmte das Europäische Parlament am 9.2.2010 der Ernennung der neuen EU-Kommission (s. Abb. S. 71 u.) unter ihrem Präsidenten Manuel Barroso mit einer Mehrheit von 488 der 632 Stimmen zu. Während vor allem die Fraktionen der Christdemokraten, der Liberalen und der Sozialdemokraten weitgehend die Kommission stützten, stimmten die Grünen und die Linke mit Nein.

(Autorentext)

Übereinkommen. Dagegen bleiben seine Befugnisse *in Politikbereichen, die der Steuerung und Kontrolle durch die einzelstaatlichen Regierungen unterliegen,* beschränkt. Dies ist etwa in der Gemeinsamen Außen- und Sicherheitspolitik und der Europäischen Sicherheits- und Verteidigungspolitik der Fall.

Das EP versucht kontinuierlich und hartnäckig, seinen politischen Einfluss auszudehnen. In der Gesetzgebung kommt ihm ein ausdifferenziertes Ausschusswesen und die zunehmende Beachtung durch die Interessengruppen zugute. Ebenso profitiert es von dem Legitimitätsvorschuss, den Parlamente in repräsentativen Demokratien genießen.

Lange Jahre hatte der Ministerrat bei der Gesetzgebung ganz klar das Sagen. Die *wachsende Bedeutung des Europäischen Parlaments* macht sich in den letzten zehn Jahren dadurch bemerkbar, dass dem Rat immer mehr die alleinige Entscheidungskompetenz beschnitten wird: Die Europaabgeordneten bilden nun ein starkes Gegengewicht zum Willen der nationalen Regierungen, die im Rat zum Ausdruck kommen. Seit 1999 kann man sogar sagen: Ohne das Parlament geht (fast) nichts mehr.

Mit Inkrafttreten des Lissabonner Vertrags *wird ab 2014* das Zustimmungsverfahren auf insgesamt 26 Bereiche ausgedehnt. Ferner muss das Europäische Parlament die Ernennung der Kommission bestätigen. Die Kommissionsernennung (s. Randinfo) ist zu einer echten Wahl geworden, weil der Europäische Rat bei der Benennung des Kommissionspräsidenten die Ergebnisse der Europawahlen zu berücksichtigen hat.

(Autorentext)

1. Erläutern Sie, inwiefern das Europäische Parlament unter dem Gesichtspunkt der demokratischer Legitimation* eine Sonderstellung unter den EU-Organen einnimmt. (M 36, Z. 1 ff.)

2. Stellen Sie heraus, inwiefern man im Hinblick auf die zahlenmäßige Zusammensetzung des Europäischen Parlaments nicht im strengen Sinne von einer „Repräsentation" (Vertretung) sprechen kann, die auf dem Prinzip der Gleichheit aller EU-Bürger beruht. Überlegen Sie, welche Konsequenzen die strenge Beachtung dieses Prinzips hätte, und erläutern Sie, welchen Kompromiss man (zwischen der so krass unterschiedlichen Größe der EU-Länder und der gleichmäßigen Vertretung ihrer Bevölkerung) gefunden hat. Stellen Sie fest (Abb. 2 und Abb. 2 in M 37), wie viele Bürger jeweils ein Abgeordneter z. B. aus Deutschland, Belgien, Finnland und Malta „repräsentiert". Was will die Karikatur (Abb. 3) zum Ausdruck bringen?

3. Stellen Sie fest, welche deutschen Parteien seit 2009 im EU-Parlament vertreten sind, und ordnen Sie sie den genannten Fraktionen zu (Abb. 4).

4. Wie ist es zu erklären, dass sich im EU-Parlament die „parteipolitische Konkurrenz" im Vergleich zu nationalen Parlamenten „in engen Grenzen" hält (Z. 25 ff.)?

5. Beschreiben Sie (Z. 40 ff.) die Kompetenzen des EU-Parlaments in den Bereichen der parlamentarischen Kontrolle, der Festsetzung des EU-Haushalts, des Einflusses auf die Kommission und der Gesetzgebung, auf die wir in M 39 näher eingehen werden. Welche Entwicklung hat der Einfluss des Parlaments in den letzten 10 – 15 Jahren genommen? Wie werden sich die Regelungen des Vertrags von Lissabon auswirken?

M 37 „Zentrales Entscheidungsorgan" – der Rat der Europäischen Union (Ministerrat)

Der Rat der Europäischen Union wird gemeinhin auch als *Ministerrat* oder einfach nur als „Rat" bezeichnet. Er ist nicht zu verwechseln mit dem *Europarat**, welcher nicht zum institutionellen System der Europäischen Union gehört, sondern eine eigenständige internationale Organisation darstellt. Auch beim bis zu viermal im Jahr tagenden *Europäischen* Rat der Staats- und Regierungschefs der EU einschließlich des Präsidenten der Kommission (s. M 38) handelt es sich um eine andere Einrichtung. [...] Der Rat der EU [tagt] 70- bis 80-mal jährlich in neun unterschiedlichen Formationen:

- Allgemeine Angelegenheiten und Außenbeziehungen,
- Wirtschaft und Finanzen (einschließlich Haushalt),

Der Rat ist das **Organ der nationalen Regierungen.** Zwar sind diese demokratisch legitimiert: Sie sind durch demokratische Wahlen in ihre Ämter gekommen. In einem Rechtsstaat jedoch haben die Parlamente als Legislative das Recht zur Gesetzgebung und zur Kontrolle der mit der Ausführung beauftragten Exekutiven, den Regierungen. Bei der Europäischen Union verkehrt sich dieses Prinzip: Hier schlüpft die Exekutive in Form des Rats der Europäischen Union in die Rolle der Legislative, die die für die Mitglieder bindenden Rechtsakte erlässt – die Gesetzausführenden im Nationalstaat werden (zusammen mit dem Europäischen Parlament) zu Gesetzgebenden in der Union.

(Marc Fritzler/Günther Unser, Die Europäische Union, Bundeszentrale für politische Bildung, Bonn 1998, S. 53)

Abb. 1

Versuch, im Ministerrat einen Kompromiss zu finden

- Justiz und Inneres (einschließlich Katastrophenschutz),
- Beschäftigung, Sozialpolitik, Gesundheit und Verbraucherschutz,
- Wettbewerbsfähigkeit inklusive Tourismus (einschließlich Binnenmarkt, Industrie, Forschung),
- Verkehr, Telekommunikation und Energie (einschließlich audiovisueller Bereich),
- Landwirtschaft und Fischerei,
- Umwelt,
- Bildung, Jugend und Kultur.

Der wichtigste Rat ist der für „Allgemeine Angelegenheiten und Außenbeziehungen", das heißt, der Rat der *Außenminister*, der unter anderem fur die Koordinierung der Ratssitzungen, die Vor- und Nachbereitung der Europäischen Gipfel sowie für die Durchführung sämtlicher außenpolitischer Maßnahmen (GASP, ESVP, Außenhandel, Entwicklungszusammenarbeit, humanitäre Hilfe) zuständig ist. [...]
Neben dem Europäischen Parlament ist der Rat das *zentrale Entscheidungsorgan* der EU (s. Kasten). Der Rat nimmt im politischen System der EU eine Zwitterrolle ein: Einerseits ist er Organ der EU und als dieses entscheidet er für die Gemeinschaft. Auf der anderen Seite werden in ihm die nationalen Interessen der Mitgliedstaaten artikuliert und durchzusetzen versucht. In dem Bemühen, diese beiden Anforderungen auszutarieren, strebt der Rat in der Regel eine *Konsensentscheidung* an (s. Abb. 1) – unabhängig davon, ob Einstimmigkeit, einfache oder qualifizierte Mehrheit erforderlich ist (s. u.). Denn jedes Mitgliedsland muss damit rechnen, einmal in eine Minderheitenposition zu gelangen, bei der es auf die Rücksicht der anderen Partner angewiesen ist. Die Konsenssuche wird nur dann aufgegeben, wenn nach einer langen Verhandlungszeit ein oder zwei Mitgliedstaaten auf ihrem abweichenden Standpunkt beharren – meist auch, um gegenüber ihrer nationalen Öffentlichkeit als überstimmte Minderheit auftreten zu können.

(Melanie Piepenschneider, Vertragsgrundlagen und Entscheidungsverfahren, in: Informationen zur politischen Bildung Nr. 279: Europäische Union, Bundeszentrale für politische Bildung, Bonn, 2. Quartal 2003, S. 20f.)

Während in den Anfangszeiten der Europäischen Gemeinschaft für alle Entscheidungen **Einstimmigkeit** vorgesehen war, haben die Vertragsänderungen im Maastrichter und Amsterdamer Vertrag diesen Abstimmungsmodus immer weiter eingegrenzt und die Politikbereiche, in denen Mehrheitsbeschlüsse möglich sind, ausgeweitet. Bei vielen besonders heiklen Themen wie der Angleichung von Steuersätzen oder der Änderung der Eigenmittel der EU gilt aber auch heute noch das Prinzip der Einstimmigkeit.

Für den Erhalt dieses Prinzips setzen sich, zum Leidwesen ‚überzeugter Europäer', im Grunde alle nationalen Regierungen ein. Die Idee, alle Einstimmigkeitsbeschlüsse durch Mehrheitsbeschlüsse zu ersetzen, ist für viele Politiker in den Mitgliedstaaten unvorstellbar. Sie möchten bei Fragen von großem nationalem Interesse einfach nicht riskieren, überstimmt werden zu können. Dies wäre eine offensichtliche Niederlage, die die nationale Regierung innenpolitisch in Schwierigkeiten bringen und das Verständnis der eigenen Souveränität stark verändern könnte.

(http://www.europa-digital.de/dschungelbuch/top3/ministerrat/abstimmungsverfahren.shtml; Verf.: Axel Heyer)

Einstimmigkeit bedeutet: Kein Staat kann überstimmt werden, aber jeder Staat kann Entschlüsse blockieren, die alle anderen Staaten für notwendig halten. Mehrheitsbeschlüsse bedeuten, dass Staaten, die einem Beschluss nicht zugestimmt haben, trotzdem gezwungen sind, ihn als Recht anzuerkennen und zu befolgen. Die Frage, wann mit Mehrheit und wann einstimmig beschlossen werden muss, ist also von großer Bedeutung.

(Europa 2002 – Die Europäische Union und die Währungsunion, hg. v. Presse- und Informationsamt der Bundesregierung, Omnia, Köln 2000, S. 44: Verf.: Claus D. Grupp)

Abb. 2 **(Zur Zahl der Sitze im Parlament s. Anm. zu Abb. 2, S. 72)**

EU der 27

Stimmen und Sitze

nach dem Vertrag von Nizza

EU-Mitgliedstaaten	Bevölkerung in Mio	Stimmen im Ministerrat	Sitze im Europaparlament
Deutschland	82,3	29	99
Frankreich	63,4	29	78
Großbritannien	60,8	29	78
Italien	59,1	29	78
Spanien	44,5	27	54
Polen	38,1	27	54
Rumänien	21,6	14	35
Niederlande	16,4	13	27
Griechenland	11,2	12	24
Portugal	10,6	12	24
Belgien	10,6	12	24
Tschechien	10,3	12	24
Ungarn	10,1	12	24
Schweden	9,1	10	19
Österreich	8,3	10	18
Bulgarien	7,7	10	18
Dänemark	5,4	7	14
Slowakei	5,4	7	14
Finnland	5,3	7	14
Irland	4,3	7	13
Litauen	3,4	7	13
Lettland	2,3	4	9
Slowenien	2,0	4	7
Estland	1,3	4	6
Zypern	0,8	4	6
Luxemburg	0,5	4	6
Malta	0,4	3	5

Stimmen im Ministerrat: bei Entscheidungen, die eine qualifizierte Mehrheit erfordern (255 von insg. 345 Stimmen)

Sitze im Europäischen Parlament: Übergangsregelung 2007-2009 (insg. 785 Sitze)

Bevölkerung: Stand 2007

ZAHLENBILDER 714 112

Abb. 3

(Wolfgang Wessels, Das politische System der Europäischen Union, VS Verlag für Sozialwissenschaften, Wiesbaden 2008, S. 192)

- Die Mehrzahl der Beschlüsse wird im Rat mit qualifizierter Mehrheit gefasst. Dabei werden die Stimmen der Mitglieder in besonderer Weise gewichtet, so wie es im Vertrag von Nizza (2000) festgelegt wurde. Um einen Beschluss zu fassen, ist 1. eine Stimmenmehrheit von 74% erforderlich, das heißt 255 von 345 Stimmen (vgl. Abb. 2), sowie 2. die einfache Mehrheit der Mitgliedstaaten. Außerdem kann ein Mitglied des Rates beantragen, bei einem Beschluss des Rats, der mit qualifizierter Mehrheit getroffen wurde, zu überprüfen, ob diese qualifizierte Mehrheit auch mindestens 62% der Gesamtbevölkerung der EU repräsentiert. Wird diese Bedingung nicht erfüllt, ist der betroffene Beschluss ungültig.
- Im Lissabonner Vertrag wird die Zahl der politischen Themengebiete, bei denen der Rat weiterhin einstimmig entscheiden muss, auf 92 festgelegt. Die Zahl der Sachgebiete mit erforderlicher qualifizierter Mehrheitsentscheidung stieg von 137 auf 181. Einstimmig sein *müssen demnach* alle Beschlüsse in der Außen, Sicherheits- und Verteidigungspolitik, zur Festlegung eines mehrjährigen Finanzierungsrahmens, Steuerharmonisierung, Diskriminierungsbekämpfung, [...] zahlreiche Entscheidungen zur Umweltpolitik, zu bestimmten Aspekten der Handelspolitik, der straf- und familienrechtlichen Zusammenarbeit. [...]
- Um ein einfacheres, transparentes und aus Sicht der größeren Staaten gerechteres Abstimmungsverfahren im Rat zu gewährleisten, [wird durch den Vertrag von Lissabon das System der qualifizierten Mehrheit **ab 2014** durch das einer **„doppelten Mehrheit"** ersetzt. Die bisher auf alle Länder aufgeteilten 345 Stimmen werden abgeschafft. Für einen gültigen Beschluss ist dann eine Mehrheit von 55% der Mitgliedstaaten (also 15) erforderlich, die gleichzeitig 65 % der EU-Bevölkerung ausmachen].

(Martin Große Hüttmann/Hans-Georg Wehling, Das Europalexikon, Verlag J. H. W. Dietz Nachf., Bonn 2009, S. 240 f.)

1 Beschreiben Sie die Zusammensetzung des „Rates der Europäischen Union" (bzw. seiner neun Varianten) als des „zentralen Entscheidungsorgans" der EU, seine „Zwitterrolle" und den sich daraus ergebenden Zwang zur Konsensfindung (vgl. Karikatur).

2 In M 37 (Kasten S. 75 o.) heißt es, dass in der Form des Rats „die Exekutive in die Rolle der Legislative geschlüpft" sei. Erläutern Sie diesen Hinweis und bedenken Sie dabei auch,
- inwieweit die Rolle des Rats als Legislative durch die Befugnisse des Parlaments eingeschränkt ist (vgl. M 36) und
- inwiefern auch der Rat – allerdings nur indirekt (vgl. Schema in M 39, S. 78) durch die nationalen Wahlen – „demokratisch legitimiert" ist.

3 Machen Sie sich klar, was der Unterschied zwischen dem Mehrheits- und dem Einstimmigkeitsprinzip bei den Entscheidungen des Rats bedeutet (Z. 44 ff.). Warum bedauern „überzeugte Europäer“, dass in wichtigen Fragen am Einstimmigkeitsprinzip festgehalten wird? Aus welchen Gründen ist die vollständige Aufgabe dieses Prinzips für viele Politiker unvorstellbar? Wie beurteilen Sie selbst diese Frage?

4 Analysieren Sie die als kompliziert geltende „Nizza-Regelung“ (Z. 60 ff.), durch die sich insbesondere Deutschland benachteiligt fühlt, und berechnen Sie nach, ob aufgrund der drei Entscheidungskriterien von Nizza (qualifizierte Mehrheit der Stimmen, Mehrheit der Staaten, 62 %-Mehrheit der Bevölkerung) folgende Konstellationen eintreten können:
Für einen Beschluss reichen nicht aus die Stimmen
- der 10 größten Mitgliedstaaten, die fast 88 % der EU-Bevölkerung repräsentieren,
- der 15 Staaten der bisherigen EU (vor der Ost-Erweiterung);
- der 22 mittleren und kleinen Mitgliedstaaten, wenn drei der vier größten Staaten nicht zustimmen.

Für die Verhinderung eines Beschlusses („Sperrminorität“) reicht also aus:
- ein „Nein“ der 14 kleinsten Mitgliedstaaten, die zusammen ca. 12,9 % der gesamten EU-Bevölkerung ausmachen;
- ein „Nein“ von drei der vier größten Mitgliedstaaten (bei Beschlussfassung auf Antrag).

5 Erklären Sie, inwiefern die neue Regelung der „doppelten Mehrheit“ insbesondere von den größeren Staaten für „einfacher, transparenter [durchschaubarer] und gerechter“ gehalten wird (Z. 91 ff.).

6 Wo liegen letztlich die Ursachen dafür, dass die Abstimmungsregeln im Ministerrat sehr kompliziert und immer wieder umstritten sind?

M 38 „Außerhalb“ und „oberhalb“: der Europäische Rat der Staats- und Regierungschefs

„Gipfeltreffen“ des Europäischen Rates am 19.11.2009 in Brüssel

Keine andere Institution prägte und prägt die europäische Konstruktion insgesamt so nachhaltig wie dieses rechtlich und wissenschaftlich schwer fassbare Gremium der Staats- und Regierungschefs der Mitgliedstaaten der Europäischen Union. [...]

Der Europäische Rat ist im rechtlichen Sinne kein Organ der EG. Gestützt auf eine Regierungsvereinbarung der Gipfelkonferenz von Paris 1974 wurde er erstmals 1987 in einem rechtlich verbindlichen Text erwähnt. Der Vertrag von Maastricht (1993) siedelte dieses Gremium im Abschnitt der „Gemeinsamen Bestimmungen“ des EU-Vertrags an: Nach dieser Gründungsformel setzt es sich zusammen aus den Staats- und Regierungschefs und dem Kommissionspräsidenten, unterstützt durch die Außenminister der Mitgliedstaaten sowie ein Kommissionsmitglied.

Herman van Rompuy, EU-Ratspräsident 2009 – 2012

Während bisher der Ratsvorsitz jeweils für sechs Monate turnusmäßig von einem Mitgliedsland wahrgenommen wurde, wählt der Rat nach dem Vertrag von Lissabon für jeweils zweieinhalb Jahre einen hauptamtlichen Präsidenten (für die erste Amtszeit ab Dezember 2009 ist es der bisherige belgische Ministerpräsident Herman van Rompuy).

(Autorentext)

Nach dem Vertrag von Nizza (Art. 4 EUV) gibt der ER der Union *die für ihre Entwicklung erforderlichen Impulse und legt die allgemeinen politischen Zielvorstellungen dafür fest.* Dies gilt auch für die Festlegung der Grundsätze und allgemeinen Leitlinien der Gemeinsamen Außen- und Sicherheitspolitik (Art. 13 EUV), und zwar auch bei Fragen mit verteidigungspolitischen Bezügen. Dem ER kommt somit eine Richtlinienkompetenz in wichtigen europapolitischen Fragen zu. Um diese auszufüllen, tritt er mindestens zweimal im Jahr unter dem Vorsitz des Mitgliedstaates zusammen, der zu diesem Zeitpunkt die Präsidentschaft im Rat innehat. [...]

Zwar ist mit dem ER ein „Superorgan" geschaffen worden, das gegenüber den Fachministerräten eine herausgehobene Position besitzt, dies hat sich bei der Lösung schwieriger Gemeinschaftsprobleme jedoch häufig als hilfreich erwiesen. Durch Themenbündelung und politische Kompromissfindung ist dem ER oftmals ein Durchbruch gelungen, wenn auf der Ebene der Fachministerräte in bestimmten Sachfragen keine Einigung erzielt werden konnte. Vom ER sind für die Gemeinschaftsentwicklung entscheidende Impulse ausgegangen. Bei allen politisch bedeutsamen Vorhaben der EU gingen die Anstöße vom Europäischen Rat aus: von der ersten Direktwahl des EP, dem Europäischen Währungssystem, der GASP bis hin zu den EU-Erweiterungsrunden. Auch bei der EU-Finanzausstattung nimmt der ER eine dominante Rolle ein. Durch seine *Medienwirksamkeit* hat er es sehr viel stärker als etwa die Fachministerräte vermocht, das Interesse der europäischen Öffentlichkeit auf sich zu ziehen.

(Wolfgang W. Mickel/Jan M. Bergmann, Handlexikon der Europäischen Union, Omnia Verlag, Stuttgart, 3. Aufl. 2005, S. 680, 682)

Die „Gipfeltreffen" der europäischen Staatschefs (Länder mit präsidentieller Demokratie) und Regierungschefs (Länder mit parlamentarischer Demokratie) stehen im Mittelpunkt der Berichterstattung von Presse, Rundfunk und Medien (s. Foto S. 77). Beschreiben Sie die Stellung des „Europäischen Rates" im Gesamtgefüge des EU-Systems und seine Kompetenzen. Stellen Sie fest, welche Themen bei der letzten Ratssitzung behandelt und welche Entscheidungen getroffen wurden.

M 39 Wie in der EU die „Gesetze" zustande kommen

Das Gesetzgebungsverfahren verläuft auch in der Bundesrepublik nicht unkompliziert, insbesondere bei Gesetzen, denen der Bundesrat zustimmen muss (s. M 21 b). Da die EU kein Staat ist, ihre Institutionen sich nur schwer mit denen eines nationalen demokratischen Staates vergleichen lassen und daher das Verfahren der Rechtssetzung in der EU eigens geschaffen werden musste, ist es kein Wunder, dass es den Eindruck von Kompliziertheit und Unübersichtlichkeit erzeugt, zumal es – je nach dem Grad der Beteiligung des Europäischen Parlaments – verschiedene Verfahren gibt.

In den Gemeinschaftspolitiken (s. M 33 a/b) verfügt die Europäische Kommission über das alleinige *Initiativrecht* für Rechtsakte: Nur sie ist nach den Verträgen befugt, einen Vorschlag auszuarbeiten und damit das Rechtsetzungsverfahren in Gang zu setzen. Anders als auf nationaler Ebene hat das Europäische Parlament kein Initiativrecht, und: Das EP teilt sich das Recht der gesetzgebenden Gewalt (Legislative) mit dem Rat der EU. Diese auf EU-Bühne verschwimmenden Rollen von Legislative und Exekutive gehören zu den gravierendsten Mängeln des EU-Systems. Deshalb ist es auch nicht passend, von Gesetzen und Gesetzgebungsverfahren zu sprechen, sondern von *Rechtsakten* und *Rechtsetzungsverfahren*. Je nach Materie wählt die Kommission die Art des Rechtsakts, den sie für erforderlich hält. Die beiden bedeutendsten in der ersten Säule sind Verordnungen und Richtlinien.

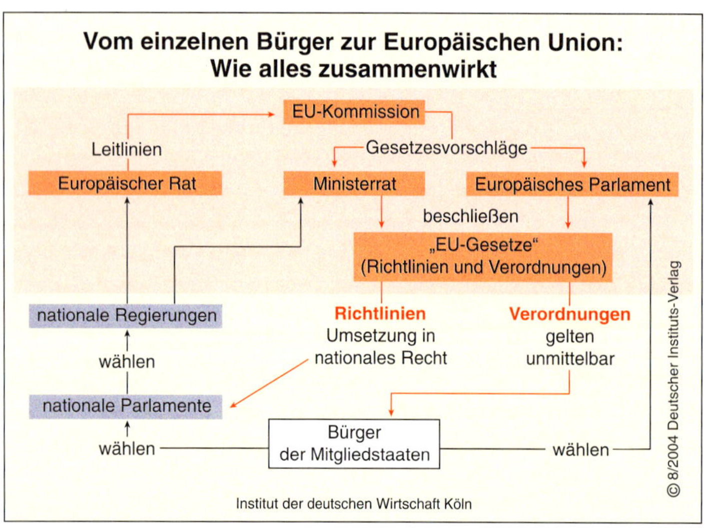

(Wirtschaft und Unterricht – Informationen aus dem Institut der deutschen Wirtschaft Köln für Pädagogen, Nr. 8/2004 © Deutscher Instituts-Verlag, Köln)

Verordnungen bewirken, dass das Recht in den Mitgliedstaaten vereinheitlicht wird. Sie sind in allen ihren Teilen verbindlich und unmittelbar in jedem Mitgliedstaat ab dem von ihnen genannten Tag *gültig* – wichtig: *In Kraft* treten sie meist bereits kurz nach ihrem Erlass beziehungsweise der Veröffentlichung im Amtsblatt der Europäischen Union. Die Umsetzung in innerstaatliches Recht ist nicht erforderlich, denn Verordnungen schaffen Recht, das in allen Mitgliedstaaten der EU wie ein nationales Gesetz gilt, ohne jedoch dass die Regierungen oder Parlamente tätig werden müssen – bei diesem Rechtsakt kommt der überstaatliche Charakter der Gemeinschaften am deutlichsten zum Ausdruck.

Richtlinien bewirken, dass das Recht in den Mitgliedstaaten angeglichen wird. Sie sind nur bezüglich der von ihnen genannten Ziele für jeden Mitgliedstaat verbindlich und bis zu einer bestimmten Frist in nationales Recht umzusetzen. Mit welchen Mitteln die Staaten diese Ziele erreichen und welche Form von Vorschriften sie dafür wählen, bleibt ihnen überlassen.
Des Weiteren gibt es *Entscheidungen*, die einzelne Fälle behandeln und für diejenigen verbindlich sind, an die sie sich richten (Staaten, Unternehmen), sowie nicht verbindliche *Empfehlungen* und *Stellungnahmen*, die Kommission und Rat der EU im einfachen Verfahren beschließen: Sie durchlaufen nicht das langwierige Rechtsetzungsverfahren. Jeder Rechtsakt muss auf einem Artikel in einem der Gemeinschaftsverträge beruhen. Die Verträge bestimmen ebenfalls, welches Verfahren der Rechtsetzung anzuwenden ist – somit den Einfluss des Europäischen Parlaments.
Gleichstarke Partner sind Europäisches Parlament und Rat der EU nur beim *Verfahren der Mitentscheidung*, das der Vertrag von Maastricht eingeführt hat; inzwischen ist es das Regelverfahren bei den Gemeinschaftspolitiken. In diesen Fällen kann ein Rechtsakt nur erlassen werden, wenn das EP ihm zugestimmt hat (siehe Grafik).

(Marc Fritzler/Günther Unser, Die Europäische Union, Bundeszentrale für politische Bildung, Bonn 2007, S. 72 f.)

1 Stellen Sie heraus, welche Institutionen auf europäischer Ebene am Entscheidungsverfahren zur Gesetzgebung beteiligt sind und inwiefern man hier von „verschwimmenden Rollen von Legislative und Exekutive" sprechen kann (M 39; Näheres zu dieser Kritik s. M 41).

2 Beschreiben Sie den Unterschied zwischen den beiden Hauptarten von „Gesetzen", die von der EU erlassen werden. Vergleichen Sie dazu auch die Darstellung in der grafischen Übersicht (M 39; der verfahrensmäßige Ablauf wird in M 40 a/b näher beschrieben).

M 40 a Das Mitentscheidungsverfahren

Das Mitentscheidungsverfahren (Art. 251 EGV) ist das wichtigste Rechtssetzungsverfahren in der Europäischen Union. Die von der Kommission vorgeschlagenen Gesetze werden vom Europäischen Parlament und vom Ministerrat gemeinsam angenommen. Der Prozess kann bis zu drei Lesungen umfassen und verläuft über folgende Schritte:
Initiative: Der Kommissionsvorschlag für ein Gesetz (Richtlinie oder Verordnung) wird dem Parlament und dem Rat zugestellt.
Erste Lesung: Im Parlament kommt der Text in den zuständigen Ausschuss, der darüber berät und Änderungen vorschlägt, wenn der Kommissionsentwurf nicht den Vorstellungen des Parlaments entspricht. Abschließend stimmt das Plenum über den Text ab. Die Entscheidung des EP wird dem Ministerrat übermittelt. Das Gesetz ist erlassen, wenn der Rat in seiner ersten Lesung sämtliche Änderungswünsche des Parlaments mit qualifizierter Mehrheit billigt oder wenn das Parlament keine Änderungen vorgeschlagen hat und der Rat dem Entwurf der Kommission ebenfalls zustimmt. Sind die Minister im Rat aber anderer Meinung als die Kommission oder das EP, fassen sie ihre Änderungsvorschläge im „gemeinsamen Standpunkt" der Regierungen zusammen und nennen die Gründe für jede gewünschte Änderung. Der „gemeinsame Standpunkt" wird dem Parlament zur zweiten Lesung zugestellt.
Zweite Lesung: Das Parlament hat drei Möglichkeiten: Wenn das Europäische

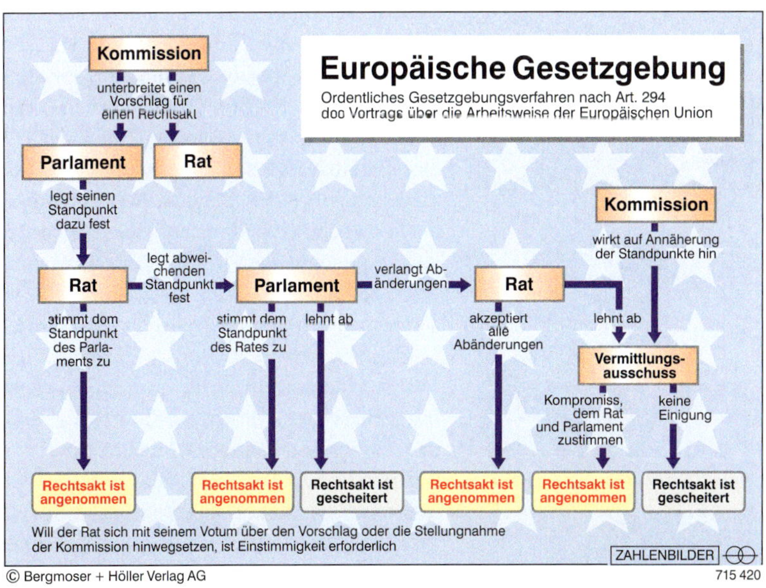

Parlament den „gemeinsamen Standpunkt“ des Rats billigt, ist das Gesetz damit erlassen. Wenn das Parlament den „gemeinsamen Standpunkt“ mit der absoluten Mehrheit seiner Mitglieder ablehnt, ist das Gesetz gescheitert. Dritte Möglichkeit: Das Parlament ändert den „gemeinsamen Standpunkt“ mit absoluter Mehrheit erneut ab. Die Kommission gibt ihre Stellungnahme zu den Änderungsvorschlägen des EP ab. Billigen die Minister mit qualifizierter Mehrheit (s. M 37) den Gesetzentwurf in der Fassung des Parlaments, ist das Gesetz erlassen. Wenn die Kommission die Abänderungen des Parlaments abgelehnt hat, muss der Rat einstimmig entscheiden, um das Gesetz in Kraft zu setzen. Lehnt der Rat die Änderungen des Parlaments ab, muss ein Vermittlungsausschuss einberufen werden.

Vermittlungsausschuss: Der Ausschuss besteht je zur Hälfte aus Vertretern des Rates und des Parlaments. Auf der Grundlage des vom Parlament geänderten Textes versucht er, binnen sechs Wochen einen „gemeinsamen Entwurf“ zu finden. Gelingt die Einigung nicht, ist der Gesetzesvorschlag gescheitert.

Dritte Lesung: Gibt es eine Einigung im Vermittlungsausschuss, so müssen ihr Parlament und Rat in dritter Lesung zustimmen, das Parlament mit absoluter Mehrheit, der Rat mit qualifizierter Mehrheit. Das Gesetz ist gescheitert, wenn eines der beiden Organe den gemeinsamen Entwurf ablehnt.

(www.europarl.de/view/de/parlament/Arbeitsweise/Gesetzgebungsverfahren/Mitentscheidungsverfahren.html)

M 40 b Beispiel: Wie die „Altauto-Richtlinie“ zustande kam

Im November 1996 forderte das Europäische Parlament die Europäische Kommission auf, einen *Vorschlag* für eine *Richtlinie* zur Wiederverwertung von Schrottautos (Altautos) zu machen, um die Umweltverschmutzung einzudämmen. Die **Kommission** nimmt die Aufforderung an und unterbreitet im November 1997 einen Richtlinien-**Vorschlag**, der u. a. vorsieht, dass ab 2000 alle Autos an Verwertungsanlagen (Schrottplätze) abgegeben werden müssen. Die Kosten dafür sollen die Hersteller der Autos und nicht die letzten Besitzer übernehmen. Diesen Vorschlag leitet die Kommission an das Parlament und an den Ministerrat weiter. Das **Parlament** verlangt im Februar 1999 einige kleinere Änderungen an dem Vorschlag, die es dem **Ministerrat** mitteilt. Der Ministerrat wiederum nimmt im Juli 1999 ebenfalls Änderungen an dem Vorschlag vor: Erst ab 2006 sollen die Besitzer der Altautos ihre Fahrzeuge kostenlos zurückgeben können, und die Autohersteller sollen die Kosten dafür übernehmen. Der *geänderte Vorschlag* für die Richtlinie wird dem Parlament mitgeteilt. Das Parlament stimmt den Änderungen zwar grundsätzlich zu, möchte aber zusätzlich eine Regelung aufnehmen, die ab 2005 ein Verbot von Schwermetallen (Quecksilber, Blei usw.) als Bestandteile von Autos vorsieht. Da also keine vollständige Übereinstimmung zwischen Parlament und Ministerrat besteht, wird nun der **Vermittlungsausschuss**, bestehend aus Mitgliedern des Parlaments und des Ministerrates, vom Ministerrat beauftragt, eine Einigung zwischen beiden zu erzielen. Der **Kompromiss** des Vermittlungsausschusses sieht u. a. folgende Regelungen vor: Alle Autos, die ab 2002 neu ge-

Abb. 1

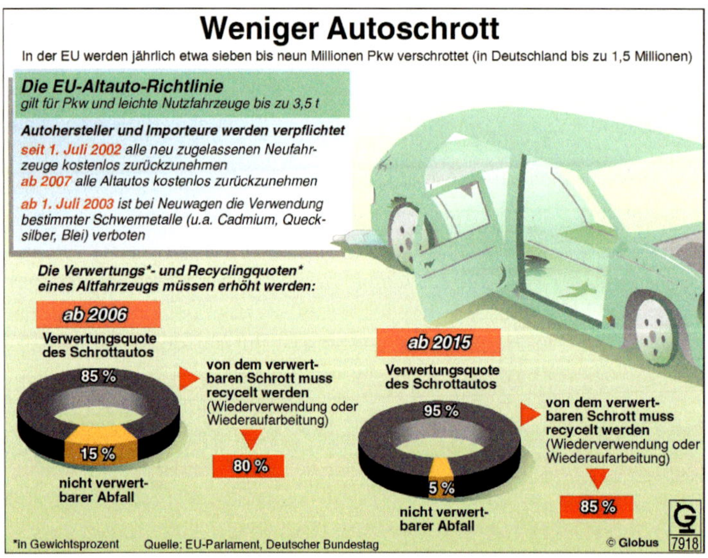

Abb. 2

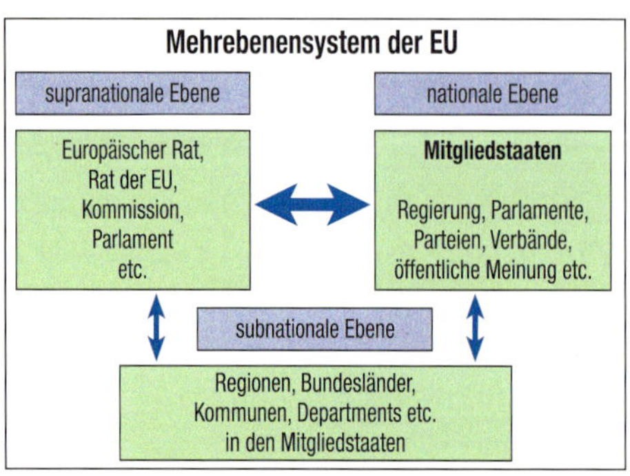

kauft werden, müssen von den Autoherstellern zur Wiederverwertung zurückgenommen werden. Ab 2007 müssen auch die Autos zurückgenommen werden, die vor 2002 verkauft wurden. Die Besitzer der Schrottautos können an den Kosten der Verwertung beteiligt werden. Ab 2003 darf in keinem neuen Auto Quecksilber, Blei, Cadmium u.a. verbaut werden. Diesem Kompromissvorschlag wird vom Parlament und vom Ministerrat zugestimmt. Beide Einrichtungen unterzeichnen im Oktober 2000 die Richtlinie, die damit gültig ist. Nun muss sie noch in jedem Mitgliedstaat der Europäischen Union in ein eigenes Gesetz umgesetzt werden. Dies muss bis zum 21.4.2002 geschehen. (Gisela Ruprecht, in: Wochenschau Sek. I, Januar/Februar 2002, S. 29f.)

Ende Dezember 2001 beschließt das deutsche Bundeskabinett eine Gesetzesvorlage, die am 26.4.2002 vom **Deutschen Bundestag** angenommen wird. Die Zustimmung des **Bundesrats** (der Vertretung der Bundesländer) erfolgt am 31.5.2002. Das Gesetz zur Entsorgung der Altfahrzeuge tritt am 1.7.2002 in Kraft. (Autorentext)

1 Vollziehen Sie anhand des Schemas und mithilfe des Textes den Ablauf des Mitentscheidungsverfahrens nach (M 40 a). Falls Sie sich mit dem Gesetzgebungsprozess in Deutschland (M 37) schon befasst haben, können Sie sicherlich bestimmte Ähnlichkeiten und Unterschiede feststellen und benennen.

2 Analysieren Sie den Ablauf des Gesetzgebungsprozesses zur „Altauto-Richtlinie" (M 40 b) in seinen einzelnen Schritten nach und erstellen Sie aus dem Bericht eine gegliederte stichwortartige Übersicht. Tipp: Bis zum Inkrafttreten der Richtlinie für die Betriebe in Deutschland sind es 7 Stationen.

3 Der Bericht über das Zustandekommen der „Altauto-Richtlinie" macht zugleich deutlich, dass über EU-Politik immer auf mehreren Ebenen entschieden wird („Mehr-Ebenen-Politik"; vgl. Abb. 2). Machen Sie sich diesen wichtigen Gesichtspunkt klar:
- Auf welcher Ebene hat es Meinungsbildungsprozesse gegeben, bevor (und während) auf der EU-Ebene („in Brüssel") Parlament und Ministerrat den Gesetzgebungsprozess durchführen konnten?
- Welche beiden Ebenen waren innerhalb Deutschlands an der Umsetzung der EU-Richtlinie in geltendes Recht beteiligt?

M 41 Leidet die EU unter einem „Demokratiedefizit"?

Eines der in den letzten Jahren meistdiskutierten Problemfelder der Europäischen Union ist zweifelsohne das sog. „demokratische Defizit". [...]
Der problematische Kern des Demokratiedefizits [sind] die starke Stellung des Rats bzw. die Tatsache, dass hier überwiegend Mitglieder der nationalen Exekutive Recht erlassen, sowie die demgegenüber vergleichsweise schwächere Stellung des Europäischen Parlaments. [...]
Je stärker durch die Rechtsetzungstätigkeit des Rates die nationalen Parlamente „entmachtet" werden, desto wichtiger wird es, dass die Unionsbürger stärkeren Einfluss auf den europäischen Rechtsetzungsprozess erhalten. [...] Eine ... Stärkung des Parlaments wird von diesem seit Jahrzehnten lautstark gefordert, von den Staats- und Regierungschefs der Mitgliedstaaten aber nur zögerlich zugestanden. Insbesondere durch die Novellierungen des Mitentscheidungsverfahrens in Art. 251 EGV und die Ausdehnung dieses Verfahrens auf im Wesentlichen alle Politikfelder, die die Unionsbürger direkt betreffen, wurde zuletzt mit den Verträgen von Amsterdam und Nizza ein beachtlicher Schritt in Richtung von mehr „Demokratiedichte" in der EU gemacht. Von einem „gleichstarken" Organ Parlament gegenüber einem „entmachteten" Rat kann aber noch nicht die Rede sein. [...]
Im Hinblick auf die viel kritisierten demokratischen Schwächen der EU ist gewissermaßen zur Verteidigung des Europäischen Integrationsverbunds darauf hinzuweisen, dass sich der Vorwurf des EU-Demokratiedefizits im Vergleich mit ebenfalls vorhandenen Schwächen einzelstaatlicher Strukturen durchaus entkräften lässt. Denn bei näherer Betrachtung lässt sich darlegen, dass alle *vier Elemente demokratischer Verfassungen* – Legitimation*, Kontrolle und Transparenz hoheitlicher Macht, Partizipation der Bürger – im Rahmen der EU doch eigentlich hinreichend verwirklicht sind.
Legitimation: Die Mitglieder des *Rates* gehören als Minister alle demokratisch legitimierten Regierungen an (vgl. Grafik). Das Problem des Rates, dass hier Angehörige der Exekutive legislative

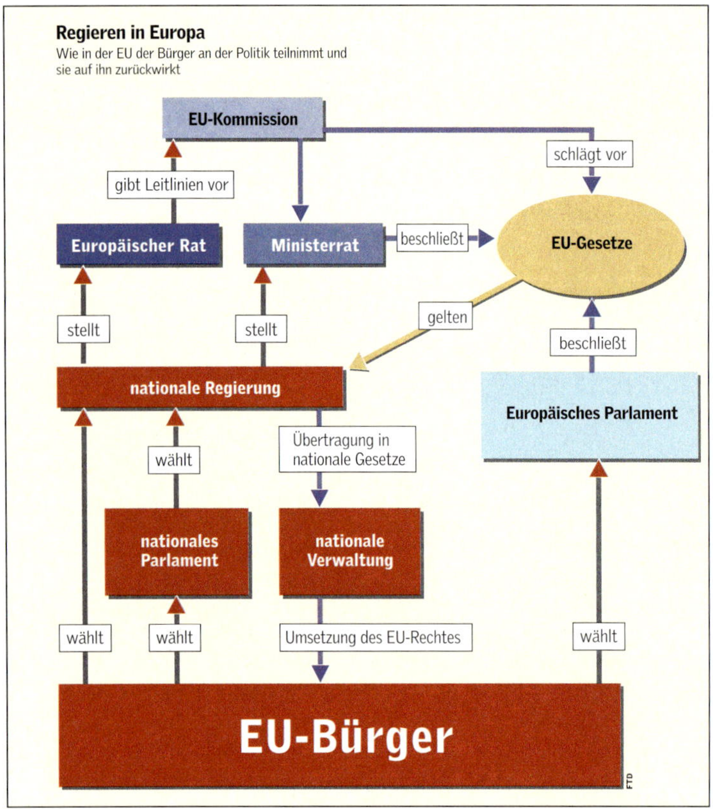

(Financial Times Deutschland v. 16.6.2003, S. 33)

Befugnisse ausüben, ist mithin kein demokratisches im engeren Sinne. [...] Auch in der Bundesrepublik sind über den Bundesrat die Landesregierungen am Gesetzgebungsverfahren beteiligt. Der graduelle Unterschied, dass der Bundesrat nicht Hauptlegislativorgan ist, kann mit dem Unterschied eines Integrationsverbunds zum Bundesstaat (s. M 33 a) gerechtfertigt werden. [...]

Auch die *Kommission* ist aus demokratietheoretischer Sicht hinreichend legitimiert. Die Kommissionsmitglieder kommen nur durch Zustimmung des Europäischen Parlaments zu ihrem Amt [dieser Zusammenhang ist in der Grafik nicht markiert]. Zuvor unterziehen sie sich einem aufwendigen und ins fachliche Detail gehenden Prüfungsverfahren vor Parlamentsausschüssen (s. M 36, letzter Abschnitt). [...] Verglichen mit einem deutschen Bundesminister ist ein Kommissionsmitglied wohl sogar demokratisch mehr legitimiert, zieht man in Erwägung, dass der Deutsche Bundestag auf die Ernennung der Bundesminister rechtlich keinerlei Einflussmöglichkeit hat.

Auch das *Europäische Parlament* selbst ist hinreichend demokratisch legitimiert. Zwar rekrutieren sich seine Mitglieder streng genommen wohl noch nicht aus einem „Staatsvolk", und der Grundsatz der Gleichheit der Wahl ist nicht voll verwirklicht. Gerechtfertigt werden können diese Umstände zum einen wiederum mit dem Hinweis auf die Eigentümlichkeiten eines Integrationsverbundes und zum anderen mit dem völkerrechtlichen Prinzip der Gleichheit der Staaten, die die Grundlage der Union bilden. Kleine Mitgliedstaaten müssen demnach relativ mehr Abgeordnete stellen als die großen, soll gesichert werden, dass die großen Mitgliedstaaten die kleinen nicht majorisieren können. Angesichts der vielfältigen Mitwirkungsrechte, die dem Europäischen Parlament nunmehr – gerade in Bereichen, die den Bürger direkt betreffen – eingeräumt wurden, kann mithin argumentiert werden, dass die europäischen Rechtsakte hinreichend demokratisch entstanden sind.

(Wolfgang W. Mickel/Jan M. Bergmann, Handlexikon der Europäischen Union, Omnia Verlag, Stuttgart, 3. Aufl. 2005, S. 148 f.)

1 Machen Sie auf dem Hintergrund Ihrer Beschäftigung mit den vorangehenden Materialien deutlich, inwiefern die Kritik an einem „Demokratiedefizit" der EU sich vor allem auf die Stellung des Europäischen Parlaments im Vergleich zur Stellung des Ministerrats bezieht.

2 Erläutern Sie im Einzelnen, welche Zusammenhänge und Argumente im Hinblick auf die „demokratischen Schwächen" der EU zu beachten sind (vgl. dazu auch das Schaubild):
- Inwiefern ist auch der Ministerrat – zumindest indirekt – „demokratisch legitimiert"?
- Inwiefern ist auch in der Bundesrepublik Deutschland mit dem Bundesrat ein *exekutives* Organ an der Gesetzgebung maßgeblich beteiligt (vgl. M 21 b)?
- Wie steht es mit der demokratischen Legitimation* der Mitglieder der Europäischen Kommission (der „Minister" der EU) im Vergleich zur Stellung der Minister der deutschen Bundesregierung?
- Welche Gesichtspunkte sind bei den Wahlen zum Europäischen Parlament zu beachten, bei denen ja (vgl. M 36) nicht jede Stimme das gleiche Gewicht im Hinblick auf die Verteilung der Parlamentssitze hat?

3 Nehmen Sie aus Ihrer Sicht zum Problem des „Demokratiedefizits" der EU Stellung.

B Individuum und Gesellschaft – soziales Handeln in Gruppen und Institutionen

I Wie sind wir geworden, was wir sind? – Sozialisation und Rollenhandeln

Zur Orientierung

Nach der Betrachtung der politischen Strukturen (Teil A) geht es in diesem Teil (B) unseres Arbeitsbuches um die grundlegende Frage, welche Bedeutung für unsere persönliche („individuelle") Entwicklung die Tatsache hat, dass wir von Beginn unseres Lebens an mit anderen Menschen zusammenleben. Der Name der Wissenschaft, die sich mit dieser Frage beschäftigt, weist eben darauf hin: Der Begriff „Soziologie" ist gebildet aus dem lateinischen Wort „socius" (Gefährte, Mitmensch) und dem griechischen Wort „logos" (Wort, Rede, Wissenschaft). Der „soziale" Aspekt des menschlichen Lebens bezieht sich also auf unser Zusammenleben mit anderen Menschen schlechthin, auf den Bereich der „Gesellschaft" (abgeleitet von dem Wort „Geselle").
*Ausgehend von der Tatsache, dass jeder von uns zugleich ein **„Individuum"** (eine unverwechselbare, „unteilbare" Person) und ein Mitglied der **Gesellschaft** ist, in der wir alle leben, soll im **ersten Kapitel** (I) die Frage untersucht werden, wie sich dieser doppelte Prozess (der Persönlichkeitsentwicklung und der „Vergesellschaftung") vollzieht. Der Schwerpunkt soll dabei auf dem Einfluss der Gesellschaft, dem Prozess der „Sozialisation*", liegen. Welche Rolle für unser „soziales Handeln" spielen Vorstellungen von dem, was wünschenswert und „richtig" ist, den „Werten" und „Normen", die sich herausgebildet haben? (**I 1.**) Welche Einstellungen und Fähigkeiten vermitteln uns Institutionen wie Familie und Schule, die für unsere „Sozialisation" hauptverantwortlich sind („Sozialisationsinstanzen")? (**I 2.**) Engen uns die Erwartungen, die die „Gesellschaft" an unser Verhalten richtet („Rollenerwartungen"), zu sehr ein oder tragen sie zur Persönlichkeitsentwicklung bei? (**I 3.** und **I 4.**)? Das **zweite Kapitel** (**II** „Wie Gruppen uns verändern") untersucht in zwei Abschnitten etwas genauer den Einfluss sozialer Gruppen auf unser Verhalten und unsere Entwicklung. Welche Arten solcher Gruppen mit ihren je spezifischen Strukturen und Einflussmöglichkeiten lassen sich unterscheiden? (**II 1.**) Welche oft unsichtbaren, aber wirkungsvollen Prozesse laufen darin ab? (**II 2.**)*

1. Soziales Handeln und soziale Normen

M 1 „Ich will machen, was ich will" – Jugendliche vor der Zukunft

Ihr seid im Sommer alle mit der Schule fertig. Wie sehen eure Pläne aus?

ROBERTO: Man muss flexibel bleiben. Aussuchen kann man sich heute nichts mehr.
LAURA G.: Das sehe ich eigentlich nicht so, aber bis ich mit meiner Ausbildung fertig bin, hat sich die Situation doch noch dreimal verändert. Ich will machen, was ich will.
PETER: Wenn man gut ist, kriegt man immer was.
ULRICH: Wenn man sich bewirbt und nur Absagen kommen, muss man sich überlegen, ob man lieber auf der Straße sitzt oder doch das nimmt, was eben kommt.
PETER: Jobsuche ist Einstellungssache. Und wenn man in unsrem Alter schon so anfängt ...
ULRICH: Man kann doch deshalb nicht blauäugig loslaufen und sagen, ich mache nur das, was ich will. Das geht nicht.
MARLEEN: Aber man soll es wenigstens versuchen.
KERSTIN: Ich will zum Beispiel Kunst studieren. Da sieht es eh nicht sehr rosig aus. Aber deshalb will ich doch jetzt nicht gleich Hotelkauffrau werden.

Laura G.: Mich schreckt die Joblage auch nicht ab, Ethnologie zu studieren. Keiner weiß doch, wie es in fünf oder zehn Jahren aussieht.

Macht ihr euch Sorgen um die Zukunft?

Ulrich: Na ja, Sorgen vielleicht direkt nicht. Aber man hat schon im Hinterkopf, dass auch was schiefgehen kann.
Kerstin: Ich mache mir manchmal Sorgen, dass ich erst mein praktisches Jahr mache und dann keinen Studienplatz bekomme. Man wird ja auch nicht jünger. Nach dem Studium bin ich 25. Das ist schon ganz schön alt. Einerseits will man dann noch ein paar Jahre arbeiten. Andererseits will ich auch nicht erst mit 27 Jahren eine Familie gründen.
Peter: Aber 27 ist doch nicht alt.
Kerstin: Na ja, früher dachte ich immer: mit 20 ein Kind, das ist doch toll. Das sehe ich heute schon anders. Aber wenn man selber jünger ist, gibt es auch weniger Generationenkonflikte. [...]

Was ist euch für eure Zukunft wichtig?

Laura G.: Ich will mit mir und meiner Arbeit glücklich sein. Und andere glücklich machen. Geld ist nicht so wichtig.
Marleen: Ich möchte in zehn Jahren einen schönen Lebensstandard erreicht haben. Einen angenehmen, sicheren Job, ein paar süße Kinder und einen Mann.
Kerstin: Ich wünsche mir, dass ich später noch immer sagen kann: Mir macht mein Leben Spaß. Finanziell muss nicht alles perfekt sein. Das ist heute schwierig.
Ulrich: Mir ist es wichtig, in meinem Beruf etwas zu erreichen und mich weiterentwickeln zu können. Bloß nicht stecken bleiben, und dann läuft alles im Einheitstrott. Ich möchte immer zurückblicken können und sagen: Mensch, das war wirklich abwechslungsreich.
Peter: Ich will auf jeden Fall Karriere machen.
Kerstin: Warum denn das?
Peter: Ich will etwas schaffen im Leben. Nicht ständig nur beim gleichen Unternehmen arbeiten, auch mal nach Amerika oder Japan gehen.
Laura G.: Dir geht es aber wirklich eher um materielle Dinge.
Peter: Nee, das Materielle hängt da zwar dran. Aber mir geht es darum, nicht ein Leben lang bei demselben Unternehmen zu arbeiten und dann nicht weiterzukommen.
Ulrich: Das Leben soll ja auch abwechslungsreich sein. Mir geht's nicht nur ums Geld. Aber ich will sagen können: Das ist von mir. Ich möchte später auf etwas stolz sein können.
Marleen: Auch wenn's mit der Familie dabei dann nicht so klappt?
Ulrich: Wäre natürlich schön, wenn das auch funktioniert.
Peter: Das hängt auch von meiner späteren Frau ab. Wenn sie genauso Karriere machen will, ist das mit der Familie vielleicht nicht so einfach. Aber wenn sie glücklich ist, sich um die Kinder zu kümmern ...
Ulrich: Nur ist man mit einer Familie nicht mehr so flexibel.
Peter: Wieso? Dem Kind ist es doch egal, ob es in Amerika oder in Deutschland groß wird.
Ulrich: Nur, wenn es in die Schule kommt, sollte man einen festen Platz in der Welt haben.
(Wirtschaftswoche, Sonderheft Beruf und Studium 1/2000, S. 6 ff.; Verf: Brigitte v. Haacke)

1 Versuchen Sie aus den Interview-Äußerungen für jede/jeden der sieben Schülerinnen und Schüler zusammenzustellen, welche spezifischen Erwartungen, Vorstellungen und Einstellungen er/sie im Hinblick auf die zukünftige Gestaltung der Lebens- und Arbeitswelt (bzw. das Studium) hat. Lassen sich Unterschiede, auch in der Einschätzung der Lebensverhältnisse, feststellen?

2 Untersuchen Sie, inwieweit sich die unterschiedlichen Einstellungen der Schülerinnen und Schüler bestimmten allgemeinen Orientierungsmustern zuordnen lassen (z. B. Flexibilität, Leistungsorientierung, Anpassungsbereitschaft, Selbstverwirklichung, Erfolgsorientierung).

Wir wollen das Interview-Gespräch der Schülerinnen und Schüler zum Anlass nehmen, darüber nachzudenken, wie es kommt, dass Jugendliche (Menschen überhaupt) so unterschiedlich in ihren Einstellungen, Auffassungen und Bewertungen sind, wie Sie das selbst alle aus Erfahrung kennen und wie sich das auch in diesem Gespräch zeigt. Wir gehen dieser Frage im Folgenden in zwei Schritten (M 2 – M 5 und M 6 – M 7) etwas ausführlicher und systematischer nach. Es ist eine der zentralen Fragen der Soziologie als der Wissenschaft von der gesellschaftlichen Bedingtheit des menschlichen Lebens.

M 2 Der Mensch – gesellschaftliches Wesen oder Individuum: die falsche Alternative

Der erste Autor behauptet:
Die Gesellschaft, d.h. die Umwelt des Individuums bestimmt das individuelle Verhalten und entwickelt sich selbst nach über-individuellen Gesetzen. Alles individuelle Verhalten ist erklärbar durch Bewegungsgesetze oder Funktionserfordernisse der Gesellschaft. Die Gesellschaft selbst ist eine stabile handelnde Einheit, die den Menschen „versklavt". Eine Folge ist, dass das Individuum Produkt seiner Umwelt ist und nicht für seine Handlungen verantwortlich gemacht werden kann. [...]
Der zweite Autor behauptet:
Das Individuum ist eine stabile Einheit und der einzige Handlungsträger in einer Gesellschaft. Das Individuum hat die freie Wahl, sich zu entscheiden, und die Individuen insgesamt erschaffen sich die Gesellschaft nach ihren eigenen Wertvorstellungen. Alles gesellschaftliche Verhalten ist restlos auflösbar in individuelle Entscheidungen; gesellschaftliches Verhalten kann man dadurch erklären, dass man die individuellen Handlungen analysiert. Eine Folge ist, dass [...] letzten Endes die gesellschaftliche Umwelt das Produkt individueller Wahlhandlungen ist. [...]
Beide Sichtweisen sind gedankliche Extreme.

(Peter Weise/Wolfgang Brandes/Thomas Eger/Manfred Kraft, Neue Mikroökonomie, Physica-Verlag, Heidelberg, 5. Aufl. 2005, S. 48)

Soziologen wie etwa der Franzose Emile Durkheim (1856 – 1917) oder der Amerikaner James Baldwin (1860 – 1934) [...] betonten, dass die Vorstellungen in unserem Bewusstsein teils auf die konkreten Gegebenheiten unseres Selbst, teils auf die uns umgebende Gesellschaft gerichtet sind. Indem sie darauf hinwiesen, dass der Mensch sowohl eine individuelle als auch eine soziale Seite hat, machten sie klar, dass die scheinbar kontroversen Begriffe *Individuum und Gesellschaft* komplementär zu verstehen sind: Der Mensch stellt einerseits ein kleines Stück Gesellschaft dar, während die Gesellschaft andererseits aus Individuen besteht, die in ihr wirken und sie teils bewahren, teils verändern. So gibt es ebenso wenig ein Individuum ohne Gesellschaft wie eine Gesellschaft ohne Individuen.
Diese Betrachtungsweise hat sich auch in der modernen Soziologie weitgehend durchgesetzt, wobei das Forschungsinteresse natürlich primär den *sozialen* Einflüssen gilt, denen ein Individuum ausgesetzt ist und die es mit vielen anderen teilt.
[...] Während der *Philosoph* nach dem Wesen des Menschen fragt, der *Theologe* den Menschen im Zusammenhang mit einem letzten Prinzip (Gott) zu verstehen sucht oder der *Psychologe* sich auf die Bewusstseinsstrukturen des Menschen konzentriert, interessiert sich der *Soziologe* für das Zwischenmenschliche, für das soziale Beziehungsgefüge und wechselseitige Orientierungsmuster, das ganz verschiedene Individuen ziel- und zweckgerichtet miteinander handeln lässt.

(Hans Peter Henecka, Grundkurs Soziologie, UVK Verlagsgesellschaft, Konstanz, 9. Aufl. 2009, S. 70 f.)

1. Fassen Sie mit eigenen Worten die beiden „extremen" Positionen zusammen, die in M 2 (Z. 1 – 20) im Hinblick auf das Verhältnis zwischen Individuum und Gesellschaft formuliert werden, und nehmen Sie aus Ihrer Sicht dazu Stellung.

2. Erläutern Sie, wie das Verhältnis Individuum – Gesellschaft in der modernen Soziologie gesehen wird (Z. 21 ff.). Wie ist danach die Aussage, dass der Mensch ein „gesellschaftliches Wesen" sei, (nicht) zu verstehen?

M 3 Soziales Handeln, soziale Normen und Werte

Wie jede andere Wissenschaft, die sich als eigenständige Disziplin abgrenzen lässt, erfasst auch die Soziologie analytisch einen bestimmten Ausschnitt aus der dem Menschen zugänglichen Wirklichkeit (Realität). Ein grundlegender Bereich der von der Soziologie zu erklärenden Wirklichkeit ist das **soziale Handeln** in allen seinen Dimensionen. Das Adjektiv **sozial** heißt in soziologischer Perspektive: auf den oder die Mitmenschen (lat. socius = Gefährte) bezogen, also zwischenmenschlich. Zum sozialen Handeln gehören der unmittelbare Austausch mit anderen Personen ebenso wie die über Gruppen und Organisationen, Institutionen und „die" Gesellschaft vorstrukturierten Beziehungsmuster des sozialen Handelns.
Damit ist der in alltäglichen, öffentlichen und privaten Situationen zu beobachtende Tatbestand gemeint, dass das soziale Handeln der Menschen nach bestimmten Regeln und in bestimmten Formen abläuft und dass diese Regeln und Formen eine gewisse Konstanz haben. Diese Zusammenhänge sind für jedes Individuum einsichtig, da praktisch erfahrbar und kognitiv [verstandesmäßig] nachvollziehbar. Mit diesem Alltagsverständnis kann sich die Soziologie jedoch nicht zufriedengeben. Sie fragt nach den Grundlagen der wechselseitigen Orientierung des Verhaltens und den Bedingungen seiner Kontinuität [Dauerhaftigkeit]. Bei der Erläuterung dieser Grundlagen kommt den Begriffen Norm*, Wert* und Sinn zentrale Bedeutung zu.

(Bernhard Schäfers, Soziales Handeln und seine Grundlagen: Normen, Werte, Sinn. In: Hermann Korte/Bernhard Schäfers [Hrsg.], Einführung in Hauptbegriffe der Soziologie, VS Verlag für Sozialwissenschaften, Wiesbaden, 6. Aufl. 2003, S. 26)

Norm bedeutet Richtschnur, Regel. Normen geben mithin bestimmte Richtungen an, sie sind Regeln beziehungsweise Regelungen für etwas. Hier interessieren nun nicht DIN-Maße oder Konfektionsgrößen, sondern nur solche Normen, die menschliches Leben und Zusammenleben regeln. (Zugegeben, auch DIN-Maße bei Kleidung oder baulichen Einrichtungen sind für Menschen nicht belanglos, sie sind dennoch von einer anderen Qualität.) Und derartige Regeln gibt es nicht nur für unser äußerlich sichtbares Verhalten, sondern auch für den Umgang mit unserer Innenwelt.
Das Wort *sozial* ist mehrsinnig. Hier interessieren drei Bedeutungen, die vor allem in der Wissenschaftssprache eine Rolle spielen.

- Sozial heißen die fraglichen Normen zunächst einmal deshalb, weil sie sich nicht auf je einzelne Menschen in ihrer Individualität beziehen, sondern auf mehrere Menschen in angebbaren und sich wiederholbaren Situationen. So gilt beispielsweise: Alle Menschen sollen bei Rot nicht über die Straße gehen; oder immer, wenn Ampeln auf Rot umschalten, dürfen Fußgänger nicht über die Straße gehen. (Ausnahmen bleiben außer Betracht.)
- Mit dem Wort sozial ist auch gemeint, dass solche Regeln ihre Existenz der sozialen Umwelt verdanken, dass also das geforderte Verhalten nicht anlagemäßig oder metaphysisch, sondern gesellschaftlich bedingt ist. Das ist unstrittig bei einer Norm, die vorschreibt, beim Schnäuzen ein Taschentuch zu benutzen, kann aber strittig sein bei einer Norm, die fordert, nicht zu sündigen.
- Schließlich lässt sich das Wort sozial noch dahingehend deuten, dass Normen für den Menschen als gesellschaftliches Lebewesen in der gleichen Weise unerlässlich sind, wie dies für Gesellschaft als Lebensraum generell zutrifft. Diesbezüglich gibt es mit Sicherheit keinen Dissens. Wenn mehrere Menschen Regeln beachten, die für sie gelten, dann hat das jene *sozialen Regelmäßigkeiten* zur Folge, von denen schon die Rede war. Alle gehen nur bei Grün über die Straße; alle einander gut bekannten Menschen grüßen sich freundlich; alle Theaterbesucher verhalten sich während der Aufführung ruhig; alle Gläubigen gehen zur Kirche; alle Schüler lernen; alle Beamte dienen klaglos Volk und Staat (und manche sich selbst). In all diesen Fällen sind, was wohl niemand bestreitet, gesellschaftliche Ansprüche vorhanden und also soziale Normen im Sinne von *Verhaltenserwartungen* wirksam. [...]

Soziale *Normen* kann man von gesellschaftlichen *Werten* unterscheiden. Auch hier gibt es keine einheitliche Sprachregelung. Nützlich ist jene Unterscheidung, wonach Werte bestimmte Ziele, Ideale, wünschbare Zustände sind – wohingegen Normen Handlungsweisen darstellen, die der Zielverwirklichung dienen. Erwähnt sei beispielsweise der bei uns weithin akzeptierte Wert „Demokratie". Es sind Normen erforderlich, die vorschreiben, wie dieser Wert verwirklicht wird. Für Anhänger einer freiheitlich-parlamentarischen Demokratie sind hier zu nennen: Es soll freie und geheime Wahlen, mehrere Parteien, Gewaltenteilung, rechtsstaatliche Verfahren u. v. a. m. geben. In ähnlicher Weise lassen sich Normen mit Blick auf Werte wie Freiheit, Gerechtigkeit, Menschenwürde und soziale Sicherheit bestimmen.

(Alfred Bellebaum, Soziales Handeln und soziale Normen, Schöningh Verlag, Paderborn 1983, S. 34 f.)

M 4 Beispiel: Was Gleichheit konkret bedeutet

Werte sind wünschenswerte Grundhaltungen, die ein erstrebenswertes Ziel charakterisieren, aber noch nicht auf aktuelle Verhaltensweisen ausgeprägt sind. Der Wertbegriff ist also umfassender als der Normbegriff. Es ist nun möglich, dass ein und derselbe Grundwert eine große Anzahl aktueller Verhaltensnormen speist und mit Kraft erfüllt. Die Abbildung soll das Gesagte klarmachen.

(Julius Morel: Werte als soziokulturelle Produkte. In: Theodor Hanf u. a.: Funk-Kolleg Sozialer Wandel, Bd. 1, Fischer Taschenbuchverlag, Frankfurt/M. 1975, S. 206–209)

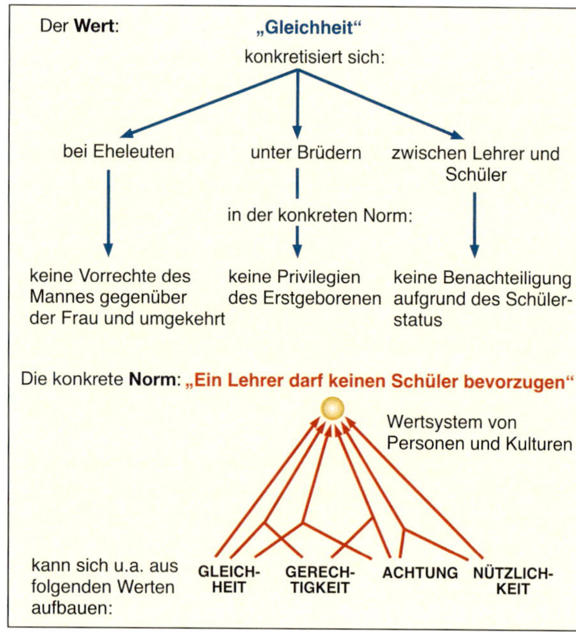

M 5 Büro-Ordnung (ca. 1890)

1. Gottesfurcht, Sauberkeit und Pünktlichkeit sind die Voraussetzungen für ein ordentliches Geschäft.

2. Das Personal braucht jetzt nur noch an Wochentagen zwischen 6 Uhr vormittags und 6 Uhr nachmittags anwesend zu sein. Der Sonntag dient dem Kirchgang.

3. Es wird von jedermann die Ableistung von Überstunden erwartet, wenn das Geschäft sie begründet erscheinen lässt.

4. Der dienstälteste Angestellte ist für die Sauberkeit der Bureaus verantwortlich.

5. Alle Jungen und Junioren melden sich bei ihm 40 Minuten vor Arbeitsbeginn und bleiben nach Arbeitsschluss zur Verfügung.

6. Einfache Kleidung ist Vorschrift. Das Personal darf sich nicht in hellschimmernden Farben bewegen und nur ordentliche Strümpfe tragen. Überschuhe und Mäntel dürfen im Bureau nicht getragen werden, da dem Personal ein Ofen zur Verfügung steht. Ausgenommen sind bei schlechtem Wetter Halstücher und Hüte.

7. Während der Bureaustunden darf nicht gesprochen werden. Ein Angestellter, der Zigarren raucht, Alkohol in irgendwelcher Form zu sich nimmt, Billardsäle und politische Lokale aufsucht, gibt Anlass, seine Ehre, Gesinnung, Rechtschaffenheit und Redlichkeit anzuzweifeln.

8. Während der Einnahme von Nahrung darf die Arbeit nicht eingestellt werden.

9. Der Kundschaft und Mitgliedern der Geschäftsleitung nebst den Familienangehörigen ist mit Ehrerbietung und Bescheidenheit zu begegnen.

10. Jedes Personalmitglied hat die Pflicht, für die Erhaltung seiner Gesundheit Sorge zu tragen, im Krankheitsfalle wird die Lohnzahlung eingestellt.

(Zit. nach: Der Einzelne und die Gesellschaft. Materialien für den Unterricht, Madog, Kaarst o. J., S. 37)

1 Machen Sie deutlich, was die Soziologie unter „sozialem Handeln“ versteht (M 3, Z. 1 ff.). Wodurch unterscheidet es sich von „privatem“ Handeln? Nennen Sie zur Verdeutlichung dieser Unterscheidung konkrete Beispiele.

2 Erläutern Sie die Bedeutung sozialer Normen für das soziale Handeln (M 3, Z. 17 ff.). Inwiefern werden sie als für Individuum und Gesellschaft „unerlässlich“ bezeichnet?

3 Erläutern Sie den Unterschied zwischen Normen und Werten (M 3, Z. 45 ff.) und das abgebildete Beispiel für den Bereich der Schule (M 4). Auf welchen Wert/welche Werte wären die Normen zurückzuführen,
- pünktlich zum Unterricht zu erscheinen,
- die Mitschüler nicht zu beleidigen,
- bei Klassenarbeiten nicht zu mogeln?

4 Beschreiben Sie „soziale Regelmäßigkeiten", die sich im Verhalten von Schülern und Lehrern im alltäglichen Schulbetrieb zeigen. Welche davon sind bloße Gewohnheiten, welche beruhen auf sozialen Normen (sind also mit Sanktionen* verbunden, wenn man von ihnen abweicht)? Gibt es auch eine „Grauzone" zwischen beiden Arten von Regelmäßigkeiten?

5 Untersuchen Sie (M 5) die „Büro-Ordnung" (ca. 1890) im Hinblick darauf,
- welche Werte, Normen, Sitten und Sanktionen angesprochen werden,
- welche sich möglicherweise bis heute erhalten haben und welche nicht,
- worauf ggf. der Wandel zurückzuführen ist.

2. Der Prozess der Sozialisation

M 6 Sozialisation: „Vergesellschaftung" der menschlichen Natur

Der Ausdruck „Sozialisation" bezeichnet in sehr allgemeiner Weise das Hineinwachsen des Menschen in seine Gesellschaft, die Aneignung all der Kenntnisse und Fertigkeiten, der Wertmaßstäbe und Verhaltensregeln, die er braucht, um sich in der gesellschaftlichen Umwelt zurechtzufinden. Dieser Vorgang, auch *„Vergesellschaftung"* genannt, hat sein Schwergewicht während der Kindheit und des Jugendalters, wiederholt sich aber im Prinzip, wann immer jemand sich in einer neuen Position zurechtfinden muss.

(Peter Stromberger/Will Teichert, Einführung in soziologisches Denken, Beltz, Weinheim und Basel 1978, S. 129)

Die Frage, wie wir werden, was wir sind, ist keine neue Frage. Seit je hat man darüber nachgedacht, wie das Verhältnis zwischen Individuum und Gesellschaft zustande kommt. Interessanterweise spielt in allen Erklärungen dieses Verhältnisses der Gedanke eine Rolle, dass der Mensch nicht von selbst mit der Gesellschaft zurechtkommt und umgekehrt, dass auch die Gesellschaft sich ihrer Mitglieder nicht von vornherein sicher sein kann. Vor allem dieser Aspekt scheint auch schon bei der ersten Verwendung des Begriffes *Sozialisation* im Vordergrund gestanden zu haben. Im „Oxford Dictionary of the English Language" aus dem Jahre 1828 wird „socialization" nämlich im Sinne von „to make fit for living in society" verwendet. In Gesellschaft leben zu können, ergibt sich offensichtlich nicht von selbst, sondern man muss es irgendwie lernen. Damit stellt sich die Frage, *warum* man es lernen muss, *wie* man es lernt und was die *Bedingungen* sind, unter denen man es lernt.

(Heinz Abels, Einführung in die Soziologie. Bd. 2: Die Individuen in der Gesellschaft, VS Verlag für Sozialwissenschaften, Wiesbaden, 2. Aufl. 2004, S. 61)

Sozialisation ist mehr als Erziehung

Sozialisation meint mehr als der klassische pädagogische Begriff der „Erziehung", der sich ja vor allem auf jene in der Regel absichtsvollen und bewusst geplanten Bemühungen und Handlungsschritte von Eltern oder Lehrern bezieht, die zum Ziel haben, die Persönlichkeitsentwicklung des Kindes pädagogisch positiv zu beeinflussen, d. h. bestimmte Verhaltensdispositionen [grundlegende Neigungen und Fähigkeiten zu einem bestimmten Verhalten] zu entwickeln oder vorhandene zu verändern.

Vielmehr schließt Sozialisation den Vorgang der Erziehung mit ein und umfasst darüber hinaus auch jene ungeplanten, aber persönlichkeitsprägenden Lernvorgänge, die sowohl das Kleinkind wie auch später noch der Erwachsene durch eigene Erfahrungen machen kann. Hierzu zählen auch jene unspezifischen Lernvorgänge, für die selbst in Gesellschaften mit breit entwickeltem Erziehungswesen keine erziehende Instanz und keine erzieherischen Maßnahmen als explizite [ausdrückliche, deutlich erkennbare] Einwirkungen auszumachen sind. Überhaupt lassen sich solche Einflüsse – denkt man beispielsweise an die prägenden Wirkungen von jugendlichen Freundschaftsgruppen, Fan-Clubs, Reklame, Massenmedien, Interessenorganisationen, politische Öffentlichkeit usw. – nach pädagogischem Selbstverständnis schwerlich alle sinnvoll als

Erziehung oder Ausbildung charakterisieren, während sie faktisch indessen zweifellos sozialisierende Prozesse darstellen.
Es sind jedoch gerade diese Lernvorgänge, die den Soziologen besonders interessieren. Denn dass der Mensch durch seine Umwelt geformt werden kann, ist zunächst keine exklusive Erkenntnis der Sozialwissenschaft: Alle Erziehung fußt auf dieser Voraussetzung. Unser Alltagswissen verbucht erst dann durch die soziologische Perspektive einen Zugewinn an „Weltverständnis", wenn prägende Einflüsse dort entdeckt werden, wo man zunächst keine vermutet, oder wenn wir als Soziologen zeigen können, dass die intendierte [beabsichtigte] Erziehung oder die geplante Ausbildung noch andere als die beabsichtigten Effekte hat: eben die Vermittlung jener sozialen Regeln und Gepflogenheiten menschlichen Zusammenlebens und konkreter Lebenswirklichkeit, die kein Erziehungsprogramm und kein Curriculum [Lehrplan] thematisieren.
Sozialisation begegnet uns damit als ein relativ weit gefasster Begriff [...]. Er bezeichnet einen Vorgang, der aus unendlich vielen Einzelereignissen zusammengesetzt ist, die sich unmöglich nur einem einzigen, z. B. dem pädagogischen Handlungssystem und -feld zuordnen lassen. Sozialisation ist vielmehr allgegenwärtig und beinhaltet alle Zusammenhänge, durch die der zunächst nur „biologisch" geborene Mensch allmählich zu einem Mitglied seiner ihn umgebenden Gruppe und Gesellschaft wird, eben zur sozial-kulturellen Person. Von daher lässt sich Sozialisation sehr zutreffend mit **„Vergesellschaftung der menschlichen Natur"** (*Durkheim*) umschreiben. [...]

(Hans Peter Henecka, Grundkurs Soziologie, UVK Verlagsgesellschaft, Konstanz, 9. Aufl. 2009, S. 88–90)

M 6 beschreibt in etwas ausführlicherer Darstellung den (bereits in M 2 und in der Einleitung zu diesem Abschnitt genannten) Begriff der Sozialisation, der von zentraler Bedeutung für unser Thema („Wie sind wir so verschieden geworden, wie wir sind?") ist.

1 Erläutern Sie die zentralen Merkmale des Begriffs (Prozesscharakter, Ziel, Dauer) und die Unterscheidung zwischen Erziehung und Sozialisation: Inwiefern ist der Sozialisationsbegriff umfassender?

2 Vielleicht können Sie aus eigenem Erleben konkrete Beispiele für „prägende Einflüsse" nennen, die in „Freundschaftsgruppen, Fan-Clubs, Reklame, Massenmedien" usw. (Z. 29) auf Sie einwirken und Ihr Verhalten mitbestimmen. – Auf den Bereich der Schule gehen wir in M 7 näher ein.

M 7 Schule als „Sozialisationsinstanz"

Als „Sozialisationsinstanzen" bezeichnet man alle gesellschaftlichen Einrichtungen, welche die Lernprozesse von Kindern, aber auch von Erwachsenen beeinflussen und steuern, indem sie die geltenden Werte und Normen und auch Wissen vermitteln. Als solche Instanzen gelten vor allem Familie, Kindergarten, Schule, Freundesgruppe, Beruf usw. An dieser Stelle wollen wir etwas näher auf die Rolle der Schule eingehen.

M 7 a Funktionen der Schule

Der hohe Stellenwert der Schule als Sozialisationsinstanz im Jugendalter erscheint uns heute selbstverständlich, doch er hat sich erst in der jüngeren Geschichte herausgebildet. Noch zur Zeit der Industrialisierung (*im 19. Jahrhundert*) war die Schule für einen sehr kleinen Teil der bürgerlichen Jugendlichen von Bedeutung, denn es war die Aufgabe der Familie und der Verwandtschaft, die Einweisung in berufliche und gesellschaftliche Qualifikationen vorzunehmen. Diese Funktion hat die Familie inzwischen vollständig an die Sozialisationsinstanz Schule abgegeben. [...]
Schulen heute haben vielfältige Funktionen im Sozialisationsprozess.
– Sie erfüllen die Funktion der Wissensvermittlung und der intellektuellen und sozialen Kompetenzbildung für die Schülerinnen und Schüler.

– Sie leisten für die Gesellschaft die Aufgabe der sozialen Eingliederung, indem sie Jugendliche auf die vorherrschenden Werte und Normen einstimmen und deren Anpassungsbereitschaft gegenüber den gesellschaftlichen Lebens- und Arbeitsbedingungen einfordern.
– Sie haben eine Auslesefunktion, indem sie die soziale Platzierung (*Einordnung*) im Arbeitsprozess vorbereiten und legitimieren (*rechtfertigen*). Das Kriterium für diesen Ausleseprozess ist die individuelle Leistung, die einzelne Schülerinnen und Schüler erbringen. [...]
In der Schule wird ein hohes Maß von sozialer Anpassung verlangt, zugleich eine intensive (*gründliche*) Disziplinierung mit dem Zwang, eigene Bedürfnisse und Neigungen zurückzustellen. [...]
Die Schule ist ein zentraler Ort [...] auch des sozialen Lernens. Hier werden Kontakte zu Mitschülerinnen und Mitschülern aufgebaut und Solidaritäts- und Spannungserlebnisse im Umgang mit anderen Jugendlichen erfahren. Auch im Unterricht spielt nicht nur die „offizielle" Leistungs- und Beziehungsebene eine Rolle, vielmehr bieten unterschwellige und versteckte Rituale zahlreiche Anknüpfungen für soziale Erfahrungen. Hier lernen Jugendliche, wie sie sich präsentieren und durchsetzen können, soziale Regeln aushandeln und sich ihnen unterwerfen müssen, Diskriminierungen (*Herabsetzungen*) und Enttäuschungen verarbeiten und Anerkennung und Erfolg erleben.

(Klaus Hurrelmann, Lebensphase Jugend, Juventa, Weinheim/München 2007, S. 94 f., 98)

M 7 b Schulische Sozialisation in der Sicht von Schülern

„Die Schule konnte dich nur vorbereiten, den Schritt ins Leben musst du nun selber tun!"

In Untersuchungen an der Universität Bielefeld wurden [...] seit Mitte der 1980er-Jahre mehrere Studien durchgeführt, die sich auf die *subjektive Auseinandersetzung von Jugendlichen mit der Schule* und die sozialen, psychischen und gesundheitlichen Konsequenzen für die Jugendlichen beziehen, wenn schulischer Erfolg oder Misserfolg eintritt.
In einem fallstudienartig angelegten Projekt wurde die Untersuchung von subjektiven Einstellungen und Bewertungen der eigenen Schullaufbahn von zu Beginn der Untersuchung 14-jährigen Jugendlichen über einen Zeitraum von insgesamt 8 Jahren vorgenommen. [...]
Aus den Interviews mit den 14- bis 21-jährigen Jugendlichen ergibt sich insgesamt das folgende Bild von der Schule als Sozialisationsinstanz:
– Die entscheidende Bestimmung der Aufgaben schulischer Bildung wird von der Mehrzahl der befragten Schülerinnen und Schüler – übrigens im Einklang mit den ebenfalls interviewten Lehrern und Eltern – in der „Vorbereitung auf das spätere Leben" gesehen.
– Der Schule wird ein subjektiv nachvollziehbarer Sinn für die eigene Lebensplanung zugesprochen, soweit sie etwas für die Gestaltung und Bewältigung der Zeit nach der Schule, also einer ferneren Zukunft, leistet.
– Die gesellschaftliche Auslese- und Platzierungsfunktion* der Schule wird von den Jugendlichen erkannt und auch für notwendig und legitim gehalten.
– Damit zusammen hängt ihre Einschätzung, dass das Abschlusszeugnis das eigentlich wichtige Resultat der Lernvorgänge in der Schule sei. Dem Abschlusszeugnis wird eine Art „Tauschwert" für den Eintritt in das „Leben nach der Schule" zugesprochen, das mit der Berufs- und Erwerbstätigkeit gleichgesetzt wird.
– Je nach Qualität des Abschlusszeugnisses verfügt man – so die Sichtweise der Jugendlichen – über eine mehr oder weniger gute Ausgangsbasis für den Eintritt in das Berufsleben. Diese Aufgabenzuschreibung schulischer Bildung folgt dem gesellschaftlichen Deutungsmuster „Man lernt nicht für die Schule, sondern für das Leben". Die Implikation ist, dass man als Jugendlicher 10 oder 13 Jahre in einem als Zwischen- oder Übergangsphase definierten Lebensabschnitt ver-

bringen müsse, um sich auf das „eigentliche Leben", das mit dem Berufsleben gleichgesetzt wird, vorzubereiten.
– In der Schulzeit muss man sich als Jugendlicher nach diesem Interpretationsmuster unter Zurückstellung eigener Bedürfnisse und Interessen intellektuell trainieren lassen, um sich ausreichende Kenntnisse und eine geeignete Startposition für den Einstieg in den Beruf anzueignen. Dieser Aneignungsprozess dokumentiert sich am Schluss der Schulzeit mit einem mehr oder weniger gut verwertbaren Zertifikat [Zeugnis, Bescheinigung].

Dieses Deutungsmuster ist bei der Mehrheit der Schülerinnen und Schüler verbreitet. Es zwingt die Schülerinnen und Schüler zu einer instrumentellen [etwas als Mittel zum Zweck betrachtenden] Sicht der Schule: Der Wert des schulischen Bildungsprozesses drückt sich demnach maßgeblich oder sogar ausschließlich in dem Wert des Abschlusszertifikats aus. Die Schüler bewältigen die Zumutungen einer instrumentellen Orientierung, indem sie die schulische Tätigkeit wie eine industrielle, quasi den Gesetzen von Lohnarbeit folgende, definieren und gestalten. Der Lohn ist für sie das Zeugnis mit seinem Tauschwert für vermeintlich erfüllendere Lebensbereiche. Damit wird die pädagogische Bildungsfunktion der Schule immer weiter zurückgedrängt, was zwangsläufig zu Defiziten im pädagogischen Spektrum dieser gesellschaftlichen Institution führen muss.

(Klaus Hurrelmann, Lebensphase Jugend, Juventa, Weinheim/München 2007, S. 105 ff.)

1. Erläutern Sie mit eigenen Worten die verschiedenen Funktionen (Aufgaben), die der Schule als „Sozialisationsinstanz" zugeschrieben werden (M 7 a).

2. Vielleicht können Sie bestimmte Textaussagen durch konkrete Beispiele näher verdeutlichen und auch die drei Abbildungen entsprechend zuordnen. Welche Rolle spielen aus Ihrer Sicht „unterschwellige und versteckte Rituale" (Z. 29 f.)?

3. Überprüfen Sie, ob die Sichtweise von Schule, wie sie 14- bis 21-jährige Jugendliche nach der Hurrelmann-Studie (1994) entwickelt haben, auch die Ihre ist (M 7 b). Inwieweit können Sie den einzelnen Aspekten (Spiegelstriche) auch heute noch (oder heute erst recht?) zustimmen?

4. Erläutern Sie, warum der Autor hier von einer „instrumentellen" Sicht der Schule spricht. Worin besteht nach Hurrelmann offenbar die eigentliche „pädagogische Bildungsfunktion" der Schule (Z. 49)? Inwieweit können Sie aus Ihrer Sicht und Erfahrung heraus der Aussage zustimmen, dass diese Funktion durch die Zweckorientierung der Schule (immer mehr?) zurückgedrängt wird? Wie beurteilen Sie in dieser Hinsicht die Verkürzung der gymnasialen Schulzeit von 9 auf 8 Jahre?

Die bisherige Betrachtung war darauf gerichtet, inwiefern der Mensch ein „gesellschaftliches" Wesen ist und welche Bedeutung dem Prozess der Sozialisation zukommt. Dabei waren wir vor allem auf bestimmte allgemeine Aspekte dieses Prozesses (Werte, Normen, Bedingungen, Instanzen) eingegangen. Im Folgenden wollen wir der Frage nachgehen, wie dieser Prozess nun eigentlich „funktioniert", auf welche Weise also z. B. bestimmte Werte und Normen der Gesellschaft vom Individuum übernommen werden, durch welche „Mechanismen" der Mensch „vergesellschaftet" wird. Mit der ***„Rollentheorie"*** *als dem spezifisch soziologischen Erklärungsansatz, der dieser Frage vor allem nachgeht – es gibt auch andere, z. B. psychologische Sozialisationstheorien –, verlassen wir zugleich den engeren, auf den Bereich „Sozialisation" bezogenen Rahmen der Betrachtung. Die „Rollentheorie" weist in ihrer Bedeutung über den Bereich Sozialisation hinaus; sie gilt als ein „unverzichtbares Analyseinstrument", als eine „zentrale Kategorie der Soziologie" (Bernhard Schäfers/Johannes Kopp [Hrsg.], Grundbegriffe der Soziologie, VS Verlag für Sozialwissenschaften, Wiesbaden, 9. Aufl. 2006, S. 214). Für die Erarbeitung der etwas umfangreicheren Materialien M 8 und M 9 empfehlen wir Ihnen* ***arbeitsgleiche Gruppenarbeit****, bei der Ihnen die Arbeitshinweise (S. 98) eine Hilfe sein können.*

3. Das Modell der sozialen Rolle

M8 Die „Rolle" spielt im Leben eine große Rolle

Der Begriff der sozialen Rolle ist wohl der am meisten verbreitete und akzeptierte Begriff im Umfeld sozialwissenschaftlicher Überlegungen und Theorien. Dies gilt sowohl für die Soziologie selbst als auch für Nachbardisziplinen, wie z. B. für eine sozialwissenschaftlich orientierte Pädagogik. Es gilt aber auch für populärwissenschaftliche Darstellungen in Tageszeitungen und Zeitschriften, wenn diese versuchen, bestimmte Phänomene „soziologisch" zu beschreiben. So wird oft ganz selbstverständlich von der „Vater-und-Mutter-Rolle" gesprochen, von der „Berufs-Rolle", der „Lehrer-Rolle" oder auch vom „Rollenkonflikt" oder von einer „Rollenfixierung". Auch viele Begriffe, die mit dem Rollenbegriff eng zusammenhängen, wie Position, Status*, verfestigte Erwartungen oder Normensystem, sind ziemlich allgemein geläufig.
Ein wichtiger Grund, warum der Rollenbegriff so eine breite und selbstverständliche Verwendung gefunden hat, ist die Nähe zu umgangssprachlichen Vorformungen („dann ist er aus der Rolle gefallen", „der spielt keine Rolle mehr") und zu beobachtbaren und erlebbaren Sachverhalten. Dies gilt auch für viele Begriffe, die eng mit dem Rollenbegriff zusammenhängen, wie Position, Status, Erwartung, Funktion usw. Hierin liegt zweifellos ein Vorteil: Die sozialwissenschaftlichen Begriffe sind nicht „abstrakt", und das heißt für die meisten: unverständlich formuliert, sie sind nicht von Wissenschaftlern nur „konstruiert", sondern beziehen sich auf erfahrbare und verstehbare Prozesse. Aber dieser Sachverhalt hat auch einen schwerwiegenden Nachteil: Die Begriffe werden vieldeutig, unbestimmt, vage. Sie passen „irgendwie" überall, „richtig" aber nirgends. Viele soziale Erscheinungen können mit diesen Begriffen beschrieben werden, die dabei gewonnenen Sätze sind aber ohne größeren Aussagewert, ohne eigentliche „Erkenntnis".
Dies war und ist ein zentrales Problem jeder Rollenanalyse und Rollen„theorie". Hierauf fußt auch ein großer Teil der Kritik an der Rollentheorie. [...]
Soll der Begriff der „Rolle" sozialwissenschaftlich verwendet werden, ist es also notwendig, ihn eindeutig zu machen, ihn einzugrenzen, ihn abzugrenzen von möglichen anderen Bedeutungen, ihn also strenger zu definieren (s. Kasten). Dieses Verfahren ist allgemein üblich in den Wissenschaften. Begriffe wie z. B. Kraft oder Energie wurden auch aus der Umgangssprache entnommen und dann durch die Naturwissenschaft zunehmend strenger definiert, bis sie mit dem Alltagsverständnis nur noch sehr wenig gemein hatten.

(Otto Ullrich, Soziale Rolle in der Industriegesellschaft, Juventa, München 1978, S. 10 f.)

> Unter einer (sozialen) „Rolle" versteht man ein Verhalten, das von Menschen erwartet wird, wenn sie eine bestimmte Stellung, einen Status* einnehmen, eine Funktion ausüben oder sich in einer bestimmten Situation befinden.
> Die Rollentheorie (d. h. die wissenschaftliche Beschäftigung mit sozialen Rollen) ist eine Folgerung daraus, dass der Mensch ein soziales Wesen ist, dessen Verhalten weitgehend durch *Erwartungen* in der Gesellschaft bestimmt wird. Jeder weiß von sich selbst, dass er sich – auf dem Sportplatz, in der Schule, bei der Arbeit – jeweils „anders" verhält und dass er von seinen Mitmenschen je ein entsprechendes Verhalten erwartet: Er „spielt" je nach der Situation, in der er sich befindet, die erwartete Rolle. Menschliches Zusammenleben wäre wahrscheinlich gar nicht möglich, ohne dass die Menschen sich in der Regel entsprechend den Rollenerwartungen verhalten.
> (Nach: Hanno Drechsler u. a.: Gesellschaft und Staat, Lexikon der Politik, München 1992, S. 626–627)

1. Erläutern Sie, was Sie darunter verstehen, wenn Sie im alltäglichen Sprachgebrauch das Wort „Rolle" (im nicht-physikalischen Sinn) verwenden.

2. Vielleicht kennen Sie – über die in Z. 10 ff. genannten hinaus – weitere umgangssprachliche Wendungen, die den Begriff Rolle verwenden (M 8). Erläutern Sie die unterschiedliche Bedeutung z. B. in den beiden Wendungen „Das spielt doch keine Rolle" und „Der ist total von der Rolle".

3. Erläutern Sie, inwiefern der Begriff der „Rolle" in seiner sozialwissenschaftlichen Verwendung einer präziseren Bestimmung bedarf (Z. 26 ff.). Vergleichen Sie dazu die kurze Begriffsdefinition (s. Kasten), die wir in den folgenden Materialien ausführlich erläutern wollen. Erklären Sie, warum die „Rollentheorie" als „die Folgerung daraus, dass der Mensch ein soziales Wesen ist", bezeichnet ist.

Im Folgenden wollen wir ausgehend vom Berufsalltag eines jungen Lehrers verdeutlichen, was die „Rollentheorie" mit ihren wichtigsten begrifflichen Konzepten zur Erklärung menschlichen Verhaltens in der Gesellschaft beitragen kann.

M 9 Tagebuch des Lehrers Markus Schmitt

Markus Schmitt unterrichtet Deutsch und Geschichte an einem Gymnasium in einer hessischen Kleinstadt. Seine Planstelle hat er noch nicht lange und die Verhältnisse an der Schule sind ihm noch nicht so vertraut wie den „alten Hasen". Er ist 28 Jahre alt, verheiratet und hat eine Tochter von 6 Jahren.

„Montag, den …
– Um 7.30 Unterricht in der 10 a. Auf dem Lehrplan steht Kleists „Michael Kohlhaas". Wir müssen bald eine Klassenarbeit schreiben. Wir haben nochmals über das Verhalten von Kohlhaas gesprochen. Die Diskussion war schwierig. Die Schüler finden den Text langweilig […]. „Wozu diese ollen Kamellen", fragten sie. Nur weil sie wissen, dass wir eine Klassenarbeit schreiben, machen sie halbwegs mit. Ich habe mich abgezappelt, um die Aktualität von Kleist zu demonstrieren.
– Um 8.20 Geschichte in der gleichen Klasse. Wir müssen laut Lehrplan über die industrielle Revolution sprechen. Merkwürdig, wie sehr sich die politischen Anschauungen der Schüler verändert haben. Da vertritt einer, ohne dass viele Einwände kommen, die Meinung: „Viele Arbeiter waren selbst daran schuld, dass es ihnen nicht gut ging. Die Tüchtigen sind auch damals hochgekommen. Heute geht es aber allen Arbeitern gut und die fleißigen kriegen immer noch eine gute Position." Ich muss aufpassen, sein Vater ist Stadtrat.
Die Diskussion war recht lebhaft. Sie richtete sich auf den Zusammenhang von Industrie und Umweltproblemen. Davon hört man was in Zeitung und Fernsehen. Es ist schwer, auf die „industrielle Revolution" und ihre Folgen zurückzulenken.
– Um 9.30 Sprechstunde. Ein schweres Problem. Ferdinand M. ist im Deutschen schlecht. Er macht unglaublich viele Fehler. Ich spreche mit seiner Mutter, wie man ihm helfen kann. Der Vater arbeitet in einer Fabrik und verdient nicht viel. Sie will trotzdem versuchen, dem Sohn Nachhilfestunden zukommen zu lassen. Ich kann ihn nicht dauernd drannehmen und motivieren. Es gibt so viele Schüler in der Klasse.
– Um 10.05 eigentlich Freistunde. Ich musste zum Schulleiter. Mir war gleich klar, was der wollte. Ich habe den Streikaufruf der GEW unterschrieben, obwohl ich gar nicht in der Gewerkschaft bin. Er teilte mir mit, dass eine gute Zusammenarbeit und Harmonie im Kollegium bestünde. […] Er gibt mir den guten Rat, doch etwas zurückhaltender zu sein, ich wisse doch, was das Beamtenrecht und das Regierungspräsidium zum Streik beamteter Staatsdiener sagten.
Ich muss das schlucken. […] Der Kumi droht obendrein noch mit Gehaltsabzügen. Bei den Kollegen merke ich, dass sie mich für einen Störenfried halten."

„Position" und „Status"

Hier können wir die Schilderung, die Markus Schmitt von Problemen seiner Berufstätigkeit gibt, abbrechen und uns die Frage stellen, wie eine bestimmte soziologische Denkweise, nämlich die *Rollentheorie*, seine Berufssituation erfassen würde.
Im Theater gibt es Personen, die andere Personen darstellen. Der Schauspieler Mayer-Günzenburg spielt heute im Schauspielhaus den Wilhelm Tell; er spielt eine Rolle. „Schauspieler" ist die Position, die er im System der Berufe unserer Gesellschaft mehr oder minder gut ausfüllt, „Wilhelm Tell" ist die Rolle, die er auf dem Theater spielt. […]
Markus Schmitt hat natürlich auch eine Position im Berufssystem: die des Lehrers für Deutsch und Geschichte. Eine *Position*, so sagt der Rollentheoretiker, ist eine Stelle im System der verschiedenartigen Aufgaben, die ein Einzelner, ein Individuum, in einer Gesellschaft einnehmen kann. Selbstverständlich gibt es nicht nur Berufspositionen, sondern auch die Position der Mutter in der Familie, des Vorsitzenden im Skatklub usw. *Eine Position ist also gleichsam eine Stelle im System der Aufgaben und Tätigkeiten einer Gesellschaft, die von verschiedenen Subjekten ausgefüllt werden kann.*

Hierbei unterscheidet man:

- *zugewiesene* oder *zugeschriebene* Positionen, die wir ohne eigenes Zutun (gewissermaßen „natürlich") erlangen und die z. B. bestimmt werden durch unser Geschlecht (Mann, Frau), durch unser jeweiliges Alter (Kleinkind, Kind, Jugendlicher, Erwachsener, Greis), durch unsere Position in der Herkunftsfamilie (Sohn, Bruder, Tochter, Schwester) und durch unsere Hautfarbe, ethnische Gruppe oder Nationalität;
- *erworbene* Positionen, wie beispielsweise unsere berufliche Stellung (Lehrer, Auszubildender, Schreinermeister, Versicherungsvertreter, Beamter, Hilfsarbeiter, Ärztin, Friseuse, Sekretärin usw.), unsere Position in der selbst gegründeten Familie (Ehemann, Vater, Ehefrau, Mutter), in Freizeitgruppen (Freund, Freundin, Kegelbruder, Kassierer des Fußballklubs, Jugendtrainer u. Ä.) oder in öffentlichen Organisationen (Parteifreund, Gemeinderat, Kirchenältester, aber auch Patient im Krankenhaus usw. usf.).

Mit den Positionen verbinden sich nicht nur entsprechende soziale Erwartungskomplexe, die rollengemäßes Handeln für die Akteure definieren, sondern auch bestimmte soziale Wertschätzungen. Wiederum unabhängig von der persönlichen Eigenart des Menschen, der eine Position zu einem bestimmten Zeitpunkt innehat, verknüpfen wir allein schon mit der Kenntnis einer bestimmten Position einen höheren oder niedrigeren sozialen Prestigewert. Diesen Prestigewert einer sozialen Position bezeichnet man als **Status**. So wird beispielsweise der Status eines Gymnasiasten höher bewertet als der eines Realschülers. [...]

Mit manchen Positionen verbinden sich bestimmte *Äußerlichkeiten*, die ihre Bedeutung nach außen hin sichtbar unterstreichen und eine entsprechende soziale „Einordnung" rascher ermöglichen sollen. Der Doppelsinn des Wortes „Bedeutung" verweist schon darauf, dass es sich hierbei einmal um mehr rationale Äußerlichkeiten im Sinne nützlicher Erkennungszeichen, d. h. um sogenannte **Rollenattribute**, zum anderen jedoch um eher irrationale Auswüchse der Dokumentation von eigenem Prestige, Macht und Reichtum, um sogenannte **Statussymbole**, handelt.

So erleichtert es fraglos die soziale Orientierung, wenn wir im Krankenhaus den Arzt an seinem Stethoskop, auf dem Bahnsteig den Stationsvorsteher an seiner roten Mütze und Trillerpfeife oder in einer fremden Stadt den Verkehrspolizisten an seiner Uniform erkennen. Andererseits muss man sich fragen, inwieweit in vielen Betrieben und auch Behörden beispielsweise die [je nach Status unterschiedliche] Lage, Größe und Ausstattung der Büros eine vernünftige Grundlage haben. [...] Nur am Rande sei in diesem Zusammenhang auch auf die vielfältigen Ausdrucksformen von Statussymbolen verwiesen, mit denen wir überall um uns herum in Form von Autos, Kleidung, Luxusgegenständen u. Ä. konfrontiert werden und die oft lächerliche Versuche darstellen, sich um jeden Preis von den anderen zu unterscheiden bzw. manchmal auch schlicht soziale Täuschungsmanöver sind. [...]

(Hans Peter Henecka, Grundkurs Soziologie, UVK Verlagsgesellschaft, Konstanz, 9. Aufl. 2009, S. 104 f.)

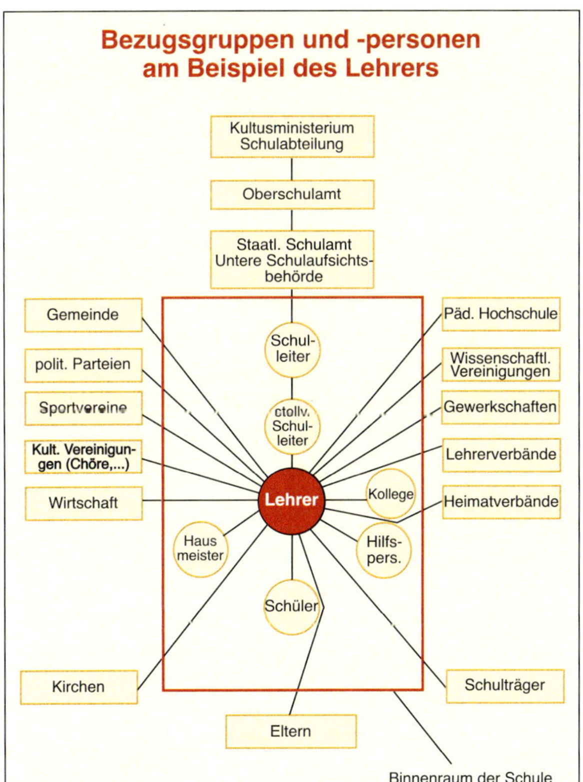

(P. Klose, 1971: Das Rollenkonzept als Untersuchungsansatz für die Berufssituation des Lehrers. In: Kölner Zeitschrift für Soziologie und Sozialpsychologie, 23. Jg., S. 7)

„Bezugsgruppen" und „Sanktionen"

Die Soziologen, von denen wir gerade sprachen, meinen nun, dass wir alle Theater spielen. Das heißt: Auch im wirklichen Leben übernehmen wir in bestimmten und ganz verschiedenen Positionen die entsprechenden Rollen. Wer schreibt das Drehbuch?

Wenn Markus Schmitt in die *Rolle des Lehrers* schlüpft, dann hat er bestimmte Rechte und Pflichten. Er muss im Unterschied zu einem Arbeiter nachmittags nicht immer an seinem Arbeitsplatz sein. Seine Aufgabe ist es, den Kindern Deutsch und Geschichte beizubringen. Wenn er eine Rolle im gesellschaftlichen Leben spielt, wenn er die Berufsrolle des Lehrers übernimmt, macht er mehr oder minder ausgiebig von seinen Rechten Gebrauch, übernimmt er mehr oder minder nachdrücklich seine Pflichten – und er spielt seine Rolle unter der Aufsicht einer ganzen Menge von Regisseuren. Der Rollentheoretiker nennt sie **Bezugsgruppen**. Das sind die Gruppen, auf die er während seiner Tätigkeit dauernd achten muss (s. Abb.).

Schüler,
Eltern,
Kollegen,
Schulleiter,
Ministerialbürokraten
(Kumi [Kultusminister], Reg.-Präs.)

wurden in seinem Tagebuch genannt. Diese Bezugsgruppen haben bestimmte **Erwartungen** gegenüber seinem Verhalten. Sie erwarten von ihm, dass er bestimmte Dinge

Am Beispiel von Herrn Schmidts Stellung als Schatzmeister des 1. F. C. X-Stadt lassen die Formen von **Rollenerwartungen** und ihre **Sanktionen** sich folgendermaßen resümieren:

Art der Erwartung	Art der Sanktion		Beispiel (Schatzm. des 1. F. C. X-Stadt)
	positiv	negativ	
Muss-Erwartung	–	gerichtliche Bestrafung	ehrliches Finanzgebaren usw.
Soll-Erwartung	(Sympathie)	sozialer Ausschluss	aktive Teilnahme an allen Club-Veranstaltungen usw.
Kann-Erwartung	Schätzung	(Antipathie)	freiwilliges Sammeln von Geldern usw.

(Ralf Dahrendorf, Homo Sociologicus, VS Verlag für Sozialwissenschaften, Wiesbaden 2006)

tut, andere unterlässt. Sie sind die Regisseure für sein Rollenspiel im wirklichen Leben. Sie schauen darauf, dass er das tut, was man ihrer Meinung nach in seiner Position tun sollte, sie haben normative* Erwartungen. Sie wären auch überrascht, wenn er plötzlich etwas ganz anderes unternimmt, als es ein Inhaber seiner Position gemeinhin tut.

Markus Schmitt und seine Kollegen bilden wiederum für die Schüler eine wichtige Bezugsgruppe, die bestimmte Erwartungen gegenüber dem Schülerverhalten hegt. Markus Schmitt erwartet, dass die Schüler die Charaktereigenschaften von Michael Kohlhaas erkennen und darüber eine Arbeit schreiben.

Das Drehbuch hat also sehr viele Seiten und – je nach Bezugsgruppe – ganz verschiedene Kapitel. Man spielt in unseren Positionen tatsächliche Rollen, weil man einen vorgegebenen Text – die Rechte und Pflichten, die sich mit einer Position verbinden – nicht nur lernen, sondern auch darstellen muss. Allein – Mayer-Günzenburg, der Doppelrollenspieler, kann nach geraumer Zeit aus seiner Rolle als Wilhelm Tell schlüpfen. [...] Markus Schmitt hat seine Rolle als Lehrer nicht einfach abgestreift, wenn er die Schule verlässt. Berufsrollen kleben ganz schön fest. Man stelle sich nur vor, er würde außerhalb der Schule dabei erwischt, wie er auf einer Demonstration Schmähreden gegen den Kultusminister hält! Dann drohten ihm unter Umständen härtere **Sanktionen*** als ein unerfreuliches Gespräch mit dem Schulleiter. „Sanktionen" sind die Reaktionen, die ein Rollenverhalten bei den Bezugsgruppen hervorruft. Erfüllt jemand seine Aufgaben „pflichtgemäß", dann kann er vielleicht *positive* Sanktionen erwarten: Markus Schmitt wird zum Oberstudienrat befördert. Weicht er von den Erwartungen ab, dann muss er *negative* Sanktionen befürchten [...]. Je nach Intensität der Erwartungen, die bei den Bezugsgruppen herrschen, können die negativen Sanktionen verschieden hart sein. Der Soziologe Ralf Dahrendorf unterscheidet drei *Arten von Erwartungen* (vgl. Kasten o.):

Kann-Erwartungen,
Soll-Erwartungen,
Muss-Erwartungen.

Kann-Erwartungen bedeuten die schwächste Form der Erwartung. Irgendwie erwartet man, dass einer etwas mehr als seine Pflicht tut. Er kann das gewiss unterlassen, aber wenn er es trotzdem tut, dann steigert er das Ansehen, das er bei seinen Bezugsgruppen genießt. Markus Schmitt brauchte sich nicht so intensiv um die Belange jenes schlechten Schülers zu kümmern, bemüht er sich trotzdem, dann werden ihn die Eltern für einen guten Lehrer halten.

Soll-Erwartungen bezeichnen schon den harten Kern seiner Pflichten, ohne dass sie in Form von Rechtsregeln festgelegt sein müssten. Markus Schmitt soll den Kindern Deutsch, nicht Singen beibringen.

Muss-Erwartungen bedeuten die Pflichten, für die verbindliche Regelungen festgelegt sind. Der Schulleiter formuliert „Muss-Erwartungen", wenn er den Kollegen Schmitt darauf aufmerksam macht, dass das Beamtengesetz das Streikrecht ausschließt.

Ein Positionsinhaber als Rollenspieler hat es also schwer. Die Inhalte seines Drehbuches reichen vom Gesetzestext bis zu den kleinen Ansprüchen, die andere in Form von „Kann-Erwartungen" an ihn stellen. Der Regisseure gibt es so viele, wie man Bezugsgruppen ausmachen kann.

Wenn der Lehrer Schmitt aus der Rolle fällt, dann kann er mit negativen Sanktionen rechnen. Nicht nur das – im Grunde kann er es keinem recht machen. Die *Schüler* er-

Was Lehrer Schmitt zu hören bekommt:

a) „Musst du immer noch arbeiten? Wir wollten doch Fußball spielen!"
b) „Sie wissen doch, dass Sie eine Viertelstunde vor Beginn der ersten Stunde in der Schule sein müssen!"
c) „In Ihrer Klasse ist nie aufgestuhlt und unter den Tischen ist nie aufgeräumt."
d) „Unser Lehrer ist immer so streng!"
e) „Komm, jetzt gehen wir noch in die Disko. Dann bist du morgen eben mal nicht vorbereitet."
f) „Sie müssen meinen Sohn mehr fordern, sonst wird nie was aus ihm."

Von welchen Bezugspersonen stammen die hier zum Ausdruck kommenden Erwartungen?

(Autorentext)

warten von ihm, dass sein Unterricht „lebendig“ und aktuell [...] ist. Die *Eltern* erwarten von ihm, dass er zu den Themen, die er im Geschichtsunterricht behandelt, klare Aussagen macht. Nur erwarten die einen, dass sie „konstruktiv“ sind, die anderen, dass sie das „kritische Verständnis“ als Staatsbürger wecken. Der *Schulleiter* erwartet von ihm, dass er sich strikt an den (vom Schulleiter verbindlich interpretierten) Inhalt der Erlasse und Gesetze hält.

Die Rolle ist also ein Bündel von Erwartungen, das sich auf den Inhaber einer Position richtet.

Abb. 1: Der Intrarollenkonflikt

(Horst Reimann: Basale Soziologie, Opladen 1991, S. 197)

Abb. 2: Der Interrollenkonflikt

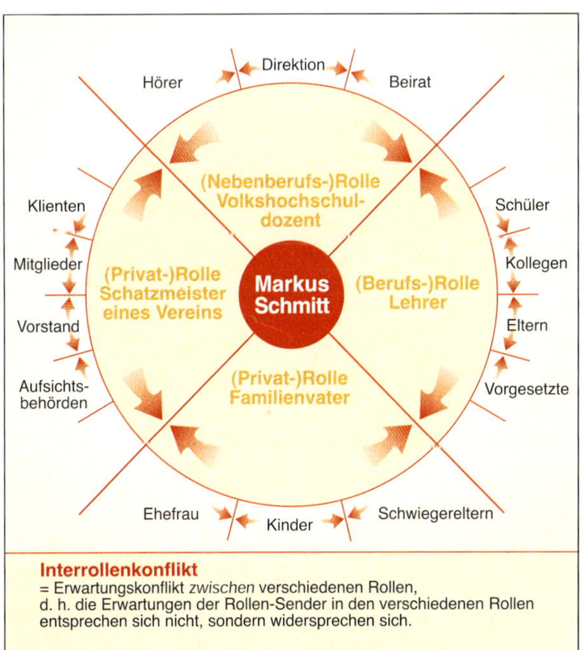

(Horst Reimann: Basale Soziologie, Opladen 1991, S. 199)

Rollenkonflikte

Jede Art dieser Erwartungen bestimmt – von der jeweiligen Bezugsgruppe her gesehen – einen Ausschnitt aus der Gesamtrolle (Gesamtposition) „Lehrer“. Je nach Bezugsgruppe: Eltern, Schülern, Kollegen usw. wird durch deren Erwartungen ein *Rollensegment* festgelegt. Die Unannehmlichkeiten rühren daher, dass sich die Erwartungen widersprechen können (vgl. Kasten S. 96 u.). Die Schüler wollen, dass der Lehrer Schmitt möglichst gute Noten gibt, die Eltern, dass er die Anforderungen erhöht usf. Kurz: Aus den widersprüchlichen Erwartungen, die die einzelnen Segmente seiner Rolle ausmachen, entstammen Konflikte, **Intrarollenkonflikte** (s. Abb. 1). Die eine Bezugsgruppe will Hü, die andere will Hott – das hält das stärkste Pferd nicht aus! „Die mannigfaltigen und verschiedenartigen Rollenerwartungen mit ihren Spannungen, Diskrepanzen und ihrer Interpretationsbedürftigkeit verwirren und entmutigen den Lehrer. Er empfindet sich belastet und in vielen Fällen permanent überfordert, sodass seine Frustrationstoleranz* oft überschritten wird. Rollenüberlastung (Rollenstress) und Rollenkonflikte können zu einem verfestigten Rollenverhalten führen, das mit Anpassung, Aggression, ausweichendem Verhalten und dergleichen beschrieben werden kann.“ (Peter Klose, Das Rollenkonzept als Untersuchungsansatz für die Berufssituation des Lehrers, in: Kölner Zeitschrift für Soziologie u. Sozialpsychologie, 23. Jg., 1971, S. 89)

Aber damit nicht genug: Markus Schmitt ist nicht nur Lehrer, er ist auch Vater einer 6-jährigen Tochter. Er hat eine Vaterrolle, eine Rolle als Ehegatte, eine Freizeitrolle als Skatbruder usw. Wenn er nun zum Kollegen Maier geht, der seiner Tochter in der Grundschule das Rechnen beibringen will, und diesem etwas über seinen Unterrichtsstil sagt, dann können sich seine beiden Rollen (Vater, Kollege) reiben. Es ergibt sich ein Konflikt zwischen verschiedenen Rollen, ein **Interrollenkonflikt** (s. Abb. 2). Als Vater bestraft er den Kollegen, wenn dieser aus der Rolle fällt!

Markus Schmitt, der dieses Szenario liest, das ein Rollentheoretiker zu seinem Tagebuch geschrieben hätte, stellt mit Erstaunen fest, was aus ihm geworden ist. Er ist von Bezugsgruppen umstellt, die auf sein Rollenspiel achten, ihn belohnen, wenn er brav ist, bestrafen, wenn er aus der Rolle fällt. Seine Probleme sollen daher rühren, dass er es nicht allen recht machen kann. Aber: „Ich bin Ich!“, sagt er sich.

Der Soziologe sagt: Nicht ganz! Du bist als Mensch der Inhaber einer Vielzahl von Positionen. Dein **Rollensatz** („role-set“) umfasst Positionen wie Lehrer, Vater, Staatsbeamter, Ehegatte, Kollege, Autofahrer usf. usf. In diesen Positionen erhältst du Rechte und übernimmst du Pflichten, du spielst

eine Rolle wie viele andere, die in eine gleichartige Position einrücken. Es ist dir anzuraten, sie gut zu spielen. Denn wehe, wenn du aus der Rolle fällst. Dann wird von den Bezugsgruppen, die dein Verhalten beobachten, ein Feuerwerk von Sanktionen abgebrannt. Passe dich an und bleibe gesund.
Die Inter- und Intrarollenkonflikte, die nicht zu umgehen sind, weil so viele Gruppen so Verschiedenes, teilweise Widersprüchliches, von dir wollen, musst du irgendwie taktisch ausbalancieren. Darin besteht deine Leistung als „Ich bin Ich".

(Arbeitsgruppe Soziologie, Denkweisen und Grundbegriffe der Soziologie, Campus Verlag, Frankfurt/M. 1978, S. 20 ff.)

1 Versuchen Sie, bei der abschnittsweisen Erarbeitung von M 9 für die zentralen Begriffe der Rollentheorie (Position, Status, Bezugsgruppe usw.) jeweils eine kurze (lexikonartige) Definition zu formulieren.

2 Für das Verständnis der Rollentheorie ist zunächst der Begriff der „sozialen Position" von zentraler Bedeutung (Z. 32 ff.). Unter welchem Blickwinkel kann man die gesamte Gesellschaft als ein Netzwerk von Positionen betrachten? Worin liegt der Unterschied zwischen „zugeschriebenen" und „erworbenen" Positionen?

3 In welcher Beziehung steht der „Status" einer Person zu seiner „Position" (Kasten S. 95)? Kennen Sie weitere sinnvolle „Rollenattribute" und – aus dem Streben nach sozialer Geltung resultierende – „Statussymbole"?

4 Die soziologische Rollentheorie hat über das Begriffspaar Position – Rolle hinaus eine Reihe weiterer Fachbegriffe entwickelt, mit deren Hilfe man vielfältige, interessante Einblicke in die hinter dem Vordergrund „zwischenmenschlicher Beziehungen" liegenden Strukturen und Mechanismen gewinnen und so alltägliches Verhalten „mit anderen Augen sehen" lernen kann. Ziel Ihrer Erarbeitung sollte es sein, die im Text (Kasten S. 95 und folgende Abschnitte) hervorgehobenen Begriffe selbstständig und mit eigenen Worten erläutern zu können.

5 Nennen Sie für die im Kasten S. 96 o. beispielhaft dargestellten unterschiedlichen Arten von Rollenerwartungen und entsprechenden Sanktionen Beispiele für Ihre Situation im Bereich der Schule und der Freizeit.

6 Stellen Sie die Konflikthaltigkeit von Rollenerwartungen heraus und erläutern Sie die beiden unterschiedlichen Arten von Rollenkonflikten möglichst auch an weiteren konkreten Beispielen (S. 97 f.).

7 Vergleichen Sie in einigen ausgewählten Aspekten die Schüler- mit der Lehrerrolle, z. B. im Hinblick auf
- die Zahl der Rollensegmente und den Umfang des (normalen, durchschnittlichen) Rollensets,
- die unterschiedliche Verbindlichkeit und die Konfliktträchtigkeit der verschiedenen Verhaltenserwartungen sowie
- die Schärfe und die Anwendungsmöglichkeit von Sanktionen.

8 „Ein Gewerkschaftssekretär ist gleichzeitig im Stadtrat als Mitglied der SPD-Fraktion, im Aufsichtsrat der Städtischen Brauerei sowie im Vorstand der Arbeiterwohlfahrt tätig und ist darüber hinaus praktizierendes Mitglied der katholischen Kirche und Familienvater. Inwieweit handelt es sich hier um verschiedene Rollen oder um Segmente übergreifender Rollen?" (Zitat: H. P. Bahrdt, Schlüsselbegriffe der Soziologie, München 1984, S. 81)

M 10 „Vergesellschaftung" in der Sicht von Karikaturisten

a)

b)

c)

d)

Die Karikaturen (M 10 a – d) beziehen sich auf die Materialien zur Sozialisation (M 6, M 7) und zur Rollentheorie (M 9). Beschreiben Sie auf diesem Hintergrund, was die jeweilige Darstellung zum Ausdruck bringen will, und nehmen Sie aus Ihrer Sicht dazu Stellung.

M 11 Ist der Mensch ein „homo sociologicus"?

Die in M 8 – M 9 verwendete, in der Soziologie allgemein übliche Terminologie (Anwendung von klar definierten Fachbegriffen) der Rollentheorie ist für den deutschen Raum vor allem durch eine kleine Schrift des bekannten (2009 verstorbenen) Soziologen ***Ralf Dahrendorf*** *bekannt geworden: „Homo Sociologicus. Ein Versuch zur Geschichte, Bedeutung und Kritik der Kategorie der sozialen Rolle" (zuerst erschienen 1958). In der Auseinandersetzung mit diesem (auch heute noch sehr lesenswerten) Text haben sich die*

Rollentheorie und die Diskussion über dieses Konzept in der deutschen Soziologie in zahlreichen Veröffentlichungen entfaltet. Der Titel des Buches von Dahrendorf vermittelt den Eindruck, dass man darunter eine Aussage über den ganzen Menschen zu verstehen habe und nicht nur eine Darstellung des menschlichen Verhaltens unter dem spezifisch soziologischen Aspekt des Handelns in sozialen Beziehungen. Wie der folgende Auszug zeigt, legt Dahrendorfs Darstellung in der Tat ein Verständnis nahe, dass über Rollenbeziehungen der Mensch fast vollständig von der Gesellschaft vereinnahmt werde und ihm kein oder nur ein unwesentlicher Spielraum für die Entwicklung seiner persönlichen Identität bleibe.

M 11 a Die „ärgerliche Tatsache der Gesellschaft"

Wir gehorchen Gesetzen, gehen zur Wahl, heiraten, besuchen Schulen und Universitäten, haben einen Beruf und sind Mitglied einer Kirche; wir sorgen für unsere Kinder, ziehen den Hut vor unseren Vorgesetzten, geben Älteren den Vortritt, sprechen mit verschiedenen Menschen in verschiedenen Zungen, fühlen uns hier zugehörig und dort fremd. Keinen Schritt können wir gehen, keinen Satz sprechen, ohne dass zwischen uns und die Welt ein Drittes tritt, das uns an die Welt bindet und diese beiden so konkreten Abstraktionen vermittelt: die Gesellschaft. [...]
Am Schnittpunkt des Einzelnen und der Gesellschaft steht homo sociologicus, der Mensch als Träger sozial vorgeformter Rollen. Der Einzelne ist seine sozialen Rollen, aber diese Rollen sind ihrerseits die *ärgerliche Tatsache der Gesellschaft*. [...]
Soziale Rollen sind ein Zwang, der auf den Einzelnen ausgeübt wird – mag dieser als eine Fessel seiner privaten Wünsche oder als ein Halt, der ihm Sicherheit gibt, erlebt werden. Dieser Charakter von Rollenerwartungen beruht darauf, dass die Gesellschaft *Sanktionen* zur Verfügung hat, mit deren Hilfe sie die Vorschriften zu erzwingen vermag. Wer seine Rolle nicht spielt, wird bestraft; wer sie spielt, wird belohnt, zumindest aber nicht bestraft. Konformismus mit den vorgeprägten Rollen ist keineswegs nur die Forderung bestimmter moderner Gesellschaften, sondern ein universelles Merkmal aller gesellschaftlichen Formen. [...] Die Tatsache der Gesellschaft ist ärgerlich, weil wir ihr nicht entweichen können. [...] Für jede Position, die ein Mensch haben kann, sei sie eine Geschlechts- oder Alters-, Familien- oder Berufs-, National- oder Klassenposition oder von noch anderer Art, kennt „die Gesellschaft" Attribute und Verhaltensweisen, denen der Träger solcher Positionen sich gegenübersieht und zu denen er sich stellen muss. Übernimmt und bejaht er die an ihn gestellten Forderungen, dann gibt der Einzelne seine unberührte Individualität zwar auf, gewinnt aber das Wohlwollen der Gesellschaft, in der er lebt; sträubt der Einzelne sich gegen die Forderungen der Gesellschaft, dann mag er sich eine abstrakte und hilflose Unabhängigkeit bewahren, doch verfällt er dem Zorn und den schmerzhaften Sanktionen der Gesellschaft. [...]
So wenig indes *homo sociologicus* den ganzen Menschen ausmacht, so wenig schreibt jede einzelne seiner Rollen Herrn Schmidt sein gesamtes Verhalten als Träger einer sozialen Position vor. Es gibt einen Bereich, in dem der Einzelne frei ist, seine Rollen selbst auszugestalten und sich so oder anders zu verhalten. [...] Es ist offenbar Vater Schmidt überlassen, ob er mit seinen Kindern Eisenbahn oder Fußball spielt. Keine soziale Instanz schreibt ihm vor, ob er sich das Gehör seiner Schüler durch seinen Humor oder seine intellektuelle Kompetenz verschafft. Aber diese Freiheiten scheinen gering, wenn man sie an dem Zwang sanktionierter Rollenerwartungen misst. [...]
Für Gesellschaft und Soziologie ist der Prozess der Sozialisierung stets ein *Prozess der Entpersönlichung*, in dem die absolute Individualität und Freiheit des Einzelnen in der Kontrolle und Allgemeinheit sozialer Rollen aufgehoben wird. Der zum *homo sociologicus* gewordene Mensch ist den Gesetzen der Gesellschaft [...] schutzlos ausgeliefert.

(Ralf Dahrendorf, Homo sociologicus, Westdeutscher Verlag, Opladen 1977, S. 17, 36, 27, 41, 59, 58)

M 11 b „Nicht die volle Breite des Lebens"

„(Es ist) einfach nicht richtig, dass die volle Breite des Lebens in einer menschlichen Gesellschaft, und zwar in jeder beliebigen Gesellschaft, nur ein Ausdruck vorgefertigter Formen gemeinsamen Handelns ist. Innerhalb des Bereichs menschlichen Zusammenlebens entstehen ständig neue Situationen, die problematisch sind und für die bestehende Regeln sich als unzureichend erweisen. [...] Derartige Bereiche nicht-vorgeschriebenen Verhaltens sind im menschlichen Zusammenleben ebenso natürlich, selbstverständlich und wiederkehrend wie solche Bereiche, die vorgefertigte und getreulich befolgte Vorschriften gemeinsamen Handelns umfassen."

(H. Blumer, Der methodologische Standort des symbolischen Interaktionismus. In: Arbeitsgruppe Bielefelder Soziologen [Hg.], Alltagswissen, Interaktion und gesellschaftliche Wirklichkeit Bd. 1, Rowohlt, Reinbek 1973, S. 98)

1 Stellen Sie heraus, welche Aspekte des Rollenhandelns Dahrendorf besonders betont und inwiefern er die Gesellschaft als eine „ärgerliche Tatsache" bezeichnet (M 11 a).

2 Nehmen Sie zunächst aus Ihrer Sicht zu Dahrendorfs „homo sociologicus" Stellung und erläutern Sie sodann den in M 11 b vorgebrachten Kritikpunkt (ggf. an konkreten Beispielen).

3 Der Soziologe F. H. Tenbruck hat kritisiert, dass Dahrendorfs Darstellung den Eindruck erwecke, als spielten die Individuen ihre Rollen nur, weil sie negative Sanktionen fürchteten. „Wer nicht heiratet, setzt sich allenfalls sehr geringen Sanktionen aus, obwohl das Heiraten für die Gesellschaft vital ist. Man verlässt sich also darauf, dass zum Heiraten nicht genötigt zu werden braucht." (Tenbruck, 1961) Erörtern Sie, ausgehend von diesem (veralteten?) oder einem anderen Beispiel, inwieweit soziales Handeln (nicht) durch Rollenzwänge und Sanktionsandrohungen bestimmt wird.

M 12 Rollenhandeln ist „Interaktion" – Was man können muss, wenn man sich verstehen will

*Die Diskussion über die Rollentheorie führte u. a. dazu, dass das „konventionelle" Rollenkonzept, wie es von Dahrendorf formuliert worden war, durch einen Ansatz erweitert wurde, der die **Möglichkeiten individueller Gestaltung des Rollenhandelns** stärker betonte bzw. in den Mittelpunkt der Analyse stellte. Grundgedanke dieses bis heute gültigen Theorieansatzes ist, dass Rollenhandeln nicht in der einseitigen Übernahme gesellschaftlicher Zwänge in der Form von Rollenerwartungen besteht, sondern sich in einer wechselseitigen, vom Handelnden mitbestimmten Beziehung („Interaktion") vollzieht. Er geht davon aus, dass infolge der Vielfalt von Positionen in der Gesellschaft oft nur wenig eindeutige oder gar widersprüchliche Erwartungen an die Rolleninhaber gerichtet werden und dass es daher nicht darauf ankommt, vorgegebene Normen* nur einfach zu übernehmen und sich daran auszurichten, sondern dass zur Sicherung zufriedenstellender sozialer Interaktion die Rollenspieler gehalten sind, soziale Erwartungen mehr oder weniger aufzugreifen, ihr eigenes Verständnis zu verdeutlichen und sich auf ein gemeinsames „vernünftiges" (die Beteiligten möglichst weitgehend zufriedenstellendes) Verständnis zu einigen. Nach Lothar Krappmann (Soziologische Dimensionen der Identität, Klett-Cotta, Stuttgart 1982) sollte das handelnde Subjekt für ein solches „souveränes" Rollenhandeln über **vier Grundqualifikationen** verfügen, die in dem folgenden Text von Wolfgang Kramp etwas näher beschrieben werden.*

1. Souveränes Rollenhandeln (setzt) die Fähigkeit des Individuums voraus, jede seiner Rollen im Bewusstsein und im Lichte aller übrigen zu spielen, das heißt aber zugleich: gegenüber jeder einzelnen Rolle Distanz zu halten. Solche **„Rollendistanz"** setzt ihrerseits die Fähigkeit voraus, Normen zu reflektieren [kritisch zu bedenken] und flexibel zu internalisieren [zu verinnerlichen]. [...]
2. Wenn Rollendistanz die notwendige Voraussetzung dafür ist, unterschiedliche Verhaltenserwartungen miteinander und mit den eigenen Bedürfnissen in ein erträgliches Verhältnis zu bringen, so setzt die dabei erforderliche Abwägung ihrerseits die Fähigkeit des Individuums voraus, die Erwartungen der jeweiligen Interaktionspartner richtig zu erfassen, das heißt aber letztlich: sich in ihre Situation, ihre Bedürfnisse denkend und fühlend hineinzuversetzen, ohne dabei eigene Bedürfnisse oder Einstellungen auf sie zu projizieren [zu übertragen]. Diese als **„Empathie"** (auch als *role taking*) bezeichnete ... Fähigkeit schließt aber die Bereitschaft ein, bestimmte Erwartungen anderer ... gegebenenfalls auch als inakzeptabel, nämlich als den eigenen Bedürfnissen nach Wahrung von Ich-Identität abträglich zu betrachten und zurückzuweisen.
3. Wenn Empathie die Fähigkeit ist, fremde und zumeist konkurrierende Erwartungen als solche wahrzunehmen ... und sich schließlich von ihnen allen mehr oder minder distanzieren zu können, so setzt [das] eine weitere Fähigkeit voraus: die Fähigkeit des Individuums nämlich, der „Ambiguität" [lat. ambiguitas = Zweideutigkeit] oder Widersprüchlichkeit standzuhalten, die in-

Als **„Ich-Identität“**, wird die Fähigkeit eines Individuums bezeichnet, zwischen der Wahrung seiner persönlichen Einzigartigkeit („persönliche Identität“: zu sein wie kein anderer) und den ihm durch Rollenerwartungen abverlangten Verhaltensweisen („soziale Identität“: zu sein wie alle anderen) eine Art Balance zu halten: sich also den sozialen Erwartungen nicht grundsätzlich zu verschließen, sich ihnen aber auch nicht so weit zu unterwerfen, dass die persönlichen Bedürfnisse und Vorstellungen nicht mehr in das soziale Handeln eingebracht werden.

(Autorentext)

nerhalb einer Rolle wie zwischen den Anforderungen verschiedener Rollen und den eigenen Bedürfnissen nahezu immer waltet ... Souveränes Rollenhandeln [ist] nur bei ausgeprägter **„Ambiguitätstoleranz“** möglich, nämlich bei hinlänglicher Bereitschaft und Fähigkeit des Individuums, Rollenkonflikte als unvermeidlich anzusehen, auszuhalten und produktiv zu verarbeiten [und darauf vorbereitet zu sein, dass es in einem selbst und im Zusammenleben mit anderen immer wieder zu Spannungen kommen kann, die sich nicht immer sofort alle vollständig aufheben lassen, ohne einen Verlust an Identität oder an sozialem Kontakt hervorzurufen].

4. Nun kann freilich trotz Rollendistanz, Empathie und Ambiguitätstoleranz die Sicherung der Ich-Identität angesichts vielfältiger Rollenvorschriften immer noch in Gefahr geraten, sofern das Individuum nicht über eine vierte wichtige Fähigkeit verfügt: über die Fähigkeit nämlich, die Identität (s. Kasten) seiner Person ... auch gegenüber anderen deutlich sichtbar werden zu lassen. Solche **„Identitätsdarstellung“** erfordert unter anderem den zumindest zeitweiligen Verzicht auf jene Mittel, die das Individuum als Inhaber einer bestimmten Position und der damit verknüpften Rolle kenntlich machen: auf das Tragen einer (möglicherweise respekterheischenden) Amtskleidung, auf die Beachtung bestimmter rollenspezifischer Umgangsformen oder Sprachmuster und dergleichen mehr. Entscheidend ist jedoch, dass das Individuum sich im Rahmen jeder Rolle seinen Partnern als jemand darstellt, der nicht nur diese, sondern auch bestimmte andere Rollen zu spielen hat, in keiner aber völlig aufgeht und aufzugehen wünscht ... Schon die schlichte Mitteilung, dass man unterschiedlichen Erwartungen ausgesetzt sei und einfach keine von ihnen ganz zu erfüllen vermöge, lässt sonst unerträgliche Rollenkonflikte offensichtlich auf ein aushaltbares Maß schrumpfen.

(Wolfgang Kramp, Studien zur Theorie der Schule, Random House Gruppe, München 1973, S. 201–206)

1. Stellen Sie die typischen Züge des „traditionellen“ Rollenkonzeptes der Zielrichtung des „interaktionistischen“ gegenüber (Einleitung zu M 12, oben). Inwiefern könnte man sagen, dass bei dem einen Konzept die „Stabilität des Gesellschaftssystems“ im Vordergrund steht, bei dem anderen das Interesse und die Selbstbestimmung des handelnden Subjektes?

2. Erläutern Sie möglichst mit eigenen Worten die vier Grundqualifikationen des Rollenhandelns und den Begriff der „Ich-Identität“ (Kasten oben). Um zu verdeutlichen, welches konkrete Verhalten Ausdruck der jeweiligen Fähigkeit sein kann, sollten Sie versuchen, aus dem Bereich der Schule (oder eines anderen Erfahrungsbereichs) Fallbeispiele für die vier (sich z. T. überschneidenden) Fähigkeiten zu beschreiben, d. h. also schulische Situationen zu schildern (zu erfinden), in denen Lehrer/Lehrerinnen oder Schüler/Schülerinnen z. B. Rollendistanz und Empathie zeigen oder aber vermissen lassen (vgl. Arbeitshinweis 4).

3. Sind Sie der Meinung, dass Lehrer/innen und Schüler/innen im Allgemeinen über die beschriebenen Qualifikationen verfügen?

4. Noch ein paar auf den Bereich der Schule bezogene Fragen zu den einzelnen Qualifikationen:
   - Zur **Rollendistanz:** Beweist ein Lehrer Rollendistanz, wenn er gegenüber der Schüler-Erwartung, die geschriebene Klausur nach drei Tagen zurückzugeben, auf seine sonstigen „Engagements“ (z. B. als Familienvater oder als Mitglied eines Hobby-Clubs) verweist?
   - Zur **Empathie:** Inwiefern ist Empathie nicht gleichzusetzen mit Sympathie, wird aber durch Sympathie erleichtert? Was kommt in dem Begriff „role taking“ zum Ausdruck? Beweist ein Lehrer Empathie, wenn er einem Schüler eine schwere Täuschung (bei einer Klausur) durchgehen lässt?
   - Zur **Ambiguitätstoleranz:** In welchem Verhältnis steht diese Qualifikation zu dem (häufiger zu hörenden) Begriff der Frustrationstoleranz? Beweist ein Schüler Ambiguitätstoleranz, wenn er eine klar als ungerecht empfundene Klausurnote fraglos akzeptiert, weil er davon ausgeht, dass der Lehrer ohnehin die Note nicht ändern wird?
   - Zur **Identitätsdarstellung:** Sollte ein Lehrer/eine Lehrerin im Sinne dieser Qualifikation auf eine „rollenspezifische Umgangsform“ wie z. B. das Sich-Siezen-Lassen durch Schüler verzichten und ihnen das „Du“ anbieten?

II Wie Gruppen uns verändern

1. Arten und Merkmale von Gruppen

M 13 Die Bedeutung der Gruppe für den Einzelnen

Im Alltag hat das Individuum mit der Gesellschaft nur im Rahmen bestimmter Gruppen zu tun, in denen es lebt (z. B. Familie), ausgebildet wird (z. B. Schulklasse), seine Arbeit verrichtet (z. B. Kollegen im Betrieb) und seine Freizeit verbringt (z. B. Sportverein). Während die *Gesellschaft* für die meisten Menschen eine anonyme Instanz bleibt, unter der sie sich nichts Genaueres vorstellen können, bildet die Gruppe für sie eine unmittelbare Erfahrung. Sie begegnen dort Leuten, die sie dem Namen nach kennen, deren individuelle Eigenarten sie gewahr werden, mit denen sie sprechen, kooperieren, sich auseinandersetzen usw. Anders ausgedrückt: Das soziale Handeln des Individuums vollzieht sich in Gruppen; Gruppen stellen sozusagen den ‚Normalfall der Vergesellschaftung' des Menschen dar.

(Eberhard Hermes, Individuum, Gruppe, Gesellschaft, Ernst Klett Schulbuchverlag, Stuttgart 1994, S. 89)

Die Zugehörigkeit zu einer relativ dauerhaften Gruppe, in der unmittelbare Interaktion eines Mitglieds mit jedem anderen möglich ist und in der die Beziehungen durch Vertrautheit und Intimität gekennzeichnet sind, gehört offenbar zu den individuellen Grundbedürfnissen, deren Befriedigung die Voraussetzung für eine normale Persönlichkeitsentfaltung und speziell für das seelische Gleichgewicht des Einzelnen ist. [...]
Gruppen beeinflussen das Verhalten ihrer Mitglieder. Das Individuum handelt, wenn es Mitglied einer Gruppe ist, zumindest in bestimmten Situationen anders, als wenn es keiner Gruppe angehörte.

(Martin Schwonke, Die Gruppe als Paradigma der Gesellschaft. In: Bernhard Schäfers [Hg.], Einführung in die Gruppensoziologie, Quelle & Meyer, Wiebelsheim 1999, S. 37)

„Unsere Stellung in und zu der Gesellschaft als Ganzem bemisst sich nach unserer Zugehörigkeit zu ihren Gruppen. Aufgaben und Anerkennung fließen uns unmittelbar aus unseren Gruppen zu. In ihnen erfüllt sich unser Leben. Wer in keiner Gruppe Anerkennung, Zuneigung, Lob findet, beginnt an seinem Selbstwert zu zweifeln, mit eventuell schweren und dauernden psychischen Schäden." (Friedrich H. Tenbruck)

Erläutern Sie die drei Aspekte, unter denen die Bedeutung der Gruppe für das Individuum gesehen werden kann (M 13). Inwiefern ist „Vergesellschaftung" (vgl. dazu auch M 2) ohne Gruppe nicht denkbar?

Die Hinweise in M 13 gehen von einem bestimmten Begriff von Gruppe (Dauerhaftigkeit, unmittelbare Interaktion, Vertrautheit) aus. Da der Gruppenbegriff sehr vielfältig gebraucht wird, ist es notwendig, auch diese zentrale soziologische Kategorie genauer zu untersuchen und den Begriff „soziale Gruppe", auf den es in unserem Zusammenhang ankommt, von anderen Verwendungen des Begriffs „Gruppe" abzugrenzen. Wir haben dazu Texte ausgewählt, die keine abstrakte Begriffsklauberei betreiben, sondern durch ständige Bezugnahme auf konkrete Beispiele unseren Blick für die soziale Wirklichkeit schärfen und die Wichtigkeit soziologischer Begriffsbildung für eine differenzierte Analyse sozialer Sachverhalte unter Beweis stellen können.

M 14 Nicht jede Gruppe ist eine „soziale Gruppe" – Arten und Begriffe von Gruppen

Mit **„statistischer Gruppe"** oder besser (weil unmissverständlich) mit „Kategorie" wird hier schlicht eine Anzahl von Personen bezeichnet, die sich aufgrund eines oder mehrerer gemeinsamer Merkmale rein rechnerisch zusammenfassen lassen. Hierunter fallen beispielsweise Brillenträger, Mopedfahrer, Linkshänder, Menschen mit der Blutgruppe A usw.

Als rein statistische Kategorie hat diese formale Gemeinsamkeit keine weitere soziale Bedeutung [...]. Es handelt sich hier lediglich um eine gedankliche Zusammenfassung bzw. quantifizierende Zuordnung von Menschen aufgrund bestimmter Merkmale und Kriterien. [...]

Soziale Aggregate*

Ganz ähnlich verhält es sich auch, wenn Menschen im Zusammenhang mit irgendeinem Ereignis zu einem festgelegten Zeitpunkt an einem bestimmten Ort zusammenkommen. Man denke hier etwa an die Besucher eines Klavierabends in einem Konzerthaus oder an die Zuschauer eines Fußballmatchs in einem Stadion. Obwohl solche Menschen aufgrund eines gemeinsamen Merkmals und gemeinsamer Interessen in einem räumlichen (und oft noch „hautnahen") Zusammenhang stehen, müssen sie dennoch überhaupt keine sozialen Kontakte und wechselseitigen Beziehungen aufweisen. [...]

Sozialkategorien oder Quasi-Gruppen

Bedeutet ein gemeinsames Merkmal bei den davon betroffenen Menschen mehr als bloß eine statistische Gemeinsamkeit, dann spricht man häufig von einer *Sozialkategorie*. Dieser Begriff kann beispielsweise auf Personen mit hohem Einkommen angewandt werden, wenn sie aufgrund dieses Merkmals gesellschaftlich eine besondere Stellung einnehmen, einer bestimmten sozialen Schicht angehören und dadurch oft Macht und politischen Einfluss ausüben. Ebenso stellen auch Arbeitslose und Sozialhilfeempfänger, deren Teilhabe am gesellschaftlichen Leben und sozialen Gütern mehr oder weniger stark eingeschränkt ist, eine Sozialkategorie dar. Auch die Zugehörigkeit zu einem bestimmten Geschlecht, zu einer bestimmten ethnischen Gruppe oder Nationalität, aber auch die Tatsache, dass man ein bestimmtes Alter hat oder einen bestimmten Schulabschluss nachweisen kann, hat im Allgemeinen mehr als eine nur statistisch feststellbare Bedeutung. Vielmehr haben derartige Zugehörigkeiten meist weiter reichende, eben soziale Konsequenzen, die sich beispielsweise auf den gesellschaftlichen Rang (Status*), die Arbeitsmöglichkeiten oder die Kreditwürdigkeit, aber auch auf eine prekäre [schwierige, unsichere] Lebenslage, Armutserfahrungen, soziale Ausgrenzungen u. Ä. auswirken können. Das vordergründig bloß statistisch bzw. kategorial erfasste Merkmal wird damit sozial relevant. [...]

Soziale Gruppen

Aufgrund gleicher – sozial relevanter – kategorialer Merkmale können sich bei den hiervon betroffenen Menschen unter bestimmten Voraussetzungen *Gefühle der Zusammengehörigkeit* entwickeln, die zur Aufnahme von engeren sozialen Beziehungen untereinander und zur Ausbildung systematischer Muster der Interaktion führen können (s. Kasten). Wird das so entstandene Gebilde von den Beteiligten selbst oder auch von ihrer Umwelt als soziale „Einheit" angesehen und behandelt, dann können wir von der Existenz einer *„sozialen Gruppe"* sprechen. [...]

Für das Vorhandensein einer sozialen Gruppe müssen demnach folgende Bedingungen gegeben sein:

- die Existenz gemeinsamer *Motive, Ziele und Interessen*, die die Einzelnen überhaupt erst zusammenführen;
- ein *„Wir"-Bewusstsein* der Mitglieder, das einerseits bestimmt, „wer dazugehört" (Eigengruppe), und andererseits zur Abgrenzung nach außen gegenüber „den anderen" (Fremdgruppe) dient;
- ein gemeinsames *Werte- und Normensystem*, das die Identität der Gruppenmitglieder wesentlich mitbestimmt, die orientierende Grundlage ihrer Interaktions- und Kommunikationsprozesse bildet und ggf. auch ihre sozialen Beziehungen nach außen begleitet;
- ein längerfristiges Zusammenwirken der Gruppenmitglieder und zumindest Ansätze, meist aber klar erkennbare Ausbildungen einer internen *Rollenstruktur* und *Statusdifferenzierung**.

Auch diese begriffliche Fassung der sozialen Gruppe ist noch relativ abstrakt, insofern sie eine ganze Reihe verschiedener Arten und Formen alltäglicher Konkretisierungen „sozialer Gruppen" umspannt. Ohne Anspruch auf Vollständigkeit und gültige Systematisierung werden

> Die *Haarfarbe* spielt zwar bei uns im Allgemeinen keine große Rolle, wenngleich sie auch nicht völlig folgenlos ist für mancherlei Zu- und Abneigungen. Eine auffallend rote Haarfarbe dagegen kann besondere Aufmerksamkeit erregen. Tatsächlich gelten Rothaarige oft als Außenseiter und als Objekte von negativen Vorurteilen, Spott und Diskriminierung. Deshalb könnte sich bei Rothaarigen ein Wir-Gefühl entwickeln und also eine soziale Gruppe entstehen. *Körpergröße* ist zwar nicht unbedingt folgenschwer, zwergenhafter Wuchs war aber seit jeher vielfach Anlass für Hohn und Beschränkung auf besondere Tätigkeiten. Und selbst auffällige Körperlänge kann zum Keim einer sozialen Gruppe werden, wie der ‚Verein langer Menschen' zeigt.
>
> (Alfred Bellebaum, Soziologische Grundbegriffe, Kohlhammer, Stuttgart 2001, S. 27 f.)

daher im Folgenden (M 15) unter Berücksichtigung zusätzlicher bzw. feinerer Merkmale weitere Begriffsdifferenzierungen zur Charakterisierung bestehender sozialer Gruppen vorgenommen.

(Hans Peter Henecka [= M 2], S. 140–146)

1. Fertigen Sie eine kurze Übersicht an, in der Sie jedem der vier Gruppen-Begriffe die Merkmale zuordnen, auf denen die jeweilige Abgrenzung (Definition) beruht (M 14.). Versuchen Sie darüber hinaus für jeden der vier Begriffe eine kurze einprägsame Definition zu formulieren („Eine Sozialkategorie ist ...")

2. Erläutern Sie, inwiefern es sich bei folgenden Gruppen um „soziale Aggregate" handelt: Fußgänger am Zebrastreifen, Neugierige bei einem Verkehrsunfall, Theaterpublikum, Teilnehmer an einer öffentlichen Demonstration. Könnten sich solche „flüchtigen Gruppen" zu sozialen Gruppen entwickeln?

3. Um welche Arten von Gruppen handelt es sich bei den folgenden:
   a) Jugendgruppe der Pfarrgemeinde
   b) Fernsehpublikum
   c) Rudermannschaft
   d) Kaffeekränzchen älterer Damen
   e) SPD-Mitglieder
   f) Schülermannschaft des Sportvereins
   g) Teilnehmer einer Protestkundgebung
   h) Kirchenbesucher beim Gottesdienst
   i) Liebespaar
   j) Mitglieder des Hubertus-Schützenvereins
   k) „Spiegel"-Leser
   l) Folklore-Tanzgruppe
   m) Partygäste
   n) Crew eines Jumbo-Jets
   o) Bundeswehrkompanie
   p) Zuhörer bei einem Rock-Festival
   q) Wähler einer Partei
   r) Bürgerinitiative

M 15 Arten sozialer Gruppen

Primär- und Sekundärgruppen

Eine recht geläufige Unterscheidung von Gruppen ist die Einteilung in *Primär-* und *Sekundärgruppen*, – eine Differenzierung, die auf einen der Klassiker der amerikanischen Soziologie, Charles Horton Cooley* (1864–1929) zurückgeht.

- Charakterisiert werden die *Primärgruppen* durch enge und gefühlsmäßige Bindungen, überschaubare und umfassend personenbezogene Kontakte, direkte und unmittelbare zwischenmenschliche Beziehungen (sogenannte *„face-to-face relations"*) sowie durch relativ freie Handlungsräume mit der Möglichkeit zur Spontaneität. Als „primär" sind diese Gruppen zunächst durchaus im zeitlichen Sinne als erste soziale Erfahrungsräume des Kindes zu sehen, darüber hinaus aber auch als „primär" unter dem qualitativen Aspekt besonders nachhaltiger und entscheidender Prägungen auf die Sozialnatur des Individuums zu verstehen. Gemeint sind Gruppen, die einem am nächsten stehen und denen man sich vor allen anderen Zugehörigkeiten verbunden fühlt. Als Prototyp einer Primärgruppe gilt daher die *Familie*, andere Beispiele wären aber auch eine enge freundschaftliche Verbindung, eine „Clique*", eine Bande u. A. (vgl. Kasten).
- Den Primärgruppen stehen die übrigen gesellschaftlichen Gruppenverflechtungen gegenüber, die zusammenfassend als *Sekundärgruppen* bezeichnet werden. Bei diesen Sekundärgruppen handelt es sich in der Regel um Gruppen, die auf bestimmte Ziele hin zweckhaft ausgerichtet und organisiert sind, wie beispielsweise Schulen, Industriebetriebe, Standes-Organisationen, Vereine oder politische Parteien. Solche Sekundärgruppen sprechen nicht mehr den „ganzen" Menschen an, sondern sind – je nach ihren Zielsetzungen – überwiegend oder ausschließlich nur an dessen spezifischen Fähigkeiten interessiert (z. B. an bestimmten beruflichen Leistungen, betrieblichem Engagement, politischem Durchsetzungsvermögen usw.). Von daher grenzen Sekundärgruppen die sozialen Beziehungen auf bestimmte Ausschnitte der Person ein. Die zwischenmenschlichen Kontakte sind weniger gefühlhaft und eher unpersönlich, ja im Prinzip sachlich bestimmt; sie werden auch weniger auf der Grundlage wechselseitigen Vertrauens als vielmehr über formale Abmachungen und recht-

> „Unter Primärgruppen verstehe ich Gruppen, die durch eine sehr enge unmittelbare persönliche Verbindung (face-to-face association) und Kooperation gekennzeichnet sind. Sie sind primär in verschiedener Hinsicht, aber hauptsächlich in derjenigen, dass sie fundamental an der Herausbildung der Sozialnatur und der sozialen Ideale der Individuen beteiligt sind."
>
> (Charles H. Cooley, Social Organization, 1909, S. 23)

liche Vertragsvereinbarungen geregelt. Hinzu kommt, dass Sekundärgruppen aufgrund ihrer zahlenmäßigen Größe für das einzelne Mitglied oft unübersichtlich sind.
Gegenüber dem Begriff der Primärgruppe ist das Konzept der Sekundärgruppe relativ unscharf und diffus, was aber hier in der Natur der Sache liegt. Denn da es neben der Primärgruppe „alles Übrige“ darstellt, ist es dem definitorischen Charakter nach eine ziemlich weit gespannte Restkategorie. Aus den Alltagserfahrungen ist uns aber bekannt, dass Primär- und Sekundärgruppen keineswegs immer so unvermittelt und kontrastierend einander gegenüberstehen, wie dies vielleicht von der theoretisch-systematischen Betrachtungsweise her erscheinen mag. Offenbar gibt es auch soziale Erfahrungsfelder, die sowohl primär- als auch sekundärgruppenhafte Bezüge nebeneinander ermöglichen. Dies führt uns zu einer weiteren in der Soziologie üblichen Unterscheidung, nämlich derjenigen von informeller und formeller Gruppe.

Formelle und informelle Gruppen

Formelle Gruppen finden wir überall dort, wo Menschen zusammengeführt werden, um bestimmte Ziele aufgrund planvoller organisatorischer Festlegungen zu erreichen, also insbesondere im beruflichen Bereich. Wie bei Sekundärgruppen im Allgemeinen steht im Besonderen auch bei formellen Gruppen der jeweils genau fixierte *Zweckcharakter* im Vordergrund. Die Aufteilung von Arbeiten und das Zusammenwirken im Hinblick auf die zu erreichenden Ziele sind vielfach so weitgehend vorweggedacht und die damit verbundenen Positionen neben möglichst eingehenden und präzisen Rollenerwartungen über Organisationspläne und Arbeitsplatzbeschreibungen so stark vorbestimmt und definiert, dass in der Regel nur noch Menschen gesucht werden, die in der Lage sind, sich in die so entworfenen und organisierten Handlungsabläufe optimal einzufügen. An den Bewerbern für Aufgaben in solchen formellen Gruppen ist daher in erster Linie ihre leistungsorientierte Funktionalität im Hinblick auf den formellen Gruppenzweck interessant. Sie sollen sich möglichst reibungslos in das ihnen zugeordnete Funktionsgefüge einordnen, in der vorgeschriebenen Weise arbeitsteilig zusammenwirken (vgl. Abb.) und die erwarteten spezifischen Leistungsnachweise erbringen [...]. Infolgedessen sind die Handlungsabläufe in formellen Gruppen über entsprechende Organisationspläne, Geschäftsordnungen, Satzungen u. Ä. in der Regel eindeutig festgelegt und formal ausgestaltet [...].

Wie wir jedoch aus Ergebnissen einschlägiger soziologischer Untersuchungen, aber wohl auch aufgrund unserer eigenen Erfahrungen in beruflichen Arbeitsgruppen, in und mit großen Organisationen (Bundeswehr, Krankenhaus, Kirchen, Behörden, Verbände u. Ä.) her wissen, sind die dort tätigen Menschen im Allgemeinen keine „blutleeren Funktionäre“, die gleichsam mechanisch und emotionslos ihre Position verwalten und ihre Rollen in organisatorisch vorprogrammierten Formen vollziehen, sondern auch Menschen aus Fleisch und Blut, mit Stärken und Schwächen, deren Handeln sich – im Allgemeinen wenigstens – nicht auf rein formelle Beziehungen begrenzen lässt. Seitens der Organisationsleitung nicht berechenbar und im Hinblick auf die geplanten sozialen Beziehungen in formellen Gruppen durchaus nicht immer funktional, bringen die Gruppenmitglieder als Individuen doch immer auch nicht kalkulierbare Eigenschaften und Haltungen mit, persönliche Lebenserfahrungen und individuelle Arbeitsstile, mitmenschliche Wertungen und emotional getönte Zu- und Abneigungen, Kontaktbedürfnisse oder Distanzansprüche, sodass sie auf die ihnen dort zugedachten „objektiven“ Anforderungen der Aufgaben im Allgemeinen nur mehr oder weniger „persönlich“ gefärbte Antworten zu geben vermögen.

Diese Gegebenheiten führen beispielsweise in einem Industriebetrieb, einer Behörde oder einem Verband dazu, dass sich innerhalb oder auch außerhalb formeller bzw. organisierter Gruppen immer auch sogenannte *informelle* Sozialbeziehungen entwickeln, die wesentlich auf persönlicher Sympathie, ähnlichen Gefühlslagen, gleichgerichteten Interessen und Erwartungen beruhen, formelle Strukturen oft durchkreuzen und sich auch in *informellen Gruppen* kristallisieren können. Diese informellen Gruppen sind vergleichsweise klein und dienen primär der Befriedigung persönlicher, privater und emotionaler Bedürfnisse wie z. B. nach Anerkennung und Achtung, Mitsprache und Mitwissen, spontaner Personenbeziehung, Geborgenheit, Kollegialität oder Freundschaft, – individuelle Bedürfnisse also, die im Rahmen von Großgruppen formal nur ungenügend berücksichtigt werden (können).
Da sich informelle Gruppen jedoch nicht nur auf die sie begründenden affektiven Aspekte und Verbundenheiten begrenzen lassen, wirken sie sich auch häufig in positiver (*funktionaler*) oder negativer (*dysfunktionaler*) Weise auf die formalen Organisationsstrukturen, -ziele und -zwecke aus. [...] Beispielsweise können sich leistungshemmende Cliquenstreitigkeiten und gruppenspaltende Rivalitäten entfalten, Gerüchte können sich ausbreiten, informelle, die offiziellen Arbeitsvorschriften unterlaufende Leistungs- und Verhaltensnormen können sich herausbilden u. v. m. Aus diesem Grunde können informelle Gruppen sowohl Folge wie Ursache von Spannungen und Problemen innerhalb formeller Gruppen sein.
Im Zusammenhang mit formellen Gruppen sind praktisch immer und überall auch informelle Gruppen anzunehmen.

(Hans Peter Henecka [= M 2], S. 148–151)

1. Während in M 14 die „soziale Gruppe" von anderen Gruppen-Begriffen unterschieden wird, geht es in M 15 um die Differenzierung verschiedener Arten von sozialen Gruppen, genauer um eine doppelte Zweiteilung nach jeweils unterschiedlichen Kriterien. Wir schlagen Ihnen vor, in arbeitsteiliger Gruppenarbeit für die beiden Unterscheidungen (primär – sekundär, formell – informell) aus dem Text heraus jeweils eine tabellarische Gegenüberstellung mit den wichtigsten Merkmalen zu erstellen, sie (von jeweils einer Arbeitsgruppe) dem Plenum zu präsentieren und mit eigenen Worten zu erläutern (vgl. Arbeitshinweis 5).

2. In der Diskussion der Arbeitsergebnisse werden Sie feststellen, dass die beiden begrifflichen Unterscheidungen sich z. T. überschneiden, dass also z. B. eine konkrete Gruppe sowohl primär als auch informell sein kann. Welche Unterscheidungskriterien liegen der jeweiligen Zweiteilung zugrunde?

3. Erörtern Sie die in Z. 66 ff. angesprochenen Aspekte und Probleme am Beispiel informeller Gruppen innerhalb der formellen Gruppe „Schulklasse/Kurs" bzw. (im Gespräch mit Ihrer Lehrerin/Ihrem Lehrer) „Lehrerkollegium". Welche „funktionalen" (zweckdienlichen) und/oder „dysfunktionalen" (die Aufgabenerfüllung störenden) Wirkungen lassen sich ggf. erkennen?

4. Fertigen Sie eine Übersicht über die verschiedenen Arten von Gruppen (statistische Gruppe, soziales Aggregat/flüchtige Gruppe, Sozialkategorie, soziale Gruppe) an und ordnen Sie die folgenden, für die jeweilige Gruppe typischen Merkmale richtig zu: relativ stabile Beziehungen, ein oder mehrere Merkmale ohne soziale Bedeutung, zufällige Ansammlung von Menschen, Gefühl der Zusammengehörigkeit (Wir-Gefühl), geringe Kontakte, keine Kontakte, gemeinsames sozial relevantes Merkmal, gemeinsames Ziel und gemeinsame Normen, kollektives Verhalten.

5. Ergänzen Sie die Übersicht um die verschiedenen Arten *sozialer* Gruppen (formelle – informelle Gruppe, Primärgruppe, Sekundärgruppe; die Begriffe überschneiden sich z. T.). Folgende Merkmale sind zuzuordnen: enge persönliche Beziehung aller Mitglieder untereinander, ausgeprägte und rechtlich festgelegte Struktur, unpersönliche und für den Einzelnen unübersichtliche Beziehungen, persönliche Zuneigung, festgefügte überschaubare Einheit, vorgegebene Rollen und Normen, geringe Mitgliederzahl, große Mitgliederzahl.

6. Ordnen Sie auch die folgenden Beispiele (eins für jede Gruppe außer der sozialen Gruppe) zu: Konfession, Partei, Familie, Großbetrieb, Blutgruppe, bestimmte Mitglieder eines Lehrerkollegiums oder einer Schulklasse, Demonstranten.

2. Gruppenstrukturen und Gruppenprozesse

M 16 Die Bedeutung der Gleichaltrigengruppe

• Aus der Sicht des Individuums hat die peer group* die Funktion, den Übergang von emotionalen zu sachlichen Beziehungen zu erleichtern. Weniger soziologisch kann man aus der Sicht der Jugendlichen auch sagen: Geteiltes Leid ist halbes Leid. Aus der Sicht der Gesellschaft ist die Funktion der peer group, die Motivation zur Zustimmung zu den Rollen der Erwachsenengesellschaft herzustellen. Dafür gewährt sie einen *Übergangsraum*, in dem emotionale Bedürfnisse noch befriedigt werden und neue, sachliche Beziehungen ohne direkte negative Sanktion* gelernt werden können. Diese Mischung aus emotionaler Zuneigung und sachlicher Distanz ist auch noch in einer anderen Hinsicht förderlich: Die peer group im Jugendalter ist praktisch der erste soziale Raum, in dem der soziale Status* des Individuums nicht mehr zugeschrieben ist, sondern von der persönlichen Leistung abhängt (vgl. M 9, Kasten S. 95). Der Jugendliche bringt bei seiner Annäherung an die Clique* im Grunde nur sein Alter mit; wie er letztlich angesehen wird und wo man ihn in der Struktur der Gruppe platziert, das hängt ganz wesentlich von seinen Anstrengungen ab. Er muss sich seinen Status* hart erarbeiten. Zwar bringt die Gruppe der Gleichaltrigen einiges Verständnis mit, weil sich alle in der gleichen Phase emotionaler, sexueller und sozialer Entwicklung befinden, auf der anderen Seite ist die Gruppe nicht zimperlich mit der Definition von gut und böse, richtig und falsch. Der soziale Status verlangt, sich ständig der Zustimmung durch die anderen zu versichern!

• In diese Richtung zielt auch die Theorie von *Erik H. Erikson*, der die Funktion der peer group im Jugendalter darin sieht, die Identität* des Jugendlichen zu stützen. [...] Der Jugendliche ist nicht Fisch und nicht Fleisch und so empfindet er auch. Er will ständig herausfinden, wer er ist und wer er nicht ist, wie er aussieht und wie ihn die anderen ansehen. Unsicher in seinem Selbstgefühl sucht er nach Anerkennung der ganzen Person. Da er dabei ist, sich neu zu positionieren, löst er sich von den Eltern ab, deren Urteil von heute auf morgen nichts mehr gilt. Das geschieht oft in großen Gesten und in dramatischen Auseinandersetzungen, was aber nicht darüber hinwegtäuschen sollte, dass die Jugendlichen diese Ablösung selbst auch als Risiko erleben.

• In dieser Phase ist die Gruppe der Gleichaltrigen besonders wichtig. Doch alle sind sie in der gleichen Situation, sodass sich manches subjektive Problem schon durch die Erfahrung, dass alle anderen genau die gleichen Probleme (meist mit den Eltern) haben, aufschaukelt. Im Zweifel, wer man wirklich ist und wie es weitergehen soll, entscheidet man sich für eine bestimmte Meinung oder Verhaltensform, die man heute total vertritt und vielleicht morgen schon wieder vergessen hat. Dahinter steckt der Versuch, eine einmal entworfene Identität zusammenzuhalten. Die anderen in der Gruppe bilden dafür gewissermaßen den Chor, der diesen Entwurf absegnet und stützt. Das erfolgt in der kommentierenden Form von Kritik („Find ich doof!") und Lob („Echt cool!"). Die peer group ist in diesem Alter die bei weitem wichtigste Bezugsgruppe. Gemeinsam versichern sich die Jugendlichen ihrer Identitätsentwürfe und erwarten, dass sich alle an die Ideale halten, die dahinter stehen. Deshalb ist die Treue in dieser Phase auch so wichtig. Es ist natürlich auch die Treue im emotionalen Sinne oder gar romantischen Sinne.

- Genauso wichtig ist aber die durch Reden und Handeln zu belegende Treue [...]. Das erklärt auch, warum Jugendliche oft totalitären Ideen anhängen: Sie erklären alles, grenzen richtig und falsch klar ab und sie geben gemeinsamem Handeln die Richtung vor. Das hat zur Folge, dass mit dem erwachenden „Wir-Gefühl“ in der Gruppe fast immer eine Abgrenzung zu „den anderen“ verbunden ist. Die Solidarität, die sie sich gegenseitig geben, hat eine gefährliche Rückseite: die Verachtung aller anderen. [...]
- Nach der Theorie von Erikson findet der Jugendliche seine soziale Identität ganz wesentlich in der peer group. Darüber besteht in der Soziologie Konsens. Strittig ist aber, ob es eine soziale Identität ist, die auch der Gesellschaft nützt. Diese Frage hat in der Diskussion über die Funktion der peer group von Anfang an eine wichtige Rolle gespielt, und manche Soziologen haben die peer group auch als Raum betrachtet, in den Jugendliche ausweichen oder in dem sie gar den Widerstand gegen diese Gesellschaft proben. In vielen Jugenduntersuchungen spielte diese Befürchtung eine zentrale Rolle, und manchen Eltern ist auch heute noch der Einfluss der Clique nicht ganz geheuer. Dass die Gruppe der Gleichaltrigen abweichendes Verhalten fördern kann, ist auch gar nicht zu leugnen. Doch auch hier muss man wieder sagen, dass kein Individuum und kein soziales Gebilde im gesellschaftsfreien Raum existiert. Wo die peer group einen anderen Zugang zu einer anderen gesellschaftlichen Ordnung vermittelt, gibt es dafür Gründe. Sie liegen sicher oft genug auf der Seite der Individuen, aber genauso oft sicher auch auf der Seite der Gesellschaft.

(Heinz Abels, Einführung in die Soziologie, Bd. 2: Die Individuen in der Gesellschaft, VS Verlag für Sozialwissenschaften, Wiesbaden, 2. Aufl. 2004, S. 291–293)

1. Versuchen Sie, unter Rückgriff auf die in M 15 beschriebenen Unterscheidungen (primär/sekundär, formell/informell) zu klären, um welche Art einer sozialen Gruppe es sich bei der „peer group“ handelt.
2. Der bedeutende amerikanische Soziologe David Riesman hat im Hinblick auf die Identitätsfindung Jugendlicher gesagt: „Die Gruppe der Altersgenossen (engl. peers) ist das Maß aller Dinge.“ Erläutern Sie mit eigenen Worten, inwiefern nach M 16 gerade die Gleichaltrigengruppe spezifische Funktionen erfüllen kann: die Funktionen des „Übergangs“, der Erarbeitung eines bestimmten Ansehens durch persönliche Leistung und der Stützung der bisher erworbenen Identität*. Warum kann in dieser Altersphase die Familie diese Funktionen nicht in gleicher Weise erfüllen?
3. Auf welche Aussagen des Textes lassen sich die beiden Abbildungen beziehen?
4. Welche problematischen Seiten des Einflusses der peer group werden im Text angesprochen? Welche Arten „abweichenden Verhaltens“ kann sie fördern (letzter Abschnitt)?
5. Erörtern Sie auf dem Hintergrund Ihrer eigenen Erfahrungen die im Text enthaltenen Feststellungen und Einschätzungen zur Bedeutung der Gleichaltrigengruppe für Ihr Leben und Ihre Persönlichkeitsentwicklung. Gehen Sie dabei auch auf die Gesichtspunkte der Ablösung vom Elternhaus und möglichen „abweichenden Verhaltens“ ein.

M 17 Konformitätsdruck in Gruppen – das Experiment von Solomon Asch

Durch Experimente lassen sich Vermutungen über *Zusammenhänge zwischen Ursachen und Wirkungen* (‚kausale Hypothesen‘) auf ihre Übereinstimmung mit den Tatsachen prüfen. Zunächst muss [...] festgestellt werden, zwischen welchen ‚Folgen‘ und ‚Ursachen‘ Zusammenhänge betrachtet werden sollen; außerdem ist sicherzustellen, dass nicht andere denn die als ursächlich vermuteten Sachverhalte unbemerkte Einflüsse auf die interessierenden Zusammenhänge ausüben können. Das nimmt die Form an, dass man ein *Modell* des durch Experiment zu untersuchenden Wirkungsgefüges entwickelt, in das erstens die *abhängige(n)* Variable(n), zweitens die als ursächlich vermuteten *unabhängigen* Variablen* (s. Glossar) und drittens die als ‚Störungs-

quellen‘ auszuschaltenden [...] *intervenierenden* Variablen mit klaren Vermutungen über ihre wechselseitigen Zusammenhänge eingestellt werden. Dieses Modell dient sodann als Grundlage für den *Versuchsplan* bzw. die *Versuchsanordnung*. [...]
[In Laborexperimenten*] führt der Forscher bewusst jene Situationen herbei, in denen er durch kontrolliertes Bewirken bestimmter Sachverhalte und Beobachtung der Folgen solcher Eingriffe kausale Hypothesen prüfen will.

(Werner J. Patzelt, Einführung in die Politikwissenschaft, Wissenschaftsverlag Richard Rothe, Passau, 6. Aufl. 2007, S. 159 f.)

Solomon Asch (1907–1996), polnisch-amerikanischer Sozialpsychologe, u. a. an der Harvard-Universität

Es gibt eine ganze Anzahl experimenteller Anordnungen, mit denen die Wirkung des Gruppendrucks zur Konformität untersucht worden ist. Der Versuch von Asch ist jedoch wahrscheinlich der bekannteste. Eine Gruppe von Universitätsstudenten wurde in einen Unterrichtsraum geführt. Den Versuchspersonen wurde mitgeteilt, dass ihre Aufgabe darin bestünde, Striche gleicher Länge herauszufinden. An der linken Seite der Tafel befand sich eine weiße Karte mit einem einzigen Strich darauf, der Standardlinie. An der rechten Seite der Tafel befand sich eine zweite Karte, auf der drei verschieden lange Striche zu sehen waren, dies waren die sog. Vergleichslinien. Einer der Striche auf der rechten Karte war genauso lang wie der Strich auf der linken (s. Abbildung).

Wenn man eine Person fragt, welcher der Striche auf der Vergleichskarte genauso lang wie der Strich auf der Standardkarte ist, werden nur sehr wenige Schätzfehler gemacht. Was geschieht nun, wenn sich jemand in der Gesellschaft von z. B. sechs anderen wiederfindet, die auch angewiesen werden, ihre Schätzungen laut vorzunehmen? Normalerweise sollte das keinen Unterschied machen. In der Asch-Situation war das jedoch anders, denn jeder der z. B. sechs anderen war ein Verbündeter des Versuchsleiters, ohne dass die „naive“ Versuchsperson etwas davon wusste. Mit anderen Worten: Mit Ausnahme der naiven Versuchsperson bestand die Gruppe nur aus Strohmännern („stooges“).

Abb. 1

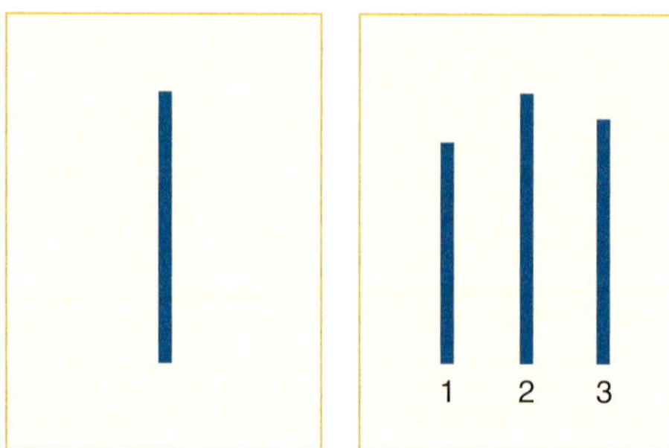

Standardkarte Vergleichskarte

Vor Versuchsbeginn und bevor die Versuchsperson erschien, war mit den sechs „Komplizen“ sorgfältig durchgesprochen und durchgeübt worden, bei welchen Schätzungen sie einstimmig falsche Antworten geben sollten. So sagten sie z. B. in der Situation, die in Abb. 1 abgebildet ist, dass Strich 3 die gleiche Länge wie die Standardlinie aufweise. Die unglückliche Versuchsperson befand sich nun plötzlich und unerklärlicherweise in Opposition zur gesamten Gruppe, und zwar nicht nur einmal, sondern mehrere Male im Verlauf des Versuches. Wahrscheinlich zum ersten Mal in ihrem Leben sah sich die Versuchsperson einer Situation gegenübergestellt, in der das Verhalten der gesamten Gruppe in klarem Gegensatz zur Beweiskraft ihrer eigenen Sinnesorgane stand. Die Versuchsperson sah sich dem Problem gegenübergestellt, entweder mit der Mehrheit nicht übereinzustimmen und das zu sagen, was sie auch auf sich gestellt geäußert hätte, oder ihr eigenes Urteil anzuzweifeln und der Gruppe zuzustimmen (vgl. Abb. 2 und Abb. S. 113). Es ist sehr aufschlussreich zu beobachten, was in derartigen Konfliktsituationen geschieht.

Abb. 2: Versuchsperson (Mitte) im Konformitätsexperiment von Asch zwischen zwei der fünf „Strohmänner“ dieser Gruppe

In Aschs erster Versuchsreihe wurden 123 naive Versuchspersonen mit zwölf kritischen Schätzungen getestet. Von der Gesamtzahl der abgegebenen Schätzungen waren 37 % falsch, d. h. 37 % der Urteile der naiven Versuchspersonen stimmten mit den (objektiv falschen) Schätzungen der einstimmigen Mehrheit überein. Es wurden allerdings beachtenswerte individuelle Unterschiede in den Reaktionen auf den Mehrheitsdruck beobachtet, die von völliger Unabhängigkeit bei einzelnen bis zur absoluten Unterwerfung bei allen Schätzungen bei anderen reichten.

(Leon Mann, Sozialpsychologie, übers. von Helmut Ekkehart Lück, Beltz, Weinheim und Basel 1980, S. 76 ff.)

- In der Gruppe derer, die dem **Gruppendruck** absolut widerstanden, fanden sich verschiedene Kategorien von Menschen: (a) Personen mit starkem Selbstvertrauen. Sie sagten ihre Meinung klar und eindeutig, ohne deswegen die Gruppe anzugreifen. Aber auch sie zeigten Anzeichen von Konflikt. (b) Die Introvertierten. Sie reagierten nicht frei und spontan, sondern so, als handelten sie unter dem Einfluss einer Maxime (Lebensregel, Verhaltensgrundsatz]: Man darf seine Individualität nicht aufgeben. (c) Eine dritte Gruppe zeigte starke innere Spannung und große Zweifel, glaubte aber, nur durch unabhängiges Urteilen der Aufgabe gerecht werden zu können.
- Auch in der Gruppe derer, die dem Gruppendruck nachgaben, fanden sich verschiedene Kategorien von Personen: (a) Eine sehr kleine Gruppe gab an, dass sich aufgrund der Mehrheitsmeinung ihre Wahrnehmung geändert habe. Ihnen erschien die von der Gruppe bezeichnete Linie dann in der Tat als die richtige Vergleichslinie. Sie waren sich eines Gruppendrucks gar nicht bewusst. (b) Die Mehrzahl derer, die nachgaben, reagierte anders. Sie nahmen zwar richtig wahr, trauten aber ihrem Urteil nicht. Sie glaubten, ungünstig zu sitzen, glaubten, dass mit ihren Augen etwas nicht stimmte, und gingen generell von der Meinung aus, dass die Mehrheit ja wohl Recht haben müsse. (c) Es gab auch noch eine dritte Gruppe von Versuchspersonen, die zwar korrekt wahrnahmen und sich auch in ihrem Urteil sicher fühlten, die aber nicht auffallen wollten. Sie wollten Streit vermeiden und gaben aus diesem Grund dem Gruppendruck nach.

(Alexander Thomas, Grundriss der Sozialpsychologie, Bd 2: Individuum, Gruppe, Gesellschaft: Hogrefe, Göttingen 1992, S. 99 f.)

In diesem Zusammenhang muss die Frage diskutiert werden, welcher Aspekt des Einflusses einer Majorität [Mehrheit] wichtiger ist, die Größe ihrer Majorität oder ihre Übereinstimmung im Urteil. Um diese Frage zu entscheiden, wurde das Experiment modifiziert. In einer Serie von Versuchsanordnungen wurde die abweichende Gruppe von einer Person bis auf 15 variiert. Die Ergebnisse zeigen dann einen klaren Trend: Wenn ein Subjekt mit einer einzelnen Person konfrontiert wird, die von seinem Urteil abweicht, ist es wenig erschüttert. Es bleibt meistens unabhängig und steht zu seinem anfänglichen Urteil auch bei der Fortsetzung der Versuche. Nimmt die Opposition aber zu, sind es also zwei, die widersprechen, dann nimmt auch der Anpassungsdruck zu. Es entsteht eine Minorität und eine Majorität. Die in der Minorität stehenden Subjekte akzeptieren nun auf einmal bis zu 13,5 % die falsche Antwort. Unter dem Druck einer Majorität von drei sind es bereits 31,8 %. Ein weiteres Ansteigen der Größe der Majorität vergrößert nicht mehr das Gewicht des Anpassungsdruckes.
Wenn man aber die Einheitlichkeit im Urteil der Majorität stört, so hat das einen schlagenden Erfolg. Einem abweichenden Individuum wurde eine Versuchsperson zugestellt, die dahingehend instruiert worden war, nur richtige Antworten zu geben. Die Anwesenheit dieser unterstützenden Person in Bezug auf die richtige Antwort nahm der Majorität viel von ihrem Einfluss. Ihr Anpassungsdruck auf das dissentierende Individuum war bis zu einem Viertel abgesunken, d. h., die infrage stehenden Personen antworteten nur noch 1/4-mal sooft falsch wie unter dem Druck einer einheitlichen Majorität. Dabei waren die Reaktionen dem zustimmenden Partner gegenüber interessant: Das allgemeine Gefühl war Zuneigung und Vertrauen. Auf Fragen jedoch verneinte die Versuchsperson, dass ihn letztlich der Partner zur Entscheidung bestimmt hätte.

(Jakobus Wössner, Soziologie: Einführung und Grundlegung, Böhlau Verlag Köln Wien, 9. Aufl. 1986, S. 70 f.)

M 18 Konformität im Laboratorium und im Alltag

• Es mag verwirrend klingen, dass viele Universitätsstudenten mit normaler Sehfähigkeit angeben können, dass ein 20 cm langer Strich 24 cm lang sei, nur weil sechs andere Studenten dies behaupten. Bei der Beurteilung dieses Befundes muss man jedoch berücksichtigen, dass ein Unterschied zwischen einer künstlichen Laboratoriumsatmosphäre und dem wirklichen Leben besteht. Die Asch-Situation löst wahrscheinlich mehr Konformitätsverhalten aus, als es im tatsächlichen Leben vorkommt, weil es im Laboratorium eine Reihe von Faktoren gibt, die die Unabhängigkeit erschweren. Im alltäglichen Leben kann sich das Individuum dazu entschließen, überhaupt kein Urteil abzugeben, wenn es nicht sicher ist oder von der Problematik nichts versteht, aber im Laboratorium wird es dazu gezwungen, entweder klein beizugeben oder zu widersprechen. Es kann nicht beliebig lange mit seinem Urteil zurückhalten. Es kann sich weder den anderen Gruppenmitgliedern mitteilen und den Konflikt in offener Diskussion zu lösen versuchen noch kann es das Laboratorium verlassen, um einen sachverständigen Rat über den Zustand seiner Augen einzuholen oder zu erfahren, wie man am besten die Länge von Linien schätzt. In gewissem Sinne ist die ganze Aufgabe im Versuch auch banal, und die Versuchsperson wird wahrscheinlich wenig Gedanken darüber verlieren, ob es sich „gehört“, sich beim Schätzen von Strichlängen einer Mehrheit zu beugen, wohingegen sie vielleicht bei Fragen mit höherer Ich-Beteiligung (z. B. bei politischen Meinungen) dem Gruppendruck starken Widerstand entgegensetzen würde. Das Asch-Experiment stellt ohne Zweifel eine der wenigen Situationen im Leben eines Menschen dar, in der sechs Personen einstimmig seinem Urteil widersprechen. In Wirklichkeit haben die meisten Leute Partner, auch wenn sie eine Minderheit bilden, die ihre Meinung teilen und ihnen soziale Bestätigung gewähren.

• Es gibt andererseits verschiedene Aspekte der Asch-Situation, die einen wegen der Häufigkeit der Anpassung ziemlich nachdenklich machen können. Die zu beurteilenden Stimuli [Reize] sind ohne Zweifel einfach und unzweideutig. Im Gegensatz zu Meinungsunterschieden zwischen Gruppenmitgliedern im wirklichen Leben gibt es hier eine objektiv richtige Antwort. Die „Gruppe“ besteht nur aus bunt zusammengewürfelten Leuten ohne Beziehung. Da keine fortdauernde Mitgliedschaft zu dieser „Gruppe“ möglich ist, sollte die Furcht vor Zurückweisung wegen abweichender Schätzungen keinen allzu großen normativen Druck auf den Einzelnen ausüben. Es muss jedoch darauf hingewiesen werden, dass sich das Individuum in seiner eigenen Gruppe von Freunden sicherer fühlt, abweichendes Verhalten in Erwägung zu ziehen, ohne das Risiko einer totalen Zurückweisung einzugehen. In solch einer Gruppe kann das Individuum damit rechnen, eine gewisse Reserve an „Abweichungskredit“ zu besitzen, die sich nur dann erschöpft, wenn es seine Zustimmung zu einer Reihe von wichtigen Fragen verweigert. Dies ist jedoch bei einer Versammlung von Fremden in einem Laboratorium nicht der Fall. Wenn sich auch darüber streiten lässt, ob Laboratoriumsuntersuchungen über Konformität in ihrer Bedeutung für das alltägliche Leben über- oder unterschätzt werden, lässt sich trotz allem nicht leugnen, dass die Vp [Versuchsperson] in die Asch-Situation echt verstrickt ist und sich in einer Konfliktsituation befindet. Die Gültigkeit der Befunde Aschs kann man daher kaum herunterspielen.

(Leon Mann, Sozialpsychologie, übers. von Helmut Ekkehart Lück, Verlag Beltz, Weinheim und Basel 1980, S. 78 f.)

1 Machen Sie sich klar, was in den Sozialwissenschaften mit „Experimenten“, in diesem Fall mit „Laborexperimenten*“ festgestellt/überprüft werden soll und welche methodischen Gesichtspunkte dabei wichtig sind (M 17). Lesen Sie dazu zunächst den Text bis Z. 55 durch und beantworten Sie folgende Fragen:
- Welche „Hypothese“ wollte Solomon Asch überprüfen?
- Worin bestand die von ihm als Forschungsleiter eingeführte „unabhängige Variable“, d. h. seine „künstliche“ Gestaltung der experimentellen Situation („Manipulation“, „Eingriff“)?
- Worauf musste er dabei achten, damit die Überprüfung seiner Hypothese nicht durch andere Faktoren als die der „unabhängigen Variablen“ „gestört“ wurde?
- Worin bestand die „abhängige Variable“, die beobachtete Folge seines „Eingriffs“?

2 Stellen Sie das Ergebnis des Versuchs (Z. 56 ff.) deutlich heraus (hinzuzufügen ist, dass bei den Mitgliedern einer Kontrollgruppe*, die ihre Schätzungen einzeln abgaben, die „Fehlerquote“ bei 1 % lag), und erläutern Sie dann die durch eine Befragung nach dem Experiment festgestellten unterschiedlichen Erklärungen für das Verhalten der „verschiedenen Kategorien von Menschen“ (Z. 67 ff.). Wovon hängt es letztlich ab, ob eine „irregeleitete“ Versuchsperson (s. Foto S. 110 u.) sich dem „Gruppendruck“ beugt oder nicht?

3 Erläutern Sie auch, inwieweit die Größe einer (instruierten) Majorität (Mehrheit) den Anpassungsdruck auf die („naiv“ gehaltene) Versuchsperson verstärkt und welche Wirkung es hat, wenn sich in der Majorität auch nur eine Person befindet, die die richtige Schätzung abgibt (Z. 83 ff.).

4 „Wem die experimentelle Situation zu konstruiert erscheint, kann einmal beobachten, was in der Kantine passiert, wenn einer, der in der Runde etwas gilt, sagt, das Fleisch habe einen leichten Beigeschmack“ (H. Abels [= M 16], S. 295). Erläutern Sie den Bezug dieser Bemerkung zum Asch-Experiment.

5 Stellen Sie heraus, was in M 18 über die Gültigkeit („Validität“) des Laborexperiments von Asch für alltägliche Lebenssituationen gesagt wird. Wie schätzen Sie selbst – ggf. aufgrund eigener Erfahrungen in Gruppen – diese „externe Validität“ des Experiments ein?

6 Konkrete Einblicke in die Anordnung und den Ablauf von Konformitätsexperimenten nach Asch bieten zwei Videos, die im Internet auf YouTube zur Verfügung stehen: das erste (s. Abb.) unter der Adresse http://www.youtube.com/watch?v=TYIh4MkcfJA&NR=1, das zweite (mit Erläuterungen in deutscher Sprache) unter der Adresse http://www.alltagsforschung.de/das-konformitatsexperiment-so-entsteht-gruppenzwang/

7 Es ist grundsätzlich möglich, das Asch-Experiment auch mit einer Schülergruppe durchzuführen. Dazu bedarf es allerdings

- einer genauen methodischen Planung, deren Schwierigkeit vor allem in der „Naivhaltung“ der Versuchspersonen und der Absprache mit der übrigen Gruppe der „Instruierten“ liegt, und
- einer sehr behutsamen Auswahl der (eher volljährigen und hinreichend „ichstarken“) Schüler/Schülerinnen, die als „naive“ Versuchspersonen fungieren sollen.

Als recht ergiebig hat sich dabei das nach Durchführung des Experiments zu führende Auswertungsgespräch erwiesen, in dem neben methodischen Implikationen vor allem auch die Frage erörtert werden kann, wie sich die Versuchspersonen gefühlt haben (vgl. M 17) und inwieweit es überhaupt legitim ist, „mit Menschen zu experimentieren“.

III Organisationen als soziale Systeme – Beispiel: der Betrieb

M 19 Gruppen und Interessen im System der Unternehmung

Die Unternehmung nimmt von außen Arbeitskräfte, finanzielle Mittel, Rohstoffe und Energien, Betriebsmittel und Informationen auf; in ihrem Inneren vollzieht sich eine Vielfalt von Prozessen wie Forschung und Entwicklung, Beschaffung und Lagerung, Planung und Kontrolle usw., die offenbar alle auf das Ziel hinauslaufen, möglichst viele der erstellten Produkte in möglichst kurzer Zeit an die Außenwelt, Markt genannt, mit Gewinn abzugeben. Es ist zu vermuten, dass die eingesetzten Faktoren, je nach Art der Prozesse, in denen sie wirksam werden, recht unterschiedliche Beziehungen zueinander aufnehmen und dass schließlich die wesentlichen Prozesse sinnvoll miteinander verknüpft sein müssen.

Ein Blick auf die beteiligten Personengruppen und ihre Interessen ergibt ebenfalls ein buntes Bild: Da treten die Kapitaleigentümer, Mitarbeiter, Lieferanten von Betriebsmitteln, Werkstoffen und Informationen, die Kreditgeber, die Abnehmer und private und öffentliche Institutionen (z. B. Finanzamt) in Erscheinung. Das alle verbindende Interesse besteht offenbar darin, aus den Aktivitäten der Unternehmung einen Nutzen zu ziehen, sei es in Form der Erzielung eines möglichst hohen Einkommens oder der Befriedigung von Bedürfnissen durch Güter und Dienstleistungen. Die im Unternehmen Tätigen, seien sie Eigentümer oder Mitarbeiter, erwarten von ihrer Tätigkeit über die Einkommenserzielung hinaus die Möglichkeit, Lebensbereiche nach eigenen Vorstellungen zu gestalten und die eigenen Fähigkeiten zu entfalten.

Es wäre jedoch falsch, aus der Tatsache, dass alle genannten Personengruppen Ansprüche an die Unternehmung stellen, auf gleichlaufende Interessen zu schließen. Einkommenssteigerungen einer Gruppe vollziehen sich z. B. in der Regel zu Lasten aller übrigen. Unternehmungen können aber nur bestehen, wenn sie bei allen Gruppen Unterstützung finden, weil sie auf ihre Leistungen angewiesen sind.

(Erika Baumann, Das System Unternehmung, Kohlhammer Verlag, Stuttgart 1978, S. 25)

M 20 Unterschiedliche Sichtweisen

a) Der Betrieb wird oft recht unterschiedlich gesehen und bewertet: [...]
- als Ort der Produktion von Gütern und Dienstleistungen,
- als Ort sozialen Geschehens,
- als Ort der beruflichen Aus- und Weiterbildung,
- als Ort zur Sicherung der privaten und gesellschaftlichen Existenz,
- als Ort, an dem Menschen einen wesentlichen Teil ihres Lebens verbringen,
- als Ort organisierter Arbeit,
- als arbeitsteiliges, fremdbestimmtes Zwangssystem und als Herrschaftssystem, das gekennzeichnet ist durch abhängige Beschäftigung, [...]
- als eine Einrichtung, die der Gewinnmaximierung dient,
- als Betrieb im Sinne von Betriebsamkeit und Geschäftigkeit, von Anforderungen und Stress.

Hinter diesen Aussagen verbergen sich unterschiedliche Betrachtungspositionen und Interessen, verschiedenartige Zielvorstellungen, Meinungen. Was ist der Betrieb wirklich? Ist er nicht vielmehr ein komplexes, vielschichtiges System?

(Josef Evers u. a., Der Betrieb – Bd. 1: Wirkungsstruktur und Entscheidungsbereich, Bachem Verlag, Köln 1981, S. 24)

Betrieb: eine Wirtschaftseinheit, die Güter bzw. Leistungen erstellt und auf Märkten anbietet. Es wird der Begriff „Betrieb" häufig mit technisch-organisatorischer Einheit gleichgesetzt, das **Unternehmen** dann eher mit juristisch-finanzieller Einheit. Beispiel: Die Volkswagen AG ist das Unternehmen, die einzelnen Werke des Unternehmens weltweit sind Betriebe. Umgangssprachlich werden beide Begriffe häufig synonym gebraucht.

(Autorentext)

b) Was der Betrieb für mich bedeutet:

(Hans Kaminski [Hg.], Praxis Arbeit/Wirtschaft Gesamtband, Westermann Verlag, Braunschweig 1998, S. 198; Foto: © picture-alliance/dpa)

1 Erläutern Sie etwas näher, welche unterschiedlichen Gruppen von Menschen und Institutionen in jeweils bestimmter Weise an einem Unternehmen/Betrieb beteiligt sind und worin Gemeinsamkeiten und Unterschiede der jeweiligen Interessen liegen können (M 19).

2 Ordnen Sie die in M 20 a/b enthaltenen Sichtweisen und Aussagen bestimmten am Betrieb beteiligten Gruppen zu und begründen Sie Ihre Entscheidungen. Stellen Sie heraus, welche Sichtweisen und Aussagen in Konflikt miteinander stehen können.

M 21 Die Stellung der Unternehmen im Wirtschaftskreislauf

Von Autos für Fernost bis zur Tiefkühlkost für den Supermarkt um die Ecke, Unternehmen produzieren Güter und Dienstleistungen für den Fremdbedarf. Sie wirtschaften selbstständig und sind darauf ausgerichtet, Gewinn zu erzielen. Ohne dass es ihr direktes Handlungsmotiv ist, dienen sie der Befriedigung von Bedürfnissen Dritter. Sie sind in den Wirtschaftskreislauf eingebunden und als Marktteilnehmer mit vielfältigen Märkten verflochten. So tragen sie zur Güterversorgung, zur Einkommensentstehung und zur Bereitstellung von Arbeitsplätzen bei. Um Güter und Dienstleistungen zu „produzieren“ und „bereitzustellen“, müssen sie die dafür erforderlichen Ressourcen* auf Beschaffungs-, Arbeits- und Geldmärkten besorgen, diese in Güter und Dienstleistungen umwandeln und sie schließlich auf Absatzmärkten anbieten.
Unternehmen sind komplexe ökonomische Systeme, die in Konkurrenz mit anderen um die Gunst Dritter unter Unsicherheit handeln. Um ihre Ziele zu realisieren, benötigen sie eine adäquate Organisation. Gewinn und Verlust sind dabei die steuernden, wenngleich auch nicht die alleinigen Entscheidungskriterien: Denn schließlich steht bei dauerhaften Verlusten die Existenz eines Unternehmens auf dem Spiel.

(Informationen zur politischen Bildung Nr. 293: Unternehmen und Produktion, Bundeszentrale für politische Bildung, Bonn 2007, S. 4; Verf.: Birgit Weber)

Aus dem Blickwinkel von Unternehmen sind folgende Aspekte des Wirtschaftskreislaufs von besonderer Bedeutung: Angebot von Dienstleistungen und Verkauf von Waren an Privatpersonen (z. B. Lebensmittel) und an den Staat (z. B. Bau von Autobahnen), Exporteinnahmen (z. B. Verkauf von Pkw in die USA) sowie Importausgaben (z. B. Kauf von Bananen aus Südamerika). Zudem müssen Zahlungen an Staat (Steuern), Privatpersonen (Löhne, Gehälter) und an andere Unternehmen (Güter, Dienstleistungen) berücksichtigt werden.

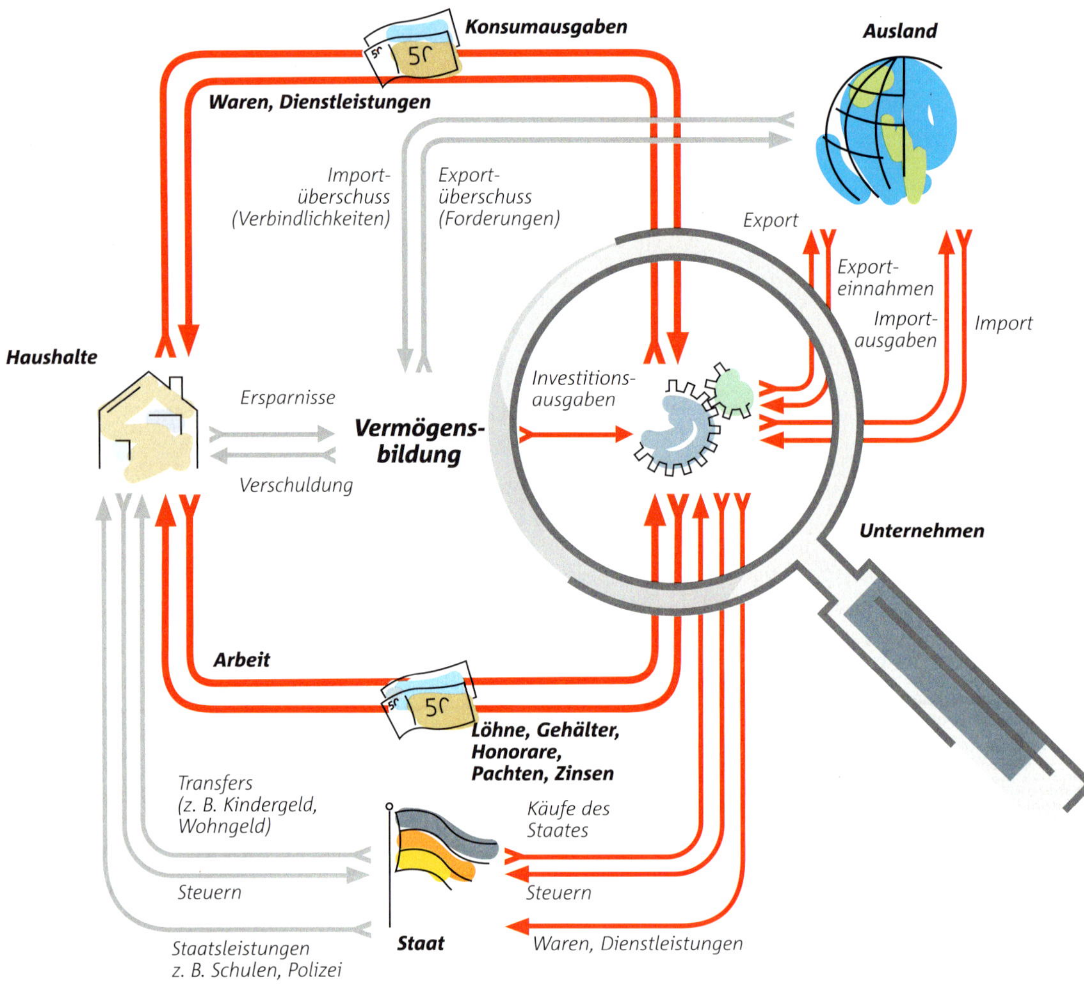

(Schul/Bank [Hrsg.], WIE? – Wirtschaft erleben Band 2, Bundesverband deutscher Banken, Berlin 2006, S. 55)

1. Erläutern Sie die in M 21 genannten Merkmale und Aufgaben von Unternehmen und beschreiben Sie – auch anhand des Schemas – Ihre Stellung und Bedeutung im Modell des Wirtschaftskreislaufs.

2. Heben Sie hervor: Inwiefern „tragen Unternehmen zur Güterversorgung, zur Einkommensentstehung und zur Bereitstellung von Arbeitsplätzen“ (Z. 5 f.) bei?

3. Klären Sie an dieser Stelle auch die begriffliche Unterscheidung zwischen „Unternehmen“ und „Betrieben“ (M 20 a, Kasten S. 114 u.; im Rahmen unseres Kapitels werden wir uns auf den „umgangssprachlichen“ Gebrauch beschränken).

M 22 Der Betrieb als ökonomisches System

a) Aufbau- und Ablauforganisation

Grundsätzlich wird zwischen der *Aufbauorganisation* und der *Ablauforganisation* eines Betriebes unterschieden.

1. *Aufbauorganisation*: Mit der Aufbauorganisation wird geregelt, wer, wo, mit welchen Mitteln etwas tun soll. Sie regelt so die Zuordnung von Aufgaben zu Mitarbeitern. Aufgabenbereiche werden abgegrenzt und mit entsprechenden Mitarbeitern besetzt. Es wird festgelegt, wer für bestimmte Aufgaben die Verantwortung trägt und Weisungen erteilen darf.
2. *Ablauforganisation*: Sie regelt den Ablauf der betrieblichen Arbeitsprozesse und beantwortet die Frage, wie, wann und warum bestimmte Aufgaben erledigt werden müssen.

Die Aufbauorganisation kann mit der Anlage eines Straßennetzes verglichen werden. Die Ablauforganisation entspricht der Regelung des Verkehrs in diesem Straßennetz. So wie nur das Vorhandensein des Straßennetzes und die genauen Regelungen des Verkehrsflusses einen reibungslosen Ablauf des Straßenverkehrs sicherstellen, so können die vielfältigen betrieblichen Aufgaben nur dann zufriedenstellend erledigt werden, wenn eine gut durchdachte Aufbau- und Ablauforganisation die Tätigkeiten in einem Betrieb regelt und miteinander abstimmt.

(Hans Kaminski [Hrsg.], Praxis Arbeit/Wirtschaft Gesamtband, Westermann Verlag, Braunschweig 1998, S. 203)

b) Betriebliche Arbeitsbereiche

Während der Herstellung eines Produkts sind Zusammenarbeit und Absprachen der einzelnen Unternehmensbereiche wichtig. So ist die Abteilung **Beschaffung und Lagerhaltung** auf Informationen aus den Abteilungen **Produktion und Absatz** angewiesen, damit sie z. B. weiß, welche Rohstoffe in welcher Menge eingekauft werden müssen. Gleichzeitig verwaltet sie das Lager und sorgt so dafür, dass das in der Fertigung benötigte Material vorrätig ist. Allerdings sind für die eigentliche Fertigung weitere Produktionsfaktoren wie Arbeitskräfte und Maschinen notwendig, die ebenfalls bereitgestellt werden müssen. Es macht keinen Sinn, wenn ein Produktionsfaktor im Überfluss und andere notwendige Produktionsfaktoren* gar nicht vorhanden sind, denn nur im Zusammenspiel kann das angestrebte Produkt hergestellt werden. Somit ist es wichtig zu wissen, welche Einsatzmengen von den jeweiligen Produktionsfaktoren benötigt werden. Die „Gewinnschwelle“ beschreibt die Absatzmenge, bei der die Gesamtkosten für die Herstellung durch die erzielten Erlöse gedeckt werden.

Der **Vertrieb** übernimmt den Verkauf der fertigen Waren. Er ist dafür zuständig, dass die Waren die Kunden erreichen. Hierzu arbeitet er eng mit der **Marketingabteilung*** zusammen, die mithilfe ihrer Instrumente versucht, das Produkt am Markt zu platzieren.

Darüber hinaus müssen Fragen nach der Verwendung finanzieller Mittel oder nach deren Beschaffung beantwortet werden. Investieren bedeutet, Maschinen, Fahrzeuge oder Grundstücke zu erwerben, die z. B. für eine Betriebserweiterung benötigt werden. Investitionen sind aber auch Lizenzen oder Patente sowie Beteiligungen an anderen Unternehmen. Bei der **Finanzierung** unterscheidet man *Eigenkapital* und *Fremdkapital*. Eigenkapital ist das Kapital, das von den Eigentümern in das Unternehmen eingebracht wird. Es ist am Gewinn, aber auch am Verlust beteiligt. Im Gegensatz dazu steht das Fremdkapital, also die Schulden eines Unternehmens durch Kredite, die das Unternehmen zurückzahlen muss.

Das **Rechnungswesen** stellt für viele der hier aufgeworfenen Fragen und Aufgaben mögliche Antworten zur Verfügung. Es bildet die Vorgänge und Zustände des wirtschaftlichen Handelns des Unternehmens ab und hat die Aufgabe, Entscheidungen zu unterstützen, Rechenschaft über die Unternehmensprozesse abzulegen sowie diese zu kontrollieren und zu steuern.

(Bundesverband deutscher Banken [Hrsg.], Schul/Bank, „Wie? – Wirtschaft erleben“ Band 2, Berlin 2006, S. 50 ff.)

Grundaufgaben und Marktbeziehungen der Unternehmungen

Beschaffungsmärkte ➔ Beschaffung ➔ Produktion ➔ Absatz ➔ Absatzmärkte

betriebliche Vorgänge

(Günther Ashauer, Grundwissen Wirtschaft, Ernst Klett Schulbuchverlag, Leipzig 2005, S. 60)

Beschaffung	Produktion	Absatz
von • Arbeitskräften, • Betriebsmitteln, • Werkstoffen, • Finanzmitteln Aufgaben des Betriebs: Sicherstellen, dass 1. das Material (was?) 2. in der erforderl. Menge (wie viel?) 3. von einem Lieferanten (woher?) 4. zum richtigen Zeitpunkt (wann?) vorhanden ist.	Aufgabe des Betriebs z. B.: • Planung des Produktionsprogramms • Planung des Fertigungsablaufs Es sind Entscheidungen zu treffen, • welche Produkte • in welchen Mengen • in welcher Ausstattung • in welcher Typenvielfalt hergestellt werden sollen.	Aufgabe des Betriebs z. B.: • Welche Lage am Markt, • welche Ziele werden angestrebt? • Welche Mittel werden wie, wann eingesetzt? (Produktionspolitik, Preispolitik, Absatzwegepolitik, Kommunikationspolitik)

(© IÖB – Institut für Ökonomische Bildung Oldenburg)

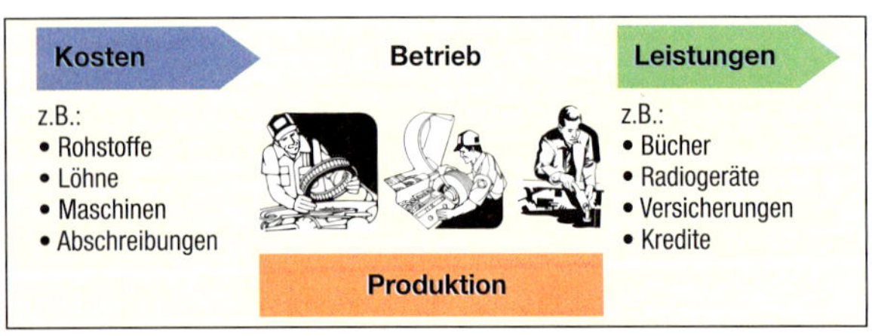

(Helmut von Nuding/Josef Haller, Wirtschaftskunde, Ernst Klett Schulbuchverlag, Leipzig 2006, S. 290)

Industrie- und Handwerksbetriebe stellen Sachgüter her. Andere Betriebe, wie z. B. Friseure oder Rechtsanwälte, erbringen Dienstleistungen für ihre Kunden. Sachgüter und Dienstleistungen werden in der betrieblichen Kostenrechnung als **Leistung** bezeichnet. Um sie erstellen zu können, werden andere Sachgüter und Dienstleistungen verbraucht. Wird der Verbrauch von Sachgütern und Dienstleistungen mit Geld bewertet, so ergeben sich die **Kosten**. Sie sind das Gegenstück der Leistungen. Ohne Kosten können keine Leistungen erstellt werden. Betriebliche Kosten sollten ständig überwacht und kontrolliert werden. Sind die Kosten zu hoch, kann dies zu Lasten des Gewinns gehen. Hohe Kosten können aber auch die Konkurrenzfähigkeit von Betrieben gefährden. Wenn sie im Wettbewerb nicht unterliegen wollen, müssen sie ständig versuchen, ihre Kosten zu senken. Als Unternehmer tätig zu sein, bedeutet daher vor allem eins: einen ständigen Kampf mit den Kosten.

(Roland Lötzerich/Peter-J. Schneider, Wirtschaft – Was? Wie? Warum?, Winklers Verlag, Darmstadt 2004, S. 308)

1 In M 21 (Z. 11 f.) wurde auf die Notwendigkeit einer „adäquaten Organisation“ in Unternehmen hingewiesen. Klären und erläutern Sie dazu die Unterscheidung nach Aufbau- und Ablauforganisation, auch anhand des Vergleichs mit einem Straßennetz (M 22 a).

2 Überlegen Sie: Könnte man auch für die Institution „Schule“ von einer Aufbau- und einer Ablauforganisation sprechen? Begründen Sie Ihre Antwort.

3 Beschreiben Sie anhand von M 22 b die drei zentralen Aufgabenbereiche („Grundfunktionen“) und die damit verbundenen Arbeitsbereiche eines Betriebs und nennen Sie nach Möglichkeit jeweils konkrete Beispiele.

4 Erklären Sie die für jede Art von Betrieb entscheidende Beziehung zwischen Kosten und Leistungen (M 22 b, letzter Abschnitt).

5 Erläutern Sie die folgenden Kostenarten: Personalkosten, Sachkosten, Kapitalkosten, Bezugskosten für Dienstleistungen Dritter, Steuern. Ordnen Sie die folgenden Beispiele diesen Kostenarten zu: Kreditzinsen, Löhne, Telefongebühren, Gewerbesteuer, Rohstoffe.

M 23 Der Betrieb als soziales System

M 23 a „Nicht nur Instrumente der Aufgabenerfüllung" – Menschen in Unternehmen

Die Tatsache, dass einem Unternehmen in der Regel viele Menschen angehören, hat eine Reihe wichtiger Konsequenzen:
– Die Aufgaben im Unternehmen werden arbeitsteilig erfüllt. Das bedeutet, dass zweckmäßige Arbeitsabläufe sichergestellt und die Erfüllung der Teilaufgaben aufeinander abgestimmt werden müssen. Es ist notwendig, die Einzelaktivitäten der Unternehmensmitglieder auf gemeinsame Ziele auszurichten. Damit ergibt sich in Unternehmen stets eine Führungsaufgabe, die durch indirekte und direkte Einflussnahme auf das Verhalten der Unternehmensmitglieder wahrgenommen wird.
– Die Menschen in einem Unternehmen sind zwar stets Instrumente der Aufgabenerfüllung [...], aber diese Menschen bringen gleichzeitig Werte, Motive, Verhaltensdispositionen, Gewohnheiten und Erwartungen in das Unternehmen ein. Das Unternehmen muss Vorsorge treffen, dass die Motive und Bedürfnisse der Unternehmensmitglieder befriedigt werden. Es ist notwendig, dass Strukturen, Arbeitsformen und Anreizsysteme entwickelt werden, die dieser motivationalen Komponente ausreichenden Raum zur Befriedigung geben.
– Menschen in einem Unternehmen entwickeln persönliche Beziehungen, die ein breites Spektrum von Zuneigung bis Ablehnung umfassen können. Neben sachlichen Differenzen können auch auf der persönlichen Ebene Konflikte entstehen, die Kräfte absorbieren [beanspruchen, verbrauchen] und deshalb der Bearbeitung bedürfen. [...] Das sind wichtige Konsequenzen, die charakteristisch für das Unternehmen als soziales System sind.

(Wolfgang Weber, Unternehmen als ökonomische und soziale Aktionszentren, Westermann Verlag, Braunschweig 2005, S. 22 f.)

M 23 b „Informelle" Strukturen im Betrieb – das „Betriebsklima"

Neben den bisher beschriebenen formalen Organisationsaspekten finden sich auch informale Informationsstrukturen, die in einem Unternehmen für den reibungslosen Ablauf von Arbeitsprozessen von wichtiger Bedeutung sein können. Dazu trägt z. B. die Qualität der *zwischenmenschlichen Beziehungen* zwischen den Beschäftigten in einem Unternehmen bei, die sich im *Betriebsklima* widerspiegeln. Das Betriebsklima bleibt nicht ohne Einfluss auf die Arbeitszufriedenheit, Leistungsbereitschaft, auf das Wohlbefinden und das Verhalten der Mitarbeiterinnen und Mitarbeiter. Andererseits wirken sich auch familiäre Verhältnisse und besondere Umstände auf das Arbeitsverhalten im Unternehmen aus. Menschen in einem Unternehmen sind nicht nur zu organisieren, zu verplanen, zu Stellenträgern zu machen, um die Unternehmensziele zu erreichen. Mitarbeiterinnen und Mitarbeiter haben Gefühle, werden von Stimmungen beeinflusst, haben Wünsche. Den einen Mitarbeiter mag man, den anderen nicht. Krankheit und Ärger

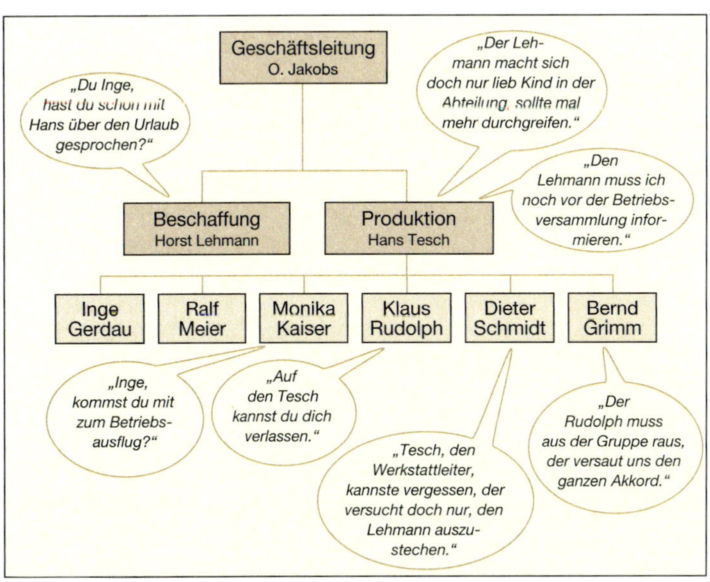

in der Familie, Streit zwischen den Ehepartnern, den Kindern haben auch Einfluss auf die Arbeit. Oder: Eine alleinstehende Mutter mit der Dreifachbelastung von Familie, Haushalt und Beruf steht unter einem ganz anderen Arbeitsstress als ein Mann, der sich weitgehend auf seinen Beruf konzentrieren kann.

(Hans Kaminski [Hrsg.], oec. Ökonomie, Westermann Verlag, Braunschweig 2005, S. 264)

1 Erläutern Sie die in M 23 a genannten Konsequenzen, die sich daraus ergeben, dass in Betrieben nicht nur Maschinen, sondern vor allem Menschen tätig sind, und die daher den Betrieb als „soziales System" kennzeichnen.

2 Was versteht die Betriebssoziologie unter „informellen" Strukturen, die sich i. d. R. innerhalb und neben der formalen Organisation des Betriebs herausbilden (s. M 21)? Vergleichen Sie dazu auch die Darstellung der Grafik S. 119 u. und M 15, Z. 40 ff.

3 Inwiefern wird ein Zusammenhang zwischen einem guten oder schlechten „Betriebsklima" und der Leistungsbereitschaft und dem Erfolg eines Unternehmens gesehen?

M 24 Der „Hawthorne-Effekt" – Wie die Bedeutung informeller Gruppen und menschlicher Beziehungen im Betrieb entdeckt wurde

Im ersten Jahrzehnt des 20. Jahrhunderts entwickelte der amerikanische Ingenieur und Arbeitswissenschaftler Frederick Winslow Taylor (1856–1915) mit seinem Hauptwerk „The Principles of Scientific Management" (erschienen 1911) ein Konzept der „wissenschaftlichen Betriebsführung", mit dem die betrieblichen, insbesondere die arbeitsteiligen Arbeitsprozesse so organisiert und geregelt werden sollten, dass es zu einer deutlichen Leistungssteigerung des einzelnen Arbeiters und der betrieblichen Produktion komme.

Frederick Winslow Taylor (1865–1915) arbeitete nach dem College-Abschluss als Ingenieur in verschiedenen Unternehmen und brachte es bis zum Chefingenieur. Unter „Taylorismus*" versteht man bis heute die Anwendung von Methoden zur Produktivitätssteigerung in der Industrie.

Was Taylor gemeint hat, kann man in einem Satz zusammenfassen: Die Menschen müssen optimal an technische Vorgaben angepasst werden: „Bisher stand die ‚Persönlichkeit' an erster Stelle, in Zukunft wird die Organisation und das System an erste Stelle treten." (Taylor 1911, S. 4) Dazu schlug Taylor u. a. vor:

- Arbeitsteilung, vor allem zwischen Hand- und Kopfarbeit;
- Standardisierung der Arbeitsabläufe nach vorheriger Untersuchung der wirklich notwendigen Handgriffe, was später als Grundlage von Arbeitszeitstudien und Ergonomie diente;
- Feststellung von Leistungskurven und darauf abgestellte Arbeitszeiten und Pausen;
- Vorgabe eines genauen Arbeitspensums und Festlegung einer Prämie für die Erfüllung des Solls;
- Einführung von Akkordlöhnen [Bezahlung nach dem Umfang der erbrachten Leistungen], weil der wirtschaftliche Anreiz als höchste Motivation angesehen wurde.

Die Erfolge schienen Taylor Recht zu geben. Überall, wo seine Prinzipien angewandt wurden, stieg die Produktivität* an. [...]

Taylor war fest davon überzeugt, dass diese Organisation der Arbeit auch dem Arbeiter nützt, denn wenn er einmal die Prinzipien des Bewegungsablaufs und der Zusammenarbeit begriffen habe, dann werde er auch ein Interesse daran haben, dass ihm seine Leistung individuell und genau zugerechnet werde. Deshalb hielt Taylor auch den Akkordlohn für das ideale Lohnsystem. Natürlich mussten auch die äußeren Bedingungen der Arbeit stimmen. Neben der genauen Platzierung von Pausen war es u. a. die Forderung nach einer optimalen Beleuchtung am Arbeitsplatz, von der Taylor die Produktivität abhängen sah. Just dieses Thema spielte dann in den sogenannten Hawthorne-Studien eine zentrale Rolle. Sie läuteten die zweite Phase der Organisationsstudien ein. Nachdem das Management der Western Electric Company in Hawthorne erfolglos mit der Beleuchtung experimentiert hatte, wandte es sich an den Industriepsychologen Elton Mayo von der Harvard Business School, der ganz in der Forschungstradition Taylors stand. Unter seiner Leitung gingen Fritz J. Roethlisberger und William J. Dickson ans Werk und führten zwischen 1927 und 1933 Experimente durch, beobachteten Arbeitsabläufe und befragten die Arbeiter. Aus den umfangreichen, ziemlich überraschenden Forschungsergebnissen will ich hier nur einige Ergebnisse referieren.

- Roethlisberger und Dickson wollten optimale Helligkeitswerte ermitteln und experimentierten dazu in einer Montagegruppe, die Telefonrelais zusammenstellte. Was dann passierte, beschrieb Mayo später so: „Die Ergebnisse waren verwirrend. Roethlisberger gibt zwei Beispiele: Die Beleuchtung im Experimentierraum wurde verbessert, und die Erzeugung stieg; aber sie stieg auch im Kontrollraum. Und das Gegenteil davon: Die Beleuchtung im Experimentierraum wurde von drei Meterkerzen auf eine Meterkerze herabgesetzt, und wieder stieg die Erzeugung; gleichzeitig stieg sie aber auch im Kontrollraum, in dem die Beleuchtung gleich geblieben war." (Mayo 1945, S. 110)

Ob man es strahlend hell machte oder auf schummeriges Mondlicht drosselte, die Produktivität stieg. Als die Forscher nicht weiterkamen, wandten sie sich an die Arbeiter selbst und fragten sie, ob sie sich das erklären könnten. Sie konnten! Sie sagten nämlich, sie freuten sich, dass Wissenschaftler ihnen so viel Aufmerksamkeit schenkten, und da wollten sie auch zeigen, was sie können. „Der ‚Hawthorne-Effekt' war entdeckt!" (Scott 1981, S. 128)

Damit war auf einen Schlag eine Grundannahme des „scientific management" infrage gestellt: Der Arbeiter war keineswegs der kühle homo oeconomicus*, für den nur optimale Arbeitsbedingungen und guter Lohn für gute Arbeit zählten. Ihm war es offensichtlich wichtig, auch als Individuum wahrgenommen zu werden. Das war in den Organisationskonzepten nicht vorgesehen. Und noch etwas anderes war dort nicht vorgesehen, was die Forscher dann zu Tage förderten: Es gab neben der *formellen* Organisationsstruktur offensichtlich eine *informelle*, die u. U. weitaus entscheidender für die Produktivität war.

- Auf diese informelle Struktur (s. Kasten) stieß man, als man die Experimente aufgab und Arbeiter in Gruppendiskussionen zum Reden brachte. Da zeigte sich nämlich, dass es informelle Statushierarchien* gab, die mit der offiziellen Führungsstruktur nicht übereinstimmten. Es gab Arbeiter, an die man sich wandte, wenn man Probleme mit der Arbeit oder mit Vorgesetzten hatte, und es gab Arbeiter, die die Meinung anderer beeinflussten. Außerdem kam heraus, dass es einen stillschweigenden Konsens gab, was ein angemessenes Arbeitstempo war. Auch da gab es Meinungsführer und Mitläufer. Aus all diesen Ergebnissen schlossen die Forscher, dass die *menschlichen Beziehungen („human relations")* ein entscheidender Faktor in jeder Organisation sind.
- Für eine Theorie der Organisation ergab sich daraus zwingend, dass eine Optimierung der *technical organization* ohne eine Optimierung der *human organization* nicht zu einer dauerhaften Steigerung der Produktivität und schon gar nicht zu einer dauerhaften Motivierung der Mitglieder führt. Die dann unter dem Titel „Human relations school" firmierende praktische Organisationstheorie setzte denn auch wesentlich auf die sog. Menschenführung im Betrieb.
- Eine zentrale Rolle spielte dabei auch ein neues Konzept der sozialen Kontrolle: „In klassischen Organisationen übt die Organisationsleitung Kontrolle im Wesentlichen durch gewisse allgemeine organisatorische Maßnahmen, durch generelle Durchsetzung und Aufrechterhaltung von Disziplin (u. a. mittels Aufsicht von Vorgesetzten über Untergebene) und durch Verarbeitung von Informationen aus, die auf Anforderung der Unternehmensleitung von unten heraufgereicht werden. Unter den Bedingungen des Human-relations-Modells nimmt die Wahrnehmung der Kontrollfunktion eine andere Gestalt an. Wegen der Verlagerung wichtiger Entscheidungsfunktionen nach unten hat Gehorsam gegenüber Anordnungen von oben und damit die unternehmerische, politische Ausübung von Kontrolle mittels Durchsetzung und Aufrechterhaltung von Disziplin nur noch begrenzt Bedeutung. Stattdessen spielt Kontrolle durch professionale [berufliche] Qualifikation und durch horizontale [unter den Beschäftigten auf jeder Stufe] Kommunikation und Kooperation [...] eine große Rolle." (Fürstenau 1967, S. 348)

(Heinz Abels, Einführung in die Soziologie. Band 1: Der Blick auf die Gesellschaft, VS Verlag für Sozialwissenschaften, Wiesbaden, 2. Aufl. 2004, S. 208–211)

Individuen schaffen nämlich in den sozialen Anordnungen eines Betriebes persönliche Beziehungen. Sie bilden **informelle Gruppen**, in denen jede Person eine bestimmte Position oder Stellung bekommt. Diese entstehen spontan und lassen sich charakterisieren [...] „... as a network of personal relations which have been developed in and through a particular way of working together".

– Informelle soziale Organisationen gibt es auf jeder Ebene eines Betriebs und im Bereich der Güterproduktion ebenso wie in der Verwaltung. In jedem Falle ist ihre Existenz eine notwendige Bedingung für die innerbetriebliche Zusammenarbeit, ohne sie kann die formelle Organisation nicht auf Dauer existieren. Formelle und informelle Organisationen sind also wechselseitig *miteinander verbunden*, und es ist wichtig, die Art dieser Verbindung festzustellen.

– Die informelle Organisation oder Gruppe bietet dem Einzelnen soziale Anerkennung und Orientierungssicherheit. Sie befriedigt damit seine persönlichen sozialen Bedürfnisse und bindet ihn in den Betrieb ein. Für den Betrieb selbst sind diese Organisationen nicht grundsätzlich „schlecht". Denn es gibt neben Gruppen, die den Betriebszwecken und der formellen Organisation entgegenwirken (z. B. Widerstand gegen einen geplanten Wandel betrieblicher Strukturen), auch solche, die die formelle Organisation unterstützen und mit den Absichten des Managements übereinstimmen.

(Roethlisberger/Dickson 1939, S. 560 f.; zitiert nach: Bernhard Schäfers, Einführung in die Gruppensoziologie, Quelle & Meyer Verlag, Wiesbaden, 3. Aufl. 1999, S. 83)

Amitai Etzioni fasst die wichtigsten **Erkenntnisse der Human-Relations-Forschung** in folgenden Punkten zusammen:

– Die Leistung eines Arbeiters (und damit das Niveau der Leistungsfähigkeit und Rationalität in der Organisation) wird nicht durch seine physische, sondern durch seine soziale „Kapazität" bestimmt; denn das Produktionsergebnis wird durch soziale (Gruppen-)Normen* bestimmt und nicht nur durch physiologische Leistungsgrenzen.

– Nicht finanzielle Anreize spielen eine ausdrückliche Hauptrolle bei der Bestimmung der Motivation und Zufriedenheit der Arbeiter; denn neben der finanziellen Entlohnung ist für den Einzelnen auch die Anerkennung ein wichtiges Ziel seiner Anstrengungen.

– Der höchste Grad an Spezialisierung stellt keineswegs die wirkungsvollste Form der Arbeitsteilung dar; denn häufig handeln oder reagieren die Arbeiter nicht als Individuen, sondern als Mitglieder einer Gruppe.

– Bei der Führung ist in Bezug auf die Festsetzung und Erzwingung von Gruppennormen der Unterschied zwischen formeller und informeller Führung zu beachten.

(Aus: H. L. Gukenbiehl, Differenzierende Gruppentheorien, in: Bernhard Schäfers, Einführung in die Gruppensoziologie, Quelle & Meyer Verlag, Wiesbaden, 3. Aufl. 1999, S. 82)

1. Erläutern Sie das Forschungsinteresse des amerikanischen Arbeitswissenschaftlers F. W. Taylor und die Voraussetzungen, von denen er in seinen Untersuchungen und Vorschlägen zur Verbesserung der Arbeitsproduktivität* ausging (M 24, Z. 1 ff.).

2. Beschreiben Sie, aus welcher Situation heraus es in den Hawthorne-Werken zu umfangreichen Untersuchungen und Experimenten unter Leitung von Elton Mayo (1880 – 1949) im Hinblick auf den Zusammenhang von Arbeitsbedingungen und Leistungserbringung kam (Z. 42 ff.).

3. Beschreiben Sie, zu welchen Erkenntnissen die Forscher im Verlauf ihrer Untersuchungen kamen und inwiefern diese Erkenntnisse denen des „Scientific Management" von Taylor widersprachen. Erläutern Sie dazu die Begriffe „informelle" Betriebsstruktur (vgl. dazu M 15, Z. 39 ff.), „Hawthorne-Effekt" und „Human-Relations-Ansatz".

4. Erläutern Sie mit eigenen Worten die zusammengefassten Ergebnisse der „Human-Relations-Forschung" (S. 122 o.) und stellen Sie Bezüge zu Textstellen im vorangehenden Bericht her.

M 25 Aufgaben des Managements und „Führungsstile" in Unternehmen

M 25 a Managementaufgaben

Die betrieblichen Vorgänge laufen nicht von allein ab. Schon beim Bau eines Segel-Modellflugzeuges, den drei Freunde beschließen, wird das angestrebte Ziel nur dann erreicht werden, wenn ein genauer Plan vorliegt. Dieser legt fest, wer den Rumpf, wer das Leitwerk und wer die Flügel fertigt. Schließlich muss laufend kontrolliert werden, ob die entstehenden Teile auch dem Plan entsprechen.
Wie viel mehr sind solche Aufgaben des Planens und Abstimmens in einer großen Unternehmung notwendig, wo Tausende Arbeitskräfte in arbeitsteiliger Produktion z. B. Passagierflugzeuge herstellen. Ohne *Planung* (was ist wo, wann und wie zu tun?), ohne *Organisation* (Umsetzung der Planung; wer soll was tun, wie viel Entscheidungsbefugnis hat er bei der Durchführung?), ohne *Kontrolle* (überprüfen, ob die geplante Arbeit richtig ausgeführt wird und, wenn nicht, die erforderlichen Korrekturen vornehmen) würde die Unternehmung kein Flugzeug herstellen können, geschweige denn je Gewinn erzielen.
Durch **Planen**, **Organisieren**, **Kontrollieren** und **Führen** (die Mitarbeiter dazu bringen, die vorgeschriebenen Arbeiten gern und gut auszuführen) versucht die **Unternehmungsleitung** (das Top-Management), die Unternehmungsziele zu erreichen. Diese Tätigkeiten bezeichnet man als **Managementaufgaben**. Sie sind bei **allen** betrieblichen Vorgängen von Bedeutung, also bei der Beschaffung, der Produktion und dem Absatz (vgl. M 22 b).

(Günter Ashauer, Grundwissen Wirtschaft, Ernst Klett Schulbuchverlag, Leipzig 2005, S. 60)

Kontrolle
Die Kontrolle ist der Vergleich der erreichten Ergebnisse mit den angestrebten Zielen (Soll-Ist-Vergleich). Ihr Zweck besteht darin, Informationen über die Ursachen für eventuelle Abweichungen zu gewinnen. Spätere Prognosen und Planungen sollen dadurch treffsicherer und realistischer werden. Die Kontrolle dient auch der Beurteilung der geleisteten Arbeit von Mitarbeitern, die sowohl mit negativen (Tadel, Abmahnung usw.) als auch mit positiven Sanktionen (Anerkennung, Gehaltserhöhung) verbunden sein kann.
(Wirtschaft heute, Bibliographisches Institut Mannheim 2009, S. 60)

M 25 b Führungsstile

Zentrales Problem der Lenkung und Steuerung von Unternehmen ist die Sicherstellung eines einheitlichen, auf gemeinsame Ziele gerichteten Handelns der Unternehmensmitglieder. Sie sollen gemeinsam die Aufgaben des Unternehmens erfüllen. Unternehmen ergreifen deshalb vielfältige Maßnahmen, um gemeinsames und gut koordiniertes Handeln zu sichern. Die Unternehmensmitglieder werden im Sinne dieses Ziels beeinflusst. Die intendierte, d. h. die beabsichtigte und zielgerichtete Beeinflussung wird als *Führung* bezeichnet. [...]
Die unmittelbare Verhaltensbeeinflussung in Arbeitsgruppen bzw. im direkten Vorgesetzten-Mitarbeiter-Kontakt wird häufig als *Personalführung* bezeichnet. Das Interesse richtet sich auf das Führungsverhalten bzw. die sogenannten Führungsstile, die Merkmale von Führungspersonen und die Identifizierung von Bedingungen, unter denen Führung erfolgreich verläuft. [...]
Typische *Muster des Führungsverhaltens* werden meistens als *Führungsstile* bezeichnet. Es werden ein- und mehrdimensionale Führungsstil-Typologien unterschieden. Eine verbreitete eindimensionale Typologie unterscheidet verschiedene Verhaltensweisen des Führenden, die vom autoritären bis zum demokratischen oder partizipativen [die Beteiligung der Mitarbeiter fördernden] Führungsstil reichen. Der *autoritäre* Führende gibt die Ziele vor, bevorzugt den Befehl und gibt nur die jeweils nächsten Arbeitsschritte bekannt, er verzichtet auf Überzeugung, lässt Gruppenmitglieder nicht an den Entscheidungen partizipieren und kontrolliert eher das Verhalten als die Ergebnisse der Arbeit. Der *demokratisch* oder partizipativ orientierte Führer beteiligt die Gruppenmitglieder an den Entscheidungen und versucht, eher Ratschläge einzubringen und zu überzeugen als zu befehlen. Bei dieser eindimensionalen Typologie steht die Dimension Willensbildung im Mittelpunkt der Betrachtung.

(Wolfgang Weber [= M 23 a], S. 76 f.)

- Eindimensionale Führungsstile bergen aber auch ihre Probleme. Ein allein auf die Bedürfnisbefriedigung der Mitarbeiter ausgerichteter „kooperativer" Führungsstil kann zum Beispiel dazu führen, dass durch unangemessenes Arbeitstempo Termine nicht eingehalten werden und die Arbeitsteilung zwischen den Abteilungen nicht funktioniert. Ein autoritärer Führungsstil, der allein die Produktionssteigerung anstrebt, geht letztlich zu Lasten der Mitarbeiter. Aber auch der goldene Mittelweg, der häufig nach Kompromissen zwischen Unternehmens- und Mitarbeiterzielen sucht, erhöht letztlich vor allem unproduktiven Koordinationsaufwand. Ein partizipativer Führungsstil forciert hingegen durch eine ausgewogene Abstimmung der Aufgabenanforderungen und Mitarbeiterbedürfnisse eine hohe Arbeitsleistung.
- In der Betriebswirtschaftslehre wird es von den Rahmenbedingungen abhängig gemacht, ob ein autoritärer bzw. partizipativer Führungsstil von Vorteil ist. So gilt Letzterer vor allem dann als angebracht, wenn die Mitarbeiter gut ausgebildet, aufgeschlossen, kreativ und initiativ sind, wenn hoch komplexe Situationen innovatives Handeln und nichtstandardisierte Aufgaben schöpferisches, flexibles und wenig regelgeleitetes Handeln erfordern. Im Gegensatz dazu verspricht der mehr autoritäre Führungsstil eher Erfolg bei stark sicherheitsmotivierten Mitarbeitern ohne Eigeninitiative in Situationen, die rasche Entscheidungen erfordern, und bei hoch routinierten, sich wiederholenden Aufgaben, die wenig Eigeninitiative und kaum Entscheidungsspielraum verlangen.

(Informationen zur politischen Bildung Nr. 293: Unternehmen und Produktion, Bundeszentrale für politische Bildung, Bonn 2007, S. 37 f.; Verf.: Birgit Weber)

Die Geschäftsführung der Novum GmbH hat für das Unternehmen mithilfe einer externen Beratungsgesellschaft eine neue Unternehmensstrategie entwickelt. Diese Neuausrichtung bedingt eine verstärkte Kunden- und Mitarbeiterorientierung. Aus diesem Grunde setzt die Geschäftsführung ein Projektteam ein, welches ein neues Unternehmensleitbild sowie Grundsätze der Mitarbeiterführung entwickeln soll. Die Novum GmbH ist in ihrer Führungskultur bisher dadurch gekennzeichnet, dass die Mehrzahl der Führungskräfte ihre Entscheidungen weitgehend selbst treffen. Sie sind dabei noch durch den Führungsstil des Unternehmensgründers geprägt, der als ein sehr strenger, aber dennoch beliebter Vorgesetzter seine „Untergebenen" nicht an Entscheidungen beteiligte und auch die Kontrolle weitgehend selbst ausübte. Die neue Geschäftsführung will die Unternehmung zukünftig partnerschaftlich führen. Damit möchte sie einen Führungsstil im gesamten Unternehmen erreichen, bei dem die Eigeninitiative der Mitarbeiter stärker gefördert wird. Doch die Änderung im Führungsstil der Novum GmbH erfolgt leider nicht ohne Schwierigkeiten [...]

(Ewald Neef u. a.: Spezielle Wirtschaftslehre Industrie, Kieser Verlag, Neusäß 1997, S. 320 ff.)

1 Charakterisieren Sie etwas näher die in M 25 a genannten vier Aufgaben des Managements. Was unterscheidet „Planung" von „Organisation"? Warum gilt „Kontrolle" als die unbeliebteste Aufgabe?

2 Zeigen Sie auf, worauf die Notwendigkeit der Lenkung und Steuerung eines Unternehmens beruht (vgl. M 22) und welches „zentrale Problem" sich daraus ergibt (M 25 b, Z. 1 ff.).

3 Was wird unter dem Begriff „Führung" verstanden und welche „Führungsstile" werden unterschieden? Bedenken Sie dabei, dass es sich um „idealtypische*" Unterscheidungen handelt. (M 25 b, Z. 11 ff.)

4 Beschreiben Sie mit eigenen Worten, welche Konsequenzen mit der Anwendung einzelner Stile verbunden sein können und wovon es abhängen kann, welcher der genannten Führungsstile im Sinne des Unternehmensziels angemessen und erfolgversprechend ist (Z. 22 ff.).

5 Analysieren Sie das angeführte Beispiel zur planvollen Änderung der „Führungskultur" in einem Unternehmen (Kasten S. 123 u.). Woraus können sich Ihrer Einschätzung nach die angesprochenen „Schwierigkeiten" bei der Umstellung ergeben?

M 26 Das Unternehmen als „komplexes" System

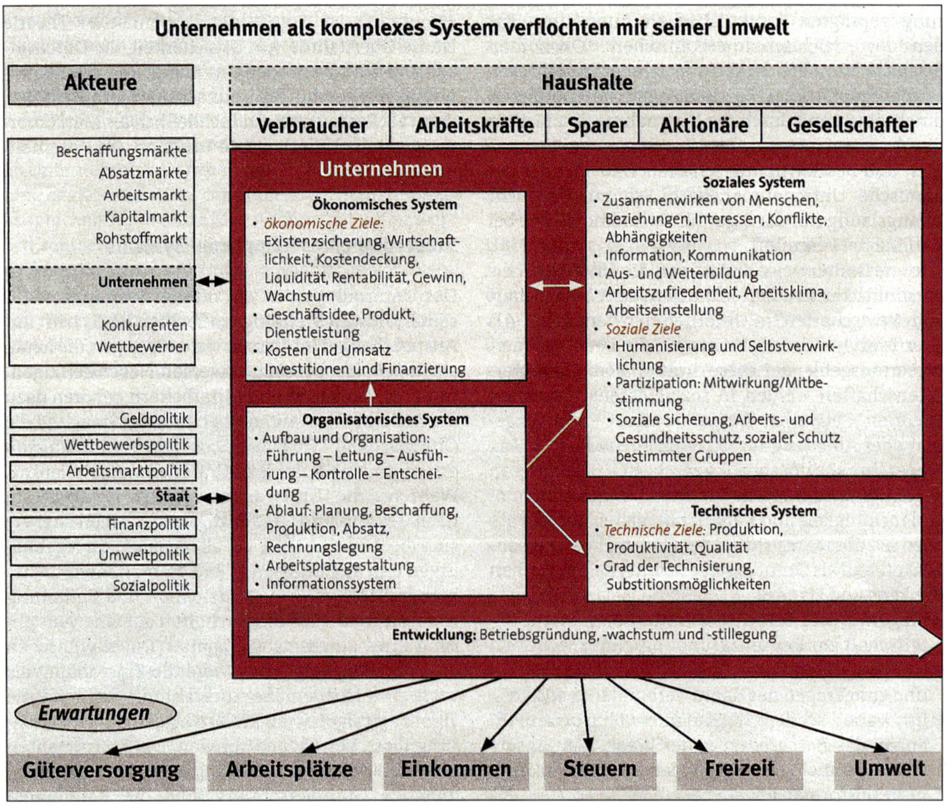

(Birgit Weber, Organisation von Unternehmen, in: Informationen zur politischen Bildung Nr. 293/2006, Bundeszentrale für politische Bildung, Bonn 2006, S. 18)

Das Schaubild M 26 kann Ihnen dazu dienen, sich zum Abschluss des Abschnitts einen Überblick zu verschaffen über die Vielfalt der Aspekte, die Unternehmen/Betriebe als „komplexe" Systeme erscheinen lassen.
Stellen Sie fest, welche Aspekte in den vorangehenden Materialien angesprochen und analysiert wurden, und stellen Sie entsprechende Textbezüge her. Überprüfen Sie auch, welche Aspekte in unserer Darstellung nicht oder nicht näher berücksichtigt wurden.

C Soziale Marktwirtschaft – Grundlagen, Modell und Realität

Zur Einführung: Einschätzungen und Einstellungen zur „Wirtschaft"

M 1 „Die Wirtschaft bestimmt unser Leben"

Zum Thema „Wirtschaft" haben viele ein gespaltenes, ja sogar widersprüchliches Verhältnis. Die einen glauben, sie hätten mit Wirtschaft nichts zu tun. Die Wirtschaft wird als fremder Lebensbereich angesehen – in den Schulen zählt die Wirtschaftslehre zu den unbeliebtesten Fächern. Aber die meisten stellen schnell fest, dass sie – egal, wie wirtschaftsfern sie zu arbeiten glauben – immer wieder mit der Wirtschaft in Berührung kommen. Es geht nämlich immer um das schnöde Geld: Ohne Moos nix los, weiß der Volksmund. Das betrifft fast alle Lebensbereiche. Auch wer in einem Krankenhaus Kranke pflegt oder in Kindergärten, Schulen und Universitäten junge Menschen ausbildet, wird immer wieder feststellen: Hier fehlt Geld, dort werden Stellen abgebaut, jenes können wir uns nicht mehr leisten – immer mit der Begründung, wir müssen sparen. Hinzu kommt noch, dass wir alle – ob jung oder alt, Schüler, Student, Hausfrau, erwerbstätig oder im Ruhestand – täglich die Wirtschaft beeinflussen. Wir arbeiten, werden bezahlt, kaufen ein, bezahlen und entscheiden uns ständig für dieses oder jenes Produkt, für diese oder jene Dienstleistung. All diese Einzelentscheidungen der Wirtschaftsteilnehmer – in der Wirtschaftssprache „Wirtschaftssubjekte" genannt – vermitteln der Wirtschaft ihre Impulse: Es ist dann Aufgabe der Produzenten, genau jene Produkte und Dienstleistungen* bereitzustellen, für die sich die Verbraucher entscheiden. Insofern ist es das Ziel jeder Wirtschaftsform, ja des Wirtschaftens überhaupt, die materiellen Grundbedürfnisse der Bevölkerung zu befriedigen und – wenn möglich – ihren Lebensstandard und ihre Lebensqualität zu verbessern.

(Wolfgang Kessler, Wirtschaft für alle, Hartung-Gorre Verlag, Konstanz, 2. Aufl. 2004, S. 7)

M 2 Jugendliche wünschen mehr Informationen über Wirtschaft

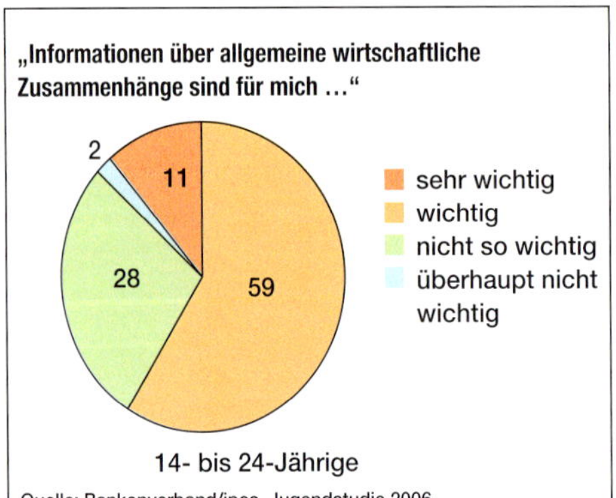

Quelle: Bankenverband/ipos, Jugendstudie 2006

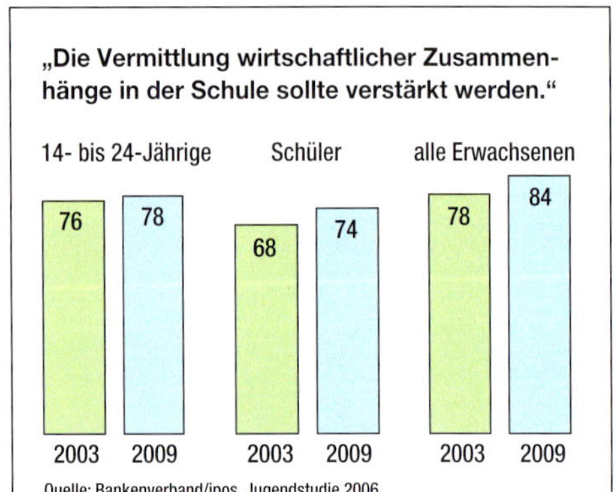

Quelle: Bankenverband/ipos, Jugendstudie 2006

(Bundesverband deutscher Banken, Jugendstudie 2009; http://www.bankenverband.de/pic/artikelpic/072009/2009-07-03_Demo_Jugendstudie.pdf)

M 3 Kein Vertrauen mehr in die Wirtschaftsordnung?

„Die Deutschen zweifeln mehr denn je an der sozialen Marktwirtschaft. Nur noch 31% der Bürger haben eine gute Meinung über das Wirtschaftssystem in Deutschland. ... Exakt 60 Jahre nach dem Start der sozialen Marktwirtschaft zeigt sich damit, dass die Bundesbürger dem von Ludwig Erhard geschaffenen Wirtschaftsmodell nicht mehr vertrauen." (Süddeutsche Zeitung v. 17.6.2008) So oder ähnlich lauteten die Formulierungen, mit denen Mitte des Jahres 2008 in den Medien über das aktuelle Ergebnis einer repräsentativen Umfrage berichtet wurde, mit der das Meinungsforschungsinstitut Allensbach seit über 10 Jahren in unregelmäßigen Abständen die Einstellung der Bevölkerung zur sozialen Marktwirtschaft erkundet (s. Grafik S. 127). Vielleicht kann das Umfrageergebnis (Anfang 2010 stieg der Anteil derer, die eine gute Meinung hatten, wieder auf 38%) für Sie ein Anlass sein, darüber nachzudenken, worauf denn ei-

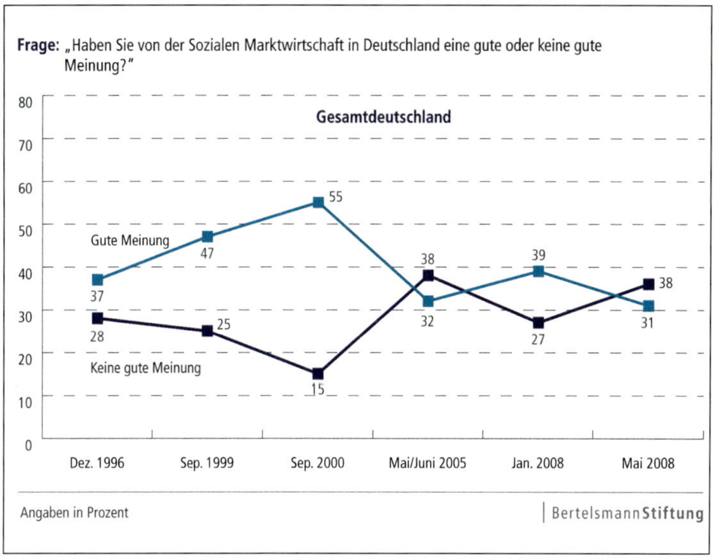

(http://www.bertelsmann-stiftung.de/cps/rde/xbcr/SID-0A000F0A-D0CE2209/bst/xcms_bst_dms_24744_24784_2.pdf)

Werte Anfang **2010**: gute Meinung: 38 %; keine gute Meinung: **28 %**. Näheres zur Umfrage: http://www.bertelsmann-stiftung.de/bst/de/media/xcms_bst_dms_30805_30824_2.pdf.

gentlich unser Urteil über unsere Wirtschaftsordnung und die Praxis der Wirtschaftspolitik beruht. Was wissen wir, was wissen zumal Jugendliche darüber? Könnte es vielleicht auch auf mangelnder Kenntnis beruhen, dass bei der angesprochenen Umfrage fast jeder Dritte gar keine Meinung äußerte? Mangelnde Wirtschaftskenntnisse, gerade auch bei Jugendlichen, wurden in jüngster Zeit ebenfalls durch Umfrageergebnisse bestätigt (2009 erklärten 54 % aller 14- bis 24-Jährigen den Begriff „Inflationsrate" und 47 % das Prinzip von Angebot und Nachfrage falsch). Gleichzeitig bezeichneten fast drei Viertel Informationen über wirtschaftliche Zusammenhänge für sich selbst als wichtig und 74 % aller Schülerinnen und Schüler wünschten sich dazu eine verstärkte Behandlung im Unterricht (s. M 2). Das vorliegende Arbeitsbuch will dabei helfen, das Wissen über die Grundzüge und das Funktionieren unserer Wirtschaftsordnung sowie vor allem über die Bedingungen und Möglichkeiten wirtschaftspolitischer Entscheidungen und Maßnahmen ein Stück weit zu verbessern und so die Grundlage für eine angemessene Beurteilung zu schaffen.

Die einleitenden Materialien sollen Sie zum Nachdenken darüber anregen,
- inwiefern und inwieweit auch Ihr Alltagsleben (als Jugendliche/r und als Schüler/in) durch wirtschaftliche Beziehungen und Bedingungen beeinflusst wird und
- warum es sinnvoll, ja eigentlich nötig ist, sich mit dem Prozess des Wirtschaftens, seinen Voraussetzungen, Strukturen und Problemen näher zu befassen.

1 Wie sieht es bei Ihnen aus? Ist „Wirtschaft" auch für Sie ein „fremder Lebensbereich", ein unbeliebter Unterrichtsgegenstand (M 1)?

2 Analysieren und diskutieren Sie die Umfrageergebnisse in M 2. Wie würden Sie selbst die beiden Fragen beantwortet haben?

3 „Ohne Moos nix los", heißt es in M 1. Denken Sie darüber nach, welche Rolle Geld (Ihr eigenes und das Ihrer Eltern) für die Gestaltung Ihres täglichen Lebens in Schule und Freizeit spielt.

4 „Immer mit der Begründung, wir müssen sparen", heißt es in M 1. Nennen Sie ggf. Beispiele und Bereiche, in denen Sie von Sparmaßnahmen betroffen waren oder davon erfahren haben.

5 Analysieren Sie das Umfrageergebnis (M 3). Worauf führen Sie zurück, dass fast ein Drittel der Befragten keine Meinung äußerte?

6 Versuchen Sie an dieser Stelle, den Begriff „Inflationsrate" und das „Prinzip von Angebot und Nachfrage" zu erklären.

I Was heißt Wirtschaften? Grundbegriffe, Grundprobleme und Denkweisen der Ökonomie

*Das erste Kapitel dieses Teils beschäftigt sich mit Grundfragen und Grundlagen des Wirtschaftens. Wirtschaften bedeutet, so heißt es in einem Lexikon, mit grundsätzlich knappen Mitteln die Bedürfnisse der Menschen in planvoller Weise und so nutzenbringend wie möglich zu befriedigen. Wichtige, in dieser Definition enthaltene Begriffsmerkmale – Bedürfnisse, Güter, Knappheit – und damit verbundene Probleme werden im ersten Abschnitt erörtert (**I 1.**).*
*Im Zentrum des Wirtschaftsprozesses steht die „Produktion", die Herstellung der Güter, die der Bedürfnisbefriedigung dienen sollen. Wie sich dieser Prozess vollzieht, welche Voraussetzungen dafür gegeben sein müssen, vor welche Aufgaben sich die Produktionsstätten, die Unternehmen, gestellt sehen und welche Rolle „Arbeitsteilung" und „Produktivität" spielen, darum geht es im zweiten Abschnitt (**I 2.**).*
*Wirtschaftliches Handeln orientiert sich im Allgemeinen am Grundsatz der „Wirtschaftlichkeit" (am „ökonomischen Prinzip"), d. h., es wird durch die Überlegung bestimmt, wie der angestrebte Nutzen am besten erreicht werden kann. Was das genauer bedeutet, wird im dritten Abschnitt erläutert und problematisiert (**I 3.**).*

1. Bedürfnisse, Güter, Knappheit

M 4 Was heißt „Wirtschaft"?

In unserer Alltagssprache gebrauchen wir die Begriffe „Wirtschaft" oder „Ökonomie" und „wirtschaftlich" oder „ökonomisch" ganz selbstverständlich. Es scheint allen klar zu sein, was wir damit bezeichnen – obwohl wir zum Bereich Wirtschaft ein äußerst vielfältiges Spektrum von Akteuren, Organisationen, Regeln und Aktivitäten rechnen. Versucht man aber, „Wirtschaft" und „wirtschaftlich" zu definieren, wird es schwieriger. Geht es bei „Wirtschaft" immer um die Durchsetzung der eigenen Interessen oder um Geld oder um die Spannung zwischen Wunsch und Wirklichkeit oder um die Sicherung der Lebensgrundlagen oder um die möglichst genaue Berechnung von Kosten und Nutzen?
Näher betrachtet stößt man auf grundlegend unterschiedliche Antworten auf die Frage, was als das Charakteristische von Wirtschaft im Unterschied etwa zu Politik, Religion, Kultur oder Sport herausgestellt werden soll. [...]
Ganz allgemein kann man mit „Wirtschaft" alle Ressourcen*, Einrichtungen und Aktivitäten bezeichnen, die in einer Gesellschaft die *materielle Produktion* und die Grundlagen dafür sichern, dass die Produktion dauerhaft fortgeführt und auch ausgeweitet werden kann. Nach dieser Auffassung geht es in der Wirtschaft darum, diejenigen Sachgüter und Dienstleistungen* zu beschaffen (Produktion) und dauerhaft zu sichern (Reproduktion), die eine Gesellschaft nach ihren eigenen Maßstäben als angemessen betrachtet. Die Funktion von Wirtschaft in diesem Sinne ist es, die Mitglieder der Gesellschaft dauerhaft zu versorgen und zugleich die Gesellschaft zu erhalten. Die Sicherung von materieller Produktion und Reproduktion ist ein Grundproblem aller menschlichen Gesellschaften. Jeder und jede weiß aus eigener Erfahrung, dass man nicht alles gleichzeitig und im Überfluss haben kann, was man aufgrund seiner vielleicht unbegrenzten Bedürfnisse gerne hätte, weil die eigenen Mittel dafür nicht ausreichen. Die Volkswirtschaftslehre (Ökonomik) nimmt meist an, dass menschliche Bedürfnisse von Natur aus unbegrenzt und die Mittel für ihre Befriedigung deshalb immerzu knapp sind. Knappheit ist also eine Relation zwischen Zielen und Mitteln. Diese *Knappheit* sehen viele wirtschaftswissenschaftliche Ansätze als Grundproblem und Ursache jeder wirtschaftlichen Aktivität (Näheres dazu in den folgenden Materialien).
(Reinhold Hedtke, Ökonomische Denkweisen, Wochenschau Verlag, Schwalbach/Ts. 2008, S. 11 f., 14 f.)

1 Was heißt „Wirtschaft"? Was hätten Sie selbst spontan auf diese Frage geantwortet?

2 Erläutern Sie mit eigenen Worten die in M 4 (Z. 12 ff.) gegebene Begriffsbestimmung von „Wirtschaft".

3 Welche „Sachgüter" und welche „Dienstleistungen" haben Sie am heutigen Tage bereits in Anspruch genommen? Wie lebenswichtig waren sie im Einzelnen? Wodurch (von wem) wurden sie Ihnen zur Verfügung gestellt?

M 5 Jeder Mensch hat Bedürfnisse

Abb. 1

Bedürfnis
konkretisiert sich im
↓
Bedarf
benötigt
↓
Kaufkraft
wird zur
↓
Nachfrage
führt zur
↓
Deckung des Bedarfs durch Marktteilnehmer

(Eckart D. Stratenschulte, Wirtschaft in Deutschland, Bundeszentrale für politische Bildung, Bonn 2006, S. 19)

Bedürfnisse sind Mangelerscheinungen, die beim einzelnen Menschen den Wunsch auslösen, diesen Mangel zu beheben (Bedürfnisbefriedigung). Bedürfnisse schaffen Wünsche und werden damit zu Auslösern für wirtschaftliches Handeln. In Verbindung mit vorhandenen finanziellen Mitteln können Bedürfnisse als *Bedarf* zur Nachfrage nach Gütern und Dienstleistungen werden (s. Abb. 1). *Bedürfnisse* können wir nach verschiedenen Merkmalen ordnen.

(Bernd Nolte, Volkswirtschaft konkret, Wiley-VCH Verlag, Weinheim 2003, S. 15)

Über die häufig zu findende Gliederung der Bedürfnisse in „primäre" (angeborene, triebhafte) und „sekundäre" (aus den sozialen Kontakten erworbene) Bedürfnisse (s. M 6, Z. 14 ff.) hinaus kann man mit dem amerikanischen Psychologen **A. Maslow** mehrere **Bedürfnisebenen** unterscheiden:

(1) *Grundbedürfnisse* (physiologische Bedürfnisse), also Hunger, Durst, Verlangen nach Schlaf, Wohnung und Sexualität.

(2) *Sicherheitsbedürfnisse*, die sich darauf richten, die Befriedigung der Grundbedürfnisse auch für die Zukunft zu sichern.

(3) *Soziale Bedürfnisse*, die aus den sozialen Kontakten des Individuums hervorgehen und sich in dem Wunsch nach Leben in der Gemeinschaft, nach Geselligkeit und Ähnlichem niederschlagen. Man spricht auch vom Bedürfnis nach Zugehörigkeit.

(4) *Wertschätzungsbedürfnisse*, die sich auf Anerkennung und Bestätigung durch andere richten.

(5) *Entwicklungsbedürfnisse*, die insbesondere auf Selbstverwirklichung zielen und sich von dem Wunsch nach Bestätigung durch die Gesellschaft lösen.

Die verschiedenen Bedürfnisebenen stehen nicht beziehungslos nebeneinander, sondern bauen aufeinander auf (vgl. Abb. 2 und 3): Solange die Grundbedürfnisse nicht ausreichend befriedigt sind, sind sie bestimmend für die menschlichen Bedürfnisse überhaupt und überdecken die übrigen Bedürfnisebenen. Erst wenn die Grundbedürfnisse befriedigt sind, will der Mensch mehr, zunächst eine gewisse Sicherheit. Wenn diese gegeben ist, strebt er nach sozialen Kontakten, innerhalb derer der Mensch Anerkennung und Bestätigung von außen sucht, was schließlich das Bedürfnis nach Selbstverwirklichung entstehen lässt. [...]

(Ulrich Baßeler/Jürgen Heinrich/Burkhard Utecht, Grundlagen und Probleme der Volkswirtschaft, Schäffer-Poeschel Verlag, Stuttgart, 18. Aufl. 2006, S. 13 f.)

Abb. 2

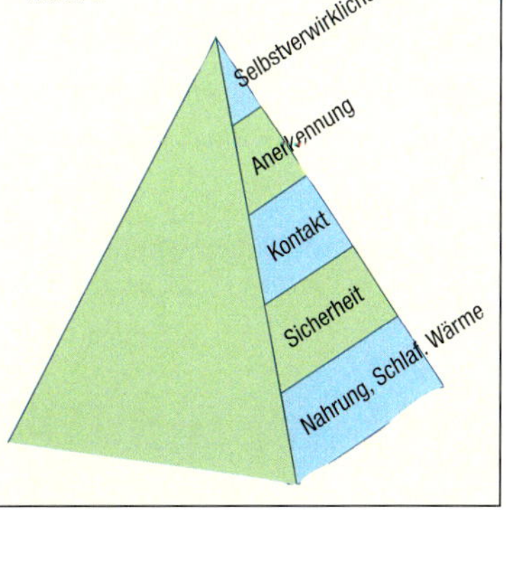

Abb. 3

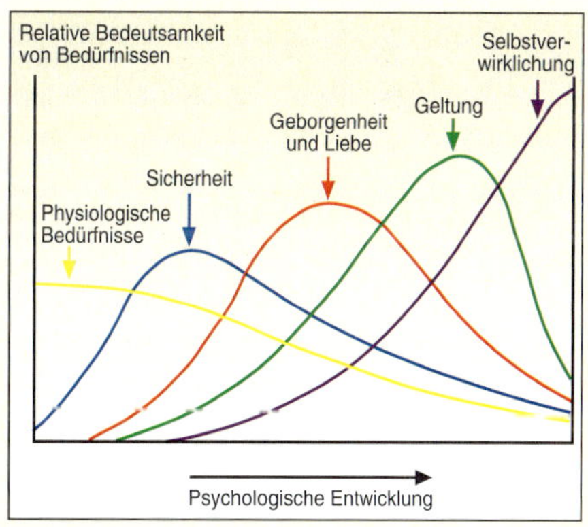

Maslow nimmt an, dass erst die tiefer liegenden Bedürfnisse gestillt sein müssen, bevor ‚höhere Bedürfnisse' auftauchen. So entsteht nach seiner Meinung beim Kind nur dann Liebe und Zuneigung, wenn die dringlichsten Nahrungssorgen beseitigt sind. [...] Wer nie Geborgenheit, Liebe und soziale Anerkennung erfahren hat, zeigt kein Bedürfnis, das eigene Geschick in die Hand zu nehmen und aus sich das Beste zu machen.

(Rolf Oerter, Moderne Entwicklungspsychologie, Auer, Donauwörth, 21. Aufl. 1987, S. 102)

Wir wollen die einzelnen Stufen noch etwas genauer betrachten und uns dabei fragen, was wir alles tun, um die verschiedenen Bedürfnisse zu befriedigen:

- Solange wir hungern und frieren, haben wir Bedürfnisse, die sofort zufriedengestellt werden müssen. Um diese **körperlichen Bedürfnisse** zu befriedigen, brauchen wir Lebensmittel, Kleider und eine geheizte Wohnung. Sind wir krank, wollen wir einen Arzt sehen, brauchen Medikamente oder gehen ins Krankenhaus zur Behandlung.
- Gleich meldet sich aber auch unser **Sicherheitsbedürfnis**, denn wir wollen unsere Bedürfnisse nicht nur vorübergehend, sondern dauerhaft befriedigt wissen. Darum pflegen wir unsere Gesundheit. Wir versichern uns gegen Arbeitslosigkeit oder sparen für das Alter. Wir montieren Treppengeländer und installieren Alarmanlagen, wir geben uns Gesetze und unterhalten eine Polizei, die uns schützt.
- Darüber hinaus haben wir auch **Bedürfnisse nach Zugehörigkeit und Achtung**: Wir wünschen menschlichen Kontakt, Geborgenheit, Zuwendung und Anerkennung. Wir möchten ein gemütliches Heim, haben ein Telefon, wir machen Einladungen, Feste und Geschenke. Wir tragen nicht nur warme und bequeme Kleider, sondern auch schöne, modische oder teure. Wir haben Ansprüche im Berufsleben und bilden uns weiter. Wir wollen Erfolg, Unabhängigkeit und Anerkennung für unsere Leistungen. Wir steigern unser Selbstwertgefühl, indem wir etwas gelten.

Der Lebensstandard spielt eine große Rolle bei Achtung und Zugehörigkeit. Wer etwas hat, gilt etwas. Deshalb vergleichen wir unseren Lebensstandard mit dem anderer Menschen. Dabei würde es die meisten von uns schmerzen, wenn wir uns nicht das leisten könnten, was für die große Mehrheit selbstverständlich ist. Umgekehrt fühlen sich viele Menschen besser, wenn sie mehr haben als die anderen. Das gibt ihnen ein angenehmes Gefühl der Überlegenheit.

- Schließlich haben wir das **Bedürfnis nach Selbstverwirklichung**. Wir wollen unsere Person so nach unseren eigenen Vorstellungen entfalten. Wir informieren und emanzipieren uns. Wir bringen Kultur in unsere Arbeit und unsere Freizeit. Wird dies verhindert, kann das zu Sinnkrisen führen.

Selbst wenn wir mit diesem Bedürfnis in geistig-seelische Bereiche aufgestiegen sind, heißt das noch lange nicht, dass die Ökonomie nicht mehr tangiert wird. Auch hier produzieren wir eine breite Palette von Gütern. Eine stark wachsende Kultur-, Ferien- und Freizeitindustrie will uns Möglichkeiten zur Selbstverwirklichung anbieten.

(Bernhard Beck, Volkswirtschaft verstehen, vdf Hochschulverlag, Zürich 2006, S. 4)

1. Klären Sie, was man unter Bedürfnissen versteht und worin der Unterschied zwischen Bedürfnissen und „Bedarf“ besteht (M 5, Z. 1 ff.). Inwiefern sind Bedürfnisse „Auslöser wirtschaftlichen Handelns“?

2. Erläutern Sie die bekannte Unterscheidung der Bedürfnisse durch den amerikanischen Psychologen Abraham Maslow, die auch als „Stufenmodell“ oder „Bedürfnispyramide“ (s. Abb. 2) bezeichnet wird.
   - Machen Sie sich die Bedeutung der fünf Arten von Bedürfnissen (Z. 10 ff.) klar und ziehen Sie dazu ggf. auch die ergänzenden Darstellungen (S. 130) hinzu.
   - Was bedeutet es, dass nach Maslow die verschiedenen Bedürfnisebenen „aufeinander aufbauen“ (vgl. das Bild der „Bedürfnispyramide“)? Welche besondere Stellung kommt damit der untersten Bedürfnisebene zu, die Maslow als die „mächtigste unter allen“ bezeichnet?
   - Nach Maslow beruht das deutliche Auftreten des jeweils „höheren“ Bedürfnisses auf der Befriedigung der jeweils vorangehenden Bedürfnisse (vgl. dazu Abb. 3). Verdeutlichen Sie diesen Zusammenhang an einer der Bedürfnisstufen und einem konkreten Beispiel.
   - Diskutieren Sie in diesem Zusammenhang die Aussage: „Wer nie Geborgenheit, Liebe und soziale Anerkennung erfahren hat, zeigt auch kein Bedürfnis, das eigene Geschick in die Hand zu nehmen und aus sich das Beste zu machen.“

3. Gegen Maslows „Bedürfnispyramide“ wurde eingewandt, dass die drei „unteren“ Stufen nicht hierarchisch* gegliedert (aufeinander aufbauend, jeweils voneinander abhängig), sondern eher als eine Einheit gesehen werden dürften, als gemeinsame Vorstufe für die soziale Anerkennung. Setzen Sie sich mit diesem Hinweis auseinander.

M 6 Der konkrete Bedarf ist unterschiedlich und ändert sich

Abb. 1: Plakat von T-Mobile und dem Elektrokonzern LG an einer Kölner Hauswand im März 2005

Abb. 2

In welchem Umfang Bedürfnisse angeboren sind bzw. in welchem Umfang sie durch Werbung, durch die Entwicklung neuer Produkte oder durch die Lebensumstände verändert werden (können), ist nicht genau bekannt. Die Position der Ökonomie – als etwa allgemein akzeptierte Anschauung von Wirtschaftswissenschaftlern – ist die Folgende: Es wird angenommen, dass Bedürfnisse als grundlegende Antriebsempfindungen für Leben, Gesundheit, Unterhaltung, Anerkennung usw. sich im Zeitablauf nicht substanziell ändern und dass sich auch die Bedürfnisse von Menschen in verschiedenen Kulturen und Gesellschaften nicht sehr voneinander unterscheiden, dass aber der konkrete Bedarf erheblichen Veränderungen unterworfen ist.

(Ulrich Baßeler u. a. [= M 5], S. 13)

Jeder Mensch muss sich ernähren, kleiden und eine Wohnung beschaffen. Diese *Existenzbedürfnisse*, deren Befriedigung zur Sicherung der Lebensgrundlagen des Menschen notwendig sind, werden als *Primärbedürfnisse* bezeichnet.
Daneben gibt es Bedürfnisse, deren Erfüllung dazu beiträgt, sein Leben angenehmer zu gestalten. Sie reichen vom Besuch eines Restaurants bis zur Urlaubsreise und dem Kauf eines Mobiltelefons. Solche *Kultur- und Luxusbedürfnisse* werden als *Sekundärbedürfnisse* bezeichnet.
Während die Primärbedürfnisse bei Menschen aller Altersstufen, jeglichen Bildungsgrades, sämtlicher Hautfarben und Nationalitäten weitgehend gleich sind, weisen die Sekundärbedürfnisse starke Differenzierungen auf. Sie richten sich:

- Nach den *natürlichen Umweltbedingungen:* Es bedarf keiner eingehenden Marktanalyse um festzustellen, dass die Nachfrage von Bewohnern in Grönland nach Kühlschränken gegen Null tendiert; Ähnliches gilt für Wintersportartikel als Verkaufsobjekt in Zentralafrika (vgl. Abb. 2).
- Nach dem zivilisatorischen und *technischen Fortschritt*: In den ersten Jahrzehnten nach der Erfindung des Telefons durch Bell und Edison in den 70er-Jahren des 19. Jahrhunderts galt es noch als echte Sensation. Es war bei einem sehr begrenzten Netz nur für einen kleinen Benutzerkreis verfügbar. Der stetige Aufstieg des Fernsprechers zum Massen-Kommunikationsmittel könnte in unserer Zeit weitgehend als abgeschlossen gelten. Aber der Erfindergeist im Bereich der Nachrichtentechnik treibt die Entwicklung ständig und immer schneller voran. Der Fernseher wurde längst überholt durch das *Mobiltelefon* (Handy), das es ermöglicht hat, auch außerhalb der Reichweite eines Festnetz-Apparates überall dort zu telefonieren, wo man möchte. Der Bedarf ist hier noch größer als beim Festnetz-Telefon, wo in der Regel ein Anschluss pro Haushalt ausreicht: Im Prinzip ließe er sich bei jeder Einzelperson wecken. Entsprechend hoch ist die Nachfrage. Mit den Multimedia-Systemen ist eine ganz neue, in ihren Auswirkungen kaum voraussehbare Phase in der Kommunikation eingeleitet worden.

Das *Internet* entwickelte sich in kurzer Zeit zur zentralen, weltweiten Informationsquelle. [...] Inzwischen kann das Internet auch von Mobiltelefonen aus oder via Fernsehgerät genutzt werden. Rückschauend auf die letzten Jahrzehnte hat der technische Fortschritt [...] unsere Lebensgewohnheiten und Bedürfnisse fast unglaublich verändert. [...]

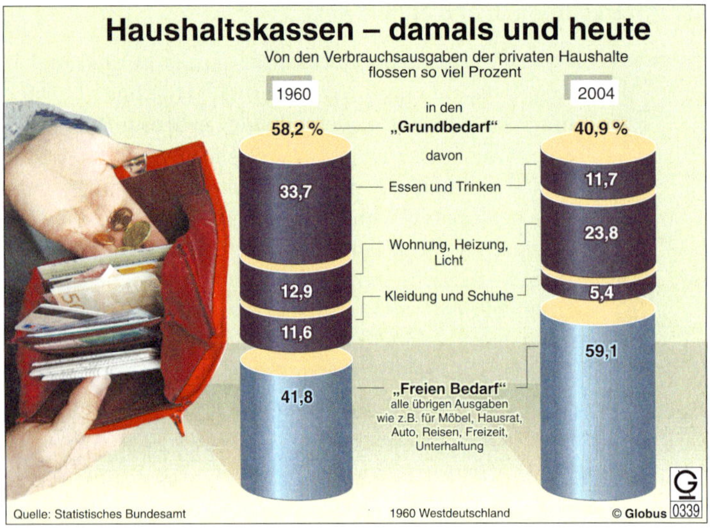

Abb. 3: Die realen* Haushaltseinkommen (Bruttoeinkommen nach Abzug von Steuern und Abgaben sowie der Inflationsrate) haben sich von 1960 bis 2004 mehr als verdoppelt.

- Nach den *wirtschaftspolitischen Verhältnissen*: Mit zunehmendem Wohlstand und fortschreitender kultureller und technischer Entwicklung treten Kultur- und Luxusbedürfnisse in den Vordergrund. Dabei ist es nicht immer leicht, Existenz-, Kultur- und Luxusbedürfnisse zu unterscheiden. Häufig richtet sich das Streben der Menschen auf das Erlangen von Statussymbolen*, um den eigenen Wohlstand bzw. den gesellschaftlichen Rang zu demonstrieren.

(Im Kreislauf der Wirtschaft, Bank Verlag, Köln, 16. Aufl. 2009, S. 18 f.; Verf.: Werner Heiring)

1. Von welcher Annahme geht die Wirtschaftswissenschaft im Hinblick auf die Frage aus, inwieweit Bedürfnisse angeboren bzw. durch Werbung usw. hervorgerufen werden („Bedürfnisweckung“)? Wie schätzen Sie selbst die Bedeutung der Werbung ein (vgl. Abb. 1)? (M 6, Z. 1 – 13)
2. Erläutern Sie die Zweiteilung der Bedürfnisarten, von der M 6 (Z. 14 ff.) ausgeht.
3. Fassen Sie zusammen, unter welchen drei Gesichtspunkten sich Sekundärbedürfnisse unterscheiden bzw. dynamisch entwickeln können bzw. sich entwickelt haben (Z. 27 ff.). Welche Güter aus dem Bereich der elektronischen Kommunikation und der Unterhaltungselektronik kennen Sie, die in den letzten Jahren zu den im Text genannten hinzugekommen sind?
4. Analysieren Sie die Grafik zur Entwicklung der Verbrauchsausgaben zwischen 1960 und 2004 (Abb. 3) im Hinblick auf die prozentualen Anteile der einzelnen Ausgabenbereiche. Was fällt Ihnen besonders auf? Wie erklären Sie sich das?

M 7 Sind unsere Wünsche unersättlich?

In armen Gesellschaften werden vor allem die körperlichen Bedürfnisse mit Konsumgütern befriedigt. Mit zunehmendem Einkommen hingegen vergrößert sich der Anteil der Konsumgüter, welche die Bedürfnisse der oberen Stufen der Maslow'schen Pyramide (s. M 5) befriedigen. So stagniert bei uns beispielsweise der Konsum von Brot oder Milch seit langem, die Ausgaben für Auslandsreisen usw. hingegen nehmen immer noch steil zu (vgl. Abb. 3 in M 6). Mit steigendem Lebensstandard wachsen die Wünsche. Was gestern noch Luxus war, ist heute für viele selbstverständlich. Wir müssen davon ausgehen, dass unsere Wünsche nach Konsumgütern unabsehbar sind.

(Bernhard Beck, Volkswirtschaft verstehen, vdf Hochschulverlag, Zürich 2006, S. 5)

Abb. 1

Abb. 2

Abb. 3

1. Woraus wird in M 7 abgeleitet, dass „unsere Wünsche nach Konsumgütern unabsehbar" sind?
2. Setzen Sie sich mit der These von der Unbegrenztheit unserer Konsumwünsche auseinander. Gilt sie uneingeschränkt? Handelt es sich ggf. um eine „von Natur aus" bestehende „Unersättlichkeit" oder um eine gesellschaftlich bedingte Erscheinung?
3. Interpretieren Sie dazu die drei karikaturistischen Darstellungen und nehmen Sie jeweils dazu Stellung.

M 8 Sind Güter immer knapp?

M 8 a „Wir leben nicht im Schlaraffenland"

Abb. 1: Paul Hey, Schlaraffenland

Warum träumen die Menschen vom Goldenen Zeitalter, von Eldorado, dem sagenhaften Goldland, oder vom Schlaraffenland?
Diese Utopien* gehören zu den überaus vielfältigen „Träumen vom besseren Leben“. [...] Das Schlaraffenland als volkstümliches Märchen ist dabei vielleicht diejenige Utopie, die Ökonomen am meisten beunruhigt, denn sie handelt von einer Welt ohne Knappheit: Statt ökonomischer (= knapper) Güter gibt es hier nur freie Güter. „Das könnt ihr glauben, dass die Vögel dort gebraten in der Luft herumfliegen, Gänse und Truthähne ..., und wem es zu viel Mühe macht, die Hand danach auszustrecken, dem fliegen sie schnurstracks ins Maul hinein“ (Das Märchen vom Schlaraffenland, in: Ludwig Bechstein, Sämtliche Märchen, München: Winkler 1965, S. 227 f.).
Was heißt also Knappheit, was sind ökonomische Güter?
Knappheit ist die Differenz zwischen Erwünschtem und Verfügbarem oder auch zwischen Bedürfnissen und Mitteln der Bedürfnisbefriedigung. Diese Differenz kann auf die *Quantität* und die *Qualität* von ökonomischen Gütern sowie auf den *Ort* und den *Zeitpunkt* ihrer Verfügbarkeit bezogen sein. Beispielsweise wünschen wir uns mehr Freizeit, qualitativ bessere Freizeit (tagsüber, wenn die anderen arbeiten), woanders (unter Palmen auf einer Südseeinsel anstatt zu Hause) und jetzt sofort (statt erst im Urlaub oder in den Semesterferien).
Ökonomische Güter sind knappe Güter im Sinne jeder Differenz zwischen Wunsch und Wirklichkeit. Im Schlaraffenland dagegen gibt es nur *freie* Güter, alles ist jederzeit in der gewünschten Menge und Qualität am gewünschten Ort und zur gewünschten Zeit verfügbar. Der Wunsch regiert, die Wirklichkeit hat abgedankt. Schön drückt es das Märchen aus: „Zu der Zeit, als das Wünschen noch geholfen hat...“

(Peter Weise/Wolfgang Brandes/Thomas Eger/Manfred Kraft, Neue Mikroökonomie, Physica-Verlag, Heidelberg 2005, S. 13)

Abb. 2

Wieso, so könnte man einwenden, sind wirtschaftliche Güter knapp? Unsere Supermärkte quellen doch über von Waren, die man uns geradezu aufdrängt. **Knappheit** darf man nicht mit Seltenheit verwechseln. Faule Eier sind selten, aber nicht knapp. Knappheit ist ein Verhältnisbegriff. Sie meint die Diskrepanz zwischen unseren Bedürfnissen und den Mitteln zu ihrer Befriedigung. Auch Waren, die bei uns in Fülle angeboten werden, sind knapp, haben ihren Preis. Wenn heute eine Autofirma den Preis für einen ihrer bekannten Wagentypen um die Hälfte reduzieren würde, wäre morgen der Markt leer gefegt, und wahrscheinlich würde ein sekundärer Markt mit wieder steigenden Preisen entstehen. Knapp sind auch unsere Arbeitszeit und Arbeitskraft und die Stoffe, aus denen wir etwas herstellen. Wir müssen ständig entscheiden, wofür wir sie verwenden wollen (Verwendungskonkurrenz).

(Bernhard Sutor/Joachim Detjen, Politik – Ein Studienbuch zur politischen Bildung, Schöningh, Paderborn 2001, S. 262)

M8b Ursachen der Knappheit

„Seit dem Fiasko (Sündenfall) im Garten Eden (Paradies) müssen wir uns die meisten Güter mit Schweiß und Mühen erarbeiten. Zwei Bösewichter – die Natur und andere Leute – hindern uns daran, alles zu haben, was wir wollen. Die Natur hat endliche Vorräte; sie stellt weniger Ressourcen* (z. B. Energiequellen, Bodenschätze) zur Verfügung, als wir brauchen könnten. Zudem: Die Wünsche der anderen Leute und unsere Wünsche übersteigen einfach die verfügbaren Mittel und Güter. Die Wünsche und Bedürfnisse vieler Leute gerade auch in den Wohlstandsgesellschaften sind ohne erkennbare Grenzen. Es gibt zwar in diesen Gesellschaften relativen Reichtum und materiellen Wohlstand. Doch haben die Menschen vielfach weitere Wünsche. Sobald sie mehr von diesen Gütern haben, wollen sie noch mehr von diesen und anderen Gütern. Des Weiteren: Die Zeit, die zur Verfügung steht, ist wegen ihrer Endlichkeit generell ein knappes Gut. Da die Verwendung und Produktion von Gütern jeweils Zeit erfordert, ergibt sich aus der zeitlichen Knappheit auch eine allgemeine Knappheit an Gütern. Auch die Wohlstandsgesellschaften leben daher im Zustand einer allgemeinen Knappheit.“

(Peter Weise, Neue Mikroökonomie, Physica-Verlag, Würzburg 1997, S. 24 f.).

„So leben wir, so leben wir, so leben wir alle Tage ..."

Der vorstehende Text verweist auf mehrere Gründe der relativen Knappheit wirtschaftlicher Güter:

– Natürliche Ressourcen* sind begrenzt, ebenso die Kapazitäten der Umwelt, schädliche Immissionen* zu absorbieren.

– Es besteht eine Wechselwirkung zwischen einem wachsenden Wohlstand und veränderten Bedürfnissen.

– Die verfügbare Zeit für Wirtschaftsaktivitäten ist beschränkt.

– Es gibt Verteilungskonflikte in einer Volkswirtschaft und zwischen verschiedenen Volkswirtschaften.

Gerade die Kritiker des Wohlstands und der Wachstumsgesellschaft verweisen nachdrücklich auf das Merkmal der Knappheit. Nicht nur eine **relative Knappheit** (mit Bezug auf die Bedürfnisse der Wirtschaftssubjekte) wird als Basisthese angenommen, sondern eine nicht gänzlich aufzuhebende Grenze **absoluter Knappheit** natürlicher Ressourcen (vgl. Karikatur).

(Heinz-Dieter Hardes/Alexandra Uhly, Grundzüge der Volkswirtschaftslehre, Oldenbourg Verlag, München, 9. Aufl. 2007, S. 16 f.)

Viele Güter, die früher freie Güter waren, sind heute zu knappen Gütern geworden: So ist zum Beispiel das Weideland nomadisierender Stämme in bestimmten Gegenden der Erde irgendwann einmal ein freies Gut gewesen und inzwischen durch Bevölkerungszuwachs und Überweidung zum knappen Gut geworden; der Parkraum in den Innenstädten wird durch das Größenwachstum der Städte und die zunehmende Motorisierung der Bevölkerung immer knapper; reine Luft ist durch zunehmende Besiedelungsdichte, Motorisierung und Industrialisierung in vielen Regionen zum knappen Gut geworden. Beispiele für freie Güter sind immer schwieriger zu finden; allenfalls Luft (aber nicht reine Luft), Meerwasser (aber nicht unverschmutztes) oder Wüstensand könnte man noch immer als freie Güter bezeichnen.

• Daraus folgt, dass der Knappheitsgrad eines bestimmten Gutes keine objektive und schon gar keine irgendwie naturgegebene Eigenschaft dieses Gutes ist; er verändert sich mit der Zahl der Menschen in einer bestimmten Region, mit ihren Produktionstechnologien und Lebensgewohnheiten. Insbesondere kann die Knappheit eines produzierten Gutes von seinen Produzenten oder von den Zwischenhändlern gezielt verschärft werden, um einen höheren Preis zu erzielen (vgl. Kasten). Man denke etwa an Erdöl und Benzin.

• Dennoch wäre es falsch, daraus generell zu schließen, dass die Knappheit an sich einfach durch entsprechende Produktionsentscheidungen überwunden werden könnte. Nehmen wir zum Beispiel an, in einer Volkswirtschaft würde so viel Brot hergestellt, dass die Brotnachfrage der Bevölkerung auch dann befriedigt werden könnte, wenn man das Brot an alle kostenlos abgibt. Damit könnte man zwar das Brot selbst zu einem freien Gut machen; aber das ist nur auf Kosten der Bereitstellung anderer Güter möglich: Bei der Produktion des Brotes werden nämlich Ressourcen* (Arbeit, Energie, Ackerboden etc.) verbraucht, die auch für andere, mit der Brotversorgung konkurrierende Zwecke benötigt werden. Das heißt, letztlich hätte man das Problem der Knappheit nur verschoben.

(Utta Gruber/Michaela Kleber, Grundlagen der Volkswirtschaftslehre, Verlag Vahlen, München, 4. Aufl. 2000, S. 4)

Man kann gegen die übliche Sicht von Knappheit einwenden, dass Unternehmen grundsätzlich daran interessiert sind, Knappheit aufrechtzuerhalten, um weiterhin Güter verkaufen zu können. Allein dadurch, dass immer mehr unterschiedliche und immer wieder neue Konsumgüter auf den Markt kommen, die intensiv beworben und zu begehrten Gegenständen werden, vergrößert sich die subjektiv empfundene Knappheit, weil das Verlangen nach diesen Gütern wächst. Knappheit nimmt also auch dadurch zu, dass zusätzliche oder neue Bedürfnisse geweckt oder geschaffen werden.

(Reinhold Hedtke [= M 4], S. 17)

1 „Wir leben nicht im Schlaraffenland." Erläutern Sie die Bedeutung dieser Aussage und beschreiben Sie dazu die bildliche Darstellung von Paul Hey (M 8 a, Abb. 1, S. 133).

2 „Ohne das Phänomen der Güterknappheit wäre wirtschaftliches Handeln überflüssig." Erläutern Sie, wie man nach dieser Aussage wirtschaftliches Handeln (Wirtschaften) definieren könnte (vgl. M 4).

3 In jedem Supermarkt stehen Sie i. d. R. vor Regalen mit einer überquellenden Fülle von Gütern aller Art (s. Abb. 2). Wie kann man da von „knappen Gütern" sprechen?

4 Erläutern Sie mit eigenen Worten, inwiefern in M 8 b (Z. 1 ff.) die Natur und die Menschen als die beiden Ursachen genannt werden, die „uns daran hindern, alles zu haben, was wir wollen".

5 Inwiefern ist nicht nur von einer „relativen", sondern auch von einer „absoluten" Knappheit die Rede? Vergleichen Sie dazu auch die Aussageabsicht der Karikatur (S. 135).

6 Wie verhält sich zum Hinweis auf die „absolute" Knappheit die Aussage, dass Knappheit keine „naturgegebene Eigenschaft eines Gutes" sei (Z. 40 f.)?

7 „Atemluft ist normalerweise ein freies Gut." Erläutern Sie die Gründe dafür, dass die Umwelt sich zunehmend zu einem knappen Gut entwickelt. Nennen Sie konkrete Beispiele für das, was gemeint ist.

8 Erläutern Sie den Hinweis (Z. 43), dass Güterknappheit auch insofern kein „naturgegebenes" Problem ist, als sie von den „Güterproduzenten gezielt verschärft" werden kann (vgl. Kasten). Warum lässt sich andererseits Knappheit nicht „einfach durch entsprechende Produktionsentscheidungen überwinden"?

9 Setzen Sie sich mit folgendem Hinweis auseinander: „Man kann Knappheit auch dadurch verringern, dass man die eigenen Bedürfnisse und Ziele mehr oder weniger genügsam an die verfügbaren Mittel anpasst. ... Der Knappheitsansatz sieht nicht, dass Akteure Knappheit dadurch verringern können, dass sie ihre Ansprüche begrenzen und ihren Lebens- und Konsumstil ändern." (Reinhold Hedtke [= M 4], S. 15)

M 9 Arten von Gütern

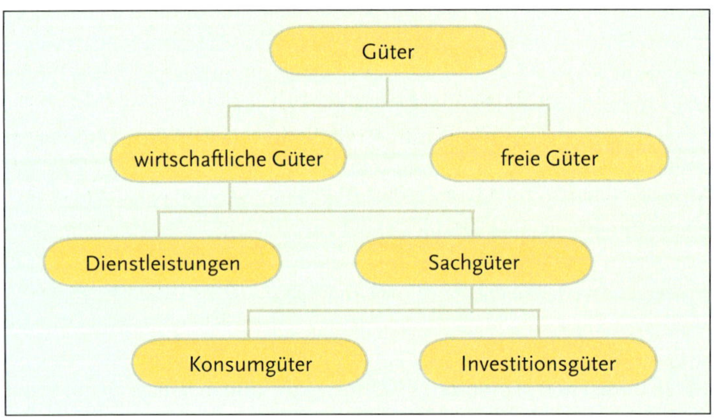

• Denken Sie eine Minute lang darüber nach, welche knappen Güter im Laufe eines Tages direkt Ihrer Bedürfnisbefriedigung dienen. Denken Sie dabei nicht nur an jene Güter, die Sie täglich kaufen – also gegen Geld eintauschen – und verbrauchen (wie zum Beispiel Nahrungsmittel und Getränke), sondern auch an jene, die Sie längere Zeit benutzen (wie beispielsweise Ihr Fahrrad, die Stereoanlage, Bücher, Bilder, Stühle und Kleider). Diese **Sachgüter** nennt man **Konsumgüter**.

• Denken Sie neben diesen Sachgütern auch an die sogenannten **Dienstleistungen***, wie zum Beispiel an die Fahrt mit dem Zug, an die Unterrichtsstunden oder an die Nachrichten im Radio.

• Stellen Sie sich nun auch noch all jene Güter vor, die zur *Herstellung Ihrer Konsumgüter* erforderlich sind – man nennt sie **Investitionsgüter** (Näheres dazu in M 11, Z. 45 ff.). An die Fritteuse beispielsweise, in der Pommes frites zubereitet werden; an Landmaschinen, mit denen Felder gepflügt werden; an Lastwagen, die den Transport Ihrer Güter vom Produzenten zum Warenhaus übernehmen, und an die Gebäude, die zur Lagerung und für den Verkauf notwendig sind. Die Grafik gibt diese Einteilung der Güterarten wieder.

(Bernd Nolte, Volkswirtschaft konkret, Wiley-VGH Verlag, Weinheim 2003, S. 1, 17 [Grafik])

Eine wichtige Unterscheidung der Konsumgüter ist die in Verbrauchsgüter und Gebrauchsgüter. **Verbrauchsgüter** sind solche, die nur eine einmalige Nutzung ermöglichen: sie verwandeln sich bei ihrer Verwendung oder werden vernichtet. Man bezeichnet die Verbrauchsgüter auch als nicht dauerhafte Güter und zählt dazu z. B. alle Dienstleistungen, Nahrungs- und Genussmittel, Brennstoffe u. a.

Im Gegensatz zu den Verbrauchsgütern werden **Gebrauchsgüter** nicht durch einmalige Nutzung vernichtet, sondern sie ermöglichen eine mehr oder weniger lange Nutzung. Man nennt sie daher auch dauerhafte Güter. Zu den Gebrauchsgütern werden die langlebigen Sachgüter des Konsums, wie z. B. Fernsehgeräte, Waschmaschinen, Möbel usw., gezählt.

(Horst Wagenblaß, Volkswirtschaftslehre, öffentliche Finanzen und Wirtschaftspolitik, C. F. Müller Verlag, 8. Aufl. Heidelberg 2008, S. 12)

M 10 Welche Güter nimmt Hans-Jürgen Klein in Anspruch?

Der **Wecker** summte, das eingebaute Radio fing an zu spielen. Eigentlich war die Nacht ja kurz gewesen – für den bevorstehenden Tag viel zu kurz. Daran änderte auch die Musik des **Radioweckers** nichts. Aber es half nichts, Hans-Jürgen Klein musste aus den Federn, denn schließlich wollte er seinen neuen **Arbeitsplatz**, den er nach langem Suchen endlich gefunden hatte, nicht gleich am ersten Tag wieder verlieren. [...]

Der Blick in den **Kühlschrank** ließ Hans-Jürgen stocken. Glaubte er noch vor wenigen Minuten, bei **Kaffee** und **Zeitung** ausgiebig frühstücken zu können, sah er nun, dass der Kühlschrank zwar nicht ganz und gar leer, aber doch nur mit den allernotwendigsten **Lebensmitteln** bestückt war. Es wurde also dringend Zeit, die Vorräte wieder aufzufrischen. Aber davon hatte er jetzt auch nichts. Hauptsache, das **Geld** stimmt am Monatsende, dachte sich Hans-Jürgen, als er endlich die Tür seines kleinen **Zimmers** hinter sich zuzog und zum **Bus** rannte. Sein kleiner **Wagen** stand in der **Garage**, es hatte gar keinen Zweck, mit dem Auto in die Stadt zu fahren, denn die Suche nach einem **Parkplatz** dauerte oft mehr als eine halbe Stunde. Besonders morgens wurden **Bus** und **U-Bahn** von sehr vielen Personen benutzt, die wahrscheinlich alle so dachten wie er.

Auch die im Sommer geplante **Urlaubsreise** wollte Hans-Jürgen Klein entweder mit der **Bahn** oder per **Flugzeug** antreten. Schließlich wollte er sich ja erholen und nicht abgearbeiteter zurückkommen, als er vor Antritt der Reise war. Dann kam der Bus, und Hans-Jürgen fuhr zur Arbeit. Es lief an diesem ersten Tag auch alles ganz gut, aber trotzdem war es ziemlich anstrengend. Bevor er abends wieder nach Hause fuhr, besorgte er sich deshalb beim Einkaufen auch gleich ein paar Flaschen **Bier**. Ein Feierabend ohne Bier und **Fernsehen** war für ihn nicht vorstellbar. Ab und zu lud er seine Freundin zum **Essen** ein, aber heute war Hans-Jürgen froh, als der Fernsehkrimi um Viertel nach acht anfing und er um zehn Uhr ins **Bett** gehen konnte. Wer weiß, was morgen alles auf ihn wartete!

(Roland Lötzerich/Peter Schneider/Manfred Zindel, Unterrichtshilfen Wirtschaft, Winklers Gebrüder Grimm, Darmstadt 1996, S. 317)

1 Erläutern Sie anhand des Textes die in der Übersicht dargestellte Einteilung verschiedener Arten von Gütern (M 9).

2 Bestimmen Sie, welcher Art die Güter sind (Sachgüter/Dienstleistungen, Gebrauchsgüter/Verbrauchsgüter), mit denen Hans-Jürgen Klein (M 10) an einem normalen Tag in Berührung kommt.

3 Der im Text angesprochene Parkplatz kann als sog. „öffentliches" (vom Staat, hier von der Gemeinde, kostenlos oder gegen Gebühren angebotenes) Gut bezeichnet werden. Auf die Bedeutung solcher Güter gehen wir in M 45 b näher ein.

2. Produktion, Arbeitsteilung, Geld

M 11 Güter werden produziert – die Bedeutung der „Produktionsfaktoren"

Abb. 1

Güter sind in aller Regel das Ergebnis eines Produktionsprozesses und dienen der Bedürfnisbefriedigung. Welche Mittel benötigt man für diesen Produktionsprozess? Nehmen wir das Beispiel der Pommes frites. Für die Fritteuse, in der sie zubereitet werden, müssen bestimmte Rohstoffe irgendwo aus der Erde gewonnen werden. Diese werden in Gießereien und anderen Fabriken mit teuren Maschinen weiterverarbeitet, anschließend in Kaufhäuser transportiert und dort mehr oder weniger geschickt angepriesen. Ganz Ähnliches gilt natürlich auch für die Kartoffeln, den Hauptbestandteil der Pommes frites. Für sie braucht man einen Acker, man benötigt die Arbeitskraft des Bauern, Landmaschinen, Werkzeuge und vieles mehr. Die gleichen Überlegungen gelten für die Herstellung der Teller, für das Besteck und für die Serviette, mit der Sie die Ketchup-Reste entfernen. Stellen Sie sich auch die Energie vor, die verbraucht wird, um Ihnen die in einer Fritteuse zubereiteten Pommes frites auf einem Teller mit Besteck, Serviette und Ketchup servieren zu können. Natürlich wünschen Sie auch freundliches Servierpersonal und einen gut ausgebildeten Koch, damit die Pommes frites Ihren Ansprüchen entsprechen. Alle diese Mittel, die in der Produktion von Gütern eingesetzt werden, nennt man *Produktionsfaktoren*.

(Bernd Nolte [= M 9], S. 17)

Der **Produktionsfaktor Boden** kann auch mit dem Begriff „natürliche Ressourcen*" bezeichnet werden. Dazu gehört zunächst der *Boden*, auf dem Gebäude stehen beziehungsweise der von der Land- und Forstwirtschaft genutzt wird. Des Weiteren fallen darunter *Bodenschätze* sowie andere *natürliche Gegebenheiten* wie Gewässer oder natürliche Hilfsquellen. So bildet das Klima im Mittelmeerraum die entscheidende Voraussetzung für Urlaubsreisen und damit für die Produktion von Tourismusdienstleistungen. In neuerer Zeit rechnet man zum Boden auch die *Umwelt*, denn Luft und Wasser sind ebenfalls für die Produktion erforderlich. Die lange Zeit erfolgte Vernachlässigung der Umwelt ist darauf zurückzuführen, dass vor allem Luft und Wasser kostenlos genutzt werden konnten, die Umwelt also keinen Preis hatte. Diese Auffassung hat sich angesichts der immer drängender werdenden Umweltprobleme inzwischen geändert. Der Produktionsfaktor natürliche Ressourcen kann daher mit **Natur** umschrieben werden.

Nutzungsmöglichkeiten des Bodens		
Anbauboden	**Abbauboden**	**Standortboden**
Land- und Forstwirtschaft	***Gewinnung von Rohstoffen***	***Grundfläche für jeden wirtschaftlichen Zweck***
Beispiele: *Getreide-, Gemüse-, Obstanbau*	*Beispiele:* *Kohle, Öl, Erdgas*	*Beispiele:* *Standort für Industrie- und Handelsbetriebe*

(Im Kreislauf der Wirtschaft [= M 6], S. 38; Verf.: Werner Heiring)

Unter den **Produktionsfaktor Arbeit** fällt jede manuelle und geistige Tätigkeit mit dem Ziel der Erwirtschaftung von Einkommen. Die gesamte Arbeitsleistung, die einer Volkswirtschaft zur Verfügung steht, ergibt das Arbeitsvermögen oder Humankapital.* [...]

(Horst Wagenblaß, Volkswirtschaftslehre, öffentliche Finanzen und Wirtschaftspolitik, C. F. Müller Verlag, Heidelberg, 7. Auflage 2001, S. 19)

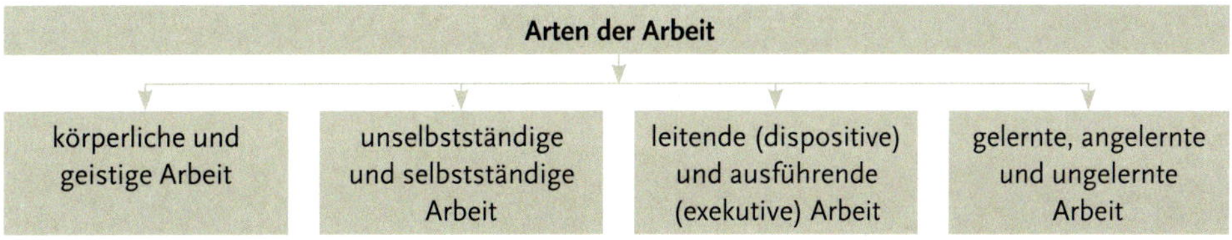

Da dieser Faktor ebenso wie die menschliche Arbeitskraft natürlicherweise vorhanden ist, spricht man von originären [ursprünglichen] Produktionsfaktoren. Der **Produktionsfaktor Kapital** ist hingegen ein derivativer (abgeleiteter) Produktionsfaktor. Sein Bestand (Kapitalstock*) muss erst hergestellt werden. In ihm sind sämtliche *dauerhaften Produktionsgüter* der Volkswirtschaft enthalten. [...] Besonders hinzuweisen ist an dieser Stelle noch auf die Behandlung des Geldes: Geld ist kein Produktionsfaktor; erst wenn es zum Kauf einer Maschine verwendet wird, berührt dies das Kapital. Deshalb spricht man beim Produktionsfaktor Kapital häufig vom *Sachkapital* oder Realkapital.

(Gerhard Mussel, Basis-Know-How Volkswirtschaft, Campus Verlag, Frankfurt/New York 2000, S. 24–28)

Abb. 2

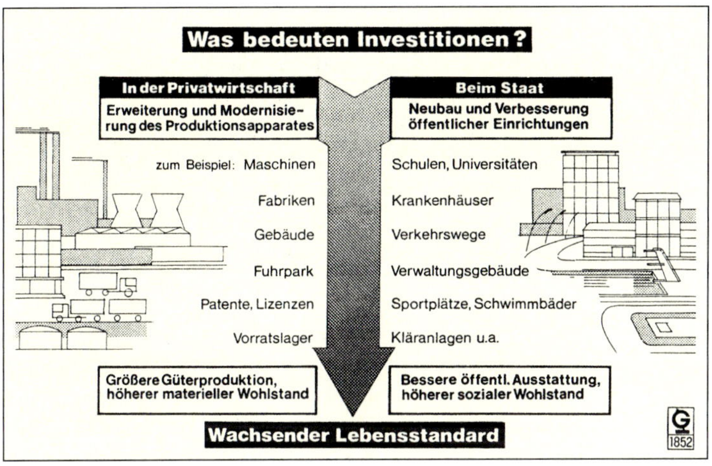

Kapitalgüter sind alle Güter, die wir hergestellt haben, um damit weitere Güter (Konsum- oder wieder Kapitalgüter) zu produzieren. Diesen Aufbau von neuen Kapitalgütern nennt man Investitionen und Kapitalgüter heißen entsprechend auch **Investitionsgüter**. Dazu gehören Gebäude, Maschinen, Lastwagen, Leitungen und Straßen. Zu den Kapitalgütern gehören auch das *Wissen*, das in Büchern und Datenbanken gespeichert ist, sowie die *Patente*, die oft geheim gehaltenen Produktionsverfahren und die Organisationssysteme der Unternehmen. Solch firmeneigenes Know-how kann für ein Unternehmen wertvoller sein als seine Maschinen.

Ist auch ein Personenwagen ein Kapitalgut? Brauchen Sie ihn für Sonntagsausflüge, dann ist er ein Konsumgut, ein Gut, das direkt Ihre Konsumwünsche erfüllt. Wird er als Taxi gebraucht, ist er ein Kapitalgut, mit dessen Hilfe das Konsumgut Taxifahrten produziert wird. Und was ist ein Computer? Dies hängt davon ab, ob er für Videospiele oder für die Buchhaltung eines Geschäftes verwendet wird. Wird ein Gut direkt zur Bedürfnisbefriedigung geoder verbraucht, ist es ein Konsumgut; werden damit andere Güter produziert, ein Kapitalgut.

(Bernhard Beck, Volkswirtschaft verstehen, vdf-Hochschulverlag, Zürich 2006, S. 6 f.)

Abb. 3: Die Güterproduktion als Kombination der Produktionsfaktoren beim Bau von Wohnhäusern

(Wirtschaft heute, Bibliographisches Institut Mannheim 2006, S. 35)

1 Listen Sie die Mittel auf, die dafür gebraucht werden, dass Sie an einem Stand einen Teller Pommes frites serviert bekommen (M 11, Z. 1–22).

2 Machen Sie sich klar, was im Einzelnen zu den drei Produktionsfaktoren Boden und Arbeit und Kapital gerechnet wird (Z. 23 ff.), und beachten Sie dabei auch folgende Fragen:
- Der Produktionsfaktor „Boden" wird oft auch mit dem Begriff „Natur" oder „natürliche Ressourcen*" bezeichnet. Welcher Begriff gibt am besten wieder, was gemeint ist?
- Kapital wird als „abgeleiteter" Produktionsfaktor oder als „produziertes Produktionsmittel" bezeichnet. Erläutern Sie diese Kennzeichnungen.

- Geld ist an sich kein Produktionsfaktor. In welchem Fall kann man von „Geldkapital“ (im Unterschied zu „Sachkapital“) sprechen?
- Machen Sie deutlich, was ein Kapitalgut (Investitionsgut) von einem Konsumgut unterscheidet.
- Verdeutlichen Sie, inwiefern Investitionen für die gesamte Volkswirtschaft von zentraler Bedeutung sind (s. Abb. 2).

3 Beschreiben Sie am Beispiel in Abb. 3 und an einem weiteren Beispiel (z. B. eines Stuhls), wie im Produktionsprozess die Produktionsfaktoren miteinander kombiniert werden, und versuchen Sie auch, die zum Beispiel Pommes frites genannten Produktionsmittel den drei Produktionsfaktoren zuzuordnen.

M 12 Was bedeutet „Nachhaltigkeit“ bei der Nutzung des Produktionsfaktors Natur?

Das Konzept der Nachhaltigkeit ist in vielen Zusammenhängen zu einem zentralen Begriff geworden. Bekannt geworden ist der Begriff in der entwicklungspolitischen Diskussion, wo man seit dem sog. Brundtland-Bericht der Vereinten Nationen (Bericht der Weltkommission für Umwelt und Entwicklung, 1987) vom Ziel des *sustainable development* spricht. Damit meint man sich selbst tragende Entwicklungsprozesse, die zum einen keiner permanenten Unterstützung bzw. Eingriffe von außen bedürfen, zum anderen die Bedürfnisse der Gegenwart befriedigen, ohne zu riskieren, dass künftige Generationen ihre Bedürfnisse nicht befriedigen können. [...]

Ursprünglich ist das Konzept der Nachhaltigkeit forstwirtschaftlichen Ursprungs und beschreibt das Prinzip, dass z. B. zur Erhaltung von Waldbeständen nicht mehr Bäume gefällt werden dürfen als nachwachsen. Auf die allgemeine Umweltproblematik übertragen bedeutet Nachhaltigkeit daher, dass die Nutzung der Umwelt so erfolgen soll, dass entstehende Eingriffe oder Belastungen im Zeitablauf kompensiert [ausgeglichen] werden, dass beispielsweise sich Vorräte oder Bestände regenerieren [wiederherstellen] oder Schadstoffe abgebaut werden. Langfristig soll also der status quo [gegenwärtiger Zustand] der Umwelt erhalten – bzw. verbessert – werden.

(Jörn Altmann, Volkswirtschaftslehre, Lucius & Lucius, Stuttgart 2003, S. 122)

Grundanliegen einer nachhaltigen Entwicklung ist es, zukünftige Generationen bei der Versorgung mit natürlichen Ressourcen*, vor allem bei der Umweltqualität, nicht schlechter zu stellen als die gegenwärtige Generation. Der Verwirklichung dieses Anliegens sollen insbesondere vier Verhaltensregeln dienen:

- Erneuerbare Ressourcen dürfen nur im Umfang ihrer Regenerationsfähigkeit genutzt werden; d. h., es darf nur so viel abgebaut werden, wie wieder nachwächst.
- Die Nutzung nicht erneuerbarer Ressourcen soll möglichst sparsam sein. Ihr Abbau ist nur erlaubt, wenn erkennbar ist, dass späteren Generationen Alternativen zur Verfügung stehen.
- Neue Techniken für alternative Energien, Rohstoffe usw. sowie für eine stärkere Nutzung erneuerbarer Ressourcen müssen entwickelt werden.
- Die Emissionen* in Luft, Wasser und Boden sowie die Deponierung von Abfällen dürfen die Aufnahmefähigkeit der Natur nicht überschreiten.

(Hans-Jürgen Albers u. a., Volkswirtschaftslehre, Verlag Europa-Lehrmittel, Haan-Gruiten 2005, S. 463)

1 Erläutern Sie, was „Nachhaltigkeit“ in der Forstwirtschaft, in der Entwicklungspolitik und in der Ökonomie bedeutet. Worin liegt die „Zukunftsorientierung“ dieses Prinzips? (M 12, Z. 1 – 24)

2 Nennen Sie zu den „vier Verhaltensregeln“ zur Sicherung von Nachhaltigkeit (Z. 30 ff.) jeweils konkrete Beispiele. Welche Regeln sind Ihrer Meinung nach leichter, welche schwerer einzuhalten?

M 13 Arbeitsteilung

a) Stellen Sie sich vor, Sie würden alle Güter, die Sie täglich konsumieren, selbst produzieren. Verweilen Sie ein wenig bei dieser Vorstellung. Wie viele und welche Güter könnten Sie – ganz auf sich selbst gestellt – herstellen? Oder anders gefragt: Wie viele der von Ihnen täglich konsumierten Güter stellen Sie eigentlich selbst her? Eins, zwei – oder vielleicht sogar zehn? Hoffentlich erstaunt Sie das Resultat dieser Gedanken; jedenfalls ist Ihnen bewusst geworden, dass wir ein Teil eines dichten Netzwerkes sind. Dessen einzelne Mitglieder haben sich die Arbeit sehr weitgehend aufgeteilt und sich dabei auf ganz verschiedene Tätigkeiten spezialisiert. Warum eigentlich?

(Bernd Nolte [= M 9], S. 18)

Menschliches Wirtschaften beginnt, historisch gesehen, mit der einfachen *Selbstversorgungswirtschaft*. Hier produzieren die Menschen das, was sie konsumieren, im Wesentlichen selbst und das, was sie produzieren, konsumieren sie im Wesentlichen selbst. Aufgrund der Vorteilhaftigkeit der Arbeitsteilung entstand dann im Zuge der Entwicklung der Menschheit eine zunehmend arbeitsteilige Produktion. Die Vorteilhaftigkeit der **Arbeitsteilung** wird besonders anschaulich im berühmten Stecknadelbeispiel von *Adam Smith* (1723–1790, Begründer der Volkswirtschaftslehre) dargestellt:

„Der eine Arbeiter zieht den Draht, ein anderer streckt ihn, ein dritter schneidet ihn ab, ein vierter spitzt ihn zu, ein fünfter schleift ihn am oberen Ende, damit der Kopf angesetzt werden kann. Die Anfertigung des Kopfes macht wiederum zwei oder drei verschiedene Tätigkeiten erforderlich: das Ansetzen desselben ist eine Arbeit für sich, das Weißglühen der Nadeln ebenso, ja sogar das Einwickeln der Nadeln in Papier bildet eine selbstständige Arbeit. Auf diese Weise zerfällt die schwierige Aufgabe, eine Stecknadel herzustellen, in etwa achtzehn verschiedene Teilarbeiten, die in manchen Fabriken alle von verschiedenen Händen ausgeführt werden, während in anderen zuweilen zwei oder drei derselben von einem Arbeiter allein besorgt werden. Ich habe eine kleine Manufaktur dieser Art gesehen, in der nur zehn Mann beschäftigt waren und folglich einige zwei oder drei verschiedene Arbeiten zu übernehmen hatten. Obgleich sie nur sehr arm und infolgedessen mit den nötigen Maschinen nur ungenügend versehen waren, so konnten sie doch, wenn sie sich tüchtig daran hielten, an einem Tage zusammen etwa zwölf Pfund Stecknadeln anfertigen. Ein Pfund enthält über viertausend Nadeln mittlerer Größe. Diese zehn Arbeiter konnten demnach täglich über achtundvierzigtausend Nadeln herstellen. Da nun auf jeden der zehnte Teil von achtundvierzigtausend Nadeln entfällt, so kann man auch sagen, dass jeder täglich viertausendachthundert Nadeln herstellte. Hätten sie dagegen alle einzeln und unabhängig voneinander gearbeitet und wäre niemand besonders angelernt gewesen, so hätte gewiss keiner zwanzig, vielleicht sogar nicht einmal einer eine Nadel täglich anfertigen können, d. h. sicher nicht den zweihundertvierzigsten, vielleicht nicht einmal den viertausendachthundertsten Teil von dem, was sie jetzt infolge einer entsprechenden Teilung und Vereinigung der verschiedenen Arbeitsvorgänge zu leisten imstande sind." (*Smith, Adam*, Der Reichtum der Nationen 1924, englisches Original 1776, S. 5 ff. Dieses klassische Buch ist einer der größten Erfolge der wirtschaftswissenschaftlichen Weltliteratur.)

Aus dem Stecknadelbeispiel lässt sich der **Begriff der Arbeitsteilung** ableiten. Man versteht darunter die Zerlegung der Produktion in Teilverrichtungen, die von spezialisierten Arbeitern oder Betrieben durchgeführt werden. Vollzieht sich die Spezialisierung innerhalb eines Betriebes, so spricht man von **innerbetrieblicher** Arbeitsteilung. Vollzieht sie sich zwischen Betrieben, so spricht man von **zwischenbetrieblicher** Arbeitsteilung. Gehören die Betriebe dabei zu unterschiedlichen Volkswirtschaften, so liegt **internationale Arbeitsteilung** vor.

(Ulrich Baßeler/Jürgen Heinrich/Burkhard Utecht, Grundlagen und Probleme der Volkswirtschaft, Schäffer-Poeschel Verlag, Stuttgart, 18. Aufl. 2006, S. 21 f.)

Abb. 1

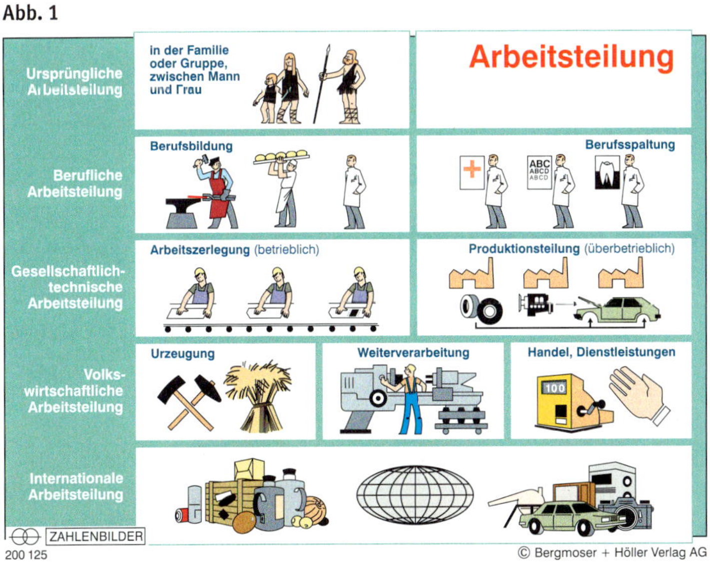

b) Formen und Ebenen der Arbeitsteilung

Das Entstehen neuer Techniken und die Weiterentwicklung des beruflichen Wissens und Könnens führte im Laufe der Zeit zur *Berufsspaltung*, d. h. zu einer Spezialisierung innerhalb eines Grundberufs. Die Berufsspaltung setzt sich auch heute noch fort. Noch vor wenigen Jahren gab es z. B. keinen Systeminformatiker, Kraftfahrzeug-Mechatroniker, Investmentfonds-Kaufmann.

Während die berufliche Arbeitsteilung die Spezialisierung innerhalb eines Berufes betrifft, vollzieht sich die *betriebliche Arbeitsteilung* in den Unternehmen. Sie wird unterteilt in

- Arbeitszerlegung (innerbetriebliche Arbeitsteilung) und
- Produktionsteilung (zwischenbetriebliche Arbeitsteilung).

Wie weitreichend mittlerweile die Prozesse der **Arbeitsteilung** sind, lässt sich daran ermessen, dass selbst die Produkte, die zur Befriedigung elementarer Bedürfnisse benötigt werden, heute in der Regel einen stark arbeitsteiligen Prozess durchlaufen, bis sie beim Konsumenten landen. Betrachten wir als Beispiel ein **einfaches Brot**, das man im Supermarkt kaufen kann:
Für seine Herstellung musste Getreide gesät, geerntet, sortiert und gemahlen werden – und all das geschah bereits mit Geräten, die ihrerseits in komplexen, mehrstufigen Produktionsprozessen hergestellt wurden; neben dem so gewonnenen Mehl kamen weitere Zutaten hinzu, evtl. aus Betrieben, die mehrere hundert Kilometer entfernt sind, das Brot wurde gebacken, verpackt, gelagert, geliefert und verkauft, und manchmal waren vermutlich einzelne „spezialisierte" Unternehmen nur für einen einzelnen Teilschritt verantwortlich wie beispielsweise der Supermarkt. Man kann sich leicht vorstellen, dass bei komplexeren Gütern und Dienstleistungen, z. B. dem Bau eines Hauses oder der Herstellung einer Zeitung, noch sehr viel mehr Arbeitsschritte involviert sind, die von einzelnen „Spezialisten" (Maschinen, Akteuren, Organisationen) übernommen werden, die jeweils ihren Teil zur arbeitsteiligen Produktion beisteuern.

(Karl Homann/Andreas Suchanek, Ökonomik. Eine Einführung, Mohr Siebeck Verlag, Tübingen 2000, S. 152)

Abb. 2

Abb. 3

Im Rahmen der *Arbeitszerlegung* werden die Arbeitsvorgänge der Produktion in einzelne Teilvorgänge zerlegt. Dabei haben z. B. Arbeiter nur noch bestimmte Tätigkeiten zu verrichten (z. B. im Rahmen der Fließbandarbeit [s. Abb. 2] oder der Gruppenarbeit). Derzeit ist ein starker Trend zur Produktionsteilung zu verzeichnen. Dahinter verbirgt sich eine *zwischenbetriebliche Arbeitsteilung*.
Die meisten Unternehmen stellen ihre Produkte vom Rohstoff bis zum Fertigerzeugnis nicht mehr komplett selbst her. An der Herstellung sind meist mehrere Betriebe beteiligt (vgl. Kasten), oft werden *Zulieferer* in den Produktionsprozess einbezogen. So übernehmen z. B. in der Automobilindustrie Zulieferer die individuelle Fertigung komplexer Module. Banken übertragen die Wertpapierverwaltung Spezialinstituten, Flugzeughersteller und Werften lagern weite Teile ihrer Produktion aus. Durch die Spezialisierung auf bestimmte Kernbereiche kann die Leistungsfähigkeit der Unternehmen und die Arbeitsproduktivität meist erheblich gesteigert werden.
In den letzten Jahren setzte ein Trend ein, Geschäftsprozesse im IT-Bereich (z. B. Unternehmensnetzwerke) auszulagern. Unternehmen werden durch dieses *Outsourcing** von Aufgaben, für die sie keine teuren IT-Ressourcen* wie Infrastruktur*, Personal und Know-how vorhalten oder aufbauen wollen, entlastet.
Die **volkswirtschaftliche Arbeitsteilung** ist durch drei Wirtschaftsbereiche gekennzeichnet:

- primärer Sektor,
- sekundärer Sektor,
- tertiärer Sektor.

Zum primären Sektor gehört die *Land- und Forstwirtschaft* sowie die Fischerei. Hier werden Nahrungsmittel und Rohstoffe gewonnen. Der sekundäre Sektor umfasst das *warenproduzierende Gewerbe* (z. B. Handwerk, Industrie, Baugewerbe). Dabei durchlaufen die Produkte des primären Sektors einen Produktionsprozess und stehen anschließend als Produktions- und Konsumgüter den Unternehmen und Haushalten zur Verfügung. Im Bereich des tertiären Sektors werden die Güter durch den *Handel* und die Verkehrsbetriebe an den Ort der Verwendung gebracht. Dabei werden auch andere *Dienstleistungsbereiche* (z. B. Banken, Versicherungen, IT-Dienstleister) benötigt. Im langfristigen Wachstumsprozess von Volkswirtschaften ist zu beobachten, dass zunächst der sekundäre Sektor den Anteil des primären Sektors zurückdrängt und anschließend der tertiäre Sektor zu Ungunsten des sekundären Sektors zunimmt.
Die **internationale Arbeitsteilung**, d. h. die Arbeitsteilung zwischen verschiedenen Staaten, beruht auf der Überlegung, die Produktion in dem Land vorzunehmen, in dem die niedrigsten Kosten anfallen. Die Volkswirtschaften spezialisieren sich dabei meist auf die Güter, die sie mit niedrigeren Kosten im Vergleich zu anderen Volkswirtschaften aufgrund von Produktivitätsvorteilen oder der Verfügbar-

keit von Rohstoffen herstellen können. In gleicher Weise beziehen sie Importgüter, die sie selbst nur zu höheren Kosten erzeugen könnten (vgl. Abb. 3).

(Im Kreislauf der Wirtschaft [= M 6], S. 22 ff.; Verf.: Werner Heiring)

c) Die **Vorteile** der betrieblichen Arbeitsteilung liegen auf der Hand:

- Arbeitsteilung ermöglicht den Einsatz spezialisierter Maschinen und damit kostengünstige Massenproduktion.
- Die Spezialisierung auf einige wenige Tätigkeiten erhöht die Schnelligkeit, mit der diese Tätigkeiten ausgeführt werden können.
- Menschen mit den unterschiedlichsten Fertigkeiten können so im Produktionsprozess eingesetzt werden, dass ihre speziellen Fertigkeiten am besten ausgeschöpft werden.

Es darf aber nicht übersehen werden, dass mit der Arbeitsteilung auch **Nachteile** verbunden sind:

- Die Arbeit wird fremdbestimmt, d. h., man produziert nicht mehr das, was man konsumiert, und konsumiert nicht mehr das, was man produziert. Dies begründet die Notwendigkeit von Hierarchien* und die Schaffung von Leistungsanreizen.
- Arbeitsteilung zwingt zu einer straffen Arbeitsdisziplin.
- Arbeitsteilung schafft Abhängigkeiten der Menschen, Betriebe usw. voneinander, die in Krisenzeiten zu Versorgungsproblemen führen können.
- Sofern die Art und Menge der Nachfrage im Voraus nicht mit Sicherheit bekannt ist, kann es zu Über- und Unterproduktion kommen.
- Da nur noch Teile gefertigt werden, geht die Beziehung zum Arbeitsprodukt verloren.
- Mit der Fließbandfertigung können auch negative psychische Rückwirkungen verbunden sein. Einseitige Beanspruchung des Beschäftigten und vorgegebenes Arbeitstempo vermindern oft die Arbeitslust.

Per Saldo überwiegen die wirtschaftlichen Vorteile der Arbeitsteilung ihre Nachteile bei weitem. Insgesamt ist die Arbeitsteilung die wesentliche Quelle der Produktivitätssteigerungen und damit die wesentliche Quelle der Wohlstandssteigerung der Menschheit.

(Ulrich Baßeler u. a. [= M 13 a], S. 22)

1 Fassen Sie zusammen, was Adam Smith bei der Beobachtung der Stecknadelherstellung so fasziniert hat (M 13 a, Z. 15 ff.).

2 Erläutern Sie näher die (auch heute noch gültigen) Gründe, die Smith für das Ergebnis der beobachteten arbeitsteiligen Produktion anführt.

3 Beschreiben Sie zusammenfassend und ggf. in Orientierung an dem beigefügten Schaubild (Abb. 1, S. 141) die Darstellung zur Entwicklung und zu den Ebenen und Arten der Arbeitsteilung (M 13 b).

4 Verdeutlichen Sie den Hinweis auf die weitgehende Arbeitsteilung bei der Herstellung eines Brotes (s. Kasten S. 142) durch ein Pfeilschema und stellen Sie ggf. die Arbeitsteilung an einem weiteren Beispiel (z. B. Herstellung eines Fahrrads) dar.

5 Erläutern Sie, ggf. auch an konkreten Beispielen, die in M 13 c aufgeführten Vor- und Nachteile der Arbeitsteilung. Welche Gesichtspunkte halten Sie für mehr, welche für weniger bedeutsam?

6 Erläutern Sie Probleme der hochgradigen beruflichen Arbeitsteilung (es gibt in Deutschland ca. 20 000 z. T. hoch spezialisierte Berufe) an folgenden Beispielen:
- Wie kam es – trotz einer Zahl von ca. 30 000 arbeitslosen Informatikern – im Jahr 2002 zu der Forderung, ausländische Informatik-Spezialisten nach Deutschland zu holen?
- Wie ist es zu erklären, dass in Deutschland trotz hoher Arbeitslosigkeit rd. eine halbe Million (2009) offener Stellen nicht besetzt werden können?

M 14 Produktivität – Begriff und Bedeutung

Bezieht man das Produktionsergebnis (engl. *output*) auf den zur Erzielung dieses Ergebnisses erforderlichen Mitteleinsatz (*input*), so spricht man von Produktivität:

$$\text{Produktivität} = \frac{\text{Produktionsergebnis}}{\text{Mitteleinsatz}} = \frac{\text{Output}}{\text{Input}}$$

Je nachdem, welche Produktionsfaktoren man dabei in die Betrachtung einbezieht, unterscheidet man zwischen **Arbeits-**, **Kapital-**, **Boden-** oder **Gesamtproduktivität.** Der Produktivitätsbegriff kann sich also auf einen einzelnen Produktionsfaktor beziehen oder auf eine Mehrzahl von Produktionsfaktoren. Wenn man das Produktionsergebnis nur auf die eingesetzte Arbeit bezieht, spricht man also von **Arbeitsproduktivität.** Und dabei wiederum kann man den Arbeitseinsatz in *Zeiteinheiten* (z. B. Stunden) bemessen, woraus sich die Stunden-Produktivität ergibt, oder mit der Zahl der eingesetzten Arbeitskräfte (**Pro-Kopf-Produktivität**) oder auch in Geldwerten, z. B. Produktionsergebnis pro eingesetzter Lohnsumme (**Lohnproduktivität**). Eine Steigerung der Arbeitsproduktivität kann dazu führen, dass – im Sinne des *Minimalprinzips* – das gleiche Produktionsergebnis mit *weniger* Arbeitskräften als vorher produziert werden kann, sodass Arbeitskräfte entbehrlich, d. h. arbeitslos werden können. So „freigesetzte" Arbeitskräfte können daher nur dann wieder in den Wirtschaftsprozess eingegliedert (*re-integriert*) werden, wenn sich neue, zusätzliche Beschäftigungsmöglichkeiten bieten, die vorher nicht gegeben waren. Dies setzt wirtschaftliches **Wachstum** voraus. Um den Freisetzungseffekt, d. h. zunehmende Arbeitslosigkeit, zu vermeiden, setzen sowohl eine wachsende Bevölkerung als auch steigende Arbeitsproduktivität *neue* Beschäftigungsmöglichkeiten voraus, und dies bedeutet wirtschaftliches Wachstum, das üblicherweise mit dem Wachstum des (realen* Brutto-)Inlandsprodukts* gemessen wird.

(Jörn Altmann, Volkswirtschaftslehre, Lucius & Lucius Verlag, Stuttgart, 7. Aufl 2009, S. 55 f.)

Abb. 1

„Schauen Sie mal, was der für kostbare Eier legt!"

Abb. 2

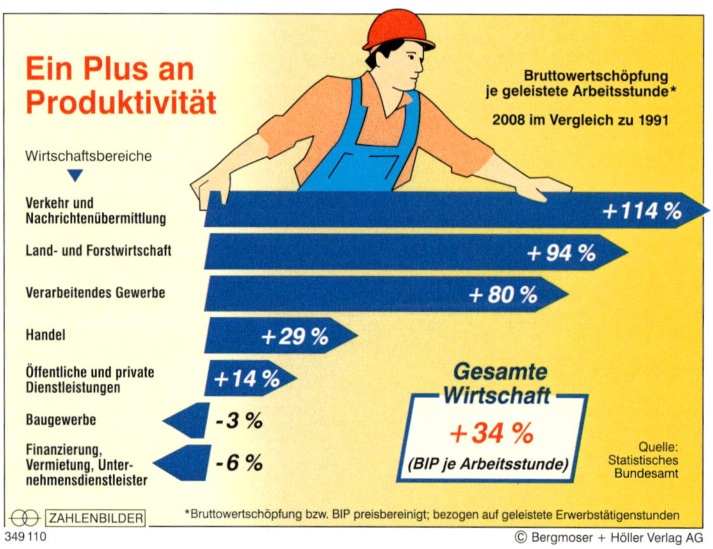

Ungeachtet der Gefahren für den Arbeitsmarkt sind Produktivitätsfortschritte die zentrale Grundlage für die Steigerung des Wohlstandes einer Gesellschaft. **Produktivitätssteigerung** heißt, dass im Extremfall

- die gleiche Produktionsmenge mit einem geringeren Arbeitskräfteeinsatz (**Arbeitskräfteeinsparungseffekt** des technischen Fortschritts) oder
- eine höhere Produktion mit gleichem Arbeitskräfteeinsatz (**Wohlstandssteigerungseffekt** des technischen Fortschritts) erzeugt werden kann.

Im ersten Fall wirken Produktivitätssteigerungen als „Jobkiller". Es gelingt nicht, den technischen Fortschritt in vollem Umfang in entsprechende Produktionssteigerungen „umzusetzen". Steigt die Produktivität um beispielsweise 3 % an, und nimmt gleichzeitig die

Produktion nur um 2% zu, so werden einerseits 3% der Arbeitsplätze „wegrationalisiert“, andererseits benötigt man für die Produktionssteigerung 2% mehr Arbeitsplätze. Per Saldo geht 1% der Arbeitsplätze verloren (*Arbeitskräfteeinsparungseffekt*).
Im zweiten Fall hingegen steht der Produktivitätssteigerung von 3% eine Zunahme der Produktion von ebenfalls 3% gegenüber. Hier werden zwar ebenfalls 3% der Arbeitsplätze durch den technischen Fortschritt „wegrationalisiert“, gleichzeitig aber entstehen 3% mehr Arbeitsplätze, um die Produktionssteigerung bewältigen zu können. Dies bedeutet, dass die rechnerische Freisetzung von Arbeitsplätzen infolge des technischen Fortschritts vollständig kompensiert wird durch den Mehrbeschäftigungseffekt infolge der Zunahme der Produktion (*Wohlstandssteigerungseffekt*). [...]

(Gerhard Mussel/Jürgen Pätzold, Grundfragen der Wirtschaftspolitik, Vahlen, München, 6. Aufl. 2005, S. 76 f.)

1 Begriff und Bedeutung der Produktivität sind für das Verständnis der gegenwärtigen Wirtschaftsprobleme von zentraler Bedeutung.
- Formulieren Sie eine präzise Definition des Produktivitätsbegriffs.
- Unter den verschiedenen Produktivitäten spielt die Arbeitsproduktivität eine besondere Rolle. Erläutern Sie den Zusammenhang zwischen Arbeitsproduktivität, Arbeitslosigkeit und Wirtschaftswachstum (Z. 31 ff.).
- Machen Sie deutlich, wovon es abhängt, ob Produktivitätssteigerung „unter dem Strich“ zu Arbeitsplatzverlusten oder zur Wohlstandssteigerung (ohne Arbeitsplatzverluste) führt. Was will die Karikatur (Abb. 1) zum Ausdruck bringen?

2 Analysieren Sie das Schaubild (Abb. 2): Wie erklären Sie sich die unterschiedliche Entwicklung der Arbeitsproduktivität in den dargestellten Wirtschaftsbereichen?

M 15 Tausch und Geld

Arbeitsteilung und Spezialisierung entschärfen das Knappheitsproblem, weil sich dadurch die *Produktivität*, das heißt die Leistung pro Stunde oder pro Arbeitskraft und damit das verfügbare Gütervolumen, erhöhen lässt. Arbeitsteilung und Spezialisierung setzen indessen eine Bereitschaft zur Zusammenarbeit voraus. Die notwendige Ergänzung der Arbeitsteilung ist der **Tausch**.
Weshalb aber kommt es zu Tauschgeschäften? Der Austausch von Gütern ermöglicht es, den Nutzen beider Tauschpartner zu erhöhen: Was jemand eintauscht, ist ihm offensichtlich weniger wert als das, was er dafür im Gegenzug erhält. Der zweite Vorteil des Tausches liegt – wie schon erwähnt – darin, dass er eine Arbeitsteilung ermöglicht, bei der die Produktivität größer ist als ohne ihn.
● Damit eine Volkswirtschaft mit einer immensen Fülle von Gütern reibungslos funktioniert, braucht sie ein allgemein verbindliches und akzeptiertes Zahlungsmittel: das **Geld**. [...] Stellen Sie sich für einen Moment vor, es gäbe kein Geld. Dann müssten Güter gegen Güter getauscht werden, zum Beispiel Snowboards gegen Bücher, Hosen gegen Kartoffeln, Autos gegen Häuser, Hotelübernachtungen gegen Reinigungsarbeiten oder Zigaretten gegen Haarschnitte. Das wäre offenkundig enorm mühsam, und es wird erfahrungsgemäß nur dann praktiziert, wenn kein gutes, das heißt werthaltiges Geld verfügbar ist. Man denke beispielsweise im Zweiten Weltkrieg* in Deutschland an die „Zigarettenwährung“, die wertstabiler war als die inflationäre Reichsmark*. Sie ersetzte das offizielle Geld, damit die Menschen nicht die Mühe auf sich nehmen mussten, die mit direktem Tausch verbunden ist.

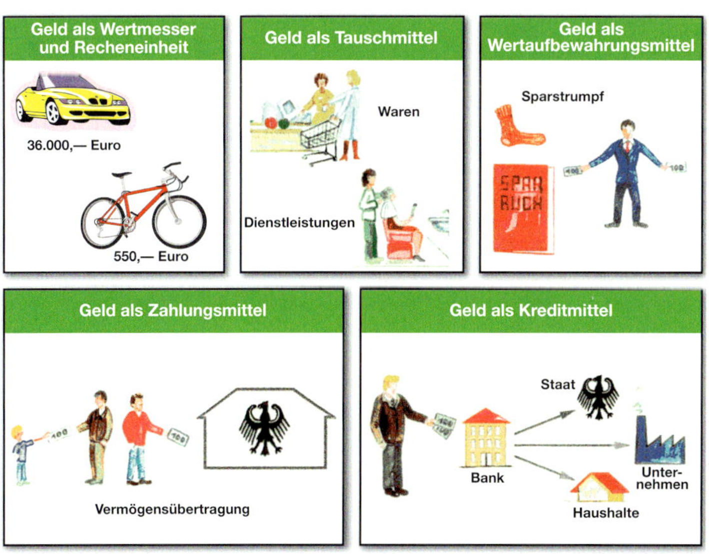

Gäbe es kein Geld, so müssten Sie erstens immer jemanden finden, der das besitzt, was Sie gern hätten, und gleichzeitig müsste Ihr Tauschpartner das wünschen, was Sie eintauschen möchten. Dieses Problem entfällt, wenn wir Geld als *Recheneinheit* und *Zahlungsmittel* verwenden und so den direkten Tausch durch zwei voneinander getrennte Tauschgeschäfte ersetzen. Geld ist also ein Zahlungsmittel, das den für Tauschvorgänge notwendigen Aufwand ganz erheblich senkt.

- Zweitens müsste in einer Tauschwirtschaft ohne Geld der Preis eines Gutes in Mengen des auszutauschenden Gutes berechnet werden. Da es aber unzählige Güter gibt, die gegeneinander getauscht werden können, gäbe es schier unendlich viele Preise, und Sie würden sicher sehr schnell die Übersicht verlieren. Stellen Sie sich nur vor, Sie wollten als Bäcker Ihre Brotlaibe tauschen, weil Sie Milch, Butter, Spinat, Holzbretter, Nägel, Lackfarbe oder Spielzeugautos für Ihre Kinder brauchen! Bei der Verwendung von Geld entfällt dieses Problem. Dank der Funktion als *Recheneinheit* ermöglicht das Geld ein transparentes System von direkt vergleichbaren Preisen, wodurch weniger Informationen beschafft werden müssen, was wiederum Kosten spart.
- Drittens lassen sich viele Güter nicht konservieren, ohne dass sie an Wert verlieren oder verderben. Da kann es schnell passieren, dass die Ware, die Sie austauschen wollen, ihren ursprünglichen Wert verloren hat, bevor Sie einen geeigneten Tauschpartner gefunden haben. Geld dagegen ist nicht nur sehr leicht und kostengünstig aufzubewahren, sondern es kann auch – sollte man es gerade mal nicht brauchen – demjenigen zur Verfügung gestellt werden, der dafür die höchsten Zinsen als Entschädigung bietet. Geld erfüllt also auch die Funktion eines *Wertaufbewahrungsmittels*. Es verschafft seinem Besitzer die Option, die Befriedigung seiner Bedürfnisse auf einen späteren Zeitpunkt zu verschieben. Durch Geld sinken die Wertaufbewahrungskosten.
- Alle Funktionen, die Geld erfüllt, helfen mit, die sogenannten **Transaktionskosten** zu senken. Unter Transaktionskosten versteht man all jene Kosten, die entstehen, wenn man ein Tauschgeschäft abwickeln will, zum Beispiel die Zeit der Suche nach verlässlichen Tauschpartnern, die Kosten der Informationsbeschaffung über Anbieter und Preise, die Mühe des Vergleichs verschiedener Angebote oder den Einsatz bei Verhandlungen und beim Abschluss von Verträgen (vgl. Kasten).

Ihnen ist nun sicher klar: Die Spezialisierung, die mit der Arbeitsteilung verbunden ist, die sich daraus ergebenden Tauschmöglichkeiten und das ideale Zahlungsmittel Geld können zu einer enormen Steigerung unseres Wohlstands beitragen.

(Bernd Nolte, Volkswirtschaft konkret, Wiley-VCH Verlag, Weinheim 2003, S. 18 f.)

Transaktionskosten fallen *vor, während und nach der Transaktion* an, und sie sind umso höher, je komplizierter das Tauschgeschäft ist. Wichtige Transaktionskosten sind etwa:

- Informationsbeschaffungskosten,
- Anbahnungskosten (Kontaktaufnahme usw.),
- Vereinbarungskosten (Kosten und Aufwand für Verhandlungen, Verträge),
- Kontrollkosten (Einhaltung von Termin-, Qualitäts- und Mengenabsprachen),
- Änderungskosten (Kosten für mögliche Reklamationen, Nachbesserungen, Ersatzlieferungen und dergleichen).

Der Anteil der Transaktionskosten an den Gesamtkosten wird für entwickelte Länder von Experten auf rund 60 Prozent (!) der Gesamtkosten geschätzt.

(Ökonomische Grundbegriffe, Wochenschau Sonderausgabe Sek. I u. II, Dezember 2006, Schwalbach/Taunus, S. 23; Verf.: Hans-Jürgen Albers)

1. Stellen Sie die zentrale Rolle des Geldes für den Kauf und Verkauf von Gütern heraus (M 15, Z. 10 ff.). Erläutern Sie die einzelnen Aufgaben (Funktionen) des Geldes auch anhand der Grafik auf S. 145.
2. Was versteht man unter „Transaktionskosten" (Transaktion – Tauschgeschäft; Übertragung des Eigentumsrechts an Gütern oder Geld von einem Wirtschaftssubjekt auf ein anderes)? (Z. 51 ff.)
3. Welche wirtschaftliche Bedeutung haben hohe bzw. niedrige Transaktionskosten (s. Kasten)?
4. Welche Transaktionskosten entstehen Ihnen normalerweise, wenn Sie sich einen neuen PC kaufen wollen, der Ihren Wünschen genau entspricht?

3. Das „ökonomische Prinzip" und der „homo oeconomicus"

M 16 a „Wenn Knappheit herrscht, herrscht auch Entscheidungszwang" – Das ökonomische Prinzip und das Modell des „homo oeconomicus"

Durch Spezialisierung, Arbeitsteilung, Tausch, Geld und den dadurch erreichbaren Wohlstand kann das Knappheitsproblem zwar entschärft, keineswegs aber gelöst werden. Die Güter zur Bedürfnisbefriedigung und die Produktionsfaktoren bleiben knapp, da die Bedürfnisse der Menschen prinzipiell unbegrenzt sind.

Dieser grundlegende Sachverhalt verlangt täglich eine Vielzahl von *Entscheidungen*: die Wahl zwischen Fisch und Fleisch zum Mittagessen, zwischen einem neuen Mountainbike und einem verlängerten Wochenende in Paris, zwischen einem Vorlesungsbesuch und dem gemütlichen Ausschlafen oder zwischen Verkehrs- und Sozialausgaben im Staatsbudget. Menschen müssen andauernd irgendwelche Entscheidungen treffen. Die Volkswirtschaftslehre interessiert die Frage, *wie* etwas *zu welchem Zweck* entschieden wird.

Wir gehen davon aus, dass Menschen nicht rein zufällig entscheiden, sondern dass sie ihrem Handeln gewisse Regeln zugrunde legen. Dabei nehmen wir an, dass der Mensch unter verschiedenen Möglichkeiten jene wählt, die er in seiner speziellen Situation für die beste hält, das heißt, dass er mit seiner Entscheidung seinen *Nutzen maximieren* [möglichst groß halten] will und sich dementsprechend ökonomisch *rational* verhält. Dieser sogenannte **„Homo oeconomicus"** entscheidet also so, dass er in einer gegebenen Situation unter Berücksichtigung seiner Mittel jene Möglichkeit wählt, die seinen Nutzen (s. Kasten) maximiert. Grundsätzlich kann er dabei zwei Strategien anwenden, die wir als **Handeln nach dem ökonomischen Prinzip** bezeichnen:

- Er versucht, seine Bedürfnisse mit möglichst geringem Einsatz an Mitteln zu befriedigen (*Minimalprinzip*).
- Er versucht, mit den gegebenen Mitteln eine möglichst hohe Bedürfnisbefriedigung zu erreichen (*Maximalprinzip*). [...]

> Ökonomen unterstellen den Individuen nicht mehr und nicht weniger, als dass sie nach Lebensglück, Wohlergehen, Genuss und Zufriedenheit streben – und zwar jeder nach seiner eigenen Vorstellung davon. Der in der Fachsprache für dieses Sammelsurium stehende Begriff lautet **Nutzen**. Die in ökonomischen Theorien modellierten Individuen streben grundsätzlich danach, ihren Nutzen zu maximieren, d. h. so viel Lebensglück zu erreichen, so genussvoll zu leben und so zufrieden zu werden wie möglich. Diese Annahme erscheint nicht allzu lebensfremd, so lange sie in dieser Allgemeinheit formuliert wird.
>
> (Steffen J. Roth, VWL für Einsteiger, Lucius & Lucius Verlag, Stuttgart 2006, S. 4)

Der Homo oeconomicus ist prinzipiell ungesättigt. Er verfolgt mehrere Ziele, versucht gleichzeitig, mehrere Bedürfnisse zu befriedigen, und will deshalb vielerlei Güter besitzen. Je mehr er von einem bestimmten Gut schon besitzt, umso geringer schätzt er eine zusätzliche Einheit. Er nutzt jede mögliche Chance, um sein Wohlergehen zu vermehren, er sucht überall aktiv und unermüdlich seinen eigenen Vorteil. [...]. Er bleibt „cool", überlegt, kalkuliert und handelt stets und immer *zweckgerichtet*. Verhalten Sie sich auch so? Entsprechen Sie dem Bild des Homo oeconomicus? Ist Ihnen dieser Mensch sympathisch? Würden Sie mit ihm zusammenleben wollen?

Bei diesem „Wirtschaftsmenschen" handelt es sich um ein *abstraktes „Modell"*, das von individuellen Persönlichkeitsmerkmalen absieht. Wie alle anderen Wissenschaften ist auch die Volkswirtschaftslehre (zu) oft auf Abstraktionen und Verallgemeinerungen angewiesen, um die Komplexität der Realität in den Griff zu bekommen. Deshalb erklärt der Homo oeconomicus eben kein Individualverhalten, sondern er soll einen *Typus* widerspiegeln, der sich durch wesentliche stilisierte Eigenschaften in Reinform auszeichnet. Und noch etwas soll hier klargestellt werden: Der Homo oeconomicus enthält keineswegs Aussagen darüber, wie die Menschen sein sollen, er dient uns nur als vereinfachende Arbeitshypothese (s. dazu M 17).

(Bernd Nolte [= M 9], S. 21 f.)

1 Heben Sie die beiden Merkmale hervor, die den „homo oeconomicus" als Modell des wirtschaftlich handelnden Menschen kennzeichnen (Z. 11 ff.), und klären Sie folgende Fragen:
- Inwiefern handelt es sich nicht um einen wirklichen Menschen, sondern um ein theoretisch konstruiertes Modell? (Z. 35 ff.)
- Wozu soll dieses Modell (nicht) dienen?

Auf die Bedeutung und Problematik dieser Modellbildung gehen wir in M 17 und M 18 näher ein.

2 Erläutern Sie die Bedeutung des Minimal- und des Maximalprinzips als der beiden Möglichkeiten des „ökonomischen Prinzips" (Z. 21 ff.). Verdeutlichen Sie Ihr Verständnis anhand der beiden folgenden Beispiele:

a) Sandy hat zum Geburtstag von ihrem Patenonkel 50 € geschenkt bekommen und will so viele CDs mit Popmusik wie möglich für ihre nächste Party kaufen.

b) Sandy versucht, einen CD-Player zu kaufen. Sie vergleicht die Preise in vielen Fachgeschäften und Supermärkten und nutzt dazu möglichst Sonderangebote.

M 16 b Wirtschaften heißt wählen – „Opportunitätskosten" sind unvermeidlich

Abb. 1

(Ökonomisches Institut der Universität Oldenburg)

Die rationale Entscheidung des homo oeconomicus erfordert ein Abwägen der Vor- und Nachteile aller verschiedenen Möglichkeiten. Nehmen wir zum Beispiel an, Sie überlegen sich, wie Sie den Samstagabend gestalten sollen: mit Freunden Karten spielen, ins Kino gehen, ein Buch lesen, lernen, sich in der Disko amüsieren, eine Einladung zum Abendessen annehmen – dies sind einige von mehreren Möglichkeiten. Nehmen wir weiter an, dass Sie die Einladung zum Abendessen annehmen. Was kostet Sie dieser Entschluss? Wenn Sie jetzt antworten: „Nichts, ich werde ja schließlich eingeladen", liegen Sie falsch, denn dann haben Sie die Rechnung ohne den (Volks-)Wirt gemacht.

Zumindest kostet Sie diese Entscheidung den *Verzicht auf den Nutzen der nicht gewählten Alternative*. Diesen Verzicht bezeichnen Ökonomen als **Opportunitätskosten** (s. Abb. 1). Da jede Entscheidung gleichzeitig einen Verzicht beinhaltet, entstehen eben auch bei jeder Entscheidung Opportunitätskosten, gleichgültig, ob es sich dabei um die Wahl eines Getränks, eines Ferienortes, eines Autos oder eines Partners handelt. Auch ein geschenktes Abendessen ist eben nicht gratis, weil Sie dafür mindestens Zeit aufwenden und damit auf eine andere Aktivität verzichten müssen.

Die wichtigste Erkenntnis aus dem Opportunitätskostenprinzip ist, dass nichts gratis ist. Opportunitätskosten sind für wirtschaftliche Entscheidungen äußerst relevant, weil sie den Grad der Bedürfnisbefriedigung beziehungsweise im Fall eines Unternehmens die Höhe des Gewinns beeinflussen. Änderungen der Lohn-, der Energie-, der Transport- oder der Rohstoffkosten bedeuten immer auch eine Änderung der Opportunitätskosten, was eine erneute Kosten-Nutzen-Kalkulation erfordert und eine Änderung der Wahl zur Folge haben kann.

So können wir beispielsweise auf dem gleichen Boden nicht gleichzeitig alte Baudenkmäler erhalten und neue Wohnungen bauen. Oder welchen Wünschen soll z. B. ein Bergtal dienen? Soll dieses Tal zur Gewinnung von Elektrizität überschwemmt werden? Oder soll dort ein Truppenübungsplatz zu unserer militärischen Sicherheit beitragen? Soll es die Wanderer aus dem nahen Kurort erfreuen? Oder sollen dort wieder wilde Tiere hausen? Entscheiden wir uns für das eine, kostet es uns die Alternativen.

(Bernd Nolte [= M 9], S. 22)

Abb. 2: „Also du kannst wählen: entweder ein Baby oder ein neuer Mittelklassewagen ..."

1 Erläutern Sie den für die ökonomische Analyse wichtigen Begriff der Opportunitätskosten (Kosten, die entstehen, wenn man sich für etwas entscheidet, was in einer bestimmten Situation „opportun" [von lat.: opportunus – günstig, zweckmäßig] erscheint), für den häufig auch der (vielleicht deutlichere) Begriff „Alternativkosten"gebraucht wird (M 16 b).

2 Es ist die „systematische Berücksichtigung der gewissermaßen unsichtbar bleibenden Kehrseite jeder Entscheidung, die diesen Aspekt der ökonomischen Methode so leistungsfähig sein lässt; der Blick wird nicht nur auf das, was man will – oder glaubt, was andere wollen (sollen) – gelenkt, sondern immer auch auf das, was es ‚kostet' im Hinblick auf damit nicht mehr realisierbare Möglichkeiten." (Bernd Nolte, S. 71) Inwiefern meint der hier verwendete Kosten-Begriff nicht einfach das Geld, das man beim Kauf eines Konsumgutes bezahlen muss?

3 Auf die Frage eines Freundes, ob man den Abend nicht gemeinsam verbringen solle, antwortet der Betreffende, dafür habe er heute keine Zeit. Wie müsste seine Antwort im Sinne des Opportunitätskosten-Konzepts lauten?

4 Beschreiben und interpretieren Sie die Karikatur (Abb. 2). Wie beurteilen Sie diese Darstellung und das angesprochene Problem?

5 Wenden Sie das in M 16 a/b dargestellte Modell des „homo oeconomicus" (Orientierung am eigenen Nutzen, rationale Wahl nach dem „ökonomischen Prinzip", Problem der „Opportunitätskosten") auf *Ihre eigene Entscheidung für die Wahl des Faches Sozialwissenschaften* an:
War es das Interesse am Fach, das Sie diese Entscheidung hat treffen lassen? Fühlen Sie sich in diesem Fach stark und versprechen sich eine Verbesserung Ihres Notendurchschnitts? Haben Sie dabei schon an Ihre spätere Berufswahl gedacht? Was versprechen Sie sich ggf. in dieser Hinsicht von der Wahl des Faches? Waren Sie sich unsicher, auch im Hinblick darauf, dass Sie auf ein anderes Fach verzichten mussten? Was hat dann letztlich den Ausschlag gegeben?
Kurz: Inwieweit trifft das Erklärungsmodell des „homo oeconomicus" auf Ihr Entscheidungsverhalten zu?

METHODE

M 17 Der „homo oeconomicus" ist ein „Idealtyp"

Der Darstellung des ökonomischen Prinzips (M 15) liegt das Modell eines ausschließlich „wirtschaftlich" denkenden Menschen, eines „homo oeconomicus" zugrunde, dessen Hauptmerkmale seine Fähigkeit zu uneingeschränktem *rationalen Verhalten* und sein Bestreben sind, den eigenen *Nutzen zu maximieren*. Dieses Modell liegt weitgehend den Analysen der klassischen* Wirtschaftstheorie zugrunde, wird aber in jüngerer Zeit kritisiert, weil es das wirtschaftliche Verhalten (z. B. das Verhalten von Konsumenten) nicht realistisch genug beschreibe und andere (als rationale) Handlungsmotive zu wenig berücksichtige.
Dabei muss allerdings bedacht werden, dass der „homo oeconomicus" wohl weder als feststehendes Menschenbild noch etwa als Ideal zu verstehen ist, sondern als ein *gedanklich konstruiertes Modell* (kein „Realtyp"), das dazu dienen soll, bestimmte wirtschaftliche Verhaltensweisen und insbesondere Entscheidungssituationen (Kauf, Verkauf, Produktion, Konsum) zu erklären. Die beiden „Modelleigenschaften" – Rationalität und Eigeninteresse – sind also nicht unabhängig von den jeweiligen Situationen zu verstehen; sie wollen das Wesen des Menschen nicht vollständig und nicht für immer beschreiben. Der große deutsche Soziologe Max Weber (1864–1920) hat für solche *gedanklichen Konstrukte als Instrumente zur Analyse der Realität* den Begriff „Idealtypus" geprägt. Mit **Idealtypus** ist keineswegs ein Ideal (im wertenden Sinne des Vorbildhaften, Wünschenswerten) gemeint; der Begriff ist vom griechischen Wort idea (= Form, Gestalt, Vorstellung) abgeleitet und weist darauf hin, dass es sich hier nicht um einen real existierenden Gegenstand handelt, sondern um eine gedankliche Konstruktion, um eine typische „Gestalt, in der wesentliche Züge realer Einzelgegenstände hervorgehoben, unwesentliche vernachlässigt werden. Durch die Ermittlung des Maßes der Annäherung eines konkreten Falles an den Idealtyp können die mannigfaltigen Phänomene geordnet und verstanden werden" (Max Weber).
Zur Bedeutung ökonomischer Modelle allgemein s. M 19 und M 21.
(Autorentext)

M 18 a Ein Beispiel

Die Verwendung der homo-oeconomicus-Annahme soll an einem Beispiel deutlich gemacht werden. Steigt z. B. der Preis für ein Produkt von 100 auf 120 Euro, dann wird angenommen, dass die Nachfrage aufgrund des erhöhten Preises sinkt, d. h. mit der homo-oeconomicus-Annahme wird keine Aussage über das Verhalten eines Individuums, z. B. Herrn Schneiders oder Frau Schmidts, getroffen, sondern es wird das Verhalten einer großen Zahl von Individuen beschrieben, wie sich diese bei einer Preissteigerung nach den festgelegten „Modelleigenschaften" – nämlich Rationalität und Eigeninteresse – normalerweise verhalten werden. Dabei bleiben andere Faktoren, die sehr wohl ein anderes Kaufverhalten beeinflussen können, außen vorgelassen. Der homo oeconomicus ist also ein „Konstrukt", das nicht das Entscheidungsverhalten von Herrn Schneider oder Frau Schmidt in der Realität beschreibt. Nicht jeder Konsument des Gutes A wird bei der Preissteigerung von 20 Euro das Gut weniger nachfragen, sondern es wird lediglich angenommen, dass vermutlich die meisten Konsumenten so handeln werden.

(Hans Kaminski [Hrsg.], oec. Ökonomie, Grundfragen wirtschaftlichen Handelns, Westermann Verlag, Braunschweig 2005, S. 55)

M 18 b Was Rationalität bedeutet

Natürlich kann man gegen die Annahme, dass Menschen sich grundsätzlich rational verhalten, viele Einwände geltend machen. Einmal ist es nicht schwer, Beispiele für Handlungen zu finden, die dem Kriterium der Rationalität nicht genügen: Jemand tut aus *Gewohnheit* trotz veränderter Bedingungen heute dasselbe wie gestern, ohne zu überlegen, dass er durch eine Veränderung seines Verhaltens seine Bedürfnisse besser befriedigen könnte; jemand handelt *emotional* und tut aus Wut oder Angst etwas, was seinen eigenen Zwecken im Grunde zuwiderläuft. Zum anderen gibt es Situationen, in denen die Entscheidungsregel des Rationalprinzips gar nicht ohne Weiteres angewendet werden kann: So zum Beispiel, wenn jemand mit einander widersprechenden Motiven und Wünschen zu kämpfen hat, oder wenn jemand im Augenblick der Entscheidung weiß, dass die Folgen der verschiedenen Handlungsalternativen und ihre Rückwirkungen auf den eigenen Nutzen gar nicht abschätzbar sind.

Die Kritik an der grundlegenden Annahme der Rationalität in der Volkswirtschaftslehre und die Argumente zu ihrer Verteidigung füllen viele Bände. Hier und da gibt es auch bereits zu Einzelthemen wirtschaftstheoretische Modelle, die auf alternativen Verhaltensannahmen aufbauen. Trotzdem steht die Grundannahme der Rationalität nach wie vor im Zentrum der Theorie, gilt ein Phänomen in der Regel erst dann als erklärt, wenn es gelungen ist zu zeigen, unter welchen Bedingungen individuell rationale Entscheidungen der Beteiligten zu diesem Phänomen führen können. Um der Verhaltensannahme der Nutzenmaximierung Rechnung zu tragen, sprechen wir nicht von Menschen, sondern von Wirtschaftssubjekten. Damit soll daran erinnert werden, dass die Subjekte in unseren Modellwelten nur einen bestimmten Aspekt menschlichen Verhaltens abbilden.

(Utta Gruber/Michaela Kleber, Grundlagen der Volkswirtschaftslehre, Verlag Vahlen, München, 4. Aufl. 2000, S. 5)

1. Machen Sie sich auf dem Hintergrund der Darstellung in M 16 a/b noch einmal etwas genauer mit dem Modell des „homo oeconomicus" vertraut (M 17).
   - Welche Merkmale sind maßgeblich?
   - Inwiefern handelt es sich um ein „Modell"? Welche Funktion soll das Modell (nicht) erfüllen?
   - Die Aussage, der „homo oeconomicus" sei ein „Idealtyp", wird nicht selten missverstanden. Was ist mit diesem Begriff gemeint, was nicht?
2. Verdeutlichen Sie die Verwendung des homo-oeconomicus-Modells an dem Beispiel in M 18 a.
3. Welche Kritik wird u. a. am Modell des „homo-oeconomicus" geübt? Was muss dabei bedacht werden (M 18 b)?
4. Diskutieren Sie: Ein Mensch handelt nicht aus Eigeninteresse (Egoismus), sondern aus Nächstenliebe (Altruismus). Ist dieses Verhalten mit dem Verhaltensmodell des homo oeconomicus (Eigeninteresse, Rationalität) in Einklang zu bringen oder nicht? Begründen Sie Ihre Antwort.

II Wie funktioniert der Wirtschaftsprozess? – Wirtschaftskreislauf und Wirtschaftssystem

Die Grundlagen des Wirtschaftens hatten wir im vorangehenden Kapitel geklärt und dabei auch die Güterproduktion in den Unternehmen in den Blick genommen. Doch woher wissen die Produzenten, welche Güter sie in welcher Menge herstellen sollen, um die Bedürfnisse der Verbraucher befriedigen, die hergestellten Güter also auch verkaufen zu können? Und wer sorgt dafür, dass alle Güter ständig in ausreichender Menge dort zur Verfügung stehen, wo sie gebraucht werden? Wie läuft das in der „Volkswirtschaft" (der Gesamtheit aller wirtschaftlichen Beziehungen eines Landes) eigentlich alles zusammen? Um diese Fragen geht es diesem Kapitel.
*Nach einem kurzen ersten Abschnitt (**II 1.**), in dem mithilfe eines Modells die grundsätzlichen Beziehungen zwischen Produzenten und Verbrauchern durchschaubar gemacht werden („Wirtschaftskreislauf"), geht es im zweiten Abschnitt um die Frage, auf welche Weise dieser Prozess so gesteuert werden kann, dass die Abstimmung zwischen Produzenten und Verbrauchern (die „Koordination") auch wirklich gelingt. Geschieht das am besten durch eine zentrale Planungsbehörde, die alle notwendigen Entscheidungen trifft, oder soll die Abstimmung besser „dezentral" durch den „Markt" (sozusagen „an Ort und Stelle", überall dort, wo Verkäufer und Käufer aufeinandertreffen) erfolgen? (**II 2.**). Dass in der Bundesrepublik die Koordination durch den Markt erfolgt („Marktwirtschaft"), weiß jeder. Aber was genau geschieht auf einem Markt? Von welchen unterschiedlichen Interessen wird das Marktgeschehen bestimmt? Wie kommen Preise zustande, die den Interessenausgleich ermöglichen können? Darum geht es – in vorwiegend „theoretischer" Betrachtung (Wie funktioniert der Markt im Modell?) – im dritten Abschnitt (**II 3.**). Im letzten Abschnitt wird die „Marktrealität" in den Blick genommen: Welche unterschiedlichen Marktformen lassen sich unterscheiden? Warum funktioniert nicht alles so wie im Modell angenommen? Was kann der Markt offenbar nicht leisten („Marktversagen")? Wo sind Eingriffe des Staates gefordert? (**II 4.**)*

1. Im Kreislauf der Wirtschaft

M 19 Dreht sich alles im Kreise? – Ein Modell verschafft Überblick

„Wenn wir uns morgens an den Frühstückstisch setzen, erwarten wir selbstverständlich, dass Brot oder Brötchen, Kaffee oder Tee, Butter, Marmelade, Wurst vorhanden sind. Das musste aber nicht nur eingekauft und auf den Tisch gebracht werden. Es musste vom Bäcker, Metzger usw. hergestellt und angeboten werden. Es sind dazu lange im Voraus Getreide angebaut, Tiere gezüchtet, Rohkaffee und Tee aus Übersee importiert, gelagert, weiterverkauft worden. Es müssen dazu gleichzeitig Transportmittel, Wasser und Energie zur Verfügung stehen. Käufer und Verkäufer, Produzenten, Händler und Konsumenten benutzen in diesem ständigen Austausch Geld, auf dessen Wert sie sich verlassen, wenn sie dafür Waren weggeben oder Arbeit leisten. Was geschieht da eigentlich, wenn in einer Großstadt oder in einem Land von Millionen Einwohnern täglich Abermillionen von Tauschvorgängen ablaufen? Wie kommt es, dass das alles so ineinandergreift und, von Krisen oder Katastrophen abgesehen, funktioniert? Wer hat dieses unsichtbare Netz landes- und weltweiter Beziehungen geknüpft? Wer ordnet und lenkt das alles, damit wir jeden Tag satt werden? Oder ist das Ganze ein Chaos, und wir merken es nur nicht? Warum haben wir normalerweise keine Angst, dass das alles zusammenbricht?"

(Bernhard Sutor/Joachim Detjen, Politik – Ein Studienbuch zur politischen Bildung, Schöningh Verlag, Paderborn 2001, S. 42)

„Die Volkswirtschaft besteht aus Millionen von Menschen, die sich in vielerlei ökonomischen Aktivitäten engagieren – Kaufen, Verkaufen, Arbeiten, Leute einstellen, Produzieren und so weiter. Um verstehen zu können, wie die Volkswirtschaft funktioniert, müssen wir einen Weg zur Vereinfachung des Nachdenkens über diese Aktivitäten finden. Mit anderen Worten brauchen wir ein **Modell**, das in allgemeinen Begriffen erklärt, wie die Volkswirtschaft organisiert ist."

(G. Mankiw)

M 20 Der einfache Kreislauf – Unternehmen und Haushalte

In Deutschland gibt es etwa 3 Millionen **Unternehmen**, in denen knapp die Hälfte der Bevölkerung arbeitet – im eigenen Unternehmen oder angestellt. In der Grafik erscheinen alle Unternehmen in einem einzigen Rechteck zusammengefasst, vom Bauernhof über die Bäckerei, die Kioskkette, die Bahn, die Konzertagentur und die Immobilienfirma bis zur Heizölhandlung und zum Ölkonzern. Unternehmen produzieren Konsumgüter, die zum Verkauf bestimmt sind.
Diese Konsumgüter werden auf den **Gütermärkten** angeboten und dort von den Konsumentinnen und Konsumenten nachgefragt. Wir gehen auf dem Wochenmarkt einkaufen, tanken Benzin, lassen uns die Haare schneiden, fahren Zug, besuchen ein Konzert, benutzen eine Wohnung und bestellen telefonisch Heizöl. Ein Strom von Konsumgütern (gestrichelte Pfeillinie) fließt also von den Unternehmen über die verschiedensten Gütermärkte zu den Haushalten. Und weil die Haushalte dafür mit gutem Geld bezahlen, fließt ein entsprechender Geldstrom (Pfeillinie) zurück.
Wir alle leben in einem **Haushalt**, ob wir nun in einer Großfamilie oder allein wohnen. Aber hier beachten wir die Vielfalt der etwa 40 Millionen deutschen Haushalte nicht, sondern wir vereinfachen extrem, indem wir alle, ob gut geführt oder nicht, zu einem Rechteck zusammenfassen. [...]
Was leisten die Haushalte nun, um zu dem Geld zu kommen, mit dem sie die begehrten Güter kaufen? In den meisten von ihnen gibt es Personen, die in Unternehmen arbeiten, wofür sie Lohn beziehen.
Glücklichere Haushalte können den Unternehmen jedoch nicht nur ihre Arbeitskraft, sondern auch Boden und Kapitalgüter* anbieten. Diesen Haushalten gehören Boden und Gebäude, oder sie sind allein oder mit anderen zusammen Eigentümer eines Unternehmens und damit auch der Kapitalgüter des betreffenden Unternehmens. Mit Aktien* gehört einem Haushalt ein Teil einer Aktiengesellschaft und damit auch der Boden und die Kapitalgüter dieser Gesellschaft. In marktwirtschaftlich organisierten Gesellschaften gehören der wichtigste Teil des Bodens und die meisten Kapitalgüter direkt oder indirekt den privaten Haushalten. Das überwiegend private Eigentum an Boden und Kapitalgütern ist ein zentrales Merkmal unserer [...] Wirtschaftsordnung.
Alle drei *Produktionsfaktoren* – Arbeitskraft, Kapitalgüter und Boden – bieten die Haushalte den Unternehmen auf Märkten an. Dafür gibt es Arbeitsmärkte, Kapitalmärkte und Bodenmärkte – alle drei zusammen nennt man **Faktormärkte**.

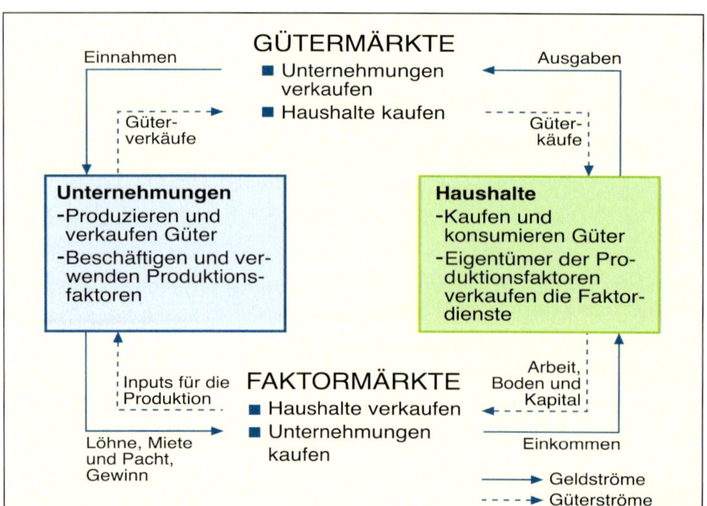

(Gregory Mankiw/Mark Taylor, Grundzüge der Volkswirtschaftslehre, Schäffer-Poeschel Verlag, Stuttgart, 4. Aufl. 2008, S. 28; übers. von Adolf Wagner und Marco Herrmann)

Auf den Faktormärkten treten die Unternehmen als Nachfrager auf. Ihre Nachfrage nach Produktionsfaktoren ist eine abgeleitete Nachfrage, d. h. sie leitet sich ab vom Plan, auf einem anderen Markt Güter anzubieten. So werden Schreinerleistungen und Hobelmaschinen nur nachgefragt, um Möbel zu produzieren und zu verkaufen.

Unternehmen nutzen die gewünschten Produktionsfaktoren gegen den entsprechenden Marktpreis. Dies ist in der Grafik dargestellt. Von den Haushalten fließen Ressourcenströme* über die Arbeits-, Kapital- und Bodenmärkte hin zu den Unternehmen. Zurück fließen Geldströme: Für Arbeitsleistung wird *Lohn* bezahlt, für Kapitalgüter *Zins* und für Boden eine Bodenrente (*Pacht*). Schließlich fließen auch, als Entgelt für unternehmerische Leistung, *Gewinne* zurück zu den Haushalten.

(Bernhard Beck, Volkswirtschaft verstehen, vdf Hochschulverlag, Zürich 2006. S. 87 f.)

M 21 Der erweiterte Kreislauf – die Rolle des Staates

Das Kreislaufmodell lässt sich nun nach dem „Baukastenprinzip" erweitern. Die nächste wichtige Ergänzung ist die Einbeziehung des **Staates** (s. Abb.; auf weitere Sektoren, wie z. B. das Ausland, gehen wir hier nicht ein).

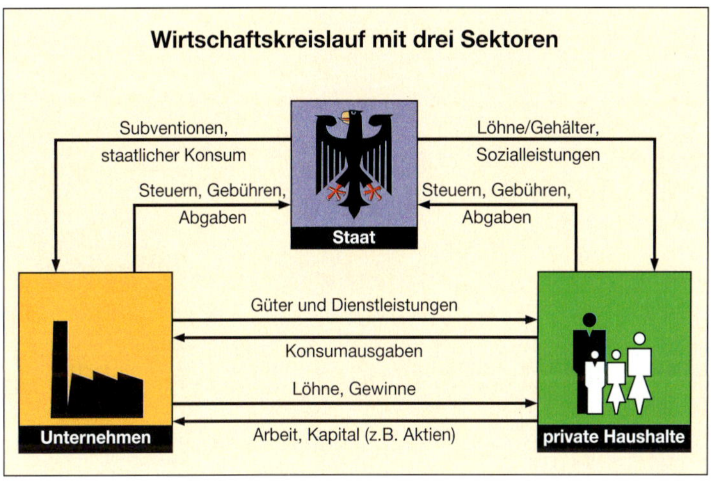

Dieser erzielt im Geldkreislauf vor allem Einnahmen aus direkten (z. B. Einkommensteuer) und indirekten (z. B. Umsatzsteuer) *Steuern* sowohl von den Haushalten als auch von den Unternehmen. In geringem Umfang bezieht er auch spezielle Einnahmen (Gebühren und Beiträge) für besondere Staatsdienstleistungen. Seine Einnahmen verwendet der Staat zur Bezahlung seiner Beamten, Angestellten und Arbeiter, zum Einkauf von Gütern, zur Bezahlung von Zinsen* für aufgenommene Kredite, für Subventionen* zur Förderung bestimmter Wirtschaftsbereiche (Unternehmen) und vor allem für soziale Zwecke (Sozialleistungen*, z. B. Kindergeld, BAföG).

(Franz-Josef Kaiser/Volker Brettschneider, Volkswirtschaftslehre, © Cornelsen Verlag, Berlin 2002, S. 46)

1. Fassen Sie die Überlegungen zusammen, die in M 19 – ausgehend von dem Foto – angestellt werden.
2. Erläutern Sie die beiden grundlegenden Vereinfachungen (Sektorenbildung, Wertströme), die dem Kreislaufmodell zugrunde liegen. Inwiefern bestehen diese Vereinfachungen im Wesentlichen aus Zusammenfassungen von eigentlich sehr verschiedenartigen Akteuren und Beziehungen? (M 20)
3. Erläutern Sie mit eigenen Worten die Erweiterung des einfachen Kreislaufs (M 21) durch den Sektor „Staat".
4. Überprüfen Sie Ihr Verständnis des Kreislaufmodells, indem Sie angeben, welche Geldströme mit den folgenden Beispielen (a – h) verbunden sind. Finden Sie ggf. weitere Beispiele, die Sie sich untereinander als Zuordnungsaufgabe stellen können.
   a) Die Druckerei Schwarz zahlt dem Finanzamt Gewerbesteuern.
   b) Alexander erhält als Aktionär der Lufthansa 2000 Euro Dividendenzahlung*.
   c) Familie Pohl bucht einen Urlaub auf Mallorca in einem Strandhotel.
   d) Familie Pohl erhält Kindergeld und schickt die jüngste Tochter in den gebührenpflichtigen städtischen Kindergarten.
   e) Firma Rutz liefert Bohrmaschinen nach Spanien.
   f) Ein Textilgroßhändler kauft Teppiche in der Türkei ein.
   g) Die Stadt Dortmund vergibt den Bauauftrag für ein neues Gymnasium an eine Baufirma.
   h) Die Stadt Münster leiht sich für den Bau einer Sporthalle Geld bei der Deutschen Bank.

METHODE

M 22 Ökonomische Modelle

Biologielehrer im Gymnasium lehren die Grundlagen der Anatomie mit Nachbildungen des menschlichen Körpers aus Plastik. Diese Modelle haben alle wichtigen Organe – das Herz, die Leber, die Nieren und so fort. Das Modell ermöglicht es dem Lehrer, auf einfache Weise zu zeigen, wie die wichtigsten Körperteile zusammenpassen. Selbstverständlich sind diese Plastikmodelle keine wirklichen menschlichen Körper, und niemand würde das Modell als eine lebende Person ansehen. Derartige Modelle sind stilisiert, und sie lassen viele Details weg. Trotz dieser Realitätsferne – eigentlich wegen dieses Abstands zur Wirklichkeit – ist das Studium des Modells nützlich, um zu lernen, wie der menschliche Körper funktioniert. Auch Ökonomen gebrauchen Modelle, um etwas über die Welt zu lernen; aber statt Plastik werden bei der Modellierung z. B. Diagramme und Gleichungen verwendet. Wie im Plastikmodell des Biologielehrers fehlen viele Einzelheiten, damit man das Wesentliche besser sieht. So wie das Modell des Biologielehrers nicht alle Muskeln und Kapillaren des Körpers enthält, zeigt auch das ökonomische Modell nicht jede Einzelheit der Volkswirtschaft.

[...] Sie werden bemerken, dass Modelle mit Annahmen konstruiert sind. Wie ein Physiker am Anfang seiner Analyse der herabfallenden Marmorkugel die Existenz von Reibungswiderstand per Annahme beseitigt, schließen auch Ökonomen viele Details, die für die Untersuchung einer bestimmten Frage irrelevant sind, mithilfe von Annahmen aus (s. dazu M 44). Alle Modelle – in der Physik, in der Biologie und in den Wirtschaftswissenschaften – simplifizieren [vereinfachen] die Realität, um unser Verständnis von der Wirklichkeit zu verbessern.

(Gregory Mankiw/Mark Taylor, Grundzüge der Volkswirtschaftslehre, Schäffer-Poeschel Verlag, Stuttgart, 4. Aufl. 2008, S. 26; übers. von Adolf Wagner und Marco Herrmann)

Es ist deshalb unsinnig, ein Modell zu kritisieren, weil es zu einfach und nicht „realistisch“ genug sei. Modelle sind naturgemäß nicht realistisch, und kein Ökonom ist so blind, das nicht zu sehen. Er überlegt sich ja gerade eine Theorie, um jene Phänomene, die zu komplex sind, in ihrem Kern zu erfassen; von daher auch die zwingende Notwendigkeit, sich eine vereinfachte, „unrealistische“ Darstellung dieser Phänomene auszudenken. [...]

Daraus lässt sich allerdings nicht ableiten, dass alle Theorien gleichermaßen gültig sind. Es gilt auch nicht, Modelle zu konstruieren, die so einfach sind, dass sie absurd werden. [...] Eine Theorie sollte so gestaltet sein, dass darin alle unwichtigen Aspekte eines Phänomens unbeachtet bleiben. Das zu erreichen ist nicht nur eine Wissenschaft, sondern auch eine Kunst. Albert Einsteins Kommentar dazu lautete etwa so: *Everything should be made as simple as possible, but not more so*, oder: Alles sollte so einfach wie möglich gemacht werden, aber kein bisschen mehr.

Ein Beispiel: Wenn wir mit dem Auto von Hamburg nach Aschaffenburg fahren, bedienen wir uns eines Modells: der Landkarte. Wenn es uns darauf ankommt, so schnell wie möglich anzukommen, weil wir Freunde besuchen wollen, studieren wir die Übersichtskarte, auf der alle Autobahnen eingezeichnet sind, d. h. eine überaus grobe Darstellung der topografischen Wirklichkeit zwischen der Hansestadt und dem Wohnort der Freunde.

Trotzdem ist dieses Modell für uns weitaus nützlicher als eine vollständige, detaillierte Landkarte mit allen Bundesstraßen und Gemeindewegen; Letztere hätte nämlich nur eins zur Folge: Wir würden uns verfahren.

(André Fourçans, Die Welt der Wirtschaft, Campus Verlag, Frankfurt/New York 1997, S. 20 f.)

In M 19 hatten wir bereits auf den Modellcharakter des Wirtschaftskreislaufs hingewiesen. Anhand von M 22 können Sie sich – ggf. unter Rückgriff auf Formulierungen der Kreislaufbeschreibung (M 20/ M 21) – klarmachen, wozu ökonomische Modelle dienen sollen und worin ihre wichtigsten Merkmale bestehen (Stichworte: Vereinfachung, Realitätsbezug). M 22 wird an späterer Stelle durch den Hinweis auf eine wichtige Modellannahme (M 37) und durch eine Darstellung und Erörterung des Marktpreismodells (M 44) ergänzt.

Im Folgenden wollen wir die beiden „Aktionszentren“ des einfachen Wirtschaftskreislaufs (M 20), die ***Unternehmen*** *(M 23 – M 26) und die* ***privaten Haushalte*** *(M 26 – M 28), etwas näher betrachten.*

Von den Unternehmen, ihrer Funktion und ihrer Organisation, war bereits im zweiten Teil dieses Arbeitsbuches (Teil B, M 19ff., S. 114ff.) die Rede. Darauf können Sie ggf. an dieser Stelle zurückgreifen. Wir beschränken uns hier darauf, die Vielfalt der Unternehmen, die Wirtschaftsbereiche, in denen sie tätig sind, und die Verschiedenheit ihrer Rechtsformen darzustellen.

M 23 Unternehmen – Stätten der Produktion

Der *Fischhändler* auf einem Wochenmarkt mietet Boden, um seinen Verkaufsstand aufbauen zu können, setzt seine eigene Arbeit (und vielleicht die seiner Familienmitglieder) ein und investiert Kapital in den Stand und in seine Ware.
Die *Deutsche Lufthansa AG* benötigt Boden für Flugzeughallen und Verwaltungsgebäude und bezahlt bei jedem Start und jeder Landung ihrer Maschinen (ob in Tokio oder München, in San Francisco oder Kapstadt) Gebühren für die Benutzung der Start- und Landebahn; sie beschäftigt Piloten, die die Flugzeuge fliegen, Mechaniker, die sie warten, Mitarbeiter, die die Passagiere abfertigen, Stewardessen, die sie während des Fluges umsorgen, zudem einen Tross von Ingenieuren und Technikern, Putzfrauen und Buchhaltern, Verwaltungsangestellten und Sekretärinnen. In ihren Flugzeugen, Prüfständen, Werften und Verwaltungseinrichtungen steckt ein Kapital von vielen Milliarden Euro, und die Modernisierung ihrer Luftflotte wie der Ausbau des Streckennetzes verlangen immer weitere Investitionen.
Der *eon-Konzern* erzeugt Strom, produziert Gas, verarbeitet Erdöl, stellt Chemieprodukte her, bietet Telekommunikations-Dienstleistungen an und ist auch im Handel tätig. Er braucht Boden als Standorte seiner Werke, Lagerplätze, Verkehrsanlagen und Verwaltungen.
Der Fischhändler, die Lufthansa, eon – größere Unterschiede im äußeren Erscheinungsbild und in der Verschiedenartigkeit der produktiven Leistungen lassen sich kaum vorstellen. Gemeinsam jedoch ist ihnen, dass ihre Tätigkeit auf der *Kombination von Boden, Arbeit und Kapital* beruht. Das Unternehmen ist eine wirtschaftliche Einheit, die der Produktion von Gütern oder Dienstleistungen durch eine Kombination von Produktionsverfahren dient (im Unterschied zum Haushalt als einer Konsumeinheit).

(Im Kreislauf der Wirtschaft [= M 6], S. 61; Verf.: Werner Heiring)

M 24 Wirtschaftssektoren

Produktionsbetriebe

Primärer Sektor (2% der Erwerbstätigen)

- **Rohstoffgewinnungsbetriebe** (z. B. Landwirtschaft, Erzbergwerk, Kohlengrube)

Sekundärer Sektor (26% der Erwerbstätigen)

- **Investitionsgüterbetriebe*** (Maschinenfabrik, Walzwerk, Energielieferung)
- **Konsumgüterbetriebe**
  - Gebrauchsgüterbetriebe (Möbelfabrik)
  - Verbrauchsgüterbetriebe (Nahrungsmittel-, Getränkeindustrie)

Dienstleistungsbetriebe

Tertiärer Sektor (72% der Erwerbstätigen)

- **Handelsbetriebe** (z. B. Großhandel, Einzelhandel, Restaurants)
- **Verkehrsbetriebe** (Bus, Eisenbahn, Flugzeug)
- **Bankbetriebe** (Sparkassen, Banken)
- **Versicherungsbetriebe** (Kranken-, Lebens-, Haftpflichtversicherungen)
- **sonstige Dienstleistungsbetriebe** (Friseur, Reinigung)

Dienstleistungsbetriebe arbeiten entweder konsumbezogen oder produktionsbezogen, wenn sie ihre Dienstleistungen für andere Betriebe erbringen.

(Hans Kaminski [Hg.], Praxis Arbeit/Wirtschaft Gesamtband, Westermann Schulbuchverlag GmbH, Braunschweig 2002, S. 187)

1. Stellen Sie die Unterschiede und Gemeinsamkeiten der in M 23 beschriebenen Unternehmen heraus.
2. Erläutern Sie, nach welchen Gesichtspunkten in M 24 die gesamte Wirtschaft in drei „Sektoren" (Teilbereiche) unterteilt wird, und ordnen Sie die in M 23 genannten Unternehmen diesen Sektoren zu (der eon-Konzern lässt sich zwei Sektoren zuordnen).
3. Beschreiben Sie, welche Bedeutung den einzelnen Sektoren im Hinblick auf die Zahl der in ihnen beschäftigten Erwerbstätigen zukommt.

M 25 Die Unternehmen und ihre Rechtsformen

Man unterscheidet Unternehmen nach der Rechtsform in Einzelunternehmen, Personengesellschaften, Kapitalgesellschaften sowie Genossenschaften. Bei der wichtigen Entscheidung über die Unternehmensform geht es z. B. um Fragen der Geschäftsführung, der Haftung, der Gewinn- und Verlustverteilung, der Gründungskosten und Finanzierung sowie um steuerliche Aspekte.

Einzelunternehmen

Etwa 70 % aller Unternehmen in Deutschland sind Einzelunternehmen. Der Einzelunternehmer bringt das notwendige Eigenkapital auf und leitet das Unternehmen selbst. Allerdings haftet er auch unbeschränkt für sein Unternehmen: Im Notfall wird sein privates Vermögen herangezogen, um entstandene Verbindlichkeiten auszugleichen. Beispiele für Einzelunternehmen sind Handwerker wie der Bäcker um die Ecke, Friseure, aber auch viele Selbstständige und kleine Geschäfte.

Abb. 1

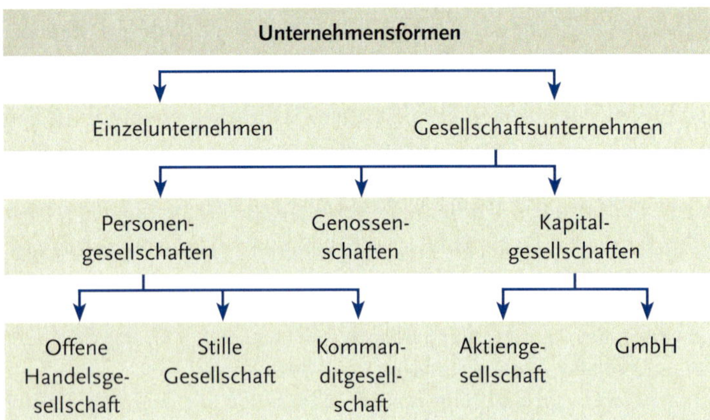

Abb. 2

Personen- und Kapitalgesellschaften

Personengesellschaften zeichnen sich dadurch aus, dass mehrere Personen, die sogenannten Gesellschafter, an der Gründung des Unternehmens beteiligt sind, typische Personengesellschaften sind die *Offene Handelsgesellschaft* (OHG) und die *Kommanditgesellschaft* (KG). Wie beim Einzelunternehmen haften bei der OHG die Gesellschafter für Geschäftsschulden mit ihrem Privat- und Geschäftsvermögen persönlich und unbeschränkt. Bei der Kommanditgesellschaft haften die Komplementäre unbeschränkt. Sie führen meist die Gesellschaft oder setzen einen Geschäftsführer ein. Der Kommanditist hat aufgrund seiner eingeschränkten Haftung nur ein Informationsrecht sowie ein Recht auf Gewinnbeteiligung.

Kapitalgesellschaften kennen keine persönliche Haftung. Hier ist es das von den Gesellschaftern aufgebrachte Kapital (Gesellschaftsvermögen), das für die Verbindlichkeiten des Unternehmens einsteht. Die bekanntesten Kapitalgesellschaften sind die *Aktiengesellschaft* (AG) und die Gesellschaft mit *beschränkter Haftung* (GmbH). Vorstand bzw. Geschäftsführer müssen nicht Gesellschafter oder Aktionäre* sein.

Abb. 3

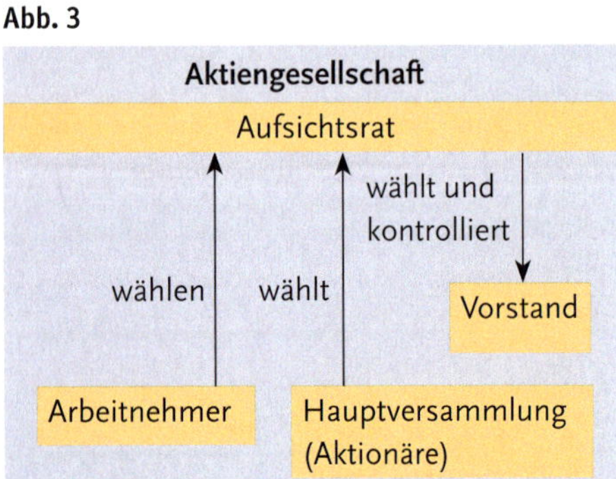

GmbH

Zur Gründung einer GmbH muss Stammkapital von mindestens 25 000 Euro hinterlegt werden. Das ist das Kapital, auf das sich die persönliche Haftung der Gesellschafter beschränkt, weshalb die GmbH als ideale Unternehmensform für mittlere, aber auch kleinere Unternehmen gilt.

Aktiengesellschaft

Auch die Aktiengesellschaft gehört zu den Kapitalgesellschaften. Die Gründung kann bereits durch eine Person erfolgen. Ihre Gesellschafter, die Aktionäre, sind mit Anteilen (Aktien*) am Grundkapital beteiligt. Das Grundkapital muss mindestens 50 000 Euro betragen. Der Mindestnennbetrag pro Aktie beträgt 1 Euro. Die AG haftet mit ihrem Firmenvermögen für Schulden, die Aktionäre tragen das Risiko des Wertverlustes ihrer Aktien. Mit der Eintragung ins Handelsregister beginnt die Geschäftsfähigkeit. Es handeln die im Gesetz dafür bestimmten Organe (s. Abb. 3): der Vorstand (durchführendes Organ), der Aufsichtsrat (kontrollierendes Organ) und die Hauptversammlung (beschließendes Organ). Die Geschäftsführung wird durch den Vorstand wahrgenommen. Der Anteil am Gewinn wird gemäß der Anteile der Aktionäre am Grundkapital zugewiesen.

Gemeinsame Interessen: Die Genossenschaften

Genossenschaften spielen z. B. im Einzelhandel oder in der Landwirtschaft eine Rolle. Sie dienen in der Regel der Zusammenlegung bestimmter Geschäftstätigkeiten der angeschlossenen Betriebe. So schließen sich beispielsweise Einzelhandelsunternehmen zu Einkaufsgenossenschaften zusammen, um durch die Abnahme größerer Warenmengen günstigere Preise für die Mitglieder (Genossen) zu erzielen. Landwirtschaftliche Betriebe wie z. B. kleinere Winzer bilden Produktionsgenossenschaften, und die Genossenschaft übernimmt gegebenenfalls auch den Verkauf des erzeugten Weins.

Der Zweck einer Genossenschaft besteht nicht in der Erzielung möglichst hoher Gewinne bei der Genossenschaft, sondern darin, die Wirtschaft ihrer Mitglieder durch einen gemeinschaftlichen Geschäftsbetrieb zu fördern. Die wirtschaftliche Selbstständigkeit der einzelnen Mitglieder bleibt erhalten.

Genossenschaften müssen einen Vorstand und einen Aufsichtsrat haben. Die Versammlung der Genossen heißt Generalversammlung, dort hat jeder Genosse eine Stimme.

(Bundesverband deutscher Banken [Hrsg.], Wie? Wirtschaft erleben 2, Berlin 2006, S. 21–24)

M 26 Die wirtschaftliche Bedeutung der wenigen Großen

a)

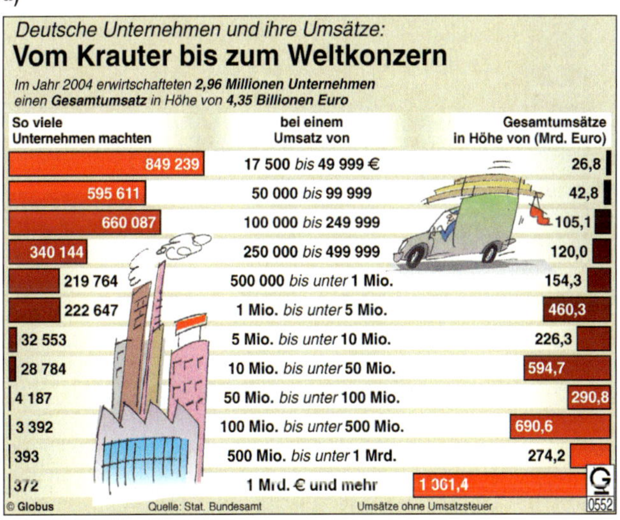

b)

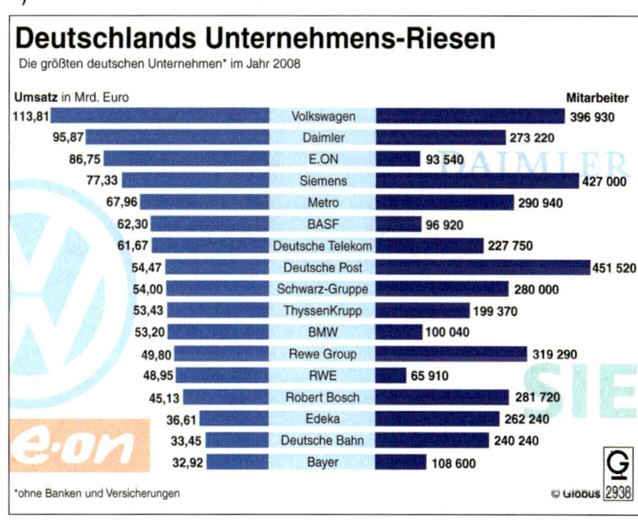

1. Erläutern Sie die Fragen, die durch die Wahl bestimmter Rechtsformen von Unternehmen unterschiedlich geregelt werden können (M 25, Z. 1–4).

2. Welcher Unterschied besteht grundsätzlich zwischen „Einzelunternehmungen" und „Gesellschaftsunternehmungen" sowie zwischen „Personen"- und „Kapitalgesellschaften"?

3. Von den in Abb. 1 und 2 aufgeführten Unternehmensformen haben wir nur die zahlenmäßig wichtigsten und gesamtwirtschaftlich bedeutsamsten etwas näher beschrieben. Weitere Informationen zu allen Unternehmensformen finden Sie z. B. unter der Internetadresse http://de.wikipedia.org/wiki/Unternehmensformen.
Erstellen Sie zu den beschriebenen Formen eine tabellarische Übersicht, aus der Sie vergleichend ersehen können, wie folgende Fragen jeweils geregelt sind: Wer gründet das Unternehmen bzw. woher kommt das Kapital? Bei wem liegt die Leitung? Wer haftet? Wohin fließen die Gewinne?

4 Die beiden Schaubilder M 26 a/b sollen u. a. dazu dienen, Ihnen die enorme wirtschaftliche Bedeutung bewusst zu machen, die einer relativ kleinen Zahl besonders großer Unternehmen (Aktiengesellschaften) in Deutschland zukommt.
- Berechnen Sie aus M 26 a einerseits den Anteil der 372 größten Unternehmen an der Gesamtzahl der Unternehmen und andererseits ihren Anteil am Gesamtumsatz aller Unternehmen.
- Die Gesamtzahl der abhängig Beschäftigten (Arbeitnehmer) in Deutschland betrug im Jahr 2005 rd. 34,3 Mio. Welchen Anteil daran hatten die in M 26 b aufgelisteten 17 Unternehmen (rd. 6 Millionstel aller Unternehmen)?
- Ordnen Sie die 17 Unternehmen (M 26 b) den Wirtschaftsbereichen (vgl. M 24) zu.

5 Der Blick auf die „Großen" soll den Blick auf die Bedeutung der „kleinen" (bis zu 50 Beschäftigte und bis zu 10 Mio. € Umsatz) und „mittelständischen" (50 – 250 Beschäftigte, 10 – 50 Mio. € Umsatz) Unternehmen nicht verstellen. Ihr Anteil an der Gesamtzahl aller Beschäftigten beträgt rd. 76 %. Wie groß ist ihr Anteil am Gesamtumsatz?

M 27 Die privaten Haushalte – Woher stammt ihr Einkommen?

Abb. 1

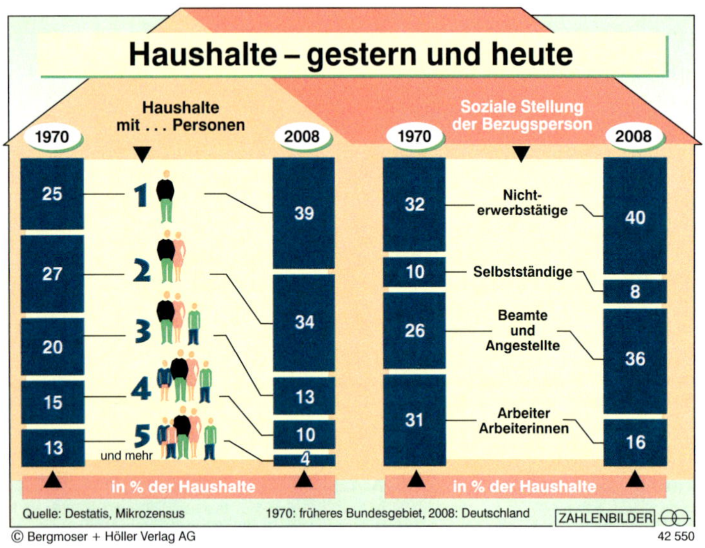

© Bergmoser + Höller Verlag AG

Abb. 2

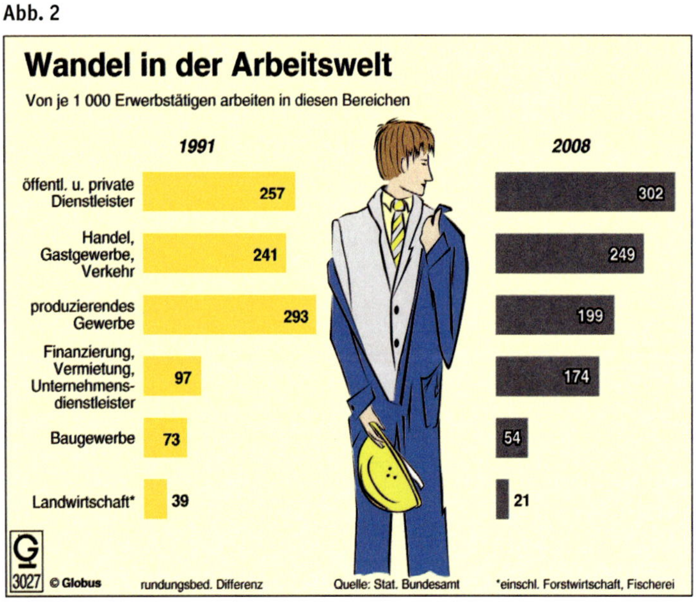

Unter Einkommen versteht man im Allgemeinen den Geldbetrag, der einem Einzelnen bzw. einem privaten Haushalt (Haushaltseinkommen) in regelmäßigen Abständen (z. B. monatlich oder jährlich) zufließt und der ihm daher für seine Ausgaben zur Verfügung steht. Doch woher kommt das Einkommen? Die „Quellen", aus denen der Betrag fließt, sind ganz unterschiedlich, je nach der **beruflichen Tätigkeit**, der ein Einkommensbezieher nachgeht, oder je nach dem Vermögen, das er besitzt. Und: Die meisten Leute beziehen Einkommen gleichzeitig aus mehreren Quellen. Im Einzelnen kann man folgende Quellen unterscheiden:

- Wer bei einem privaten Unternehmen (einer Firma, die Produkte herstellt, wie z. B. Autos, oder einer Firma, die Dienstleistungen*, wie z. B. Reparaturen, anbietet, oder einem Handelsunternehmen, das Waren verkauft) oder beim Staat (im „öffentlichen Dienst", z. B. als Lehrer oder Finanzbeamter) arbeitet, erhält dafür einen bestimmten **Lohn** (Arbeiter) oder ein **Gehalt** (Beamte, Angestellte). Hier spricht man von Einkommen aus **„abhängiger Beschäftigung"** (bzw. „unselbstständiger Arbeit").
- Wer nicht abhängig, sondern **„selbstständig"** tätig ist (als Unternehmer, Landwirt oder in einem „freien Beruf", wie z. B. als Künstler, Arzt oder Rechtsanwalt), bezieht sein Einkommen als **Gewinn** aus seinem Betrieb oder als **„Honorar"** für seine freiberufliche Tätigkeit.
- Wer Grundstücke, Gebäude oder Wohnungen besitzt und sie vermietet, bezieht dafür **Einkommen aus Vermietung oder Verpachtung**.
- Wer in der Lage ist, Geldbeträge zu verleihen (z. B. an Banken und Sparkassen), erhält dafür **Zinsen***. Wer Geld in Aktien* (Anteilen an Unternehmen) anlegen kann, erhält Gewinnanteile

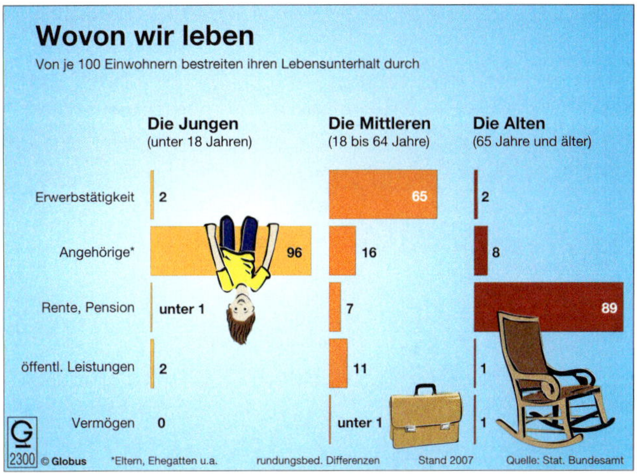

Abb. 3

des betreffenden Unternehmens („**Dividende**“; lat.: „was zu verteilen ist“).

In den beiden erstgenannten Fällen (unselbstständige und selbstständige Tätigkeit) spricht man von **Erwerbseinkommen**, in den beiden letzten Fällen von **Vermögenseinkommen**.

● In jedem Fall entsteht das Einkommen aus einer bestimmten Leistung, die der Einkommensbezieher erbringt, sei es aus seiner Arbeit oder aus dem Vermögen, das er zur Verfügung stellt. Viele Haushalte erhalten aber auch Einkommen, für die keine Gegenleistung erbracht werden muss: Sie erhalten Leistungen vom Staat, der von den Steuermitteln, die alle Einkommensbezieher an ihn abführen müssen, bestimmte Beträge nach bestimmten Gesichtspunkten an bestimmte Haushalte „umverteilt“ („**Transfereinkommen**“, von lat. transferre – übertragen, von einer Seite auf eine andere). Diese Leistungen des Staates dienen u. a. dazu, Haushalte mit einem zu geringen Einkommen zu unterstützen (durch „**Sozialleistungen**“, wie z. B. Arbeitslosengeld II/„Hartz IV“*, Sozialhilfe* oder Wohngeld*) oder die Familienbildung zu fördern (z. B. durch Kindergeld). Zu den Transferleistungen werden aber auch die **Renten** gezählt, für die der Empfänger während seines Erwerbsleben Beiträge in die staatliche Rentenkasse gezahlt hat, die aber zu fast einem Drittel auch aus Steuermitteln finanziert werden.

● **Wovon hängt es nun ab, wie hoch die Einkommen sind?**

Stark vereinfacht kann man sagen:

– Bei abhängig Beschäftigten (**unselbstständiger Arbeit**) werden die Löhne und Gehälter zwischen Arbeitgebern und Arbeitnehmern durch Verträge (**Tarifverträge***) festgelegt; Unterschiede ergeben sich hier durch die Tätigkeit in unterschiedlichen Wirtschaftsbereichen, Branchen und Berufen, durch die Höhe der Qualifikation (Bildungs- und Berufsabschluss), durch die berufliche Stellung und die Art der Tätigkeit (ein „leitender Angestellter“ erhält mehr als ein „einfacher Arbeiter“).

– Bei den Erwerbseinkommen aus **selbstständiger** Tätigkeit richtet sich die Höhe der Einkommen nach den Preisen, die ein Unternehmer oder ein Kaufmann am Markt für seine Produkte erzielen kann, nach der Zahl der Patienten, die ein Arzt behandelt, oder der Mandanten, die ein Rechtsanwalt betreut (die einzelnen Tätigkeiten sind bei „freien Berufen“ durch „Gebührenordnungen“ weitgehend festgelegt).

– Bei **Vermögenseinkommen** ergibt sich die Höhe aus der „**Marktlage**“; sie hängt also z. B, davon ab, wie viel Miete Wohnungssuchende zu zahlen bereit sind oder wie viel Zinsen eine Bank anbietet.

(Autorentext)

1 Analysieren Sie Abb. 1 in M 27 und stellen Sie deutliche Veränderungen heraus, die in den letzten rd. 40 Jahren zum einen die Struktur der Haushalte und zum anderen die soziale Stellung des „Haushaltsvorstandes“ (i. d. R. des derzeitigen oder früheren „Hauptverdieners“) verändert haben. – Der Begriff „Nichterwerbstätige“ umfasst Rentner, Pensionäre und Arbeitslose.

2 Stellen Sie – ggf. im Gespräch mit Ihrem Lehrer/Ihrer Lehrerin – zu beiden Gesichtspunkten begründete Vermutungen über die Ursachen für die auffälligsten Veränderungen an. Vergleichen Sie zur Veränderung bei der sozialen Stellung von Arbeitern und Angestellten/Beamten auch Abb. 2.

3 Beschreiben Sie, aus welchen unterschiedlichen „Quellen“ die Einkommen der privaten Haushalte stammen können (M 27, Z. 1 – 60). Erstellen Sie dazu eine kurze stichwortartige Übersicht.

4 Erläutern Sie zu den größenmäßigen Verhältnissen zwischen den einzelnen Einkommensarten die Darstellung in Abb. 3 („Öffentliche Leistungen beziehen sich auf die im Text genannten „Sozialleistungen“ (insbesondere Sozialhilfe * und Arbeitslosengeld II/„Hartz IV“*).

5 Erklären Sie, von welchen Faktoren die Höhe der Einkommen für die einzelnen Einkommensarten und Gruppen der Einkommensbezieher im Prinzip abhängen (M 27, Z. 61 ff.; Schenkungen, Erbschaften, Lottogewinne usw. sind hier nicht berücksichtigt).

M 28 Wie viel „Netto" vom „Brutto"?

Abgabeart	alleinstehend, ohne Kind	verheiratet, ein Ehepartner arbeitet, zwei Kinder
Bruttolohn	**3 000,00**	**3 000,00**
Sozialversicherung insgesamt	**614,25**	**606,75**
Rentenversicherung (Hälfte von 19,9 %)	298,50	298,50
Krankenversicherung (Hälfte von 14,0 % + 0,9 %)[1]	237,00	237,00
Pflegeversicherung (Hälfte von 1,7 %)[2]	36,75	29,25
Arbeitslosenversicherung (Hälfte von 2,8 %)	42,00	42,00
Steuern insgesamt	**612,94**	**259,84**
Lohnsteuer	535,33	256,50
Kirchensteuer[3]	48,17	3,34
Solidaritätszuschlag	29,44	–
Abzüge insgesamt	**1 227,19**	**866,59**
Nettolohn	**1 772,81**	**2 133,41**[4]

(http://www.n-heydorn.de/gehaltsrechner.html; Verf.: Norbert Heydorn; Stand 2010)

[1] Arbeitnehmer zahlen Sonderbeitrag von 0,9 Prozent.
[2] Kinderlose zahlen zusätzlich 0,25 Prozent
[3] Kirchensteuer beträgt 9 Prozent der Lohnsteuer (in Baden-Württemberg und Bayern 8 Prozent.)
[4] Hinzu kommen 328 € (2 x 164) Kindergeld

1. Analysieren Sie im Hinblick auf den Unterschied zwischen Brutto- und Nettolohn die beiden Beispiele in M 28. Machen Sie sich die Bedeutung der einzelnen „Abzüge" klar.
2. Berechnen Sie den jeweiligen prozentualen Anteil der Abzüge am Bruttolohn bzw. den Prozentsatz des verbleibenden Nettoeinkommens und erklären Sie den Unterschied zwischen den beiden Beispielen. – Auf der als Quelle zu M 28 angegebenen Internetseite können Sie weitere Beispiele selbst eingeben und berechnen lassen.
3. Wie beurteilen Sie die diesem Unterschied zugrunde liegende Regelung?

2. Markt oder Plan – zwei Ordnungsmodelle für die Wirtschaft

M 29 Warum benötigen wir eine Wirtschaftsordnung?

In Deutschland gibt es rund 80 Millionen Menschen. Sie wollen essen, trinken, benötigen Kleidung, der eine will Jeans, der andere einen Frack. Frau Meyer möchte Kinderkleidung oder sie sucht eine Bluse für ein Fest, Herr Wenger kauft sich eine CD, benötigt einen Schlagbohrer für seine Hobbyarbeiten am Wochenende, Jenny kauft eine Zeitschrift, um endlich die Reportage über ihre Lieblingsgruppe zu lesen. Eine Unternehmerin besucht eine Messe, um sich dort über die neueste technische Ausstattung für ihren Druckereibetrieb zu informieren. Morgens gehen wir zum Bäcker, um Brötchen, Milch und Brot zu holen. Diese Reihe ließe sich beliebig fortsetzen.

Hunderttausende unterschiedlicher Produkte und Dienstleistungen werden von den 80 Millionen Menschen benötigt (vgl. Kasten). Zählt man die vielen Rohstoffe und Betriebsstoffe hinzu,

Ein Selbstbedienungs-Warenhaus kann rund 40 000 unterschiedliche Artikel im Sortiment führen, darunter können etwa 350 Käsesorten, 400 Wurstsorten, 600 Weine sowie 7 000 regionale Artikel sein, die direkt aus der Umgebung geliefert werden und von vielleicht 400 verschiedenen Produzenten kommen. Im Durchschnitt enthält schon das Teilsortiment Nahrungsmittel von SB-Warenhäusern über 13000 unterschiedliche Artikel. Allein der Lebensmitteleinzelhandel umfasst in Deutschland rund 57 000 Geschäfte, in denen die Konsumenten jährlich etwa 125 Mrd. Euro ausgeben. Außerdem ändern sich die Sortimente im Handel sehr dynamisch. Beispielsweise hat ein deutscher Haushaltswarenhersteller vom Knäckebrot-Brettchen bis zum chinesischen Essstäbchen fast 4000 Artikel im Angebot, jährlich kommen 200 neue dazu, etwa genau so viele verschwinden wieder vom Markt. Dass unter diesen Bedingungen die Versorgung meist reibungslos klappt, ist ein erstaunliches Phänomen.

(Reinhold Hedtke [= M 4], S. 188)

die Unternehmen für ihre Produktion benötigen, sind es noch wesentlich mehr. Diese werden nicht von *einem* Betrieb hergestellt und verteilt, sondern von vielen Tausenden: Es herrscht Arbeitsteilung; wer etwas haben will, muss tauschen, z. B. Arbeitskraft gegen Einkommen, Werkzeugmaschinen oder Brötchen gegen Geld. Woher aber weiß z. B. ein Bäcker, wie viele Leute seine Brötchen kaufen wollen, woher ein Müller, dass der Bäcker ihm Mehl von einer bestimmten Qualität abkaufen wird?

Güter müssen produziert, verkauft, transportiert werden und immer zur richtigen Zeit am richtigen Ort zur Verfügung stehen, damit die Menschen ihre Bedürfnisse befriedigen oder Unternehmen z. B. die benötigten Maschinen kaufen können. Wie ärgerlich jemand sein kann, der das, was er benötigt, nicht findet und darauf warten muss, weiß jeder aus eigener Erfahrung.

Für uns ergibt sich daraus die zentrale wirtschaftliche Frage: Wie muss eine Wirtschaft organisiert sein, wie werden die unzähligen wirtschaftlichen Handlungen durch Regeln aufeinander abgestimmt, damit alle Menschen mit Sachgütern und Dienstleistungen* versorgt werden können, die benötigten Arbeitskräfte zur Verfügung stehen, sie so viel Einkommen erzielen, dass sie ein menschenwürdiges Leben führen können?

(Herausgeber: Verlagsgruppe Handelsblatt GmbH, „Handelsblatt macht Schule", Unterrichtseinheit „Wirtschaftsordnung", Autoren: Prof. Dr. Dr. h. c. Hans Kaminski, Katrin Eggert, Michael Koch [Institut für Ökonomische Bildung, Carl von Ossietzky Universität Oldenburg])

M 30 Kernproblem: Koordination

Das Kernproblem besteht in der Entscheidung der Frage, wie die wirtschaftliche Aktivität von Millionen von Wirtschaftssubjekten so koordiniert werden kann, dass der institutionell, zeitlich und räumlich getrennt ablaufende, arbeitsteilige und hoch spezialisierte Wirtschaftsprozess nicht nur möglichst reibungslos funktioniert, sondern auch möglichst effizient ist. [...]

(Heinz Lampert, Die Wirtschafts- und Sozialordnung der Bundesrepublik Deutschland, Olzog, München, 15. Aufl. 2004, S. 30 f.)

Jede Volkswirtschaft muss, wenn sie aus einer größeren Zahl von Einzelwirtschaften besteht, eine grundsätzliche Entscheidung über **drei Kardinalprobleme** ihrer Güterversorgung fällen.

a) Die Bestimmung des **Produktionsziels**. Es muss eine Klärung darüber herbeigeführt werden, *welche Güter in welchen Mengen* produziert werden sollen.

b) Die **Anordnung („Allokation*") der Produktionsfaktoren.** Hier handelt es sich darum, wie der Produktionsplan im Hinblick auf die vorhandenen Produktionsmittel verwirklicht werden soll und kann. Wie ordnen sich die vorhandenen Arbeitskräfte im Hinblick auf das Produktionsziel an, wie gelangen die sachlichen Produktionsmittel an die richtige Stelle, mit anderen Worten, wer gehört an welchen Arbeitsplatz, und welche Kapitalgüter und Bodenschätze müssen für welche Produktion zur Verfügung stehen?

c) Die **Verteilung („Distribution*") des Produktionsergebnisses**. Hier geht es darum zu bestimmen, wer was und wie viel von dem Produktionsergebnis erhält, nach welchen Grundsätzen die Verteilung der Güter erfolgt und wie viel jeweils für den Konsum und wie viel für die nächsten Produktionspläne als Kapital vorgesehen werden kann.

Die Regelung dieser drei Hauptprobleme – das Problem der Bestimmung des Produktionsziels, das Problem der daraufhin vorzunehmenden Anordnung der Produktionsfaktoren und das Problem der Verteilung – in *rechtlicher, organisatorischer und sozialer* Hinsicht nennen wir die **Wirtschaftsordnung** eines Landes.

(Karl Häuser, Volkswirtschaftslehre, S. Fischer Verlag, Frankfurt a. M. 1967, S. 57–59)

1 Machen Sie sich klar, inwiefern es sich in der Wirtschaft um ein außerordentlich vielfältiges und kompliziertes Handlungs- und Beziehungsfeld handelt (M 29). Stellen Sie einige Gesichtspunkte heraus, an denen besonders deutlich wird, dass das Ganze ohne bestimmte Regelungen und Abstimmungen nicht funktionieren würde.

2 In M 30 wird der Wirtschaftsprozess als „institutionell, zeitlich und räumlich getrennt ablaufend, arbeitsteilig und hochspezialisiert" bezeichnet; Z. 3). Erläutern Sie die einzelnen Kennzeichnungen jeweils durch konkrete Beispiele (vgl. auch M 29, Z. 1 ff.).

3 Verdeutlichen Sie die drei „zentralen Fragen", die entschieden werden müssen, um die einzelnen wirtschaftlichen Aktivitäten zu koordinieren (M 30). Erklären Sie dazu die Fachbegriffe „Allokation" und „Distribution".

4 Was meint der Text, wenn er davon spricht, dass die Wirtschaftsordnung eine „rechtliche", eine „organisatorische" und eine „soziale" Dimension umfasst (Z. 21)?

5 Vielleicht können Sie aus Ihrer Kenntnis an dieser Stelle schon einmal eine erste spontane und vorläufige Anwort geben, wie die drei „zentralen Fragen" in unserer Wirtschaftsordnung geregelt sind.

In der Wirtschaftsgeschichte lassen sich zwei grundsätzliche Möglichkeiten unterscheiden, die zentralen Fragen einer Wirtschaftsordnung zu lösen: die sog. Zentralverwaltungswirtschaft (auch Planwirtschaft genannt) und die Marktwirtschaft. Bei diesen Wirtschaftsordnungen handelt es sich zunächst einmal um ***Modelle**** *(vgl. M 22), die in ihrer reinen Form in der Wirklichkeit nicht vorkommen. Aber zum besseren Verständnis der in der Realität bestehenden Wirtschaftsordnungen ist es nützlich, sich klarzumachen, wo die grundsätzlichen Unterschiede zwischen diesen beiden Modellen liegen. Das wollen wir im Folgenden (M 31 – M 34) in knapper Darstellung versuchen.*

M 31 Das Modell der Zentralverwaltungswirtschaft

Betrachtet man eine hoch arbeitsteilige Volkswirtschaft, in der die ökonomischen Aktivitäten von Millionen von Menschen wechselseitig voneinander abhängen und folglich in adäquater Weise ineinandergreifen müssen, so scheint die Idee naheliegend, das Knappheitsproblem (s. M 8) in einer Volkswirtschaft dadurch zu lösen, dass an einer zentralen Stelle alle Informationen über die Bedürfnisse der Menschen sowie die produzierbaren Güter, die für ihre Herstellung zur Verfügung stehenden Produktionsfaktoren und Produktionstechnologien gesammelt werden und dann mithilfe mathematischer Verfahren berechnet wird, welche Güter in welchen Mengen mit welchen Produktionsfaktoren und Technologien hergestellt werden sollen, um den Wohlstand zu maximieren. Das Ergebnis wäre ein **die ganze Volkswirtschaft umfassender zentraler Plan**, in dem die gesamte Produktion und Verteilung aller Güter und Leistungen festgelegt würde. Da ein solcher Plan zwangsläufig implizieren würde, dass für jeden Betrieb und letztlich für jede Arbeitskraft bestimmt wäre, welche Leistungen sie jeweils zu erbringen hätten, wäre über eine solche zentrale Planung gleichzeitig das Problem der Koordination der einzelnen ökonomischen Aktivitäten gelöst. [...] Da eine umfassende zentrale Planung aller ökonomischen Aktivitäten die unumschränkte Verfügung dieser zentralen Instanz über alle Produktionsfaktoren und Ressourcen* erfordert, bedeutet dies notwendigerweise, dass es **kein Privateigentum an Produktionsmitteln** geben darf, denn Letzteres würde bedeuten, dass einzelne Individuen selbst frei über die Verwendung ihrer Ressourcen entscheiden dürfen, womit diese aber der zentralen Planung entzogen wären.

(Wolfgang Kerber, Wirtschaftspolitik. In: Rolf Walter [Hrsg.], Wirtschaftswissenschaften. Eine Einführung, Schöningh, UTB, Paderborn 1997, S. 601)

M 32 Die Wirtschaftsordnung der ehemaligen DDR

Nach dem Zweiten Weltkrieg mussten in der damaligen sowjetischen* Besatzungszone* Deutschlands und späteren DDR* die Grundsätze und Methoden der **Zentralverwaltungswirtschaft** sowjetischen Typs mit nur geringen Änderungen übernommen werden. In der Verfassung wurde die Wirtschaftsordnung der DDR als „Sozialistische* Planwirtschaft" bezeichnet.

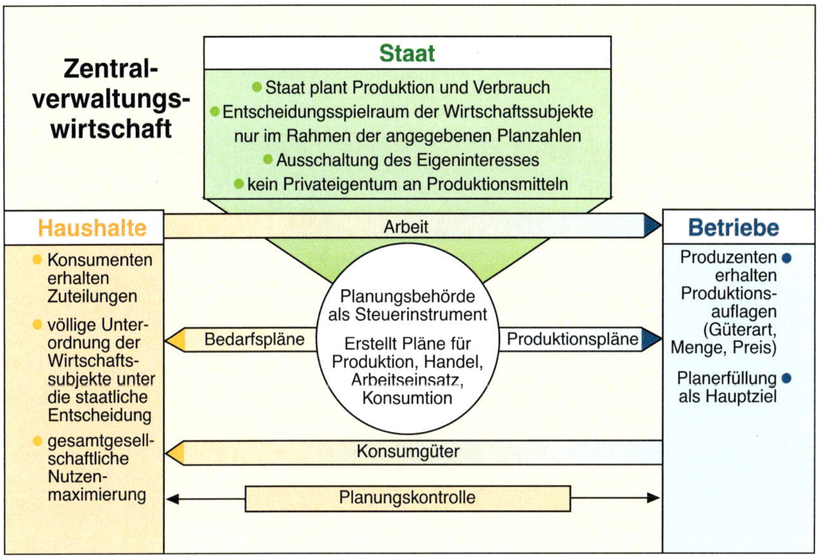

Abb. 1

(Gabler Kompakt Lexikon Wirtschaft, 7. Aufl., Wiesbaden 1997)

Kernpunkt der Wirtschaftsordnung der DDR war ein vom Staat beherrschtes *zentrales Planungs- und Lenkungsinstrumentarium*, das den Markt- und Preiswettbewerb, wie er in der Bundesrepublik Deutschland herrscht, ersetzte (vgl. Abb. 1). Den „volkseigenen", d. h. staatlichen Betrieben und ihren Zusammenschlüssen, den Kombinaten*, wurden von einer staatlichen Zentralstelle **Produktionspläne** vorgegeben. Darin war exakt vorgeschrieben, welche Güter in welchen Mengen und Qualitäten und zu welchen Preisen an wen abzuliefern waren. Die Bewährung der Betriebe ergab sich aus der Menge der erstellten Güter, wie sie der zentrale Plan vorschrieb. Es wurden Fünfjahrespläne und innerhalb derselben jährliche **Volkswirtschaftspläne** aufgestellt (s. Abb. 2).

Das zweite konstituierende Element der Wirtschaftsordnung der DDR (neben der zentralen Planung) war die **sozialistische Produktionsweise**. Diese wurde im Wesentlichen durch das **gesellschaftliche Eigentum** an den Produktionsmitteln gekennzeichnet. Privateigentum an den Produktionsmitteln war weitgehend aufgehoben. Die meisten Betriebe waren „volkseigene" (staatliche) oder genossenschaftliche* Produktionsstätten.

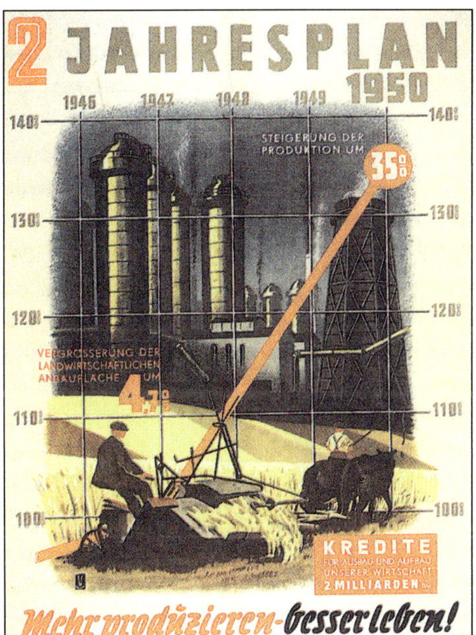

Abb. 2: Werbeplakat aus der ehemaligen DDR*, mit dem auf den ersten Zweijahresplan nach der Gründung der DDR aufmerksam gemacht wurde.

Auch in der DDR war angeblich das Ziel der Produktion der Mensch mit seinen Bedürfnissen. Allerdings wurden diese Bedürfnisse nur insoweit im Zentralplan berücksichtigt, als sie mit den gesellschaftlichen und wirtschaftlichen Erfordernissen vereinbar erschienen. Der einzelne Wirtschaftsteilnehmer wurde nach dem Leistungsprinzip, d. h. entsprechend dem Verhältnis der Menge und der Güte der geleisteten Arbeit, am Konsum beteiligt. Wich der individuelle Konsum von der zentral geplanten Produktion ab, so wurde nicht die Produktion, sondern der Konsum durch staatliche Lenkungsmaßnahmen – z. B. Verbrauchsaufforderungen, Rationierung usw. – so gesteuert, dass Produktion und Konsum wieder zur Übereinstimmung gebracht wurden. Letztlich bedeutete dies, dass sich jeder einzelne Wirtschaftsteilnehmer in der DDR in seinem Verhalten am Wirtschaftsgesamtplan orientieren musste. Konsumfreiheit, d. h. die Möglichkeit, mit Geld alle gewünschten Güter zu erstehen, bestand nicht.

(Günter Ashauer, Grundwissen Wirtschaft, Ernst Klett Schulbuchverlag, Leipzig 2005, S. 169 f.)

Probleme der Planwirtschaft

Die DDR-Wirtschaft hatte vor allem mit folgenden Problemen zu kämpfen, an denen sie letztendlich auch scheiterte:

– Es erwies sich als schwierig, die Erzeugung und Verteilung von Millionen von Sachgütern und Dienstleistungen zentral bis ins Detail zu planen.

– Da es praktisch keinen Wettbewerb zwischen den Betrieben gab, war die *„Arbeitsproduktivität*"* äußerst gering, d. h.: Um ein bestimmtes Produkt zu erstellen, wurden fast doppelt so viele Arbeitskräfte eingesetzt wie in der Bundesrepublik; hinter der Vollbeschäftigung verbarg sich „versteckte Arbeitslosigkeit".

Zum einen ist bei zentraler Planung nicht gewährleistet, dass sich die Entscheidungen über die herzustellenden Güter an den faktischen Bedürfnissen der privaten Haushalte orientieren, denn die Planbehörde ist auf unvollkommene Bedarfsschätzungen angewiesen, die hochgradig unsicher sind. Der Preis kann nicht als Knappheitsindikator dienen, da er zentral fixiert wird. Deshalb bilden sich bei knappen Gütern, deren Wert sich im Preis nicht angemessen widerspiegelt, häufig Warteschlangen. Beispielsweise herrschten seinerzeit für den in der ehemaligen DDR begehrten Kleinwagen Trabant Lieferzeiten von bis zu 16 Jahren. In einer Planwirtschaft ist es den Konsumenten verwehrt, über die Kundgabe ihrer Zahlungsbereitschaft einen direkten Einfluss auf die Struktur der Produktion zu nehmen. Da jedoch die zentrale Planungsinstanz stets Gefahr läuft, den gesellschaftlichen Bedarf falsch einzuschätzen, ist die Wahrscheinlichkeit groß, dass die Produktion an den Bedürfnissen der Bevölkerung vorbeigeht.

(Wirtschaft heute, Bibliographisches Institut Mannheim 2009, S. 28)

– Die staatlich festgesetzten Verbraucherpreise entsprachen nicht den Herstellungskosten; sie wurden für Grundnahrungsmittel und Wohnraum (Mieten) bewusst niedrig gehalten, andere Waren (z. B. Autos, Fernseher usw.) waren extrem teuer oder so knapp, dass sich Schlangen vor den Geschäften und „schwarze Märkte*“ bildeten (vgl. Kasten).

– Für den Erhalt und die *Modernisierung der Produktionsanlagen und der Wohnungen* stand kein Geld zur Verfügung.

– Durch die Abschaffung des Privateigentums fehlte es auch an privatem Interesse an solchen Maßnahmen. Auch die enormen *Umweltschäden* waren durch das Wirtschaftssystem bedingt.

(Autorentext)

1. Erläutern Sie den Begriff „Zentralverwaltungswirtschaft“ und die Aussage des Textes, dass die Idee eines solchen Wirtschaftssystems für eine „hoch arbeitsteilige Volkswirtschaft“ „naheliegend“ sei (M 31).
2. Inwiefern setzt das System einer Zentralverwaltungswirtschaft voraus, dass es kein Privateigentum an Produktionsmitteln gibt? (M 31)
3. Beschreiben Sie die Ausgestaltung des Modells der Zentralverwaltungswirtschaft (Planwirtschaft) in der Wirtschaftsordnung der ehemaligen DDR (M 32) und machen Sie deutlich, wie (von wem) die für jedes Wirtschaftssystem zentralen Problemstellungen (M 30) gelöst wurden. Vergleichen Sie dazu auch Abb. 1.
4. Erläutern Sie die in M 32 (Z. 30 ff.) aufgeführten, für das Scheitern der DDR-Wirtschaft maßgeblichen Gesichtspunkte jeweils mit eigenen Worten und machen Sie dabei deutlich, inwiefern die aufgeführten Defizite „systemspezifisch“ (eben durch das planwirtschaftliche System bedingt) waren.
5. Erläutern Sie insbesondere auch,
   - inwiefern sich hinter der Vollbeschäftigung eine weit verbreitete „verdeckte“ Arbeitslosigkeit verbarg und
   - welcher Zusammenhang zwischen den Preissubventionen* für Grundnahrungsmittel, Mieten usw. und dem Verfall von Produktionsanlagen, den Umweltschäden usw. bestand.

M 33 Modell „Marktwirtschaft“

In der Marktwirtschaft entscheiden und handeln die Einzelnen – einzelne Menschen, Verbraucher und Produzenten, Haushalte und Unternehmen – nach ihren jeweiligen Interessen. Unternehmen legen fest, welche Güter sie in welchen Mengen herstellen und zu welchen Preisen verkaufen wollen. Sie entscheiden, wen sie als Arbeitskraft einstellen und woher sie die Produktionsmittel beziehen. Die Haushalte bzw. die einzelnen Konsumenten wiederum entscheiden, wofür sie ihr Geld ausgeben wollen. Die Arbeitnehmer stellen ihre Arbeitskraft – den Produktionsfaktor Arbeit – zur Verfügung. Das erste Grundprinzip der Marktwirtschaft ist also die **individuelle Entscheidungsfreiheit** in wirtschaftlichen Angelegenheiten. Das zweite Grundprinzip ist der **Wettbewerb** zwischen denen, die in der Wirtschaft tätig sind, insbesondere zwischen den Unternehmen. Sie konkurrieren um die Kunden; wenn sie dabei Erfolg haben, erzielen sie Gewinne. Doch sie können auch scheitern, d. h. Verluste machen. [...]

Die vielen wirtschaftlichen Einzelentscheidungen müssen aufeinander abgestimmt werden. Das geschieht letztlich auf dem **Markt**, weshalb dieses Modell einer Wirtschaftsordnung auch **Marktwirtschaft** genannt wird.

(Herbert Uhl [Hg.], Grundwissen Politik, Ernst Klett Schulbuchverlag, Stuttgart/Leipzig 2007, S. 75)

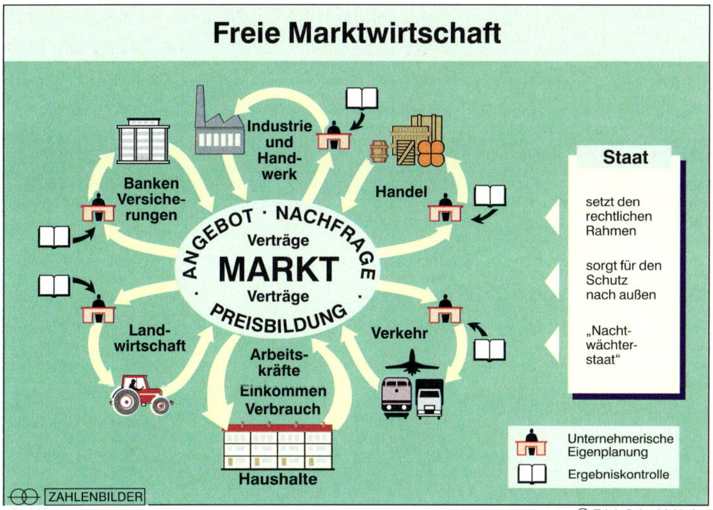

200 260 © Erich Schmidt Verlag

Gelenkt wird der Wirtschaftsprozess durch **Märkte und Preise**, die sich nach Angebot und Nachfrage regeln und nicht durch zentrale Pläne der Regierung. Das **Privateigentum** wird in besonderer Weise geschützt und garantiert.

- In der Regel verfügt nicht der Staat über Maschinen und Fabriken, sondern einzelne Bürger. Es gibt also bis auf wenige Ausnahmen, in denen der Staat Eigentümer ist, *Privateigentum* an den Produktionsmitteln.
- Die *Preise* für Sachgüter und Dienstleistungen bilden sich auf Märkten durch Angebot und Nachfrage und nicht dadurch, dass der Staat die Preise festsetzt.
- Die *Unternehmer* streben danach, Gewinne für ihre Unternehmen zu erzielen. Sie arbeiten also nicht für die Erfüllung staatlicher Pläne.
- Der *Staat* greift nach Möglichkeit nicht in das Wirtschaftsgeschehen ein, er hat lediglich Überwachungsfunktion und garantiert durch seine *Rechtsordnung* z. B. Vertragsfreiheit, freie Berufs- und Arbeitsplatzwahl sowie die Gewerbefreiheit (s. Abb.).

(Hans Kaminski [Hg.], Praxis Arbeit/Wirtschaft, Gesamtband, Westermann Schulbuchverlag, Braunschweig 2002, S. 229)

Das Modell der freien Marktwirtschaft erfordert eine liberale* Rechtsordnung, die durch folgende **Prinzipien** gekennzeichnet wird:

– **Schutz des Privateigentums:** Der Unternehmer kann über den Einsatz der Produktionsmittel frei entscheiden und über den erwirtschafteten Gewinn frei verfügen.

– **Vertragsfreiheit:** Zwischen den beteiligten Wirtschaftssubjekten können die vertraglichen Bedingungen frei ausgehandelt werden.

– **Gewerbe- und Niederlassungsfreiheit:** Die Unternehmer können selber entscheiden, welches Unternehmen sie gründen, wo sie sich ansiedeln und welche wirtschaftlichen Tätigkeiten sie ausüben.

– **Freie Arbeitsplatzwahl:** Jeder Einzelne hat das garantierte Recht, seinen Arbeitsplatz frei wählen zu können.

– **Produktions- und Konsumfreiheit:** Die Unternehmen entscheiden selbstständig, welche Güter sie herstellen, und die Konsumenten entsprechend, welche Produkte sie kaufen wollen.

– **Wettbewerbsfreiheit:** Die Anbieter von Gütern haben freien Zugang zu den Märkten, und sie können ohne Beschränkungen um die Gunst der Kunden werben.

– Der **Staat** bestimmt mithilfe der **Rechtsordnung** lediglich den wirtschaftlichen Ordnungs- und Handlungsrahmen. Das freie Spiel der wirtschaftlichen Kräfte (Anbieter und Nachfrager) wird durch den Preis gesteuert. Der Staat enthält sich direkter Eingriffe in das Wirtschaftsgeschehen, er sorgt lediglich für die „Spielregeln" des Marktwettbewerbs.

(Franz-Josef Kaiser/Volker Brettschneider, Volkswirtschaftslehre, Cornelsen Verlag, Berlin 2002, S. 138)

1 Zum System der Marktwirtschaft bringt M 33 eine kompakte Darstellung, deren zentrale Aspekte (insbesondere der Markt- bzw. Preismechanismus) in den folgenden Abschnitten im Einzelnen konkreter entfaltet und problematisiert werden (s. M 35 ff.).

Versuchen Sie an dieser Stelle, diese Aspekte in Gegenüberstellung zur Darstellung der Zentralverwaltungswirtschaft und unter Rückbezug auf M 31 kurz zu erläutern und/oder in einem einfachen Tafelschema festzuhalten:
- Welche Rolle spielt der Staat?
- Wer ist zuständig für die Festsetzung der Produktionsziele?
- Wie wird die Wirtschaft koordiniert/gesteuert?
- Welche Funktion haben die Preise? Wie kommt die Preisbildung zustande?
- Welche Rolle spielt das Privateigentum an den Produktionsmitteln?

Vergleichen Sie unter diesen Gesichtspunkten auch die beiden Schaubilder (Abb. 1, S. 163, und Schaubild S. 165) miteinander.

2 Das Schaubild (S. 165 o.) enthält zur Rolle des Staates den schlagwortartigen Begriff „Nachtwächterstaat". Erklären Sie, was damit gemeint ist (zur Herkunft und genaueren Bedeutung des Begriffs s. http://de.wikipedia.org/wiki/Nachtwächterstaat).

3 Erläutern Sie im Einzelnen die Prinzipien einer „liberalen" Rechtsordnung, durch die das „freie Spiel der wirtschaftlichen Kräfte" gewährleistet werden soll (Kasten S. 165). Bedenken Sie, dass es sich um die Darstellung des *Modells* der freien Marktwirtschaft handelt. Worüber wird damit noch nichts ausgesagt?

4 Was bedeutet die Aussage, dass der Marktwirtschaft ein „individualistisches", der Planwirtschaft ein „kollektivistisches" Gesellschaftsbild zugrunde liegt?

M 34 Was ist typisch für welches System?

Grundannahmen und Merkmale der Modelle „Marktwirtschaft" und „Zentralverwaltungswirtschaft"

1. Nur der einzelne Mensch kennt seine Bedürfnisse.
2. Staatliche Stellen planen die Produktion (Art, Beschaffenheit, Menge) der Güter.
3. Welche Güter die Menschen brauchen und wünschen, lässt sich für eine ganze Volkswirtschaft bestimmen.
4. Unternehmen und Fabriken sind gemeinschaftliches (staatliches, gesellschaftliches) Eigentum.
5. Das wirtschaftliche Handeln der Menschen orientiert sich an ihrem Streben nach eigenem Gewinn und Nutzen.
6. Die Verbraucher (Konsumenten) haben entscheidenden Einfluss auf die Menge und Art der produzierten Güter.
7. Die einzelnen Produktionsbetriebe können im Prinzip nicht pleitegehen, ganz gleich, ob sie Gewinn oder Verlust machen.
8. Was wirtschaftlich geschieht (Produktion, Verbrauch), entscheidet sich an unzählig vielen Stellen.
9. Unternehmen, Betriebe, Geschäfte usw. gehören jeweils denen, die ihr Geld darin anlegen.
10. Welche und wie viele Güter die Bürger brauchen, wird für ein oder mehrere Jahre festgelegt.
11. Unternehmen entscheiden selbst darüber, was und wie viel sie produzieren wollen.
12. Der Staat überlässt den Wirtschaftsprozess dem freien Spiel der Kräfte, er sorgt aber für gewisse Spielregeln und für die innere und äußere Sicherheit der Bürger.
13. Der Preis für die Güter ergibt sich aus einem Ausgleich zwischen dem, was die Unternehmen und Geschäfte verkaufen, und dem, was die Verbraucher kaufen wollen.
14. Die Preise für die Güter können auch längerfristig niedriger festgesetzt werden, als die Herstellung der Güter kostet.
15. Zwischen einzelnen Unternehmen und Geschäften besteht kein Wettbewerb um das günstigste Güterangebot.
16. Unternehmen und Geschäfte geben viel Geld für die Werbung aus, um die Verbraucher zu beeinflussen.
17. Werbung spielt in der Wirtschaft keine Rolle. Die Verbraucher brauchen die Güterpreise verschiedener Geschäfte nicht zu vergleichen.
18. Der Überblick über die angebotenen Güter wird durch die unendliche Vielfalt von Waren und Marken erschwert.

(Autorentext)

Anhand von M 34 können Sie Ihr Verständnis der beiden Modelle noch einmal überprüfen (nicht alle hier genannten Gesichtspunkte wurden in den Materialien unmittelbar angesprochen; sie lassen sich aber erschließen). Ordnen Sie in *Einzel- oder Partnerarbeit* die einzelnen Aussagen den beiden Modellen zu (zwei kleine Listen mit den entsprechenden Nummerierungen) und klären Sie das Ergebnis anschließend im Unterrichtsgespräch.

Tipp zum Lösungsergebnis: 8 Aussagen beziehen sich auf das Modell der Planwirtschaft, 10 auf das der freien Marktwirtschaft.

3. Märkte und Marktpreise – Modell und Funktionen

M 35 Was ist ein Markt?

MÄRKTE Büromarkt Stellenmarkt Geldmarkt
Arbeitsmarkt Trödelmarkt Baumarkt
Flohmarkt Möbelmarkt DROGERIEMARKT
Sammlermarkt Heimwerkermarkt Aktienmarkt
Getränkemarkt Gebrauchtwagenmarkt
Weihnachtsmarkt Teppichmarkt Grundstücksmarkt
Kreditmarkt Immobilienmarkt
Baumaschinenmarkt Devisenmarkt

Tim hat sich gerade einen Laptop gekauft. Seinen alten PC will er bei Ebay versteigern. Einen Mindestpreis gibt er in seiner Anzeige nicht an, er ist ganz froh, wenn er überhaupt einen Käufer findet, der das Gerät abholt und ihm ein paar Euro dafür gibt.
Zu seiner Überraschung gibt es etliche Nachfrager. Bei Ende der Auktion liegt das Höchstgebot bei 100 Euro. Für diesen Preis gibt Tim seinen alten PC gerne ab. Mit dem Käufer wird er sich einig, dass dieser das Gerät abholt und ihm dabei das Geld mitbringt. Auf diesem Wege kommt das Geschäft dann zustande.
Was ist passiert? Tim hat seinen PC auf einem virtuellen Marktplatz angeboten. Ein Platz also, an dem sich Verkäufer und Käufer, Angebot und Nachfrage treffen. Dasselbe passiert z. B. auf allen Wochenmärkten oder an Wertpapierbörsen. Auch hier treffen sich Käufer und Verkäufer, um Wertpapiere* oder Waren (die freilich meistens dort nicht konkret vorhanden sind) zu kaufen oder zu verkaufen. Genannt sei etwa die Deutsche Börse AG in Frankfurt. Die dort ermittelten Kurse* kann man in Wirtschaftszeitungen, aber auch in den Wirtschaftsteilen größerer Tageszeitungen sowie im Internet nachlesen.
So interessant und aufschlussreich diese Beispiele aber auch sein mögen, den *Begriff Markt* vermögen sie in seiner ganzen volkswirtschaftlichen Breite und Bedeutung nicht zu erklären.
Wir verstehen darunter vielmehr **jedes Zusammentreffen von Angebot und Nachfrage.** Wenn beispielsweise Herr Meyer auf dem Wege ins Büro am Kiosk einen Euro hinlegt und eine Zeitung mitnimmt, bildet sich dort für Sekundenbruchteile ein Markt, und wenn sein Sohn Peter für 50 Cent Kaugummi kauft, passiert im Süßwarengeschäft das Gleiche. Je nachdem, welche Güter oder Dienstleistungen umgeschlagen werden, sprechen wir von einem Ver-

Wirtschaftlich bedeutsam ist vor allem die Unterscheidung der **Marktarten** nach dem Marktgegenstand. Gegenstand von Markttransaktionen können Güter, Produktionsfaktoren und Geld sein. Entsprechend lassen sich Güter- und Faktormärkte sowie der Geld- und Kapitalmarkt unterscheiden.
Gütermärkte oder Produktmärkte sind Märkte, auf denen Güter (Sachgüter bzw. Waren und Dienstleistungen) gehandelt werden. Gütermärkte stehen im Mittelpunkt volkswirtschaftlicher Überlegungen zu Marktformen und Preisbildungsprozessen. **Faktormärkte** sind Märkte für Produktionsfaktoren (Boden/Natur, Arbeit, Kapital). Der wichtigste Faktormarkt ist der Arbeitsmarkt*. Die Preisbildung (= Lohnfindung) auf dem Arbeitsmarkt stellt einen Sonderfall dar. Bei Lohnverhandlungen stehen sich Gewerkschaften (Vertreter der Arbeitnehmer) als Anbieter und Arbeitgeberverbände (Vertretung der Unternehmen) als Nachfrager gegenüber. Die Verhandlungspartner werden als Tarifpartner bezeichnet.
Auf dem **Geld- und Kapitalmarkt** wird Geldkapital gehandelt. Am Geldmarkt im engeren Sinne treten nur Zentralbank*, Geschäftsbanken und große Wirtschaftsunternehmen auf. Getauscht werden u. a. Bargeld und Wertpapiere* mit kurzen Laufzeiten. Der Kapitalmarkt ist der Markt für langfristige Kredite und Kapitalanlagen (Aktienmarkt, Rentenmarkt*, Kredite der Geschäftsbanken an Nichtbanken, Einlagen der Nichtbanken bei Geschäftsbanken).

(Hans-Jürgen Albers u. a., Volkswirtschaftslehre, Verlag Europa-Lehrmittel, Haan-Gruiten 2005, S. 144)

brauchsgütermarkt, einem Investitionsgütermarkt, einem Kapitalmarkt, einem Arbeitsmarkt usw. (s. Abb. und Kasten S. 167). Innerhalb dieser Unterteilung wiederum gibt es eine Vielzahl von Teilmärkten. So fällt zum Beispiel unter den Oberbegriff Verbrauchsgütermarkt der Automobilmarkt, und er teilt sich auf in einen Markt für Kleinwagen, für Mittelklassewagen, für Luxuswagen, für Coupés, für Sportwagen, für Kombis, Vans oder Geländewagen.
Wir wollen nicht den ungezählten Verästelungen weiter nachgehen. Worauf es ankommt, ist dies: Der Markt ist gewissermaßen das Nervenzentrum der Wirtschaft, in ihm treffen die Wünsche und Absichten von Konsumenten und Produzenten aufeinander, von Arbeitgebern und -nehmern, von Vermietern und Mietern, von Kapitalgebern und -nehmern – kurz: von Angebot und Nachfrage.
Nun verfolgen die verschiedenen **Marktpartner** recht unterschiedliche Ziele: Der *Konsument* will möglichst billig einkaufen, der *Produzent* möglichst teuer verkaufen, der *Arbeitnehmer* andererseits möglichst hohe Einkünfte erzielen, der *Arbeitgeber* mit möglichst niedrigen Löhnen und Gehältern auskommen – und so könnte man die Gegenüberstellung beliebig fortsetzen. Wer kauft (seien es Waren oder Arbeitskraft), ist immer an niedrigen Preisen, wer verkauft (gleich ob seine Arbeitskraft oder Waren), immer an möglichst hohen Preisen interessiert.
Der Ausgleich der Interessen erfolgt über den **Preis**. Der Preis stimmt Angebot und Nachfrage aufeinander ab und ergibt sich als Kompromiss aus den Preisvorstellungen der Anbieter und Nachfrager.

(Im Kreislauf der Wirtschaft, Bank Verlag, Köln, 16. Aufl. 2009, S. 92 f.; Verf.: Werner Heiring)

1. Beschreiben Sie, was man unter dem Begriff „Markt" zu verstehen hat. Inwiefern ist ein Markt nicht an einen konkreten Ort gebunden? (M 35)

2. Erläutern Sie die Dreiteilung der Marktarten nach den Gegenständen: Güter (Sachgüter und Dienstleistungen), Produktionsfaktoren, Geld/Kapital (s. Kasten S. 167 u.) und ordnen Sie die im Text und in der Begriffssammlung S. 167 o. genannten Märkte diesen drei Arten zu. Nennen Sie auch Beispiele für den (hier kaum berücksichtigten) Dienstleistungsmarkt (als Teil des Gütermarktes).

3. Stellen Sie eine der in M 35 (Z. 38) angesprochenen „Verästelungen" dar, z. B. für die Marktart „Konsumgüter" (als Oberbegriff mit der Unterteilung „Gebrauchsgüter" und „Verbrauchsgüter") bis zum konkreten Produkt, z. B. einer Flasche Coca-Cola oder eines Bleistifts.

4. Die im letzten Abschnitt von M 35 (Z. 43 ff.) angesprochenen unterschiedlichen Ziele und Interessen der „Marktpartner" sowie die Funktion der Marktpreise werden in den folgenden Materialien (M 36 – M 39) ausführlicher dargestellt.

M 36 Die Nachfrage – das Verhalten der Konsumenten

Wovon hängt es ab, ob und wie viel Sie von einem bestimmten Gut kaufen?
Sicher zum einen von dem *Nutzen*, den Sie sich vom Konsum oder Gebrauch des Gutes im Vergleich zu anderen Gütern versprechen. Natürlich ist daneben auch der *Preis* des Gutes für Ihre Kaufentscheidung wichtig. Aber auch der Preis anderer Güter beeinflusst Ihr Nachfrageverhalten. Ihr persönliches *Einkommen* (oder auch Ihr Vermögen) schränkt Sie ebenfalls ein. Sie können nicht alles kaufen, was Sie gern hätten. Ebenso können Ihre *Erwartungen* im Hinblick auf die zukünftige Preis- und Einkommensentwicklung eine entscheidende Rolle spielen. […]
Sie sehen, die Nachfrage ist von einer *Vielzahl von Einflussgrößen* abhängig. Die Schwierigkeiten, die damit zusammenhängen, zeigt Ihnen die folgende Fragestellung: Wie verändert sich die Nachfrage nach Automobilen, wenn ihre Preise sinken, Bahnfahren billiger, Benzin aber teurer wird, die Einkommen und das allgemeine Preisniveau stagnieren, zugleich aber allgemein erwartet wird, dass die Preise für Automobile aufgrund von Umweltschutzauflagen steigen werden?
Diese Frage lässt sich nicht oder nur unter sehr großen Schwierigkeiten beantworten. Die Wirkungen der einzelnen Einflussfaktoren können wir nur erkennen, wenn wir sie einzeln betrachten. Wir arbeiten deshalb mit der Annahme, dass sich nur *ein* Faktor verändert, während alle übrigen gleich bleiben. Diese Annahme wird in der ökonomischen Analyse sehr häufig benutzt: Betrachtet

man einen (potenziellen) Erklärungsfaktor isoliert und „friert“ dabei die übrigen möglichen Erklärungsfaktoren ein, so verfährt man gemäß der sogenannten *Ceteris-paribus-Klausel* (s. M 37). Beschränken wir uns also zuerst auf einen der bedeutendsten Einflussfaktoren: den **Preis** des betrachteten Gutes. Die Frage, die wir uns stellen, lautet somit: Wie verändert sich die nachgefragte Menge eines Gutes, wenn sich der Preis dieses Gutes verändert? Überlegen Sie sich zu diesem Zweck, wie viele Tafeln Schokolade Sie pro Monat nachfragen würden, bei einem Preis pro Tafel von 8 Euro, 7 Euro, 6 Euro, 5 Euro, 4 Euro, 3 Euro, 2 Euro, 1,50 Euro, 1 Euro, 0,50 Euro, 0 Euro? Die Erfahrung zeigt, dass „ceteris paribus“ [wenn die übrigen Faktoren gleich bleiben] die nachgefragte Menge eines Gutes in der Regel mit sinkendem Preis zunimmt und umgekehrt mit steigendem Preis abnimmt.

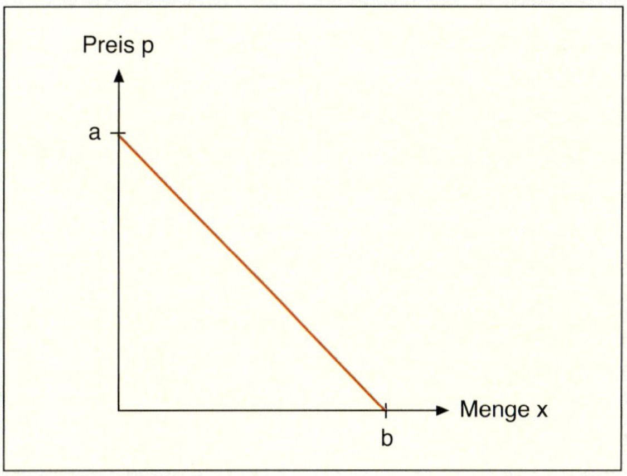

Abb. 1: Nachfragekurve

Auf der senkrechten Koordinate (Achse) – die Mathematiker nennen sie *Ordinate* – ist der Preis abgetragen, auf der waagerechten Koordinate – mathematisch der *Abszisse* – die nachgefragte bzw. die angebotene Menge. Zu jedem Preis wird jetzt im Feld zwischen den Koordinaten [...] die von den Nachfragern nachgefragte Menge in Form eines Punktes eingetragen. Es entsteht eine Schar von Punkten, und die Verbindung der Punkte der [...] zum jeweiligen Preis nachgefragten Menge ergibt die *Nachfragekurve*. (In unserer modellhaften Darstellung haben wir der Einfachheit halber keine Kurve, sondern eine gerade Linie eingezeichnet.) [...] Die Nachfragekurve verläuft von links oben nach rechts unten. Denn: Je höher der Preis, desto weniger wird nachgefragt.

(Hermann Adam, Bausteine der Wirtschaft, VS Verlag für Sozialwissenschaften, Wiesbaden, 15. Aufl. 2009, S. 39)

Abb. 2

Die **Nachfragekurve** zeigt, welche Mengen die Nachfrager zu unterschiedlichen Preisen zu kaufen bereit sind (siehe Abbildung 1). Sie lässt sich sowohl für eine Person als auch für den gesamten Markt ermitteln. Dabei ist die Marktnachfrage nichts anderes als eine Zusammenfassung aller Nachfragekurven derjenigen, die auf diesem Markt als Nachfrager auftreten. Obwohl dieses Verhalten der Nachfrager jedem einleuchtet, wollen wir uns dennoch mit den *Begründungen* auseinandersetzen:

1. Bei einem gegebenen Einkommen bedeuten steigende Preise, dass von einem Gut nur noch weniger gekauft werden kann. Jede Preissteigerung führt also zu einer Senkung des Realeinkommens. Jede Preissenkung führt hingegen zu steigendem Realeinkommen, weshalb mehr von diesem Gut gekauft werden kann. („Real“ bedeutet, dass Einkommenserhöhungen nur in dem Maß berücksichtigt werden, wie sie nicht durch Preissteigerungen ausgeglichen werden. Mit anderen Worten: Die Einkommensentwicklung wird um die Preisentwicklung bereinigt.)

2. Je mehr der Nachfrager von einem Gut bereits hat, desto weniger schätzt er eine zusätzliche Einheit (vgl. Abb. 2). Diesen Nutzen, den die zuletzt konsumierte Einheit stiftet, nennt man **Grenznutzen**. Da der Grenznutzen eines Gutes abnimmt, will der Nachfrager umso weniger dafür bezahlen, je mehr er bereits davon besitzt [„Gesetz vom abnehmenden Grenznutzen“]. Der Nachfrager vergleicht also ständig den Preis eines Gutes mit dem Grenznutzen der jeweiligen Einheit und konsumiert so viel, bis der Grenznutzen der letzten Einheit gerade noch dem zu zahlenden Preis entspricht. [...]

Abb. 3: Rechts- und Linksverschiebung der Nachfragekurve

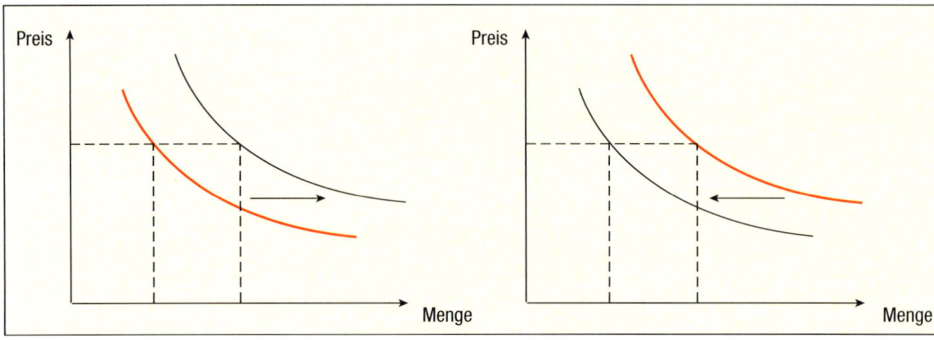

Die Verschiebung der Nachfragekurve

„Die Nachfrage nach Motorrädern in Europa hat zugenommen!" Die Aussage ist zu unpräzise. Sie kann nämlich mehrerlei bedeuten:

1. Die nachgefragte Menge kann aufgrund einer Preissenkung gestiegen sein. In diesem Fall bewegen wir uns auf der Nachfragekurve von links oben nach rechts unten (s. Abb. 1). Damit haben wir uns bisher beschäftigt. Allgemein gesprochen kommt es zu einer Bewegung auf der Nachfragekurve immer dann, wenn sich der Preis selbst verändert.

2. Die nachgefragte Menge kann aber auch aufgrund einer Änderung der Bedürfnisse zugenommen haben – Motorräder sind stärker in Mode gekommen. In diesem Fall müssen wir auf die oben angewendete Ceteris-paribus-Klausel (M 37) verzichten. Was bedeutet dies für die Nachfragekurve? Hat die Nachfrage aufgrund geänderter Bedürfnisse zugenommen, so heißt dies doch, dass die Nachfrager zum selben Preis mehr als bisher nachfragen. Die Nachfragekurve verschiebt sich also weg vom Nullpunkt der beiden Achsen nach rechts (s. Abb. 3). Auch gestiegene Einkommen könnten z. B. diesen Effekt auslösen. Allgemein gesprochen kommt es zu einer *Verschiebung* der Nachfragekurve, wenn ein Gut *unabhängig vom eigenen Preis* mehr oder weniger nachgefragt wird.

3. Wie steht es mit Preisänderungen bei anderen Gütern? Wenn zum Beispiel Autos teurer geworden sind, könnte dies ebenfalls zu einer Rechtsverschiebung der Nachfragekurve für Motorräder geführt haben. Diese Begründung ist dann zutreffend, wenn man davon ausgeht, dass Autos grundsätzlich durch Motorräder ersetzt werden können.

Güter, mit denen man andere Güter ersetzen kann, nennt man *Substitutionsgüter*. Sowohl eingefleischte Motorrad- als auch Autofans werden allerdings bestreiten, dass es sich in unserem Beispiel um Substitutionsgüter handelt. Deshalb einige weniger verfängliche Beispiele: Butter und Margarine, Zucker und Süßstoff, Mineralwasser von Apollinaris oder Evian, eine 750er-Yamaha und eine 750er-Suzuki.

Wie müssten sich die Preise von Sturzhelmen, Lederkombis und anderen Zubehörteilen verändert haben, um eine Rechtsverschiebung der Nachfragekurve von Motorrädern zu bewirken? Richtig, sie müssten gesunken sein. Bei den angeführten Beispielen handelt es sich um *Komplementärgüter*. Als Komplementärgüter bezeichnet man also Güter, die sich ergänzen und deshalb zusammengehören. Beispiele dafür sind: Pfeife und Tabak, Autos und Reifen, Christbaum und Kerzen, Drucker und Toner, käuflicher Sex und Kondome.

Zusammengefasst können folgende Gründe für eine Rechts- oder Linksverschiebung der Nachfragekurve (siehe Abbildung 3) verantwortlich sein:

Rechtsverschiebung: höhere Nutzeneinschätzung
- steigendes Einkommen,
- geänderte Bedürfnisse,
- sinkende Preise von Komplementärgütern – und damit ein höheres Einkommen,
- erwartete Preissteigerungen in der Zukunft.

Linksverschiebung: geringere Nutzeneinschätzung
- sinkendes Einkommen,
- geänderte Bedürfnisse,
- steigende Preise von Komplementärgütern – und damit ein geringeres Einkommen,
- erwartete Preissenkungen in der Zukunft.

(Bernd Nolte [= M 9], S. 31–35)

1 Erläutern Sie, welche verschiedenen, oft miteinander verbundenen Einflussfaktoren die Höhe der Nachfrage nach Gütern beeinflussen können (abgesehen von dem allgemeinen Gesichtspunkt, dass der Kauf eines Gutes Nutzen bringen soll). (M 36, Z. 1 ff.)

2 Welches allgemeine Interesse (Motiv) des Konsumenten macht unmittelbar einsichtig, dass der Preis für die Güternachfrage eine zentrale Rolle spielt (vgl. M 35, Z. 43 ff.)?

3 Erläutern Sie das methodische Verfahren, mit dem man die Rolle des Preises für die Nachfrage nach einem Gut – unabhängig von anderen Faktoren – untersuchen, bestimmen und grafisch darstellen kann (Z. 13 ff.). Erklären Sie den Verlauf der „Nachfragekurve“ (Abb. 1). Welche Situation bezeichnen die Punkte a und b? – Zur allgemeinen Bedeutung der „Ceteris-paribus-Klausel“ können Sie an dieser Stelle M 37 hinzuziehen.

4 Klären Sie, welche Bedeutung für die Marktnachfrage zum einen die (durch Preissteigerungen bzw. Preissenkungen bewirkte) Entwicklung der *Realeinkommen**, zum anderen der Aspekt des *Grenznutzens* haben (Z. 35 ff.).

5 Stellen Sie heraus, welche Faktoren und Entwicklungen bewirken können, dass die Nachfrage nach einem Gut sich – auch unabhängig von der Entwicklung des Preises – vergrößern oder verringern kann, und erläutern Sie dazu die jeweilige Verschiebung der Nachfragekurve (Text S. 170 und Abb. 3).

METHODE

M 37 Modellannahme: ceteris paribus

Alle Theorien und Modelle arbeiten mit bestimmten Annahmen bzw. Restriktionen* („wenn ...“, oder: „unter der Voraussetzung, dass ...“). Eine Standardannahme ist z. B., dass die nicht explizit im Modell enthaltenen Größen sich nicht verändern. Wenn man beispielsweise die Veränderung des Bremsweges eines Autos in Abhängigkeit von unterschiedlicher Nässe der Fahrbahn untersuchen will, darf man während der Versuche z. B. nicht den Fahrer auswechseln (und er muss immer gleich wach sein) oder den Zustand des Autos verändern (z. B. andere Reifen aufziehen), weil man sonst vielleicht zu der Schlussfolgerung käme, dass der Bremsweg umso kürzer ist, je nasser die Fahrbahn ist. Diese Vorgehensweise, dass man bei mehreren Einflussfaktoren jeweils nur *einen* verändert (Fahrbahnnässe), die übrigen aber konstant gehalten werden, fasst man als Bedingung „unter sonst gleichen Voraussetzungen“ zusammen (lateinisch: **ceteris paribus** = „wenn das Übrige gleich bleibt“, gelegentlich nur als c. p. abgekürzt). Zwar bildet ein solches Modell dann nicht die komplette Wirklichkeit ab, in der sich meist mehrere Größen gleichzeitig verändern, doch ermöglicht nur die Ceteris-paribus-Betrachtung, den Einfluss einer einzelnen Variablen* in einem komplexeren Zusammenhang zu isolieren.

(Jörn Altmann, Volkswirtschaftslehre, Lucius & Lucius, Stuttgart, 7. Aufl. 2009, S. 10)

M 38 Das Angebot – Handlungsinteressen des Unternehmers und Entscheidungsgrundlagen für die Höhe der Produktion

Die Nachfrage verlangt nach einer Befriedigung und eröffnet damit Betätigungsmöglichkeiten für einen interessierten Personenkreis. Diejenigen, die etwas unternehmen – produzieren und anbieten –, um der Nachfrage zu genügen, werden als Unternehmer bezeichnet. Sie machen sich ein subjektives Bild von den Wünschen der Nachfrager, damit sie letztlich auch gewinnbringend ihre produzierten Güter absetzen können. Als Motiv für das Handeln des Unternehmens kann das **Streben nach Gewinn** unterstellt werden.

Das Pendant für die Beziehung zwischen Menge und Preis eines Gutes auf der Nachfrageseite bildet auf der Angebotsseite die Angebotsfunktion. Unter der Bedingung, dass auch dort eine Vielzahl von Anbietern anzutreffen ist, kann davon ausgegangen werden, dass die einzelnen Anbieter sich bei ihrem Angebot am herrschenden Marktpreis orientieren. Das bedeutet, dass nicht jeder Anbieter selbstständig einen Preis festlegt, sondern der Preis stellt für ihn ein Datum dar, an das er seine anzubietende Menge anpasst. Aus diesem Grunde wird ein solcher Anbieter auch als *Preisnehmer* oder *Mengenanpasser* bezeichnet. [...]

Soll nun das Verhalten der Gesamtheit der „Mengenanpasser“ analysiert werden, so kann davon ausgegangen werden, dass umso mehr von einem Gut angeboten wird, je höher der *Preis* ist.

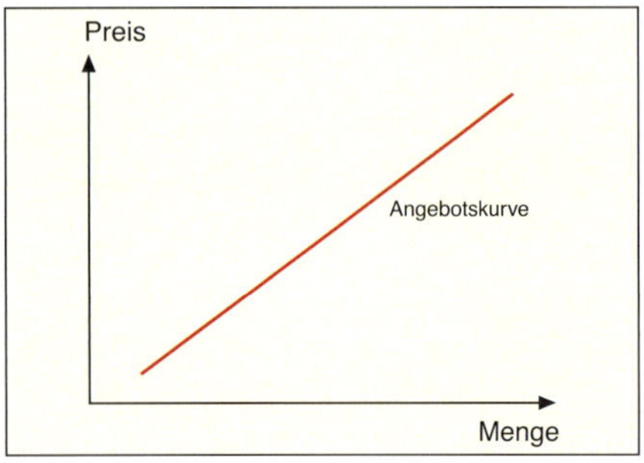

Abb. 1: Angebotskurve

Begründen lässt sich dies anhand des Gewinnstrebens der miteinander konkurrierenden Unternehmer. Es ist zu vermuten, dass sie bei höheren Preisen mehr anbieten als bei niedrigeren, da die Gewinnerwartungen mit steigenden Preisen zunehmen. Umgekehrt geht das Angebot eines Gutes zurück, wenn die Preise sinken [vgl. dazu die Darstellung dieses Zusammenhangs in der Nachfragekurve, Abb. 1].
Auf das Handlungsinteresse des Unternehmers, einen möglichst hohen Gewinn zu realisieren, wurde bereits hingewiesen.
Da von der Höhe eines Preises nicht unmittelbar auf die Höhe der Gewinne geschlossen werden kann, müssen *weitere Überlegungen* angestellt werden: Das Angebot von Gütern setzt zwangsläufig deren Produktion voraus. Da die Produktion nicht im luftleeren Raum erfolgen kann, müssen Produktionsfaktoren – wie Arbeitskräfte, Maschinen, Roh- und Hilfsstoffe, Produktionsräume und vieles andere mehr – beschafft werden. Auch die Produktionsfaktoren stellen knappe Güter dar, weil verschiedene Unternehmer um ihren Erwerb konkurrieren. Das bedeutet, dass beim Erwerb von Produktionsfaktoren **Kosten** entstehen. Bei den Überlegungen zu möglicherweise entstehenden Gewinnen sind also auf einer Zwischenstufe die Kosten zu berücksichtigen.
Der Unternehmer wird folglich nur dann eine bestimmte Menge eines Gutes herstellen und anbieten, wenn er mindestens erwarten kann, einen Erlös (Menge x Preis) zu erzielen, der neben der Deckung der Kosten (vgl. Abb. 2) auch einen Gewinn enthält.

(Peter Oberender/Sabine Büttner, Was heißt und zu welchem Ende studiert man Mikroökonomie? In: Rolf Walter [Hrsg.], Wirtschaftswissenschaften, Ferdinand Schöningh UTB, Paderborn 1997, S. 577 f.)

Abb. 2: Kalkulationsschema (vereinfacht)

	Kostenart	Euro
	Materialkosten	20,00
+	Lohnkosten	40,00
=	**Herstellungskosten**	60,00
+	Verwaltungsgemeinkosten (10 % der Herstellkosten)	6,00
+	Vertriebsgemeinkosten (5 % der Herstellkosten)	3,00
	Selbstkosten	69,00
+	Kalkulierter Gewinn (20 % der Selbstkosten)	13,80
=	**Angebotspreis (vor Steuern)**	82,80

(Hans-Jürgen Albers, u. a., Volkswirtschaftslehre, Verlag Europa-Lehrmittel, Haan-Gruiten, 6. Aufl. 2005, S. 150)

Abb. 3

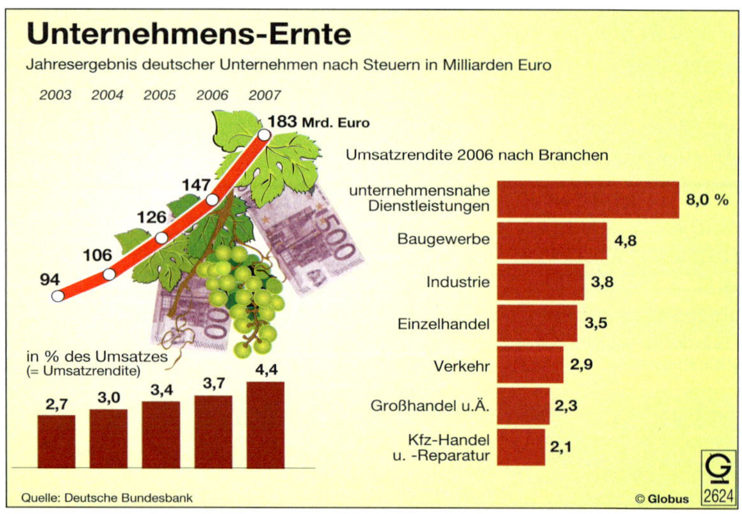

Die Verschiebung der Angebotskurve

In Analogie zur Nachfragekurve (s. S. 170) wollen wir uns nun mit Veränderungen beschäftigen, die eine Verschiebung der Angebotskurve bewirken. Eine Verschiebung der Angebotskurve bedeutet, dass die Anbieter zum selben Preis *mehr* (bei einer Rechtsverschiebung) oder *weniger* (bei einer Linksverschiebung) anbieten als vorher.
Doch welche **Gründe** führen zu einer Verschiebung der Angebotskurve? Wie wirkt sich zum Beispiel eine Dürre- oder Hochwasserkatastrophe auf das Angebot von landwirtschaftlichen Produkten aus? Die Anbieter werden zum gleichen Preis nur noch eine kleinere Menge anbieten, da sich zwar ihre Produktionskosten nicht verändert haben, demgegenüber aber der Ertrag aufgrund von Ernteausfällen gesunken ist. Die Angebotskurve verschiebt sich also nach links (s. Abb. 4).
Weitere Einflussfaktoren ergeben sich durch staatliche Eingriffe, zum Beispiel durch die Gewährung von Subventionen*, die die Angebotskurve nach rechts verschieben, durch rechtliche Auflagen (wie im Baurecht) oder durch erhöhte Steuern auf die eingesetzten Produktionsfaktoren, die die Kosten und damit die Lage der Angebotskurve mitbestimmen.

Abb. 4: Rechts- und Linksverschiebung der Angebotskurve

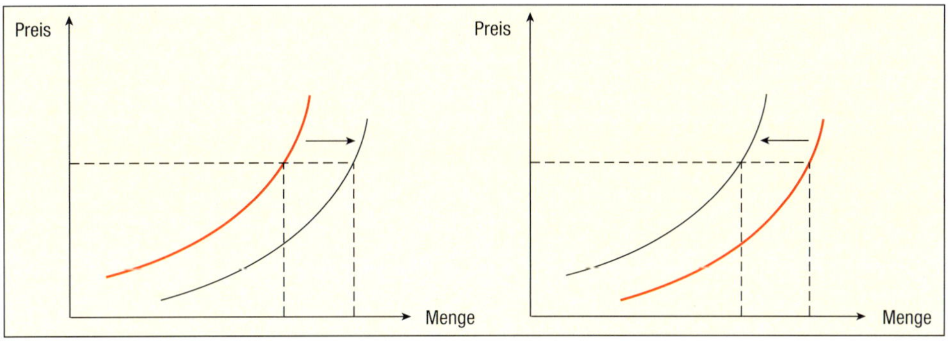

Steigende Preise für die Produktionsfaktoren (wie für Löhne oder Zinsen) verschieben die Angebotskurve nach links, das Marktangebot verringert sich. Fortschritte in den Produktionsverfahren senken die Kosten und bewirken deshalb eine Rechtsverschiebung der Angebotskurve. Zusammengefasst können folgende Gründe für eine Rechts- oder Linksverschiebung der Angebotskurve (siehe Abbildung 4) verantwortlich sein:

Rechtsverschiebung: sinkende Produktionskosten
- Fortschritte in den Produktionsverfahren,
- positive externe Einflussgrößen (z. B. eine gute Weinernte als Folge des schönen Wetters),
- mengenbezogene Subventionen*.

Linksverschiebung: steigende Produktionskosten
- Rückschritte in den Produktionsverfahren,
- negative externe Einflussgrößen (z. B. ein Produktionsausfall als Folge von Streiks),
- mengenbezogene Steuern.

(Bernd Nolte [= M 9], S. 35–39, 40 f.)

1. Stellen Sie heraus, von welchem Interesse Unternehmer als Anbieter sich leiten lassen und welche Aussage sich treffen lässt, wenn der Preis als festliegendes Datum verstanden wird. Was besagt der Begriff „Mengenanpasser"? (M 38, Z. 1 ff.)
2. Erklären Sie anhand des Textes den Verlauf der Angebotskurve (Abb. 1) und stellen Sie heraus, welche Bedeutung die Produktionskosten für die Gewinnerzielung und damit für das Angebot haben (Z. 24 ff., Abb. 2). Welche Gründe könnte es für die Steigerung der Unternehmensgewinne (Abb. 3) gegeben haben?
3. Verdeutlichen Sie zusammenfassend, welche Faktoren und Entwicklungen – abgesehen vom Preis – sich auf den (größeren oder kleineren) Umfang des Angebots (Verschiebungen der Nachfragekurve) auswirken können (Z. 36 ff. und Abb. 4).

M 39 Das Zusammenspiel von Angebot und Nachfrage – Preisbildung im Modell des Marktes

M 39 a Bedingungen des „vollkommenen" Marktes

In den vorhergehenden Abschnitten haben wir die Bestimmungsgründe beziehungsweise die Einflussfaktoren von Angebot und Nachfrage getrennt diskutiert. Nun wollen wir Angebot und Nachfrage zusammenführen. Dazu müssen wir uns noch einmal bewusst machen, dass wir das Zusammenwirken von Angebot und Nachfrage im ***Modell*** *eines Marktes analysieren. Die Annahmen (Voraussetzungen, „Prämissen"), die für dieses Modell des „vollkommenen Marktes" (der „vollkommenen Konkurrenz") gemacht werden, sind, wie wir später sehen werden (M 43), in der Realität nicht immer gegeben. Im Einzelnen handelt es sich um folgende* ***Prämissen****:*

- Auf dem Markt stehen sich **viele Anbieter und viele Nachfrager** gegenüber. Der einzelne Marktteilnehmer verfügt nur über ganz geringe Marktanteile und besitzt daher keine nennenswerte „Marktmacht". Für beide Seiten bestehen unbeschränkte Marktzugänge und -abgänge, damit Vielzahl und Vielfalt erhalten bleiben.

- **Homogenität** der Güter, d.h. völlige Gleichartigkeit der Güter (Beschaffenheit, Aussehen, Verpackung usw.) auf dem betrachteten Markt. Es dürfen keine objektiv feststellbaren Unterschiede bestehen.
- Die Marktteilnehmer (Nachfrager und Anbieter) müssen **Markttransparenz** besitzen, d.h., sie müssen über alle wichtigen *Informationen* des Marktgeschehens, z.B. über die Preise der anderen Anbieter, über Merkmale der Güter usw., verfügen.
- Die Marktteilnehmer dürfen keine *räumlichen, zeitlichen* oder *persönlichen* **Präferenzen*** besitzen, d.h., sie dürfen niemanden bevorzugen und dürfen nicht bereit sein, aus einem dieser Gründe einen höheren Preis zu zahlen. Im Einzelnen bedeutet das zum Beispiel:
Räumliche Präferenz: Ein Nachfrager ist bereit, bei einem näher gelegenen Bäcker für ein bestimmtes Brötchen 0,50 Geldeinheiten (GE) zu zahlen, obwohl er weiß, dass das gleiche Brötchen bei einem weiter entfernten Bäcker nur 0,45 GE kostet.
Zeitliche Präferenz: Ein Nachfrager ist bereit, für die sofortige Lieferung eines Fernsehers 2000 GE zu zahlen, obwohl er weiß, dass er den gleichen Fernseher von einem anderen Anbieter in der nächsten Woche für 1900 GE erwerben könnte.
Persönliche Präferenz: Ein Nachfrager ist bereit, für ein Hemd in einem Geschäft mit einer ihm besonders sympathischen Verkäuferin 70 GE zu zahlen, obwohl er weiß, dass er bei dem Verkäufer im Geschäft nebenan für das gleiche Hemd nur 60 GE zahlen müsste.
- In ihrem **Marktverhalten** müssen die Marktteilnehmer flexibel sein. Ändert beispielsweise ein Anbieter den Preis, müssen die Nachfrager schnell (theoretisch unendlich schnell) darauf reagieren. Bei Änderungen von Marktstrukturen müssen sich Betriebe und Produktionsfaktoren (insbesondere der Produktionsfaktor Arbeit) ebenfalls kurzfristig anpassen. Das verlangt vor allem eine räumliche Mobilität, d.h., der Produktionsfaktor Arbeit wandert stets dorthin, wo die Einsatzbedingungen für ihn am günstigsten sind.

Ein Markt, der den Bedingungen des vollkommenen Marktes weitgehend entspricht, ist die Börse. Ein **unvollkommener Markt** liegt vor, wenn mindestens eine der Prämissen nicht erfüllt ist. Vom Sonderfall Börse abgesehen, haben wir es in der Wirtschaftsrealität so gut wie immer mit unvollkommenen Märkten zu tun (s. M 43).

(Hans-Jürgen Albers u.a., Volkswirtschaftslehre, Verlag Europa-Lehrmittel, Haan-Gruiten 2005, S. 145)

M 39 b Preisbildung auf einem („vollkommenen") Gütermarkt

Bei einem relativ hohen Preis (p_1) bieten die Unternehmen eine große Gütermenge an. Die nachfragenden Haushalte werden aber durch den hohen Preis abgeschreckt und kaufen nur wenig oder gar nichts. Als Folge ergibt sich ein Überangebot (AC), d.h., die zum Preis p_1 angebotene Gütermenge ist größer als die nachgefragte Menge (vgl. Abb. S. 175).
Da die Anbieter möglichst ihre gesamte Produktion verkaufen wollen, werden sie sich im Preis unterbieten, um möglichst viel Nachfrage auf sich zu ziehen. Der Marktpreis sinkt also unter p_1. Dabei wird bei jedem niedrigeren Preis als p_1 eine größere Menge als vorher nachgefragt (Nachfragegesetz) und eine kleinere Menge als vorher angeboten (Angebotsgesetz); das Überangebot verringert sich.
Der **Druck auf die Unternehmen, den Preis ihres Gutes zu senken**, *wird so lange anhalten, wie nicht alles verkauft werden kann, was produziert wurde, d.h., solange die angebotene Menge größer ist als die nachgefragte Menge (Überangebot).*
Senken die Anbieter den Preis sehr stark, z.B. bis auf p_2, so übertrifft die Nachfrage sogar das Angebot. Es herrscht Übernachfrage (DB). Aufgrund des niedrigen Preises stehen die Kunden jetzt vor den Geschäften der Anbieter Schlange, und nicht alle Kaufwilligen können das Gut bekommen.

Abb.: Preisbildung auf einem Gütermarkt

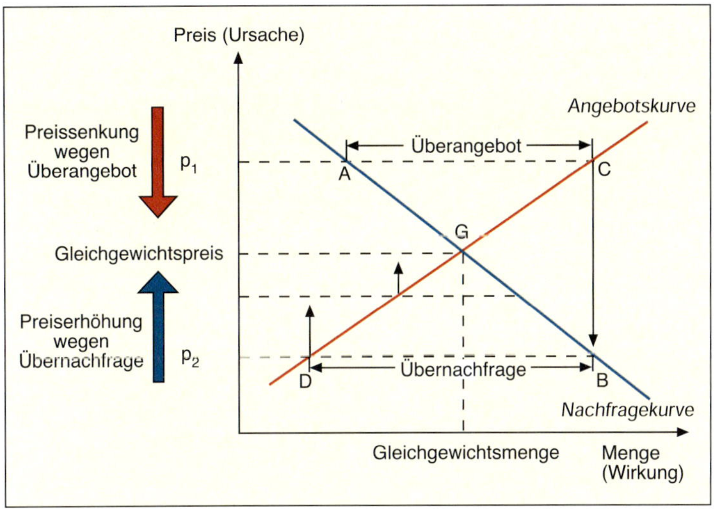

Sobald die Anbieter die Übernachfrage merken, werden sie ihren Preis nicht unverändert lassen, sondern ihn in der Hoffnung erhöhen, ihr Angebot auch zu dem angehobenen Preis abzusetzen. Bei Geltung der Angebots- und Nachfragegesetze hat das wiederum zwei Wirkungen:

– Die nachgefragte Menge geht zurück, da bei einem höheren Preis weniger Nachfrager bereit oder in der Lage sind, das Gut zu kaufen und von den verbleibenden Nachfragern nur kleinere Mengen gekauft werden.

– Gleichzeitig wird ein höherer Preis die Anbieter bewegen, mehr als bisher anzubieten, weil sie sich davon einen höheren Gewinn erhoffen. Es werden eventuell sogar neue Anbieter auf dem Markt erscheinen, die zum niedrigen Preis p_2 nicht bereit oder in der Lage waren, das betrachtete Gut anzubieten. *Die* **Tendenz zur Preiserhöhung** *wird so lange bestehen, wie die Anbieter mehr verkaufen könnten als produziert ist, d.h. solange die nachgefragte Menge größer ist als die angebotene Menge (Übernachfrage).*

Nehmen wir an, dass die Unternehmen den Preis ihres Gutes nach und nach so weit erhöhen, bis der *Gleichgewichtspreis* (p Gleichgewicht) realisiert wird. Bei ihm ist die angebotene Menge gerade gleich der nachgefragten Menge, d.h. die Angebots- und die Nachfragekurve schneiden sich. Also gibt es dann weder ein Überangebot (und damit keinen Druck auf die Unternehmen, den Preis zu senken) noch eine Übernachfrage, die die Unternehmen zu Preiserhöhungen veranlassen könnte. Entsprechend bleibt auf einem Markt – solange sich die Angebots- und Nachfragekurven nicht ändern – der Gleichgewichtspreis erhalten.

Die zum Gleichgewichtspreis gehörige Menge ist die *Gleichgewichtsmenge.* Sie ist die größte Menge, die auf dem Markt umgesetzt werden kann; denn bei Preisen, die höher sind als der Gleichgewichtspreis, begrenzt die Nachfrage die Tauschmenge, und bei Preisen unterhalb des Gleichgewichtspreises sorgt das Angebot für eine kleinere als die Gleichgewichtsmenge. So ist im **Marktgleichgewicht** die mengenmäßige Güterversorgung offenbar am höchsten.

Diesem Marktgleichgewicht **– definiert durch Gleichgewichtspreis und zugehörige Gleichgewichtsmenge –** kommt letztlich also sowohl vor als auch nach seinem Erreichen besondere Bedeutung zu:

– Wenn der *Gleichgewichtspreis eingetreten ist,* so sind die Wirtschaftspläne von Anbietern und Nachfragern miteinander vereinbar, d.h., keine der Wirtschaftseinheiten (weder Haushalte noch Unternehmen) hat dann Anlass, ihre individuellen Wirtschaftspläne zu ändern.

– Solange der *Gleichgewichtspreis noch nicht erreicht* ist, erleben die Wirtschaftseinheiten am Ende der Perioden jeweils Überraschungen. Es zeigt sich entweder ein Überangebot oder eine Übernachfrage, was die Wirtschaftseinheiten zu Anpassungsreaktionen veranlasst, die den Markt in der Regel dem Gleichgewicht näher bringen (**Tendenz zum stabilen Marktgleichgewicht**).

In der Realität werden Marktgleichgewichte selten erreicht, und wenn einmal, dann meist nur für kurze Dauer. Der Grund liegt nicht so sehr in fehlenden Tendenzen der Marktkräfte, die zum Gleichgewicht hinführen. Vielmehr sind dafür in erster Linie die in der Praxis ständig auftretenden *Datenänderungen* verantwortlich, die zu Verschiebungen der Angebots- und/oder Nachfragekurven führen (s. dazu S. 170 und S. 172), noch bevor das durch die alten Gegebenheiten determinierte Gleichgewicht verwirklicht ist. So steuern die Märkte zwar fortwährend Marktgleichgewichte an; bevor diese erreicht werden, gelten jedoch meist bereits neue Daten, die den Marktprozessen eine geänderte Ausrichtung geben.

Typisch für die Marktsteuerung sind also nicht Anpassungsprozesse an jeweils für lange Zeit gleich bleibende Gleichgewichtszustände. Vielmehr ändern sich die tendenziell angesteuerten Gleichgewichtswerte laufend.

(Hartwig Bartling/Franz Luzius, Grundzüge der Volkswirtschaftslehre, Vahlen, München, 16. Aufl. 2008, S. 58–60)

Funktioniert der Preismechanismus auf dem Benzinmarkt nicht?

Im wirklichen Leben ist die Empörung immer groß, wenn die Mineralölkonzerne pünktlich zum Beginn der Schulferienzeit die Benzinpreise erhöhen. Die Konzerne rechtfertigen ihr Handeln dann gerne mit gestiegenen Beschaffungskosten am Rohölmarkt. Aus Sicht des Marktmodells handelt es sich aber auch dann um einen normalen Vorgang, wenn die Beschaffungskosten gleich geblieben sind: Die Nachfrage nach einem Gut steigt, dies ermöglicht es den Anbietern, die Preise zu erhöhen, was sie auch tun, da sie rational-eigennützige Akteure sind. Die Nachfrager können reagieren, wenn sie dies wollen und können. Sie können weniger nachfragen, und wenn das hinreichend viele tun, sinken die Preise – falls der Wettbewerb auf dem Markt funktioniert. Wenn die Nachfrager das nicht tun wollen oder können, wenn ihre Nachfrage also nicht elastisch auf die Preisänderungen reagiert, dann akzeptieren sie den Marktpreis. In einer ökonomischen Perspektive wird das scheinbare Ärgernis der Benzinpreiserhöhungen zu einem einfachen Marktvorgang von Angebot und Nachfrage.

Dasselbe Muster wie beim Benzin findet man auch bei Preisen für Urlaubsreisen, Ferienwohnungen und Hotelzimmern, Telefongebühren, Tag- und Nachtstrom oder Gebrauchtwagen, Montagspreisen in Kinos oder der Happy Hour in Kneipen. Betrachtet man diese Phänomene aus Sicht des Marktmodells, ist es völlig normal, dass Preise auf eine veränderte Nachfrage reagieren.

(Reinhold Hedtke [= M 4], S. 194 f.)

1. Machen Sie sich zunächst klar, dass es sich in M 39 b um eine Modelldarstellung handelt, und erläutern Sie die angesprochenen Modellannahmen (M 39 a).

2. Erarbeiten Sie sodann die Darstellung des „Marktmechanismus" Satz für Satz (M 39 b) und verdeutlichen Sie jeweils, welche „Tendenzen der Marktkräfte" (insbesondere welche in M 36 und M 38 beschriebenen Handlungsinteressen der Nachfrager und Anbieter) den Marktmechanismus funktionieren lassen. Erstellen Sie sodann zum Text ein kurzes Pfeilschema, das den Verlauf der Reaktionen von der Ausgangsposition (relativ hoher Preis) bis zum Erreichen des Gleichgewichts verdeutlicht.

3. Formulieren Sie kurze einprägsame Aussagen zum „Gesetz der Nachfrage" und zum „Gesetz des Angebotes" (Beziehungen Preis – Menge) sowie zum typischen Verlauf der beiden Kurven im Diagramm (vgl. die Kurvendarstellungen in den Abbildungen S. 169 und S. 172 o.).

4. Erläutern Sie, warum die Marktrealität nicht durch Anpassungen an dauerhafte Gleichgewichtszustände gekennzeichnet ist – ein Eindruck, der durch die modellmäßige Betrachtung erzeugt wird –, sondern durch tendenziell angesteuerte, aber sich ständig ändernde Gleichgewichtswerte (M 39 b, Z. 60 ff.).

5. Erläutern Sie, inwiefern auf real existierenden Märkten sowohl der Grundsatz „Der Preis bestimmt Angebot und Nachfrage" (wie in M 39 b beschrieben) als auch der Satz gilt: „Angebot und Nachfrage bestimmen den Preis". Nach welchem Prinzip funktioniert der Preismechanismus auf dem Benzinmarkt (s. Kasten oben)?

6. Zeichnen Sie für die in der nebenstehenden Tabelle angegebenen Daten die Angebots- und die Nachfragekurve in einem Preis-Mengen-Diagramm und erläutern Sie kurz das Typische der Kurvenverläufe, aber auch das Besondere im Verhalten der Nachfrager und Anbieter dieses konkreten Beispiels. Zeichnen Sie in das Diagramm auch den Angebots- und den Nachfrageüberhang bei bestimmten Preisen ein.

7. Erläutern Sie den modellmäßigen Preisbildungsprozess noch einmal zusammenfassend anhand der Grafik S. 175 o. und ergänzen Sie zur Sicherung Ihres Verständnisses verbal die Aussagen in der folgenden (S. 177) Übersicht (ausgehend von „Preis steigt").

Eiernachfrage und Eierangebot in Abhängigkeit vom Eierpreis

(1) Preis für Eier (€/Stück)	(2) Haushaltsnachfrage (Stück)	(3) Angebot (Stück)
0,14	30 000	19 000
0,16	25 000	19 500
0,18	24 000	20 000
0,20	22 500	20 500
0,22	21 000	21 000
0,24	20 200	21 800
0,26	19 500	24 000
0,28	19 000	25 700

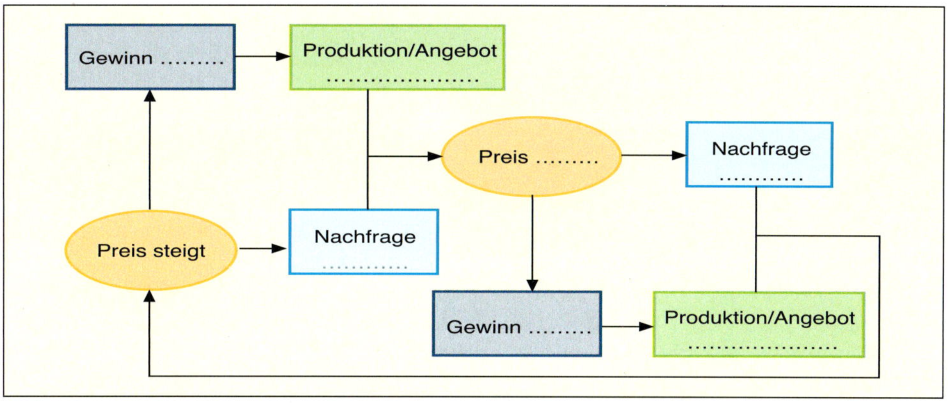

(H. Uhl/J. Feick/H. Becker, Leitfragen Politik, Ernst Klett Schulbuchverlag, Stuttgart 1998, S. 126)

M 40 Welche Marktformen lassen sich unterscheiden?

Die allgemeine Aussage, dass Angebot und Nachfrage die Preisbildung bestimmen, muss insofern ergänzt bzw. relativiert werden, als auch die unterschiedlichen Marktformen die Preisbildung beeinflussen.

Schon aus der alltäglichen Markterfahrung wissen wir, dass ein Anbieter, der an einem Ort allein ist und daher keine unmittelbare Konkurrenz fürchten muss, sich anders verhalten kann als ein Anbieter, der sich den Markt mit mehreren anderen teilen muss. Die Anzahl der Marktteilnehmer dient denn auch als Kriterium für das am häufigsten benutzte Schema zur Unterscheidung von Marktformen.
Unterschieden werden sowohl auf der Anbieter- als auch auf der Nachfragerseite drei Kategorien: viele, wenige, einer. Bei der Darstellung in einer Matrix (s. u.) ergeben sich neun verschiedene Kombinationen, die jeweils eine eigene Bezeichnung tragen. Zwar sind unterschiedliche Strukturen auf der Nachfrageseite keineswegs bedeutungslos, doch gilt für die Analyse von Preisbildungsprozessen das Interesse vor allem der Struktur der Angebotsseite. Im Allgemeinen wird unterstellt, dass auf der Nachfrageseite viele Marktteilnehmer vorhanden sind. Wird die Angebotsseite nach den Kriterien viele, wenige, einer differenziert, ergeben sich die „klassischen" (wichtigsten) Marktformen Polypol, Oligopol und Monopol (s. Übersicht).
Polypol: Ein Gut wird von vielen Anbietern (mit geringen Marktanteilen) angeboten.
Oligopol: Ein Gut wird von wenigen Anbietern (mit großen Marktanteilen) angeboten.
Monopol: Ein Gut wird von nur einem Anbieter angeboten.

(Hans-Jürgen Albers [Hg.], Volkswirtschaftslehre, Verlag Europa Lehrmittel, Haan-Gruiten, 6. Aufl. 2005, S. 146)

Klassifikation der Marktformen[1]

Nachfrager / Anbieter	viele kleine	wenige mittlere	ein großer
viele kleine	vollständige Konkurrenz (Polypol)	Nachfrageoligopol (Oligopson)	Nachfragemonopol (Monopson)
wenige mittlere	Angebotsoligopol (Oligopol)	zweiseitiges (bilaterales) Oligopol	beschränktes Nachfragemonopol
ein großer	Angebotsmonopol (Monopol)	beschränktes Angebotsmonopol	zweiseitiges (bilaterales) Monopol

(Wirtschaft heute, Bibliographisches Institut Mannheim, 2009, S. 81)

[1] Der Begriffsbildung der Marktformenlehre liegen folgende griechische Wörter zugrunde: *polloí* – viele, *olígoi* – wenige, *mónos* – einer allein, *poleín* – verkaufen. Dabei sind allerdings die Begriffe Nachfragemonopol und Nachfrageoligopol sprachlich unlogisch gebildet, weil Nachfrager ja nicht verkaufen, sondern kaufen. Richtiger wären hier die Begriffe Monopson und Oligopson (von griech. *opsoneín* – etwas zukaufen). Bei den „zweiseitigen" Marktformen versagt freilich die (fremd)sprachlich korrekte Begriffsbildung.

Welche Marktformen sind hier gegeben?

	Produkt	Anbieter	Nachfrager
a)	Panzer	einziger deutscher Panzerhersteller	Bundeswehr
b)	Spezialmedikament	einziger Arzneimittelhersteller	wenige an der speziellen Krankheit Erkrankte
c)	Arbeitslosenversicherung	Staat	abhängig Beschäftigte
d)	Banknoten	Banknotendruckereien	Zentralbank
e)	Kerosin	Mineralölkonzerne	Fluggesellschaften
f)	Autos	Autohersteller	private Haushalte
g)	Militärsocken	Sockenhersteller	Bundeswehr
h)	illustriertentaugliche Fotostorys	Fotoreporter	Illustrierte
i)	Brot	Bäckereien	private Haushalte

(Autorentext)

M 41 Schwächen des Marktformenschemas

In der Realität bereitet die Bestimmung der „Zahl der Anbieter" auf einem Markt allerdings erhebliche Schwierigkeiten, die sich vor allem aus zwei Fragen ergeben:

- Wie groß ist „ein Markt"? Für einen bestimmten Nachfrager ist in der Regel nicht die gesamte Volkswirtschaft, sondern nur ein begrenztes Gebiet von Bedeutung. Es müsste demnach eine räumliche **Marktabgrenzung** vorgenommen werden, die Auskunft darüber gibt, welches in etwa überschaubare Gebiet als einheitlicher Markt verstanden werden kann.
- Wer ist der „Anbieter" – der Hersteller oder der Händler? In der Theorie wird zumeist der Hersteller, z. B. eines Autos, als Anbieter verstanden; für den Nachfrager ist jedoch der Händler der Anbieter. Wird als Anbieter der *Hersteller* verstanden, ergeben sich zumeist oligopolistische und – z. B. bei Markenartikeln – monopolistische Marktstrukturen für ein bestimmtes Produkt. Werden jedoch als Anbieter die *Händler* verstanden, ergeben sich – auch auf überschaubaren Märkten und selbst für das Produkt nur eines Herstellers – häufig polypolistische Strukturen.

(Hans-Jürgen Albers [Hrsg.], Volkswirtschaftslehre, Verlag Europa Lehrmittel, Haan-Gruiten, 6. Aufl. 2005, S. 147 f.)

In einer Marktwirtschaft ist oft auf den ersten Blick nicht festzustellen, ob es sich um ein Polypol oder Oligopol handelt. So tummeln sich z. B. auf dem Chemiemarkt viele kleine und mittlere Anbieter, die aber von wenigen großen Chemiegiganten (40 %) dominiert werden. Die Beurteilung der Marktform nach der Gütervielfalt ist ebenso unbefriedigend, da viele Produkte als Konkurrenzprodukte erscheinen, die in Wirklichkeit aus demselben Konzern kommen. Es sind oft homogene Güter, die aus Konkurrenzgründen als heterogene Güter in Erscheinung treten (sachliche Präferenzen*).

(Horst Seidel/Rudolf Temmen, Grundlagen der Volkswirtschaftslehre, Verlag Gehlen, Bad Homburg o. J., Lösungen S. 38)

Die Schwäche des Marktformenschemas, in dem nach der Zahl der Marktteilnehmer unterschieden wird, liegt darin, dass nicht immer eindeutige *Marktabgrenzungen* möglich sind. Der Wechsel von einer Marktform zu einer anderen bleibt in vielen Fällen sehr vage. Bei welcher Anzahl der Anbieter erfolgt der Wechsel vom Oligopol zum Polypol, also von den wenigen mittelgroßen Anbietern zu den vielen kleinen Produzenten? Außerdem ist nicht immer deutlich, auf welches Gebiet sich der als Polypol beschriebene Markt bezieht. Für die Hausfrau mit Zweitwagen sind viele Lebensmittelgeschäfte der Umgebung sicherlich leicht zu erreichen. Für die Mutter mit zwei kleinen Kindern in einem Neubaugebiet ohne eigenes Auto hat der nächstgelegene Lebensmittelhändler zumindest für Kleinartikel des täglichen Gebrauchs sicherlich Monopolstellung.

(Heidrun Peters, Volkswirtschaftslehre – Lernt gemeinsam handeln!, Winklers Verlag, Rinteln, 5. Aufl. 2000, S. 177)

1 Auf die (in vielen Lehrbüchern zur Volkswirtschaftslehre sehr ausführlich dargestellte) Lehre von den Marktformen wollen wir an dieser Stelle nur kurz eingehen. Machen Sie sich das Prinzip klar, nach dem man die in der Übersicht dargestellten Marktformen (M 40) unterscheiden kann.

2 Stellen Sie fest, auf welche Marktformen die angeführten Beispiele (a – i) zutreffen (S. 178 o.).

3 Bei welcher Marktform sind – theoretisch gesehen – die Konsumenten in der günstigsten, bei welcher in der ungünstigsten Position? Mit welcher Marktform haben Sie in Ihrem eigenen Konsumverhalten am häufigsten zu tun?

4 Erläutern Sie im Einzelnen die in M 41 dargestellten Schwächen des Marktformenschemas ggf. auch an konkreten Beispielen. Kennen Sie z. B. Produkte, die als Konkurrenzprodukte ausgegeben werden, in Wirklichkeit aber aus demselben Konzern stammen?

M 42 a Strategien der Preisbildung im Oligopol

Aufgrund der zunehmenden Unternehmenskonzentration entstehen **Angebotsoligopole** immer häufiger (s. Kasten). Hier werden die Absatzmöglichkeiten nicht nur vom Verhalten der Nachfrager, sondern auch von den Aktionen und Reaktionen der anderen Oligopolisten bestimmt. Bei der Preisbildung können die Anbieter folgende Strategien anwenden:

– Durch sogenannte **„ruinöse Konkurrenz“** versucht ein Anbieter die anderen vom Markt zu verdrängen, indem er die Preise seiner Mitbewerber unterbietet. Dadurch will er die Verbraucher dazu bewegen, bei ihm und nicht bei der Konkurrenz zu kaufen. Dies lassen die Mitanbieter nicht zu und senken ebenfalls ihre Preise, oft sogar unter die Selbstkosten. In diesem Falle haben die Nachfrager den Vorteil von billigen Preisen. Allerdings besteht die Gefahr, dass durch den Konkurrenzkampf ein Teil der Anbieter vom Markt ausscheiden muss und ein Monopol entsteht, bei dem danach die Preise wieder angehoben werden.

– Häufig erfolgen **Preisabsprachen** unter den wenigen Anbietern, um möglichst hohe Preise zu erzielen. Benachteiligt sind hier die Nachfrager. Allerdings können die Anbieter ihre Preise nicht beliebig erhöhen. Sonst versuchen die Verbraucher sich so weit wie möglich einzuschränken oder sie steigen um auf Ersatzgüter (Tee statt Kaffee, Margarine statt Butter). Da Preisabsprachen den Wettbewerb ausschalten, sind sie in der Bundesrepublik Deutschland nach dem Gesetz gegen Wettbewerbsbeschränkungen grundsätzlich verboten (s. dazu M 54, Z. 16 ff.).

– Oftmals übernimmt auch ein Anbieter die **Preisführung**. Wenn z. B. in einer Stadt mit 3 Großbetrieben der Betrieb A 3/4 des Marktes beliefert und B und C zusammen nur einen Marktanteil von 1/4 haben, so liegt es nahe, dass A die Preise bestimmt und die anderen ihm folgen. Würden B oder C versuchen, sein Verhalten zu behindern, so müssten sie mit existenzbedrohenden Maßnahmen von A rechnen. Deshalb verzichten sie darauf.

– Vielfach verlagern die Konkurrenten den Wettbewerb auf die *Qualität*, die *Werbung* und die *Aufmachung* ihrer Erzeugnisse und vermeiden so eine gegenseitige Herausforderung durch die Preise.

(Helmut Nuding/Josef Halter, Wirtschaftskunde, Ernst Klett Schulbuchverlag, Stuttgart 2008, S. 220)

Typisch für **Oligopole** sind in der Bundesrepublik Deutschland die Märkte für Automobile, Waschmittel, Elektrogeräte, Mineralöl usw. Hier findet man das Angebotsoligopol, d. h. wenigen Anbietern stehen viele Nachfrager gegenüber. Dergestalt etwa beherrschen wenige große Firmen den *Mineralölmarkt.* Auf der Nachfrageseite befinden sich viele Verbraucher von Mineralöl. Ein Nachfrageoligopol ist beispielsweise auf dem Markt für *Zubehorteile der Automobilindustrie* zu finden. Wenige große Nachfrager nach Zubehörteilen (VW, Opel, BMW, Ford) stehen mit vielen kleinen Produzenten (Anbietern) von Autozubehörteilen in Geschäftsbeziehungen.

(Horst Wagenblaß, Volkswirtschaftslehre, öffentliche Finanzen und Wirtschaftspolitik, C. F. Müller Verlag, Heidelberg, 7. Aufl. 2001, S. 61)

M 42 b „Preiskampf der Discounter*“

Angesichts massiver Preissenkungen bei zahlreichen Discountern warnt die Gewerkschaft Nahrung, Genuss, Gaststätten (NGG) vor einem ruinösen Wettbewerb. Die Folge dieser Preisschlacht könnte ein Verdrängungswettbewerb sein, sagte der NGG-Vorsitzende Franz-Josef Möllenberg der „Berliner Zeitung“. Er zeigte sich besorgt: Am Ende werde die mittelständisch geprägte Ernährungsindustrie die Zeche zahlen. Aber auch die Beschäftigten des Einzelhandels hätten darunter zu leiden. „Wenn die Discounter* wirklich so gut verdienen, dass sie noch Luft nach unten

bei den Preisen haben, dann sollten sie lieber den Beschäftigten höhere Löhne zahlen und die Arbeitsbedingungen verbessern", forderte Möllenberg.
Führende Discounter hatten am Donnerstag (8.10.2009) zum zehnten Mal in diesem Jahr bei Lebensmitteln den Rotstift angesetzt. Der Billiganbieter Aldi senkte am Donnerstag auf einen Schlag bei rund 30 Artikeln die Preise. Der größte deutsche Lebensmittelhändler Edeka kündigte umgehend an, in seinem Preiseinstiegssegment mit Aldi gleichzuziehen.
Auch die Edeka-Tochter Netto Marken-Discount senkte bei 30 Artikeln die Preise. Konkurrent Penny, der zum zweitgrößten Lebensmittelhändler in Deutschland – Rewe – gehört, reduzierte über 50 Artikel. Auch der Aldi-Rivale Lidl reagierte am Donnerstag auf die Marktsituation, ohne Details zu nennen. Auch Norma ging in die Preissenkungsoffensive. Unter dem Motto „Billiger für alle!" seien von Käse über Frischfleisch bis hin zu Pizzen und Pommes viele Produkte günstiger zu bekommen, teilte der Nürnberger Lebensmitteldiscounter mit.

(dpa/ddp; http://www.ruhrnachrichten.de; 09.10.2009)

Abb. 1

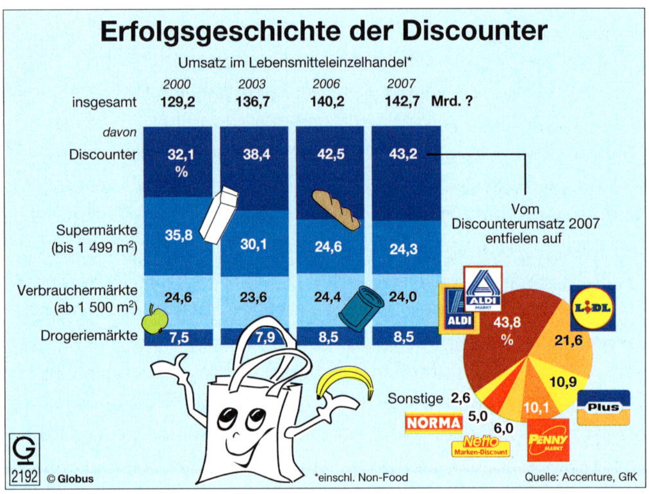

Abb. 2

Preiskämpfe

1 In der Realität spielen Angebotsoligopole eine zunehmend wichtige Rolle (M 42 a). Nennen Sie zu den im Text (Kasten) genannten weitere Beispiele aus Ihrem Erfahrungs- und Kenntnisbereich und erklären Sie, warum ein Oligopolist in seiner Markteinschätzung die Reaktionen seiner Abnehmer und insbesondere auch seiner Konkurrenten stärker berücksichtigen muss als ein Polypolist oder ein Monopolist.

2 Beschreiben Sie die verschiedenen Strategien, die „Oligopolisten" bei der Preisbildung verfolgen (M 42 a; auf die genannten Preisabsprachen und andere Formen von Wettbewerbsbeschränkungen gehen wir später in M 53 b näher ein).

3 Preisentwicklungen bei Aldi, Lidl usw. kennen Sie sicherlich aus Ihren eigenen Einkäufen.
- Inwiefern handelt es sich beim Discounter-Markt um ein Oligopol (vgl. Abb. 1)? Wie hat sich der Marktanteil der Discounter entwickelt?
- Welche in M 42 a beschriebene Strategie der Preisbildung lässt sich nach M 42 b hier beobachten (vgl. Abb. 2)?
- Erläutern Sie etwas näher die Gefahren, die der genannte Gewerkschaftsvorsitzende zum einen für die mittelständische Ernährungsindustrie (die Zulieferer von Discountern und Supermärkten) und zum anderen für die Beschäftigten sieht.

4 Wie beurteilen Sie die „Preisschlacht" aus der Sicht der Verbraucher und aus gesamtwirtschaftlicher Sicht?

4. Marktrealität und „Marktversagen"

M 43 Marktmodell und Marktrealität – Welche Modellvoraussetzungen nicht gegeben sind

In M 39a waren die Annahmen („Prämissen", Voraussetzungen) genannt worden, die für das Modell des „vollkommenen" Marktes und für den dargestellten Mechanismus der Preisbildung gelten:
– die völlige Gleichartigkeit („Homogenität") der Güter,
– die große Anzahl von Anbietern und Nachfragern („vollkommene Konkurrenz"),
– die vollständige Marktübersicht („Markttransparenz"),
– das Fehlen persönlicher und räumlicher Präferenzen (Bevorzugungen),
– die zeitliche Übereinstimmung von Angebot und Nachfrage.
Der folgende Text will zeigen, dass diese Voraussetzungen in der Realität weitgehend nicht gegeben sind.

Abweichend vom Modell kommt es in den real existierenden Märkten zu Präferenzen* sachlicher, persönlicher, räumlicher und zeitlicher Art.

- *Sachliche Präferenzen* ergeben sich daraus, dass es sich meist nicht um *völlig gleichartige (homogene) Güter* handelt. Absolute Gleichartigkeit besteht nur bei einer begrenzten Zahl von Gütern, in erster Linie von Massengütern. Dem Namen nach gleiche Güter lassen sich in der Qualität unterscheiden. Allein die Verpackung kann bei sonst gleichartigen Gütern eine sachliche Differenzierung bewirken. Oft versucht auch die Werbung, den Eindruck der Unterschiedlichkeit zu betonen, indem sie spezielle Zusätze in einem Produkt besonders hervorhebt.
- *Persönliche Präferenzen* sind oft das Ergebnis *mangelnder Markttransparenz*. Der Käufer müsste theoretisch über alle konkurrierenden Produkte und deren Preise bei den verschiedenen Anbietern unterrichtet sein. Er müsste sich einen totalen Überblick über den ihn interessierenden Markt verschaffen und dabei auch noch die nötigen Kenntnisse – zum Beispiel technische – besitzen, um einen echten Vergleich vornehmen zu können.

Der Käufer dürfte sich bei seinen Entscheidungen auch nicht von Gesichtspunkten der Tradition und von Gefühlsmomenten leiten lassen. Die *Marke* einer Jeans dürfte also bei der Kaufentscheidung ebenso wenig eine Rolle spielen wie persönliche Sympathien oder Antipathien (vgl. Abb.). Und ein Autokäufer dürfte nicht einfach nach dem Grundsatz entscheiden: bisher die Marke A gefahren, immer die Marke A bevorzugt. Auch die Vorstellung, die teuerste Ware sei immer die beste, führt nicht zu einem rationalen Verhalten.

- Die *räumlichen Präferenzen* spielen im täglichen Leben eine größere Rolle, als man im Allgemeinen annimmt. Ladengeschäfte in den Haupteinkaufsstraßen besitzen meist eine größere Anziehungskraft als die Konkurrenz in den Nebenstraßen, und sei es auch nur „um die Ecke". Die Verlegung eines Ladengeschäfts aus einer Fußgängerzone mit einer Konzentration von Geschäften an einen nur wenig mehr als hundert Meter entfernten Standort kann unter Umständen zu einer deutlichen Umsatzminderung führen. Auch Ladengeschäfte im ersten Stock erleben es oft, dass Kunden sich schwer tun, die Treppen hinaufzusteigen. Schließlich bewirken unterschiedliche Transportkosten oft räumliche Präferenzen.

Jeanskauf

- Eine *zeitliche Präferenz* kann durch spekulative Überlegungen ausgelöst werden. Auf einem vollkommenen Markt dürfte z. B. das Spekulieren auf eine mögliche spätere Verknappung keine Rolle spielen. Tatsächlich lassen sich die Käufer bei ihren Entscheidungen jedoch des Öfteren davon leiten, wie sie die zukünftige Entwicklung der Preise einschätzen. Möglicherweise warten sie bei Neuheiten der Unterhaltungselektronik ab, bis die Anfangspreise zu sinken beginnen. Oder der Heizöltank wird schon früher als notwendig aufgefüllt, weil man höhere Preise erwartet.

Alle dargestellten Präferenzen führen zu *unvollkommenen Märkten*. Dabei bedeutet die Kennzeichnung eines Marktes als unvollkommen im Verhältnis zu vollkommen kein Werturteil. Der vollkommene Markt ist nicht besser. Vollkommene Konkurrenz ist ein Modell, das auf bestimmten Voraussetzungen beruht, die jedoch in der Wirklichkeit nicht oder nur begrenzt gegeben sind. Als Ausgangspunkt für eine Theorie der Märkte vermittelt es wertvolle Erkenntnisse, die dann in einer zweiten Stufe mehr der Wirklichkeit angenähert werden. Das ergibt die Lehre von den „unvollkommenen Märkten".

Nimmt man zu den aufgeführten Präferenzen noch die *Zahl möglicher Marktformen* – unterschieden nach der Zahl der Anbieter – hinzu (vgl. M 40), so gelangt man zu einer praxisnäheren Vorstellung von der Vielzahl unterschiedlicher, fast individueller Märkte, mit denen wir es in unserem täglichen Leben zu tun haben.

(Im Kreislauf der Wirtschaft, Bank Verlag, Köln, 16. Aufl. 2009, S. 103–105; Verf.: Werner Heiring)

1 Machen Sie sich die aufgeführten Prämissen des Marktmodells (Einleitung zu M 43) noch einmal klar (vgl. M 39 a) und geben Sie mit eigenen Worten wieder, inwiefern die Voraussetzungen „Homogenität der Güter", „Markttransparenz" und das „Fehlen von Präferenzen" auf realen Märkten nicht gegeben sind (M 43, Z. 1–37).

2 Inwiefern ist auch eine „große Anzahl von Anbietern und Nachfragern" sowie die „zeitliche Übereinstimmung von Angebot und Nachfrage" oft nicht gegeben?

3 Ordnen Sie die folgenden Beispiele 1–12 den genannten Marktvoraussetzungen (a–e) zu.
a) Homogenität der Güter b) persönliche Präferenzen c) räumliche Präferenzen
d) zeitliche Präferenzen e) Markttransparenz

1 Eine Hausfrau kauft auf dem Markt meistens kurz vor Schluss ein, weil sie dann ihre Früchte billiger erhält.
2 Eine Hausfrau kauft vorwiegend bei einem Einzelhändler, mit dem sie befreundet ist.
3 Anbieter und Nachfrager sind über die Verkaufs- und Kaufbedingungen vollständig informiert.
4 Der einzige Bäcker am Ort verkauft ein Brötchen um drei Cent teurer als der zwölf Kilometer weiter entfernte Bäcker.
5 Eine bestimmte Pralinensorte wird wegen der ansprechenden Verpackung bevorzugt gekauft.
6 Ein Bahnhofskiosk eines Hauptbahnhofs in der Großstadt hat Tag und Nacht geöffnet.
7 Ein Unternehmer verkauft seine Erzeugnisse im Ausland billiger als im Inland.
8 Ein Unternehmer bezieht aus traditionell freundschaftlichen Gründen seine Rohstoffe jahrzehntelang vom gleichen Lieferer.
9 Ein Kunde kauft stets eine bestimmte Automarke, weil der Hersteller einen guten Kundendienst hat.
10 Ein junger Mann nutzt die Gelegenheit, in einem bestimmten Laden zu kaufen, weil er dort von einer Verkäuferin bedient wird, die ihm gefällt.
11 Bäcker Feldmann ist zugleich Bürgermeister von Neustadt. Deshalb kaufen viele Bürger immer bei ihm.
12 Frau Mertens wohnt in Neustadt. Ihre Brötchen kauft sie immer bei Bäcker Winkelmann. Sie zahlt den Preis, der von Winkelmanns verlangt wird, und kauft jeden Tag im Durchschnitt sechs Brötchen für ihre Familie.

(1–10 aus: Horst Seidel/Rudolf Temmen, Grundlagen der Volkswirtschaftslehre, Verlag Gehlen, Bad Homburg o. J., S. 121)

4 Die Beschäftigung mit der Marktpreisbildung kann sicherlich die Frage nahe legen, welchen Sinn die Konstruktion des Marktpreismodells macht, wenn seine Voraussetzungen in der Realität oft oder weitgehend nicht gegeben sind. Diskutieren Sie diese grundsätzliche Frage anhand von M 44.

METHODE

M 44 Was das Marktpreismodell leistet

• Zweifellos ist die Wirklichkeit immer sehr viel komplexer als die Modelle, die wir uns von ihr bilden. Und in besonderem Maße trifft das sicherlich auf ökonomische Modelle zu. Doch ist es gerade die Tatsache der Komplexität, die Modelle so wichtig werden lässt. Geschehnisse, die demjenigen, der keine derartigen Modelle zur Verfügung hat, einfach nur als ein enormes und unverständliches Chaos von Ereignissen vorkommen, werden durch Modelle im Hinblick auf bestimmte, oft hochkomplexe Problemstellungen strukturiert, und die grundlegenden Zusammenhänge werden in (hinreichend) einfacher und verständlicher Weise dargestellt. Wenn diese einfachen Zusammenhänge einmal verstanden worden sind, lassen sich vorher abgeblendete Differenzierungen wieder einführen und [...] situationsgerechte Annäherungen an die Komplexität der Probleme herbeiführen; aber die Grundstruktur der Modelle bleibt erhalten.

• Auf diese Weise lassen sich durch Modelle, wie z. B. das Modell vom preisbildenden Markt, Probleme strukturieren, und man kann methodisch kontrolliert darüber nachdenken (und argumentieren), welche problemrelevanten Zusammenhänge zu beachten sind, wie einzelne Veränderungen der Situation zu bestimmten Veränderungen des Verhaltens und dann der sozialen Folgen führen usw. Wenn so einmal verstanden worden ist, wie Preise das Verhalten von Nachfragern und Anbietern koordinieren, lässt sich dann in einem weiteren Schritt präzise analysieren, warum in bestimmten Situationen andere Ergebnisse eintreten. So kann z. B. anhand der Voraussetzungen des Modells geklärt werden, warum in manchen Fällen ein anderes Ergebnis als zunächst erwartet eingetreten ist: Möglicherweise war die Bedingung der Homogenität des Gutes oder der Markttransparenz nicht hinreichend erfüllt, oder es lagen Bindungen von Marktteilnehmern vor, die den Markteintritt oder -austritt erschwerten oder gar verhinderten, vielleicht kamen auch andere Faktoren, z. B. institutioneller Natur, hinzu, und man kann dank des Modells diese Faktoren identifizieren und ihre Wirkungen genauer analysieren.

• Wenn man also im Studium mit diesem oder anderen Modellen traktiert wird, so dient das der Ausbildung der Fähigkeit zu Situationsanalysen. Und auch dann, wenn die realen Verhältnisse deutlich vom Modell abweichen, lässt sich oft gerade durch die Konfrontation der Wirklichkeit mit einem (guten) Modell ein besseres Verständnis erreichen, denn man kann nun fragen, auf welche Bedingungen die Abweichung zurückgeht.

(Karl Homann/Andreas Suchaneck, Ökonomik. Eine Einführung, Mohr Siebeck, Tübingen 2000, S. 261 f.)

M 45 Grenzen des Marktes – „Marktversagen"

In den vorangehenden Materialien hatten Sie sich mit den Funktionen des Marktes und der Marktpreisbildung beschäftigt. Zusammenfassend kann man sagen, dass es die Aufgabe des Marktes ist, die Bürger möglichst „effizient" (wirksam, leistungsgerecht, günstig, kostensparend, flexibel) mit den gewünschten Gütern zu versorgen. Das heißt u. a., dass

- *die unterschiedlichen Interessen von Anbietern (Produzenten) und Nachfragern (Konsumenten) auf dem Markt ausgeglichen werden;*
- *die Marktpreise alle Kosten enthalten, die bei der Produktion des betreffendes Gutes angefallen sind;*
- *der Preis also anzeigt, wie knapp das betroffene Gut und wie teuer seine Herstellung ist;*
- *der Produzent nur Güter für den Markt produziert, für die er einen angemessenen Preis zu erzielen hofft;*
- *vom Marktergebnis (Kauf/Verkauf) nur die Verkäufer und Käufer betroffen sind, keine „Dritten";*
- *die Güter also nur dem gehören und nur der über sie verfügen und den Nutzen von ihnen haben kann, der sie verkauft oder der sie kauft.*

In der Marktwirtschaft gibt es Bereiche, in denen die Koordination der Ziele und Interessen von Anbietern und Nachfragern nicht gelingt, in denen also der Markt als „Koordinationsinstrument" an seine Grenzen stößt und damit die ordnende und eingreifende Hand des Staates notwendig wird. Das ist der Fall,

*– wenn die wirtschaftlichen Handlungen einzelner Akteure **„negative externe Effekte"** erzeugen, d. h. andere Akteure schädigen, ohne dass letztere sich wehren können, wie das z. B. bei bestimmten Umweltschädigungen geschieht, und*

*– wenn der Markt bestimmte Güter, die dem Wohl der Allgemeinheit dienen (**„öffentliche Güter"**) nicht anbietet, weil sie sich „nicht rechnen".*

Was das im Einzelnen bedeutet, darauf wollen wir im Folgenden näher eingehen.

Von einer weiteren Dimension des „Marktversagens", einer sich aus dem Marktprozess ergebenden, i. d. R. sehr ungleichen Verteilung der Einkommen, wird in einem späteren Abschnitt (Kap. III, S. 203 ff.; s. M 57b, M 59) des Näheren die Rede sein.

M 45 a Marktversagen: „negative externe Effekte“

- Ein *Fall* von Marktversagen liegt vor, wenn *nicht alle Kosten*, die bei der Produktion oder beim Konsum anfallen, *vom Verursacher* getragen werden. Wohnt beispielsweise jemand an einer Autobahn, wird er durch die Autofahrer, die Lärm und Abgase verursachen, belästigt, ohne dass die Autofahrer ihn dafür entschädigen müssen. Weil solche Lasten beziehungsweise Kosten auf Außenstehende abgewälzt werden – also nicht in die Kostenfunktion der Autofahrer einbezogen werden, sondern in die der Betroffenen –, spricht man in solchen Fällen von **externen Kosten**. Der Einzelne berücksichtigt bei seinen Produktions- oder Konsumentscheidungen nur die für ihn entstehenden (privaten) Kosten und Nutzen und nicht die zusätzlichen Kosten und Nutzen anderer.

Auch wir verursachen externe Kosten, zum Beispiel, wenn wir unsere Nachbarn, die Liebhaber von klassischer Musik sind, mit U-Musik konfrontieren; wenn Sie Raucher sind oder wenn Sie die Gewohnheit haben, am Samstagmorgen um 7 Uhr den Rasen zu mähen.

Verursacht die Produktion oder der Konsum externe Kosten, versagt der Markt als Folge dieser negativen externen Effekte. Solche Güter werden in zu großer Menge hergestellt oder konsumiert, weil in die Kalkulation zu geringe Kosten eingehen (s. Kasten zum Beispiel des Fluglärms).

- Es gibt auch *„positive externe Effekte“*, die aber in der Regel kein vordringliches Problem für die Wirtschaftspolitik darstellen. Positive externe Effekte bedeuten, dass jemand, der seinen eigenen Interessen nachgeht, dabei gleichzeitig und unbeabsichtigt einem anderen nützt. Hier ist es also so, dass ein Akteur einen Nutzen erzeugt, der nicht in seine eigene Kalkulation eingeht. Deshalb wird auch vom „externen Nutzen“ gesprochen. Zum Beispiel betreibt ein Imker sein Gewerbe in der Nähe eines Gartenbaubetriebes. Die Pflanzen des Gartenbaubetriebes erhöhen die Produktivität der Imkerei. In diesem Fall gibt es für die Wirtschaftspolitik keinen Grund einzugreifen, denn es wird niemand benachteiligt. Der Imker genießt lediglich einen unentgeltlichen Vorteil. Aus der Sicht des Imkers wäre es vielleicht wünschenswert, wenn der Gartenbaubetrieb noch mehr Blumen pflanzen würde. Das tut er aber nicht, weil er die positiven Effekte auf die Imkerei nicht einkalkuliert, sie sind eben „extern“. Sollte hier jemand wirtschaftspolitischen Handlungsbedarf sehen, so ist dieser gewiss nicht dringend.

- Negative externe Effekte stellen dagegen ein schwerwiegendes Problem marktwirtschaftlicher Volkswirtschaften dar. Eine Möglichkeit sie zu lösen besteht darin, die Erzeugung negativer externer Effekte zu verbieten. Solche *Verbote* sind in Marktwirtschaften aber selten, sie gelten beispielsweise für die Verbreitung giftiger Stoffe. Außerdem gibt es kaum Aktivitäten ohne negative externe Effekte. Auch der Krankenwagen, der einen Verletzten ins Hospital bringt, belastet die Umwelt. Dennoch wollen wir, dass er fährt.

- Eine andere Lösung besteht darin, den *Verursacher der negativen externen Effekte mit den Kosten seines Verhaltens zu belasten.* Man holt also die Kosten von außen wieder in die Kalkulation des Verursachers zurück, man *„internalisiert“* sie. Der Staat könnte den Verursacher beispielsweise

---

Analysieren wir die Wirkung von **externen Kosten** am (notgedrungen stark vereinfachten) **Beispiel des Fluglärms**: Passagiere, Fluggesellschaften und Flughafen müssen für die *internen Kosten* (Flugzeug, Löhne, Benzin, Wartung, Essen, Flugplatz usw.) aufkommen. Doch damit sind noch nicht alle Kosten abgedeckt, die ein Flug verursacht. Es fällt unter anderem auch noch Fluglärm an. Der Flugverkehr verursacht *externe Kosten*, die von den Fluggesellschaften in ihrer Kalkulation nicht berücksichtigt werden müssen.

Wo Lärmschäden nicht beachtet werden müssen, kann zu einem tieferen Preis geflogen werden. Dies lockt Kunden an, die nicht fliegen würden, wenn sie alle Flugkosten tragen müssten. Für die Fluggesellschaft und ihre Kunden geht die Rechnung auf – doch gesamtgesellschaftlich gesehen fliegen wir zu viel. Die Kosten, die von der Gesamtgesellschaft getragen werden müssen (die Kosten der Verursacher und der Außenstehenden zusammen), übersteigen den gesamtgesellschaftlichen Nutzen.

(Bernhard Beck, Volkswirtschaft verstehen, vdf Hochschulverlag, Zürich 2006, S. 115)

Kaum ein Kraftwerk in Europa emittiert mehr CO_2 als das Braunkohlekraftwerk Niederaußem (s. Foto). Der Energiekonzern RWE plant Investitionen in umweltschonende Technologien, mit CO_2-Einsparungen von mehreren Millionen Tonnen pro Jahr.

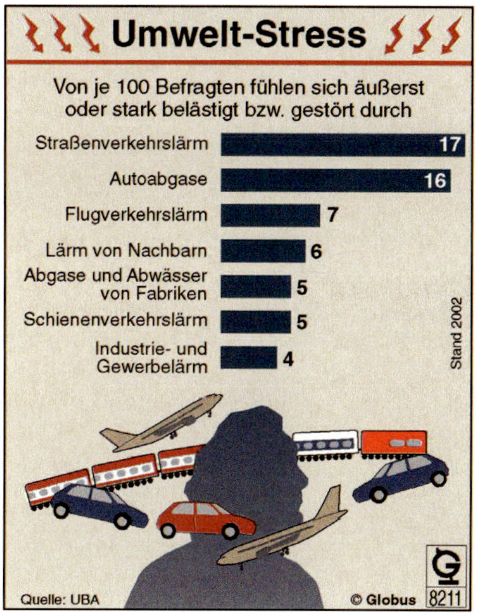

mit einer *Steuer* belegen oder ihn zwingen, den Geschädigten mit einer Zahlung zu kompensieren, um den Verursacher von seinem schädigenden Verhalten abzubringen oder ihn zumindest dazu zu veranlassen, es einzuschränken.

- In jedem Fall gibt es allerdings *schwierige Probleme* zu klären: Selbst wenn der Verursacher bekannt ist, was keineswegs immer der Fall ist, muss die Höhe des Schadens, den er angerichtet hat, festgestellt werden. [...] Dies alles lässt sich aber nicht zweifelsfrei berechnen. Daher muss der Staat im Falle negativer externer Effekte eine wertende Entscheidung treffen und die folgenden Fragen beantworten: Ist der externe Effekt so erheblich, dass die Regierung eingreifen sollte? Wie hoch sind die externen Kosten insgesamt zu veranschlagen? Nach welcher Methode soll die „Internalisierung" der externen Effekte erfolgen?

Letztere kann durch eine Reihe von Maßnahmen herbeigeführt werden. In manchen Fällen löst **Besteuerung** das Problem. Stehen die notwendigen Informationen zur Verfügung, so ist die Regierung in der Lage, die Verursacher von negativen externen Effekten in genau dem Maße zu besteuern, das nötig ist, um sie zur Verringerung der Aktivitäten zu veranlassen, welche die negativen externen Effekte verursachen. In diese Kategorie fallen die sogenannten *Emissionssteuern*. Diese Herangehensweise ist jedoch aus zwei Gründen problematisch: In der Regel stehen der Regierung die für die Besteuerung nötigen Informationen nicht zur Verfügung, sondern sie müssen erst unter Aufwand beschafft werden. Hinzu kommt, dass die Besteuerung auch nicht kostenlos ist, denn die staatliche Verwaltung, welche die Besteuerung organisiert, muss ebenfalls finanziert werden. [...]

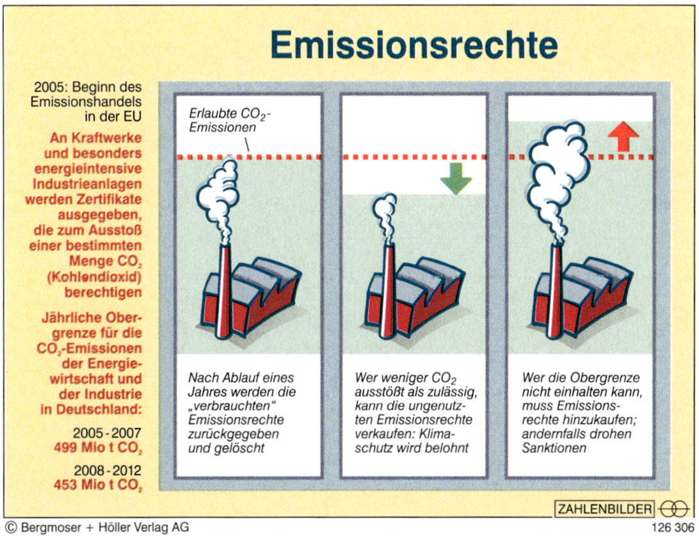

- Eine aktuelle Methode der „Internalisierung externer Effekte" stellt der **Klimaschutz durch „Emissionshandel"** dar. Dabei geht es ausschließlich um Kohlendioxyd, dessen Ausstoß in die Atmosphäre gesenkt werden soll. Die Regierungen legen in einer normativen, also wertenden Entscheidung, die verhandelt wird, fest, wie hoch in einem bestimmten Zeitraum der Kohlendioxydausstoß auf ihrem Territorium sein darf. Die Unternehmen erhalten dann Zertifikate [Scheine, Urkunden], die sie berechtigen, im Rahmen der Regierungsvorgaben Kohlendioxyd in die Atmo-

sphäre abzugeben (s. Grafik S. 185 u.). Die Marktkoordination erfolgt dadurch, dass diese Zertifikate gehandelt werden können. Wenn also eine Firma ihren Kohlendioxydausstoß erhöhen will, muss sie zusätzliche Zertifikate von anderen Betrieben kaufen. Das führt bei der ersten Firma zu einer Internalisierung der externen Kosten. Andererseits haben Unternehmen große Anreize, ihre Kohlendioxydabgaben zu mindern, weil dann Zertifikate „frei" werden, die sie verkaufen können.
In der Theorie stellt dieses Konzept eine elegante wirtschaftspolitische Lösung dar. Zum einen ist gesichert, dass der Kohlendioxydausstoß das einmal vorgegebene Niveau, das zudem in der Zukunft gesenkt werden kann, nicht überschreitet. Zum anderen braucht die staatliche Wirtschaftspolitik nicht mehr einzugreifen, sobald das System einmal angelaufen ist. Allerdings lässt sich eine solche Lösung nur bei wenigen Schadstoffen verwirklichen, und es bleibt abzuwarten, wie hoch der bürokratische Aufwand wird.

(Informationen zur politischen Bildung Nr. 294, Bundeszentrale für politische Bildung, Bonn 2007, S. 15 ff.; Verf.: Hans Jürgen Schlösser)

1. Erläutern Sie mit eigenen Worten, was der Begriff „Marktversagen" bezeichnet (M 45, Einleitungstext S. 183).
2. Inwiefern entstehen z. B. durch den Autoverkehr und den Flugverkehr „negative externe Effekte" („externe Kosten")? Welche Auswirkungen auf die Preise würden sich ergeben, wenn diese Kosten „internalisiert" würden? (M 45 a)
3. Inwiefern stellen „positive externe Effekte" kein wirtschaftspolitisches Problem dar? Können Sie weitere Beispiele für positive externe Effekte nennen?
4. Mit welchen Problemen sind staatliche Eingriffe in Form von Verboten oder von Besteuerung der Kosten verbunden? (M 45 a, Z. 43 ff.)
5. Beschreiben Sie das unter dem Stichwort „Emissionshandel" seit einigen Jahren praktizierte Verfahren des Klimaschutzes (Z. 76 ff.).
   Inwiefern stellt es eine Methode der „Internalisierung negativer externer Effekte" dar?
   - Worin besteht hier der Eingriff des Staates?
   - Inwiefern handelt es sich trotzdem um eine „marktwirtschaftliche" Lösung?
   - Erkundigen Sie sich nach dem aktuellen Stand der Entwicklung dieses Verfahrens (http://de.wikipedia.org/wiki/Emissionshandel).

M 45 b Marktversagen: öffentliche Güter

Ein *weiterer Fall* für ein Marktversagen liegt dann vor, wenn es *Güter* gibt, *die von privater Seite nicht angeboten werden*. Gibt es also Güter, die ohne den Staat gar nicht produziert würden? Üblicherweise kommen nur diejenigen Nachfrager zum Zug, deren Zahlungsbereitschaft den Preisvorstellungen des Anbieters entspricht. Für den Anreiz, ein Gut privat zu produzieren und zu verkaufen, muss es daher möglich sein, das Recht auf den Konsum dieses Gutes auf bestimmte, zahlungsbereite Personen zu beschränken. Nur derjenige, der bereit ist, den geforderten Kaufpreis eines Gutes zu bezahlen, darf auch in dessen Genuss kommen; alle anderen müssen ausgeschlossen werden können. Funktioniert dieses *Ausschlussprinzip* nicht – wie etwa bei Luftreinhaltungsmaßnahmen –, sind die einzelnen Nachfrager nicht bereit, ihre wahre Zahlungsbereitschaft zu offenbaren und entsprechend zu handeln. Warum auch?
Deshalb finden sich für solche Güter auch keine Anbieter. Wenn das Ausschlussprinzip nicht funktioniert oder extrem aufwendig wäre, kommt der Nutzen solcher Güter, sind sie einmal verfügbar gemacht, allen zugute. Diese Güter werden *öffentliche* oder *Kollektivgüter* genannt. Das Ausschlussprinzip ist allerdings auch bei manchen privaten Gütern eingeschränkt: So können Bücher, Kassetten und CDs kopiert werden. Durch Raubkopien von Computerprogrammen entgehen den Produzenten Millionen von Euro.

(Bernd Nolte [= M 9], S. 71 f.)

Abb. 1

(Bernd O. Weitz [Hrsg.], Betrifft Volkswirtschaft, Bildungsverlag EINS, Troisdorf 2006, S. 33)

Abb. 2

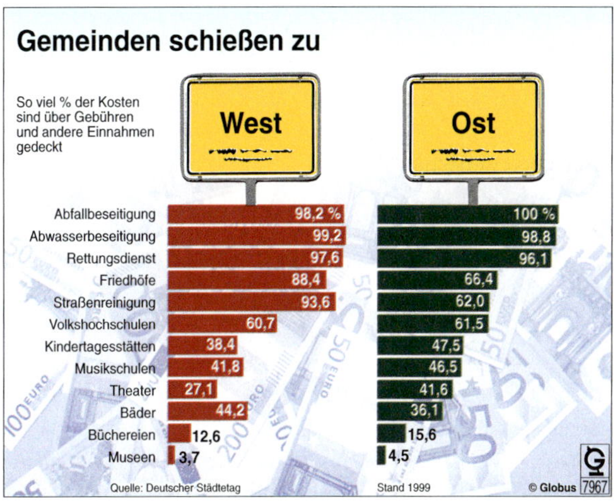

Abb. 3: Öffentliche Güter, für die der Staat die Nutzer durch die Zahlung von „Gebühren" zur Mitfinanzierung heranzieht (hier gilt also das „Ausschlussprinzip") wie z. B. Kindergärten, Museen, Bibliotheken, öffentliche Verkehrsmittel, Schwimmbäder, werden auch als meritorische („verdienstliche") Güter bezeichnet, weil der Staat sich hier ein Verdienst (engl. merit) erwirbt: Er bietet solche Güter i. d. R. „unter Preis" (zu nicht kostendeckenden Preisen) an.

Ein Beispiel ist ein Deich, der Siedlungen vor Überschwemmungen schützen soll (s. Abb. 2). Hochwasserschutz ist ein öffentliches Gut, denn niemand, der hinter dem Deich lebt, kann davon ausgeschlossen werden. Der Deich schützt jeden, gleichgültig, ob er sich an den Kosten seines Baus beteiligt hat oder nicht.

Positive externe Effekte bedürfen in manchen Fällen also ebenfalls einer wirtschaftspolitischen Korrektur. Das öffentliche Gut ist dadurch charakterisiert, dass es jedem Individuum in der gleichen Menge zur Verfügung steht, aber niemand zur Bezahlung seines Beitrages bzw. zur Erstellung gezwungen werden kann. In einem solchen Fall kommt es aufgrund des positiven externen Effekts zu einer kollektiven Schädigung, wenn alle Individuen eigennützig handeln. Der Grund hierfür ist das sogenannte **Trittbrettfahrer-Problem** (*Freerider-Problem*).

Es ist bei großen Gruppen gravierender als bei kleinen, da in großen Gruppen jedes Individuum das Verhalten der anderen als gegeben annehmen kann. Es ist in einer solchen Situation individuell-rational, keinen Beitrag zu leisten. Daraus erwächst sogar ein doppelter Vorteil für den Trittbrettfahrer: Er trägt keine Kosten, und er konsumiert das öffentliche Gut im vollen Umfang. Im Beispiel des Deichbaus kann der Trittbrettfahrer den Deich nutzen, auch wenn er sich nicht an seinem Bau beteiligt hat, denn im Fall einer Flut werden alle Anwesen durch den Damm geschützt, auch diejenigen der Trittbrettfahrer. Denken die anderen Individuen auch so und leisten ebenfalls keinen Beitrag zur Finanzierung des öffentlichen Gutes, so kann dieses nicht bereitgestellt werden. Umso ungünstiger wäre es in dieser Situation, selbst etwas zu zahlen. Trittbrettfahren ist für jedes Individuum die geschickteste Verhaltensweise, gleichgültig, ob die anderen einen Beitrag zur Bereitstellung des öffentlichen Gutes leisten oder nicht.

Der Wirtschaftspolitik stehen zur Lösung dieses Problems eine Reihe von Eingriffsmöglichkeiten zur Verfügung. [...] So kann die Regierung die öffentliche Leistung in einem Umfang nach ihrem Gutdünken bereitstellen und die anfallenden Kosten auf die Gesellschaftsmitglieder gleichmäßig verteilen.

(Informationen zur politischen Bildung [= M 45 a], S. 17 f.)

1. Für das Verständnis des Begriffs „öffentliche Güter" (im Gegensatz zu „privaten" Gütern) ist das fehlende „Ausschlussprinzip" entscheidend. Machen Sie – auch am Beispiel des Deichbaus – deutlich, was damit gemeint ist und inwiefern die Nutzung solcher Güter „Trittbrettfahrverhalten" ermöglicht (M 45 b). Warum bietet der Markt solche Güter nicht an?

2. „Öffentliche Güter" im strengen Sinne gibt es neben den im Text genannten nur wenige. Eine größere Bedeutung haben Güter, bei denen das Ausschlussprinzip angewendet werden kann, deren Nutzung aber durch staatliche Hilfen (Subventionen) allen ermöglicht und erleichtert wird. Warum werden solche Güter „meritorische" genannt (s. Text zu Abb. 3)? Erkundigen Sie sich bei Ihrer Gemeindeverwaltung danach, wie hoch die Benutzungsgebühren z. B. für die Stadtbibliothek oder das Schwimmbad wären, wenn die Stadt diese Einrichtungen nicht subventionierte.

3 Ob der Staat öffentliche Güter (s. Abb. 1) ganz „kostenlos" oder gegen bestimmte „Gebühren" anbietet, hängt auch von der Art der einzelnen Güter ab. Warum ist die Inanspruchnahme der Polizei bei einem Verkehrsunfall kostenlos? Warum muss man öffentlichen Schulen kein Schulgeld bezahlen? Wodurch lässt sich erklären, dass eine Gemeinde die Kosten für die Müllabfuhr fast vollständig durch Gebühren der Haushalte ausgleicht, die Kosten z. B. für das Stadttheater aber etwa zu zwei Dritteln aus Steuermitteln finanziert (vgl. Abb. 3)?

M 46 Auch der Staat kann „versagen"

- Auch der Staat ist nicht perfekt. Regierung und Verwaltung machen Fehler, sie leiden unter Informationsdefiziten, und Politik und Beamtenschaft haben ebenfalls persönliche Interessen und Ideale, Interesse an Macht, Prestige, Einkommen. Wenn der Markt ein Problem nur unbefriedigend lösen kann, bedeutet das somit nicht automatisch, dass der Staat dafür besser geeignet ist.
- Ein wesentliches Problem entsteht dadurch, dass die staatliche Wirtschaftspolitik unter Wirkungsverzögerungen leidet (*time lags*), die schwer zu kalkulieren sind. Probleme werden oft erst erkannt, wenn sie schon längere Zeit bestehen, und es vergeht dann noch einmal Zeit, bis die staatlichen Akteure zu einer Entscheidung kommen. Wenn schließlich Maßnahmen ergriffen werden, wirken auch diese nur mit einer zeitlichen Verzögerung, die oft nicht kalkulierbar ist. Am Ende wird die Wirtschaftspolitik häufig erst wirksam, wenn sich die Lage schon längst wieder verändert hat, und die angestrebten Ziele werden deshalb verfehlt.
- Weitere Grenzen des Staates ergeben sich dadurch, dass auch Politiker und Politikerinnen sowie Entscheidungsträger in der öffentlichen Verwaltung eigene Ziele anstreben, wobei sie auf die Unterstützung der Wählerschaft angewiesen sind, um im Amt zu bleiben beziehungsweise ins Amt zu kommen.

(Informationen zur politischen Bildung [= M 45 a], S. 18 f.)

Maßgeblich sei, so wird argumentiert, für Politiker in erster Linie die nächste Wahl. Daher würden unpopuläre Entscheidungen verzögert und die lange Sicht bei Entscheidungsfindungen vernachlässigt.

- Die Ausrichtung an ihrem eigenen Vorteil mache wirtschaftspolitische Entscheidungsträger beeinflussbar durch Interessengruppen wie Wirtschaftsverbände und Gewerkschaften. Dieses Verhalten sei für Wähler nur schwer zu kontrollieren (Problem des „Lobbyismus").
- Die Komplexität des Marktes führe zu Unsicherheit bei der Planung, der Ausführung und der kurz- und langfristigen Wirkung wirtschaftspolitischer Maßnahmen.
- Wenn die Bürokratie sich auf immer neue Handlungsfelder ausdehne und in der Folge keine Kosten-Nutzen-Analyse mehr stattfinde, verhindere sie den effizienten Einsatz der Produktionsfaktoren.

(http://de.wikipedia.org/wiki/Staatsversagen)

M 45 a und b haben gezeigt, dass der Staat eingreifen muss, wenn der Markt „versagt". Machen Sie anhand von M 46 klar, in welcher Hinsicht man auch von „Staatsversagen" sprechen kann.

1 „Der Staat" – als Entscheidungsträger für wirtschaftspolitische Entscheidungen –, das ist kein abstraktes Gebilde oder eine „höhere Macht", das sind im Wesentlichen die (demokratisch gewählten) „Politiker" in Parlamenten und Regierungen (sowie die Beamten in den staatlichen Verwaltungsbehörden), die auch von bestimmten persönlichen Interessen geleitet sein können. Welche der in M 46 aufgeführten Gesichtspunkte können die gewünschte ausschließliche Orientierung der Politiker am „Gemeinwohl*" beschränken?

2 Welche der aufgeführten Möglichkeiten von „Staatsversagen" liegen im Gegenstand und in den Ablaufbedingungen staatlicher wirtschaftspolitischer Entscheidungen begründet (Stichworte: Wirkungsverzögerung, Bürokratie, „Lobbyismus")?

3 Vielleicht können Sie ein konkretes Beispiel für eine der genannten Formen von „Staatsversagen" benennen.

III Welche Bedeutung hat die Wirtschaftsordnung? – Soziale Marktwirtschaft als ordnungspolitisches Leitbild

Nachdem wir uns in den vorangehenden Kapiteln mit Grundbegriffen und Grundfragen des Wirtschaftens sowie mit den beiden grundsätzlichen Möglichkeiten (Systemen) der Wirtschaftslenkung – durch den Staat oder durch den Markt – befasst haben, wollen wir uns jetzt der konkreten Wirtschaftsordnung zuwenden, für die sich die Bundesrepublik Deutschland in den Jahren nach dem 2. Weltkrieg entschieden hat: der „sozialen Marktwirtschaft", die als Leitbild die Ausgestaltung der wirtschaftlichen Beziehungen in Deutschland bestimmt. Befragungsergebnisse wie das in der Grafik lassen eine gründliche Information über die wesentlichen Merkmale dieses Leitbildes besonders dringlich erscheinen.

*Entscheidungen für eine bestimmte Wirtschaftsordnung werden immer in Orientierung an bestimmten politischen Vorstellungen und wirtschaftstheoretischen Ideen sowie besonders aufgrund vorliegender historischer Erfahrungen getroffen. Wir wollen daher – in knapper Darstellung – zunächst aufzeigen, aus welcher historischen Situation und aus welchem Denken heraus die Idee der Marktwirtschaft entwickelt wurde. Das geschieht nicht aus bloßem historischen Interesse, sondern erscheint notwendig, weil bis heute – und gerade heute – die oft leidenschaftlich geführte Diskussion über das Verhältnis von Wirtschaft und Staat, von ökonomischer Freiheit und staatlichem (politischen) Eingreifen in den Wirtschaftsprozess, sich maßgeblich an den Prinzipien und Vorstellungen des „Klassischen Liberalismus" (Ende des 18., Anfang des 19. Jahrhunderts) orientiert. Es soll gezeigt werden (**III 1.**), wie diese Ideen im 20. Jahrhundert durch eine Neubestimmung der Rolle des Staates erneuert bzw. verändert wurden („Neoliberalismus") und wie – auf diesem Hintergrund, aber mit neuer Akzentsetzung – nach dem 2. Weltkrieg in Deutschland das Konzept der „sozialen Marktwirtschaft" entwickelt und ausgestaltet wurde (**III 2.**).*

Von den beiden Hauptprinzipien der sozialen Marktwirtschaft wird zunächst das Wettbewerbsprinzip aufgegriffen und das Problem der Unternehmenskonzentration sowie die Ziele und Instrumente der Wettbewerbspolitik etwas näher dargestellt (S. 197ff.). Zum Sozialprinzip erfolgt eine knappe Darstellung des Systems der sozialen Sicherung und wichtiger Aspekte der Sozialpolitik (S. 203ff.).

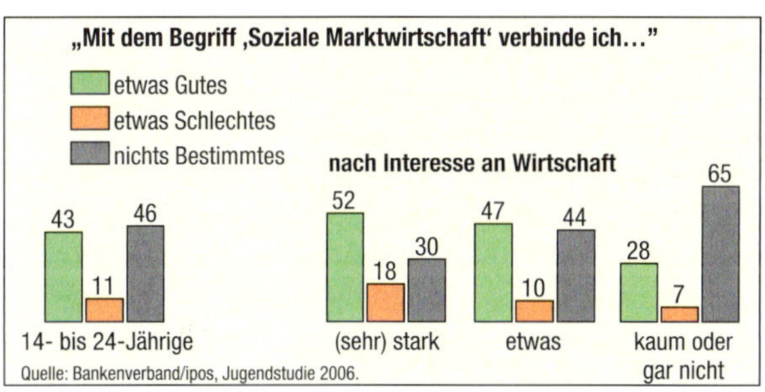

(Bundesverband deutscher Banken, Schul/Bank Nr. 9/2006)

1. Vom klassischen Liberalismus zum Neoliberalismus

M 47 Die Wirtschaftsordnung des klassischen Liberalismus

Als „Klassiker" der Volkswirtschaftslehre bezeichnet man eine Reihe von Ökonomen, die die Wirtschaftswissenschaft zum Range einer selbstständigen Disziplin mit eigenem Erkenntnisobjekt und eigener Methodik entwickelt haben. Nach überwiegender Anschauung sind dies insbesondere *Adam Smith* (1723–1790), *Jean Baptiste Say* (1767–1832), *David Ricardo* (1772–1823) und *John Stuart Mill* (1806–1873).

Adam Smith (1723–1790), schottischer Philosoph und Wirtschaftswissenschaftler; Hauptwerk: „Der Wohlstand der Nationen“

Der Liberalismus entwickelte sich als Reaktion auf die uneingeschränkte Herrschaft der Fürsten (Absolutismus*) und den Merkantilismus als vorherrschender Wirtschaftsform im 17. Jahrhundert. Der **Merkantilismus*** hatte zum Ziel, die Finanzkraft des Staates, d. h. der absolutistisch regierenden Herrscher zu mehren, indem die Ausfuhr von Waren unterstützt und die Einfuhr weitgehend unterbunden wurde. Die Annahme war, dass durch den Export von Waren Geld in Form von Gold und Silber ins Land zurückströmt.

Im Merkantilsystem, das in Frankreich bis zur Revolution von 1789 galt, war nach J. St. Mill jegliche gewerbliche Tätigkeit „der sich überall einmischende(n) und alles von sich aus regulierende(n) Gesetzgebung unterworfen“. Das klassische Denken war ein Protest gegen diese staatlichen Reglementierungen. Daher stammt die spätere Bezeichnung der klassischen Lehre als wirtschaftlicher Liberalismus*. Der Liberalismus betont die Eigengesetzlichkeit des Verhaltens von Gruppen und Individuen und versucht sie gegen Herrschaftsansprüche von (staatlichen) Institutionen zu schützen.

(Günter Poser, Wirtschaftspolitik, Stuttgart, 5. Aufl. 1994, S. 24)

„Nicht von dem Wohlwollen des Fleischers, Brauers oder Bäckers erwarten wir das, was wir zum Essen brauchen, sondern von der Rücksichtnahme auf ihr eigenes Interesse. Wir wenden uns nicht an ihre Menschenliebe, sondern an ihr Selbstinteresse und sprechen zu ihnen nie von unserem Bedarf, sondern von ihren Vorteilen. [...] Der Einzelne ist stets darauf bedacht herauszufinden, wo er sein Kapital, über das er verfügen kann, so vorteilhaft wie nur irgend möglich einsetzen kann. Und tatsächlich hat er dabei den eigenen Vorteil im Auge und nicht etwa den der Volkswirtschaft. Aber gerade das Streben nach seinem eigenen Vorteil ist es, das ihn ganz von selbst oder vielmehr notwendigerweise dazu führt, sein Kapital dort einzusetzen, wo es auch dem ganzen Land den größten Nutzen bringt. Verfolgt er nämlich sein eigenes Interesse, so fördert er damit indirekt das Gesamtwohl viel nachhaltiger, als wenn die Verfolgung des Gesamtinteresses unmittelbar sein Ziel gewesen wäre. [...] Und er wird in diesem wie auch in vielen anderen Fällen von einer unsichtbaren Hand geleitet, um einen Zweck zu fördern, den zu erfüllen er in keiner Weise beabsichtigt hat.

(Adam Smith, Der Wohlstand der Nationen. Eine Untersuchung seiner Natur und seiner Ursachen, aus dem Englischen übertragen von H.C. Recktenwald, München 1978, S. 369)

Die *Wirtschaftsordnung des klassischen Wirtschaftsliberalismus* entsprach in ihren Anfängen noch am ehesten dem reinen marktwirtschaftlichen Modell. Sie entwickelte sich Ende des achtzehnten Jahrhunderts zur Zeit der industriellen Revolution in England. Damals wurde mit bahnbrechenden Erfindungen (Dampfmaschine, mechanischer Webstuhl) der Grundstein für die Industrialisierung der Produktion gelegt. Geistesgeschichtlich war diese Epoche vom Naturrechtsdenken der Aufklärung* geprägt, wonach jeder Mensch mit Vernunft ausgestattet ist und rational zu handeln vermag. Daraus wurde ein natürliches Recht auf individuelle Freiheit und Selbstständigkeit in allen Bereichen – also auch in der Wirtschaft – abgeleitet. Staatliche und private Sphäre waren strikt voneinander getrennt. Mit seinem 1776 erschienenen Buch „An Inquiry into the Nature and Causes of the Wealth of Nations“ wurde **Adam Smith** zum Begründer der klassischen Nationalökonomie. Smith behauptet, dass das freie Spiel der Marktkräfte eine harmonische Ordnung ergebe. Gerade eigennütziges Verhalten aller Wirtschaftssubjekte führe unter wettbewerblichen Rahmenbedingungen zu einer bestmöglichen Güterversorgung und zur Vermehrung von Reichtum und Wohlstand sowohl für den Einzelnen als auch für die Gesellschaft insgesamt. Quasi als *„unsichtbare Hand“* lenke der Wettbewerb eigennütziges Verhalten (nolens volens) in eine auch gesellschaftlich vorteilhafte Richtung (s. Kasten oben).

Der Staat hatte im Modell des klassischen Wirtschaftsliberalismus lediglich Ordnungsfunktionen zu erfüllen („Nachtwächterstaat“; s. Kasten unten). Seine Aufgaben beschränkten sich auf die Schaffung und Überwachung einer Rechtsordnung, die insbesondere die Vertragsfreiheit schützen sollte, auf die nationale Verteidigung und auf die Bereitstellung bestimmter öffentlicher Einrichtungen, z. B. Verkehrswege. Für alle Marktteilnehmer mussten die wirtschaftlichen Grundfreiheiten *Vertrags-* und *Gewerbefreiheit, freier Wettbewerb* und *Freihandel nach außen* gewährleistet sein.

(Gerd Jan Krol/Alfons Schmid, Volkswirtschaftslehre, Mohr Siebeck Verlag, Tübingen, 21. Aufl. 2002, S. 24 f.)

Nachtwächterstaat: Bezeichnung für einen Staat, der sich am Prinzip des Laissez-faire (siehe M 48) orientiert und nicht in den Wirtschaftsprozess eingreift, also keine aktive Wirtschaftspolitik betreibt, sondern lediglich Rahmenbedingungen für die Wirtschaft setzt und z. B. Privateigentum gewährleistet oder für Sicherheit sorgt. Der Begriff wurde vom Gründer des Allgemeinen Deutschen Arbeitervereins FERDINAND LASSALLE (* 1825, † 1864) geprägt.

(Das Lexikon der Wirtschaft, Bibliographisches Institut Mannheim 2004, S. 146)

1. Vielleicht sind Ihnen aus dem Geschichtsunterricht der Mittelstufe einige Merkmale des in Europa verbreiteten Systems des Absolutismus* vertraut. Nennen Sie wesentliche Merkmale des Merkantilismus (als des absolutistischen Wirtschaftssystems) und erläutern Sie, inwiefern der Liberalismus sich als Reaktion auf dieses Wirtschaftssystem verstehen lässt. Von welchem Grundgedanken ist die Theorie von Adam Smith getragen? Welche Rolle soll der Staat (nicht) spielen? (M 47)

2. Stellen Sie heraus, welches Verhältnis zwischen dem Eigeninteresse des Einzelnen und dem Gemeinwohl in der Sicht von Adam Smith besteht (Kasten S. 190 oben).

3. Erläutern Sie in diesem Zusammenhang die beiden zu Schlagworten gewordenen Begriffe: Was meint Smith mit der „unsichtbaren Hand"? Was soll der später geprägte Begriff vom „Nachtwächterstaat" zum Ausdruck bringen?

Weitere Informationen zur Person von Adam Smith und der Bedeutung seines Werkes finden Sie unter der Internetadresse http://de.wikipedia.org/wiki/Adam_Smith. Zu seiner viel zitierten Äußerung zur „unsichtbaren Hand" steht im Internet eine ausführliche und gut lesbare Seminararbeit von Victoria Krummel zur Verfügung: www.wiwi.uni-muenster.de/09/ecochron/personen/pp_smith1.htm (Abschnitt II.).

M 48 Wirtschaftlicher Aufschwung, soziale Missstände, Wirtschaftskrisen – Erfahrungen mit dem „Laissez-faire-Kapitalismus"

Im 19. Jahrhundert wurden zahlreiche europäische Volkswirtschaften nach den Ideen des Liberalismus und dem Modell der *freien Marktwirtschaft* ausgestaltet. Aufgrund der Zurückhaltung des Staates, der keine aktive Wirtschaftspolitik betrieb, bezeichnet man die Wirtschaftsordnung dieser Zeit auch als „*Laissez-faire*-Kapitalismus" (s. Kasten). Die freiheitliche Wirtschaftsordnung förderte die Einführung neuer Technologien (z. B. Dampfmaschine) und vereinfachte den internationalen Handel, wodurch es zu einem enormen wirtschaftlichen Aufschwung kam.
Zugleich traten jedoch erhebliche **soziale Missstände** zutage, die schließlich zu einer Auflösung der rein marktwirtschaftlichen Ordnung des Wirtschaftsgeschehens führten:
– Der freie Wettbewerb wurde zunehmend durch **Kartelle** (Absprachen zwischen Unternehmen) und Unternehmenszusammenschlüsse ausgehöhlt; z. B. wurden der Bergbau und die Eisenindustrie im 19. Jahrhundert von wenigen Unternehmen beherrscht. Die Folgen waren eine *Konzentration des Kapitals und wirtschaftlicher Macht* in wenigen Händen und eine *sehr ungleiche Einkommens- und Vermögensverteilung.*

Laissez-faire [„Lasst nur machen!"]: Bezeichnung des wirtschaftlichen Liberalismus für eine extreme Ansicht, der zufolge der Staat nicht in das wirtschaftliche Geschehen eingreifen sollte, um so die ökonomische Entwicklung und den Wohlstand der Bevölkerung am besten zu fördern. Eine am Prinzip des „Laissez-faire" orientierte Wirtschaftspolitik wurde insbesondere im 19. Jahrhundert in Westeuropa betrieben. Diese extreme Form des Liberalismus (auch Manchesterliberalismus genannt), bei der der Staat nicht in die Wirtschaft eingreift, sondern lediglich die Rolle eines Beobachters einnimmt (Nachtwächter-Staat) und alles dem freien Spiel der wirtschaftlichen Kräfte überlässt, bewirkte zwar einerseits eine schnelle wirtschaftliche Aufwärtsentwicklung, führte aber andererseits auch zu Wirtschaftskrisen und zur Ausbeutung und Verelendung der Arbeiter.
(Das Lexikon der Wirtschaft, Bibliographisches Institut Mannheim 2004, S. 258)

Abb. 1: Blick in eine Arbeiterwohnung in Berlin-Weißensee, 1907. Hier wohnte in zwei Zimmern ein Arbeiter mit seiner Frau und zehn Kindern. Auf dem Bild ist auch deren Großmutter zu sehen.

Abb. 2: Schlange vor dem Arbeitsamt Hannover (Foto von 1930). Die Wahlparole an der Wand der Lagerhalle („Wählt Hitler") zeigt, dass sich die Nationalsozialisten* als Retter aus der Krise anboten.

Weltwirtschaftskrise: allgemein eine Wirtschaftskrise, die weltweit die wichtigsten Wirtschaftsmächte erfasst; im engeren Sinn die Wirtschaftskrise, die sich nach dem New Yorker Börsenkrach am 25.10.1929 (Schwarzer Freitag) global ausweitete und in Europa überwiegend erst in der zweiten Hälfte der 1930er-Jahre, in den USA während des Zweiten Weltkriegs überwunden wurde. Die Krise war gekennzeichnet durch Unternehmenszusammenbrüche, fallende Löhne sowie Massenarbeitslosigkeit bisher ungekannten Ausmaßes in den wichtigsten Industrieländern.

(Schülerduden Wirtschaft, Dudenverlag Mannheim 2002, S. 436)

– Die **sozialen Probleme** vor allem der Arbeiter und ihrer Familien wurden immer größer. Ihre Arbeitssituation war gekennzeichnet durch so geringe Löhne, dass oftmals die Familien kaum ausreichend ernährt werden konnten. Die Sicherheitsvorkehrungen am Arbeitsplatz waren oft mangelhaft, 12–14 Stunden Arbeit pro Tag, Sonn- und Feiertagsarbeit sowie Kinderarbeit waren der Regelfall. In den Städten wohnten oftmals große Familien in einem Raum (s. Abb. 1).

– Ohne regulierende Eingriffe des Staates kam es immer wieder zu schweren **Wirtschaftskrisen.** Insbesondere die Weltwirtschaftskrise (s. Kasten) in den 30er-Jahren des 20. Jahrhunderts zeigte, dass ein Markt, der sich selbst überlassen bleibt, nicht unbedingt zum Gleichgewicht findet, sodass sich beispielsweise eine *hohe Massenarbeitslosigkeit* (s. Abb. 2) wieder vermindert.

(Franz Josef Kaiser/Volker Brettschneider, Volkswirtschaftslehre, Cornelsen Verlag, Berlin 2002, S. 139 f.)

M 49 „Neoliberalismus" als Reaktion auf die „Laissez-faire"-Wirtschaft

Walter Eucken (1891–1950)

Die Forderungen des klassischen Liberalismus als Ordnungsprinzip für die Wirtschaft wurden durch den **Neoliberalismus** wieder aufgegriffen. Die Fehlentwicklungen des Laissez-faire*-Liberalismus sollten dabei u. a. dadurch korrigiert und verhindert werden, dass dem Staat die Aufgabe zugeschrieben wurde, den freien Wettbewerb aktiv zu sichern und damit Marktmacht einzelner Marktteilnehmer zu verhindern. Die in Deutschland vertretene Ausgestaltung der neoliberalen Konzeption wird als **Ordoliberalismus*** bezeichnet. Seine geistigen Wurzeln gehen auf die in den 1930er-Jahren an der Universität Freiburg u. a. von **Walter Eucken** begründete „Freiburger Schule" zurück.

(Viktor Lüpertz, Problemorientierte Einführung in die Volkswirtschaftslehre, Winklers Verlag, Darmstadt 2005, S. 175)

Während der Marxismus* marktwirtschaftliche Systeme als ungeeignet ablehnte, versuchte der Neoliberalismus, die Marktwirtschaft konzeptionell weiterzuentwickeln. Seine Vertreter ergänzten das Spektrum der Staatsaufgaben um:
- die Wettbewerbssicherung,
- die soziale Grundabsicherung des Einzelnen und
- die Vermeidung von geld- und währungspolitischen Störungen.

In Deutschland wurden ähnliche Ansätze von Vertretern der sogenannten ordoliberalen* Freiburger Schule formuliert. Wirtschaftswissenschaftler wie Walter Eucken [...] gingen in ihren Vorstellungen aus von einer staatlich geschützten marktwirtschaftlichen Ordnung.

„Der Wirtschaftspolitik des *Laissez-faire** lag ein großer Gedanke zugrunde. Freiheit soll gegeben werden, damit sich die natürliche, gottgewollte Ordnung entwickelt. [...] Aber die faktische Entwicklung zeigte, dass [...] diese Wirtschaftspolitik nicht das erreichte, was sie wollte. Es erwies sich, dass die Gewährung von Freiheit eine Gefahr für die Freiheit werden kann, wenn sie die Bildung privater Macht ermöglicht, dass zwar außerordentliche Energien durch sie geweckt werden, aber dass diese Energien auch freiheitszerstörend wirken können." (Walter Eucken, 1955)

(Heinz Dieter Hardes/Gerd Jan Krol/Fritz Rahmeyer/Alfons Schmid, Volkswirtschaftslehre problemorientiert. Mohr/Siebeck, Tübingen 1999, S. 22)

Neoliberal nannten sich schon vor dem Zweiten Weltkrieg* diejenigen, die mit dem staatsfeindlichen Altliberalismus so wenig anfangen konnten wie mit dem Sozialismus*. Ohne Markt gehe die Gesellschaft kaputt, hieß die Einsicht der Neoliberalen – aber ohne Ordnung auch. Sie hatten in den 1920er- und 1930er-Jahren gelernt, wie unkontrollierte Monopole den Wettbewerb zerstörten und wie Gesellschaften ohne soziale Sicherheit am Abgrund manövrierten. Folglich suchten sie eine menschenwürdige Wirtschaftsordnung.
Zwischenzeitlich geriet der Begriff neoliberal in der öffentlichen Diskussion nahezu in Vergessenheit oder wurde jedenfalls nicht mehr gebraucht. Erst in den 1980er-Jahren tauchte er in der wirtschaftspolitischen Diskussion wieder auf, wobei die Vorsilbe neo (griech.: neu) nun so (miss)verstanden wurde, als bezeichne der Begriff eine Neuauflage des klassischen („altliberalen", „marktradikalen") Liberalismus, den man wegen seines Verzichts auf staatliche Sozialpolitik kritisieren wollte. Seit den 1990er-Jahren wird der Begriff immer mehr (und eigentlich missbräuchlich) als Schlagwort gegen ein wirtschaftliches Denken und eine Wirtschaftspolitik verwendet, die – so der Vorwurf – soziale Gesichtspunkte zugunsten der Kapitalinteressen vernachlässige.

(Thomas Fischermann, Missbrauch eines Etiketts, in: DIE ZEIT v. 3.12.1998, S. 24; letzter Teil zusammengefasst)

Der Ordoliberalismus fußte auch auf den praktischen Erfahrungen mit dem Staatsinterventionismus* in der ersten Hälfte des 20. Jahrhunderts, die Eucken und seine Mitstreiter ja persönlich miterlebt hatten. Schon in der Weimarer Republik* und erst recht zur Zeit des Nationalsozialismus* war es in Deutschland zu einer zunächst immer stärkeren Vermischung, später dann sogar zur Gleichschaltung von Staat und Wirtschaft gekommen. Sowohl politisch als auch ökonomisch hatte dies schlimme Folgen. Für die Ordoliberalen war darum eine freiheitliche Staatsverfassung untrennbar mit einer freiheitlichen Wirtschaftsordnung verbunden.
Im Gegensatz zu den Klassikern* sahen die Ordoliberalen aber die Notwendigkeit, dem privatwirtschaftlichen Wettbewerb einen *staatlichen Rahmen* vorzugeben, innerhalb dessen Grenzen er sich abzuspielen hatte. Ordo heißt so viel wie Ordnung, und genau darum ging es. Der Staat sollte zwar nicht direkt in das Wirtschaftsgeschehen eingreifen, wohl aber einen gesetzlichen „Datenkranz" vorgeben, an den sich alle Unternehmen und Haushalte zu halten haben. Auf diese Weise sollten die Vorteile des freien Wirtschaftens mit der Notwendigkeit einer gewissen staatlichen Aufsicht verbunden werden.

(Ulrich van Suntum, Die unsichtbare Hand – Ökonomisches Denken gestern und heute, Springer-Verlag, Berlin/Heidelberg, 2. Aufl. 2001, S. 239 f.)

1. Erläutern Sie das Schlagwort vom „Laissez-faire-Kapitalismus" und ergänzen Sie ggf. die Hinweise auf den „wirtschaftlichen Aufschwung" in der Zeit der Industrialisierung aufgrund Ihrer Kenntnisse aus dem Geschichtsunterricht (M 48, Z. 1 – 10).

2. Erläutern Sie, zu welchen wirtschaftlichen und sozialen Folgen die von Eingriffen des Staates völlig freie, am klassischen Liberalismus orientierte Marktwirtschaft in der Zeit der Industrialisierung (z. B. in England und Deutschland) führte (M 48, Z. 11 ff.). Vielleicht können Sie aufgrund Ihrer Kenntnisse aus dem Geschichtsunterricht die Darstellung ergänzen und konkretisieren. Was ist mit dem Begriff „Soziale Frage*" gemeint?

3. Stellen Sie heraus, welche historischen Erfahrungen für die Entwicklung der Ideen von Walter Eucken eine wichtige Rolle spielten und durch welche Grundgedanken und Forderungen sich das neoliberale Denken von dem des klassischen Liberalismus unterscheidet (M 49). Welche zentrale Annahme des klassischen Liberalismus sah Eucken als grundlegenden Irrtum an (Z. 20 ff.)? Was sollte der Begriff „Ordoliberalismus" zum Ausdruck bringen (Z. 40 ff.)?

4. Vergleichen Sie die neoliberale mit der Theorie des klassischen Liberalismus im Hinblick auf die Rolle des Staates. Welche Probleme, die sich aus der „wirtschaftspolitischen Abstinenz" entwickelt hatten, sollte der Staat durch aktive Politik (Gewährleistung von Sicherungen) lösen?

5. Aufgrund welcher Erfahrungen wandte sich Eucken andererseits nachdrücklich gegen eine zu starke Einmischung des Staates in die Wirtschaft („Staatsinterventionismus") und erst recht gegen eine staatliche Planwirtschaft (Z. 33 ff.)?

6. Der Begriff Neoliberalismus wird in der gegenwärtigen wirtschaftspolitischen Diskussion häufig schlagwortartig und polemisch verwendet, um bestimmte wirtschaftspolitische Positionen als „marktzentriert" und „sozial ungerecht" zu brandmarken und sie auf diese (als unsozial eingeschätzte) Wirtschaftstheorie zurückzuführen (s. Kasten S. 192 u.). Nehmen Sie dazu Stellung, ob/inwieweit diese Darstellung den Vorstellungen des Neoliberalismus/Ordoliberalismus entspricht.

2. Das Konzept der „sozialen Marktwirtschaft" – die Rolle des Staates

M 50 Soziale Marktwirtschaft als ordnungspolitisches Leitbild

Abb. 1: Alfred Müller-Armack (1901–1978), Prof. für Volkswirtschaftslehre in Münster und Köln bis 1952, Vertreter der ordoliberalen* „Freiburger Schule"; von 1952 bis 1963 im Wirtschaftsministerium von Ludwig Erhard (seit 1958 als Staatssekretär)

Abb. 2: Ludwig Erhard (1897–1977), Bundeswirtschaftsminister 1949–1963, „Vater des Wirtschaftswunders", Bundeskanzler 1963–1966

Die ordoliberalen Gedanken (s. M 49) hatten zwar prägenden Einfluss auf die Ausgestaltung der *sozialen Marktwirtschaft*, doch sowohl der Begriff als auch die systematische Entwicklung gehen auf *Alfred Müller-Armack* zurück.
Den Begriff „soziale Marktwirtschaft" benutzte der Universitätsprofessor und spätere Staatssekretär des Bundeswirtschaftsministers Ludwig Erhard (s. Abb. 2), Alfred Müller-Armack (s. Abb. 1), erstmals in seinem 1947 erschienenen Buch „Wirtschaftslenkung und Marktwirtschaft". Dort hieß es (S. 88): *„Es wäre ein aussichtsloses Unterfangen, wollte man in einer Zeit stärkster sozialer und gewandelter kultureller Überzeugungen die ökonomische Weltanschauung des Liberalismus* erneut empfehlen. Wir haben heute zu konstatieren: Die beiden Alternativen, zwischen denen die Wirtschaftspolitik sich bisher bewegte, die rein liberale Marktwirtschaft und die Wirtschaftslenkung, sind innerlich verbraucht, und es kann sich für uns nur darum handeln, eine neue dritte Form zu entwickeln, die sich nicht als eine vage Mischung, als ein Parteikompromiss, sondern als eine aus den vollen Einsichtsmöglichkeiten unserer Gegenwart gewonnene Synthese darstellt. Wir sprechen von „sozialer Marktwirtschaft", um diese dritte wirtschaftspolitische Form zu kennzeichnen. Es bedeutet dies, dass uns die Marktwirtschaft notwendig als das tragende Gerüst der künftigen Wirtschaftsordnung erscheint, nur dass dies eben keine sich selbst überlassene liberale Marktwirtschaft, sondern eine bewusst gesteuerte, und zwar sozial gesteuerte Marktwirtschaft sein soll."*
Müller-Armack, der nach dem 2. Weltkrieg* den Begriff soziale Marktwirtschaft prägte und durchsetzte, fand in Ludwig Erhard den Wissenschaftler und Praktiker, der das Konzept in die Wirklichkeit umsetzte. „Wohlstand für alle" hieß die lockende und einprägsame Formel, mit der er für seine Form von sozialer Marktwirtschaft warb. (Autorentext)

Die soziale Marktwirtschaft zielt als eine wirtschaftspolitische Konzeption auf eine Synthese zwischen rechtsstaatlich gesicherter Freiheit, wirtschaftlicher Freiheit – die als notwendiger Bestandteil einer freiheitlichen Ordnung überhaupt angesehen wird – und den sozialstaatlichen Idealen der sozialen Sicherheit und der sozialen Gerechtigkeit. Diese **Zielkombination von Freiheit und Gerechtigkeit** gibt der Begriff soziale Marktwirtschaft wieder: Marktwirtschaft steht für wirtschaftliche Freiheit. Sie besteht in der Freiheit der Verbraucher, Güter nach beliebiger Wahl aus dem Sozialprodukt zu kaufen (*Konsumfreiheit*), in der Freiheit der Produktionsmitteleigentümer, ihre Arbeitskraft, ihr Geld, ihre Sachgüter und unternehmerischen Fähigkeiten nach eigener Wahl einzusetzen (*Gewerbefreiheit*: Freiheit der Berufs- und Arbeitsplatzwahl, Freiheit der Eigentumsnutzung), in der Freiheit der Unternehmer, Güter eigener Wahl zu produzieren und abzusetzen (*Produktions- und Handelsfreiheit*) und in der Freiheit jedes Käufers und Verkäufers von Gütern oder Leistungen, sich neben anderen um das gleiche Ziel zu bemühen (*Wettbewerbsfreiheit*). Ihre Grenzen finden diese Freiheitsrechte da, wo die Rechte Dritter, die verfassungsmäßige Ordnung oder das Sittengesetz verletzt werden (Art. 2, Abs. 1 GG).

Das Attribut „sozial" soll zum Ausdruck bringen:

1. dass die Marktwirtschaft allein wegen ihrer wirtschaftlichen Leistungsfähigkeit, wegen der Schaffung der wirtschaftlichen Voraussetzungen eines „Wohlstands für alle" und wegen der Gewährung wirtschaftlicher Freiheitsrechte, die an den Rechten Dritter ihre Schranken finden, einen sozialen Charakter trägt;
2. dass die Marktfreiheit aus sozialen Gründen dort beschränkt werden soll, wo sie sozial unerwünschte Ergebnisse zeitigen würde, bzw. dass die Ergebnisse eines freien Wirtschaftsprozesses korrigiert werden sollen, wenn sie nach den Wertvorstellungen der Gesellschaft nicht sozial genug erscheinen.

Daher kann nach *Müller-Armack* der Begriff der sozialen Marktwirtschaft *„als eine ordnungspolitische Idee definiert werden, deren Ziel es ist, auf der Basis der Wettbewerbswirtschaft die freie Initiative mit einem gerade durch die marktwirtschaftliche Leistung gesicherten sozialen Fortschritt zu verbinden.*

Auf der Grundlage einer marktwirtschaftlichen Ordnung kann ein vielgestaltiges und vollständiges System sozialen Schutzes errichtet werden."

(Heinz Lampert/Albrecht Bossert, Die Wirtschafts- und Sozialordnung der Bundesrepublik Deutschland, Olzog Verlag, München, 15. Aufl. 2004, S. 92 ff.)

1. Stellen Sie anhand entsprechender Textstellen heraus, inwiefern die soziale Marktwirtschaft als eine neue Verbindung zweier unterschiedlicher Prinzipien, als ein „dritter Weg" verstanden wurde. Welche Rolle kommt – im Unterschied zur „freien" Marktwirtschaft – dem Staat zu (M 50, Z. 4 ff.)?

2. Erläutern Sie das Konzept als eine „Zielkombination von Freiheit und Gerechtigkeit" (Z. 22 ff.). Inwiefern wurde schon in der Effektivität der Marktwirtschaft ein sozialer Fortschritt gesehen, zugleich aber dieser Aspekt für nicht ausreichend gehalten, um dem Prinzip der sozialen Gerechtigkeit zu entsprechen?

3. Zeigen Sie auf, inwiefern das Konzept der sozialen Marktwirtschaft unmittelbar an die Vorstellungen des Neoliberalismus, insbesondere des Ordoliberalismus anschließt, in wichtigen Punkten aber, insbesondere im Hinblick auf das Sozialprinzip (die sozialpolitische Rolle des Staates), über den Neoliberalismus hinausgeht (Z. 36 ff.).

Über die Personen Alfred Müller-Armack und Ludwig Erhard, der als Wirtschaftsminister 14 Jahre lang für die Umsetzung und Ausgestaltung der sozialen Marktwirtschaft verantwortlich war, können Sie sich ggf. über die Internetseite http://de.wikipedia.org/wiki näher informieren (Stichworte: Ludwig Erhard, Alfred Müller-Armack).

M 51 „Der Staat setzt den Rahmen" – Sicherung und Einschränkung wirtschaftlicher Rechte

*„Jede Wirtschaftsordnung baut auf einem **Rechtssystem** auf. Ohne ein rechtliches Gerüst kann eine Wirtschaft kaum funktionieren. Wesentliche rechtliche Grundlagen, die geschaffen werden müssen, sind die **Freiheitsrechte** und die **Eigentumsrechte**. Die Freiheitsrechte ermöglichen jedem Individuum in einer Gesellschaft, sich frei zu bewegen und einer Tätigkeit nach freien Wünschen nachzugehen. Damit kann ein Einkommen überhaupt erst erworben werden. Die Eigentumsrechte billigen schließlich jedem Individuum zu, Erworbenes zu behalten und in der Zukunft nutzen zu können." (Dennis Paschke, Mikroökonomie anschaulich dargestellt, PD-Verlag, Heidenau, 2. Aufl. 2005, S. 377) Je nachdem, wie diese Rechte und Freiheiten im Einzelnen konkret ausgestaltet werden, ergeben sich unterschiedliche Wirtschaftsordnungen. Der folgende Text will vor allem zeigen, in welcher Weise sich die **Ausgestaltung der Rechte und Freiheiten in der sozialen Marktwirtschaft** von der in einer „reinen" Marktwirtschaft unterscheidet.*

- **Privateigentum** an den Produktionsmitteln ist typisch für marktwirtschaftliche Wirtschaftssysteme und die Grundlage dafür, dass der Unternehmer den Einsatz und die Verwendung der betrieblichen Produktionsfaktoren nach wirtschaftlichen Gesichtspunkten individuell und selbstständig planen kann.

In der *sozialen Marktwirtschaft* in Deutschland wird das nach Art. 14 GG (s. Kasten) gewährleistet und grundsätzlich geschützt. Das Grundgesetz betont jedoch ausdrücklich in Art. 14 Abs. 2 die Sozialbindung des Eigentums und dass die Zurückstellung von Einzelinteressen gegenüber Gemeininteressen verlangt werden kann (s. Kasten). Die **„Sozialbindung" des Eigentums** zeigt sich z. B. in der Mitbestimmung der Arbeitnehmer in Betrieben oder von Arbeitnehmervertretern in Aufsichtsräten von Kapitalgesellschaften. Auch die Möglichkeit des Staates, z. B. Grundstücke gegen Entschädigung zu enteignen, sofern dies im öffentlichen Interesse ist, verdeutlicht die Sozialbindung.

- Der Staat muss die **Vertragsfreiheit** garantieren. Märkte funktionieren nur dann, wenn die Handlungsfreiheit des Einzelnen nicht zu stark beschnitten ist. Verträge haben in der Wirtschaft eine große Bedeutung. Ob beim Abschluss eines Ausbildungsvertrags, beim Autokauf oder beim Einkauf von Rohstoffen: Der geschlossene Vertrag stellt sicher, dass sich alle Parteien auf Einhaltung der Vereinbarungen verlassen können. Wird ein Partner vertragsbrüchig, kann er vor Gericht verklagt werden.

Grundgesetz Art. 14

(1) Das Eigentum und das Erbrecht werden gewährleistet. Inhalt und Schranken werden durch die Gesetze bestimmt.

(2) Eigentum verpflichtet. Sein Gebrauch soll zugleich dem Wohle der Allgemeinheit dienen.

(3) Eine Enteignung ist nur zum Wohle der Allgemeinheit zulässig. Sie darf nur durch Gesetz oder aufgrund eines Gesetzes erfolgen, das Art und Ausmaß der Entschädigung regelt. Die Entschädigung ist unter gerechter Abwägung der Interessen der Allgemeinheit und der Beteiligten zu bestimmen.

- **Gewerbefreiheit** bedeutet, dass Unternehmer grundsätzlich darüber entscheiden können, welche Unternehmen sie gründen, wo sie sich ansiedeln (Niederlassungsfreiheit) und welche wirtschaftlichen Tätigkeiten sie ausüben wollen. Aber auch hier gibt es eine *Reihe gesetzlicher Einschränkungen* (Auflagen), die z. B. festlegen, dass Umweltbelastungen (Lärm, Luftverschmutzung) vermieden werden und die Sicherheit der Bevölkerung gewährleistet ist (Sicherheitsauflagen für die Produktion).
- Grundsätzlich dürfen die Unternehmen auch selbstständig entscheiden, welche Güter sie herstellen (**Produktionsfreiheit**), und den Verbrauchern (Konsumenten) steht es frei, welche Produkte sie kaufen wollen (**Konsumfreiheit**). Der Staat sorgt jedoch z. B. durch *Verbraucherschutzrichtlinien* dafür, dass keine Produkte auf den Markt gebracht werden, welche z. B. die Gesundheit gefährden (z. B. Drogen, vergammeltes Fleisch). Betriebe, von denen eine Gefährdung der Gesundheit oder der Sicherheit ausgehen kann, sind genehmigungspflichtig und unterliegen der staatlichen Kontrolle (z. B. Gaststätten, Apotheken, Atomkraftwerke). Bestimmte Produkte sind nicht frei verkäuflich (z. B. Medikamente, Waffen). (Autorentext)

1 Machen Sie sich klar, warum das Rechtssystem mit seiner Ausgestaltung wirtschaftlicher Rechte und Freiheiten von zentraler Bedeutung für eine Wirtschaftsordnung ist, und orientieren Sie sich bei der Erarbeitung von M 51 an folgenden Fragen:
- Welche Bedeutung hat das Privateigentum an Produktionsmitteln für die Marktwirtschaft? Was versteht man unter der „Sozialbindung" des Eigentums in der sozialen Marktwirtschaft?
- Dass die „Vertragsfreiheit" für das Funktionieren des Marktprozesses von entscheidender Bedeutung ist, können Sie sicher auch am Beispiel eines Kaufvertrags erläutern, den Sie selbst abgeschlossen haben.
- Auf die Einschränkung der Vertragsfreiheit durch die staatliche Wettbewerbspolitik gehen wir in M 53 ff. gesondert ein.
- Für die Einschränkungen der Gewerbe-, der Produktions- und der Konsumfreiheit werden Sie leicht weitere Beispiele finden können.

2 Machen Sie abschließend zu M 51 noch einmal deutlich, wozu die genannten Einschränkungen der Rechte und Freiheiten insgesamt dienen sollen. Was ist daran „sozial"?

M 52 Übersicht: Die Rolle des Staates in der sozialen Marktwirtschaft

Neben den beiden in der Grafik dargestellten Prinzipien stehen bei Müller-Armack das *„konjunkturpolitische Prinzip"* (der Staat soll durch entsprechende Maßnahmen zu große Schwankungen der Wirtschaftsentwicklung vermeiden helfen) und das *„Marktkonformitätsprinzip"*, das Müller-Armack so beschreibt: „[Die Wirtschaftspolitik in der sozialen Marktwirtschaft] erstrebt sozialen Fortschritt über marktkonforme Maßnahmen. Sie versteht darunter Maßnahmen, die den sozialen Zweck sichern, ohne störend in die Marktapparatur einzugreifen. [...] Marktinkonform ist ein Mietstopp, der den Gesamtwohnungsmarkt ohne Rücksicht auf die Leistungsfähigkeit der Mieter erfasst, marktkonform ist ein System von Mietbeihilfen für bedürftige Schichten."

(Autorentext; Zitat aus: Alfred Müller-Armack, Soziale Marktwirtschaft [1956], in: Handwörterbuch der Sozialwissenschaften, Stuttgart, S. 390)

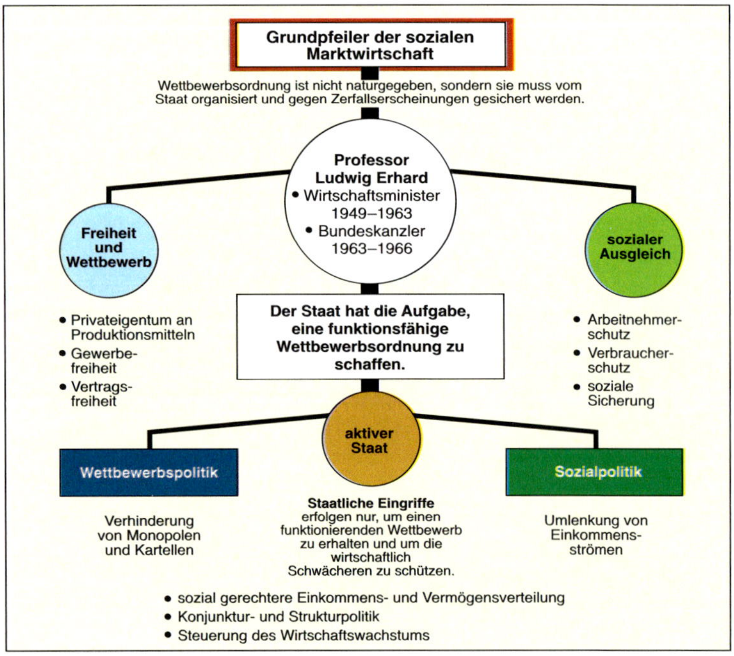

1 Anhand von M 52 können Sie sich einen Überblick über wichtige, in den vorangehenden Materialien angesprochene Prinzipien und Strukturelemente der sozialen Marktwirtschaft, insbesondere über die Rolle des Staates in dieser Wirtschaftsordnung, verschaffen.
Im Folgenden werden wir auf die beiden zentralen Bereiche der Rolle des Staates – Sicherung des Wettbewerbs und Sozialpolitik – näher eingehen. Andere Bereiche staatlicher Wirtschaftspolitik, wie z. B. die Beschäftigungspolitik, die Konjunkturpolitik, die Struktur- und Energiepolitik, werden Gegenstand des Unterrichts in den Jahrgangsstufen 11 und 12 sein.

2 Vielleicht können Sie an dieser Stelle zusammenfassend (mit jeweils wenigen Sätzen) formulieren und in einer kurzen Übersicht festhalten, wie sich die ***Rolle des Staates*** in den Ordnungskonzepten darstellt, die Sie in diesem Teil unseres Arbeitsbuches kennengelernt haben: den Konzepten
- der freien Marktwirtschaft (M 33) bzw. des „klassischen Liberalismus" (M 47),
- des „Neoliberalismus" (M 49),
- der sozialen Marktwirtschaft (M 50 – M 52) und
- der Planwirtschaft/Zentralverwaltungswirtschaft (M 31).

Wettbewerb und Wettbewerbspolitik

M 53 a Funktionen des Wettbewerbs und Tendenzen zur Wettbewerbsbeschränkung

Wettbewerb ermöglicht, dass sich durch das Wechselspiel zwischen Anbietern und Nachfragern Preise bilden, die den Austausch von Waren und Dienstleistungen steuern. Die Preise zeigen den Anbietern, wo sie ihre Produktionsfaktoren* am effizientesten einsetzen können (*„Allokation"*), den Nachfragern, wo sie ihren Bedarf am günstigsten decken können. Die Konkurrenz um die Gunst der Nachfrager schafft darüber hinaus *Anreize, die Preise zu senken* bzw. die *Qualität des Angebots zu verbessern*. Aufgrund der Konkurrenz unter den Anbietern haben die Verbraucher die *Wahl zwischen verschiedenen Angeboten*.
Der Wettbewerb hat auch eine *Steuerungsfunktion*: Er soll sicherstellen, dass die Unternehmen ein Angebot bereitstellen, das den Wünschen der Verbraucher entspricht. Die Unternehmen werden dazu angehalten, Produktionsverfahren anzuwenden, durch welche die Produktionsfaktoren bestmöglich ausgenutzt werden. Aufgrund des Wettbewerbs mit anderen Unternehmen sind sie daran interessiert, technische Fortschritte zu nutzen, neue, kostengünstigere Produktionsverfahren zu entwickeln und neue, verbesserte Produkte anzubieten; hier spricht man von der Wettbewerbsfunktion der *Innovation**.

(Autorentext nach: Wirtschaft heute, Bibliographisches Institut Mannheim 2006, S. 98)

Wettbewerb ist das Grundelement jeder Marktwirtschaft. Ohne Wettbewerb kann der Preis seine für die Steuerung und Koordination des Wirtschaftsprozesses unerlässlichen Funktionen nicht erfüllen. Die geschichtlichen Erfahrungen zeigen aber, dass in einer Marktwirtschaft **Tendenzen zur Einschränkung des Wettbewerbs** und damit zur Selbstauflösung dieser Wirtschaftsordnung bestehen, wenn der Wettbewerb nicht durch staatliche Maßnahmen gesichert wird. Unternehmen haben nämlich das Bestreben, sich den Zwängen und Kontrollen des Wettbewerbs zu entziehen (s. Karikatur) und sich vor Konkurrenten zu schützen, indem sie z. B.
- untereinander wettbewerbsbeschränkende Vereinbarungen treffen (*Kartelle*),
- ihre Marktmacht durch Unternehmenszusammenschlüsse erhöhen (*Fusionen*),
- ihre Marktmacht dazu benutzen, andere Wettbewerber vom Markt auszuschließen (*Missbrauch marktbeherrschender Stellung*).

Unbegrenzte Vertragsfreiheit und weitgehender Verzicht auf Staatseingriffe sind Ursache für eine zunehmende Ausschaltung des Wettbewerbs.

(Viktor Lüpertz, Problemorientierte Einführung in die Volkswirtschaftslehre, Winklers Verlag, 4. Aufl. Darmstadt 2005, S. 185 f.)

Prinzipientreue

M 53 b Formen der Unternehmenskonzentration

Wettbewerbsbeschränkungen kommen im Wesentlichen über vertragliche Vereinbarungen (**Kartelle**), stillschweigende Abstimmungen, einseitige oder gegenseitige Kapitalbeteiligungen (**Konzerne**) und **Fusionen** zustande.

Fusionen

Wenn zwei Unternehmungen sich vereinigen und dabei ihre rechtliche und wirtschaftliche Selbstständigkeit aufgeben, nennt man dies Verschmelzung oder Fusion. Von **Fusion** spricht man auch, wenn eine (größere) Unternehmung eine andere (kleinere) aufkauft. In vielen Wirtschaftszweigen sind solche Fusionen in den letzten Jahren häufig vorgekommen, insbesondere im Handel und im Kreditwesen. Es hat ein „Konzentrationsprozess" stattgefunden.
Neben der Fusion gibt es zwei weitere Arten der Zusammenarbeit, die von besonderer Bedeutung sind: **Kartelle** und **Konzerne**.

Kartelle

Unternehmungen der gleichen Produktions- oder Handelsstufe (z. B. mehrere Schuhfabriken, mehrere Molkereien) schließen Verträge, die eine **Beschränkung des Wettbewerbs** zum Ziel oder zur Folge haben. Die **wirtschaftliche Selbstständigkeit** der Unternehmungen auf den vertraglich nicht geregelten Gebieten und die **rechtliche Selbstständigkeit** (z. B. als AG oder als GmbH) bleiben erhalten. Gegenstand von Kartellabsprachen können sein:
- **Rabatte** und **Konditionen** (Lieferungs- und Zahlungsbedingungen),
- **Normen, Typen** (z. B. Abmessungen, Formen),
- **Spezialisierung** (drei Waschmaschinenhersteller A, B und C, die bisher jeweils große, mittlere und kleinere Maschinen produzierten, vereinbaren, dass A nur noch große, B nur noch mittlere und C nur noch kleine Maschinen fertigt),
- **Gebiete** (A und B, die bisher beide in alle Teile der Bundesrepublik lieferten, teilen sich die Märkte auf: A liefert nur noch nach Süddeutschland, B nur noch nach Norddeutschland),
- **Preise**.

Konzerne

Konzerne sind weitergehend als Kartelle. Bei Konzernen handelt es sich um den **wirtschaftlichen Zusammenschluss** von Unternehmungen, die lediglich **rechtlich** selbstständig bleiben. Die Konzernbildung erfolgt meist über *kapitalmäßige Beteiligungen* (s. Abb. 1). Dabei ist oft nicht die 100 %ige Übernahme des Grund- oder Stammkapitals nötig; es genügt schon ein Anteil über 50 %. Sogar eine Aktienbeteiligung von mehr als 25 % des Grundkapitals einer AG ermöglicht bereits, satzungsändernde Beschlüsse der Hauptversammlung, zu denen die 3/4–Mehrheit erforderlich ist, zu verhindern und damit großen Einfluss auf die Gesellschaft zu gewinnen (Sperrminorität).
Die kapitalmäßige Verflechtung wird oft durch *personelle Verflechtungen* ergänzt. Zum Beispiel wird der Vorstandsvorsitzende der beherrschenden Unternehmung (**Muttergesellschaft**) zugleich Aufsichtsratsvorsitzender der beherrschten Unternehmung (**Tochtergesellschaft**). Der Vorstand der Tochtergesellschaft wird vertraglich verpflichtet, vor allen wichtigen Entscheidungen das Einvernehmen des Aufsichtsratsvorsitzenden herzustellen.
Horizontaler Konzern: Die Binding Brauerei AG beteiligt sich an der Dortmunder Actien-Brauerei AG (gleiche Produktionsstufe). Die Dortmunder Actien-Brauerei AG bleibt weiterhin als rechtlich selbstständiges Unternehmen unter bisheriger Firmenbezeichnung erhalten; wirtschaftlich ist sie als Tochtergesellschaft von Binding abhängig.
Vertikaler Konzern: Das Hüttenwerk Thyssen AG beteiligt sich am Grundkapital der Edelstahlwerk Witten AG (hintereinandergelagerte Produktionsstufen).

Abb. 1

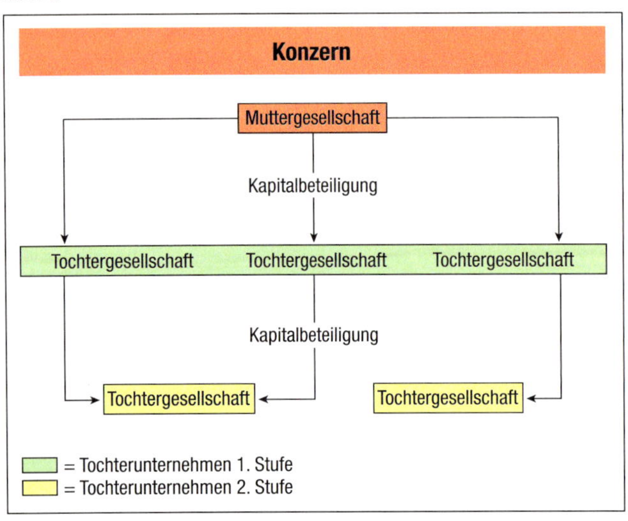

Anorganischer Konzern: Viele in der Wirklichkeit vorkommende Konzerne sind weder horizontal noch vertikal aufgebaut, sondern umfassen Unternehmungen der unterschiedlichsten Branchen und Produktionsstufen. So gehören zum Oetker-Konzern zum Beispiel Puddingpulver- und Eiskremfabriken, Konservenfabriken, eine Hochseeflotte, Brauereien und Banken (s. Abb. 3).

Abb. 2

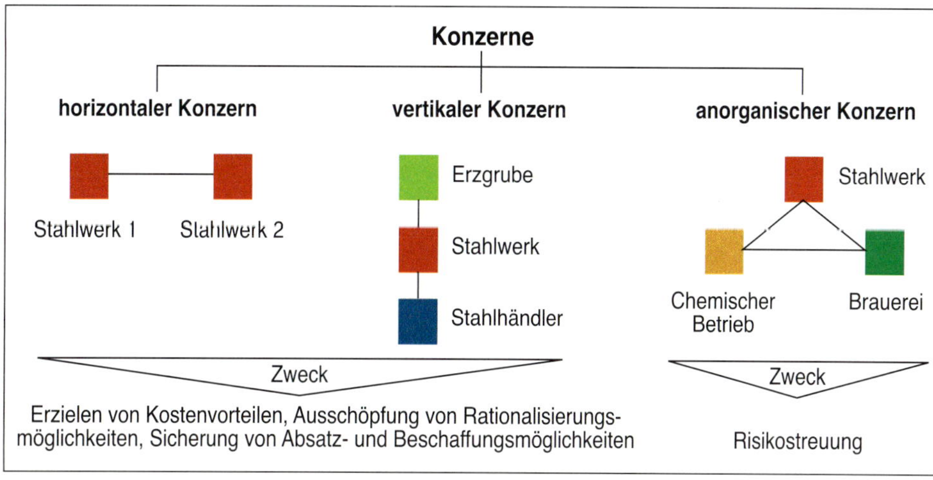

(Grafiken: Helmut Nuding/Josef Haller, Wirtschaftskunde, Ernst Klett Schulbuchverlag, Leipzig 2006, S. 221, S. 224)

Abb. 3

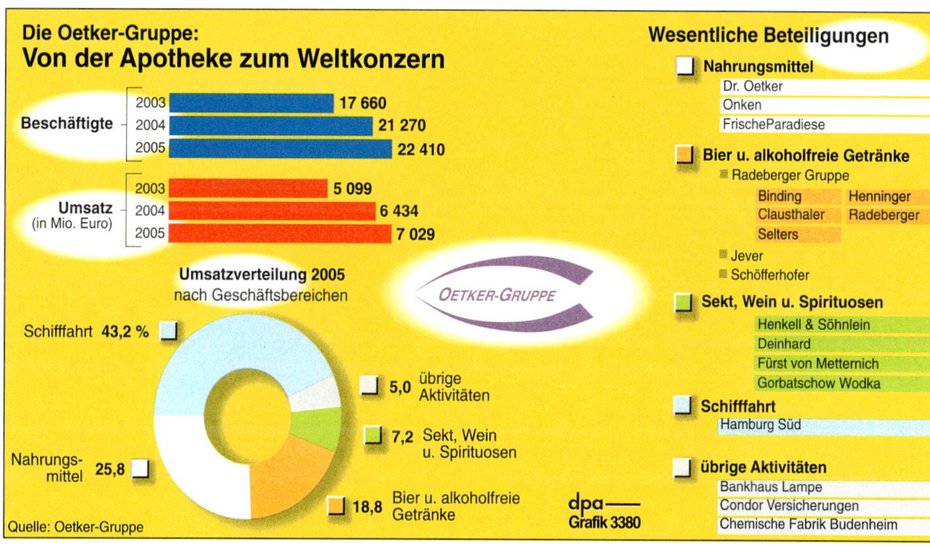

Multinationaler Konzern: Eine besondere Bedeutung haben in den letzten Jahrzehnten Konzernverflechtungen über nationale Grenzen hinweg erlangt. So sind z. B. im Mineralölbereich, in der Autoproduktion, im Maschinenbau, in der Elektronik und in anderen Wirtschaftszweigen multinationale Konzerne sehr häufig. Bei diesen „Multis" stößt die nationale und auch die europäische Kartellüberwachung schnell an ihre Grenzen.

(Günter Ashauer, Grundwissen Wirtschaft, Ernst Klett Schulbuchverlag, Leipzig 2005, S. 54 ff.)

M 53 c Gründe, Vorteile und Gefahren der Unternehmenskonzentration

- Unternehmenskonzentration ermöglicht Rationalisierung und Kosteneinsparung durch Vergrößerung der Produktionskapazitäten und eine Annäherung an die optimale Betriebsgröße. Konzentration bringt Größenvorteile, weil die Stückkosten* mit steigender Ausbringungsmenge sinken. [...] Konzentration dient auch dazu, durch Diversifizierung [Herstellung unterschiedlicher Produkte] die Produktpalette zu verbreitern und die Abhängigkeit von den einzelnen Produkten zu verringern. Anders als kleine und mittlere Unternehmen erreichen Großunternehmen Finanzierungsvorteile, weil sie oft Kredite leichter und günstiger erhalten. Finanzkräftige Großunternehmen können risikoreiche und kostenintensive Investitionen besser realisieren und leichter auf den Weltmärkten agieren.

- Konzentration beeinträchtigt den Wettbewerb und bewirkt überhöhte Preise, erlahmende Innovationstätigkeit, verringerte Anpassungsfähigkeit an veränderte Marktbedingungen. Sie kann zur Bildung marktbeherrschender Unternehmen mit entsprechender Machtposition auf Beschaffungs- und Absatzmärkten und zur Ausbeutung von Lieferanten (z. B. im Einzelhandel oder bei Zulieferern) führen. Konzentration birgt die Gefahr, dass wirtschaftliche Macht als politische Macht missbraucht wird. Konzentration reduziert die Zahl und die Chancen von kleinen und mittleren Unternehmen und begünstigt die Bildung von Großunternehmen, die mehr von Topmanagern und Großbanken als von den Eigentümern beherrscht werden. Aufgrund ihrer Größe (Umsatz, Arbeitsplätze) haben sie überdurchschnittlichen politischen Einfluss und sind wettbewerbspolitisch – v. a. als multinationale Unternehmen – schwer zu kontrollieren.

(Der Brockhaus Wirtschaft, F. A. Brockhaus GmbH, Leipzig/Mannheim 2004, S. 605 f.)

1. In M 53 a (Z. 1 – 17) werden verschiedene Funktionen des Wettbewerbs angesprochen (s. die kursiv gesetzten Begriffe), die insgesamt zeigen, dass Wettbewerb als ein unverzichtbares Element einer funktionierenden Marktwirtschaft angesehen wird. Erläutern Sie sie etwas näher mit eigenen Worten und möglichst an konkreten Beispielen und gehen Sie dabei vor allem auf die Preisbildung, die Wahlfreiheit der Verbraucher, die Steuerungs- und die Innovationsfunktion ein.

2. Warum neigen Unternehmen im Allgemeinen dazu, sich dem Wettbewerbsdruck zu entziehen (M 53 a, Z. 20 ff. und Karikatur)?

3. Für das Verständnis der in den folgenden Materialien dargestellten Entwicklung in einzelnen Wirtschaftsbereichen und der staatlichen Politik zur Sicherung des Wettbewerbs ist es notwendig, sich ein klares Bild von den drei wichtigsten Formen zu machen, in denen Unternehmen den Wettbewerb zu umgehen oder einzuschränken versuchen: Kartelle, Konzernbildung, Fusion (M 53 b).

4. M 53 c gibt einen sehr konzentrierten Überblick über die Vorteile, die sich Unternehmen von Konzentrationen versprechen, und über Gefahren, die dadurch für kleine und mittlere Unternehmen für die Verbraucher, aber auch für politische Entscheidungsprozesse entstehen können. Erläutern Sie die einzelnen Gesichtspunkte möglichst mit eigenen Worten und nennen Sie nach Möglichkeit konkrete Beispiele aus Ihrem Erfahrungs- und Kenntnisbereich.

5. Erörtern Sie die Frage, ob eine abnehmende Zahl von Produzenten immer den Wettbewerb schwächt (M 53 c, Z. 10), und ziehen Sie dazu auch die Darstellung des Konzentrationsprozesses und der Wettbewerbssituation im Lebensmitteleinzelhandel (Stichwort: Discounter) hinzu (s. M 42 b).

M 54 Institutionen und Instrumente der Wettbewerbssicherung

- Die schwersten Gefährdungen des Wettbewerbs gehen von der Unternehmenskonzentration und von Marktabsprachen aus. Daher müssen **Unternehmenszusammenschlüsse** ab einer gewissen Größenordnung dem **Kartellamt** bzw. (bei grenzüberschreitenden Vorgängen) der **Europäischen Kommission** (s. M 35, S. 70) angezeigt werden und können von diesen Wettbewerbsbehörden untersagt werden, wenn das neue Unternehmen **Marktmacht** (s. Kasten S. 201) gewinnt und keinem wesentlichen Wettbewerb mehr ausgesetzt ist. Dies ist die vorbeugende („präventive") **Fusionskontrolle**. Verfügen Unternehmen bereits über Marktmacht, ohne mit anderen zu fusionieren, so wird ihr Verhalten im Rahmen der **Missbrauchsaufsicht** über marktbeherrschende Unternehmen vom Kartellamt kontrolliert. Wenn solche Unternehmen ihre Marktmacht missbrauchen, zum Beispiel, indem sie überhöhte Preise durchsetzen oder Konkurrenten beim Wettbewerb behindern, wird ihr Verhalten vom Kartellamt sanktioniert [bestraft]. Sie können mit hohen **Geldbußen** belegt werden, und im Fall der Unternehmensfusion steht der Kartellbehörde neben dem **Verbot der Fusion** auch das Instrument zur Verfügung, eine Fusion nur unter *Auflagen* zu erlauben. Dazu kann beispielsweise gehören, dass die beteiligten Unternehmen vor der Fusion Unternehmensteile am Markt veräußern müssen.

Marktmacht: Sie liegt vor, wenn Anbieter oder Nachfrager auf einem Markt eine beherrschende oder überragende Stellung einnehmen. Wenn nur eine kleine Anzahl von Unternehmen auf einem Markt eine beherrschende Stellung einnimmt, kann es leicht zur Ausnutzung der Marktmacht z. B. durch überhöhte Preise, Ausbeutung von Lieferanten oder Abnehmern, Behinderung anderer Unternehmen durch Belieferungsstopp oder Herabsetzung der Wettbewerber kommen. Eine Situation, in der einzelne oder wenige Anbieter oder Nachfrager über so viel Macht auf einem Markt verfügen, dass sie diese für ihre einseitigen wirtschaftlichen Interessen missbrauchen können, erfordert daher ein Eingreifen des Staats mit Maßnahmen der Wettbewerbspolitik.

(Schülerduden Wirtschaft, Dudenverlag, Mannheim, 3. Aufl. 2002, S. 276)

Bundeskartellamt in Bonn

- **Kartelle** sind verboten, wenn sie Preise absprechen oder Absprachen über die Aufteilung von Marktanteilen durchführen. Werden die Kartelle entdeckt und die beteiligten Unternehmen rechtskräftig verurteilt, werden sie in den Ländern der *Europäischen Union* mit **Geldbußen** belegt, die höher sein sollen als der zusätzliche Gewinn, den die Unternehmen aus der Kartellbildung erzielt haben. In anderen Staaten drohen dem Management auch Haftstrafen. Kartelle, die Vorteile für die Verbraucher versprechen, wie Forschungs- und Entwicklungskartelle – zum Beispiel zur gemeinsamen Motorenentwicklung in der Automobilindustrie –, können wiederum genehmigt werden. Auch diese Kartelle können aber den Wettbewerb gefährden, insbesondere dann, wenn sie sich am Ende als Vorstufe für Preis- oder Mengenkartelle erweisen.

(Informationen zur politischen Bildung Nr. 294, 1. Quartal 2007: Staat und Wirtschaft, Bundeszentrale für politische Bildung, Bonn 2007, S. 42; Verf.: Hans Jürgen Schlösser)

M 55 Beispiel: Fast eine Milliarde Bußgeld für Fahrstuhlkartell

Mit einer beispiellosen Strafe in Höhe von 992,3 Millionen Euro ist die EU-Kommission gegen ein Kartell von Fahrstuhl- und Rolltreppenherstellern vorgegangen. Am stärksten betroffen ist der deutsche Konzern Thyssen-Krupp: Er muss wegen unerlaubter Preis-Absprachen ein Bußgeld von 479 Millionen Euro zahlen, teilte die Kommission am Mittwoch mit. Dies ist auch die höchste Strafe, die bisher jemals gegen ein einzelnes Unternehmen verhängt wurde.

In der Erklärung der Kommission heißt es, die Strafe für Thyssen-Krupp sei um 50 Prozent erhöht worden, „weil Thyssen-Krupp ein Wiederholungstäter ist". Das Unternehmen war 1998 bereits wegen Kartellabsprachen im Edelstahlsektor bestraft worden.

Der amerikanische Branchengigant Otis wurde zu 225 Millionen Euro, die Schindler AG (Schweiz) zu 143,7 und Kone (Finnland) zu 142,1 Millionen Euro Buße verurteilt. Kone bekam eine mildere Strafe, weil die Firma bei der Aufdeckung des Kartells mit der Kommission zusammenarbeitet. Auch Otis Niederlande profitierte von einer solchen Nachsicht.

Die Unternehmen haben den Feststellungen der Kommission zufolge von etwa 1995 bis 2004 in Deutschland, Belgien, Luxemburg und den Niederlanden Aufträge und Ausschreibungen untereinander so aufgeteilt, dass jedes die angestammten Marktanteile hielt. Dabei seien die Märkte „auch für die kommenden Jahre verfälscht worden", weil Aufzüge und Rolltreppen erhebliche Folgeverträge für Wartung nach sich zögen.

„Es ist empörend, dass die Baukosten für Gebäude, einschließlich Krankenhäusern, von diesem Kartell in die Höhe getrieben wurden", erklärte Wettbewerbskommissarin Neelie Kroes. Das Kartell habe dafür gesorgt, dass jeweils im Voraus bestimmte Mitglieder Aufträge bekamen – andere Kartellmitglieder hätten deshalb völlig überhöhte Angebote gemacht. Auch die EU selbst sei beispielsweise bei der Renovierung des Kommissionsgebäudes in Brüssel Opfer des Kartells geworden.

(dpa, in: www.faz.net v. 21.2.2007)

1. Für die Eingriffsmöglichkeiten des Bundeskartellamts zur Sicherung des Wettbewerbs spielen die Begriffe der „Marktmacht" und der „marktbeherrschenden Stellung" eine zentrale Rolle. Erläutern Sie mit eigenen Worten, was zum einen mit der „Fusionskontrolle", zum anderen mit der „Missbrauchsaufsicht" gemeint ist (M 54, Z. 1–9).

2 Stellen Sie die wichtigsten Maßnahmen („Instrumente“) heraus, die das Kartellgesetz zur Verhinderung bzw. zur „Sanktionierung“ (Bestrafung) von Konzentrationsbildungen vorsieht (M 53, Z. 9 ff.).

3 Analysieren Sie das in M 55 dargestellte Beispiel:
- Um welche Form der Wettbewerbsbeschränkung handelte es sich?
- Welches Instrument der Wettbewerbspolitik kam zur Anwendung?
- Worin sah die EU-Kommissarin die besondere Schwere des Kartellverstoßes?

4 In einem spektakulären Verfahren mit der Wettbewerbsbehörde der Europäischen Union wurde das Unternehmen Microsoft zu Strafzahlungen von insgesamt über 1,5 Mrd. € verurteilt. Informieren Sie sich darüber unter der Internetadresse http://de.wikipedia.org/wiki/microsoft (→ Rechtsstreit mit der Europäischen Union) und stellen Sie fest, um welche Art von Wettbewerbsbeschränkung (vgl. M 54) es sich handelte.

Über alle mit der Wettbewerbspolitik zusammenhängenden Aspekte und Fragen, insbesondere auch über aktuelle Konzentrationsfälle, Verfahren und Entscheidungen informiert das Bundeskartellamt auf seiner Homepage www.bundeskartellamt.de.

M 56 Kampf gegen den „unlauteren Wettbewerb“ zum Schutz der Verbraucher

Zahlreiche Gesetze und Verordnungen sollen die Anbieter an einem wettbewerbswidrigen Verhalten hindern und die Stellung der Verbraucher auf dem Markt verbessern. Ein wichtiges Gesetz für den Verbraucherschutz ist das **Gesetz gegen den unlauteren Wettbewerb (UWG)**. Unlauterer Wettbewerb ist eine Verhaltensweise, durch die ein Anbieter für sich Vorteile gegenüber seine(n)m Konkurrenten erreichen will, die nicht auf seiner Leistung, sondern auf unfairen Wettbewerbspraktiken beruhen. Deshalb verbietet das UWG u. a. irreführendes und sittenwidriges Verhalten. Verstöße werden mit Unterlassungsklagen, Schadensersatzansprüchen und in bestimmten Fällen mit strafrechtlicher Verfolgung geahndet.

Irreführendes Verhalten

Wer im geschäftlichen Verkehr zu Zwecken des Wettbewerbs über geschäftliche Verhältnisse, insbesondere über die Beschaffenheit, den Ursprung, die Herstellungsart oder die Preisbemessung einzelner Waren oder gewerblicher Leistungen oder des gesamten Angebots, über Preislisten, über die Art des Bezugs oder die Bezugsquelle von Waren, über den Besitz von Auszeichnungen, über den Anlass oder den Zweck des Verkaufs oder über die Menge der Vorräte irreführende Angaben macht, kann auf Unterlassung der Angaben in Anspruch genommen werden.
- *Ein Einzelwarenhändler wirbt in einer Werbeanzeige mit einem Sonderangebot für einen Computer, den er allerdings im Laden nicht vorrätig hat (Lockwerbung).*
- *Ein Lebensmittelhändler verschweigt seinen Kunden, dass er Rindfleisch aus einem BSE-Land bezieht.*

Sittenwidriges Verhalten

Belästigende Werbung fallt unter sittenwidriges Verhalten, da es eine gründliche und objektive Prüfung des Angebots verhindert.
- *Telefonwerbung*
- *Bestechung von Geschäftspartnern durch Geschenke oder „Schmiergelder“, um im Wettbewerb bevorzugt zu werden*
- *Behinderung des Mitbewerbers durch üble Nachrede*
- *Zuschicken unbestellter Ware*
- *Ausbeutung fremder Arbeitsergebnisse durch Imitation*
- *Benutzung einer E-Mail-Adresse oder eines Firmennamens, die bzw. der auf ein anderes bekanntes Unternehmen schließen lässt*

Vergleichende Werbung

Grundsätzlich ist vergleichende Werbung nicht verboten, jedoch muss ein Katalog von Bedingungen erfüllt sein:

– Sie darf nicht irreführend sein;
– sie muss sich auf gleiche Waren oder Dienstleistungen für den gleichen Bedarf beziehen;
– sie muss die Waren oder Dienstleistungen objektiv und nachprüfbar vergleichen;
– sie darf zu keiner Herabsetzung oder Verunglimpfung der Konkurrenz führen.

(Franz Josef Kaiser/Volker Brettschneider [= M 48], S. 204 f.)

1 Von unmittelbarer Bedeutung für den Verbraucher ist das „Gesetz gegen den unlauteren Wettbewerb". Grenzen Sie die drei in M 56 aufgeführten Bereiche verbotenen Verhaltens von Anbietern voneinander ab. Den vollständigen Text des Gesetzes finden Sie unter der Internetadresse **http://transpatent.com/gesetze/uwg.html**

2 Prüfen Sie, ob die folgenden Fälle jeweils gegen das Gesetz gegen den unlauteren Wettbewerb verstoßen, und begründen Sie Ihre Antwort:

a) Ein Einzelhändler für Lederwaren zeichnet bestimmte hochwertige Waren im Schaufenster mit einem unglaublich niedrigen Preis aus. Wenn die Kunden nach der Auslage fragen, entschuldigt sich der Geschäftsmann für den versehentlichen Irrtum, räumt aber einen Rabatt ein.
b) Ein Elektronikunternehmen preist einen Fernseher (16:9-Bildformat) für einen Preis an, der 50 % unter der unverbindlichen Preisempfehlung liegt, verschweigt dem Kunden aber, dass der Fernseher schon 2000 Stunden als Vorführobjekt gedient hat.
c) Ein Zahnpastahersteller verkauft seine Zahnpasta „Baumanns Power" mit dem Werbeslogan: „Nie wieder Karies".
d) Eine Diskothek in Mönchengladbach wirbt mit dem Auftritt von „Miss Germany" als Hauptattraktion des Abends. Die Dame ist allerdings nie über „Miss Hückelhoven" hinausgekommen.
e) Ein Sportgeschäft aus dem Rheinland wirbt mit dem Slogan: „Bei uns kriegen Sie alles am billigsten."
f) Ein Pizzabäcker erzählt seinen Kunden, dass seine italienischen Konkurrenten mit der Mafia unter einer Decke stecken und es gefährlich sei, dort zu speisen.
g) Im Schaufenster eines Möbelgeschäftes wird mit dem Schild geworben „Wegen Geschäftsaufgabe vier Wochen auf alle Waren 40 % Rabatt". Nach sechs Wochen bemerkt ein Konkurrent, dass das Geschäft immer noch existiert und die Regale mit neuen Kollektionen gefüllt sind.
h) Ein Getränkegroßhandel schenkt jedem Kunden zu einer Kiste Bier drei hochwertige Biergläser.
i) Eine neu gegründete Mädchen-Popgruppe nennt sich „No Angels 2", um an den Erfolg der bekannten Popgruppe anzuknüpfen.

(Franz Josef Kaiser/Volker Brettschneider [= M 48], S. 206)

Sozialpolitik in der sozialen Marktwirtschaft

M 57 a „Sozialstaatsprinzip" und Sozialpolitik

Nach Artikel 20 Absatz 1 des Grundgesetzes ist die Bundesrepublik Deutschland ein „demokratischer und sozialer Bundesstaat". Das „Sozialstaatsprinzip" ist also in Deutschland ein Verfassungsauftrag. Dieses ist jedoch sehr allgemein gehalten und legt noch nicht näher fest, was unter „sozial" eigentlich zu verstehen ist. Im wörtlichen Sinn bedeutet der Begriff nicht mehr als „gesellschaftlich" oder „bezogen auf die Gemeinschaft". Er kann daher auch nicht mit dem Begriff „sozialistisch"* gleichgesetzt werden, der ausdrücklich auf eine Vergemeinschaftung von Privateigentum abzielt. In der Staatsrechtslehre wurde das Sozialstaatsprinzip aus der historischen Entwicklung des Sozialstaats in Deutschland jedoch so ausgelegt, dass man darin zumindest eine Verpflichtung auf zwei *grundlegende Ziele* zu erkennen glaubte: die **Schaffung sozialen Ausgleichs** (d. h. eine Verringerung der Unterschiede zwischen sozial starken und sozial schwachen Gruppen durch den Staat) sowie die **Gewährleistung von sozialer Sicherheit** (d. h. die staatliche Sicherung der Existenzgrundlagen seiner Bürger durch gesetzliche Versicherungen gegen die Risiken des Lebens, aber auch z. B. durch Maßnahmen im Bildungs- und Gesundheitswesen).

(Christine Krokauer: Soziale Ungleichheit – Grenzen der Gerechtigkeit im Sozialstaat. In: RAAbits Sozialkunde/Politik, Raabe Verlag Stuttgart. 27. EL November 1999. I/A 2, S. 27)

Allgemein bezeichnet **Sozialpolitik** politische Institutionen, Prozesse und Politikinhalte, die zumindest darauf angelegt sind,
- die Bürger vor Armut und Not durch Garantie des Existenzminimums zu schützen,
- sie gegen die Wechselfälle des Lebens oder Risiken infolge von Alter, Invalidität, Krankheit, Arbeitslosigkeit oder Pflegebedürftigkeit zu sichern und
- soziale, also nicht natürliche Ungleichheit zu verringern.

(Frank Pilz, Der Sozialstaat. Ausbau – Kontroversen – Umbau, Bundeszentrale für politische Bildung, Bonn 2004, S. 16)

M 57 b „Sozialpolitik macht die Marktwirtschaft zur sozialen Marktwirtschaft"

Die Marktwirtschaft ist nicht sozial. Was wie ein Angriff klingt, ist lediglich eine Beschreibung. Wäre die Marktwirtschaft aus sich heraus sozial, wäre der Begriff „soziale Marktwirtschaft" nicht sinnvoll, er wäre ein „weißer Schimmel". [...]
Die Marktwirtschaft ist effektiv, aber sie ist nicht sozial. Sie führt zu einer optimalen Versorgung mit Gütern und Dienstleistungen, wenn diesen eine kaufkräftige Nachfrage gegenübersteht. Ein Bedürfnis, und sei es noch so dringend, dem keine Kaufkraft beigegeben ist, wird von der Marktwirtschaft ignoriert.
Die Marktwirtschaft ist die beste und leistungsfähigste Wirtschaftsordnung, die bislang entwickelt worden ist. Kein anderes Wirtschaftssystem setzt so viel Produktivität*, Innovation [Erneuerung] und Kreativität [schöpferische Kraft, Erfindungsreichtum] frei und sorgt für einen so sparsamen (wirtschaftlichen) Umgang mit den zur Verfügung stehenden Ressourcen*.
Aber auch die menschliche Arbeitskraft ist eine Ware, sie wird nach den Gesetzen der Marktwirtschaft gehandelt wie jede andere: Gibt es ein großes Angebot, stehen also viele Menschen dem Arbeitsmarkt zur Verfügung, sinkt der Preis, also der Lohn. Wird weniger Arbeitskraft benötigt, weil Maschinen billiger oder schneller sind, wird sie als Kostenfaktor reduziert.
Die Marktwirtschaft erzielt einen optimalen Umgang mit Sachgütern und Dienstleistungen, aber sie schafft allein noch keine sozial gerechte und lebenswerte Gesellschaft. Den Menschen, der im Mittelpunkt eines jeden Wirtschaftssystems stehen sollte, hat die Marktwirtschaft erst einmal nur als Konsumenten und Produktionsfaktor* im Blick. [...]
Die Marktwirtschaft bietet den Menschen viele Entfaltungschancen und ermöglicht eine gute materielle Versorgung der Gesellschaft. Aber sie organisiert sich brutal nach Angebot und Nachfrage und unterwirft alle Prozesse der Gewinnlogik. Man muss daher durch sozialpolitische Maßnahmen darauf achten, dass alle Gesellschaftsmitglieder von ihr profitieren, auch diejenigen, die nicht jung, hoch qualifiziert, mobil, grenzenlos leistungsbereit und -fähig ihr Leben ausschließlich der Mehrung von Wohlstand widmen wollen oder können. [...] Die Sozialpolitik ist ein wichtiger Teil der Wirtschaftspolitik, sie macht die Marktwirtschaft zur sozialen Marktwirtschaft.

(Eckard D. Stratenschulte, Wirtschaft in Deutschland, Bundeszentrale für politische Bildung, Bonn 2006, S. 190, 148)

1. Analysieren Sie, was nach allgemeiner Auffassung im Grundgesetz mit dem „sozialen Bundesstaat" gemeint ist (der Begriff „Sozialstaat" kommt im GG nicht vor). Welche beiden Zielbereiche lassen sich unterscheiden, die eine Politik im Auge haben muss, wenn sie das „Sozialstaatsprinzip" verwirklichen will? Worin liegt der Unterschied zwischen diesen beiden Bereichen? (M 57 a)

2. Zeigen Sie auf, inwiefern Marktwirtschaft nicht von sich aus „sozial" ist (M 57 b). Aus welchen Merkmalen ergibt sich die Notwendigkeit der Sozialpolitik? Vergleichen Sie dazu ggf. noch einmal M 50.

M 58 Das System der Sozialversicherung in Deutschland

Mehr als 60 % aller Sozialleistungen* werden in Deutschland über das System der Sozialversicherung* abgewickelt. [...] Die Bedeutung der Sozialversicherung wird aber vor allem durch den breiten Kreis der Versicherten unterstrichen:
- Nahezu 90 % der Bevölkerung gehören der Gesetzlichen *Krankenversicherung* und der Gesetzlichen *Pflegeversicherung* an.

- In der Gesetzlichen *Rentenversicherung* sind rund 80 % der Bevölkerung im Alter von 20 bis unter 65 Jahren versichert.
- Alle Arbeitnehmer sind in der Gesetzlichen *Unfallversicherung* versichert.
- In der *Arbeitslosenversicherung* ist der weit überwiegende Teil der Arbeitnehmer versichert. Wie die Auflistung zeigt, handelt es sich bei der Sozialversicherung um ein gegliedertes System mit mehreren Versicherungszweigen, die jeweils unterschiedliche Risiken und Tatbestände abdecken.

(Gerhard Bäcker/Gerhard Naegele/Reinhard Bispinck/Klaus Hofemann/Jennifer Neubauer, Sozialpolitik und soziale Lage in Deutschland, Bd. 1, VS Verlag für Sozialwissenschaften, Wiesbaden 2007, S. 291 f.)

Zweige der gesetzlichen Sozialversicherung im Überblick (2010)

	Rentenversicherung	**Krankenversicherung**	**Arbeitslosenversicherung**	**Gesetzliche Unfallversicherung**	**Pflegeversicherung**
Wer?	alle Angestellten und Arbeiter, Beitragsbemessungsgrenze[1]: 5 500 € (West), 4 650 € (Ost) monatliches Bruttoeinkommen	alle Angestellten und Arbeiter; Beitragsbemessungsgrenze[1]: 3 750 €; Versicherungspflichtgrenze[2]: 4 162,50 € monatliches Bruttoeinkommen	alle Angestellten und Arbeiter; Beitragsbemessungsgrenze[1]: 5 500 € (West), 4 650 € (Ost) monatliches Bruttoeinkommen	alle Arbeitnehmer	alle, die in einer gesetzlichen oder privaten Krankenkasse versichert sind, Beitragsbemessungsgrenze: 3 750 €
finanziert durch ...	Pflichtbeiträge: **19,9 %** des Bruttoeinkommens, je zur Hälfte vom Arbeitnehmer und Arbeitgeber zu tragen; Bundeszuschuss (2005): 54,6 Mrd. Euro	Pflichtbeiträge: **14,9 %** des Bruttoeinkommens[3], Arbeitgeberanteil: 7,0 %, Arbeitnehmeranteil: 7,9 %, Bundeszuschuss (2006): 4,2 Mrd. Euro	Pflichtbeiträge: **2,8 %** des Bruttoeinkommens, je zur Hälfte vom Arbeitnehmer und Arbeitgeber zu tragen; Bundeszuschuss (2005): 4,0 Mrd. Euro	Pflichtbeiträge: der Arbeitgeber, Höhe je nach Gefahrenklasse und Betriebsgröße	Pflichtbeiträge: in Höhe von **1,95 %** des Bruttoeinkommens, je zur Hälfte vom Arbeitnehmer und Arbeitgeber; + 0,22 % Zuschlag für Kinderlose
Leistungen	Renten bei Alter (60/63/65 Jahre), Invalidität und Tod des Versicherten (80 % Hinterbliebenenrente)	Behandlungskosten, Hilfsmittel, Krankengeld (70 % des Nettoeinkommens) bei Arbeitsunfähigkeit wegen Krankheit	Arbeitslosengeld*, dann bei Bedürftigkeit Arbeitslosengeld II*; Maßnahmen zur Arbeitsförderung	Behandlungskosten und Fördermaßnahmen; evtl. Rente bei Arbeitsunfällen und Berufskranheiten	je nach Pflegestufe (I – III) 205 € bis 1 432 € für häusliche oder stationäre Pflege

[1] jährlich neu festzulegende Höhe des Geldbetrags, bis zu der der Bruttoarbeitsverdienst beitragspflichtig ist, der darüber hinausgehende Verdienst wird nicht zur Beitragszahlung herangezogen.

[2] Höhe des Monatsverdienstes, bis zu dem man der Pflichtversicherung in einer gesetzlichen Krankenkasse unterliegt; bei höherem Verdienst kann man sich privat versichern lassen; von der Pflichtversicherung befreit sind auch Beamte.

[3] Bundesdurchschnitt; von Kasse zu Kasse verschieden.

(Autorentext)

Rentenversicherung
Die häufigste Rentenform ist die Altersrente. Die Höhe der Rente richtet sich unter anderem danach, wie lange der Beschäftigte gearbeitet und wie viel er verdient hat. Wer nicht mehr voll arbeitsfähig ist, erhält je nach dem noch vorhandenen Leistungsvermögen eine volle oder halbe Erwerbsminderungsrente. Auch um die Gesundheit der Berufstätigen kümmert sich die gesetzliche Rentenversicherung: Sie kommt für Rehabilitationsmaßnahmen (zum Beispiel nach einem Herzinfarkt) auf.

Krankenversicherung
Die meisten Arbeitnehmer sind bei einer gesetzlichen Krankenkasse ihrer Wahl pflichtversichert. Die Kassen ersetzen die Krankheitskosten und bieten unter anderem kostenlose Vorsorgeuntersuchungen an und zahlen bei längerer Krankheit für eine bestimmte Zeit Krankengeld (70 Prozent des Bruttolohns). Nur wer die Versicherungspflichtgrenze überschreitet (d. h., mehr als 4 162,50 Euro [2010] im Monat verdient), kann sich privat versichern.

Arbeitslosenversicherung
Wer in den letzten drei Jahren mindestens ein Jahr lang versicherungspflichtig beschäftigt war und seinen Job verliert, erhält Arbeitslosengeld I (67 Prozent des Nettolohns bei mindestens einem Kind, sonst 60 Prozent). Wie lange das Arbeitslosengeld I gezahlt wird, ist abhängig vom Alter und der Beschäftigungsdauer (für unter 50-Jährige höchstens ein Jahr; für über 54-Jährige bis zu 18 Monaten, für über 57-Jährige bis zu 24 Monaten). Danach gibt es das (aus Steuern finanzierte) Arbeitslosengeld II („Hartz IV*"), das in etwa dem Niveau der früheren Sozialhilfe entspricht (Regelsatz 2009: 359 Euro).

Unfallversicherung
Für die gesetzliche Unfallversicherung zahlt der Arbeitgeber alleine. Er entrichtet Beiträge an die Berufsgenossenschaft der jeweiligen Branche. Wenn ein Arbeitnehmer während der Arbeit oder auf dem Weg zur oder von der Arbeit einen Unfall hat, übernimmt die Berufsgenossenschaft die Kosten für die medizinische Behandlung und spätere Wiedereingliederung in den Beruf. Bei Erwerbsminderung zahlt sie auch eine Unfallrente. Neben den Berufsgenossenschaften gibt es noch die Unfallversicherungsträger der öffentlichen Hand, die unter anderem für Unfälle auf dem Schulweg aufkommen.

Pflegeversicherung
Sie unterscheidet drei Stufen: I. erhebliche Pflegebedürftigkeit, II. Schwerpflegebedürftigkeit und III. Schwerstpflegebedürftigkeit. Die Betroffenen erhalten Pflegegeld und/oder Sachleistungen (Betreuung durch ambulante Pflegedienste oder im Heim).

(http://www.safety1st.de/uploads/18/safety1st_basic_SH.pdf, S. 10)

Verschaffen Sie sich anhand von M 58 einen Überblick über das System der gesetzlichen Sozialversicherung in Deutschland, seine Finanzierung und seine Leistungen.
Die Zweige der Sozialversicherung haben den Charakter von Zwangsversicherungen, für die alle „sozialversicherungspflichtig Beschäftigten" (also alle Erwerbstätigen ab einer bestimmten Höhe des Verdienstes außer den Selbstständigen und den Beamten) beitragspflichtig sind (zum Umfang dieser „Sozialabgaben" und ihrem Anteil am Bruttolohn s. die Übersicht und M 28, S. 160).

- Welche Bedeutung hat in diesem Zusammenhang die sogenannte „Beitragsbemessungsgrenze" (Obergrenze, bis zu der man beitragspflichtig ist)? Warum wird sie jährlich der allgemeinen Einkommensentwicklung angepasst (i. d. R. also erhöht)?
- Welche Möglichkeit haben im Hinblick auf die Krankenversicherung Angestellte mit einem Bruttoverdienst oberhalb der „Versicherungspflichtgrenze"?

M 59 Die marktwirtschaftliche Tendenz zur Einkommensungleichheit und die sozialpolitische Zielsetzung des Staates

Ein zentraler Mangel des marktwirtschaftlichen Systems wird in der sich ergebenden ungleichen Einkommens- und Vermögensverteilung gesehen.
Eine solche Tendenz zur Ungleichheit ist dem marktwirtschaftlichen System deshalb systemeigen, weil die Tatbestände, die letztlich zum Einkommens- und Vermögenserwerb führen, in der Bevölkerung ungleich verteilt sind. Man denke an Geschicklichkeit, Intelligenz, Ausdauer, Durchsetzungsvermögen, Glück, Erbschaft oder Verzinsung von Vermögen. Diese Tendenz wird mit fortschreitender Zeit – sofern keine Korrekturen vorgenommen werden – verstärkt, weil die zunächst entstehenden Ungleichheiten sich selbst verstärken: Wer wenig verdient, kann auch nur wenig in seine Ausbildung investieren und kein Vermögen bilden. Damit werden zwei der entscheidenden Bestimmungsgründe der Einkommenshöhe durch niedrige Einkommen selbst negativ beeinflusst. Zudem sind Einkommensunterschiede als Leistungsanreize und Steuerungsinstrumente in der Marktwirtschaft funktional notwendig. Es muss Einkommensunterschiede geben, damit höhere Anstrengungen auch entlohnt werden und damit die Wirtschaftssubjekte sich anstrengen, mehr zu leisten.

(Ulrich Baßeler/Jürgen Heinrich/Burkhard Utecht, Grundlagen und Probleme der Volkswirtschaft, Schäffer-Poeschel Verlag, Stuttgart, 18. Aufl. 2006, S. 48)

Die Zielsetzung des sozialen Ausgleichs erfordert eine Politik der Umverteilung, d.h. soziale Leistungen, Steuervergünstigungen und Finanzhilfen sind bevorzugt sozial und wirtschaftlich Schwächeren zu gewähren. Soll Chancengleichheit im Bildungssektor einigermaßen erreicht werden, muss der Sozialstaat entsprechend der wirtschaftlichen Bedürftigkeit angemessene Ausbildungshilfen gewähren. Der politische Auftrag, soziale Ungleichheit abzubauen, bedeutet ferner, sozial Schwachen beispielsweise Wohngeld* zu gewähren, Sozialwohnungen zu bauen, kinderreichen Familien besondere Leistungen (z. B. Kindergeld*) zukommen zu lassen, aber auch in der Steuer- und Sozialpolitik durch Ausbildungsfreibeträge, Beitragsentlastungen usw. gezielte Förderungen zu leisten.

Die Verpflichtung des Staates auf das Ziel sozialen Ausgleichs hat wesentlich dazu beigetragen; dass heute der Sozialstaat notwendig „Verteilungs- und Umverteilungsstaat*" ist.

(Frank Pilz, Der Sozialstaat, Bundeszentrale für politische Bildung, Bonn 2009, S. 20 f.)

1 Erläutern Sie mit eigenen Worten, inwiefern im Grundsatz Einkommensunterschiede in der Marktwirtschaft „funktional notwendig" sind (M 59, Z. 11 ff.).

2 Erklären Sie, wie es im marktwirtschaftlichen System ohne Eingriffe des Staates zu einer Verstärkung der Einkommensungleichheit kommt. Inwiefern sind Ausbildung und Vermögen „entscheidende Bestimmungsgründe der Einkommenshöhe", die durch niedrige Einkommen „negativ beeinflusst" werden? (Z. 6 ff.)

3 In der sozialen Marktwirtschaft soll die staatliche Sozialpolitik der Tendenz zur Verstärkung der Einkommensungleichheit entgegenwirken (Politik des sozialen Ausgleichs als zweiter Bereich der Sozialpolitik neben dem der sozialen Sicherung). Listen Sie die Maßnahmen auf, die in Z. 17 ff. angesprochen werden, um in diesem Sinne zu wirken. Welche davon betreffen ggf. Schülerinnen und Schüler?

Im Folgenden wollen wir etwas näher darstellen, auf welche Weise das Steuersystem durch „Umverteilung" zum Abbau sozialer Ungleichheit beiträgt (M 60 – M 62) und welche Rolle wichtige „Sozialleistungen" (M 63) in der Bundesrepublik spielen.

M 60 Umverteilung durch Steuerpolitik und Transferzahlungen

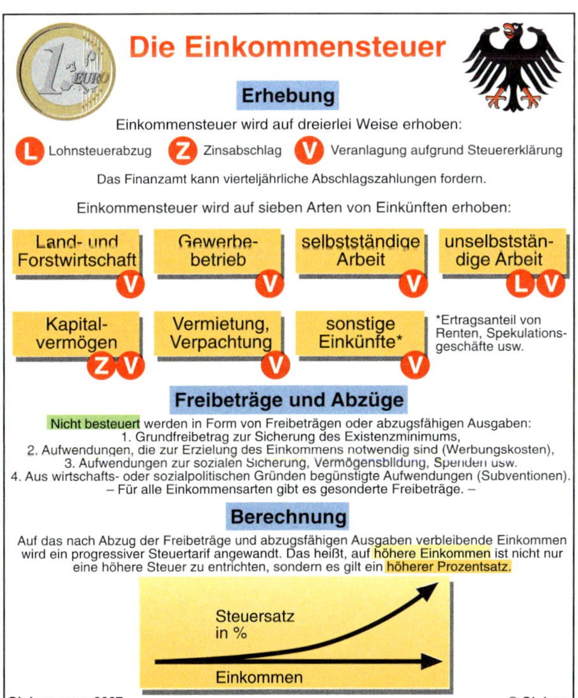

Die Einkommen, die sich am Markt bilden, werden durch die Maßnahmen der Steuer- und Sozialpolitik korrigiert. Ziel dieser Einkommenskorrektur ist eine **Umverteilung*** der leistungsbezogenen Verteilung unter sozialen Gesichtspunkten. Die Nettoeinkommen sind daher wesentlich gleichmäßiger verteilt als die Bruttoeinkommen. Die Umverteilung der Einkommen durch den Staat ist eines der tragenden Elemente der sozialen Marktwirtschaft.

Das wichtigste steuerpolitische Instrument der Umverteilung ist die progressive Ausgestaltung des **Einkommensteuertarifs**. Progressiv heißt: Die Bezieher niedrigerer Einkommen haben nur einen kleinen Teil ihrer Einkünfte als **Steuern** zur Finanzierung der öffentlichen Aufgaben aufzubringen; die Bezieher hoher Einkünfte müssen dagegen einen weit größeren Teil ihres Einkommens als Steuer abführen. Progressive Besteuerung heißt also, dass der Steueranteil der höheren Einkünfte prozentual größer ist als der Steueranteil kleinerer Einkünfte. Die Finanzierung der öffentlichen Aufgaben, im Interesse aller Bürger, wird daher von Arm und Reich in unterschiedlichem Ausmaß getragen. Richtschnur der Steuersätze sind Annahmen über die Belastbarkeit der Einkommen. Mit steigenden Einkommen nimmt die Belastbarkeit zu, sodass die Steuersätze progressiv steigen. Auf der Einnahmenseite ist die progressive Einkommenbesteuerung das dominierende Umverteilungsinstrument. [...] Auch über die Ausgabenseite des Staatshaushalts finden Umverteilungsprozesse statt. Mithilfe der **Transferzahlungen*** wie Wohngeld*, Kindergeld*, Bafög* und Sozialhilfe* verteilt der Staat Einkommen.

(Soziale Marktwirtschaft. Arbeitshilfen für die politische Bildung, hrsg. von der Bundeszentrale für politische Bildung, Bonn 1997, S. 162; Verf.: Rolf Kroker)

M 61 Die Gestaltung des Einkommensteuertarifs

Seit Anfang 2009 setzt sich der Einkommensteuertarif wie folgt zusammen: Allen Steuerpflichtigen steht ein **Grundfreibetrag** von 8 004 € (für Ledige) bzw. 16 008 € (für zusammen veranlagte Ehepaare) zu. Auf Einkommen unterhalb dieser Schwelle ist keine Einkommensteuer zu zahlen und auch der Solidaritätszuschlag* entfällt. Damit folgt die Steuergesetzgebung dem Gebot des Bundesverfassungsgerichts, das Existenzminimum der Bürgerinnen und Bürger steuerfrei zu stellen.

Nur derjenige Teil des Einkommens, der über den Grundfreibetrag hinausgeht, unterliegt der Einkommensteuer. Dabei steigt die sogenannte *Grenzbelastung* zunächst in zwei Etappen geradlinig-progressiv an. Die Einkommen werden in dieser **Progressionszone** nach und nach immer stärker belastet: Jeder Euro, der hinzukommt, wächst in einen höheren Steuersatz hinein. Die Besteuerung beginnt oberhalb des Grundfreibetrags mit dem Eingangssteuersatz von 14 % und klettert rasch auf etwa 24 %. Es folgt ein langgestreckter, nicht mehr ganz so steiler Anstieg des Steuertarifs. Diejenigen Teile des Einkommens, die den Betrag von 52 882 bzw. 105 764 € übersteigen, sind in der sich anschließenden Proportionalzone dann einem gleich bleibenden Steuersatz von 42 % unterworfen. 2007 wurde der *Spitzensteuersatz* auf zu versteuernde Einkommen ab 250 731 € (für Ledige) bzw. 501 462 € (für Verheiratete) auf 45 % angehoben („Reichensteuer“). Je nach Höhe des Einkommens durchläuft die Berechnung der Einkommensteuer auf diese Weise mehrere Tarifzonen. Bezieht man die so ermittelte Steuerschuld auf das zu versteuernde Gesamteinkommen, ergibt sich die steuerliche **Durchschnittsbelastung**. Diese beläuft sich z. B. bei einem Einkommen von 20 000 € auf 13,8 %, bei 40 000 € auf 22,7 % und bei 55 000 € auf 27,3 %.

(Schmidt-Zahlenbilder)

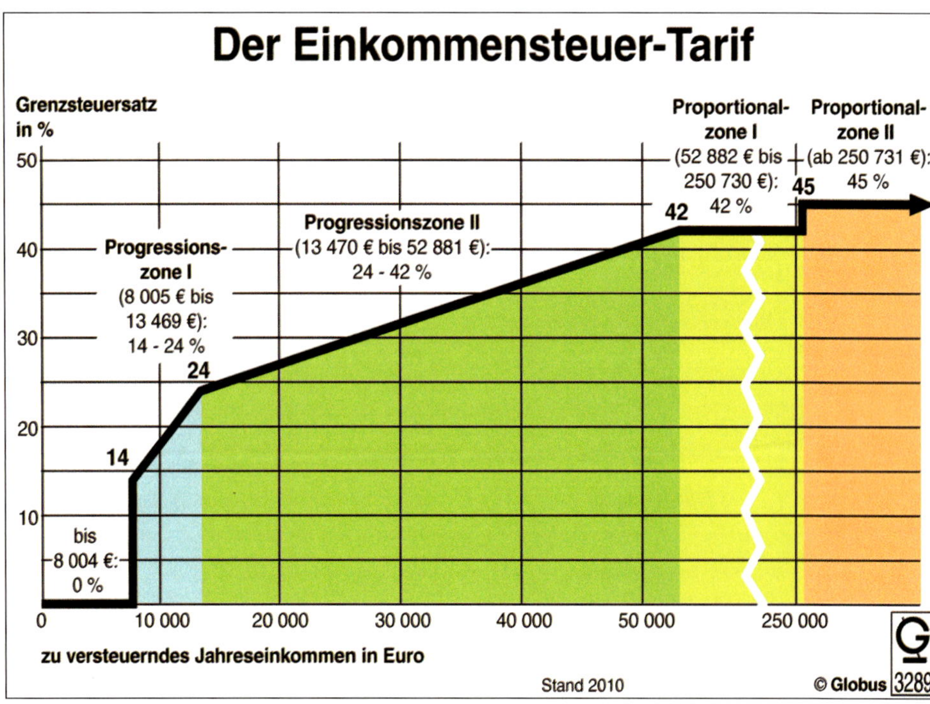

M 62 Der „Umverteilungseffekt" des Einkommensteuertarifs

a)

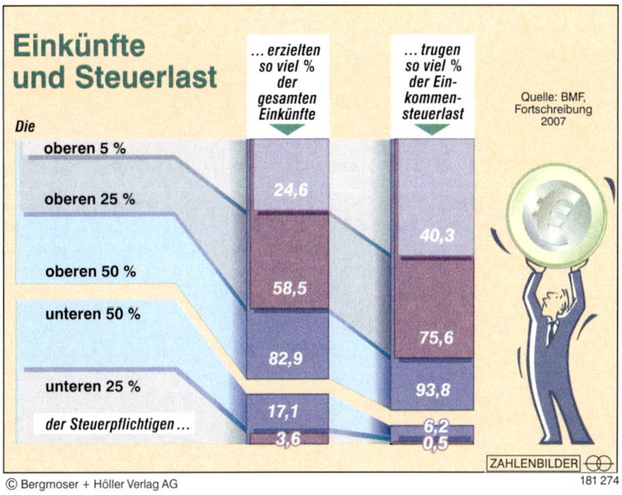

© Bergmoser + Höller Verlag AG

b)

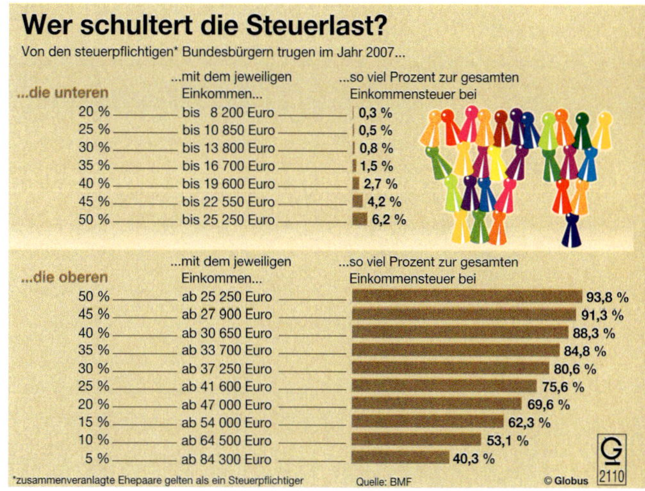

1 Machen Sie sich klar, was unter dem Begriff der sozialpolitischen „Umverteilung" verstanden wird, durch die erreicht werden soll, dass die sich aus dem Marktsystem ergebende Ungleichheit der Einkommen verringert wird. (M 60, Z. 1 ff.)

2 Beschreiben Sie sodann die grundsätzliche Ausgestaltung des Einkommensteuertarifs als des ersten Bereichs dieser „Umverteilung". Welche Bedeutung hat im Hinblick darauf die sog. „Steuerprogression" (von lat. progredi – voranschreiten)? Welche Rolle spielt dabei der Gesichtspunkt der „Belastbarkeit"? (M 60, Z. 9 ff.)

3 Während der steuerliche Umverteilungseffekt also auf dem Wege über die Einnahmen des Staates erreicht wird, betrifft der zweite Bereich der „Umverteilung" die Ausgaben des Staates, die sog. „Sozialleistungen" („Transferzahlungen"), auf die wir in M 63 näher eingehen. Welche der hier genannten sind Ihnen vertraut? (M 60, Z. 25 ff.)

4 In M 61 wird die Gestaltung des Einkommensteuertarifs näher beschrieben. Machen Sie sich die einzelnen Strukturmerkmale klar und erläutern Sie insbesondere den Sinn des „Grundfreibetrags", der „Progressionszonen" und des Unterschieds zwischen Grenz- und Durchschnittsbelastung.

5 M 62 zeigt das Ergebnis der steuerlichen „Umverteilung". Machen Sie sich die Anlage der Grafik M 62 a klar und ziehen Sie zur Verdeutlichung des Einkommens der Kategorien der „Steuerbürger" (z. B. „obere 5 %") die Grafik M 62 b hinzu.
- Wie hoch ist – in Euro – z. B. das Jahreseinkommen der „oberen 5 %", wie niedrig das Einkommen der „unteren 20 %" (M 62 b)?
- Welchen Anteil am gesamten Einkommen haben z. B. die „oberen 5 %", welchen die „unteren 50 %"? (M 62 a)
- Welchen Anteil am gesamten Steueraufkommen müssten demnach – bei *entsprechender* Besteuerung – „die oberen 5", welchen die „unteren 50 %" haben?
- Welche Anteile tragen die beiden genannten Gruppen als Folge der „Umverteilung" (M 62 a/b)? Könnte man z. B. sagen, dass die „oberen 5 %" der Steuerzahler mehr als das Anderthalbfache des Steuerbetrags zahlen, als sie „eigentlich" (ohne Umverteilungseffekt) bezahlen müssten, und dass die „unteren 25 %" fast nur ein Drittel der Steuern bezahlen, die sie „eigentlich" bezahlen müssten?

6 Wie beurteilen Sie im Hinblick auf eine „sozial gerechte" Verteilung den Umverteilungseffekt des Einkommensteuertarifs?

M 63 Umfang und Entwicklung der Sozialleistungen in Deutschland

M 63 a Soziale Mindestsicherung

Abb. 1

SGB = Sozialgesetzbuch

Abb. 2

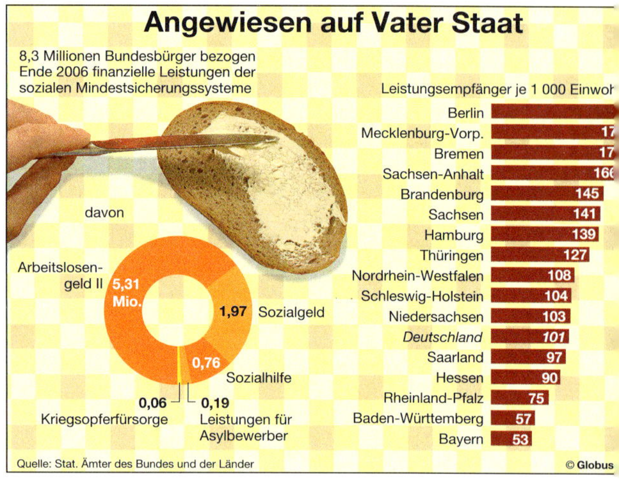

1 Informieren Sie sich anhand von M 63 a über die Bereiche/Institutionen des Sozialleistungssystems, die unter dem Begriff der „Grundsicherung“ oder „Mindestsicherung“ zusammengefasst werden (Abb. 1), und stellen Sie fest, wie viele Menschen in Deutschland davon betroffen sind (Abb. 2).

2 Welchen Anteil hat die „Grundsicherung für Arbeitsuchende“ (Arbeitslosengeld II* und Sozialgeld) am gesamten Aufwand der Mindestsicherung? Stellen Sie eine begründete Vermutung über die unterschiedliche Betroffenheit der einzelnen Bundesländer von Sozialleistungen der sozialen Grundsicherung an (Abb. 2). Auf Struktur und Probleme der „Grundsicherung für Arbeitsuchende“ („Hartz IV“) werden wir in M 65 näher eingehen.

M 63 b Das „Sozialbudget“ und seine Entwicklung

Abb. 1

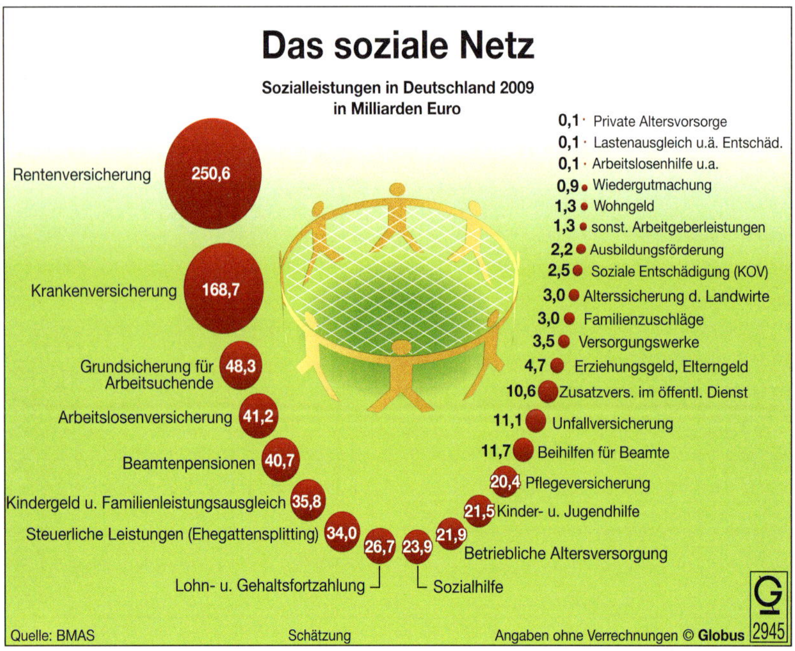

Abb. 2

Sozialleistungen pro Kopf der Bevölkerung: **1991**: 5 343 €, **1995**: 6 887 €, **2000**: 7 855 €, **2005**: 8 436 €, **2009**: 9 195 €

1 Abb. 1 in M 63 b verschafft einen Gesamtüberblick über die meisten Bereiche und Systeme, die in Deutschland zum Gesamtkomplex der Sozialleistungen* („Sozialbudget") gezählt werden und die Sie hier nicht im Einzelnen zu analysieren brauchen.
- Welchen finanziellen Anteil haben daran die Zweige der Sozialversicherung* (vgl. M 58)?
- Welche Bereiche beziehen sich auf die Förderung von Familien, Kindern und Jugendlichen?

2 Beschreiben Sie die Entwicklung der Sozialleistungen in absoluten Zahlen und pro Kopf der Bevölkerung seit 1991 (Abb. 2). Wie ist es zu erklären, dass ihr Anteil an der gesamten Wirtschaftsleistung (Bruttoinlandsprodukt*) seit 1993 nur relativ geringe Schwankungen aufweist, obwohl sie – in Euro gerechnet – in diesem Zeitraum um fast 50 % gestiegen sind?

Eine genauere Aufstellung aller Institutionen und Leistungen des sog. „Sozialbudgets" (Gesamtheit aller Sozialleistungen) und seiner Entwicklung finden Sie ggf. unter der Internetadresse http://www.bmas.de/portal/26872/property=pdf/2008_07_08_sozialbudget_2007.pdf (Tab. I–3, S. 7–9)

M 64 Formale Prinzipien und Finanzierung des Sozialleistungssystems in Deutschland

M 64 a Formale Prinzipien

Wichtig für das Verständnis der sozialstaatlichen Leistungen sind die **Prinzipien**, nach denen sie bereitgestellt werden.

- Nach dem **„Versicherungsprinzip"** hängt die Höhe der Leistungen in etwa von den eingezahlten Beiträgen ab (Prinzip der **Äquivalenz**, der Entsprechung von Leistung und Gegenleistung). Dieses Prinzip gilt grundsätzlich bei privaten Versicherungen. In der gesetzlichen Rentenversicherung ist der *Beitragssatz* zwar für alle Versicherten gleich (s. M 58). Wer aber z. B. in seinem Erwerbsleben ein relativ hohes Einkommen hatte und im Verhältnis dazu entsprechende Beiträge in die *Rentenversicherung* gezahlt hat, erhält eine entsprechend höhere Rente als ein Versicherter mit einem geringeren Einkommen und entsprechend geringeren Beiträgen. Auch ist die Versicherungsleistung abhängig von der *Dauer der Beitragszahlung*. Insofern gilt auch hier das Versicherungsprinzip.
- Anders verhält es sich bei Leistungen nach dem **„Solidarprinzip"**. Es bedeutet, dass in einer Gemeinschaft alle Mitglieder sich „solidarisch" verhalten, d. h. dass sie gegenseitig füreinander einstehen, die Stärkeren für die Schwächeren, die Beitragszahler für die Nicht-Beitragszahler usw. Nach diesem Prinzip werden z. B. die Leistungen aus der *Krankenversicherung* an Kranke aus den Beiträgen *aller* Versicherten gezahlt, also auch aus den Leistungen der „Gesünderen", die keine oder nur geringe Leistungen in Anspruch nehmen. Die Gemeinschaft der Krankenversicherten bildet also eine „Solidargemeinschaft", was auch darin zum Ausdruck kommt, dass alle Beitragszahler (auch Ledige und Kinderlose) für die Leistungen aufkommen, die von „mitversicherten" *Familienmitgliedern* (Kindern und nicht erwerbstätigen Ehepartnern) in Anspruch genommen werden. Auch in der *Pflegeversicherung* gilt das Solidarprinzip.
- Das **Versorgungsprinzip**, nach dem die Zahlungen nicht aus Beiträgen, sondern aus dem allgemeinen Steueraufkommen erfolgen, gilt in Deutschland für zwei Gruppen von Empfängern: zum einen für die Gruppe der Beamten* (Beamtenversorgung, Pensionen), zum anderen für Menschen, die unter den Folgen von Kriegsschäden, Gewalttaten und politischer Verfolgung zu leiden hatten („Kriegsopferversorgung").

Daneben gibt es noch das **„Fürsorgeprinzip"**, nach dem der Staat aus seiner Verantwortung als Sozialstaat heraus (s. M 57 a) ohne Gegenleistung und in einer von ihm *festgelegten Höhe* Leistungen an Bedürftige und sozial Schwache erbringt (z. B. durch die Leistungen der sozialen Mindestsicherung; s. M 63 a). (Autorentext)

M 64 b Finanzierung

- Für die Klärung der Frage, von wem letztlich die Sozialleistungen finanziert werden, ist zunächst Folgendes zu beachten (vgl. Abb. 1):

– Die Leistungen aus den verschiedenen Zweigen der Sozialversicherung* werden, wie wir gesehen haben (M 58), aus den *Beiträgen* der versicherten *Beschäftigten* und der *Unternehmer* (je zur

Hälfte) aufgebracht. Aber: Der Staat zahlt dazu erhebliche *Zuschüsse* aus dem allgemeinen Steueraufkommen. So lag z. B. der Zuschuss zur Rentenversicherung 2006 bei rd. 55 Mrd. Euro (rd. 23 % der Rentenversicherungsleistungen).

– Die Leistungen für den „sozialen Ausgleich" (z. B. Sozialhilfe*, Kindergeld, Wohngeld*, Arbeitslosengeld II/„Hartz IV*") werden vollständig aus dem allgemeinen *Steueraufkommen* erbracht, werden also von der *Gemeinschaft aller Steuerzahler* getragen.

Abb. 1: Finanzierung der Sozialleistungen

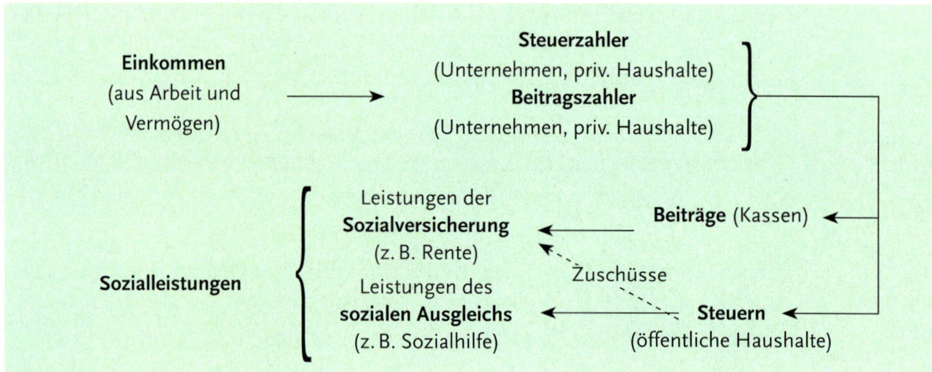

Abb. 2

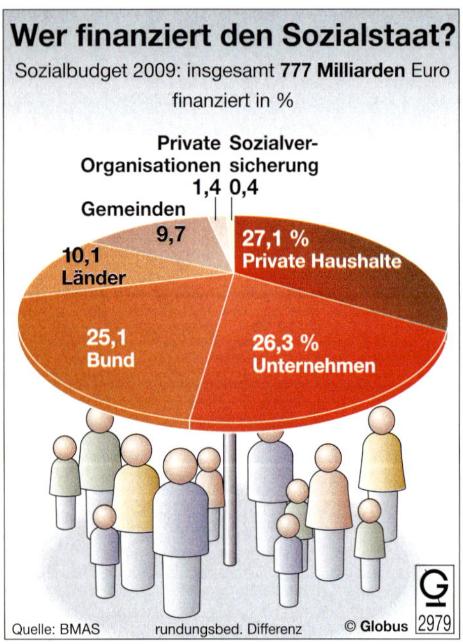

Abb. 2 zeigt, wie sich insgesamt der Finanzierungsanteil des Staates (Bund, Länder, Gemeinden) zu dem der privaten Haushalte (Arbeitnehmer) und der Unternehmen verhält.

Die soziale Sicherheit in Deutschland kostet im laufenden Jahr schätzungsweise 777 Milliarden Euro. Das geht aus dem „Sozialbudget" hervor, das jetzt vom Bundesministerium für Arbeit und Soziales (BMAS) veröffentlicht wurde. In dieser riesigen Summe sind sämtliche Sozialleistungen enthalten, also beispielsweise Renten und Pensionen, Krankenversicherungsleistungen und Arbeitslosengeld, Jugend- und Sozialhilfe und vieles anderes mehr. Drei große Geldgeber sorgen dafür, dass das soziale Netz nicht zerreißt: der *Staat* (also Bund, Länder und Gemeinden), die *Unternehmen* und die *privaten Haushalte*. Bedenkt man allerdings, wie der Staat und die Unternehmen ihre Sozialanteile finanzieren (s. Abb. 1), so sind es letztlich die Bürger, die dafür aufkommen: Sie nämlich bezahlen mit Steuern und Abgaben das staatliche soziale Engagement; und als Verbraucher kaufen sie Waren und Dienstleistungen, in deren Preise die Unternehmen ihre Sozialkosten bereits einkalkuliert haben. Fazit: Allein die Steuerzahler und Konsumenten finanzieren den Sozialstaat.

(Globus)

1 Erklären Sie die drei unterschiedlichen Prinzipien bei der Verteilung der Sozialleistungen und sichern Sie Ihr Verständnis anhand der folgenden Beispiele. Geben Sie jeweils an, nach welchem Prinzip die jeweilige Leistung gezahlt wird.
- Ihr Vater schließt eine Lebensversicherung ab, deren Leistung zu einem bestimmten Zeitpunkt oder bei seinem Tod ausgezahlt werden soll.
- Familie Schneider erhält für ihre beiden Kinder Kindergeld* und wegen ihres relativ niedrigen Einkommens auch Wohngeld*.
- Die 80-jährige Frau Müller muss die Hilfe einer Altenpflegerin in Anspruch nehmen und erhält dafür Leistungen aus der Pflegeversicherung.

2 Machen Sie sich anhand von M 64 b klar, wie die Finanzierung der gesamten Sozialleistungen („Sozialbudget") „funktioniert".

- Beschreiben Sie, wie die aus den Einkommen stammenden Beträge von den Wirtschaftssubjekten in ihren Rollen als Steuerzahler und Beitragszahler in die beiden Bereiche der gesamten Sozialleistungen gelenkt werden (s. Abb. 1).
- Analysieren Sie die Darstellung in Abb. 2. Wie kommt der Text zu dem Urteil, dass letztlich „alle Bürger den Sozialstaat finanzieren"?

M 65 „Armut per Gesetz?" – Die „Hartz IV"-Reform verunsichert die Menschen

Abb. 1

Mit dem Inkrafttreten der sog. „Hartz IV"-Reform* (2005) wurde für alle Personen, die bisher Leistungen der *Arbeitslosenhilfe** erhielten, und alle erwerbsfähigen Personen, die bisher Anspruch auf Sozialhilfe* hatten, als einheitliche Unterstützungsleistung die *„Grundsicherung für Arbeitsuchende"* geschaffen. Die Leistungen dieser Grundsicherung für die Arbeitssuchenden selbst heißen *„Arbeitslosengeld II"*, die für ihre im gleichen Haushalt lebenden Angehörigen *„Sozialgeld"* (nicht zu verwechseln mit der weiterhin bestehenden, nun aber nur noch für relativ wenige Personen infrage kommenden „Sozialhilfe"; vgl. M 63 a, Abb. 1). Absicht der Reform war im Wesentlichen, *allen* arbeitsfähigen Langzeitarbeitslosen die gleiche bedarfsabhängige Unterstützungsleistung zukommen zu lassen, zugleich aber – nach dem Prinzip „Fördern und Fordern" – auf Langzeitarbeitslose stärker als bisher einen gewissen Druck zur Aufnahme einer Tätigkeit auszuüben.

- Das Arbeitslosengeld II ist *keine Versicherungsleistung* und orientiert sich, anders als die Arbeitslosenhilfe*, nicht am früheren Arbeitseinkommen, sondern am *Bedarf* des Betroffenen und der mit ihm im Haushalt lebenden Angehörigen bzw. Lebenspartner („Bedarfsgemeinschaft"). Seit Juli 2009 gibt es im Anschluss an den Bezug von Arbeitslosengeld I* und nach einer zweijährigen Übergangsfrist, in der der Regelsatz um rd. 500 € (1. Jahr) und rd. 400 € (2. Jahr) aufgestockt wird, in Ost und West 359 Euro Regelleistung für Bezieher des Arbeitslosengeldes II (ALG II) (zu den Beträgen für weitere Familienangehörige und zu den sich ergebenden Beträgen für einzelne Haushaltstypen s. Abb. 2 und 3). Dieser Betrag soll die Grundbedürfnisse abdecken. Zusätzlich zahlt die Bundesagentur für Arbeit oder die Arbeitsgemeinschaft aus Stadt und Arbeitsagentur („Arge") die *Unterkunft* und die *Heizkosten*. Dabei müssen die Arbeitslosen allerdings nachweisen, dass der Wohnraum „angemessen" ist. Angemessen sind für Singles bis 50 Quadratmeter, für Paare bis 60 Quadratmeter und für Familien mit einem Kind bis 75 Quadratmeter Wohnfläche. Hinzu kommen bestimmte Beträge bei Mehrbedarf (für Schwangere, Alleinerziehende und Schwerbehinderte) und einmalige Leistungen (z. B. für die Erstausstattung einer Wohnung). Auch die *Beiträge für Kranken-, Pflege- und Rentenversicherung* übernimmt der Staat.

Abb. 2

- Zum Verständnis der erheblichen Unruhe und Verunsicherung, zu der die Hartz-IV-Reform geführt hat, muss man wissen, dass im Zusammenhang damit auch die Bezugsdauer für das Arbeitslosengeld I* (Leistungen aus der Arbeitslosenversicherung: 60 % des bisherigen Netto-Verdienstes, 67 % für Arbeitslose mit Kindern; je

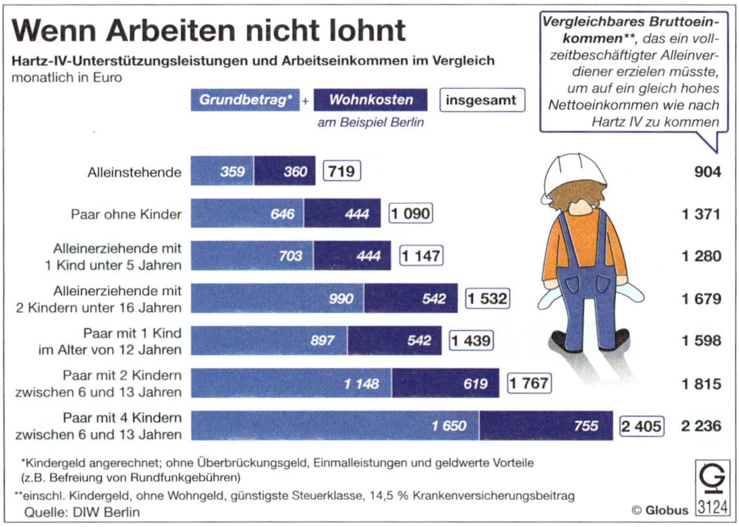

Abb. 3: Die in Abb. 3 angegebenen Beträge für die Bruttoeinkommen gelten für den Fall, dass die betr. Haushalte keinen Kinderzuschlag und kein Wohngeld* beantragen und beziehen. Rechnet man diese Sozialleistungen hinzu, ergibt sich nach einer Berechnung des Deutschen Paritätischen Wohlfahrtsverbandes z. B. bei einem Bruttoeinkommen von 1583 € ein „Lohnabstand" gegenüber Hartz IV zwischen 280 € (Ehepaar ohne Kind) und 452 € (Ehepaar mit 3 Kindern).

nach Dauer der vorangehenden Beschäftigung bis zu 36 Monate) auf 12 Monate bzw. 18 Monate (für über 55-Jährige) verkürzt wurde. Diese von vielen als besonders ungerecht empfundene Regelung wurde inzwischen entschärft (seit Anfang 2008 gilt eine bis maximal auf 24 Monate verlängerte Bezugsdauer).

Verlierer und Gewinner

- Im Unterschied zu der bisherigen Arbeitslosenhilfe*, für deren Höhe das letzte Netto-Einkommen zugrunde gelegt wurde (53 % bzw. 57 % für Arbeitslose mit Kindern) und auf die Langzeitarbeitslose einen zeitlich unbegrenzten Anspruch hatten, orientiert sich das Arbeitslosengeld II streng an der **Bedürftigkeit** des Empfängers. Dies kann vielleicht als die gravierendste Systemänderung bezeichnet werden. Wer z. B. als alleinstehender Beschäftigter einen Netto-Verdienst von 2500 € hatte, erhält nach Ablauf der Bezugsdauer von Arbeitslosengeld I (60 % = 1500 €) und einer zweijährigen Übergangszeit statt der früheren Arbeitslosenhilfe (53 % = 1325 €) nunmehr die Hartz-IV-Regelleistung von 359 € plus 360 € für die Warmmiete, also insgesamt 719 € – ebenso viel wie jemand, der zuvor einen Nettoverdienst von 1 000 € hatte. Das Nürnberger Institut für Arbeitsmarkt- und Berufsforschung (IAB) belegt in einer Studie, dass sich für mehr als jeden zweiten Bezieher des neuen Arbeitslosengeldes II (57 Prozent) die Einkommenssituation verschlechtert hat. Darunter sind vor allem ältere Menschen, die lange gearbeitet und zuletzt gut verdient haben und somit einen hohen Anspruch bei der Arbeitslosenhilfe hatten. Solche „Verliererhaushalte" mussten im Schnitt Einbußen in Höhe von 20 Prozent hinnehmen. Knapp 17 % der ehemaligen Bezieher von Arbeitslosenhilfe bekommen seit Jahresanfang 2005 überhaupt kein Geld mehr. Dabei handelt es sich in aller Regel um Menschen, die in Beziehungen (in einer Bedarfsgemeinschaft) leben und deren Partner nach den neuen Regeln „zu viel" verdient.
- Auf der anderen Seite profitieren 43 Prozent der ALG-II-Bezieher von Hartz IV: Sie bekommen heute mehr Geld vom Staat als zuvor. Dabei handelt es sich vor allem um Menschen, die zuvor Sozialhilfe* bezogen oder deren ehemalige Arbeitslosenhilfe unter dem Niveau der Sozialhilfe lag. Auch wird häufig darauf hingewiesen, dass der sog. „Lohnabstand" (der Unterschied zwischen dem „Hartz IV"-Einkommen und dem Einkommen eines vollzeitbeschäftigten Erwerbstätigen) in vielen Fällen zu gering bzw. kaum vorhanden sei, um „Hartz IV"-Bezieher zur Aufnahme einer Beschäftigung zu motivieren (vgl. dazu Abb. 3).
- Die Bundesagentur für Arbeit kam in einem Bilanzbericht im Dezember 2009 zu einer insgesamt eher positiven Einschätzung des Systems (http://doku.iab.de/kurzber/2009/kb2909.pdf), auch im Hinblick darauf, dass es die Entwicklung auf dem Arbeitsmarkt günstig beeinflusst (die Arbeitslosenzahl sank von 4,86 Mio. im Jahr 2005 auf 3,27 Mio. im Jahr 2008) und die Zahl der Empfänger sich verringert habe (s. Randnotiz S. 215 oben). Der Deutsche Paritätische Wohlfahrtsverband* dage-

Abb. 4

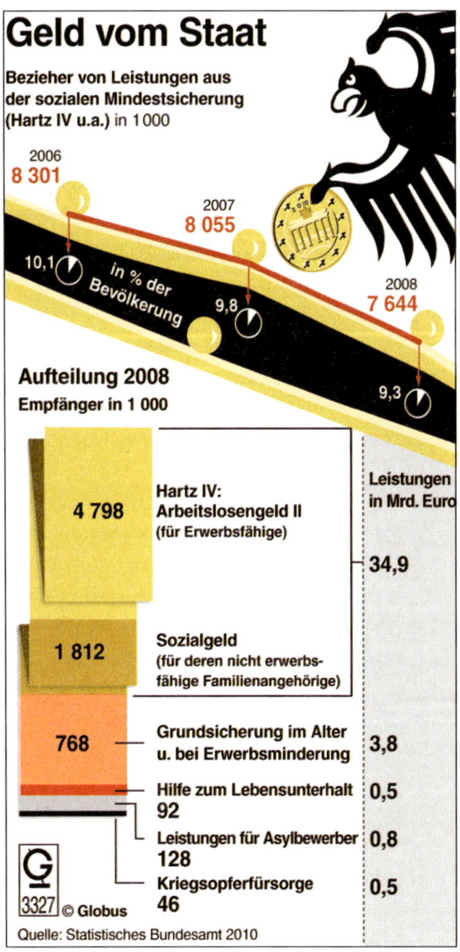

Zahl der „Hartz IV"-Empfänger (in Tsd.)

	2006	2009
insgesamt:	7347	6725
davon:		
Arbeitslosengeld II	5392	4908
Sozialgeld	1955	1817

gen kritisierte das „Hartz IV"-System als im Sinne einer ausreichenden sozialen Mindestsicherung völlig unzureichend.
Anfang 2010 entschied das Bundesverfassungsgericht, dass die Berechnung der „Regelleistungen", insbesondere die für Kinder (s. Abb. 2), überprüft und ggf. korrigiert werden müsse. Auch müsse eine „Härtefallregelung" eingeführt werden. Auf dem Hintergrund dieser Entscheidung entwickelte sich eine z. T. lebhafte und kontroverse öffentliche Diskussion, in der es u. a. um die Frage des „Lohnabstandsgebots" (s. Abb. 3) und um die Höhe der Sozialleistungen sowie um das Verständnis von „Sozialstaat" insgesamt ging.

● Der Anteil der erwerbsfähigen „Hartz IV"-Bezieher an der Bevölkerung (im Alter von 15 bis unter 65 Jahren) ist in den Bundesländern sehr unterschiedlich. In Bayern und Baden-Württemberg liegt er bei 4 bzw. 5 %, in Sachsen-Anhalt und Mecklenburg-Vorpommern bei 17 % (NRW: 10 %; Deutschland im Durchschnitt: 9 %). Der auf die Kinder (unter 15 Jahren) in „Hartz IV"-Haushalten bezogene Anteil liegt in Bayern und Baden-Württemberg bei 8 bzw. 9 %, in Sachsen-Anhalt und Mecklenburg-Vorpommern bei 32 % (NRW: 18 %; Deutschland im Durchschnitt: 16 %).

(Autorentext)

1 Die 2005 in Kraft getretene sog. „Hartz IV"-Reform beinhaltet unter dem offiziellen Leitsatz „Fördern und Fordern" ein im Einzelnen sehr differenziertes und kompliziertes Regelwerk, dessen Auswirkungen pauschal nur schwer zu beurteilen sind. Anhand von M 65 können Sie sich über die wichtigsten Regelungen und Konsequenzen informieren, wobei allerdings der Bereich der Beratung und Arbeitsvermittlung („Fördern") und eine Reihe weiterer Aspekte ausgespart bleiben. Für weitere Klärungen stehen im Internet vielfältige Informationsangebote zur Verfügung (z. B. unter **www.arbeitsmarktreform.de** oder **http://de.wikipedia.org/wiki/Arbeitslosengeld_2**).

2 Klären sollten Sie auf jeden Fall,
- wodurch sich das „Arbeitslosengeld II" von der früheren Arbeitslosenhilfe* unterscheidet,
- wie sich die in Abb. 3 angegebenen Haushaltseinkommen im Einzelnen zusammensetzen (ggf. sollten Sie einzelne Beispiele anhand von Abb. 2 nachberechnen),
- welche Beziehergruppen zu den „Verlierern" bzw. zu den „Gewinnern" gehören,
- welche unterschiedlichen Gruppen die Gesamtzahl der Leistungsempfänger bilden: Welche Mitglieder der Bedarfsgemeinschaften erhalten „ALG II", welche „Sozialgeld" (nicht zu verwechseln mit „Sozialhilfe"*)?,
- welche Bedeutung dem sog. „Lohnabstandsgebot" zukommt, nach dem Einkommen aus den Leistungen der sozialen Grundsicherung (Abb. 1 in M 63a) deutlich unter den Einkommen liegen sollten, die in den unteren Lohngruppen am Arbeitsmarkt erzielt werden können (vgl. Abb. 3), damit ein Anreiz zur Aufnahme einer Erwerbsarbeit besteht.

3 Stellen Sie aus Ihrer Sicht heraus, wo Sie besondere Probleme, positive und negative Aspekte der Reform sehen, und verfolgen Sie in den Tageszeitungen ggf. Berichte über die weitere Diskussion dazu. Wenn Sie sich einen konkreten Einblick in die Probleme verschaffen wollen, die mit der Anwendung der „Hartz IV"-Regelungen in der Praxis entstehen, sollten Sie ggf. einen Mitarbeiter der örtlichen Stelle der Arbeitsagentur* zu einer **Expertenbefragung** einladen.

Methodischer Anhang

Hinweise zur Analyse von Statistiken

Statistische Daten spielen im sozialwissenschaftlichen Unterricht bei der Behandlung vieler Themen eine wichtige Rolle. Das ist schon deshalb so, weil man zur Beurteilung einzelner konkreter Fälle und Fakten wissen muss, wie es „im Ganzen“ oder „im Durchschnitt“ aussieht. Statistiken sind in einer „Sprache“ abgefasst, die sich auf wenige Begriffe, auf Zahlen und grafische Zeichen beschränkt, um auf diese Weise eine Vielzahl und eine Vielfalt von Fakten unter ganz bestimmten (vom Verfasser der Statistik ausgewählten) Gesichtspunkten zusammenzufassen, zu ordnen und überschaubar zu machen. Wenn man diese „Sprache“ richtig verstehen und „übersetzen“ will, muss man sie ein Stück weit erlernen. Das geht am besten, wenn man beim „Lesen“ der Statistik bestimmte Regeln beachtet und sich an bestimmten Leitfragen orientiert (s. u.). Das ist auch deshalb wichtig, weil man nur auf diese Weise auf Unklarheiten, Mängel und Fehler aufmerksam wird, die nicht selten in Statistiken enthalten sind. Denn: Statistische Darstellungen erwecken zumeist den Anschein vollkommener Objektivität und unbezweifelbarer Richtigkeit, obwohl sie oft – absichtlich oder unabsichtlich, vermeidbar oder unvermeidbar – wesentliche Informationen verschweigen oder gar das Urteil des Lesers über die dargestellten Sachverhalte in einer bestimmten Richtung beeinflussen.

„Wie leicht doch bildet man sich eine falsche Meinung, geblendet von dem Glanz der äußeren Erscheinung.“
(Molière)

A. Arten von Statistiken

Statistiken (statistische Daten) lassen sich grob unterteilen in **Tabellen** (zahlenmäßige Übersichten) und **Grafiken** (Veranschaulichung von Zahlenwerten und Größenverhältnissen mithilfe grafischer Elemente). Grafische Darstellungen gibt es in vielfältiger Form. Neben *Schaubildern*, die durch die Verwendung figürlicher Darstellungen gekennzeichnet sind, sind *Diagramme* aller Art sehr gebräuchlich. Die häufigste Form stellen aber wohl *Tabellen* dar. Deshalb sei ihr Aufbau hier kurz erläutert.

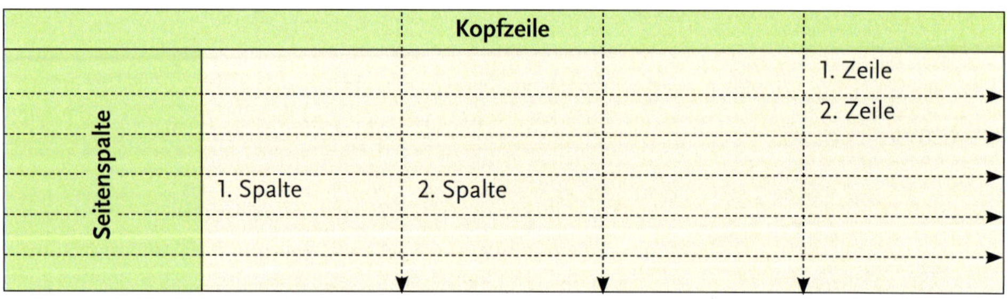

[1] Seit 1990: Bündnis 90/ Die Grünen
[2] 2005: Die Linke.PDS, 2009: Die Linke

Parteien / Wahljahr	CDU/ CSU	SPD	FDP	Die Grünen[1]	PDS[2]
1972	44,9	45,8	8,4	–	–
1976	48,6	42,6	7,9	–	–
1980	44,5	42,9	10,6	1,5	–
1983	48,8	38,2	7,0	5,6	–
1987	44,3	37,0	9,1	8,3	–
1990	43,8	33,5	11,0	5,0	2,4
1994	41,4	36,4	6,9	7,3	4,4
1998	35,2	40,9	6,2	6,7	5,1
2002	38,5	38,5	7,4	8,6	4,0
2005	35,2	34,2	9,8	8,1	8,7
2009	33,8	23,0	14,6	10,7	11,9

Die tabellarische Anordnung beruht im Allgemeinen darauf, dass *zwei Aspekte* (Kategorien) eines (in der Überschrift genannten) Sachbereichs *miteinander in Beziehung* gesetzt werden. Das geschieht in der Weise, dass der eine Aspekt im Kopf der Tabelle (*Kopfzeile*) bezeichnet wird, der andere in der *Seitenspalte* (Vorspalte). Auf diese Weise ergeben sich in einer Tabelle (horizontale) *Zeilen* und (vertikale) *Spalten*, die dann mit Zahlenwerten gefüllt werden können.

Wenn eine Tabelle etwa – um ein einfaches Beispiel zu wählen – **die Stimmenanteile der im Bundestag vertretenen Parteien** bei den Bundestagswahlen darstellen will, kann sie in der Kopfzeile die Namen dieser Parteien auflisten

und in der Seitenspalte die Wahljahre. Die Stimmenanteile werden *in Prozent der abgegebenen gültigen Stimmen* angegeben (s. Abb.).
Diese Form der tabellarischen Anordnung ermöglicht es in unserem Beispiel, sozusagen „auf einen Blick" nicht nur die *Anteile* der Parteien im jeweiligen Wahljahr miteinander zu vergleichen (in den Zeilen), sondern auch die *Entwicklung* der Anteile für jede einzelne Partei über viele Jahre hin zu überblicken (in den *Spalten*).

Neben „einfachen" **Diagrammen**, in denen unterschiedliche Größen vergleichend nebeneinander gestellt werden, sind vor allem Diagramme verbreitet, die auf einem „Koordinatensystem" beruhen: Auf der (senkrechten) y-Achse (Ordinate) wird die (zahlen- oder preismäßige) Größe/Höhe einer bestimmten Einheit erfasst; auf der waagerechten x-Achse (Abszisse) wird die zeitliche Entwicklung wiedergegeben („Zeitachse"). Die Wahl der Abstände zwischen den Maßeinheiten auf beiden Achsen ist ganz entscheidend für den optischen Eindruck, den ein Diagramm (insbesondere ein Kurvendiagramm) von der dargestellten Entwicklung vermittelt.

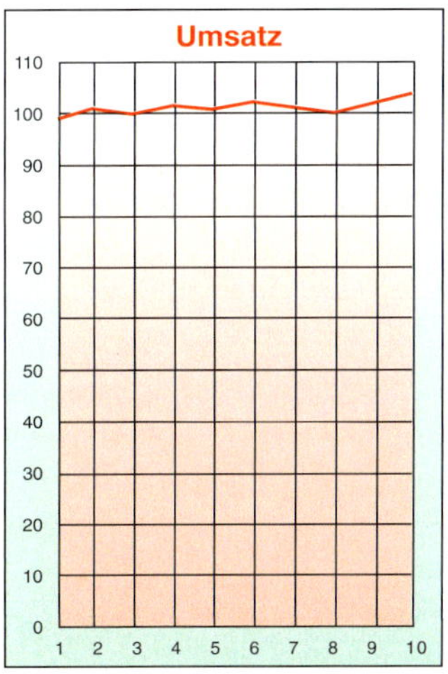

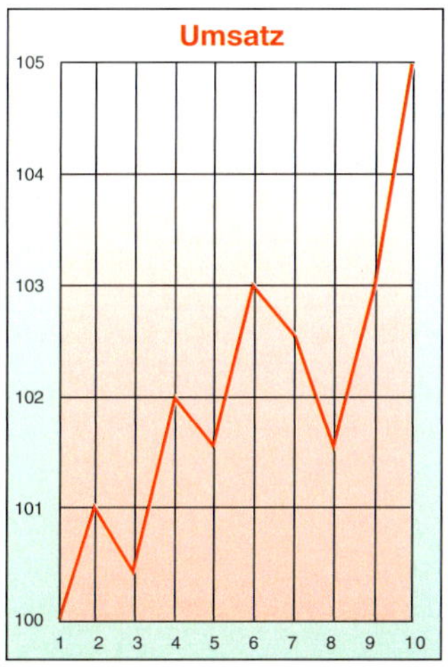

Die drei hier abgebildeten Kurvendiagramme zeigen dieselbe Umsatzentwicklung eines Unternehmens (von 100 auf 105 Mio Euro in 10 Monaten). Die beiden Säulendiagramme darunter basieren ebenfalls auf identischen Daten (Entwicklung einer Geldanlage von 10 000 auf 21 000 Euro durch Zinseinnahmen über 10 Jahre).

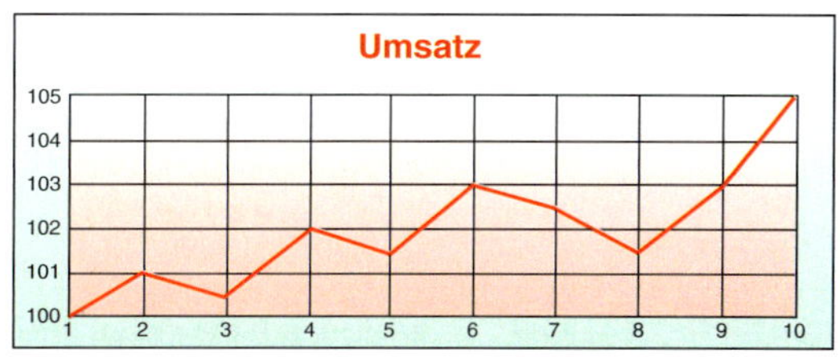

(Walter Krämer, So lügt man mit Statistik, Campus Verlag, Frankfurt/New York 1995, S. 31 – 34)

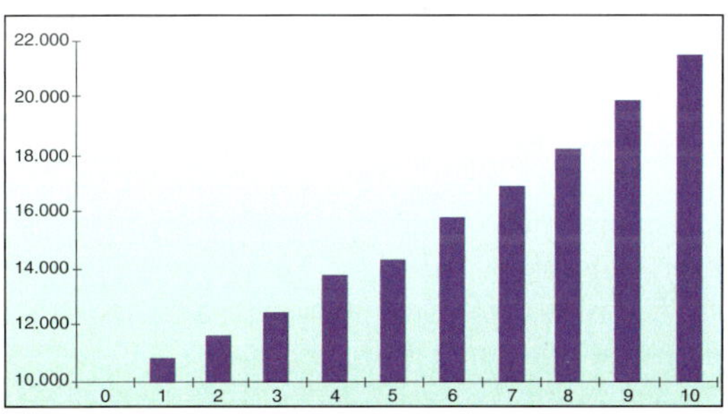

(Computer + Unterricht 16/1994, Friedrich Verlag, Seelze 1994, S. 48 f.)

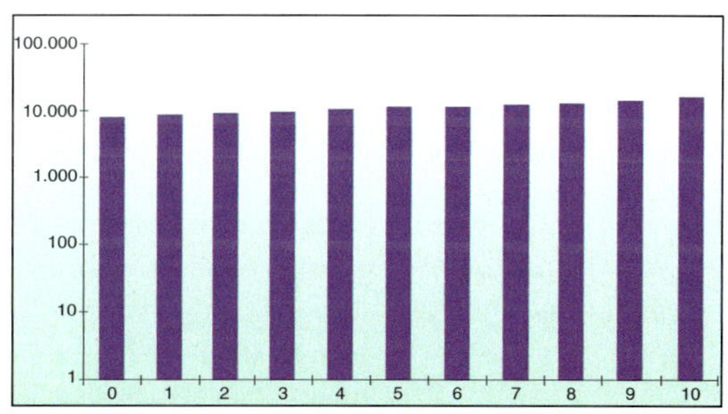

B. Arbeitsschritte bei der Analyse von Statistiken

Um eine exakte Erarbeitung zu gewährleisten, ist es notwendig, *Beschreibung* und *Interpretation* (Auswertung und kritische Beurteilung) deutlich zu trennen und dabei bestimmte **Leitfragen** zu beachten (nicht alle Fragen des folgenden Katalogs sind für jede einzelne Statistik von Bedeutung).

1. Beschreibung

a) Aussagebereich und Quelle (Überschrift und Quellenangabe)

- Wozu soll die Statistik etwas sagen? Welche Frage will sie beantworten?
- Für welche Zeit und für welchen Raum soll sie gelten?
- Wer hat die Statistik verfasst (verfassen lassen)? Auf welchen Quellen beruht sie?
- Bei Befragungsergebnissen: Auf welche Frage hatten die Befragten zu antworten?

Welche Antwortmöglichkeiten hatten sie?

b) Darstellungsform, Kategorien und Zahlen

- Welche Form der Darstellung wurde gewählt?
- Welche Kategorien (Begriffe) werden miteinander in Beziehung gesetzt? (z. B. bei Tabellen: Was

steht in der Kopfzeile/Tabellenkopf, was in der Seitenspalte/Vorspalte?) Was bedeuten diese Begriffe genau?

- Welche Zahlenarten (absolute Zahlen, Prozentzahlen, Index*-Zahlen) werden verwendet? Auf welche Gesamtzahl beziehen sich ggf. die Prozentzahlen?
- Welche Informationen lassen sich der Statistik entnehmen? (Was bedeutet z. B. eine bestimmte Zahl in der Tabelle, ein bestimmter Punkt auf der Kurve des Diagrammes usw.?)

„Zehn von hundert Menschen haben Ahnung vom Prozentrechnen. Das sind über 17 Prozent."
(aus einem Zeitungskommentar)

Hinweis: Insbesondere bei Vergleichen zwischen **Prozentzahlen** muss man darauf achten, ob die Gesamtzahl angegeben ist. So kann z. B. der Vergleich zweier Zeitungsverlage, von denen der eine seine Auflage von 500 000 auf 1 Million (also um 100 %) gesteigert, der andere seine Auflage von 2 Millionen auf 3 Millionen (also um 50 %) erhöht hat, einen ganz unterschiedlichen Eindruck hervorrufen, je nachdem, ob man diesen Vergleich in absoluten Zahlen (500 000 im Vergleich zu 1 Million) oder in Prozentzahlen (100 % im Vergleich zu 50 %) formuliert.
Auch der Unterschied zwischen einer Veränderung in *Prozent* und in *Prozentpunkten* ist bei der Beschreibung zu beachten.

2. Interpretation

a) Auswertung

- Welche Aussagen (Antworten auf die Fragestellung) lassen sich formulieren?
- Welche Aussagen (Beziehungen, Entwicklungen) sind besonders wichtig? Lassen sich bestimmte Schwerpunkte (Maxima, Minima), regelhafte Verläufe, besondere Verhältnisse und Entsprechungen feststellen?
- Wie lässt sich die Aussage zusammenfassend formulieren?

b) Kritik

- Gibt es Unklarheiten im Hinblick auf die Angaben zur Quelle, zur Fragestellung, zum Zeitpunkt usw.? – Enthält die Statistik offensichtliche Mängel und Fehler (z. B. in der Berechnung, Benennung, grafischen Anlage usw.)?
- Zu welchem Bereich der Fragestellung macht die Statistik keine Angaben? Was müsste man wissen, um die Daten und ihren Stellenwert im größeren Zusammenhang beurteilen zu können?
- Lässt sich ein bestimmtes Interesse an der Veröffentlichung erkennen? Könnte sie jemandem nutzen oder schaden?

„Mit der ganzen Algebra ist man oftmals nur ein Narr, wenn man nicht noch etwas anderes weiß."
(Friedrich der Große)

(Autorentext)

Hinweise zur Analyse von Texten

1. Klarstellung des inhaltlichen Zusammenhangs

In den meisten Fällen ist ein bestimmtes Vorwissen schon vorhanden, oder der Text ist ein Glied in einer Reihe schon erarbeiteter Materialien. Sich diese Zusammenhänge klarzumachen, erleichtert das Verständnis und die Einordnung der neuen Informationen; es hilft, gezielt und wirksam zu lesen. In diesen Zusammenhang gehört es auch, sich einer vorgegebenen Aufgabenstellung genau zu vergewissern. In den Arbeitshinweisen dieses Buches finden sich viele solcher Erschließungshilfen.

2. Schritte der Texterschließung

2.1 Jede Texterschließung sollte damit beginnen, die äußeren *Textmerkmale* festzustellen:

- Was ist laut der Überschrift der *Gegenstand* des Textes?
- Wer ist der *Verfasser* (z. B. Politiker/in einer bestimmten Richtung, Fachwissenschaftler/in, Vertreter/in von Interessengruppen)?
- Wer ist oder war ursprünglich der *Adressat* (z. B. eine breite Öffentlichkeit bei Zeitungsartikeln, ein bestimmtes Publikum bei einer Rede, Fachleute auf einem bestimmten Gebiet bei einem wissenschaftlichen Text)? Wird der Entstehungsanlass genannt?
- Wann und wo ist der Text ursprünglich *veröffentlicht* worden? Wie aktuell ist er?

Die Beantwortung dieser Fragen erleichtert in vielen Fällen das Verständnis des Textes und seine spätere Einschätzung.

2.2 Zunächst sollte der Text zur Orientierung überflogen werden. Für eine genaue Erschließung muss er dann sorgfältig gelesen und auf den gedanklichen Ablauf und seine Hauptaussagen hin untersucht werden. Dabei ist es eine gute Hilfe, auf zentrale Begriffe („Signalwörter") zu achten.

Verbindungswörter („außerdem“, „und“, „denn, weil“, „allerdings“, „obwohl“, „andererseits“, „zunächst“, „schließlich“) helfen bei der richtigen Erfassung des Gedankenvorganges.
Zur besseren Erfassung der Textaussagen kann man sich verschiedener Techniken bedienen (s. aber den kursiv gesetzten Hinweis unten):

- *Unterstreichen* oder farbiges *Markieren* von Kernaussagen und zentralen Begriffen, bei längeren Sätzen oder Abschnitten unter Umständen auch am Rand.
- *Randvermerke* in Form von Zeichen, z. B.: ? = Verständnislücke, Unklarheit z. B. bei Fremdwörtern und Fachbegriffen, ! = (vorläufige) Zustimmung, ?! = Zweifel, (vorläufige) Kritik. In Verbindung mit solchen Zeichen, aber auch ohne sie können kurze Randbemerkungen die Zielrichtung oder Begründung der Zustimmung oder der Kritik kennzeichnen.
- Randvermerke in Form einer *Zusammenfassung* von Absätzen in kurzen, prägnanten Formulierungen, auch in der Form von Überschriften.

Auf diese Weise kann, falls der Originaltext eine solche Gliederung z. B. durch Zwischenüberschriften nicht schon enthält, auch eine *inhaltliche Gliederung* des Textes entstehen. Wichtig ist jedoch, dass eine solche Gliederung erst im Verlauf und nach einer genauen Textlektüre entstehen kann und nicht am Anfang der Texterfassung steht.

- Im Verlauf oder am Ende der Lektüre müssen unbekannte Fremdwörter und Fachbegriffe mit dafür geeigneten Hilfsmitteln (Fremdwörterlexikon, Fachwörterbuch, Internet oder mit einem Glossar wie in diesem Buch) so weit wie möglich abgeklärt werden. Kurze Erklärungen können vermerkt werden.

Alle Mittel zur Kennzeichnung des Textes müssen jedoch so sparsam verwendet werden, dass sie ihre Funktion, Wichtiges hervorzuheben, erfüllen.

Da man die beschriebene Kennzeichnung von Texten direkt in Schulbüchern (Schulbuchausleihe) nicht vornehmen kann, kann man sich z. B. mit entsprechenden Notizen in einem Heft oder auf Zetteln helfen, die man in das Buch einlegt (mit Angabe, zu welchem Text der Zettel gehört).

3. Fragen zu einer genaueren Untersuchung des sachlichen Gehaltes und der Argumentationsstruktur

- Wie kommt der Autor zu seinen Erkenntnissen? Woher bezieht er seine Informationen?
- Wie begründet der Autor seine Aussage, seine These, die Position, für die er wirbt?
- Von welchen expliziten (ausdrücklich genannten) bzw. impliziten (nicht ausdrücklich genannten) Voraussetzungen geht der Autor aus?
- Auf welche Zusammenhänge nimmt der Autor ausdrücklich oder indirekt Bezug?
- Zu welchen Ergebnissen kommt der Autor? Inwieweit sind die Argumente sachlich richtig, widerspruchsfrei, vollständig? Welche Lücken und Unklarheiten bleiben? Welche Fragen lässt der Autor offen?

4. Texterörterung und -bewertung

Bei diesem Schritt geht der Leser über die Erfassung des Textinhaltes und seine genauere Untersuchung und Kommentierung hinaus und bestimmt sein Verhältnis zum Text. Auch wenn Bewertungen bei den vorhergehenden Schritten immer schon „mitgeschwungen“ sind, müssen sie am Ende der Arbeit mit einem Text genau formuliert und begründet werden. Eine gut begründete Textbewertung resultiert gedanklich aus einer Texterörterung, in der Aussagen des Textes, ausgehend von bestimmten Gesichtspunkten, abgewogen und Pro- und Kontra-Argumente entwickelt werden. Die daran anschließende *persönliche Stellungnahme* sollte sich nicht in einer pauschalen Zustimmung oder Ablehnung erschöpfen, sondern die eigene Position – wenn möglich – differenziert begründen. Wichtig ist dabei, sich der *eigenen Beurteilungskriterien und Wertmaßstäbe* bewusst zu sein und diese auch deutlich zu machen. Die Gesamtbewertung muss nicht unbedingt in einer vollständigen Zustimmung oder Ablehnung enden. Auch eine teilweise Übereinstimmung oder die Feststellung offener Fragen z. B. aufgrund fehlender Informationen kann am Ende stehen.

(Autorentext)

Hinweise zur Unterrichtsmethode der Expertenbefragung

Ein Experte/eine Expertin ist ein Sachverständiger, also eine Person, die über einen bestimmten Sachverhalt aus eigenem Erleben und/oder intensiver Beschäftigung genaue Kenntnisse hat. Ein Experte kann häufig Sachverhalte genauer und anschaulicher darstellen, als das z. B. in Texten möglich ist; er hat zudem häufig Informationen, die in Büchern (noch) nicht vorhanden sind.

Hauptzweck von Expertenvortrag und Expertenbefragung ist die *Informationsgewinnung*. Der Unterschied zu einer politischen Diskussion, in der es zentral um Meinungsbildung, Meinungsaustausch und ggf. Entscheidungsfindung geht, darf nicht verwischt werden. Das schließt nicht aus, dass eine Expertenbefragung nach einer gewissen Zeit in eine politische Diskussion übergeht.
Jeder Experte hat aber neben Kenntnissen auch *Meinungen* zu den Gegenständen oder Sachverhalten, mit denen er sich beschäftigt. Wertungen und Meinungen, die sich ein Experte bei der Auseinandersetzung mit dem Gegenstand gebildet hat, können eine wertvolle Anregung für die eigene Meinungsbildung sein. Voraussetzung dafür ist jedoch, dass der Experte und seine Zuhörer zwischen Informationen und Wertungen so weit wie möglich trennen. Der Experte ist dann nicht mehr sachliche Autorität, sondern grundsätzlich gleichberechtigter Gesprächspartner.

Eine *Expertenbefragung* hat gegenüber einem Experten*vortrag* den Vorzug, dass die zu übermittelnden Informationen genau auf die Bedürfnisse der Zuhörer abgestimmt werden können und dass die Zuhörer Verlauf und Ergebnis der Veranstaltung aktiv mitgestalten können. Deshalb konzentrieren sich die folgenden Hinweise auf die Experten*befragung*. Bei der Vorbereitung und Durchführung einer solchen Befragung sollte Folgendes beachtet werden:

1. Auswahl des Themas für eine Expertenbefragung

Nicht jedes Thema eignet sich für eine Expertenbefragung. Da eine Expertenbefragung einen nicht unerheblichen *Aufwand* für den Experten und seine Zuhörer bedeutet, sollte sie nur veranstaltet werden, wenn die gewünschten Informationen nicht oder nur erheblich schlechter auf anderem Weg beschafft werden können.

2. Auswahl des Experten

Der Experte muss so ausgewählt werden, dass er für das gewählte Thema über den bisherigen Kenntnisstand der Zuhörer hinaus tatsächlich Neues vermitteln kann. Das muss vorher eventuell durch ein *Vorgespräch* mit dem Experten ermittelt werden.

3. Organisatorische und inhaltliche Vorbereitung

Ort, Zeitpunkt und Dauer der Befragung sollten frühzeitig vereinbart, Sitzordnung, Gesprächsleitung und die Form des Festhaltens der Ergebnisse (Protokollführung) vorher abgeklärt werden.
Gezieltes Fragen setzt eine gewisse Kenntnis des Gegenstandes voraus. Die Zuhörer müssen also bereits in das Thema der Befragung eingearbeitet sein. Fragenbereiche und Einzelfragen sollten auf der Grundlage der bisherigen Beschäftigung mit dem Gegenstand genau *vorbereitet* sein. Im Regelfall sind auch vorherige Vereinbarungen darüber, wer welche Fragen zu welchem Zeitpunkt stellt, unumgänglich. Der Experte sollte rechtzeitig über die an ihn gerichteten Erwartungen informiert werden, damit er sich – falls notwendig – gezielt auf die Befragung vorbereiten kann.

4. Durchführung der Befragung

Eine Expertenbefragung kann nur gelingen, wenn alle Beteiligten (Experte, Frager und Zuhörer, Gesprächsleiter) sich an die am Anfang formulierten *Regeln* halten. In besonderer Weise ist dafür der Gesprächsleiter verantwortlich. Er muss z. B. darauf achten, dass die vorbereiteten Themenbereiche zur Sprache kommen, dass der Experte und die Fragenden nicht abschweifen, dass der Unterschied zu einer politischen Diskussion erhalten bleibt bzw. der Übergang zu einer solchen Diskussion deutlich markiert wird.

5. Auswertung der Befragung

Jede Expertenbefragung sollte zu einem späteren Zeitpunkt ohne den Experten *ausgewertet* werden. Der sachliche Ertrag sollte klar bestimmt werden. Dieses Ergebnis sollte daraufhin überprüft werden, welche neuen Informationen gewonnen wurden und inwieweit das Ziel der Befragung erreicht wurde. Auch Vorbereitung, Organisation und das Verfahren sollten im Hinblick auf weitere Befragungen kritisch überprüft werden.

(Autorentext)

Hinweise zur Vorbereitung eines Kurzreferates

Ein Referat ist ein mündlicher Vortrag über ein deutlich markiertes Thema. Es dient dazu, einer Zuhörerschaft neue Informationen über ein bestimmtes Thema zu vermitteln, die sie ohne erheblichen Aufwand sonst nicht bekommen würde. Für den Referenten/die Referentin gibt es die Möglichkeit, sich darin zu üben, Sachverhalte in zusammenhängender, geordneter Form vorzutragen.
Für die **Vorbereitung** ist Folgendes zu beachten:

- Das *Thema* muss klar bezeichnet und eingegrenzt werden. Eine solche klare Fragestellung hilft bei der Stofferarbeitung und erleichtert später beim Vortrag das Zuhören.
- Das in der Vorbereitung zu erarbeitende *Material* sollte – eventuell nach einer Phase der Materialsuche – genau eingegrenzt werden. Unüberschaubares Material führt zur Verzettelung und oberflächlichen Bearbeitung.
- Der Referent sollte sich bei der Vorbereitung an einen Arbeitsplan mit folgenden *Arbeitsphasen* halten:

– Materialsuche (falls nicht vorgegeben),
– Auswertung des Materials (Lesen, Unterstreichen, Notizenmachen),
– Erstellung einer Gliederung,
– Ausarbeitung des Referates in Stichworten (kein Aufsatz),
– Vorbereitung von unterstützenden Materialien für den Vortrag (evtl. Folie oder vervielfältigte Übersicht).

Für die **Durchführung** des Referates sollten folgende Grundsätze beachtet werden:

- Ein Referat sollte *klar gegliedert* sein. Nach einer Einleitung, die das Thema sowie die Materialgrundlage nennt und versucht, die Zuhörer für das Thema zu interessieren, folgt ein unter Umständen noch einmal unterteilter Hauptteil mit den Informationen und Gedanken, die der Referent vermitteln will. Am Ende steht eine knappe Zusammenfassung, in der unter Umständen auch offene Fragen und Möglichkeiten der Weiterarbeit benannt werden.
- Ein Referat soll auf die Fähigkeit der Zuhörer, konzentriert zuzuhören, ausgerichtet sein. Die *Länge* des Referates muss deshalb genau überlegt werden.
- Ein Referat sollte nach Stichworten *frei vorgetragen* und nicht abgelesen werden, da der Vortrag so lebendiger wird.
- Der Referent sollte den Zuhörern zu Beginn mitteilen, wie er sich *Rückfragen* vorstellt (Zwischenfragen während des Referates oder Fragen nach der Beendigung des Vortrags). Solche vereinbarten Regeln geben Referent und Zuhörer Sicherheit.
- In vielen Fällen ist es sinnvoll, den mündlichen Vortrag durch kurze Skizzen, Schemata und Zusammenfassungen zu unterstützen. Ihre Präsentation auf einer *Folie*, auf die der Referent laufend Bezug nimmt, konzentriert die Aufmerksamkeit der Zuhörer auf den Vortrag. Schriftliche Zusammenfassungen in vervielfältigter Form sollten deshalb im Regelfall erst am Ende des Vortrags ausgegeben werden.

Für ein aktives und wirksames *Zuhören* bei Referaten sollte Folgendes beachtet werden:

- Wichtiger als die Erfassung aller Einzelheiten ist es, den „roten Faden" des Referenten zu verfolgen. Dabei ist es hilfreich, auf Einleitungssätze, Überleitungen und Zusammenfassungen besonders zu achten.
- Ein Versuch, möglichst viel möglichst genau mitzuschreiben, behindert eher bei der Aufnahme der Informationen. Insbesondere, wenn eine schriftliche Zusammenfassung angekündigt wird, ist es besser, sich nur die grobe Struktur des Vortrags und ggf. Stichworte zu Rückfragen oder Diskussionsbeiträgen zu notieren.

(Autorentext)

Hinweise zur Methode der Befragung in der Schule – Beispiel: Schülerbefragung zum politischen Interesse

Nachdem Sie sich in diesem Arbeitsbuch mit zahlreichen Umfrageergebnissen beschäftigt und dabei immer auch die spezifischen Merkmale und Probleme der Befragungsmethode kennengelernt und erörtert haben, wäre es sicherlich reizvoll, eine *eigene Befragung* durchzuführen. Ein solches Projekt könnte gegenüber vorliegenden Untersuchungen folgende Vorzüge haben:

- Wenn Sie sich auf die Schüler und Schülerinnen Ihrer Schule konzentrieren, können Sie eine sehr *hohe „Repräsentativität"* (für Schüler) erreichen, auch wenn Sie nicht alle Mitglieder einer Jahrgangsstufe, sondern z. B. nur 50% (also z. B. die Hälfte der Klassen/Kurse) oder auch weniger in die Befragung einbeziehen.
- Die gewonnenen Daten sind *hochaktuell* (die vorliegenden Untersuchungen sind z. T. mehrere Jahre alt).
- Sie können bei der Entwicklung des Fragebogens alle Aspekte berücksichtigen, die Sie besonders interessieren und die in den vorliegenden Untersuchungen vielleicht fehlten.

Da es ein wesentliches Lernziel dieses Projektes ist, die Befragungsmethode selbst aktiv zu erproben, geben wir Ihnen keinen fertigen Fragebogen vor.
Im Hinblick auf das Thema „politisches Interesse" sollten Sie Folgendes beachten:

1. Wenn man etwas zuverlässigere Ergebnisse erreichen will, sollte man sich nicht auf die einfache Frage „Sind Sie politisch interessiert?" beschränken, sondern den Begriff „politisches Interesse" durch *Indikatoren** zu „operationalisieren" versuchen, um auf diese Weise die Aussagen zu der allgemeinen Frage (auf sie sollte man nicht verzichten) besser einschätzen und kontrollieren zu können.
Solche Indikatoren könnten z. B. die Mitgliedschaft in politischen und sozialen Organisationen, die Teilnahme an Kommunalwahlen (für die Schüler/-innen ab 16 Jahren), das regelmäßige Lesen einer Tageszeitung oder Fragen wie die folgenden sein: Diskutieren Sie häufiger über politische Probleme? Können Sie die Namen mehrerer Bundesminister nennen? Besitzen Sie einen Text des Grundgesetzes? usw.

2. Bei der Auswahl der zu befragenden Schülerinnen und Schüler könnte man die untere Altersgrenze entsprechend der „Shell Studie" (vgl. M 2, S. 9) bei 15 Jahren ansetzen (Klasse 9), um ggf. Vergleiche anstellen zu können. Die Auswertung sollte sowohl insgesamt als auch getrennt nach Jahrgangsstufen erfolgen.

3. Vergessen Sie nicht, auf dem Fragebogen auch das Geschlecht des/der Befragten angeben zu lassen, um ggf. bei der Auswertung nach Mädchen und Jungen unterscheiden zu können.

Bei der Durchführung der Befragung müssen Sie unbedingt auch einige *rechtliche Gesichtspunkte* beachten. Die wichtigsten sind:

- Die Teilnahme an der Befragung muss für die Befragten *freiwillig* sein.
- Es muss gewährleistet sein (besonders bei der Auswertung und der Ergebnisdarstellung), dass die Befragten *anonym* bleiben, d. h., es darf auf keinen Fall erkennbar sein, welche Personen welche Antworten gegeben haben.
- Wenn Sie Ihre Befragung nur in Ihrem Kurs durchführen und/oder sich nur an Ihre persönlichen Bekannten wenden (als freiwillige Hausaufgabe), trägt Ihr Fachlehrer/Ihre Fachlehrerin die Verantwortung. Wollen Sie sich darüber hinaus an Schüler und Schülerinnen anderer Klassen und/oder an Passanten wenden, müssen Sie vorher die Zustimmung Ihres Schulleiters einholen. Sollen Schüler mehrerer Schulen befragt werden, bedarf es der Zustimmung der Schulleiter aller betroffenen Schulen.
- Sie dürfen die Ergebnisse Ihrer Befragung nur in Ihrem Unterricht und innerhalb Ihrer Schule verwenden. Wenn Sie Ergebnisse über den Rahmen der Schule hinaus veröffentlichen wollen, brauchen Sie dazu die Genehmigung der Schulaufsichtsbehörde, die Sie ggf. über den Schulleiter einholen können.

(Autorentext)

Glossar

Absolutismus. Regierungsform, bei der alle Herrschaftsgewalt uneingeschränkt in der Hand eines Alleinherrschers liegt (absolute, d. h. von der Bindung an Gesetze oder Parlamente losgelöste → Monarchie des 17. und 18. Jahrhunderts).

Ältestenrat. Parlamentsausschuss des Deutschen Bundestags zur Unterstützung des Bundestagspräsidenten bei der Planung und Koordination der Parlamentsarbeit. Er besteht aus dem Bundestagspräsidenten, seinen Stellvertretern und 23 Mitgliedern des Bundestags, die von den einzelnen Fraktionen benannt werden.

Agenda. (lat.: was zu tun ist) Tagesordnung, Handlungsplan, Arbeitsplan

Agentur für Arbeit. Die Bundesagentur für Arbeit (BA) ist die oberste Behörde der Arbeitsverwaltung im Geschäftsbereich des Bundesministeriums für Arbeit und Soziales. Ihre Hauptaufgabe ist die Förderung der Beschäftigung bzw. die Bekämpfung der Arbeitslosigkeit. Sie ist u. a. auch zuständig für die Zahlung der Lohnersatzleistungen (Arbeitslosengeld usw.). Der Hauptstelle in Nürnberg sind 10 Regionaldirektionen und 176 Agenturen für Arbeit mit rd. 610 Geschäftsstellen zugeordnet.

Aggregate. „Anhäufungen"; Bezeichnung für relativ strukturlose Mengen, Massen oder Gesamtheiten (soziale Aggregate beziehen sich auf entsprechende Gesamtheiten von Individuen).

Aktien. Die Aktie (vom lateinischen „actio", das bedeutet so viel wie „Handlung") ist eine Urkunde. Sie bescheinigt ihrem Besitzer, dass er einen bestimmten Geldbetrag einem Unternehmen (einer Aktiengesellschaft oder kurz AG) zur Verfügung gestellt hat. Das hat er nicht aus Großzügigkeit getan, sondern weil er mit dieser Aktie bestimmte Rechte erwirbt. Zum Beispiel wird er Miteigentümer dieser AG und hat einen Anspruch auf einen Teil des Gewinns, den das Unternehmen erwirtschaftet. Wenn dieser Gewinn hoch ist, steigt auch der Wert der Aktien. Der Aktienbesitzer (Aktionär genannt) kann sie dann zu einem höheren Preis wieder verkaufen und so, besonders wenn er viele Aktien gekauft hat, eine Menge Geld verdienen. Wenn aber das Unternehmen keinen Gewinn, sondern Verluste oder gar Pleite macht, kann der Aktionär auch viel Geld verlieren. Der Aktionär hat noch weitere Rechte. So kann er in der Jahreshauptversammlung des Unternehmens, von dem er Aktien, also Anteile hat, mitbestimmen, wie es weitergeht mit der AG. Er kann zum Beispiel mitentscheiden, ob der Vorstand seine Sache gut gemacht hat oder ob er abgewählt werden soll. Aktien und andere → Wertpapiere werden an der Börse gehandelt.

Aktiengesellschaft. Unternehmen, das im Besitz von Aktionären (→ Aktien) ist. Die Gesamtheit der Aktionäre (*Hauptversammlung*) wählt den (aus mehreren Personen bestehenden) *Vorstand*, der über die gesamte Geschäftspraxis der AG entscheidet und von einem *Aufsichtsrat* kontrolliert wird.

Aktienkurse → Kursentwicklung.

Aktionär. Besitzer von → Aktien.

Allokation. Verteilung der (knappen) → Produktionsfaktoren einer Volkswirtschaft auf die jeweiligen Verwendungszwecke, sodass die bestmögliche Nutzung erreicht wird.

Angestellte. Angestellte sind wie → Arbeiter abhängig Beschäftigte (Arbeitnehmer), d. h., sie stellen ihre Arbeitskraft für Lohn einem Arbeitgeber zur Verfügung; Unterschiede bestehen u. a. im Hinblick auf Urlaubs- und Entlohnungsregelungen (Angestellte beziehen z. B. ein festes Monatsgehalt). Im Durchschnitt, nicht in jedem Einzelfall, werden Angestellte besser bezahlt als Arbeiter und haben einen höheren Bildungsstand. Als „leitende Angestellte" haben sie führende Positionen in den Betrieben.

Arbeiter. Arbeiter und → Angestellte sind zwei unterschiedliche Gruppen von Arbeitnehmern. Traditionell werden Arbeiter überwiegend in der Produktion mit körperlicher Arbeit beschäftigt, Angestellte dagegen überwiegend im Dienstleistungsbereich (z. B. Banken, Verwaltung) und im technisch-wissenschaftlichen Bereich.

Arbeitslosengeld (auch: **Arbeitslosengeld I**). Leistungen aus der beitragsfinanzierten Arbeitslosenversicherung in Höhe von 60 %, für Arbeitslose mit Kindern 67 % des früheren Nettoarbeitsentgelts. Anspruch haben Arbeitslose, die während der letzten zwei Jahre mindestens 360 Tage versicherungspflichtig beschäftigt waren, sich persönlich arbeitslos gemeldet haben und Arbeit suchen. Die Anspruchsdauer beträgt seit dem 1.1.2008 je nach Alter und Dauer der versicherungspflichtigen Beschäftigung maximal 24 Monate (50- bis 54-Jährige: 15 Monate; 55- bis 57-jährige: 18 Monate; 58-jährige und Ältere: 24 Monate).

Arbeitslosengeld II. Im Rahmen des → „Hartz IV"-Gesetzes wurde für alle erwerbsfähigen bisherigen → Arbeitslosenhilfe- und → Sozialhilfeempfänger eine einheitliche Grundsicherung für Arbeitsuchende („Arbeitslosengeld II") geschaffen, deren Leistungen in der Nähe des bisherigen Sozialhilfeniveaus liegen (Regelsatz: 359 Euro) und im Unterschied zur bisherigen Arbeitslosenhilfe nur bei Bedürftigkeit gewährt werden. Einbezogen sind auch die nicht erwerbstätigen Ehepartner der Leistungsbezieher und die Kinder (→ „Sozialgeld").

Arbeitslosenhilfe. Bis Ende 2004 geltendes, aus dem Bundeshaushalt finanziertes Leistungssystem für Arbeitslose (53 %, für Arbeitslose mit Kindern 57 % des früheren Nettoarbeitsentgelts), deren Anspruch auf → Arbeitslosengeld abgelaufen war. Der Anspruch war unbefristet. Ab 1.1.2005 wurde die Arbeitslosenhilfe durch das neue → Arbeitslosengeld II ersetzt.

Arbeitsmarkt. Markt (Angebot und Nachfrage) für Arbeitskräfte, auf dem die Arbeitnehmer eine Beschäftigung, einen Arbeitsplatz suchen (ihre Arbeitskraft anbieten), die Arbeitgeber Arbeitsplätze anbieten (Arbeitskraft nachfragen). Wenn weniger Arbeitsplätze angeboten als gesucht werden, herrscht Arbeitslosigkeit. – Da die Arbeitsleistung untrennbar mit der Person verbunden ist, bestimmt der Arbeitsmarkt in starkem Maße die Lebensverhältnisse der Arbeitnehmer. Der gesamte Arbeitsmarkt gliedert sich in regionale und sektorale Teilmärkte sowie in bestimmte Berufe,

Qualifikationen und Personengruppen. Der durch Arbeitsmarktpolitik beeinflusste Bereich des Arbeitsmarktes wird gelegentlich auch als „2. Arbeitsmarkt" bezeichnet.

Arbeitsproduktivität. → Produktivität.

Arge. Mit der Einführung des → „Arbeitslosengeldes II" (→ „Hartz IV") neu eingerichtete örtliche „Arbeitsgemeinschaft der → Agentur für Arbeit und der Kommunalverwaltung", die mit der Betreuung von Langzeitarbeitslosen, ihrer Vermittlung in Arbeitsplätze und der Auszahlung des Arbeitslosengeldes II beauftragt ist (auch unter der Bezeichnung „Job-Center").

Aufklärung. Geistige und politisch wirksame Bewegung vom Ende des 17. bis zum 19. Jh., die auf der Überzeugung beruht, dass alle Menschen „von Natur aus" gleich und vernünftig sind und sich aus ihrer „selbstverschuldeten Unmündigkeit" (Kant) befreien können. Das aufklärerische Denken stellte die Legitimität (Berechtigung) des monarchischen Herrschaftsanspruches im → Absolutismus infrage und forderte die Anerkennung unveräußerlicher Grundrechte in einer demokratischen Gesellschaft.

BAföG. Bundesausbildungsförderungsgesetz; staatliche finanzielle Förderung von Studierenden und Schülern, die oder deren Eltern ein zu geringes Einkommen haben. Die Förderung von Schülern erfolgt vollständig als Zuschuss; Studierende erhalten einen Teil der Förderung als Darlehen, das später zurückzuzahlen ist.

Beamter. Angehöriger des öffentlichen Dienstes (einer Gemeinde, des Landes, des Bundes), der in einem besonderen Dienstverhältnis zum Staat steht. Bestimmten Pflichten des Beamten (besondere Treuepflicht, Dienstverschwiegenheit, Gehorsam gegenüber den Vorgesetzten, Streikverbot) steht eine besondere Fürsorge und Schutzpflicht des Staates gegenüber (Anstellung auf Lebenszeit, angemessene Besoldung und Altersversorgung, Beihilfe in Krankheitsfällen). Im Durchschnitt, nicht in jedem Einzelfall, werden Beamte besser bezahlt als Arbeiter und Angestellte.

Bruttoinlandsprodukt (BIP). Wertmaßstab für die gesamte wirtschaftliche Leistung einer Volkswirtschaft in einem bestimmten Zeitraum. Dabei werden alle innerhalb der geografischen Grenzen einer Volkswirtschaft in einer Periode erstellten und zu Marktpreisen bewerteten Güter und Dienstleistungen abzüglich der Vorleistungen (Güter, die in den inländischen Produktionsprozess eingehen) einbezogen. Zum zeitlichen Vergleich der wirtschaftlichen Leistungskraft einer Volkswirtschaft eignet sich besser das → *reale* Bruttoinlandsprodukt, das nicht in laufenden Preisen gemessen wird, sondern in konstanten Preisen eines bestimmten Basisjahres.

checks and balances. Der Verfassung der USA zugrunde liegendes, von den Autoren der Federalist Papers aus der v. a. durch → Montesquieu begründeten Lehre von der Gewaltenteilung entwickelter Grundsatz der „Hemmungen und Gegengewichte" der Verfassungsorgane. Das Prinzip der checks and balances besteht in der Zuordnung der Staatsfunktionen auf sich gegenseitig kontrollierende und aufeinander einwirkende Institutionen mit dem Ziel der Machtbeschränkung und Freiheitssicherung, d. h., eine Institution kann nie etwas alleine bewirken, sondern ist immer auf die Unterstützung (zumindest aber Tolerierung) der anderen Institutionen angewiesen. (Everhard Holtmann [Hg.], Politik-Lexikon, Oldenbourg Verlag, München, 3. Aufl. 2000, S. 99)

Clique. Bezeichnung für Gruppen Jugendlicher, die sich als Freunde fühlen und in ihrer Freizeit „etwas unternehmen", das ihnen Spaß macht. Das Zusammengehörigkeitsgefühl ist stark entwickelt, man hat Geheimnisse und grenzt sich nach außen ab.

Cooley, Charles Horton (1864–1929). Amerikanischer Professor für Soziologie in Michigan; sein Hauptinteresse galt der Verflechtung des Individuums mit der Gesellschaft; eine wichtige Bedeutung für die Entwicklung der Persönlichkeit kommt nach Cooley den Primärgruppen zu, die er von den Sekundärgruppen unterschied.

DDR. Deutsche Demokratische Republik. 1949 gegründeter „zweiter" deutscher Staat, der nach den Prinzipien des → Sozialismus aufgebaut und von der → SED gelenkt wurde; Teil des Ostblocks (Zusammenschluss → kommunistischer Staaten unter der Führung der → Sowjetunion). 1989/90 brach das DDR-System aufgrund der friedlichen Revolution des Volkes zusammen. Am 3.10.1990 erfolgte die Vereinigung mit der Bundesrepublik Deutschland.

demografisch. Als demografische Entwicklung wird die Entwicklung der Bevölkerung bezeichnet, die Zu- und Abnahme der Bevölkerung, die Zu- und Abnahme älterer und jüngerer Jahrgänge, der Geburtenzahlen usw. Weil in Deutschland zu wenig Kinder geboren werden, um die Zahl der Sterbenden auszugleichen und den Bevölkerungsstand zu erhalten, nimmt die Bevölkerung in den nächsten Jahrzehnten stark ab.

Demoskopie. Meinungs- und Umfrageforschung; zentraler Bereich der → empirischen Sozialforschung.

demoskopisch. s. → Demoskopie.

Deutscher Paritätischer Wohlfahrtsverband. Neben u. a. dem Caritas-Verband, dem Deutschen Roten Kreuz und dem Diakonischen Werk einer der Spitzenverbände der Freien Wohlfahrtspflege mit zahlreichen privaten Wohlfahrtseinrichtungen als Mitgliedern.

Dienstleistungen. Sammelbegriff für alle Tätigkeiten, die nicht der Herstellung von Sachgütern dienen, sondern in persönlichen Leistungen bestehen, z. B. im Handel, bei Banken und Versicherungen, bei Bahn und Post und in vielen anderen Dienstleistungsberufen (z. B. Ärzte, Friseure, Taxifahrer).

Discounter. Einzelhandels-Geschäfte, die ein begrenztes, auf raschen Umschlag ausgerichtetes Sortiment von Waren (z. B. Lebensmittel, Bekleidung) dauerhaft zu niedrig kalkulierten Preisen (z. B. unter der unverbindlichen Preisempfehlung) anbieten und auf Dienstleistungen wie z. B. Bedienung, Beratung und Kundendienst weitgehend verzichten. Um die Betriebskosten möglichst niedrig zu halten, werden u. a. größere Warenmengen unter Ausschaltung des Großhandels beschafft, die Lagerhaltung rationalisiert, kosten- und verkehrsgünstige Standorte bevorzugt und wenig Personal beschäftigt.

Distribution. [lat. „Verteilung"] Aus volkswirtschaftlicher Sicht die Verteilung von Einkommen und Vermögen auf verschiedene Wirtschaftsbereiche oder Personen bzw. Personengruppen.

Einkommensteuer. Steuer, die vom Einkommen (Lohn, Gehalt, sonstige Einnahmen, z. B. Zinsen aus Sparanlagen) eines Steuerpflichtigen erhoben wird. Sie wird im Allgemeinen als Lohnsteuer vom Lohn/Gehalt abgezogen. Steuerpflichtige, deren Einkommen bestimmte Grenzen überschreitet, die mehrere Einkommen beziehen oder eine Wohnung/ein Haus besitzen, müssen zusätzlich für das zurückliegende Jahr eine Einkommensteuererklärung abgeben.

Elterngeld. Staatliche Geldleistung an Eltern, die ihr Berufsleben unterbrechen, um sich der Erziehung und Pflege eines Neugeborenen zu widmen. Seit 1.1.2007 erhält der das Kind erziehende Elternteil bei der Geburt eines Kindes zwölf Monate lang 67 % seines letzten monatlichen Nettoeinkommens, höchstens aber 1 800 €. Zwei weitere Monate stehen dem Partner zu, wenn er in dieser Zeit seine Erwerbstätigkeit für die Kindererziehung einschränkt. Ist das Einkommen geringer als 1 000 € monatlich, kann das Elterngeld bis zu 100 % des monatlichen Nettoeinkommens betragen. Ein Sockelbetrag von 300 € steht allen Eltern zu, dieser wird auch nicht auf andere → Sozialleistungen angerechnet.

Emanzipation. Befreiung aus einem rechtlichen, sozialen oder politischen Abhängigkeitsverhältnis und damit das Erreichen von Selbstständigkeit und Mündigkeit (bezogen z. B. auf Kinder und Jugendliche, Frauen, benachteiligte gesellschaftliche Minderheiten und Schichten).

Emissionen. (von lat. emittere – aussenden) Ausstoß von Schadstoffen, die die Luft verunreinigen. Unter Pro-Kopf-Emissionen versteht man die Gesamtmenge der ausgestoßenen Schadstoffe in einem Land geteilt durch die Bevölkerungszahl. Für den Klimawandel sind vor allem Kohlendioxid (CO_2)-Emissionen von Bedeutung.

empirisch. Auf die Wirklichkeit, die Erfahrung bezogen (im Unterschied zu „theoretisch", d. h. auf Überlegung und gedanklicher Verknüpfung beruhend); die Wirklichkeit durch Verfahren und Methoden erschließend, die nachvollziehbar und nachprüfbar sind und somit das Ergebnis von der Subjektivität des Forschers unabhängig machen.

Empirische Sozialforschung. Systematische Erfassung und Deutung sozialer Erscheinungen. Empirisch bedeutet, dass theoretisch formulierte Annahmen an spezifischen Wirklichkeiten überprüft werden. Systematisch weist darauf hin, dass dies nach genauen Regeln vor sich gehen muss. Theoretische Annahmen und die Beschaffenheit der zu untersuchenden sozialen Realität sowie die zur Verfügung stehenden Mittel bedingen den Forschungsablauf. Unter Methoden der Empirischen Sozialforschung versteht man die geregelte und nachvollziehbare Anwendung von Erfassungsinstrumenten wie Interview, Befragung, Experiment, Beobachtung, Inhaltsanalyse.

Enquete-Kommission [enquête, frz. „Untersuchung"]. Kommission, welche die Aufgabe hat, über einen festgelegten Problembereich grundsätzliche Recherchen anzustellen und Material zu sammeln, das als Grundlage für politische Entscheidungen dienen kann. Damit unterscheidet sich die Enquete-Kommission vom → Untersuchungsausschuss, der konkrete Vorgänge aufklären soll. Zwar sind beide Gremien von politischer Seite eingesetzt, die Mitglieder der Enquete-Kommission müssen jedoch keine Abgeordneten sein, sondern können als Fachleute berufen werden.

Ermächtigungsgesetz. Ein meist zeitlich oder sachlich begrenztes Gesetz, das einem nicht zuständigen Staatsorgan die Befugnis einräumt, Rechtssätze außerhalb der ordentlichen Gesetzgebung zu erlassen. Ermächtigungsgesetze wurden seit dem Ersten Weltkrieg zur Überwindung politischer und wirtschaftlich-sozialer Notstände gebräuchlich. Das Ermächtigungsgesetz des Reichstags vom 24.3.1933 („Gesetz zur Behebung der Not von Volk und Reich") für die Reichsregierung bildete die Rechtsgrundlage der nationalsozialistischen Diktatur. In Deutschland verbietet Art. 80 GG Ermächtigungsgesetze. Die Bundesregierung, einzelne Bundesminister oder Landesregierungen können nur im engen Rahmen zu Rechtsverordnungen ermächtigt werden.

Erziehungsgeld. Finanzielle Leistung des Staates für Mütter und Väter, die sich der Betreuung und Erziehung ihres Kindes widmen und daher nicht oder nur teilweise erwerbstätig sind. An die Stelle des Erziehungsgeldes ist seit 2007 das einkommensabhängige → Elterngeld getreten.

ethnisch (von griech. ethnos – das Volk). Die Zugehörigkeit zu einem bestimmten Volk und seiner Kultur betreffend; unter „ethnischer Säuberung" ist die Verfolgung und Ausweisung von Volksgruppen aus dem Gebiet eines anderen Volkes zu verstehen.

Europäisierung. Bezeichnung für eine (oft als zwiespältig empfundene) Entwicklung, die dazu führt, dass Gesetze und Regelungen der einzelnen EU-Länder in fast allen Lebensbereichen immer stärker durch gemeinsame europäische Gesetze und Regelungen bestimmt werden.

Europäischer Bürgerbeauftragter, Ombudsmann. Der Europäische Bürgerbeauftragte (schwedisch „ombudsman": Vermittler) wird vom Europäischen Parlament für fünf Jahre gewählt. Er ist Anlaufstelle für alle EU-Bürger, die sich benachteiligt fühlen oder sich über Missstände in der Verwaltung beschweren wollen (2005: 3 920 Beschwerden). Seine Zuständigkeit beschränkt sich auf die Hauptorgane (Kommission, Rat, Parlament, Gerichtshof und Rechnungshof) und weitere Einrichtungen der Europäischen Union. Der Bürgerbeauftragte führt alle Untersuchungen durch, die er zur Klärung eines vermuteten Missstands für notwendig hält. Die EU-Institutionen sind verpflichtet, dem Bürgerbeauftragten die von ihm erbetenen Auskünfte zu erteilen.

Europarat. Internationale Vereinigung europäischer Staaten mit dem Ziel, den wirtschaftlichen und sozialen Fortschritt der Mitgliedsländer zu fördern. Der Europarat wurde am 5.5.1949 von zehn europäischen Staaten gegründet (Sitz: Straßburg). Dem

Europarat gehören derzeit 46 Mitgliedsländer an. Der Europarat ist die erste politische Organisation nach dem Zweiten Weltkrieg mit dem Ziel, Einheit und Zusammenarbeit in Europa zu fördern. Wichtigstes Abkommen ist die 1950 abgeschlossene Europäische Konvention zum Schutze der Menschenrechte und Grundfreiheiten. Der Europarat ist nicht zu verwechseln mit dem Europäischen Rat der EU.

Feudalismus. Auf dem Lehnsrecht aufgebaute Wirtschafts- und Gesellschaftsform, in der alle Herrschaftsfunktionen von der über den Grundbesitz verfügenden Oberschicht ausgeübt wurden. Die Blütezeit des Feudalismus lag in Europa zwischen dem 10. und 13. Jahrhundert.

Feudalzeit. → Feudalismus.

fiktiv. Erdacht, gedanklich konstruiert, in der Realität so nicht vorhanden.

Föderalismus (von lat. foedus, -eris – Bündnis, Vertrag). Bezeichnung für eine Staatsordnung, in der mehrere Teilstaaten (Gliedstaaten, in Deutschland: Bundesländer) zu einem Gesamtstaat (in Deutschland: Bundesstaat) zusammengeschlossen sind. In der Verfassung wird festgelegt, inwieweit die einzelnen Teilstaaten ihre Selbstständigkeit bewahren (z. B. durch eine eigene Gesetzgebung) oder inwieweit sie der Zentralgewalt unterworfen sind.

Fragestunde. Einrichtung des Deutschen Bundestages. Jedes Mitglied des Bundestages ist berechtigt, für die Fragestunde einer Sitzungswoche bis zu zwei Fragen zur mündlichen Beantwortung an die Bundesregierung zu richten. Jede Frage darf in zwei Unterfragen unterteilt sein. Die Formulierung von Zusatzfragen bei der mündlichen Beantwortung ist möglich. Die Fragestunden können pro Sitzungswoche eine Gesamtdauer von drei Stunden erreichen. Fragen der Abgeordneten können von der Regierung im Falle der Abwesenheit des Fragestellers schriftlich beantwortet werden.

Fraktion. Vereinigung von politisch gleich gesinnten Abgeordneten in einem Parlament, die das Recht zur Gesetzesinitiative hat. Meist bilden die Abgeordneten einer Partei eine Fraktion; möglich ist auch die *Fraktionsgemeinschaft* mehrerer einander nahestehender Parteien, etwa von CDU und CSU im Bundestag.

Frustrationstoleranz. Individuelle Fähigkeit, Misserfolge und Enttäuschungen (Frustrationen) zu ertragen und Bedürfnisse aufzuschieben, ohne dabei in Aggressionen oder Depressionen zu verfallen.

Gemeinsamer Ausschuss (Notstandsparlament). Durch die Notstandsgesetzgebung eingeführtes Verfassungsorgan (Art. 53 a GG). Der Gemeinsame Ausschuss hat 48 Mitglieder und besteht zu zwei Dritteln aus Abgeordneten des Bundestags und zu einem Drittel aus Mitgliedern des Bundesrats.

Gemeinwohl. Unterschiedlich definierter Begriff zur Bezeichnung des allgemeinen Wohls, des Gesamtinteresses, der politischen Ziele und Werte einer Gesellschaft, im Unterschied zum Wohl besonderer Gruppen, Personen oder sonstiger Teilinteressen (Partikularinteressen). Der Auffassung, dass das Gemeinwohl vorgegeben und objektiv feststellbar sei (Rousseau), steht die Ansicht gegenüber, dass das Gemeinwohl sich erst aus dem politischen Willensbildungsprozess und der Auseinandersetzung zwischen unterschiedlichen Interessen annäherungsweise ergebe.

genossenschaftlich. In der → DDR Bezeichnung für eine Form des Eigentums, die es neben dem gesamtgesellschaftlichen (staatlichen) Eigentum (z.B. in VEB – Volkseigenen Betrieben) gab: Genossenschaftsbetriebe (z. B. LPG – Landwirtschaftliche Produktionsgenossenschaft) gehörten den darin arbeitenden „Kollektiven“ (Arbeitsgruppen).

Grunderwerbssteuer. Steuer, die beim Kauf eines Grundstücks zu leisten ist.

Grundsteuer. Sie wird von jedem Besitzer eines Grundstückes erhoben.

Grundsicherung für Arbeitsuchende. → Arbeitslosengeld II.

Hartz IV. Bezeichnung für das → Arbeitslosengeld II als eine der vier Reformmaßnahmen der Arbeitsmarktpolitik, die von der sog. Hartz-Kommission (genannt nach ihrem Vorsitzenden Peter Hartz, dem damaligen Personalchef der Volkswagen AG) entworfen und ab 2005 in Kraft gesetzt wurden.

Hierarchie. Bezeichnung für eine Gliederung (einen Aufbau, eine Ordnung) in Stufen der Über- und Unterordnung.

hierarchisch. Streng nach dem Prinzip der Über- und Unterordnung gegliedert.

homo oeconomicus. Modellartige, → idealtypische Bezeichnung für den ausschließlich ‚wirtschaftlich‘ denkenden und handelnden Menschen; Hauptmerkmale: Rationalität und Orientierung am eigenen Nutzen.

Humankapital. Bezeichnung für das Wissen und die Fähigkeiten (Qualifikationen), über die Arbeitskräfte durch Ausbildung und Erfahrung verfügen; Humankapital wird als wesentlicher Bestimmungsfaktor für die → Produktivität einer Volkswirtschaft angesehen.

Hypothese. (griech.) „Unterstellung“, Vermutung; Aussage, mit der versucht wird, etwas Beobachtetes im Hinblick auf seine Entstehung, seine Ursache oder Wirkung oder seinen Zusammenhang mit anderen Phänomenen zu erklären. Eine Hypothese ist eine vorläufige, ungesicherte Aussage, die bewiesen oder widerlegt werden kann.

idealtypisch. Bezeichnung für eine Betrachtungsweise, welche die Realität nicht einfach beschreiben, sondern wichtige Wesenszüge und Merkmale hervorheben (unwesentliche vernachlässigen) und zu einem → Modell zusammenfassen will. Der von Max Weber geprägte Begriff des Idealtypus trägt nicht den Charakter des Vorbildlichen, sondern dient methodisch der begrifflich-gedanklichen Analyse und Ordnung der sozialen Wirklichkeit.

Identität. Dem Wortsinn nach besagt Identität die vollständige Übereinstimmung von zwei Dingen. In der Erziehungswissenschaft meint man mit Identität das Bewusstsein und die Vorstellung, die eine Person (insbesondere eine heranwachsende, sich entwickelnde Person) von sich selbst entwickelt oder besitzt (von dem, was sie als ihr eigenes, unverwechselbares „Selbst" empfindet; was sie persönlich im Unterschied zu allen anderen ausmacht, z. B. im Hinblick auf ihre Eigenschaften, ihre Interessen, ihre Lebenseinstellung, ihre Wünsche usw.).

Ideologie. (griech.: Lehre von den Ideen) Lehre über die soziale und politische Wirklichkeit oder die Entwicklung der Gesellschaft mit dem Anspruch auf Allgemeingültigkeit. Sie kann in die Nähe des Religionsersatzes rücken (z. B. Fortschrittsglaube) oder sich, wie im → Marxismus-Leninismus, zu einer allgemeinen Welt- und Geschichtserklärung steigern. Allgemein: zusammenhängende, theoretisch begründete politische Überzeugung.

imperatives Mandat. Unmittelbare Bindung eines Gewählten an den Auftrag der Wähler, an den er sich in jeder Sachfrage halten muss, auch wenn er persönlich anderer Auffassung ist.

Immissionen. „Einwirkungen"; Gesamtheit der Luftverunreinigungen, Geräusche, Erschütterungen, Licht, Wärme, Strahlung oder ähnlichen Erscheinungen, die von einer Anlage (z. B. Kraftwerk oder Müllverbrennungsanlage) oder von Produkten (z. B. Kraftfahrzeugen) ausgehen und auf ein Gebiet einwirken.

Index. „Anzeiger"; in der Statistik eine Messzahl, die das Verhältnis mehrerer Zahlen zueinander angibt (z. B. in zahlenmäßigen Entwicklungsreihen über die Entwicklung der Löhne, der Bevölkerung usw.); dabei wird die Zahl eines bestimmten Jahres (Basisjahr) = 100 gesetzt und die Veränderungen der absoluten Zahl für das Bezugsjahr in Prozentpunkte umgerechnet.

Indikator (von lat. indicare – anzeigen). „Anzeiger" oder „Kennziffer" für bestimmte Sachverhalte, die zahlenmäßig erfasst und gemessen werden sollen. Der Indikator ist eine Größe, bei der das Vorhandensein an sich (Schimmel im Brot) oder das Überschreiten eines bestimmten Zahlenwertes (2 % Preisniveausteigerung) das Vorhandensein eines weiter gefassten Begriffs „anzeigt" (verdorbenes Brot, Inflation). Der Indikator steht also für eine andere Sache, die unmittelbar nicht beobachtet oder gemessen werden kann, ist nicht diese selbst.

Individualisierung. Bezeichnung für eine gesellschaftliche Entwicklung, die dadurch gekennzeichnet ist, dass die einzelnen Menschen sich immer mehr aus gemeinsamen Lebensformen, Bindungen und Organisationen (Familie, Kirche) herauslösen, um ein „eigenes" (individuelles), von der Beeinflussung durch andere unabhängiges Leben führen zu können (Streben nach Unabhängigkeit und „Selbstverwirklichung"). Individualisierung führt zu einer größeren Vielfalt unterschiedlicher, nebeneinander bestehender Lebensformen, Einstellungen, Überzeugungen („Pluralisierung").

Infrastruktur. Wirtschaftlicher und organisatorischer Unterbau: Gesamtheit der Einrichtungen, die die wirtschaftliche Entwicklung eines Landes wesentlich bestimmen. Neben der „materiellen" Infrastruktur (Verkehrs-, Nachrichten- und Gesundheitswesen, Wasser- und Energieversorgung, Bildungseinrichtungen) werden z. B. auch die Rechts- und Berufsordnung und der Bestand an Arbeitskräften zur Infrastruktur gezählt.

Innovation (lat.). Neuerung, die im Unterschied zur Erfindung (Invention) praktisch durchgeführt wird. Die Erzeugung und Umsetzung von neuen, verbilligten und verbesserten Gütern und Diensten und die Anwendung neuer oder effizienterer Produktionsverfahren.

Input. „Eingang" von → Ressourcen (Gütern, Dienstleistungen, Informationen) in einen Systemzusammenhang (z. B. einen Produktionsprozess). Vom Input ist der Output (Ergebnis, Leistung, Wirkung) des betr. Systems abhängig.

Interaktionisten. Bezeichnung für die Vertreter einer soziologischen Forschungsrichtung, die das soziale Handeln des Menschen vor allem durch wechselseitige Orientierung und Verständigung geprägt sieht, da der Mensch nicht nur in einer natürlichen, sondern in einer durch Symbole (insbesondere Sprache und Gesten) vermittelten Umwelt lebt (symbolischer Interaktionismus). Um zu einer sozial handlungsfähigen und kompetenten Persönlichkeit zu werden, muss der Mensch im Prozess der Sozialisation bestimmte Fähigkeiten des Rollenhandelns erlernen (wie z. B. die Rollenerwartungen anderer innerlich vorwegzunehmen und bei der Steuerung des eigenen Handelns zu berücksichtigen).

Intervention. (aus dem Lat. wörtlich: Dazwischengehen, Sich-Einschalten) Allgemein: Begriff für Eingriffe aller Art in einen laufenden Prozess, eine Entwicklung, eine Meinungsbildung (durch Veröffentlichungen in den Medien) usw.; häufig für Eingriffe des Staates in den Wirtschaftsprozess.

Interventionismus. Wirtschaftspolitische Einstellung, die umfangreiche Eingriffe des Staates in den Wirtschaftsprozess und die Wirtschaftsstruktur befürwortet.

Investition. Langfristige Anlage von → Kapital zur Erhaltung und Vermehrung der Produktionsmittel in Form von Maschinen, Gebäuden usw. Man kann Ersatzinvestitionen (Ersatz abgenutzter Anlagen), Erweiterungsinvestitionen (zur Vergrößerung der betrieblichen Kapazität) und Rationalisierungsinvestitionen (zur Verbesserung der Produktivität, d. h. des Verhältnisses zwischen Kosten und Ertrag) unterscheiden; öffentliche Investitionen sind Investitionen des Staates (Bund, Länder, Gemeinden), z. B. im Bereich der → Infrastruktur. Investitionsgüter sind also nicht für den Konsum bestimmt, sondern werden zur *Herstellung* von Gütern (Sachgütern und Dienstleistungen) verwendet. Umgangssprachlich (aber nicht korrekt) wird das Wort investieren auch allgemein für die Geldausgabe zur Anschaffung von Gütern verwendet.

juristische Personen. Organisationen, die ebenso wie natürliche Personen Träger von Rechten und Pflichten sind, in eigenem Namen klagen und verklagt werden können. Dazu zählen z. B. → Kapitalgesellschaften, Genossenschaften und Vereine sowie im öffentlichen Bereich Gebietskörperschaften und Anstalten des öffentlichen Rechts (z. B. Rundfunkanstalten).

Kapital. Geld- und Sachwerte (Geldkapital und Sachkapital), die eingesetzt werden, um weiteren Nutzen zu erwirtschaften (Güter herzustellen oder → Zinsen zu erbringen). Als → Produktionsfaktor versteht man unter Kapital alle Mittel, mit denen Güter hergestellt werden: Maschinen, Werkzeuge, Fabrikanlagen usw.

Kapitalgesellschaft. Unternehmensform, die eine Kapitalbeteiligung der Gesellschafter zur Voraussetzung hat. Die Gesellschafter haften im Unterschied zu einer Personengesellschaft nicht mit ihrem ganzen Vermögen für die Schulden der Gesellschaft. Beispiele: → Aktiengesellschaft (AG), Gesellschaft mit beschränkter Haftung (GmbH).

Kapitalismus. (von mlat. *capitale* = Grundsumme und von franz. *capitalisme*). Der Typus einer Wirtschafts- und Gesellschaftsordnung, die gekennzeichnet ist durch privates Eigentum an Produktionsmitteln, private Verfügungsgewalt über diese Mittel und die durch ihren Einsatz erzielten Gewinne, dezentrale Abwicklung von Austauschprozessen zwischen den Wirtschaftssubjekten über den Markt und wirtschaftliche, soziale und politische Interessengegensätze zwischen „Kapital" (den Unternehmern und Managern) und „Arbeit" (den Arbeitnehmern und ihren Interessenvertretungen). [...] Allgemein schlagwortartige Bezeichnung für die verschiedenen Formen der Marktwirtschaft. (Manfred G. Schmidt, Wörterbuch zur Politik, Kröner Verlag, Stuttgart, 3. Aufl. 2010, S. 389)

Kapitalstock. Gesamtbestand an Kapitalgütern (Produktionsanlagen) und betrieblich genutzten Gebäuden und Grundstücken in einer Volkswirtschaft.

Klassiker. Als Klassik wird in den Wirtschaftswissenschaften die im 18. und 19. Jahrhundert von englischen Volkswirtschaftsgelehrten begründete Lehre bezeichnet, die sich gegen die Lenkung der Wirtschaft durch den Staat wandte und davon ausging, dass in einer „freien" Wirtschaft durch die Verfolgung der Privatinteressen, durch die menschliche Arbeit und die Arbeitsteilung der gesamtgesellschaftliche Wohlstand am besten gefördert werde. Voraussetzung dafür ist ein funktionierender Marktmechanismus. Die bekanntesten „Klassiker" waren Adam Smith (1723 – 1790) und David Ricardo (1772 – 1823).

Kindergeld. Finanzielle staatliche Leistung an Familien zur Verringerung der finanziellen Belastungen, die Familien mit Kindern auch für die Fortentwicklung der Gesellschaft tragen („Familienlastenausgleich"). Das Kindergeld beträgt zurzeit (2010) monatlich je 184 € für das erste und zweite, 190 € für das dritte und 215 € für das vierte und jedes weitere Kind.

Koalition. Bündnis unabhängiger Partner, die ein gemeinsames Ziel verfolgen; insbesondere das Bündnis von zwei oder mehr Fraktionen (Fraktion = Gruppe der Abgeordneten einer Partei) zum Zwecke der Bildung einer gemeinsamen Regierung (Regierungskoalition). Mit „Großer Koalition" wird das Bündnis der beiden großen Volksparteien SPD und CDU/CSU bezeichnet.

Körperschaftsteuer. Die Bürger als natürliche Personen zahlen → Einkommensteuer, → juristische Personen, insbesondere → Kapitalgesellschaften wie AG, GmbH und Genossenschaften, zahlen Körperschaftsteuer, also eine besondere Art der Einkommensteuer. Beide Steuern bestehen nebeneinander. Der Steuersatz für Unternehmensgewinne beträgt seit 2008 15 %.

Kombinat. In der → DDR übliche, zentral geleitete, aus mehreren Betrieben bestehende Wirtschaftseinheit, in der ein bestimmter Herstellungsprozess (z. B. von der Rohstoffgewinnung bis zum Enderzeugnis) oder Betriebe einer ganzen Branche zusammengefasst wurden.

Kommunismus. Höchste Stufe des → Sozialismus, auf der die völlige Gleichheit aller Gesellschaftsmitglieder hergestellt sein soll; allgemein: Bezeichnung für politische Systeme, die durch die Alleinherrschaft einer an der Ideologie des → Marxismus orientierten Partei gekennzeichnet sind (Nordkorea, China, Kuba).

konservativ [von lat. conservare „bewahren"]. Politische Haltung, welche die bestehende politische, wirtschaftliche und soziale Ordnung grundsätzlich zu erhalten strebt. Der Konservatismus wendet sich daher gegen radikale Reformen des Bestehenden; Billigung finden nur Veränderungen, mit deren Hilfe die bestehende Ordnung zum Wohle von Staat und Gesellschaft weiterentwickelt werden kann.

Kurs. Aktienkurs; s. → Kursentwicklung.

Kursentwicklung. Der Kurs (jeweilige Wert/Marktpreis) der an der Börse gehandelten → Aktien und → Wertpapiere ändert sich je nach der Entwicklung von Angebot und Nachfrage im Börsenhandel. Beeinflusst wird diese Entwicklung u. a. durch Erwartungen an die wirtschaftliche Entwicklung (Konjunktur), durch politische (auch internationale) Ereignisse, aber auch durch Spekulationen.

Laborexperiment. In der Soziologie eine Form des Experiments, bei der die experimentelle Situation nicht in das alltägliche Geschehen eingebunden, sondern sozusagen „künstlich" (durch den Versuchsleiter) hergestellt und kontrolliert wird. Einflussfaktoren, die nicht zu den → Variablen des Experiments gehören, sollen dadurch vollständig ausgeschaltet werden. Als Problem wird gesehen, wie weit die Ergebnisse dieser Art des Experiments auch für die „normale" Lebenswirklichkeit Gültigkeit beanspruchen können.

Laissez-faire (auch: laissez aller, laissez passer – lasst machen, lasst gehen). Schlagwort und Prinzip des uneingeschränkten → Wirtschaftsliberalismus, das den Verzicht des Staates auf jegliche Beeinflussung des Wirtschaftsprozesses fordert.

Legalität [von lat. legalis „gesetzlich", „dem Gesetz gemäß"]. Die Übereinstimmung von Handlungen oder Maßnahmen (des Staates oder von Privatpersonen) mit dem geltenden Recht, ohne Rücksicht darauf, ob es der Handelnde bejaht oder nicht und aus welchen Motiven sein Handeln erfolgt (im Unterschied zur → Legitimität).

Legitimation. Beglaubigung, Berechtigung, Begründung, Rechtfertigung. In der Politik der Vorgang oder das Ergebnis der Anerkennung einer Herrschaft durch die Bürger als rechtmäßig/wohlbegründet/anerkennungswürdig. Die Ausübung der Staatsgewalt in demokratischen Staaten erhält ihre Legitimation durch den Volkswillen. Dies geschieht z. B. durch demokratische Wahl der Parlamente und durch Volksabstimmungen. Die Legitimation der vollziehenden Gewalt (Exekutive) ergibt sich aus ihrer Bindung an die vom Parlament beschlossenen Gesetze und aus der parlamentarischen Verantwortlichkeit der Regierung.

legitimieren. Etwas als rechtmäßig/berechtigt begründen (vgl. → Legitimation).

Legitimität. Rechtfertigung, Übereinstimmung nicht nur mit dem Wortlaut der Gesetze (Legalität), sondern auch mit der Idee der Gerechtigkeit, dem „Geist der Gesetze".

liberal. → Liberalismus.

Liberalisierung. Liberalisierung bedeutet die Beseitigung von vorhandenen nationalen Beschränkungen des grenzüberschreitenden Waren-, Dienstleistungs-, Zahlungs- und Kapitalverkehrs, die dem freien Wettbewerb zwischen den Staaten entgegenstehen; allgemein: Befreiung von staatlichen Regelungen und Vorschriften.

Liberalismus. Weltanschauung und politische Bewegung seit dem 18. Jh., die eine Kontrolle der einzelnen Person durch den Staat oder andere Institutionen zu verringern und die freie Entfaltungsmöglichkeit der Individuen zu fördern trachtet, sowohl im politischen wie im wirtschaftlichen Bereich. Der ökonomische Liberalismus setzte im Kern auf die Freiheit des Unternehmers, die sich auf privates Eigentum stützt, durch Innovationskraft und rationelles Gewinnstreben die → Produktivität steigert, den Wettbewerb fördert und zu einem „freien Spiel der Kräfte" im arbeitsteiligen Wirtschaftsleben beiträgt.

Lobby (engl. „Vor-, Wandelhalle"). Wandelhalle und -gänge im Parlament, in denen die Abgeordneten mit Außenstehenden verhandeln können. Übertragen wird der Begriff Lobby auf die Vertreter von Interessenverbänden angewandt, die Einfluss auf Parlament, Regierung und Verwaltung nehmen, um für ihre Interessen günstige Gesetze und Maßnahmen zu bewirken (Lobbyisten).

Maastrichter Vertrag. Vertrag über die Europäische Union (EU-Vertrag, EUV). Er wurde in der niederländischen Stadt Maastricht ausgehandelt (1991) und unterzeichnet (1992) – daher: „Maastrichter-Vertrag". Mit diesem Vertrag vereinbarten die 12 EG-Staaten, ihre Zusammenarbeit auf wirtschaftlichem Gebiet zu vertiefen und auf neue Politikfelder auszudehnen: Der EUV enthält daher Bestimmungen zur Weiterführung und Änderung der bisherigen Verträge und Vereinbarungen über zwei neue Aufgabengebiete: eine Gemeinsame Außen- und Sicherheitspolitik („zweite Säule") und die Zusammenarbeit in den Bereichen Justiz und Inneres („dritte Säule"). Neben wichtigen Reformen der Institutionen – z. B. des Gesetzgebungsverfahrens – wurden viele praktische Maßnahmen für ein Europa der Bürger vereinbart (Unionsbürgerschaft). Der wichtigste Beschluss des EUV war die Einführung einer gemeinsamen Währung, des Euro.

Manipulation. Manipulation bezeichnet die Anwendung von Mitteln, mit denen versucht wird, andere Menschen in einer bestimmten Richtung so zu beeinflussen, dass sie es selbst möglichst gar nicht merken.

Marketing. Bezeichnung für alle Maßnahmen, die eine Firma ergreift, um den Verkauf ihrer Produkte zu fördern (z. B. Werbung, Gestaltung der Produkte, Gestaltung der Preise, Erforschung des Marktes). In einem Unternehmen gibt es eigene *Marketingabteilungen* und einzelne Marketingexperten, die besondere Pläne und Maßnahmen zur Förderung des Absatzes (Marketingstrategien) entwickeln.

Marketingstrategie. Langfristige und systematische Planung der Absatzförderung (→ Marketing).

Marxismus-Leninismus. Die von Karl Marx (1818 – 1883) unter Mitwirkung von Friedrich Engels (1820 – 1895) entwickelte Theorie (Marximus) lässt sich stark vereinfacht wie folgt zusammenfassen: Die Arbeit, nicht das → Kapital schaffe Werte. Der bei der Produktion entstehende Mehrwert werde dem Arbeiter durch zu niedrigen Lohn (Existenzminimum) vorenthalten und falle durch Ausbeutung der Arbeitskraft dem Unternehmer als Profit zu. Während sich so das Kapital in wenigen Händen anhäufe, verelendeten die Massen. Am Ende stehe der Zusammenbruch des kapitalistischen Systems und der weltrevolutionäre Umschlag, bei dem sich die erwachten Massen der Produktionsmittel bemächtigten. Aus der Übergangszeit der „Diktatur des Proletariats" gehe dann als Endzustand die klassen- und staatenlose Gesellschaft hervor. Lenin (1870 – 1924) betonte in seiner an Marx anschließenden Theorie und in seiner revolutionären Praxis die zentrale Rolle der kommunistischen Partei, die als Avantgarde (Vorhut, Vorkämpferin) die Funktion hat, das revolutionäre Bewusstsein der Arbeiterschaft zu wecken, sie zu mobilisieren und zu lenken.

Mehrwertsteuer. Verbrauchssteuer, Form der → Umsatzsteuer; Steuer, die der Verbraucher beim Kauf einer Ware zusätzlich zum eigentlichen Verkaufspreis bezahlen muss (in Deutschland in der Regel 19 Prozent des Verkaufspreises, bei bestimmten Waren wie Lebensmitteln und Büchern 7 %). Der Verkäufer muss diese Steuerbeträge an den Staat abführen.

Merkantilismus. Bezeichnung für eine durch massive Staatseingriffe in die Wirtschaft gekennzeichnete Wirtschaftspolitik während der Zeit des → Absolutismus zwischen dem 16. und 18. Jahrhundert. Ziel war die Steigerung der nationalen Wirtschaftskraft und die Erhöhung der Staatseinkünfte, z. B. durch die Erhebung von Schutzzöllen und die Förderung der frühindustriellen Produktion.

Modell. Im allgemeinen Sprachgebrauch eine vereinfachende Darstellung eines Sachverhalts, die es ermöglichen soll, den gesamten Sachverhalt in seiner Struktur zu verstehen. Ein Modell ist also nicht der gemeinte Sachverhalt selbst, es versucht, die für den Sachverhalt am wichtigsten erscheinenden Zusammenhänge abzubilden, setzt also immer eine Entscheidung darüber voraus, was als wesentlich und was als vernachlässigbar anzusehen ist.

Monarchie [griech. „Alleinherrschaft"]. Staatsform, in der eine besonders legitimierte Person, der Monarch, selbstständiges, dauerndes Staatsoberhaupt ist; Gegensatz: Republik. Zur „absoluten Monarchie" s. → Absolutismus, zur „konstitutionellen Monarchie" s. → Montesquieu. Aus der konstitutionellen Monarchie ging die *parlamentarische* Monarchie hervor, bei der der Monarch das Recht verlor, die Mitglieder seiner Regierung selbst zu bestimmen; die Regierung ist dem Parlament vielmehr verantwortlich und ist i. d. R. von ihm abrufbar. In den heutigen parlamentarischen Monarchien in Europa (Großbritannien und Nordirland, Belgien, Dänemark, Norwegen, Niederlande, Schweden und Spanien) haben die Monarchen nur noch eine repräsentative Funktion und wirken als neutrales, über den Parteiinteressen stehendes Staatsoberhaupt ausgleichend nach innen.

Montesquieu, Charles (1689 – 1755). Französischer Staatstheoretiker und Schriftsteller, auf den die Lehre von der Gewaltenteilung zurückgeht. Hauptwerk: „Vom Geist der Gesetze"; er war einer der Wegbereiter der Französischen Revolution und befürwortete eine Staatsform, in der der Alleinherrscher (Monarch) an eine Verfassung („Konstitution") gebunden ist, die die Mitsprache eines Parlaments gewährleistet („konstitutionelle Monarchie").

Nationalismus. Einstellung (→ Ideologie), die den besonderen Wert und Charakter des eigenen Volkes stark betont und oft mit Sendungsbewusstsein und Geringschätzung anderer Völker verbunden ist.

Nationalsozialismus. Politische Bewegung, die in Deutschland nach dem Ersten Weltkrieg (1914 – 1918) entstand. Die Nationalsozialisten machten sich die Not der Menschen zunutze und verfolgten ihre undemokratischen Ziele mit großem Fanatismus. Nach den Reichtagswahlen von 1933 an die Macht gekommen, errichtete sie mit dem → Ermächtigungsgesetz eine Diktatur. Es gab nur noch eine einzige Partei, die Nationalsozialistische Deutsche Arbeiterpartei (NSDAP) mit ihrem „Führer" Adolf Hitler. Der Nationalsozialismus verfolgte extreme nationalistische, antisemitische (anti-jüdische), fremdenfeindliche Ziele. Fremde Länder sollten durch einen Krieg erobert werden, damit die Deutschen mehr „Lebensraum" bekämen. So wurde der → Zweite Weltkrieg geführt. Er dauerte von 1939 bis 1945. Der Nationalsozialismus bezeichnete viele andere Völker gegenüber der „deutschen Rasse" als minderwertig (→ Rassismus). Ihre Menschenverachtung zeigte die Diktatur vor allem in der fabrikmäßigen Tötung von Millionen wehrloser Opfer. Verfolgt und ermordet wurden politisch Andersdenkende, Homosexuelle, Sinti und Roma und vor allem Juden, die Hitler und den Nationalsozialisten als Hauptfeind galten. Die Massentötung der Juden wird als „Holocaust" bezeichnet. Die Schreckensherrschaft der Nationalsozialisten war 1945 zu Ende.

normativ. Sich an → Normen orientierend; eine Aussage/Theorie ist normativ, wenn sie einen Sachverhalt im Hinblick auf eine bestimmte Norm bewertet oder beurteilt und so zum Ausdruck bringt, was eigentlich (nicht) sein soll. Im Unterschied dazu wird eine Aussage als deskriptiv bezeichnet, wenn sie einen Sachverhalt lediglich beschreibt.

Normen. In jeder Gesellschaft gibt es grundlegende Wertvorstellungen, die von ihren Mitgliedern mehr oder weniger anerkannt werden (z. B. Gerechtigkeit, Freiheit, Solidarität, Frieden). Aus diesen Werten lassen sich Normen, d. h. bestimmte Vorschriften ableiten, an denen sich das Verhalten unmittelbar orientieren soll (z. B. ergibt sich aus der Wertvorstellung Gerechtigkeit für Lehrer die Norm, Schülerarbeiten gerecht zu bewerten). Im wirtschaftlich-technischen Verständnis sind Normen bestimmte vorgeschriebene Größen, Qualitäten, Verfahren usw. Im Bereich des Rechts spricht man von Rechtsnormen (Grundrechte, Verfassungsartikel, Gesetze).

Ordoliberalismus. Theoretischer Entwurf einer freiheitlichen, auf den Grundsätzen der Marktwirtschaft beruhenden Wirtschafts- und Gesellschaftsordnung. Als deutsche Variante des Neoliberalismus eine der Grundlagen der sozialen Marktwirtschaft. Die geistigen Ursprünge gehen auf den deutschen Ökonomen Walter Eucken (1891 – 1950) zurück, der mit anderen Nationalökonomen und Juristen in der sog. Freiburger Schule in den 1930er-Jahren Grundgedanken zur Ordnung der Wirtschaft und des Wettbewerbs entwickelte.

Output. „Ausstoß"; Menge von Gütern, die gewünschtes Ergebnis einer Produktion sind (im weiteren Sinn auch unerwünschte Produktionsergebnisse, wie z. B. Abfall); vgl. → Input.

Outsourcing. (aus engl. *outside* – außen und *resource* – Hilfsmittel). Maßnahme eines Unternehmens, bestimmte Aufgaben und Dienstleistungen „auszulagern", d. h. externe Dienstleister damit zu beauftragen, um Kosten zu sparen und im eigenen Unternehmen flexibler verfahren zu können (z. B. in den Bereichen Forschung und Entwicklung, EDV-Beratung, Werbung).

Parlamentarischer Rat. Versammlung, die am 1.8.1948 in Bonn zur Beratung und Formulierung des Grundgesetzes zusammentrat. Er bestand aus 65 Abgeordneten, die von den 11 Landtagen der westlichen Besatzungszonen gewählt worden waren. Präsident des Rates war Konrad Adenauer, der spätere erste Bundeskanzler der neu gegründeten Bundesrepublik Deutschland.

peer group. Bezeichnung für die Gruppe der gleichaltrigen Jugendlichen (vor allem im Alter von 12 bis 18, in der Übergangszeit vom Kindheits- zum Erwachsenenalter).

Platzierungsfunktion. Auf die Funktionen der Schule bezogen: Durch die Vergabe unterschiedlicher Abschlüsse vermittelt die Schule den Zugang zu unterschiedlichen beruflichen Werdegängen und sozialen Positionen (Berufen).

Plebiszit. (lat.) Volksabstimmung, Volksentscheid; Instrument der direkten Demokratie. Der Wille des Volkes (→ Volkssouveränität) wird nicht durch ein Repräsentativorgan (→ Repräsentation) mediatisiert, sondern setzt sich, als empirischer Volkswille, direkt um in politische Entscheidungen (plebiszitäre Demokratie). Man unterscheidet Personal- und Sachplebiszite. Erstere betreffen Entscheidungen über die politische Führung (z. B. Präsidentschaftswahlen in Frankreich und USA). Letztere regeln sachpolitische Entscheidungen, die beispielsweise Fragen der Verfassung oder einfacher Gesetzgebung umfassen können.

plebiszitär. Auf einer Volksabstimmung (→ Plebiszit) beruhend.

Präferenz [zu lat. praeferre „vorziehen"]. Begriff für eine Verhaltensweise in der modernen Wirtschaftstheorie, die das Bevorzugen bestimmter Güter beim Kauf bezeichnet. Präferenzen können persönlich (Bindung an ein bestimmtes Geschäft), sachlich (Markentreue), räumlich (Einkauf im nahe gelegenen Supermarkt) oder zeitlich (Modetrend) bedingt sein. Für die Anbieter ergeben sich durch die Präferenzen Spielräume zur Preisgestaltung: In gewissen Grenzen ist eine Verteuerung möglich, ohne dass befürchtet werden muss, dass die Kunden zur Konkurrenz abwandern.

Produktionsfaktoren. Mittel, mit denen Güter hergestellt (produziert) werden. Die Volkswirtschaftslehre unterscheidet im Allgemeinen drei Produktionsfaktoren: 1. Boden bzw. Natur (Land und Wasser, mit allen darin enthaltenen Bodenschätzen und Energiequellen); 2. Arbeit (körperliche und geistige menschliche Arbeit); 3. → Kapital (außer Boden und Arbeit alle sonstigen Mittel, die für die Produktion verwendet und selber erst hergestellt werden müssen: Maschinen, Werkzeuge, Gebäude usw.).

Produktionsmittel. Alle für die Herstellung von Gütern erforderlichen Gegenstände wie Gebäude, Maschinen, Anlagen, Werkzeuge, Rohstoffe und Betriebsstoffe.

Produktivität. Verhältnis von Produktionsergebnis zum Einsatz der → Produktionsfaktoren. Die Produktivität ist gestiegen, wenn mit dem gleichen Einsatz von Produktionsfaktoren ein größeres Produktionsergebnis erzielt wurde oder bei gleichem Produktionsergebnis die Einsatzmenge der Produktionsfaktoren geringer war. Gemessen wird zumeist die Arbeitsproduktivität (Produktion je Beschäftigten oder je Beschäftigtenstunde). Gründe für steigende Arbeitsproduktivität können eine höhere Leistungsintensität der Arbeit oder eine verbesserte Arbeitsorganisation oder die Einsparung von Arbeitskräften durch den Einsatz von Maschinen (Rationalisierung) sein.

Rassegesetze. Die „Nürnberger Rassegesetze“ wurden während des Reichsparteitags der NSDAP (→ Nationalsozialismus) am 15.9.1935 in Nürnberg verkündet. Es handelte sich um das *„Gesetz zum Schutz des deutschen Blutes und der deutschen Ehre“* („Blutschutzgesetz“), das die Eheschließung zwischen Juden und Nichtjuden sowie den außerehelichen Geschlechtsverkehr zwischen ihnen als „Rassenschande“ verbot und unter schwere Strafe (Gefängnis, Zuchthaus) stellte, und das *„Reichsbürgergesetz“*, das jüdischen Mitbürgern die vollen politischen Rechte als Reichsbürger aberkannte.

Rassismus. Einstellung und → Ideologie, die die Angehörigen anderer Rassen als minderwertig, die eigene Rasse als höherwertig ansieht; Rassismus führt zu Rassendiskriminierung (in der Zeit des → Nationalsozialismus in letzter Konsequenz sogar zur Vernichtung von ca. 6 Millionen Juden).

rassistisch. → Rassismus.

ratifizieren. → Ratifizierung.

Ratifizierung. Völkerrechtliche Verträge, die nach Abschluss der Vertragsverhandlungen von den Regierungen oder ihren Unterhändlern unterzeichnet wurden, werden rechtswirksam erst nach der Zustimmung durch die verfassungsmäßigen Organe (vor allem die Parlamente) der betr. Länder; diese Zustimmung heißt Ratifizierung; die Ratifizierungsurkunden werden anschließend ausgetauscht bzw. hinterlegt.

real. Im Unterschied zu nominalen (in jeweiligen Preisen gerechneten) werden in realen wirtschaftlichen Größen (z. B. reales Bruttoinlandsprodukt, Reallohn) die Preissteigerungen berücksichtigt (d. h., die Preiseffekte werden durch Zurückrechnung auf konstante Preise eines Basisjahres ausgeschaltet).

Reallohn. Im Unterschied zum Nominallohn der an seiner Kaufkraft gemessene (Preissteigerungen berücksichtigende) Lohn.

Reichsmark. (RM) Offizielles Zahlungsmittel in Deutschland von 1924 bis 1948. Mit den Währungsreformen im Juni 1948 wurde die Reichsmark in Westdeutschland durch die Deutsche Mark (DM) und in Ostdeutschland durch die Mark der deutschen Notenbank (MDN; später Mark der DDR (M)) abgelöst.

Repräsentation. Prinzip, nach dem von einer Gesamtheit (z. B. aller Bürger) eine beschränkte Zahl von Vertretern gewählt wird, die die Gesamtheit vertreten („repräsentieren“) und damit beauftragt werden, im Namen der Gesamtheit Entscheidungen zu treffen.

repräsentativ. Stellvertretend; Bezeichnung für eine Teilgröße, die nach ihrer Zusammensetzung und nach sonstigen Merkmalen stellvertretend für eine Gesamtheit steht (verkleinertes Modell der Gesamtgröße). Beispielsweise bei Befragungen kann u. a. aus Kostengründen nur ein Teil der Personengesamtheit, für die die Untersuchung gelten soll, befragt werden. – Demokratische politische Systeme werden als repräsentativ bezeichnet, wenn die Staatsgewalt nicht vom Volk direkt, sondern durch eine von ihm gewählte Vertretung (Parlament) ausgeübt wird.

Ressourcen. Hilfsmittel, Reserven. In der Volkswirtschaft alle Mittel, die für die Produktion von Gütern und Dienstleistungen zur Verfügung stehen. Im engeren umwelt- und energiepolitischen Sinn: Gesamtheit aller natürlichen Rohstoffe und Energieträger. In der Politik: Machtmittel, Möglichkeiten, auf die man sich stützen kann. Im weiteren Sinne alle Mittel und Möglichkeiten, aus denen eine Person oder eine Gruppe schöpfen kann, um ihre Stellung in der Gesellschaft zu erhalten oder zu verbessern.

Richtlinien. Die von der Europäischen Union beschlossenen „Gesetze“ heißen „Verordnungen“, wenn sie unmittelbar in allen Mitgliedstaaten verbindlich gelten und über dem Recht des jeweiligen Staates stehen. Daneben beschließt die EU „Richtlinien“, d. h. Weisungen an die Mitgliedstaaten, ihre nationalen Gesetze oder Vorschriften so zu ändern, dass das in der „Richtlinie“ enthaltene Ziel erreicht wird (Umsetzung der Richtlinie in nationales Recht).

Saldo. Betrag, der sich nach Aufrechnung der Soll- und Haben-Seite auf einem Konto (der Plus- und Minus-Werte in einer Zahlen-Aufstellung) ergibt.

Sanktion. Bezeichnung für ein konkretes Zeichen oder eine Aktion der Billigung oder Missbilligung, die eine Person aufgrund ihrer Eigenschaften oder ihres Verhaltens erfährt. Negative Sanktionen (Bestrafungen) können im Entzug begehrter materieller und immaterieller Güter bestehen, positive (Belohnungen) verschaffen Vorteile, sozialen Aufstieg, Prestige. Sanktionen dienen der Orientierung des Verhaltens an sozialen → Normen.

Schwarzmarkt. Ein ungesetzlicher Markt, der i. d. R. bei behördlich festgesetzten Höchstpreisvorschriften entsteht für Waren, die stärker nachgefragt als angeboten werden. Die Käufer versuchen heimlich, einen höheren Preis zu bieten und zu zahlen, um die gewünschte Ware zu bekommen.

SED. Sozialistische Einheitspartei Deutschlands; bis zum Ende der → DDR (1989/90) die das gesamte politische, gesellschaftliche und wirtschaftliche Leben des Landes beherrschende Staatspartei der DDR (hervorgegangen aus der unter dem Druck der sowjetischen Besatzungsmacht vollzogenen Zwangsvereinigung von KPD und SPD).

Solidaritätszuschlag (Soli). Ergänzungsabgabe auf die Einkommen- und Körperschaftsteuer. Sie ist zwar rechtlich nicht zweckgebunden, 1991 aber als Beitrag zur Finanzierung der deutschen Einheit eingeführt, zwischenzeitlich wieder abgeschafft und (1995) erneut eingeführt worden (1997: 7,5 Prozent der Einkommen- und Körperschaftsteuerschuld; seit 1.1.1998 5,5%; 2007: 12,1 Mrd. Euro).

Souveränität. Eigene, selbstbestimmte Herrschaftsgewalt eines Staates nach innen (Gewaltmonopol) und außen; die äußere (völkerrechtliche) Souveränität garantiert die Unabhängigkeit (Selbstbestimmungsrecht) eines Staates in den internationalen Beziehungen; *Souveränitätsrechte* können auf supranationale Organisationen (z. B. die EU) übertragen werden (Souveränitätsverzicht in bestimmten Bereichen).

sowjetisch. → Sowjetunion.

Sowjetunion. Kurzbezeichnung für die „Union der Sozialistischen Sowjetrepubliken" (UdSSR), die bis 1991 als einheitlicher Staat bestand und in 15 Teilrepubliken gegliedert war (zusammen rd. 285 Mio. Einwohner, Hauptstadt Moskau). Nach der Auflösung dieses Staatswesens durch den Zusammenbruch des kommunistischen Systems schlossen sich elf der ehemaligen Sowjetrepubliken (alle außer Georgien und den baltischen Staaten Litauen, Lettland und Estland) zu einer lockeren „Gemeinschaft unabhängiger Staaten" (GUS) zusammen; mit Abstand größter der neuen Staaten ist Russland (die „Russische Föderation" mit rd. 143 Mio. Einwohnern).

sozial. Allgemein: gesellschaftlich, gemeinschaftlich; im politischen Sinn bezeichnet „sozial" ein Denken und Handeln, das die Verantwortung gegenüber den Schwächeren in der Gesellschaft betont und sich für Hilfen zum Ausgleich großer sozialer Unterschiede einsetzt.

Soziale Frage. Schlagwortartige, im 19. Jh. geprägte Bezeichnung für die Gesamtheit der sozialpolitischen Probleme, unter denen die Arbeiterfamilien im Gefolge der Industrialisierung litten (Kinderarbeit, lange Arbeitszeit, elende Wohnverhältnisse u. a.). Mit der Sozialen Frage unmittelbar verknüpft ist die Entstehung der Arbeiterbewegung und der Beginn staatlicher Sozialpolitik, in Deutschland unter der Kanzlerschaft Otto von Bismarcks.

Soziale Sicherung. Teil der Sozialpolitik, der dem Schutz des Bürgers vor Risiken der Lebenslage und vor materieller Not dient; er umfasst das System der → Sozialversicherung und die → Sozialhilfe. Zur Sozialversicherung gehören die Rentenversicherung, die Krankenversicherung, die Pflegeversicherung, die Arbeitslosen- und die Unfallversicherung; die Beiträge werden jeweils zur Hälfte vom Arbeitgeber und vom Arbeitnehmer gezahlt und betragen zurzeit rd. 40% des gesamten Bruttoeinkommens (für den Arbeitnehmer also rd. 20%).

Sozialgeld. Bezeichnung für den Geldbetrag, den Empfänger von → Arbeitslosengeld II („Hartz IV") für ihre nichterwerbsfähigen Angehörigen (vor allem Kinder) erhalten, die zusammen mit ihnen in einer „Bedarfsgemeinschaft" leben (nicht zu verwechseln mit → Sozialhilfe).

Sozialhilfe. Teil der sozialen Sicherung, der dazu dienen soll, in Not geratenen Menschen ein menschenwürdiges Leben (Existenzminimum) zu ermöglichen. Auf Sozialhilfe besteht ein gesetzlicher Anspruch, wenn der Bedürftige sich nicht selbst helfen oder die erforderliche Hilfe nicht von anderen erhalten kann. Im Rahmen der Arbeitsmarktreform wurden zum 1.1.2005 die arbeitsfähigen unter den bisherigen Sozialhilfeempfängern aus der Sozialhilfe ausgegliedert (sie erhalten jetzt → „Arbeitslosengeld II") und das Sozialhilfesystem reformiert. Dabei wurden die „Regelsätze" neu festgesetzt, und zwar auf 347 € (seit 2009: 359€). Hinzu kommt, wie bisher, die Übernahme der Kosten für Miete und Heizung (Näheres: www.bmas.bund.de → Soziale Sicherung).

Sozialisation. Bezeichnung für die Gesamtheit aller Vorgänge, in deren Verlauf der Mensch zum Mitglied einer Gesellschaft und Kultur wird. Durch den Sozialisationsprozess, der wesentlich durch Sozialisationsinstanzen (Familie, Schule, Medien, Freundschaftsgruppe usw.) geprägt wird, gewinnt das Individuum seine Identität als eine gesellschaftlich handlungsfähige Persönlichkeit.

Sozialismus. Im frühen 19. Jahrhundert entstandene Lehre und politische Bewegung, die dem Prinzip der Gleichheit den Vorrang vor dem der Freiheit gibt und die Verfügung über die Produktionsmittel in die Hand der Gesellschaft bzw. des Staates legen will (im Gegensatz zum → Kapitalismus, in dem die Produktionsmittel privaten Eigentümern gehören).

sozialistisch. Bezeichnung für eine Gesellschaft oder eine Theorie, die die Grundprinzipien des → Sozialismus (kein Privatbesitz an Produktionsmitteln, Vorrang des Prinzips der Gleichheit vor dem der Freiheit) verwirklicht bzw. zu verwirklichen sucht.

Sozialleistungen. Sammelbezeichnung für alle Leistungen (Zahlungen) des Staates, die sozialen Zwecken dienen (Sozialversicherung, → Kindergeld, → Arbeitslosengeld II, → Sozialhilfe usw.; vgl. → Transferleistungen).

Staatenbund. Zusammenschluss → souveräner Staaten, in dem die Mitgliedstaaten bestimmte, meist eng begrenzte Angelegenheiten gemeinsam regeln (Beispiel: die „Gemeinschaft Unabhängiger Staaten" GUS, in der sich die Teilstaaten der früheren → Sowjetunion zusammengeschlossen haben). Gegensatz: Bundesstaat.

Staatenverbund. Durch das Bundesverfassungsgericht geprägte Bezeichnung für den spezifischen Charakter der Europäischen Union, die weder einen → Staatenbund darstellt (weil die Mitgliedsländer bestimmte Souveränitätsrechte an die EU abgegeben haben) noch einen Bundesstaat (weil die EU-Mitgliedsländer keinen gemeinsamen Staat bilden).

Staatsinterventionismus. Kritische Bezeichnung für eine wirtschaftspolitische Grundhaltung, nach der die Wirtschaft eines Landes durch starke staatliche Eingriffe aktiv gestaltet werden soll.

Status. Sofern die Position eines Menschen in einer Gruppe oder einer Gesellschaft als höher oder niedriger bewertet wird, spricht man von Status (= bewertete Position); Bewertungskriterien können sein: Ansehen, Bildung, Beruf, Einkommen.

Statusdifferenzierung. Gliederung einer Gruppe, Organisation, Gesellschaft usw. nach unterschiedlich hoch bewerteten Positionen (→ Status).

Statushierarchie. Statusaufbau einer Gruppe oder Organisation nach dem Prinzip der in der strengen Form Über- und Unterordnung der einzelnen Mitglieder.

Stückkosten. Kosten für eine Mengeneinheit eines produzierten Stücks; sie lassen sich ermitteln aus der Division der Gesamtkosten und der Zahl der produzierten Einheiten und dienen der Kalkulation.

Subventionen. Zuschüsse der „öffentlichen Hand" (des Staates) an förderungsbedürftige Wirtschaftszweige (z. B. Landwirtschaft, Wohnungsbau, Schifffahrt) oder an Personengruppen mit geringem Einkommen (Sparförderung, Vermögensbildung). So können Subventionen etwa zur Erhaltung von Betrieben oder ganzen Wirtschaftszweigen gewährt werden, zur Anpassung an neue Bedingungen, zur Förderung des Produktivitätsfortschritts und des Wachstums von Unternehmen oder Unternehmenszweigen. Subventionen werden als direkte Finanzhilfen oder indirekt in Form von Steuervergünstigungen gezahlt und können mit bestimmten Auflagen verbunden sein. Im allgemeinen Sprachgebrauch werden alle Arten von staatlichen Zuschüssen und Fördermitteln als Subventionen (von lat. subvenire – zu Hilfe kommen) bezeichnet.

supranational. (lat.: übernational, überstaatlich) Mit diesem Adjektiv werden Organistionen, Zusammenschlüsse oder Vereinbarungen versehen, die durch völkerrechtliche Verträge begründet und deren Entscheidungen und Regelungen für die einzelnen Mitglieder (Staaten, Nationen) übergeordnet und verbindlich sind. So steht etwa das Recht der EU über dem der einzelnen Mitgliedstaaten; bestimmte Entscheidungen der Institutionen der EU sind für alle EU-Staaten und die gesamte EU-Bevölkerung bindend. Im Gegensatz dazu haben bspw. Entscheidungen *internationaler* Organisationen nur dann bindende Wirkung, wenn sie von den Mitgliedern ausdrücklich anerkannt werden.

Tarifautonomie. Freiheit der → Tarifpartner, ohne staatliche Einwirkung Verträge über Arbeitsentgelte und -bedingungen abzuschließen; sie handeln → Tarifverträge aus, die ihre jeweiligen Mitglieder verpflichten. Tarifautonomie ist ein wesentlicher Bestandteil der Koalitionsfreiheit.

Tarifpartner (Sozialpartner). Die zum Abschluss eines Tarifvertrages fähigen Zusammenschlüsse von Arbeitgebern (Arbeitgeberverbände) und Arbeitnehmern (Gewerkschaften).

Tarifvertrag. Schriftlicher Vertrag zwischen Arbeitgebern und Gewerkschaften zur Regelung arbeitsvertraglicher Bedingungen (Höhe der Löhne, Inhalt, Abschluss und Beendigung von Arbeitsverhältnissen), von Rechten und Pflichten der Tarifpartner sowie zur Regelung von betrieblichen und betriebsverfassungsrechtlichen Fragen und gemeinsamen Einrichtungen der Vertragsparteien. Maßgeblich dafür ist das Tarifvertragsgesetz vom 25.8.1969, das seit 1.7.1990 auch in den neuen Bundesländern in Kraft ist. Das Recht zum Abschluss eines Tarifvertrags folgt aus der in Art. 9 Abs. 3 GG garantierten → Tarifautonomie.

Taylorismus. Nach dem amerikanischen Ingenieur Frederick Winslow Taylor (1856–1915) benanntes Konzept der Arbeitsteilung, nach dem der Arbeitsprozess in kleine Schritte zerlegt wird und so Handgriffe und Zeitaufwand genau berechnet und miteinander kombiniert werden können. Taylor entwickelte auf dieser Basis ein betriebliches Gesamtsystem von Personaleinteilung und -überwachung, das die Fabrikorganisation von Henry Ford bei dessen Einführung der Fließbandarbeit stark beeinflusste („Fordismus"). Die wegen ihrer Monotonie und einseitigen Belastung kritisierte tayloristische Produktionsweise wurde erst ab den 1960er-Jahren durch Robotereinsatz, Gruppen- und Inselfertigung abgelöst.

Transferleistungen. → Transferzahlungen.

Transferzahlungen. Zahlungen des Staates an private Haushalte, für die der Staat keine Gegenleistung erhält. Sie bewirken eine Einkommensumverteilung und sollen soziale Ungleichheiten mildern (→ Wohngeld, → Kindergeld, → Bafög etc.); vgl. → Sozialleistungen.

Überhangmandat. Zusätzlicher Sitz im Parlament, den eine Partei dann erhält, wenn die Zahl der Direktmandate über die Anzahl der Sitze hinausgeht, die der jeweiligen Partei nach dem Verhältniswahlrecht anteilmäßig zustehen. Zu Überhangmandaten kommt es z. B. bei den deutschen Bundestagswahlen aufgrund der Kombination von Mehrheits- und → Verhältniswahlsystem.

Umsatzsteuer. Steuer (auch als Mehrwertsteuer bezeichnet), die der Verbraucher beim Kauf einer Ware zusätzlich zum eigentlichen Verkaufspreis bezahlen muss (in Deutschland in der Regel 19 Prozent des Verkaufspreises, bei bestimmten Waren wie Lebensmitteln und Büchern 7%). Der Verkäufer muss diese Steuerbeträge an den Staat abführen.

Umverteilung. Staatliche Maßnahmen zur Veränderung der Einkommens- und/oder Vermögensverteilung (z. B. durch staatliche → Transferleistungen und Steuern). Zu einer Umverteilung kann es auch durch wirtschaftliche Entwicklungen (z. B. Strukturveränderungen, Inflation, Staatsverschuldung) kommen.

Untersuchungsausschuss. Kontrollinstrument des Parlaments, das Missstände im öffentlichen Leben oder Fehlverhalten von Personen, zum Beispiel Abgeordneten, Regierungsmitgliedern oder Beamten, aufklären soll. Im Bundestag können mindestens 25% der Abgeordneten erzwingen, dass ein Untersuchungsausschuss eingesetzt wird. Untersuchungsausschüsse tagen in der Regel öffentlich, alle Fraktionen des Parlaments sind entsprechend ihrer Fraktionsgröße vertreten.

Utopie. (griech. – „ohne Ort", „nirgendwo"). Gedanklich konstruierte Vorstellung (Idee) von einer idealen Ordnung politischer oder gesellschaftlicher Verhältnisse, deren Verwirklichung unrealistisch/unmöglich erscheint (Wunschbild). Eine Utopie kann als Leitbild dienen, dem man sich anzunähern versucht. Es gibt auch negative Utopien („Horrorszenarien“).

Variable. Veränderliche Größe in der Mathematik, der Statistik und in der → Empirischen Sozialforschung. Im Hinblick auf die Richtung der Einflussbeziehung unter Variablen spricht man von unabhängigen Variablen, von denen ein bestimmter Einfluss ausgeht, und abhängigen Variablen, die auf diesen Einfluss reagieren.

Verhältniswahl, personalisierte. Bezeichnung für das bei Bundestagswahlen geltende Wahlrecht. Dabei hat jeder Wähler zwei Stimmen: Mit der *Erststimme* wird ein im jeweiligen Wahlkreis kandidierender Bewerber gewählt; derjenige Bewerber, der die meisten Stimmen erhält (Mehrheitswahl), erhält einen Sitz im Bundestag (*Direktmandat*). Mit der *Zweitstimme* wird die (Abgeordneten-)Landesliste einer Partei gewählt (Verhältnis- oder Listenwahl). Die Anzahl der Zweitstimmen entscheidet über die Gesamtzahl der Sitze einer Partei im Bundestag. Übersteigt die Zahl der Direktmandate einer Partei die ihrer Zweitstimmen, erhält sie zusätzliche Sitze im Bundestag (→ Überhangmandate).

Vermittlungsausschuss. In Deutschland der gemäß Art. 77 GG gebildete Ausschuss zur Beilegung von Meinungsverschiedenheiten zwischen Bundestag und Bundesrat über Gesetzesvorlagen (Gesetzgebung). Der Vermittlungsausschuss ist paritätisch aus je 16 Mitgliedern beider Organe zusammengesetzt. Wenn der Bundestag ein Gesetz beschlossen hat, gegen das der Bundesrat Einspruch einlegen will (Einspruchsgesetz), so muss dieser vorher den Vermittlungsausschuss anrufen. Bei Gesetzen, die der Zustimmung des Bundesrates bedürfen (Zustimmungsgesetz), können auch Bundestag und Bundesregierung den Vermittlungsausschuss anrufen. Schlägt der Vermittlungsausschuss eine Änderung der Gesetzesvorlage vor, so muss der Bundestag erneut beschließen.

In der EU ist ein Vermittlungsausschuss ein aus den Mitgliedern des Rates der Europäischen Union oder deren Vertretern und einer gleich großen Anzahl von Vertretern des Europäischen Parlaments bestehendes Gremium, das im Rechtsetzungsverfahren eine Einigung über den Entwurf eines Rechtsaktes herbeiführen soll (Art. 251 EG-Vertrag).

Verwaltung. Zusammenfassender Begriff für alle Behörden und Ämter, die dazu dienen, Gesetze und Beschlüsse von Parlamenten (auf allen staatlichen Ebenen: Gemeinde, Kreis, Land, Bund) durchzuführen und in die Praxis umzusetzen. Beispiel: Die Entscheidungen über Angelegenheiten in einer Gemeinde, z. B. den Bau eines Spielplatzes oder die Errichtung eines Altenheimes, werden vom Rat der Stadt getroffen. Die Verwaltung der Stadt wird mit der Erarbeitung und Durchführung der Pläne beauftragt. Zur Verwaltung gehören Beamte und Angestellte, die speziell für solche Aufgaben ausgebildet sind. An der Spitze der Stadtverwaltung steht der Bürgermeister.

Verwaltungsgerichtsbarkeit. Zweig der Gerichtsbarkeit für Angelegenheiten der öffentlichen → Verwaltung, soweit sie nicht verfassungsrechtlich oder durch Gesetz anderen Gerichten zugewiesen sind; nach Art. 19 (4) GG steht jedem, der durch die öffentliche Gewalt in seinen Rechten verletzt wird, der Rechtsweg offen (umfassende Rechtsschutzgarantie).

Volkssouveränität. Volkssouveränität gilt seit den großen Menschenrechtserklärungen des 18. Jh. als grundlegendes Prinzip demokratischer → Legitimation. Es besagt, dass im Gegensatz zum Prinzip der Souveränität eines Alleinherrschers alle Staatsgewalt letztlich vom Volk ausgeht und durch die Stimmbürgerschaft direkt (z. B. durch direktdemokratische Verfassungsgebung oder direktdemokratische Wahl der Regierung) oder mittelbar (z. B. durch Entscheidungen der vom Volk gewählten Abgeordneten) legitimiert ist und dass demzufolge die Inhaber politischer Ämter dem Volk oder den aus Wahlen hervorgegangenen Repräsentativorganen verantwortlich sind.

Vorwahlen. engl. primaries; in den USA ein Verfahren der Parteien, das den Wählern die Möglichkeit gibt, an der Kandidatenaufteilung (z. B. für die Präsidentschaftswahl) mitzuwirken; bei einer gebundenen Vorwahl (caucus) ist für die Teilnahme die Mitgliedschaft in der jeweiligen Partei vorgeschrieben; bei offenen Vorwahlen (primaries im engeren Sinn) kann jeder Wahlberechtigte teilnehmen.

Weimarer Republik. Nach dem 1. Weltkrieg (1914 – 1918) gegründete demokratische, parlamentarische und bundesstaatliche Republik, die an die Stelle des deutschen Kaiserreichs trat (1919 – 1933). Ihre wichtigsten Institutionen waren der (vom Volk gewählte) Reichspräsident als Staatsoberhaupt, der gewählte Reichstag als Volksvertretung und der (vom Reichspräsidenten ernannte, vom Vertrauen des Reichstags abhängige) Reichskanzler als Chef der Regierung. Sie hatte mit großen außen- und innenpolitischen Schwierigkeiten zu kämpfen und scheiterte u. a. auch an der zu geringen Unterstützung durch die gehobenen Schichten des Volkes.

Wertpapiere. Sammelbegriff für → Aktien und festverzinsliche Wertpapiere. Letztere werden auch Rentenpapiere, Obligationen oder Schuldverschreibungen genannt. Sie werden ausgegeben durch die staatlichen Institutionen (Bund, Länder, Gemeinden, Bahn, Post), durch Banken, durch die Industrie oder durch das Ausland.

Wirtschaftsliberalismus. → Liberalismus.

Wohngeld. Staatlicher Zuschuss zu den Mietkosten (Mietzuschuss, Mietbeihilfe) für Haushalte, deren Einkommen unter einer bestimmten Grenze liegen und deren Mietkosten (z. B. wegen vieler Kinder) das Einkommen stark belasten (ca. 800 000 Bezieher; der durchschnittliche Betrag wurde von 90€ auf 142€ [ab 1.1.2009] erhöht).

Zentralbank. Geldpolitische Entscheidungsinstanz einer Volkswirtschaft. Als Bestandteil des Bankensystems ist die Zentralbank allein zur Ausgabe gesetzlicher Zahlungsmittel berechtigt. Über den Einsatz ihrer geldpolitischen Instrumente kann die Zentralbank die Bankenliquidität und die Geldschöpfung der Banken so steuern, dass die Ziele der Geldpolitik erreicht werden. Zu den geldpolitischen Zielen zählt vorrangig die Erreichung und Sicherung der Geldwertstabilität. Die Deutsche Bundesbank ist die nationale Zentralbank der Bundesrepublik Deutschland. In der Europäischen Wirtschafts- und Währungsunion bilden die nationalen Zentralbanken und die Europäische Zentralbank zusammen das Eurosystem, das die Geldpolitik für alle Teilnehmerländer festlegt.

Zinsen. Preis (Geldbetrag), den man für geliehenes Geld (Kredit) zahlen muss oder den man für sein verliehenes Geld (z. B. Sparguthaben) erhält.

Zinseinnahmen. Wenn man sein erspartes Geld z. B. bei einer Bank „anlegt" (es der Bank für eine bestimmte Zeit zur Verfügung stellt), erhält man dafür → Zinsen (d. h. eine Vergütung dafür, dass man der Bank das Geld leiht). Zinseinnahmen sind ein Teil des Einkommens und müssen versteuert werden.

Zweiter Weltkrieg. Von Deutschland unter der Herrschaft des → Nationalsozialismus begonnener Krieg (1939), u. a. mit dem Ziel der Eroberung von „Lebensraum im Osten", der sich (gegen Russland, England, Frankreich, USA) über einen großen Teil Europas hin ausdehnte und mehr als 55 Mio. Tote (davon 30 Mio. unter der Zivilbevölkerung) zur Folge hatte. Nach der totalen Niederlage (1945) wurde Deutschland, dessen große Städte schwer zerstört wurden, von den Siegermächten besetzt und in vier Besatzungszonen aufgeteilt. Daraus bildeten sich Ende der 1940er-Jahre die beiden Staaten Deutsche Demokratische Republik (→ DDR) und Bundesrepublik Deutschland (BRD), die bis 1990 nebeneinander bestanden und durch den „Eisernen Vorhang" getrennt waren.

Register (G = Glossar)

Bildquellenverzeichnis

Umschlag vorne: links: © picture-alliance/dpa, Mitte: © Keystone, rechts: ullstein-bild – oed; Umschlag hinten: © picture-alliance/dpa; S. 7: © picture-alliance/dpa; S. 9: Shell Deutschland Holding (Hg.), Jugend 2006 - Eine pragmatische Generation unter Druck; Konzeption und Koordination: Klaus Hurrelmann, Mathias Albrecht & TNS Infratest Sozialforschung, Fischer Taschenbuch Verlag, Frankfurt a. M. 2006, S. 105; S. 15 u.l.: Zeichnung: Burkhard Mohr/CCC, www.c5.net; S. 16: Zeichnung: Gerhard Mester/CCC, www.c5.net; S. 18: o.: ullstein – Bundesbildstelle, u.: Deutscher Bundestag; S. 23: action press; S. 30: l.: Zeichnung: Steffen Zamaltoupis, r.: Zeichnung: Holger Appenzeller; S. 33 u.: © picture-alliance/dpa; S. 35: Verlagsarchiv Schöningh; S. 36: 1: Bundesbildstelle Bonn, 2: © picture-alliance/dpa, 3: dpa-Fotoreport/Wolfgang Kamm, 4: © picture-alliance/dpa, 5: dpa-Fotoreport/Uli Deck, 6: dpa-Fotoreport/Michael Jung; S. 37: o.: action press/Hartmut Müller-Stauffenberg, u.: © ullstein-Bild Poly-Press; S. 39: o.: Deutscher Bundestag/Hans-Günter Oed, u.: Deutscher Bundestag; S. 40: © picture-alliance/dpa; S. 41: Grafik: Dirk Niebel; Quelle: Frankfurter Allgemeine Zeitung v. 27.10.2009, S. 6; S. 45 u.: Nach: Stephan Kurz-Gieseler (Hg.), Sozialkunde - Politik in der Sekundarstufe II, Schöningh Verlag, Paderborn 2007, S. 295; Verf.: Wolfgang Schwehm; ergänzt; © Verlagsarchiv Schöningh/Franz-Josef Domke; S. 47: o.: © picture-alliance/dpa-Fotoreport, u.: Zeichnung: Walter Hanel/CCC, www.c5.net; S. 48: © Bundesverfassungsgericht; S. 49 o.: vario-press/Ulrich Baumgarten; S. 53: o.: © picture-alliance/dpa, u.: Zeichnung: Burkhard Mohr/CCC, www.c5.net; S. 55 u.: Zeichnung: Burkhard Mohr/CCC, www.c5.net; S. 56 l.: © picture-alliance/dpa; S. 58: o.: © Leske + Budrich, u.: Zeichnung: Burkhard Mohr/CCC, www.c5.net; S. 60: o.: © picture-alliance/dpa, M.: action press/Hartmut Müller-Stauffenberg, u.l.: Zeichnung: Gerhard Mester/CCC, www.c5.net, u.r.: Burkhard Mohr/CCC, www.c5.net; S. 61: o.: Herlinde Koelbl, Die Meute - Macht und Ohnmacht der Medien, Knesebeck Verlag, München; u.: © picture-alliance/dpa; S. 63: © picture-alliance/dpa; S. 64: Zeichnung: Burkhard Mohr/CCC, www.c5.net; S. 65: Zeichnung: Reinhold Löffler/CCC, www.c5.net; S. 71: M.l.: © dpa-Fotoreport, M.r.: Foto: Marc-Steffen Unger; S. 72 o.: © picture-alliance/dpa; S. 73 o.l.: Zeichnung: Reinhold Löffler/CCC, www.c5.net; S. 75: Zeichnung: Gerhard Mester/CCC, www.c5.net; S. 77: © picture-alliance/dpa; S. 80 u.: Wochenschau II, Nr. 5, Sep./Okt. 2004, Wochenschau Verlag, Bad Schwalbach 2004, S. 190: Verf.: Stefan Rappenglück; S. 83: o.l.: Andreas Dägling, u.l.: ullstein bild - Fotoagentur imo, o.r.: www.digitalstock.de, M.r.: M. Meyborg/laif, u.r.: © Avenue Images GmbH; S. 86: © Keystone; S. 90: © picture-alliance/dpa; S. 91: o.: © picture-alliance/chromorange (2), u.: Jupp Wolter (Künstler), Haus der Geschichte, Bonn; S. 92: Zeichnung: © Marie Marcks/Heidelberg; S. 99: a: Zeichnung: Fritz Wolf/CCC, www.c5.net, b: Zeichnung:Walter Kurowski, c: Zeichnung: Hans Traxler, d: Zeichnung: Sepp Buchegger; S. 106: ullstein-bild – oed; S. 108: © Peter Widmann; S. 109: © picture-alliance/chromorange; S. 110: o. und M.: Aus: Leon Mann, Sozialpsychologie, übers. v. Wolfgang Kramer, Beltz, Weinheim und Basel, 1980, S. 76ff.; u.: Foto: William Vandivert, in: Gleitman, Basic Psychology; S. 113: http://www.youtube.com/watch?v=TYIh4MkcfJA; S. 117: 1. und 2. von o.: vario images, M.: © picture-alliance/dpa, u.: www.bilderbox.de; S. 120: © picture-alliance/akg-images; S. 125: o.l.: © picture-alliance/dpa, M.l.: © picture-alliance/ZB, u.l.: © picture-alliance/dpa, o.r.: Fotostudio Druwe & Polastri, M.r.: ullstein-bild – oed, u.r.: dpa-Fotoreport/Frank Mächler; S. 129 l.: Verlagsarchiv Schöningh; S. 131: o.: Klaus Poell, u.: Zeichnung aus: Pardon, Heft 12, 1971; S. 132 u.: Zeichnung: Peter Hürzeler, Regensdorf; S. 133: o.l.: Zeichnung: Freimut Wössner/CCC, www.c5.net; o.r.: Zeichnung: Gerhard Mester/CCC, www.c5.net; u.: AKG, Berlin; S. 134: © picture-alliance/ZB; S. 135: Jupp Wolter (Künstler), Haus der Geschichte, Bonn; S. 138: © picture-alliance/dpa; S. 139: © Globus Infografik; S. 142: o.: Siemens Pressebild, u.: © dpa; S. 144: Zeichnung: Horst Haitzinger/CCC, www.c5.net; S. 145: Verlagsarchiv Schöningh; S. 148 u.: Zeichnung: Walter Hanel; S. 151: Verlagsarchiv Schöningh/Günter Schlottmann, Paderborn; S. 153: Franz Josef Kaiser/Volker Brettschneider: Volkswirtschaftslehre. © Cornelsen Verlag, Berlin 2002, S. 45; S. 154: Zeichnung: © Marie Marcks/Heidelberg; S. 163 u.: Bildarchiv Deutsches Historisches Museum (DHM); S. 169: o.: Peter Oberender / Sabine Büttner, Was heißt und zu welchem Ende studiert man Mikroökonomie?, in: Rolf Walter (Hg.), Wirtschaftswissenschaften, Schöningh, UTB, Paderborn 1997, S. 574; u.: Zeichnung: Robert Cavey. In: James Eggert, „Invitation to Economics, Second Edition“, S. 160. Copyright © The McGraw-Hill Companies, Inc. Reprinted by permission of the publisher; S. 170: Bernd Nolte, Volkswirtschaft konkret, Wiley VCH Verlag, Weinheim 2003, S. 34; S. 172 o.: Peter Oberender / Sabine Büttner, Was heißt und zu welchem Ende studiert man Mikroökonomie?, in: Rolf Walter (Hg.), Wirtschaftswissenschaften, Schöningh, UTB, Paderborn 1997, S. 577f.; S. 173: Bernd Nolte, Volkswirtschaft konkret, Wiley VCH Verlag, Weinheim 2003, S. 35; S. 174: © picture-alliance/chromorange; S. 180 r.: Zeichnung: Waldemar Mandzel/CCC, www.c5.net; S. 181: Fotostudio Druwe & Polastri; S. 184: o.: dpa/Stephan Jansen, u.: © picture-alliance/dpa; S. 185 o.l.: © picture-alliance/dpa; S. 187 o.: © picture-alliance/dpa; S. 190: bpk, Berlin; S. 191: AKG, Berlin; S. 192: Archiv/INTERFOTO; S. 194: o.: © picture-alliance/akg-images, u.: Süddeutscher Verlag – Bilderdienst; S. 196: Peter J. Schneider/Zindel, Kopiervorlagen für den Politikunterricht, Heft 2: Wirtschaftsordnungen und Wirtschaftspolitik, © Winklers Verlag / Gebrüder Grimm, Darmstadt o.J., Lösungen, S. 8; S. 197: Zeichnung: Gerhard Mester/CCC, www.c5.net; S. 201: © Henning Kaiser/ddp; S. 213 o.: © picture-alliance/ZB; © für alle Zahlenbilder: © Bergmoser + Höller Verlag AG; © für alle Globus- und dpa-Grafiken: © picture-alliance/dpa-infografik

Sollte trotz aller Bemühungen um korrekte Urheberangaben ein Irrtum unterlaufen sein, bitten wir darum, sich mit dem Verlag in Verbindung zu setzen, damit eventuelle Korrekturen vorgenommen werden können.